# 박수민

# 유아 임용의 정석

## 유아교육개론

박수민 편저

유아임용의 시작과 끝

Fonus

**박수민**

유아임용의 정석 **- 유아교육개론**

## 교사다움과 마주하는 시간, 선생님의 임용시험 준비를 응원합니다.

안녕하세요. 박수민입니다.

선생님의 공립 유치원 임용시험 준비를 진심으로 응원하며, 최선을 다해 응전했을 때의 즐거움과 그로 인해 얻게 될 합격의 영광을 누릴 수 있기를 기대합니다.

임용시험을 준비하는 많은 분들이 유아교육의 광범위함에 어려움을 느낍니다. 하지만 임용고사의 출제 경향을 파악하고, 이론에 현장 감각을 불어넣으면 어려운 공부도 쉽고 재미있게 할 수 있습니다. 물론, 오로지 임용시험에 몰입하는 힘이 필요하겠지요. 임용고사 합격의 문을 열기 위해서는 ① 장기, 중기, 단기의 공부 계획 ② 철저한 자기관리 ③ 시험일까지 돌진할 수 있는 추진력 ④ 즐거움으로 무장한 몰입 ⑤ 효과적인 반복 훈련이 필요합니다.

이 과정을 다년간의 공립유치원 교사 경력을 바탕으로 이해 중심의 탄탄한 설명을 제공하는 박수민의 교재와 강의를 통해 더 쉽고, 더 즐겁고, 더 빠르게 통과하시길 바랍니다.

임용시험을 준비하는 시간이 교사다움을 향해 성장하는 시간이 되길 응원합니다.

유아임용 강사 박수민

**Chapter**
**01**

**유아교육의 성격**

| 대영역 | 소영역 | 출제 빈도 | 출제 내용 |
|---|---|---|---|
| 유아교육의 의미와 중요성 | 교육과 유아교육의 의미 | 2회 | • 국가 수준의 교육과정을 제정·고시 이유/한계/극복방안 (2001)<br>• 누리과정 실행의 기대 효과(2013) |
| | 유아교육의 중요성 | 2회 | • 조기 영어교육의 부정적 영향 / 부모교육 내용(2005)<br>• 투자 대비 회수율의 연구 결과가 유아교육에 시사하는 점 (2011) |
| | 유아의 권리 중요성 | 6회 | • 아동권리협약의 용어 설명(2013)<br>• 아동권리협약 원칙 – 무차별, 발달(2013)<br>• 어린이 헌장의 문서 명칭(2013)<br>• 아동권리협약 빈칸 넣기 – 제2조, 제27조, 제28도 빈칸 넣기(2019 추)<br>• 어린이헌장 빈칸 넣기(2019 추)<br>• '아동권리협약'의 이행과 관련된 내용 빈칸 넣기(2019 추) |
| 현대사회의 변화와 유아교육, 복지 | 사회의 변화와 유아교육 | – | |
| | 가족의 변화와 유아교육 | – | |
| | 복지사회 실현과 유아교육 | 2회 | • 카두신의 아동복지 서비스 유형 & 관련된 아동복지 사업 (2012)<br>• 교육과학기술부에서 추진하는 교육복지정책 명칭(2013) |
| 유아교육의 법과 제도 | 유아교육법의 의미 | – | |
| | 유아교육법의 변천과정 | 7회 | • 제5차 교육과정 – 종일반 운영 강조(1998)<br>• 1980년대 유아교육현황 설명(1998)<br>• 유아교육과 관련된 법규를 바르게 설명(2009)<br>• 유아교육 변천과정의 순서 나열(2010)<br>• 유치원 교육과정의 순서 나열(2012)<br>• 최초의 국가수준의 유치원 교육과정 연도(2017)<br>• 제2차 교육과정이 2년 만에 제3차 교육과정으로 개정된 이유(2017) |

**Chapter 02**

**유아교육 사상**

| 대영역 | 소영역 | | 출제 빈도 | 출제 내용 |
|---|---|---|---|---|
| 동양 | 방정환 | | 3회 | • 방정환과 관련한 설명 중 틀린 것 찾기(1997)<br>• '사랑의 선물'을 번안한 학자(2012)<br>• 학자명 쓰기/배경이 된 사상 쓰기(2013) |
| 고대 | 플라톤 | | – | |
| | 아리스토텔레스 | | – | |
| 중세 | – | | – | |
| 르네상스 | | | – | |
| 17C | 실학주의 | 코메니우스 | 5회 | • 세계 도회의 잘못된 점을 찾아 바르게 수정(2007)<br>• 합자연의 원리, 교육의 근본원리, 교육단계 등 설명 제시 후 관련된 학자 쓰기(2009)<br>• '감각교육이 모든 학습의 기초'라고 한 학자 쓰기(2010)<br>• 코메니우스 학자명 쓰기, 합자연의 원리(2017)<br>• 학교교육 4단계 구분이 담긴 저서 쓰기 – '대교수학'(2019) |
| | | 로크 | 2회 | • '인간오성론, 백지 상태'와 관련된 학자(2008)<br>• 로크의 교육내용 –'건강' 용어(2018) |
| 18C | 계몽주의 | 루소 | 6회 | • '자연주의 사상가, 성선설'과 관련된 학자(2008)<br>• '내적인 성장은 자연의 교육'이라고 한 학자(2010)<br>• 교육의 근원, 성선설(2013)<br>• 교육내용 – '사물'(2018)<br>• 교육사조 – '계몽주의' 용어(2018)<br>• '소극적 교육', '감각' 용어 쓰기(2021) |
| 19C | 신인문주의 | 페스탈로치 | 6회 | • 페스탈로치의 잘못된 점 찾아 바르게 수정(2007)<br>• '지/덕/체의 조화, 수/형/어, 직관과 노작의 원리'와 관련된 학자(2009)<br>• 직관의 원리(2014)<br>• 교육의 원리 중 손발 노동, 도덕성 함양, 정신단련을 강조한 것 쓰기 – 노작의 원리(2019)<br>• '직관의 원리'와 관련된 말 찾아 쓰기(2022)<br>• '조화의 원리' 설명하기(2022) |

| 대영역 | 소영역 | | 출제 빈도 | 출제 내용 |
|---|---|---|---|---|
| 19C | 오웬 | | 1회 | • 성격형성학원 명칭 쓰기(2019) |
| | 낭만주의 | 프뢰벨 | 7회 | • 프뢰벨 학자 찾기(1998)<br>• '신성, 통일의 원리, 놀잇감 고안' 관련된 학자(2009)<br>• '연속성, 놀이는 내적 표현, 자기활동'과 관련된 학자(2011)<br>• 작업(2013)<br>• 신성(2014)<br>• 은물을 고안한 학자명(2015)<br>• 은물 쓰기(2019) |
| 20C | 몬테소리 | | 6회 | • '준비된 환경' 잘못된 점 찾아 바르게 수정(2007)<br>• 정상화, 준비된 환경, 자동교육, 흡수정신과 관련된 학자 (2013)<br>• 자동교육(2015)<br>• 몬테소리의 이론에 근거한 교사의 역할 중 잘못된 점 찾아 바르게 수정(2017)<br>• '자동교육' 용어 쓰기(2022)<br>• '준비된 환경을 마련해 줄 필요가 없다.' 잘못된 이유 쓰기 (2022) |
| | 듀이 | | 10회 | • 유아교육 방법(1997)<br>• 놀이, 교사의 역할, 교구 및 놀잇감, 주제 선정 방법에서 중요시한 점(2005)<br>• 듀이에 대한 설명 중 잘못된 점 찾아 바르게 수정(2007)<br>• '경험은 능동적 요소와 수동적 요소의 결합' 관련된 학자 (2010)<br>• 경험 – 계속성의 원리, 상호작용의 원리(2014)<br>• 교육은 생활, 성장, 경험의 재구성, 사회적 과정(2015)<br>• 생활중심, 경험중심, 흥미교육, 아동중심, 활동중심(2015)<br>• 듀이에 대한 설명을 제시하고 빈칸에 들어갈 용어 – '목적'(2018)<br>• 교육사조 – '진보주의' 용어(2018)<br>• 경험 – '계속성의 원리' 및 경험의 재구성을 통한 '성장' 용어 쓰기 (2021) |
| | 니일 | | 1회 | • 니일이 설립한 학교명과 교육목적(2013) |
| | 슈타이너 | | 1회 | • '인지학, 탄생, 의지, 감정, 사고' 관련된 학자(2008) |

**Chapter 03**

**유아교육과 발달**

| 대영역 | 소영역 | 출제 빈도 | 출제 내용 |
|---|---|---|---|
| 연구 설계 | | 2회 | • 실험 연구에서 종속변인 찾기(1997)<br>• 변인들 간의 인과관계를 밝히기 위한 연구 방법 찾기 – 실험연구(1998) |
| 발달의 개관 | 발달의 개념 | 1회 | • 단계이론의 일반적인 특징(1997) |
| | 유아 발달의 특성 | 1회 | • 발달원리 쓰기, 개인차의 원리, 개인 내 발달영역 간 차이의 원리(2007) |
| | 발달에 적합한 실제 | 1회 | • NAEYC –사회문화적 적합성(2017) |
| 발달이론 | 성숙이론 (게젤) | 4회 | • 성숙주의의 유아 학습과정과 집단 구성 방법(1997)<br>• 유아의 행동을 성숙이론에 근거하여 원인 분석(2006)<br>• 준비도 용어(2013, 2017) |
| | 심리성적이론 (프로이트) | 6회 | • 방어기제 중 '투사' 개념(1997)<br>• 정서행동의 원인으로 내적 갈등을 강조하는 이론(1997)<br>• 유아의 행동을 프로이트 이론에 근거하여 원인 분석(2006)<br>• 유아기의 방어기제 사례 – 치환, 퇴행(2010)<br>• 전래동화의 심리적 가치를 정신분석이론 관점에서 해석한 활동방법(2011)<br>• 방어기제 중 '동일시'에 대해 쓰기(2019) |
| | 심리사회적이론 (에릭슨) | 1회 | • 사례와 관련된 용어 – 주도성(2016) |
| | 고전적 조건화이론 (파블로프, 왓슨) | – | – |
| | 조작적 조건화이론 (스키너) | 6회 | • 학습과 발달의 관계(1998)<br>• 유아의 행동을 발달이론에 근거하여 원인 분석(2006)<br>• 행동수정의 원리에 부합되는 것 – 칭찬, 소거, 벌(2011)<br>• '체계적 둔감법' 용어(2013)<br>• 강화의 종류 – '프리맥 강화' 용어(2014)<br>• 행동 수정 방법 – 타임아웃(2015) |
| | 사회학습이론 (반두라) | 7회 | • 모방, 친사회적 행동 발달요인(1997)<br>• 반두라 이론에 근거하여 친사회적 행동의 증진을 위한 지도 방법 찾기(2011)<br>• '사회학습이론' 용어/정적 강화 사례 찾기(2013)<br>• 행동을 일어나게 한 강화제가 무엇인지 찾기/관찰 학습 단계(2013)<br>• '사회학습이론' 쓰기(2019)/관찰 학습 단계(2019)<br>• 반두라 이론과 관련한 과학 수업에 대한 교사 효능감 쓰기와 개념 설명(2019 추)<br>• '자기 강화' 용어 쓰기 및 설명하기(2022) |

| 대영역 | 소영역 | 출제 빈도 | 출제 내용 |
|---|---|---|---|
| 발달이론 | 인지발달이론<br>(피아제) | 14회 | • '동화' 개념과 관련된 사례(1997)<br>• 각각의 놀이에 따른 전조작기 유아들의 인지적 사고 특징/<br>교사 발문(2005)<br>• 유아의 행동을 발달이론에 근거하여 원인 분석(2006)<br>• 전조작기 단계의 유아를 전제로 '액체량 보존 실험'의 이해(2009)<br>• 피아제와 비고츠키의 관점에 기초하여 적절한 것 찾기(2011)<br>• '지각의 중심화'의 개념 쓰기(2013)<br>• '인지적 불평형' 용어 쓰기(2013)<br>• 보존개념의 원리(2014)<br>• 유아기 사고의 특성 – 전환적 추론, 상징적 사고, 물활론적<br>사고, 사례의 상황 찾기(2015)<br>• 비가역성 때문에 나타난 유아기 사고 특성 서술(2015)<br>• '동화', '평형화', '인지적 불평형' 용어(2018)<br>• 전조작기 사고의 특징 '상징적 사고'와 '보존개념' 미획득을<br>보여주는 사례 찾기(2019)<br>• 전조작기 사고특징 '물활론적 사고' 특징 쓰기(2019 추)<br>• '인지적 갈등' 용어 쓰기, 인지적 갈등을 통해 알게 된 사례<br>찾기(2020) |
| | 사회문화적 접근<br>(비고츠키) | 9회 | • 교수·학습의 특징(1997)<br>• '근접발달지대, 비계설정, 상호주관성'과 관련된 학자(1998)<br>• 발달 및 학습에 대한 설명(2009)<br>• '사회적 중재'에 대한 비고츠키 관점을 설명(2010)<br>• 피아제와 비고츠키의 관점에 기초하여 적절한 것 – 근접발<br>달지대(2011)<br>• 비계설정과 함께 설명/'자기조절' 용어(2014)<br>• '비계' 찾기 – 친구가 어려워하는 활동에 유능한 또래가 손<br>가락을 펴 보인 것(2015)<br>• '실제적 발달수준', '비계' 용어/'비계'의 교사 발문 찾기(2018)<br>• 사례를 보고 '비계설정' 용어 쓰기(2020) |
| | 생태학적 체계이론<br>(브론펜브레너) | 6회 | • '외체계'의 예시(1998)<br>• 생태학적 이론에 대한 설명으로 잘못된 점(2009)<br>• 미시체계와 거시체계에 해당하는 사례 찾기(2013)<br>• 외체계의 사례를 찾고, 외체계가 유아에게 미친 영향(2013)<br>• '생태학적 체계이론' 용어/'외체계' 용어(2016)<br>• 외체계 명칭 쓰고, 설명하기 (2021) |
| | 다중지능이론<br>(가드너) | 7회 | • 다중지능이론을 설명하고 교수·학습과정 전개 시 고려할<br>점(2004)<br>• 다중지능이론에 비추어 적절하지 않은 것 찾기(2012)<br>• 다중지능이론 용어/지능의 종류 – 대인관계지능(2013)<br>• 지능의 종류 – 신체·운동적 지능, 언어적 지능(2015)<br>• 지능의 종류 – 대인관계지능(2017)<br>• '강점' 영역 용어 쓰기(2019 추)<br>• 대인관계지능 용어 쓰기 및 설명하기(2022) |

<table>
<tr><td colspan="2" rowspan="2">Chapter<br>04</td><td></td></tr>
<tr><td></td></tr>
</table>

**Chapter 04**

**유아교육과 놀이**

| 대영역 | 소영역 | | 출제 빈도 | 출제 내용 |
|---|---|---|---|---|
| 놀이에 대한 이해 | 놀이의 특징 | | 2회 | • 놀이의 일반적 특징(2019 추)<br>• 허트 – '탐색' 용어 쓰기(2020) |
| 놀이이론 | 고전적 놀이이론 | | – | |
| | 현대적 놀이 이론 | 정신분석 이론 | 4회 | • 프로이트의 놀이 '정화' 이론과 유사(2014)<br>• 에릭슨의 놀이 단계명 쓰기와 그렇게 판단한 이유 쓰기 (2017)<br>• 놀이의 기제 '반복' 명칭 쓰기(2019 추)<br>• 놀이의 정화효과 쓰기(2019 추) |
| | | 인지발달 이론 | 2회 | • 인지발달론적 관점에 비추어 유아의 놀이를 설명한 것 찾기(2010)<br>• 비고츠키의 관점에서의 가상 놀이의 특성(2017) |
| | | 각성조절 이론 | 1회 | • '각성' 쓰기(2019) |
| | | 상위의사 소통 | 3회 | • '상위의사소통' 용어와 이유(2013)<br>• '상위의사소통' 용어(2016)<br>• 유아들의 놀이틀 변화가 나타나는 말 찾아 쓰기(2020) |
| | | 각본이론 | 2회 | • 이론명과 에피소드 수준으로 볼 수 있는 이유(2016)<br>• 울프와 그롤만의 '각본' 용어 쓰기(2020) |
| 놀이와 발달 | 사회적 놀이발달 (파튼) | | 3회 | • '방관자적 행동' 단계 특징(1998)<br>• '병행놀이'와 관련된 사례 찾기(2012)<br>• '병행놀이' 놀이 유형 용어(2013) |
| | 인지적 놀이 발달 | 기능놀이 | – | |
| | | 구성놀이 | 3회 | • '구성놀이' 용어(2014)<br>• 존슨의 구성놀이 발달단계 중 '폐쇄 공간 만들기' 명칭 쓰기(2020)<br>• '구성놀이'의 특징 쓰기(2023) |
| | | 상징놀이 | 2회 | • 상징놀이의 구성요소와 내용(2014)<br>• 피아제의 놀이 유형 – 상징놀이(2017) |

| 대영역 | 소영역 | | 출제 빈도 | 출제 내용 |
|---|---|---|---|---|
| 놀이와 발달 | 인지적 놀이 발달 | 사회극놀이 (스밀란스키) | 9회 | • '사물의 가작화'에 비추어 제시된 자료의 문제점, 이유, 대안 서술(2002)<br>• 스밀란스키 – 사회극놀이의 요소와 내용(2008)<br>• 사회극놀이를 촉진하기 위한 개입의 역할과 내용(2008)<br>• 교사가 극놀이를 지도하는 방법(2009)<br>• 놀이상황에 적절한 것 찾기(2012)<br>• 사물의 가작화, 물활론적 사고, 상징적 사고, 상위의사소통(2012)<br>• 사회극놀이 구성요소의 개념과 사례(2013)<br>• 사회극놀이 요소 – 사물의 가작화, 가작화 의사소통(2014)<br>• 사회극놀이 요소 – 역할의 가작화, 지속성과 이유(2017) |
| | | 규칙 있는 게임 | 3회 | • '규칙 있는 게임' 사례 찾기(2009)<br>• 사례의 놀이 유형 찾기(2011)<br>• '규칙 있는 게임' 용어 쓰고, 놀이에 나타난 특징 쓰기 (2022) |
| | 놀이 발달에 영향을 미치는 요인 | | 3회 | • '밀집도가 높을수록 유사한 놀이를 많이함'에 근거하여 '밀집도' 용어 쓰기(2020)<br>• 놀이에 영향을 미치는 요인으로 공간적 밀도와 사회적 밀도 용어 쓰기(2024)<br>• 인지양식(장독립형/장의존형)에 따른 선호하는 놀이 유형 및 그 놀이의 특징 쓰기(2024) |
| 놀이 관찰 | 놀이관찰척도 | | 3회 | • '극놀이' 용어/루빈 – 사회·인지적 놀이 기록양식(2017, 2019)<br>• 하위스 – 또래놀이척도 중 '복합적 사회가상놀이' 수준 명칭 쓰기와 그 단계 특징 쓰기(2020)<br>• 바넷 – 놀이성 척도 5가지 요인 중 '유머감각' 쓰기/그 단계의 특성 찾기(2020) |
| 놀이 지도 | 자유선택활동 | | 3회 | • 자유선택활동 시 교사의 역할(1999)<br>• 실내 자유선택활동 시 유아의 행동에 대한 원인과 개선 방법(2001)<br>• 유아의 놀이를 지원하기 위한 자원(2008) |
| | 놀이 활성화 방법 | | 2회 | • 유치원에 적용할 수 있는 전통 놀이(1998)<br>• 전통결혼식 놀이가 활성화될 수 있는 방법(2007) |
| | 놀이 개입 방법 및 효과 | | 3회 | • 오랫동안 스스로 놀이를 시작하지 못할 때의 부모의 적절한 놀이 지도 방법(2019 추)<br>• 놀이의 잠재적 효과(2019 추)<br>• 놀이 재료가 부족한 상황에서 계속해서 관찰만 하는 것이 문제가 되는 이유(2024) |
| | 교사 개입 연속 모형(TBC) | | 1회 | • '응시', '비지시적 진술'과 관련된 사례, '질문' 단계 용어(2013) |
| | 존슨, 크리스티, 야키 | | 2회 | • '놀이리더' 용어와 역할 예시(2016)<br>• '공동놀이자' 명칭 쓰고, 개입 시 유의해야 할 점 (2023) |
| | 스밀란스키 | | 1회 | • 놀이 개입 유형 – '내적 중재'(2018)<br>** 스밀란스키의 경우 '사회극놀이' 부분에서 다수 출제 |
| | 거친 놀이 | | 1회 | • 거친 신체 놀이의 교육적 순기능(2011) |
| 놀이 환경 | 실내놀이실 | | 2회 | • 놀잇감의 적합성을 판단하는 기준(2000)<br>• 역할영역과 쌓기영역의 공간의 재구성 방법 쓰기(2020) |
| | 실외놀이실 | | 1회 | • 바람직한 바깥 놀이 활동을 위한 계획(2010) |

Chapter
**05**

**유아교사론**

| 대영역 | 소영역 | | 출제 빈도 | 출제 내용 |
|---|---|---|---|---|
| 유아교사의 전문성 | 전문직으로서의 유아교사 | | – | |
| | 실천적 지식 | | 1회 | • 엘바즈의 '실천적 지식' 쓰기(2015) |
| | 반성적 사고 | | 2회 | • 반 매논의 '반성적 사고' 수준과 특징 쓰기(2016)<br>• 반 매논의 '반성적 사고' 수준과 특징 쓰기 – 기술적 수준, 도덕적·윤리적 수준 (2021) |
| | 교사효능감 | | – | |
| 유아교사의 역할과 자질 | 유아교사의 역할 | | 2회 | • 사라초의 교사 역할명 쓰기 – 교수활동 조직자(2016)<br>• 사라초의 교사 역할명 쓰기 – 의사결정자, 상담자 및 조언자(2019) |
| | 유아교사의 자질 | | 2회 | • '전문적 자질'에 해당하는 것 찾기(1997)<br>• 상호작용주의 교육 신념(2023) |
| 유아교사의 교권과 교직윤리 | 교사의 권리와 의무 | | 2회 | • 교사의 '적극적 의무' 찾기(1997)<br>• 교사의 권리/의무/교육의 자주성을 보장하는 법률적 근거 중 적합한 것 찾기(2011) |
| | 유아교사의 교직윤리와 윤리강령 | | – | |
| 유아교사의 발달과 장학 | 교사 발달 개념 | | 1회 | • 하그리브스와 풀란의 교사 발달 3가지 측면 |
| | 인지적 측면을 강조하는 이론 | | – | |
| | 단순 직선 모형 | 풀러와 보온 – 관심사 발달단계 | 2회 | • 단계명과 관심사 쓰기 – '교수활동 관심사' 단계와 '학생'에 대한 관심(2014)<br>• 단계명 쓰기 – '생존에 대한 초기 관심사'와 '학생에 대한 관심사' 단계(2018) |
| | | 캐츠 – 교사 발달단계 | 2회 | • 사례 교사의 발달단계 쓰기 – '생존'단계(2013)<br>• 사례 교사의 발달단계명과 그 단계의 특징 쓰기 (2015) |
| | 복합 순환 모형 | 휴버만 – 복합주기이론 | – | |
| | | 버크, 훼슬러, 크리스텐슨 – 교사 발달단계 | 1회 | • 교사 발달모델에 근거하여 교사가 보이는 발달상의 특징과 단계명 쓰기(2016) |

| 대영역 | 소영역 | 출제 빈도 | 출제 내용 |
|---|---|---|---|
| 유아교사의 발달과 장학 | 직접적 장학(임상장학) | 1회 | • 장학의 절차와 방법으로 바람직하지 않은 내용과 이유(2015) |
| | 컨설팅 장학 | 1회 | • 컨설팅 장학의 원리 쓰기(2016) |
| | 사이버 장학 | 1회 | • 사이버 장학의 명칭 쓰기(2019) |
| | 상호 협력적 장학(동료장학) | 2회 | • 동료장학 방법/동료장학이 효과적으로 이루어지기 위한 교사의 태도(2008)<br>• 동료장학 명칭 쓰기 / 성공적인 운영을 위한 참여자의 자세(2024) |
| | 자기 주도적 장학(자기장학) | 5회 | • 자기장학 방법(2000)<br>• '수업사례분석' 용어(2013)<br>• 사례의 장학 유형 찾기 – 자기장학(2014)<br>• 사례에 해당하는 장학의 명칭 – 자기장학(2016, 2024) |
| | 멘토링 | – | |
| | 유아교사의 현직 교육 | 1회 | • 현직 교육의 필요성(1998) |

## Chapter 06

### 부모교육론

| 대영역 | 소영역 | 출제 빈도 | 출제 내용 |
|---|---|---|---|
| 부모교육의 개념 | 부모교육의 개념과 필요성 | 2회 | • 교육적으로 좋은 가정환경 – 부모의 역할(1998)<br>• '부모교육'의 역사(2013) |
| 유아교사의 발달과 장학 | 민주적 부모교육이론 (드라이커스) | 7회 | • 제시된 설명을 보고 부모교육자 찾기(2009)<br>• 민주적 부모교육이론과 관련된 내용 찾기(2011)<br>• '민주적' 용어(2013)<br>• 잘못된 행동목표 – 관심 끌기(2013)<br>• 잘못된 행동목표의 이유(2013)<br>• 자녀양육방법 – 논리적 귀결, 현재와 미래(2013)<br>• 제시문에서 자연적 귀결의 예 찾아 쓰기(2019) |
| | 인본주의 부모교육이론 (기노트) | 4회 | • 관련된 인물 찾기(2009)<br>• 로저스의 상담이론에서의 상담 태도 – 감정이입(2014)<br>• 기노트의 부모교육 프로그램 명칭과 해당되는 사례 찾기(2019)<br>• 기노트의 부모교육 이론에 근거한 행동의 한계 설정의 예 찾기(2019) |

| 대영역 | 소영역 | 출제 빈도 | 출제 내용 |
|---|---|---|---|
| 유아교사의 발달과 장학 | 부모 효율성 훈련 (PET : 고든) | 12회 | • 부모의 입장 알리기(1997)<br>• '나–전달법' 용어(1998)<br>• 관련된 인물 찾기(2009)<br>• '나–전달법' 용어와 방법(2011)<br>• '나–전달법', '무승부법'이 중요한 이유(2011)<br>• '무승부법' 단계와 교사 발문(2011)<br>• '수용성' 용어(2014)<br>• 부모의 의사소통기술 – 적극적 경청, 나–전달법(2014)<br>• '적극적 경청' 용어, 고려했던 기준, 단계(2016)<br>• '나–전달법' 용어(2018)<br>• '나–전달법' 적용한 예시 쓰기(2019 추)<br>• '적극적 경청'의 특징 및 사용 시 주의할 점(2023) |
| | 상호교류분석 (에릭 번) | 4회 | • '교차적 상호 교류' 용어(1997)<br>• 관련된 인물 찾기(2009)<br>• 교류유형과 자아상태(2013)<br>• 이론의 명칭 쓰기, 부모 자녀 관계에서 스트로크가 갖는 긍정적 기능(2024) |
| 유아교육 기관과 가정과의 협력 | 부모의 양육 태도 | 3회 | • 부모의 훈육 유형과 관련된 유아의 행동 특성(1997)<br>• 바움린드의 4가지 부모양육 유형 중 '권위 있는 양육 유형' 용어 쓰기(2020)<br>• 부모의 올바른 양육 태도를 찾아서 고쳐 쓰기(2020) |
| | 부모교육 유형 | 6회 | • 전화나 컴퓨터 통신을 이용한 부모교육의 장·단점 (2001)<br>• 부모교육 계획 시 유의할 점과 참여도를 높이는 방법 (2004)<br>• 학부모 면담 시 초기 대응 행동(2010)<br>• 부모 상담 과정 중 개선할 점(2016)<br>• '소집단토의' 쓰기 (2022)<br>• '학부모 수업 참관' 쓰기 및 장점 (2023) |
| | 부모참여 유형 | 3회 | • 자원봉사자로 참여 상황(1998)<br>• 학급보조 자원봉사자로 참여시 효과/효과를 극대화하는 방법(2002)<br>• 부모를 참여시키는 방법(2012) |

# 차례 • Contents

CHAPTER **03**

# 유아교육과 발달

CHAPTER **04**

# 유아교육과 놀이

# 차례 · Contents

# 박수민

## 유아임용의 정석 - 유아교육개론

CHAPTER

# 01

# 유아교육의 성격

# Section 01 유아교육의 의미와 중요성

## 01 교육과 유아교육의 의미

### 1. 교육의 정의

정범모(1969)는 교육을 '인간행동의 계획적인 변화'로 정의하였고, 이연섭은 이에 '긍정적'이라는 말을 첨가하여 '인간행동의 계획적이며 긍정적인 변화'라고 정의하였다. 그가 '긍정적'이라는 말을 첨가한 이유는 계획적인 변화 가운데 부정적인 변화도 포함되어 있어서 이를 배제하고자 함이다. 이 정의를 다시 살펴보면 교육에는 인간행동, 변화성, 계획성, 방향성이 포함되어 있다.

### 2. 유아교육의 정의

유아교육(幼兒敎育, early childhood education)은 유아를 대상으로 유아의 행동을 계획적으로 긍정적 변화를 일으키려는 노력이다.

#### (1) 일반적 정의

① 유아교육이란 말 그대로 유아를 대상으로 하는 교육을 의미한다.
② 넓은 의미에서 볼 때, '유아'는 난자와 정자가 수정하는 순간부터 초등학교 시기 전까지의 대상을 모두 포함한다.
③ '교육'은 보호 및 양육, 교수(敎授)의 의미를 모두 내포하는 것으로 이해될 수 있다. 즉, 유아교육이란 태아기부터 아동기까지 태내 환경뿐 아니라 출생 이후의 가정과 사회에서 유아가 경험하는 모든 보호 및 양육, 형식적·비형식적 교육을 포괄하는 것이다.

#### (2) 학자들의 정의

학자들은 다양한 관점에서 유아교육의 개념을 정의하였다.
① 임재택(1992)은 '0세부터 8세까지의 유아와 부모를 대상으로 가정과 유아원, 유치원, 보육시설 및 초등학교 저학년에서 유아들의 전인적 성장·발달을 위한 형식적·비형식적 교육'이라고 하였다.

② 이영석(1995)은 '유아교육이란 독자적·통합적 개체로 인간적 삶을 영위하면서 성장하고 발달하도록 조력하는 형식적·비형식적 교육과정의 총체'라고 기술한 바 있다.

③ 이 외에도 외국의 여러 학자나 단체(Morrison, 2008; NAEYC, 2005; Spodek & Saracho, 2005)에서는 0세부터 8세까지의 유아를 대상으로 실시하는 모든 형태의 교육을 유아교육이라고 정의한다.

### 3. 유아교육의 단편적 개념

#### (1) 보육적인 기능의 수행으로 보는 입장

① 유아교육을 보육으로 보는 관점은 가장 전통적인 유아교육의 개념에 가깝다.

② 보육이란 교육과 구분되는 활동을 뜻한다. 교육은 보다 적극적으로 아동의 행동변화를 유도해 나가는 활동이고, 보육은 다분히 소극적인 자세로 아동의 기본적인 요구에 부응해 주는 활동이라고 볼 수 있다.

#### (2) 조기재능교육으로 보는 입장

① 이 관점은 일정한 영역의 재능이나 기예를 조기에 발견하여 어릴 때부터 교육시켜야 한다는 입장에서 비롯된다.

② 영재교육·초기교육·예체능교육 등이 조기재능교육에 해당되며, 우리나라의 경우 각종 학원을 중심으로 한 교육(웅변, 태권도, 미술, 서예 등)이 바로 이러한 개념에 바탕을 두고 있다.

③ 유아교육을 초기의 재능개발로 보는 입장은 현대사회에서 지향하고 있는 전인교육에 위배된다. 유아는 여러 발달 영역들이 서로 조화를 이루어야 전인으로 성장하게 된다. 따라서 특정한 영역만 집중적으로 훈련하는 것은 바람직한 유아교육의 방향이 아니다.

#### (3) 초등학교 준비과정으로 보는 입장

① 유아교육을 후속되는 교육의 성공을 위한 수단으로 보는 입장이다. 즉, 아동이 취학했을 때 학력과 생활면에서 잘 적응하도록 이에 필요한 기능과 태도를 익히게 하는 것을 유아교육의 목적이라고 본다.

② 이 기능과 태도에는 주로 교과학습과 관련된 기초기능인 읽기, 쓰기, 셈하기(3R's)와 단체생활에 요구되는 지식과 태도, 즉 줄 서서 기다리기, 손 씻기, 교통안전 지키기 등이 포함된다. 이러한 교육내용은 미리 교사가 준비하고 계획하여 유아에게 전달하기 때문에 일방적인 교육의 성격이 강하다.

#### (4) 보상교육으로 보는 입장

① 이 개념은 저소득층 자녀를 대상으로 이들이 처해 있는 문화적 결손을 보충해 줌으로써 중류 계층 이상의 아동들과 동등한 입장에서 학교교육을 시작할 수 있도록 해준다는 취지에 근거를 두고 있다.

② 보상교육이라는 용어는 원래 1965년 미국에서 시작된 헤드스타트 프로젝트(Head start project)에서 사용되었다.

③ 우리나라에서도 이 보상교육으로써의 유아교육 개념에 근거하여 1980년대 초반부터 새마을유아원이 설립되었다. 이 새마을유아원의 대상은 농어촌이나 산간벽지 지역의 저소득층 자녀들이었다.

④ 하지만 최근에는 이 '보상'의 개념이 많이 퇴색되고 있다. 부족한 부분을 보상해준다고 할 때, 이 부족한 부분을 정하는 기준 자체에 대한 논란이 일기 시작하였기 때문이다.

### (5) 가정기능의 대행으로 보는 입장

① 최근 사회구조의 급격한 변화와 더불어 가족구조가 핵가족화되고 여성의 사회참여가 늘어나고 있다. 이러한 현상은 가정의 교육적 기능을 약화시켜 이를 대행해 줄 수 있는 보다 전문화된 유아교육기관을 요구하고 있다.

② 어머니의 사회참여에 따른 아동 양육자의 부재로 인해 탁아기능을 담당해 줄 수 있는 보육시설에 대한 요구가 높아지고 있다. 따라서 보육시설은 각 가정의 특수한 상황과 필요에 맞도록 다양한 형태로 설립되어야 할 것이다. 여기에는 방과 후 탁아, 기관 탁아, 시간제 탁아 등이 있을 수 있다.

## 4. 유아교육의 본질적 개념

임재택은 '유아교육은 0세부터 8세까지의 유아와 부모를 대상으로 가정과 유아원, 유치원, 보육시설 및 초등학교 저학년에서 유아들의 전인적 성장·발달을 위한 형식적·비형식적 교육'이라고 정의하고 있다.

① 유아교육은 0세부터 8세까지의 유아와 부모, 그리고 때에 따라 가족 구성원들까지를 대상으로 하는 포괄적 성격을 갖는 교육이다.

② 유아교육은 유아의 전인적 성장·발달을 목표로 한다.

③ 유아교육은 유아의 관심과 욕구를 최대한으로 반영하고자 하는 아동중심교육이다.

④ 유아교육은 형식적인 교육 이외에 자연스러운 비형식적 교육도 중요시한다.

⑤ 유아교육은 결과 중심의 교육성과보다 유아의 활동과정 그 자체에 의미를 더 부여한다.

⑥ 유아교육의 궁극적 목표는 유아의 행복한 삶이다.

---

**PLUS⁺**

**유아교육의 원리**

1. 유아교육은 교육과 보육의 서비스를 모두 포함해야 한다. 유아의 발달특성상 교육과 보육은 서로 분리될 수 없는 개념이므로 유아교육기관에서는 가르침과 보호의 기능을 반드시 함께 수행해야 한다.

2. 유아교육은 비형식적이고 잠재적 교육과정을 중시해야 한다. 이는 유아교사가 의도하는 형식적·표면적 교육과정뿐만 아니라, 유아의 자발적·즉흥적·순간적·우연적 학습경험에 의해 나타나는 유아의 변화에도 가치를 부여해야 한다는 의미로, 교실 이외의 다양한 장소나 상황에서의 체험이 바람직한 유아교육적 경험이 될 수 있다.

3. 유아교육은 유아의 흥미와 욕구를 존중해야 한다. 흥미란 유아가 주변 대상이나 사물에 대해 갖는 내적인 동기유발이며, 욕구란 유아가 심리적·생리적으로 결핍 또는 필요를 충족시키려는 자발적 행위라 할 수 있다. 유아교육은 유아의 현재 흥미를 존중하고 유아의 개별적 욕구에 기초하여 이루어져야 한다.

4. 유아교육은 유아의 발달에 적합한 경험을 제공하는 통합교육이어야 한다. 발달이란 인간의 전 생애를 통해 일어나는 신체, 정신 및 심리적인 변화양상과정을 의미하는 것으로 신체, 언어, 인지, 사회성, 정서 등 유아의 발달에 적합한 통합적 경험을 제공해야 한다.

5. 유아교육은 놀이 중심의 교육이어야 한다. 놀이는 유아기의 언어라 할 수 있으며, 유아는 놀이를 통하여 배우고 자아를 표현하며 필요한 발달적 기능을 자연스럽게 익혀나갈 수 있다. 따라서 유아교육은 유아들이 자유롭게 놀이할 수 있는 기회와 환경을 제공해 주어야 한다.

6. 유아교육은 과정 지향적 교육이어야 한다. 학습의 과정에 유아가 적극적으로 참여하고 주도함으로써 개별 유아의 잠재력이 최대한 발현될 수 있도록 하고, 학습의 성과 및 결과보다 학습과정 자체를 중요시해야 한다.

7. 유아교육은 상호작용을 중시해야 한다. 상호작용이란 유아와 유아 간, 유아와 교사 간, 유아와 교구·교재 간, 유아와 환경 간, 유아의 이전 경험과 현재 경험 간 등의 다양한 상호작용 형태를 의미한다. 주변의 다양한 자료와 자연물을 적극 활용하여 유아들이 직접적이고 구체적인 상호작용의 경험을 할 수 있도록 해야 하며, 특히 유아교사는 유아의 학습에 있어 중재자, 안내자로서 긍정적이고 수용적인 자세로 상호작용하는 역할을 해야 한다.

## 02 유아교육의 중요성

### 1. 발달적 측면에서 본 유아교육의 중요성

 **들어가며**

유아기가 인간의 성장·발달에 얼마나 중요한 시기인지를 밝히는 것은 심리학, 특히 발달심리학의 중요한 연구문제이다. 20세기에 들어와서 많은 심리학자들과 발달이론가들이 유아기가 발달적으로 중요한 시기임을 연구결과로 밝히고 있다.

인간 발달의 기초가 유아기에 형성된다는 발달의 기초성과 특정한 발달과업을 가장 잘 성취할 수 있는 최적의 시기가 있음을 의미하는 적기성의 원리는 유아교육의 중요성을 강조하는 근거이다.

### (1) 신체 발달

① 인간의 골격 발달은 영유아기에 급속하게 성장하다가 아동기에는 약간 저조하고, 다시 청년기에 두드러진 성장을 하는, 일생 중 두 번의 급등기를 보인다.

② 신체 발달에 있어서 뇌세포의 발달은 초기에 왕성하게 발달한다. 출생 당시 거의 연결되지 않은 채 드문드문 존재하던 뇌세포가 신경초의 발달에 의해 서로 연결되는데, 이 과정은 생후 2년 동안 가장 활발하게 이루어지며, 6세 이후에는 상당히 약화된다. 뇌세포의 발달은 경험(자극), 영양, 정서적 안정 등의 영향을 많이 받는다.

③ 유아기에 형성된 기본적인 운동능력은 이후 운동능력 발달의 토대를 형성한다. 또한, 유아기에 다양한 운동능력의 기초를 형성하지 않으면 민첩성, 평형성 등 필수적인 기초체력이 형성되기 어렵다.

## (2) 성격 및 사회정서 발달

① 프로이트(Freud)의 정신분석 이론에 의하면, 인간에게 나타나는 성격의 모든 기초는 초기 부모-자녀 관계, 특히 6세 이전의 발달 정도에 결정적으로 영향을 받는다. 그는 초기 부모-자녀 관계가 바람직하게 형성되지 못하면 이후의 성격발달에 중대한 결함이 생길 수도 있음을 강조했다.

② 프로이트의 이론을 확장하여 발전시켰던 에릭슨(Erikson)은 인간의 전 생애 발달을 8단계로 구분하고, 각 단계마다 발달시켜야 하는 과업이 있으며, 이를 성공적으로 수행하면 긍정적인 성격과 태도를 발달시킬 수 있다고 주장했다. 에릭슨이 유아기 아동이 발달시켜야 하는 과업으로 제시한 것은 세상에 대한 신뢰, 자신의 행동에 대한 통제, 그리고 부모와는 독립된 존재임을 인식하는 것이다. 자신을 돌보아 주는 가장 중요한 사람과의 관계 속에서 이러한 과업이 성공적으로 이루어지면 유아들은 신뢰감, 자율성, 그리고 주도성을 발달시킬 수 있으나 그렇지 못한 경우에는 불신감, 수치심, 그리고 죄책감을 얻게 되므로 이후의 발달에 부정적인 영향을 미치게 된다는 것이다.

## (3) 인지 발달

① 피아제(Piaget)는 아동의 지적인 능력이 유전적으로 결정되는 것이 아니라 태어난 후의 환경적 자극에 의해 상당한 영향을 받는다고 보았다. 이때의 환경적 자극은 각 아동의 인지구조에 맞추어 동화와 조절이라는 자발적인 메커니즘에 의하여 아동 스스로의 정신세계를 구성하고 창조해 나간다고 보고 구성주의를 주장하였다.

② 블룸(Bloom)은 유아기가 인간의 지적 발달의 결정적 시기라는 점을 강조하였다. 그는 인간의 지적 성숙이 최고조에 달하는 17세의 지능을 100으로 보았을 때, 0~4세 사이에 지능의 약 50%가 발달하고, 4~8세에 약 30%가 발달하며, 나머지 20%가 8~17세에 발달한다고 제시한 바 있다. 이 연구에 의하면 0~8세의 유아기는 지능의 약 80%가 이루어지는 중요한 시기이다.

### PLUS⁺

**인지 발달론자들의 주장에서 찾을 수 있는 유아교육의 중요성**

1. 인간의 지적 능력이란 태어날 때부터 고정된 것이 아니다.
2. 인간의 지적 능력은 환경과의 상호작용에 의해 계속적으로 성장하고 변화한다.
3. 인간의 가장 빠른 지적 성장은 8세 이전에 이루어진다. 그러므로 주변 환경의 영향력은 어릴 때(8세 이전) 더욱 더 크다.
4. 환경을 통한 아동의 경험이 발전적으로 작용하기 위해서는 아동의 인지적인 수준과 관심에 부합되는 적절한 자극을 줄 수 있는 교육적 배려가 요구된다.

### (4) 언어 발달

① 만 2세를 전후하여 세계의 모든 어린이들은 그 문화가 제공하는 언어를 배운다. 언어는 사고와 개념 발달에 밀접하게 연관되어 있고, 정보를 저장·활용하고 문제를 해결하는 데 매우 효율적인 수단이다.

② 언어 발달을 위해서도 유아기에는 성인과의 부단한 대화나 체계적이고 풍부한 환경의 자극이 필요하다.

PLUS⁺

#### 결정적 시기

인간의 발달을 설명하는 다양한 이론을 살펴보면, 인간이 발달해 나가는 과정에서 결정적 시기가 있으며, 이 시기를 놓치면 적절한 수준의 발달이 이루어지지 않는다는 주장이 있어 왔다. 결정적 시기란 생후 일정한 시간 내에서만 외부의 자극이 작용하는 시기로서, 결정적 시기에 얻어진 행동은 한평생 지속되지만 이 시기를 놓치면 그 기능이 다시 습득되기 어렵다(조복희, 1999).

결정적 시기를 가장 극적으로 나타내 주는 것은 로렌츠(Lorenz)가 연구한 각인(刻印) 현상이다. 로렌츠는 어미 오리가 낳은 알의 일부를 어미로부터 격리시키고 자신이 부화시켰다. 알에서 깨어난 새끼오리는 어미 오리 대신 로렌츠를 졸졸 따라다녔고, 로렌츠는 이러한 추종행동을 각인이라 명명했다. 그런데 이 각인 현상은 언제나 일어나는 것이 아니라 부화한 후 13~16시간 사이에 가장 민감하게 일어나는 것으로 밝혀졌다.

로렌츠의 연구에서 드러난 것처럼, 인간의 발달에도 결정적 시기가 있다는 것이 여러 학자들에 의해 개념화되어 왔다. 그러나 이를 실제로 증명해 준 이는 인도에서 발견된 늑대 소녀였다. 1920년 인도의 늑대 굴에서 발견된 한 소녀는 처음 발견되었을 때 약 8세 정도였는데 걸음걸이와 식성 등이 늑대를 그대로 닮았고 늑대 울음과 비슷한 소리를 내었다. 학자들은 이 소녀에게 인간의 말을 가르치려고 노력했으나 8년 동안 50단어 정도밖에 가르칠 수가 없었다. 언어학자들은 이 소녀가 인간의 언어를 배울 수 있는 기회를 놓쳤기 때문에 아무리 가르쳐도 인간의 언어를 습득할 수 없었을 것으로 보고 있다.

코스텔닉(Kostelnik)과 그의 동료들은 유아기 발달의 최적기인 영역으로 친사회적 태도와 행동, 의사소통능력, 친교적 기술, 자아 존중, 일반적인 문제해결전략, 논리·수학적 사고 과정, 문해 출현, 심미감, 권위와 규칙에 대한 태도, 학습자로서의 자신에 대한 태도 등을 제시한 바 있다(심성경 외, 1998 재인용).

이처럼 유아기가 다양한 영역에 걸쳐 발달의 최적기라면 유아교육을 담당하는 사람들은 이 시기에 해당하는 발달 과업이 제대로 성취될 수 있도록 적절한 교육적 시도를 해야 할 것이다.

## 2. 가정 및 사회문화적 측면에서 본 유아교육의 중요성

### (1) 가족 구조 및 기능의 변화

① 오늘날에는 가정의 자녀 양육 및 교육의 기능이 점차 약화되고, 핵가족이나 취업모의 증가로 인해 사회의 형식적인 교육기관들이 가정의 기능을 분담하는 경향이 늘어나고 있다.

② 이러한 변화와 함께 양질의 종일제 프로그램에 대한 요구도 점차 많아지고 있으며, 유아교육기관에서는 일과 운영의 형태를 다양화하는 등 사회적 요구를 적극 반영하고 있다. 가정과 사회의 요구에 부합하고 교육적 기능을 지원한다는 점에서 유아교육의 중요성은 더욱 강조되는 것이다.

### (2) 사회의 변화

① 우리 사회가 처해 있는 시대적 상황과 사회 변화에 따라 나타나는 다양한 요구를 고려해보면, 유아교육이 갖는 의미와 중요성은 더욱 부각된다.

② 임재택(2005)이 지적하였듯이, 개발 중심의 산업문명으로 인한 생태계의 파괴, 기후 변화로 인한 재해, 자원 고갈, 식량 부족 등 전 지구적으로 위기에 놓여 있으며, 그 폐해는 고스란히 아이들에게 돌아가 양육과 교육환경을 오염시키고 있다.

③ 사람과 자연이 공생할 수 있는 지속 가능한 사회를 만들기 위해서는 무엇보다도 먼저 건전한 가치관을 형성해야 한다. 이러한 점에서 어린 시기의 올바른 교육은 매우 중요한 의미를 가진다.

### (3) 유·초 연계에 대한 요구

유아교육과 초등학교의 연계에 대한 사회적 요구 또한 유아교육을 중요하게 인식해야 하는 이유이다. 교육경험의 연속성, 반복성, 일관성, 통합성의 차원에서 볼 때 유아교육의 체계와 내용, 방법 등은 매우 중요하게 다루어져야 할 문제이다.

### (4) 인적 자원 개발의 필요성

① 민주시민으로서의 소양을 기르고 국가의 인적 자원을 길러낼 수 있다는 점에서도 유아교육의 중요성을 찾아볼 수 있다.

② 유아기에 민주시민으로서 갖추어야 할 소양을 익히고 유아기의 잠재능력을 다양하게 길러낸다면 다양한 분야에서 창의적으로 일할 국가의 인적 자원을 육성하는 기초가 될 것이다(양옥승, 이원영, 이영자, 이기숙, 2003).

③ 또한 국가 투자의 경제적 효율성 측면에서 유아교육의 인적 자원 개발의 효과가 높다는 점에서도 유아교육의 중요성이 강조되고 있다(문미옥, 2008).

### (5) 사회적 측면에서의 복지사회 구현

① 오늘날 세계 대부분의 나라에서는 복지국가 건설을 추구하고 있다. 소외 계층의 사람들에게도 충분한 자기성장의 기회와 발전 가능성을 열어줄 수 있는 배려가 국가적 차원에서 시도되고 있다.

② 여러 문화적 자극이 결핍된 지역이나 가정의 아이들에게 교육적으로 다양한 경험을 제공함으로써 빈곤한 환경의 악영향을 조기에 막는다는 것은, 그 개인의 발달뿐만 아니라 사회적으로도 바람직한 일인 것이다.

③ 교육적 격차는 시작할 때는 작아 보이지만 해가 거듭될수록 커질 것이다. 따라서 이 격차를 조기에 줄이기 위해 교육의 기회균등을 보장하는 것은 복지사회의 구현에 있어 중요한 과제이며, 이러한 입장에서 유아교육의 중요성이 강조되고 있다.

---

**PLUS+**

**유아교육기관의 유형**

1. 역사적으로 볼 때, 유아교육기관의 출발점으로는 1816년 영국의 오웬(Owen)이 자신의 방직 공장에서 노동자 자녀를 위한 보호와 학교로서의 교육기능을 함께 강조하여 운영했던 '성격 형성학원'을 들 수 있으며, 이후 1911년 맥밀란(McMillan)이 빈민가 유아를 대상으로 개설한 시설이 오늘날 영국의 '유아학교'의 시초라 할 수 있다.

2. 독일의 경우에는 1840년 '유치원의 아버지'라고 불리는 프뢰벨(Fröbel)의 '어린이의 동산'이라는 뜻의 '유치원(Kindergarten)'을 설립하였으며, 이탈리아의 몬테소리(Montessori)는 1907년 빈민굴 아파트에 방치되어 있던 유아를 모아 어린이집을 설립하여 보호와 교육적 개념이 함께 포함된 유아교육기관의 원형을 제시하였다.

3. 우리나라의 현재 유아교육기관의 시초로는 1913년 설립된 경성유치원과 1914년 설립된 이화유치원을 들 수 있으며, 보육시설은 1921년 서울 기독교사회에서 시작한 탁아 프로그램에 기원을 두고 있다.

4. 현재 우리나라의 형식적 유아교육기관으로는 교육부 산하의 유치원과 보건복지부 산하의 어린이집이 있다. 유치원의 설치 및 운영은 「유아교육법」에, 어린이집의 설치 및 운영은 「영유아보육법」에 의거하여 이원화된 체계로 행정적으로 관리되고 있다.

  (1) 유치원

    유치원은 「유아교육법」에 의거하여 만 3세에서 초등학교 취학 전 유아의 교육을 위하여 설립·운영되는 학교로서, 동법 제7조에서는 유치원의 설립 주체에 따라 국립 유치원, 공립 유치원, 사립 유치원으로 구분하고 있다.

    ① **국립 유치원**: 국가가 설립·경영하는 유치원
    ② **공립 유치원**: 지방자치단체가 설립·경영하는 유치원
    ③ **사립 유치원**: 법인 또는 사인(私人)이 설립·경영하는 유치원

  (2) 어린이집

    어린이집은 「영유아보육법」에 의거하여 만 6세 미만의 취학 전 아동을 보육하는 기관을 말하는 것으로, 동법 제10조(어린이집의 종류)에는 어린이집의 종류를 설치 및 운영 주체에 따라 국공립어린이집, 사회복지법인어린이집, 법인·단체등어린이집, 직장어린이집, 가정어린이집, 협동어린이집, 민간어린이집으로 구분하고 있다.

## 3. 유아의 권리보장 측면에서 본 유아교육의 중요성

### (1) 현대사회에서의 각종 위험으로부터 유아 보호

급변하는 현대사회에서 유아들은 많은 종류의 위험에 노출되어 있다. 교통안전, 각종 미디어로부터의 안전, 상품화된 교육으로부터의 안전, 학대로부터의 안전 등 유아들을 사회적 위험으로부터 보호해야 한다는 인식은 유아교육의 중요성을 강조한다.

### (2) 유아의 고유한 권리를 보장해 줄 의무

① 아동의 권리는 성인과 같은 인격을 지닌 '인간'으로서 누려야 하는 권리와 성인이 아닌 '어린이'로서 누려야 할 권리를 포함한다.

② 어린이로서 누려야 할 권리는 놀 권리, 정상적인 가정생활을 할 권리, 교육을 받을 권리를 포함한다.

**PLUS⁺**

**아동권리**

1. '아동권리'란?
   ① 아동권리는 1989년 유엔 총회에서 만장일치로 채택된 바 있는 아동권리협약(Convention on the Rights of the Child)에서 자세히 설명하고 있다.
   ② 아동권리협약은 아동의 권리보호만을 목적으로 한 국제사회 최초의 조약이다.
   ③ 생존, 보호, 발달, 참여의 권리 등 어린이의 모든 권리를 보장하는 국제법인 아동권리협약은 범세계적이며 가장 대표적인 어린이 인권협약이다.

2. 아동의 권리를 위한 국제사회의 노력
   ① 아동권리사상은 1922년 아동복리회(Save the Children Fund)의 창설자인 에글렌타인 젭(Eglantyne Jebb) 여사에 의해 성문화된 아동권리선언(Declaration on the Rights of the Children)으로 싹이 텄다. 그는 '인류는 아동들에게 주어야 할 최선의 것을 돌려주어야 한다.'고 주장하였으며 1924년 9월 26일 국제연맹(League of Nations)은 그의 선언문을 전문과 5개조로 된 '아동권리에 관한 제네바 선언(Declaration of Geneva)'으로 채택하였다.
   ② 이어 1959년 11월 20일 국제연합은 아동의 최선의 이익을 보장하기 위한 전문 10개조로 이루어진 '유엔 아동권리 선언(UN Declaration on the Rights of the Child)'을 채택하였으며 1959년 유엔 아동권리 선언 채택 20주년 기념의 해인 1979년을 유엔이 정한 '세계아동의 해'로 선포함으로써 아동에 관한 지구촌의 관심을 불러 일으켰다.
   ③ 아동의 생존, 보호, 발달을 포함한 아동의 최선의 이익이 우선적으로 고려되고 아동의 적극적인 권리가 가장 두드러지게 나타난 것이 1989년에 유엔 총회에서 만장일치로 채택된 아동의 권리에 관한 국제협약이다.
   ④ 1979년 '세계아동의 해' 10주년을 기념하여 1989년 11월 20일 마침내 유엔은 전문 및 54개조로 된 '아동권리협약(Convention on the Rights of the Child)'을 만장일치로 채택하였다. 아동권리협약은 1990년 9월 2일을 기해 세계 191개국이 비준함으로써 인류사상 가장 많은 국가가 비준한 국제협약이 되었다.

### 3. 아동권리협약의 4대 기본권

아동권리협약은 무차별의 원칙, 아동 이익 최우선의 원칙, 아동의 생존·보호 및 발달 보장의 원칙, 아동의 의사 존중 및 참여의 원칙이라고 하는 4개의 주요 원칙을 중심으로 아동의 권리를 명시하고 있다.

#### (1) 생존권(Right To Survival)

적절한 생활수준을 누릴 권리, 안전한 주거지에서 살아갈 권리, 충분한 영양을 섭취하고 기본적인 보건서비스를 받을 권리 등 기본적인 삶을 누리는 데 필요한 권리

> 아동권리협약의 제6조에는 "당사국은 모든 아동이 고유의 생명권을 가지고 있음을 인정한다. 당사국은 가능한 최대한도로 아동의 생존과 발달을 보장하여야 한다."라고 규정하고, 제24조 제1항 "당사국은 도달 가능한 최상의 건강 수준을 향유하고, 질병의 치료와 건강의 회복을 위한 시설을 사용할 수 있는 아동의 권리를 인정한다. 당사국은 건강관리지원의 이용에 관한 아동의 권리가 박탈되지 아니하도록 노력하여야 한다."고 하며, 그 이하에서 당사국이 할 일이 상세히 규정되어 있다.

#### (2) 보호권(Right To Protection)

모든 형태의 학대와 방임, 차별, 폭력, 고문, 징집, 부당한 형사처벌, 과도한 노동, 약물과 성폭력 등 어린이에게 유해한 것으로부터 보호받을 권리

> 아동권리협약 제19조 제1항은 "당사국은 아동이 부모, 법정 후견인 또는 기타 아동 양육자의 양육을 받고 있는 동안 모든 형태의 신체적·정신적 폭력, 상해나 학대, 유기나 유기적 대우, 성적 학대를 포함한 혹사나 착취로부터 아동을 보호하기 위하여 모든 적절한 입법적·행정적·사회적 및 교육적 조치를 취하여야 한다."고 규정하고 있다. 이밖에도 협약은 아동은 모든 형태의 차별이나 처벌로부터 보호되고, 착취에 대한 보호, 위기와 응급상황에서의 보호 등을 광범위하게 규정하고 있다.

#### (3) 발달권(Right To Development)

잠재능력을 최대한 발휘하는 데 필요한 권리. 교육받을 권리, 여가를 즐길 권리, 문화생활을 하고 정보를 얻을 권리, 생각과 양심과 종교의 자유를 누릴 수 있는 권리

> 아동권리협약 제28조 제1항은 "당사국은 아동의 교육에 대한 권리를 인정하며, 점진적으로 그리고 기회균등의 기초 위에서 이 권리를 달성하기 위하여 특히 다음의 조치를 취하여야 한다."고 명시하고 있다. 그 이하에서 초등교육의 무상 의무교육, 중등교육의 장려, 고등교육의 개방, 교육과 직업에 대한 정보의 제공 등을 강조하고 있다.

#### (4) 참여권(Right To Participation)

자신의 생활에 영향을 주는 일에 대해 의견을 말하고 존중받을 권리. 표현의 자유, 양심과 종교의 자유, 평화로운 방법으로 모임을 자유롭게 열 수 있는 권리, 사생활을 보호받을 권리, 유익한 정보를 얻을 권리

> 아동권리협약은 제12조에서 "당사국은 자신의 견해를 형성할 능력이 있는 아동에 대하여 본인에게 영향을 미치는 모든 문제에 있어서 자신의 견해를 자유롭게 표시할 권리를 보장하며, 아동의 견해에 대하여는 아동의 연령과 성숙도에 따라 정당한 비중이 부여되어야 한다. 이러한 목적을 위하여, 아동에게는 특히 아동에게 영향을 미치는 어떠한 사법적·행정적 절차에 있어서도 직접 또는 대표자나 적절한 기관을 통하여 진술할 기회가 국내법상 절차규칙에 합치되는 방법으로 주어져야 한다."라고 명시하고 있다.

## 4. 우리나라의 경우

① 1921년 소파 방정환이 '어린이'라는 말을 처음 사용하였다. 1923년 소파 방정환은 어린이 선언문 제정과 아동의 권리를 선언한 바 있는데, 3장에는 어린이들에게 놀 권리가 있으며 가정과 사회는 이를 보호해야 한다고 하였다. 또한 같은 해 어린이날이 제정되었고, 1970년 공휴일로 정해진 이후 오늘날에 이르고 있다.

---

### 1923년 어린이의 인권, 시대를 앞서간 '소년운동의 기초조항'

한국방정환재단, 「소파 방정환 연보」 중 일부(1923년)

- **4월 30일** : '색동회'가 정식으로 도쿄에서 조직. 여기서 '어린이날'을 제정하고, 5월 1일 그 기념식을 갖도록 서울에 연락
- **5월 1일** : 이미 3월 16일 도쿄 소파 하숙집에서 제1차 모임을 가진 바 있는 '색동회'가 우리나라 최초의 아동문화운동 단체로 정식 발족되어 창립. 제1회 어린이날 선포
- 제1회 '어린이날'인 5월 1일을 기해 '조선소년운동협회' 주최. 천도교, 동아일보, 조선일보의 후원으로 천도교당에 1천여 명이 모여 기념식을 갖고 대대적인 행사를 거행. 이날 「어른에게 드리는 글」「어린 동무에게 주는 말」「어린이날의 약속」이라는 제목의 전단 12만 장 배부
  특히, 이날 '한국 최초의 어린이헌장'이라고 할 수 있는 「소년운동의 기초조항」을 소춘 김기전 선생이 작성, 소년운동협회 명의로 선포하다.

#### 1923년 「소년운동의 기초조항」

하나, 어린이를 재래의 윤리적 압박으로부터 해방하야 그들에게 대한 완전한 인격적 예우를 허하게 하라.
둘, 어린이를 재래의 경제적 압박으로부터 해방하야 만 14세 이하의 그들에게 대한 무상 또는 유상의 노동을 폐하게 하라.
셋, 어린이 그들이 고요히 배우고 즐거이 놀기에 족한 각양의 가정 또는 사회적 시설을 행하게 하라.

---

② 1957년 5월 5일, 제35회 어린이날에는 대한민국 「어린이헌장」이 제정·공포되었다. 1924년 국제연맹에서 '아동권리헌장'을 채택한 지 33년 만이었다. 「어린이헌장」은 한국동화작가협의회에서 성문화해 처음 발표한 뒤 정부와 심의·보완한 뒤 보건사회부에서 선포했다. 모두 9개 항목으로 구성된 이 헌장은 어린이를 위해 국가와 사회가 해야 할 일을 규정하고 있다. 「어린이헌장」은 1988년에 보건사회부에서 개정하여 조항이 11개항으로 늘었다.

| 1957년 5월 5일 대한민국<br>「어린이헌장」 제정·공포 | 1988년 「어린이헌장」 개정 |
|---|---|
| 어린이는 나라와 겨레의 앞날을 이어나갈 새 사람이므로 그들의 몸과 마음을 귀히 여겨 옳고 아름답고 씩씩하게 자라도록 힘써야 한다. | 대한민국 어린이헌장은 어린이날의 참뜻을 바탕으로 하여 모든 어린이가 차별 없이 인간으로서의 존엄성을 지니고 나라의 앞날을 이어나갈 새 사람으로 존중되며 아름답고 씩씩하게 자라도록 함을 길잡이로 삼는다. |
| 1. 어린이는 인간으로서 존중하여야 하며 사회의 한 사람으로서 올바르게 키워야 한다.<br>2. 어린이는 튼튼하게 낳아 가정과 사회에서 참된 애정으로 교육하여야 한다.<br>3. 어린이에게는 마음껏 놀고 공부할 수 있는 시설과 환경을 마련해주어야 한다.<br>4. 어린이는 공부나 일이 몸과 마음에 짐이 되지 않아야 한다.<br>5. 어린이는 위험한 때 맨 먼저 구출하여야 한다. | 1. 어린이는 건전하게 태어나 따뜻한 가정에서 사랑 속에 자라야 한다.<br>2. 어린이는 고른 영양을 섭취하고, 질병의 예방과 치료를 받으며, 맑고 깨끗한 환경에서 살아야 한다.<br>3. 어린이는 좋은 교육시설에서 개인의 능력과 소질에 따라 교육을 받아야 한다. |

6. 어린이는 어떠한 경우에라도 악용의 대상이 되어서는 아니 된다.
7. 굶주린 어린이는 먹여야 한다. 병든 어린이는 치료해주어야 하고, 신체와 정신에 결함이 있는 어린이는 도와주어야 한다. 불량아는 교화하여야 하고 고아나 부랑아는 구호하여야 한다.
8. 어린이는 자연과 예술을 사랑하고 과학을 탐구하며 도의를 존중하도록 이끌어야 한다.
9. 어린이는 좋은 국민으로서 인류의 자유와 평화와 문화발전에 공헌할 수 있도록 키워야 한다.

4. 어린이는 빛나는 우리 문화를 이어받아, 새롭게 창조하고 널리 펴나가는 힘을 길러야 한다.
5. 어린이는 즐겁고 유익한 놀이와 오락을 위한 시설과 공간을 제공받아야 한다.
6. 어린이는 예절과 질서를 지키며, 한겨레로서 서로 돕고 스스로를 이기며, 책임을 다하는 민주시민으로 자라야 한다.
7. 어린이는 자연과 예술을 사랑하고 과학을 탐구하는 마음과 태도를 길러야 한다.
8. 어린이는 해로운 사회환경과 위험으로부터 먼저 보호되어야 한다.
9. 어린이는 학대를 받거나 버림을 당해서는 안 되고, 나쁜 일과 힘겨운 노동에 이용되지 말아야 한다.
10. 몸이나 마음에 장애를 가진 어린이는 필요한 교육과 치료를 받아야 하고, 빗나간 어린이는 선도되어야 한다.
11. 어린이는 우리의 내일이며 소망이다. 나라의 앞날을 짊어질 한국인으로, 인류의 평화에 이바지할 수 있는 세계인으로 자라야 한다.

③ 1990년 9월 25일, 우리나라는 유엔 아동권리협약에 서명하고, 1991년 이를 비준함으로써 협약 당사국이 되었다.

④ 2016년 5월 2일, 보건복지부가 어린이날을 맞아 '아동의 권리와 어른들의 책임'을 규정한 '아동권리헌장' 선포식을 열었다. 정부가 1957년에 제정한 「어린이헌장」을 1988년에 개정한 지 28년 만이다. 「아동권리헌장」은 아동이 스스로 자신의 권리를 알고 지킬 수 있고 어른도 아동들의 권리를 이해하고 존중하여야 한다는 약속이다. 전문과 9개 조항으로 이루어진 「아동권리헌장」은 유엔아동권리협약의 조항들을 함축적으로 모아 간결하게 정리하였고, 우리 아동들이 겪고 있는 위기에 주목해 학대 등으로부터 보호받을 권리, 놀 권리, 표현의 자유와 참여, 상상과 도전, 창의적 활동 등을 비중 있게 다루었다.

### 2016년 5월 2일 「아동권리헌장」

모든 아동은 독립된 인격체로 존중받고 차별받지 않아야 한다. 또한 생명을 존중받고, 보호받으며, 발달하고 참여할 수 있는 고유한 권리가 있다.
부모와 사회, 국가와 지방자치단체는 아동의 이익을 최우선적으로 고려해야 하며, 다음과 같은 아동의 권리를 확인하고 실현할 책임이 있다.

1. 아동은 생명을 존중받아야 하며 부모와 가족의 보살핌을 받을 권리가 있다.
2. 아동은 모든 형태의 학대와 방임, 폭력과 착취로부터 보호받을 권리가 있다.
3. 아동의 출신, 성별, 언어, 인종, 종교, 사회·경제적 배경, 학력, 연령, 장애 등의 이유로 차별받지 않을 권리가 있다.
4. 아동은 개인적인 생활이 부당하게 공개되지 않고 보호받을 권리가 있다.
5. 아동은 신체적·정신적·사회적으로 건강하게 성장하고 발달하는 데 필요한 기본적인 영양, 주거, 의료 등을 지원받을 권리가 있다.
6. 아동은 자신이 살아가는 데 필요한 지식과 정보를 알 권리가 있다.
7. 아동은 자유롭게 상상하고 도전하며 창의적으로 활동하고 자신의 능력과 소질에 따라 교육받을 권리가 있다.
8. 아동은 휴식과 여가를 누리며 다양한 놀이와 오락, 문화·예술 활동에 자유롭고 즐겁게 참여할 권리가 있다.
9. 아동은 자신의 생각이나 느낌을 자유롭게 표현할 수 있으며, 자신에게 영향을 주는 결정에 대해 의견을 말하고 이를 존중받을 권리가 있다.

## 현대사회의 변화와 유아교육, 복지

**01** 사회의 변화와 유아교육

 **들어가며**

우리 사회는 전통적인 농경사회에서 근대화 시기를 거치면서 많은 변화를 겪어 왔다. 그중에서도 유아교육과 밀접한 관련이 있는 저출산, 고령화 현상과 여성의 사회활동 참여 증가, 정보화·세계화의 가속화로 나누어 살펴보고자 한다.

## 1. 저출산고령화의 진행

① 세계 최저 수준의 출산율과 가장 빠른 고령화 진행으로 한국 사회의 지속 발전 가능성에 대한 우려가 확산됨에 따라 시급한 대처의 필요성을 느끼고 다양한 저출산 극복 대응전략을 모색하고 있다.

② 저출산 극복을 위해 정부는 저출산 원인에 따른 정책 전략을 담은 저출산·고령사회 기본계획을 매 5년마다 수립·추진하게 되었다. 저출산·고령사회 기본계획에 따르면 저출산·고령사회를 극복하기 위해 모든 세대가 함께하는 지속 발전이 가능한 사회를 이루기 위한 추진과제 중 하나는 출산과 양육에 유리한 환경을 조성하는 것이다.

③ 출산과 양육에 대한 사회적 책임을 강화하고 일과 가정의 양립이 가능한 사회 시스템을 구축하며 가족친화·양성평등의 사회문화를 조성하는 것이다. 이러한 변화에 발맞추어 유아교육에서도 종일반 운영을 확대하는 등 양육에 대한 사회적 역할에 기여하고자 하는 노력을 하고 있다.

## 2. 여성의 사회활동 참여 증가

① 오늘날 우리 사회의 두드러진 변화 중 하나는 여성들의 사회활동이 증가하고 있다는 것이다. 여성들의 사회참여와 핵가족화 현상으로 취학 전 자녀를 가진 취업모가 빠르게 증가하고 있다.

② 그러나 우리나라 여성의 경제활동은 출산·육아로 인하여 노동시장에서 이탈한 이후 하향 재진입하는 M자 곡선으로 구조화되어 있는데, 이것은 아직 여성 취업에 대한 가정과 기업, 사회의 인식과 고용환경이 미흡하여 여성이 일과 결혼 또는 일과 출산 중 하나를 선택해야 하는 상황임을 말해준다.

③ 유치원이나 보육시설과 같은 육아지원시설이 많이 확충되었지만 아직도 여러 가지 이유로 인해 육아지원서비스를 받지 못하는 영유아가 많으며, 이것은 앞으로도 영유아에 대한 교육 및 보육사업의 확대와 질적 수준의 점검이 필요함을 시사하고 있다.

### 3. 정보화세계화의 가속화

① 기계화를 시작으로 출발한 산업사회는 오늘날 점차 정보가 생명이 되는 정보사회로 전환되었다. 정보사회는 지식의 생산, 처리, 전달 등을 맡은 지식산업이 주된 산업이 되고 정보가 사회의 주된 바탕을 이루게 된 사회이다.

② 이러한 가운데 정보화 사회의 주축이 되는 컴퓨터 공학의 발달과 이것의 일상화로 인해 유아들은 어린 시기부터 게임과 인터넷을 경험하고 다양한 매체에 노출된다.

③ 또한 텔레비전은 유아에게 유용한 정보를 주지만, 유아들이 이해할 수 없는 지식이나 유해한 정보를 지나치게 보여준다는 문제가 있다. 유아들에게 있어서 텔레비전 시청은 아주 일반적인 생활의 일부이므로 유아교육에서도 반드시 적절한 시청지도가 이루어져야 할 것이다.

④ 한편 현대사회는 인터넷의 보급과 다양한 통신수단의 발달 등으로 인해 한 지역, 한 국가의 범위를 넘어 급속하게 세계화가 이루어지고 있다.

⑤ 급속한 세계화의 과정에서 유아들은 전통적인 삶을 물려받을 기회를 잃어버렸으며, 외래 문화와 문물에 무분별하게 노출되어 국적 없는 아이들이 되어가고 있다. 세계화라고 하여 우리의 것을 모두 버리는 것이 아니라 우리나라만이 가진 고유한 전통과 문화를 계승·발전시키는 것에 역점을 두어야 할 것이다.

### 02 가족의 변화와 유아교육

### 1. 가족구조의 변화

① 우리나라는 급격한 산업화, 도시화, 서구화 등의 사회적 환경변화로 핵가족이 보편화되고 가족해체가 증가하였으며, 가족과 직장이 분리되고, 소가족 혹은 핵가족으로의 전이가 불가피해졌으며 심지어는 전 구성원이 따로 떨어져 있다가 주말에만 만나는 가족도 증가하고 있다.

② 최근에 부모의 이혼이나 실직 등으로 조부모와 손자·손녀만으로 구성된 조손가정이 증가하는 등 사회·경제적인 여러 가지 이유로 인해 전통적인 가족구조에서 벗어난 다양한 형태의 가족이 늘어나고 있다.

③ 한편, 최근 우리사회는 다인종·다문화 사회로 빠르게 변화하고 있으며, 다문화 가정이 급증하고 있다. 다문화 가정의 증가에 따라 민족과 국가라는 틀에서 벗어나 다른 사람의 문화를 이해하고 존중하는 다문화 교육의 실시가 필요하다.

> **PLUS+**
>
> **다문화 교육**
> 다문화 교육은 각기 다른 인종과 성, 언어, 계층 등을 이해하고 존중하도록 유도하여 유아와 그 가족의 삶을 긍정적으로 변화시킴으로써 다양한 문화의 세계에서 유아들이 공동의 목표를 향해 생활하고, 의사소통하는 지식, 태도, 기술을 가질 수 있도록 준비하는 교육이다(김영옥, 2002).

## 2. 가족기능의 변화

① 가족구조의 변화와 함께 가족의 기능에서도 변화가 일어나고 있다. 현대의 가족구조는 가정의 양육과 교육적 기능을 약화시켰다. 가정 내에서의 대인관계 기회가 감소되고, 가정에서 이루어지던 기본생활습관이나 가치관의 전달이 어려워졌다. 같이 놀 형제나 사촌은 물론 이웃 아이들마저도 거의 없으며 온종일 엄마와의 일대일 관계에 있거나 혼자 있으면서 텔레비전이나 컴퓨터와 보내는 시간이 많아진 것이다.

② 다른 한편으로는 부모의 자녀에 대한 과도한 기대와 과잉보호, 지나친 간섭 등으로 인해 심신이 나약해지고 심리적 불안 및 스트레스를 겪는 유아가 늘어나게 되었다. 현대사회의 영유아들은 가족기능의 약화나 맞벌이 부모의 증가 등으로 인해 그 어느 때보다 더 힘든 생활을 하고 있다.

③ 여성의 경제활동 참여 증가와 가족구조의 핵가족화로 인해 가족의 기능이 변화하면서 자녀 양육과 교육에 대한 역할에서도 변화가 일어나고 있다. 즉, 과거 어머니가 주로 담당했던 자녀교육을 아버지도 함께 담당해야 할 필요성이 증가되고 인식도 변화되었다.

④ 유아교육에서는 이러한 사회적 변화에 따라 남자와 여자의 성 역할에 대한 양성평등교육을 어려서부터 실시할 필요가 있다. 특히 유아기는 성 역할 정체감이 형성되는 중요한 시기로서, 이 시기의 양성평등교육은 매우 중요하다.

## 03 복지사회 실현과 유아교육

 **들어가며**

최근에는 우리나라에서도 자녀 양육과 교육을 가정이나 개인이 책임진다는 인식에서 벗어나 사회와 국가가 자녀양육의 책임을 인정하는 인식의 변화가 일어나고 있다.

복지사회의 바탕은 민주사회의 이념, 즉 모든 사회 구성원이 가치 있는 존재로서의 삶을 보장받을 수 있어야 하며, 똑같이 의무를 수반하는 자유를 누리고 책임을 지며 권리를 행사할 수 있는 기회를 보장받아야 한다는 데 있다.

또한 복지사회가 되기 위해서는 특히 소외된 계층에 많은 혜택이 주어져야 한다. 많은 어려움을 겪고 있는 저소득 계층의 아동, 결손가정의 아동 그리고 장애를 가진 아동을 위한 서비스는 물론이고 그들 가족을 위한 지원 서비스도 제공해 줌으로써 모두가 행복하게 잘 사는 복지사회를 실현할 수 있을 것이다.

### 1. 아동복지의 정의

아동복지란 사회적 구성원으로서의 모든 아동이 기초적인 생활 욕구를 충족하면서, 이들이 신체적·정서적·사회적으로 최상의 발달을 기하는데 필요한 자원들을 기본적으로 누리는 안녕의 상태인 동시에, 아동의 가치와 존엄성이 최고도로 실현되는 상황을 추구하기 위한 사회 공동의 노력이라고 정의할 수 있다.

① **좁은 의미의 아동복지** : 부모나 가족을 통해 적절한 보호와 자원을 제공받지 못하는 특수한 욕구를 가진 아동과 그 가족을 대상으로 제공되는 복지형태

② **넓은 의미의 아동복지** : 특수 욕구를 가진 아동과 가족은 물론 모든 아동과 그 가족을 대상으로 다양한 복지 주체들이 서로 유기적인 관련하에 체계적으로 전개하는 복지형태

**PLUS**

**아동복지**

1. 카두신(Kadushin)은 넓은 의미로 '아동복지란 모든 아동들의 행복 및 사회적응을 위해 심리적·사회적·생물적 잠재력을 개발시켜 주기 위한 각종 방법'이라고 하였고, 좁은 의미로 '아동복지란 특수한 문제를 가진 아동과 그 가정을 대상으로 전문적인 기관에서 행하는 특수한 서비스'라고 하였다.

2. 우리나라 「아동복지법」에서는 '아동이 행복한 삶을 누릴 수 있는 기본적인 여건을 조성하고 조화롭게 성장·발달할 수 있도록 하기 위한 경제적·사회적·정서적 지원'이라고 규정하고 있다.

## 2. 아동복지의 대상

① 「아동복지법」에 근거하여 '아동'이란 18세 미만인 사람으로, 18세 미만의 아동은 모두 아동복지의 대상자가 된다. 즉, 18세 미만의 모든 아동과 그 부모 및 가정이 아동복지의 대상이라 할 수 있다.

② 아동복지의 대상에 부모 및 가족이 포함되는 것은 아동은 발달단계 특성상 아동의 건강한 발육과 성장을 위해서는 보호 양육의 역할을 담당하는 보호자가 필요하기 때문이다.

③ 따라서 아동복지 서비스는 아동뿐 아니라 부모 및 가족까지도 대상에 포함되기 때문에 아동중심적인 동시에 가족친화적인 서비스로 제공되어야 한다.

④ 보편주의와 선별주의에 입각하여 아동복지 대상을 요보호 아동과 일반아동으로 구분할 수 있다.

  ㉠ 요보호 아동

    • 「아동복지법」에 의하면 '보호대상아동'은 보호자가 없거나 보호자로부터 이탈된 아동 또는 보호자가 아동을 학대하는 경우 등 그 보호자가 아동을 양육하기에 적당하지 아니하거나 양육할 능력이 없는 경우의 아동으로 규정하고 있다.

    • 즉, 요보호 아동이란 아동의 기본적인 욕구를 충족시키거나 문제를 해결할 가정이 부재한 경우 또는 개별 가정의 능력으로는 아동의 기본적인 양육의 욕구를 해결할 수 없는 상황에 처한 아동이라 할 수 있다.

---

**PLUS⁺**

**요보호 아동**

1. **양육환경상의 보호가 필요한 아동**
   가족의 구조와 기능이 결손되어 건강한 양육환경에서 성장하기 힘든 아동들로 구체적으로 빈곤가정아동, 결손가정아동, 부모부재아동 등이 포함된다.

2. **신체적·정신적·정서적으로 문제나 장애를 지닌 아동**
   자신들이 가진 독특한 심신상의 결함으로 정상적인 사회참여에 제한을 받고 있고, 독립적인 인격체로서의 존엄성을 침해당하고 있는 경우가 이에 해당된다.

3. **사회적·법적 보호가 필요한 아동**
   가출아동, 비행아동 등이 포함된다.

4. **특별보호를 요하는 아동**
   학대 및 유기된 아동, 미혼모의 아동 등이 포함된다(장인협과 오정수, 2001).

---

  ㉡ 일반아동

    • 일반아동이란 아동이 속한 가정에서 제공되는 보호 이외에 다른 특별한 보호를 받지 않고 생활할 수 있는 아동을 의미한다.

    • 일반아동의 경우 현재 심각한 문제가 없다는 것이 앞으로도 문제를 경험할 가능성이 없다는 것을 의미하는 것은 아니다. 일반아동은 단지 현재 뚜렷한 문제를 지니지 않고 있다는 것이지, 기본적인 욕구와 현재보다 더 나은 상태를 위한

욕구는 가지고 있으므로, 아동복지 서비스가 이러한 다양한 욕구를 충족시켜 주어야 하는 것이다.

- 뿐만 아니라, 요보호 아동이 경험하는 문제를 예방하는 차원에서 아동복지 서비스가 접근되어야 하는 필요성이 있는 것이다. 따라서 아동의 기본적인 욕구를 충족시키고, 아동의 건강한 발달과 성장을 위해 모든 가족에게 제공되어야 할 다양한 아동복지 서비스의 대상은 바로 일반아동들이라 할 수 있다.

### 3. 아동복지의 원칙

### (1) 권리와 책임의 원칙

아동을 위한 건전한 육성대책은 아동, 부모, 사회 각각의 권리와 책임의 확립에 기반을 두고 있어야 한다는 것이 원칙적인 방향이다. 이들 중 어느 한 부분의 권리나 책임에서 야기되는 갈등이나 부적응, 또는 지나친 욕구 등은 아동들에게 어려운 문제점을 갖게 하는 기본적인 원천이 되므로 그들 간에 균형을 유지하고 적절한 상호작용 관계를 유지해야 한다.

① 아동의 권리와 책임의 원칙 : 아동은 특별히 상처받기 쉽고, 성숙한 방식으로 중대한 결정을 할 수 있는 능력이 없지만, 모든 아동은 독자적인 권리를 가진 하나의 인간이다. 모든 아동은 생존하고 성장하며 보호·지도받아야 한다는 점에서 이들의 권리가 연유된다. 아동은 권리를 가지고 있는 것과 마찬가지로 책임도 가지고 있다. 아동은 자신을 책임지고 있는 성인들의 명백한 기대를 충족시켜야 하며, 자신에게 주어지는 요구사항을 인정해야 하고, 각자에게 주어진 책임감을 진전시킬 뿐만 아니라 자발적 활동이나 계획 등에 참여하여 자신의 발전에 도움이 되는 기회를 능동적으로 활용하는 책임의식을 확실하게 이해하여야 한다(Costin, 1972). 아동의 책임은 단순히 성인의 보호를 필요로 하는 의존적이고 수동적인 존재가 아니라 독립된 개체로서 자신의 생을 능동적으로 받아들이고 행동하여야 한다는 점을 강조한다.

② 부모의 권리와 책임의 원칙 : 사회에서 아동들을 양육하는 주된 권리와 책임은 부모에게 있다. 부모는 아동이 태어나거나 법적으로 입양된 사실에 의해 자연적으로 양육권을 가진다. 부모는 아동의 성격발달에 영향을 주는 일상의 행동에 대한 생활방식과 수준을 결정한다. 또한 종교를 결정하고 아동의 기본 윤리적 가치에 영향을 미칠 수도 있으며, 교육의 종류와 범위, 직업에 대한 결정, 성인의 성취 수준에도 영향을 미친다. 아동이 받는 건강보호의 질적 수준도 특정 지역사회에서 제공되는 건강서비스뿐만 아니라 부모의 지식과 필요한 의료보호를 선택하는 범위에 달렸다. 부모에게는 권리뿐만 아니라 책임도 있는데 부모의 책임은 첫째, 재정적으로 지원하고, 둘째, 아동을 위험과 사고로부터 안전하게 보호하고 신체적 조건과 건강의 요구에 관심을 보이며 신체를 보호해 주고, 셋째, 정서적으로 보호해 주며, 넷째, 광범위한 부모의 의무로서 아동뿐만 아니라 청소년에게 안내와 감독을 해 주는 것으로 개인 아동의 수준과 능력에 맞는 기대수준을 갖고, 다섯째, 아동을 위해 중요한 결정을 할 책임, 즉 의료적 치료에 동의, 군대복무, 결혼 등과 관련된 책임을 가진다.

③ 사회 및 국가의 권리와 책임의 원칙 : 사회는 아동의 복지를 증진시키기 위한 권리와 책임을 가진다. 즉, 아동들을 건전하게 육성하기 위해서 국가는 단속이나 통제력을 행사하여 의무교육에서와 같이 부모를 다스릴 규정을 설정할 수도 있고, 아동을 고용하는 기업주들에 대한 규정을 부과하며, 상인들로 하여금 연소자들에게 술이나 담배를 팔지 못하도록 하는 제반 규정을 설정할 권리와 책임을 갖고 있는 것이다.

## (2) 보편성과 선별성의 원칙

① 보편성의 원칙이란 전체 아동을 대상으로 하는 총괄적이고 기회균등적인 개념에 기반을 둔 것이다. 이 원칙은 평등의 이념과 함께 건강하고 건전한 육성을 통해 아동문제 및 사회문제를 예방하려고 하는 가정이 전제되어 있다. 즉, 아동양육을 위한 최저소득의 보장, 기본적인 의료조치, 최소한도의 사회생활을 영위할 수 있도록 하기 위한 생활훈련과 기초교육 등이 이 원칙에서 실시된다. 예를 들면 영국의 아동수당(Children's Allowances)이나 국민보건서비스(National Health Service) 등과 같이 많은 국가들이 실시하고 있는 가족수당과 무상의무교육 등을 들 수 있다.

② 선별성의 원칙이란 특정아동을 대상으로 하는 보충적 사업으로서 여러 가지 조건이나 기준에 의해 아동복지사업의 대상을 제한하는 열등처우적인 것을 의미한다. 이 원칙은 대부분 부모의 양육능력 정도가 기준이 된다. 즉, 부모가 양육책임을 다하기 어렵거나 또는 거의 불가능한 경우로서, 이른바 요보호아동이 그 대상이 된다. 선별성의 원칙이 적용된 예를 들면, 특수교육 대상자에 대한 무상교육, 저소득층 맞벌이 부부의 자녀를 위한 무료탁아 등이다.

## (3) 개발적 기능의 원칙

개발적 기능의 원칙이란 아동이 지니고 있는 능력을 최대한 개발하기 위한 것으로, 아동은 사회적 자립과 동시에 사회에 기여할 존재라는 관점이 전제되어 있다. 이 원칙이 적용되는 대상은 모든 아동들인데, 특히 아동발달상의 편차가 심한 장애아동과 우수아동, 또 결손된 양육환경에서 자라는 고아나 빈곤가정의 아동이 주요 대상이 된다.

## (4) 개별성과 종합성의 원칙

① 개별성의 원칙이란 아동복지 실시의 전 과정, 즉 문제의 확인, 진단, 치료방법의 선정 및 그 목표 설정에 이르기까지 개인적 특성을 고려해야 한다는 것으로, 이때 고려할 사항으로는 심신의 발달특성, 문제의 발생 원인, 생활사, 현재의 상태 및 주변 환경 등이 모두 포함된다. 더 넓은 의미에서의 이 원칙은 아동을 소외계층으로 볼 것이 아니라 국가발전에 참여하고 활동할 수 있는 기회를 제공하기 위해 사회문제에 대한 의도적인 변화를 시도함으로써 아동은 건전하게 성장·발달할 수 있다는 것이다. 이 원칙은 아동을 독립된 인격체로 보고, 아동이 처한 상황을 그대로 수용한다는 점이 전제되고 있으며, 이 원칙을 적용한 예로서 동일한 종류의 비행아동이라도 어떤 아동은 행동 수정으로, 어떤 아동은 정신분석적 기법으로 선도하는 것을 들 수 있다.

② 종합성의 원칙이란 아동문제에 대처할 때 여러 가지 유형의 서비스를 함께 고려해야 그 효과를 거둘 수 있다는 것이다. 즉, 아동발달이 서로 유기적인 관계를 가지고 전개되므로 한 영역의 발달 손상은 다른 영역에 파급되며, 아동도 하나의 전체성을 띤 인간으로서 그들에게 직접적으로 관련되는 제 측면들이 상호 보완되는 가운데서 건전한 성장과 발달을 도모할 수 있는 것이다.

### (5) 전문성의 원칙

전문성의 원칙은 아동복지사업의 성과를 좌우하는 중요한 원칙적 방향으로서 아동복지사업이 전문가와 전문기관에서 이루어져야 한다는 원칙이다. 최근에는 정책적 접근에서도 전문성의 원칙이 강도 있게 고려되고 있는데, 아동복지정책 결정과정에 전문가가 참여하는 것이 그것이다.

#### ➡ 아동복지의 원칙

| 원칙 | | 내용 |
|---|---|---|
| 권리와 책임의 원칙 | | 아동을 위한 건전한 육성대책은 아동·부모·사회 각각의 권리와 책임의 확립에 기반을 두고 있어야 한다는 것이다. |
| 보편성과 선별성의 원칙 | 보편성의 원칙 | 전체 아동을 대상으로 하는 총괄적이고 기회균등적인 개념에 기반을 둔 것이다. 예 무상의무교육, 가족수당 등 |
| | 선별성의 원칙 | 특정 아동을 대상으로 하는 보충적 사업으로서 여러 가지 조건이나 기준에 의해 아동복지사업의 대상을 제한하는 열등처우적인 것을 의미한다.<br>예 특수교육대상자에 대한 무상교육, 저소득층 맞벌이 부부의 자녀를 위한 무료탁아 등 |
| 개발적 기능의 원칙 | | • 아동이 지니고 있는 능력을 최대한 개발하기 위한 것으로, 아동은 사회적 자립과 동시에 사회에 기여할 존재라는 관점이 전제되어 있다.<br>• 적용 대상은 모든 아동이나 주요 대상은 아동발달상의 편차가 심한 장애아동과 우수아동, 결손된 양육환경에서 자라는 고아나 빈곤가정의 아동 등이다. |
| 개별성과 종합성의 원칙 | 개별성의 원칙 | 아동복지 실시의 전 과정은 개인적 특성을 고려해야 한다는 것이다. |
| | 종합성의 원칙 | 아동문제에 대처할 때 여러 가지 유형의 서비스를 함께 고려해야 그 효과를 거둘 수 있다는 것이다. |
| 전문성의 원칙 | | 아동복지사업이 전문가와 전문기관에서 이루어져야 한다는 것이다. |

## 4. 아동복지 서비스의 유형

### (1) 카두신(Kadushin)의 아동복지 서비스 유형

① 지지적(지원적) 서비스(supportive service)

  ㉠ 지지적 서비스는 부모와 아동이 스스로의 책임을 효율적으로 수행할 수 있도록 그들의 능력을 지원하고 강화시켜 주는 서비스를 말한다.

  ㉡ 이는 다른 서비스와 달리 아동이 자신의 가정에 머물면서 서비스를 받을 수 있다는 특징이 있다.

  ㉢ 아동문제를 예방하기 위한 1차 방어선이며 서비스가 바로 제공되지 않으면 가족 내에 갈등이 발생하여 이혼, 별거, 유기 등의 문제가 일어날 수 있다.

  ㉣ 대표적인 기관으로 아동상담소, 종합복지관, 가정상담소, 집단활동기관, 미혼부모기관 등이 있으며 서비스의 종류는 개별지도 서비스, 가족 상담 및 가족 치료, 집단 서비스, 지역사회 프로그램 등이 있다.

② 보충적(보완적) 서비스(supplementary service)

  ㉠ 아동문제에 대처하기 위한 2차 방어선으로 가정 및 가족의 형태는 그대로 있으나 부모의 역할이 매우 부적절하므로 가정 외부에서 지원해줌으로써 부모의 역할을 대행하거나 도와주는 데 목적이 있다.

  ㉡ 보충적 서비스 유형

  • 공공부조 및 사회보험이 중심이 되는 경제적인 지원책의 하나인 소득보완사업

  • 가정이 위기에 직면했을 때 건전한 가족생활의 유지와 창조에 기여하는 가정조성사업

  • 기아, 유기, 미아, 가출, 학대받는 아동을 위해 특수한 도움을 제공하는 보호서비스

③ 대리적(대체적) 서비스(substitute service)

  ㉠ 대리적 서비스는 아동이 가정을 이탈하여 다른 체계에 의해서 보호받는 서비스를 말한다.

  ㉡ 아동문제에 대한 3차 방어선으로 부모와 자녀관계가 임시적 또는 영구적으로 해체되었을 때 아동을 다른 가정이나 시설에 있게 함으로써 아동을 보호하는 것이다.

  ㉢ 대표적인 서비스는 입양, 위탁가정보호, 시설보호 등을 들 수 있다.

### (2) 주커만(Zuckerman)의 아동복지사업 분류 : 서비스가 수행하는 방어선의 위치에 따른 분류

① 제1차 방어선 가정지원 서비스 : 아동이 자신의 가정에서 거주하면서 서비스를 제공받도록 하는 사업

  ㉠ 가정이 아동의 기본적인 욕구를 충족시키지 못할 위험에 처하거나 부모-자녀의 역할 관계에 장애가 있을 경우, 가정의 사회적 기능을 회복, 유지, 강화하는 서비스이다.

ⓛ 상담 및 교육 서비스, 보육 서비스, 지역사회 중심의 아동복지사업, 소득보완사업 등 대부분의 아동복지사업이 해당한다.

② 제2차 방어선 대리가정 서비스 : 아동이 자신의 가정을 대리한 가정에서 보호를 받으면 서 서비스를 제공받도록 하는 사업

ⓐ 최소 침해 대안의 원칙(the principle of the least detrimental alternative) : 가정이 정상적인 기능을 충분히 수행하지 못하면, 가능한 한, 가정과 유사한 자연스러운 보호의 장을 마련해야 한다는 것이다.

ⓑ 구조화된 입소시설에 비하여 덜 구속적이고, 가정생활의 환경에 근접하며, 지역사 회에 자유롭게 접근할 수 있는 보호의 장으로서 대리가정이 제안된다.

ⓒ 가정위탁과 입양서비스가 대표적이다.

③ 제3차 방어선 입소시설 서비스 : 아동이 자신의 가정이나 대리가정이 아닌 집단적인 수용시설에서 보호받으며 서비스를 제공받도록 하는 사업

ⓐ 아동의 욕구가 출생가정이나 대리가정에 의하여 충족될 수 없는 경우 집단적 보호 를 제공하는 서비스이다.

ⓑ 또래집단의 관계를 경험할 수 있는 집단적인 생활환경이 필요한 아동, 특수장애아 동에게 집단시설보호를 제공한다.

ⓒ 6~12명의 아동이 입소한 소규모 집단 가정 또는 그룹 홈에서부터 대규모 입소시설 에 이르기까지 그 규모와 형태가 다양하다.

ⓓ 공공 또는 민간 복지기관에 의하여 운영되며, 공공재원의 지원을 받는다.

---

**PLUS⁺**

**아동복지의 유형**

아동복지 유형은 다른 사회복지 분야와 마찬가지로 잔여적(residual) 복지와 제도적(institutional) 복지로 나누어 볼 수 있다.

1. **잔여적 복지로서의 아동복지**

   일반적인 사회 규범·규정들이 아동의 욕구를 충분히 충족시키지 못하는 상황일 때 책임을 진다. 따라서 사회의 규범적 제도가 아동의 중대한 요구를 충족시키는 것에 실패했을 때 사 회복지서비스를 제공하는 것이 적절하다고 본다.

2. **제도적 복지로서의 아동복지**

   아동복지를 다른 사회적 공공재(공립학교, 도서관, 공원)와 같은 차원의 것으로 간주한다. 모 든 가정의 아동들에게 적절히 적용할 수 있도록 아동복지 서비스가 실시되어야 한다고 본다.

## 5. 외국의 아동복지사업

 **들어가며**

저소득층 영유아에 대한 국가 수준의 적극적인 지원정책으로 미국에서는 1965년부터 저소득 가정과 가족 내 영유아를 대상으로 헤드 스타트(Head Start) 프로그램을 실시하였고, 영국에서도 1997년에 슈어 스타트(Sure Start)가 제안되어 1999년부터 처음 시작되었다.

### (1) 헤드 스타트 프로그램

① 배경

ㄱ. 초등학교에서 학업성취가 성공적으로 이루어지려면 취학 전에 이와 관련된 인지, 사회, 신체적 경험이 충분히 보완되어야 한다. 저소득 가정의 유아들은 이러한 사전 경험이 충족되기에 어려움이 있으므로 이러한 부족이 해결되지 않을 경우 충분한 성취가 이루어지지 않을 수 있다.

ㄴ. 빈곤으로부터 야기될 수 있는 많은 문제들은 초등학교 저학년 시기 이후에 나타나기 시작한다. 그러나 문제가 나타난 후에 해결하려고 하면 이미 늦다. 이러한 문제가 발생되는 훨씬 이른 시기부터 사회·문화적 교육 중재 경험을 제공한다면 이러한 실조는 좀 더 쉽게 보상될 수 있다.

ㄷ. 빈곤가정은 부모에게서 자녀에게로, 다시 다음 자녀에게로 세대 간 세습되는 경향이 있는데 이를 막기 위해서는 어린 연령에서부터 생의 초기에 질적으로 우수한 교육적·사회적 경험의 기회를 규칙적이고 장기적으로 제공해 주어야 한다.

② 의미 : 저소득층 영유아에 대한 국가 수준의 적극적인 지원정책으로 미국에서는 1964년 경제기회법이 미국 의회에서 통과되면서 저소득 가정과 가족 내 영유아를 대상으로 보육과 양육, 건강, 영양의 포괄적 서비스인 헤드 스타트 프로그램을 실시하게 되었다. 헤드 스타트 프로그램은 저소득 가정의 유아를 대상으로 이들이 초등학교에 입학했을 때 학업 성취도를 높이고 가정의 교육적·양육적 기능을 증진시키기 위해 보육 및 교육 프로그램, 보건, 영양, 사회복지서비스, 부모참여의 포괄적 서비스를 제공하는 프로그램이다.

③ 목적 : 헤드 스타트 프로그램의 구체적인 목표는 유아의 성장과 발달 증진, 유아의 주 양육자로서 가족의 강화, 유아를 위한 교육, 건강·영양 서비스 제공, 유아와 가족에게 요구되는 다양한 사회적 서비스의 연결, 헤드 스타트 프로그램의 의사결정에 부모의 참여 등이다.

### (2) 슈어 스타트 프로그램

① 배경 : 1997년부터 논의를 시작해 정비과정을 거쳐 1999년부터 본격적으로 시행된 슈어 스타트는 빈곤·소외계층의 어린이들과 일반 어린이들의 차이가 성인이 되어서도 지속 내지 확장된다는 문제의식으로부터 출발했다. 이른바 '가난의 대물림' 현상이 심각하다는 것이었다. 슈어 스타트 프로젝트는 이 문제를 타개하기 위해 보육, 교육, 부모지원 보건, 고용 등의 문제에 통합적으로 접근한 전략으로 평가받고 있다.

② **의미** : 빈곤층으로 열악한 환경에서 자라는 아동이 인생을 어려서부터 확실하게(Sure) 출발하도록(Start) 돕는다는 의미를 갖는다(Sure Start, 2002).

③ **기본 가정** : 생의 가장 초기에 영유아의 발달은 매우 중요한데, 이 시기는 환경으로 인한 영향을 받아 취약할 수 있다. 어린 아동이 다양한 실조상태에 있다면 심각한 문제를 야기할 수 있고 이로 인해 사회적 소외를 받을 가능성이 더 높아질 수 있다. 영유아와 가족에게 제공된 서비스의 질은 지역에 따라 매우 다양하며 많은 영역에서 서로 협조가 되지 못하고 있다. 조기 중재와 가족 지원에 기초를 둔 포괄적 지역사회 프로그램의 제공은 영유아 가족의 발달에 긍정적이고 지속적인 효과를 미칠 뿐 아니라, 사회적 소외의 세대 간 세습을 막고 의미 있는 장기효과를 얻을 수 있을 것이다.

④ **목적** : 빈곤아동의 교육과 건강의 불평등을 제거하고 그들의 부모가 일을 찾을 수 있게 함으로써 아동과 부모 모두 개인을 위한 최대한의 가능성과 안정성을 높이고 성공을 증진시키도록 하는 것이다.

## 6. 우리나라의 아동복지사업

 **들어가며**

우리나라는 1980년대부터 복지사회 건설을 위해 미국의 헤드 스타트와 같은 취지로 저소득 밀집지역에 새마을 협동유아원을 우선적으로 설치하여 국가가 재정지원을 하였다. 이는 유아교육의 확산에 큰 도움이 되었으나 취업모와 저소득층 자녀의 문제를 궁극적으로 해결해 주지는 못하였다. 빈곤가정은 빈곤이 부모에게서 자녀에게로, 다시 다음 자녀에게로 세대 간 세습되는 경향이 있다. 이를 막기 위해서는 유아의 성장과 발달의 증진뿐만 아니라 유아의 주 양육자로서 가족의 강화, 유아를 위한 교육, 건강·영양 서비스 제공, 유아와 가족에게 요구되는 다양한 사회적 서비스의 연결 등 다각적인 지원이 필요한데 교육이라는 한 가지 차원으로 이 문제를 해결하기는 힘들었던 것이다.

자녀 출산과 양육을 개인의 문제로 보던 관점에서 벗어나 양육의 공공성을 인식한 여러 나라에서는 영유아교육과 보육서비스를 영유아에게만 한정하지 않고 부모 지원 및 지역사회와의 연계 등을 통해 보다 포괄적인 서비스를 제공하는 방향으로 나아가고 있다.

우리나라에서는 삼성복지재단에서 실시하고 있는 포괄적 보육 프로그램과 위 스타트(we start) 운동을 통해 유아교육복지 증진에 대한 노력이 이루어지고 있다.

### (1) 포괄적 보육(교육) 프로그램

① 우리나라에서도 보호와 교육 이외에 보건이나 복지, 부모지원, 지역연계 등을 포함하는 포괄적 보육의 필요성이 제기되었으며, 삼성복지재단에서는 저소득 가정 아동을 위해 1999년부터 포괄적 보육 프로그램을 개발하여 적용해 온 경험을 토대로 프로그램을 보급·실시하고 있다.

② 포괄적 보육서비스는 아동만을 대상으로 하여 연령에 의해 차별화되어 있는 기존의 보호, 양육, 교육 서비스에서 벗어나, 개별 아동과 가정 및 지역사회의 특성을 고려한 서비스를 제공함으로써 이들의 개별적 욕구와 문제를 해결하면서 보육의 목적을 달성하는 사회복지서비스라 할 수 있다.

## (2) 위 스타트 운동

① 위 스타트 운동은 우리 사회 구성원 모두가 나서서 가난한 가정의 아이들에게 공정한 복지(Welfare)와 교육(Education)의 기회를 제공해 가난의 대물림을 끊고 삶의 출발 (Start)을 돕자는 시민운동이다.

② 2004년 설립된 위 스타트 운동본부를 중심으로 한 위 스타트 운동은 복지, 교육과 건강 서비스를 3대 축으로 하여 아동이나 해당 가정에 대한 개별 사례 관리를 통해 맞춤형 서비스를 제공하는데, 전문인력 및 지역사회의 자원봉사 네트워크와 자치단체 의 지원으로 이루어진다.

## (3) 드림 스타트 운동

① 지금까지 민간차원에서 이루어지던 사업과 달리 정부 차원의 사업으로 2008년부터 드림 스타트(Dream Start)사업이 실시되고 있다.

② 드림 스타트 운동은 빈곤의 대물림을 차단하고 공평한 양육여건을 보장하고자 하는 사전 예방적 '아동보호통합서비스'이다.

③ 드림 스타트는 취약지역에 거주하는 임산부 및 0~12세 아동과 그 가족을 대상으로 건강, 복지 및 교육·보육 영역의 서비스를 통합적으로 제공하여 맞춤형 통합서비스 를 제공하는 사업으로, 취약계층의 아동이 건강하게 성장하고 발달할 수 있도록 지원 하는 정부주도형 사업이다.

현재 우리나라는 OECD 가입국 중에서도 가장 낮은 출산율을 보이고 있는데 위와 같은 사례 외에도 유아교육복지를 위해 정부 각 부처별로 임신, 출산, 육아와 같은 유아교육과 관련된 문제들을 해결하고자 다양한 지원을 시도하고 있다.

---

### PLUS⁺

**우리나라의 아동복지 정책**

1. **아동복지시설 운영**
   아동복지시설의 종류로는 아동양육시설, 아동일시보호시설, 아동보호치료시설, 아동직업훈 련시설, 자립지원시설 등이 있다.

2. **드림 스타트**
   아동 및 가정의 욕구 및 위기도에 따른 사례관리를 통해 건강·기초학습·사회성 함양·부 모교육·가족지지 등 맞춤형 통합서비스를 제공하는 것이다.

3. **디딤돌 씨앗통장**
   저소득 아동의 사회 진출 시 필요한 자립자금을 마련해 주기 위하여 아동복지시설아동, 가 정위탁아동 등을 대상으로 아동발달지원 계좌를 지원하는 것이다.

4. **지역아동센터**
   지역아동센터는 지역사회 아동의 보호교육, 건전한 놀이와 오락의 제공, 보호자와 지역사회의 연계 등 아동의 건전육성을 위하여 종합적인 아동복지 서비스를 제공하기 위해 설립되었다.

5. **아동수당**
   아동수당법에 근거하여 아동에게 아동수당을 지급하여 아동양육에 따른 경제적 부담을 경감 하고 건강한 성장환경을 조성함으로써 아동의 기본적 권리와 복지를 증진하고자 시행되었다.

## (4) 교육부의 교육복지우선지원사업

① 교육복지우선지원사업은 2003년부터 서울과 부산에서 시범운영되고 있으며, 교육·문화적 조건이 상대적으로 열악한 도시 저소득지역의 교육·문화·복지 수준을 향상시키기 위해 학교를 중심으로 지역사회 교육공동체를 구축하여 지역 내 영유아 및 학생에게 실질적인 교육기회를 제공하기 위한 사업이다.

② 교육부는 이러한 도시 내 저소득지역 아동청소년의 교육 문화 복지 수준을 향상시키기 위해 2003년부터 교육복지투자우선 지역에 대한 지원사업을 추진하고 있다.

③ 추진 배경 : 교육복지우선지원사업은 도시 빈곤지역에 소재하는 아동 청소년의 교육 문화 복지 수준을 총체적으로 제고하고 가정과 학교, 지역사회가 협력하여 교육복지 증진에 기여하기 위한 것이다. 이는 계층 간 소득격차의 심화, 가정의 기능 약화, 급격한 도시화 등이 초래하는 사회 통합 위기에 학교와 지역사회가 적극적으로 대처하고, 교육·문화적 조건이 상대적으로 열악한 도시 저소득층 밀집지역의 교육 및 문화적 기회 불평등 완화를 위한 정책을 추진하기 위한 것이다. 특히 유아 단계부터 소득격차에 의한 교육 및 문화적 불평등이 발생할 소지가 커지고, 지역사회의 경제적 여건으로 인한 교육여건의 격차가 확대되고 있다는 것을 배경으로 한다.

④ 사업 목적 : 저소득 영유아 및 학생의 출발점 평등을 통해 교육기회를 실질적으로 보장하는 국가 차원의 지원사업(취약계층의 삶의 질 제고)으로, 저소득층의 교육 문화 복지 수준을 총체적으로 제고하여 학교가 중심이 되고 지역사회가 지원하는 교육공동체 구축을 목적으로 한다.

⑤ 사업의 내용과 기본 방향

　㉠ 학습능력 증진 : 저소득층 학생의 학습동기 유발, 교원의 전문성, 지역사회의 자원 활용

　㉡ 정서 발달을 위한 문화활동 : 다양한 문화적 욕구 충족 기회, 지역 전체의 문화 활성화, 기반 시설의 확충

　㉢ 정신 건강을 위한 심리·심성 발달 지원 : 긍정적 자아 개념, 건강한 사회성

　㉣ 복지 프로그램 활성화 : 건강한 신체 발달을 돕기 위한 인근 보건소, 민간 의료기관과의 협력을 통한 의료서비스 지원과 지역 내 운영 중인 지역아동센터, 민간 공부방과 연계, 협력 강화

　㉤ 영유아교육·보육 활성화 지원 : 유아교육기관과 보육기관과의 상호 협력 활성화

# 03 우리나라의 유아교육

chapter
01

 **들어가며**

우리나라에 유치원이 처음 소개된 1897년 이후 120여 년의 세월을 거치는 동안 한국의 유아교육 체제는 질적·양적으로 변화하고 성장했다. 질적으로는 초기에 특수층 자녀를 대상으로 특수한 목적을 달성하기 위해 설립되었던 유치원에서 현재 일반인 자녀를 대상으로 일반적인 교육 목적을 달성하기 위한 유아교육 체제로 바뀌었다. 이런 변화는 우리의 사회·문화·정치·경제·역사적 변천의 영향을 받아 이루어졌으며, 현재도 변화하고 있는 중이다.

한국 유아교육 체제의 변천 과정을 요약하고 정의하는 방식은 학자마다 다르나, 한국 유아교육 체제에 큰 영향을 준 몇 가지 사건이 기준이 된다는 공통점이 있다(이일주, 1999; 박은혜 외, 2000).

## 01 한국의 유아교육 체제 및 정책 변화

### 1. 유치원의 도입부터 대한민국 정부 수립 직전의 시기

① 1897년 한국에 유치원이 처음 도입된 후 1948년 대한민국 정부가 수립되기 전까지로 특수한 계층의 유아를 대상으로 특수한 목적을 달성하기 위해 유치원이 설립되었다. 우리나라 최초의 유치원은 1897년 부산에 거주하던 일본인 자녀만을 위해 사립으로 설립된 '부산유치원'이다. 이후 1900년도에 인천과 서울에 공립 유치원이 신설되기는 했으나 모두 일본인 자녀를 위한 유치원으로, 일본인이라는 특수 대상과 일본인을 위한 교육이라는 특수 목적을 가진 유치원이었다.

② 한국인을 위해 최초로 설립된 유치원은 1913년 현재의 서울인 경성에 사립으로 설립된 '경성유치원'이었다. 비록 이 유치원이 한국인 자녀를 위한 곳이기는 했으나, 일본에 협조하는 고위층 관리의 자녀만 다닐 수 있었고, 일본에 동화시키려는 특수 목적을 가지고 설립되었기 때문에 진정한 의미에서 한국인 유아를 위한 유치원은 아니었다.

③ 특수층이 아닌 일반 한국인 자녀를 위한 최초의 유치원은 1914년에 이화학당에서 설립한 '이화유치원'이다. 그 이후 '정신유치원'(1915년), '중앙유치원'(1916년), '배화유치원'(1917년) 등이 잇달아 설립되었다. 모두 사립이고, 기독교 재단에서 설립했다는 공통점 때문에 이 유치원들은 선교와 민족정신의 강화라는 특수한 목적을 가질 수밖에 없었다.

④ 유아교육과 관련된 법적·행정적 체제가 처음 마련된 것은 1907년으로, '12.8. 칙령 제54호'에 의해 학무국에서 보통교육과 유치원 교육에 관한 사무를 다루게 되었다. 1922년에는 제2차 '조선교육령'과 유치원에 관한 규정이 포함되어 있는 '소학교령'이 공포되었는데, 유치원 설립 인가 절차와 시설 기준 등이 제시되어 있었다. 그러나 초·중등의 경우와는 달리 법적 효력이 없이 지침의 기능만 했기 때문에 유치원의 질을 향상시키는 데는 크게 기여하지 못했다.

## 2. 1948년 정부 수립부터 1969년 제1차 교육과정 제정 전

> 이 시기는 유치원 교육에 대한 법적·행정적 체제가 미약하게나마 만들어졌으나, 정부에서 유치원 교육을 질적·양적으로 발전시키려는 적극적인 의지를 보이지 않았기 때문에 유아교육을 독립된 교육 체제로 인정한 정책이 마련되거나 지원되지 않았고, 초등학교나 타급학교에 관한 규정에 포함되어 규정되는 경우가 많았다.

① 광복 후 유치원 교육은 문교부 보통교육국 초등교육과에서 업무를 담당했다. 유치원을 대상으로 법적 효능을 가진 규정이 처음 마련된 때는 1949년 12월 31일 「교육법」이 제정된 이후부터이며, 「교육법」 제148조에 유치원 관련 조항이 기록되어 있었다. 당시 「교육법」은 유치원을 기간 학제에 포함시키지는 않았지만, 취원 연령을 만 4세부터 초등학교 취학 전으로 규정하여 유치원을 제도 교육에 포함시키는 기틀을 마련했다.

**PLUS⁺**

#### 「교육법」 제5장 제10절 유치원에 관한 규정(1949)

1. **제146조** : 유치원은 유아를 보육하고 적당한 환경을 조성하여 심신의 발육을 조장하는 것을 목적으로 한다.
2. **제147조** : 유치원 교육은 전조의 목적을 실현하기 위해서, 다음 각 호의 목표를 달성하도록 노력해야 한다.
   ① 건전하고 즐거운 생활을 하기에 필요한 일상의 습관을 기르고, 신체의 모든 기능의 조화 있는 발달을 도모한다.
   ② 집단생활을 경험시켜 즐겨 이에 참가하는 태도를 기르며, 협동, 자주와 자율의 정신을 싹트게 한다.
   ③ 신변의 사회생활과 환경에 대한 바른 이해와 태도를 싹트게 한다.
   ④ 말을 바르게 쓰도록 유도하고, 동화, 그림책 등에 대한 흥미를 기른다.
   ⑤ 음악, 유희, 회화, 수기, 기타 방법에 의하여 창작적 표현에 대한 흥미를 기른다.
3. **제148조** : 유치원에 입학할 수 있는 자는 만 4세부터 초등학교 취학시기에 달하기까지의 유아로 한다.

② 1952년이 되어서야 유치원 설립과 폐지 절차 및 보육과목, 보육일수, 학급당 정원 등에 관한 규정이 담긴 「교육법 시행령」이 제정되었다. 이 법이 1955년에 개정되면서 유치원 교육은 문교부에서 문화국 사회교육과로 이관되었는데, 이는 유치원 교육을 학교 교육이라기보다는 사회 교육 업무로 취급하고 있었음을 보여 준다. 1953년에는

유치원 교원자격에 관한 규정이 포함된 「교육공무원법」이 제정되는데, 이때도 유치원 교원의 자격기준은 별도로 마련되지 않고 초등학교에 포함되었다. 불행히도 독립된 교육체제로서의 유치원 교육에 관한 법적·제도적 정책은 오랫동안 마련되지 못했다.

③ 1962년에는 「유치원시설기준령」이 문교부령 제106호로 공포되어 유치원 위치, 원사, 시설·설비, 완구 및 교구, 소방시설 등에 관한 최소한의 유치원시설 기준이 마련되고 시행됨으로써 유아교육 체제를 정비하는 데 많은 영향을 미쳤다. 또한, 1968년에 '유치원 수업료 및 입학금 정액표'(문교부령 제188호)가 공포되었지만 비현실적인 수준을 책정함으로써 제대로 시행되지는 못했다.

## 3. 1969년 제1차 유치원 교육과정 제정에서 1979년 제2차 유치원 교육과정 제정까지

① 1969년 제1차 유치원 교육과정이 제정된 후 10여 년은 미약하기는 하나 유치원 교육의 중요성에 대한 인식이 증가하고 유치원 교육 체제 확립과 관련된 조치들이 취해진 시기이다. 제1차 교육과정은 유아교육을 전공한 학자들이 제정한 것이 아니라 문교부의 편수관 중심으로 제정된 것이기는 하지만, 건강한 신체와 정신으로 행복하게 생활할 수 있는 유능한 국민의 기초를 형성한다는 교육 목적 아래 건강·사회·자연·언어·예능의 5개 생활 영역으로 구성되어 있었다.

② 1972년에는 「교육공무원법」에 규정되어 있던 교원 자격 기준이 「교육법」에 규정화되면서 유치원 교원 자격 기준이 초등학교 교원 자격 기준과 분리되어 독자적인 조항으로 신설되었다.

③ 1976년에 최초의 공립 유치원인 병설유치원이 설립되었다. 1976년, 서울 4개, 부산 1개의 공립초등학교 병설유치원을 시작으로 공립 유치원의 확대가 이루어졌는데, 이러한 노력은 우리나라의 유아교육 공교육화 정책 시도의 시발점이 되었다는 데 의의가 있다고 볼 수 있다.

④ 1979년에 제2차 유치원 교육과정이 공포되었다.

### PLUS+

1976년 공립 유치원의 발족을 계기로 유아교육 체제 정비를 위한 노력은 더욱 본격화되었다. 1978년에는 한국교육개발원에서 '유아교육 보편화 계획'을 발표함으로써 유치원 취원율에 대한 제고가 이루어졌고, 1979년에는 유치원 교사의 학력·경력에 의한 호봉제 실시를 골자로 하는 '공무원 보수, 수당규정' 개정안이 입법화되었다.

같은 해 3월에는 전문 대학에 보육과가 설치되었고, 서울특별시 교육위원회 초등교육과에 유치원 담당 장학사가 배치되었으며, 제2차 유치원 교육 과정이 공포되는 등 유치원 교육 체제의 기반이 잡혔다.

이 시기에는 사립뿐만 아니라 공립 유치원의 수도 증가해서 1969년 460개의 사립 유치원에 12,658명의 원아들이 취원했던 것에서 1980년에는 861개의 사립 유치원과 40개의 공립 유치원에 약 66,633명의 원아들이 취원하여 약 2.5배 증가율을 보였다.

### 4. 1981년 제3차 유치원 교육과정 제정에서 현재까지

① 한국의 유아교육은 유아교육 확대 지원 정책을 지속적으로 추진한 제5공화국이 1981년 출범하면서 전환기를 맞았다. 대통령 취임 시부터 '교육·문화 비서실'을 신설하여 교육 개혁을 위한 정책을 발표했고, 이를 실현하기 위해 마련한 '교육 재정 확보 방안'에 유아교육 확충 예산을 포함시킴으로써 유아교육의 양적·질적 고양을 위한 기초를 마련했다. 같은 해 1981년에는 제3차 유치원 교육과정 개정이 이루어졌다. 제3차 유치원 교육과정은 제5공화국이 들어서면서 유신 말기의 정책의지가 강하게 반영되었던 기존의 교육과정을 전면적으로 새롭게 개정하려는 의도로 제2차 교육과정이 개정된 지 2년 만에 다시 개정되었다.

② 1982년에는 「유아교육진흥법」이 제정되면서 유아교육의 법적 근거를 마련하였고 문교부(공·사립 유치원)·보건사회부(어린이집)·내무부(새마을 협동유아원)·농촌진흥청(농번기 유아원)에서 관장하여 4원화된 유아교육 체제는 문교부 산하의 공·사립 유치원과 내무부 산하의 새마을유아원으로 이원화되고, 법적으로는 「유아교육진흥법」이라는 단일법을 적용하도록 하는 법적 단일화 체제를 갖추게 되었다.

③ 「유아교육진흥법」 제정 이후 유아교육이 급속하게 확대되어 1980년 약 901개였던 유치원(사립 861, 공립 40)이 3년 후인 1983년에는 4,276개(사립 1,714, 공립 2,562)로 급증했고, 취원하고 있는 유아의 수도 약 2배 증가했다. 특히 사립 유치원보다는 공립 유치원의 증가가 두드러졌는데, 이는 대도시보다는 중·소도시와 농촌 및 도서 지역에 우선적으로 유아교육기관을 확대하려는 정부의 의지가 반영됐기 때문이다. 같은 해인 1983년에 문교부 보통 교육국에 유아교육 담당관이 처음 임명되고, 시·도 교육위원회에도 유아교육 담당 장학관이 배치되었으며, 6월에는 「유아교육진흥법 시행령」이 제정되어 제반 법규들이 법적 효력을 갖게 되었다.

④ 1986년을 기점으로 교육부는 유아교육의 양적 확대보다는 질적 발전에 주력하고자 교육개혁심의회가 중심이 된 '유아교육진흥방안'을 발표하였고, 1987~1991년까지 초등학교병설유치원의 육성, 교사 대 유아 비율 1 : 20 등 공교육화 구상을 밝혔으며 유·초 연계가 부각되었다.

⑤ 1987년 제4차 유치원 교육과정이 개정되었다.

⑥ 1991년 보건복지부는 「영유아보육법」을 제정·공포하였고 새마을 유아원이 보건복지부의 어린이집으로 복귀되어 다시 이원화가 되었다.

⑦ 1991년에는 「교육법」 개정으로 만 3세를 유아에 포함하게 되어 유아교육 대상 연령의 하향화가 이루어졌으며, 이듬해 1992년 3월부터 만 3세 유아의 유치원 입학이 합법화되었고, 이에 따라 1992년 고시된 제5차 유치원 교육과정에서는 교육과정의 내용이 Ⅰ수준과 Ⅱ수준으로 구분되어 제시되었다.

⑧ 1997년 12월, 초등학교 취학 1년 전 유치원 교육의 무상 교육을 순차적으로 실시하는 것에 대한 규정이 포함된 「초중등교육법」이 제정되었다.

⑨ 1998년에는 제6차 유치원 교육과정 개정이 이루어졌다.

⑩ 2004년 「유아교육법」, 「영유아보육법」이 동시에 제정·개정되어 현재까지 이원화 체제가 유지되고 있으며, 현재 유아교육과 보육의 일원화를 당면 과제로 안고 있다. 2004년 「유아교육법」의 제정에 따라 2007년에는 '2007 개정 유치원 교육과정'이 고시되었다.

⑪ 이후 「유아교육법」과 「영유아보육법」에는 중대한 변화가 있었는데, 2011년에는 유·보통합 교육과정인 5세 누리과정이 발표된 것이다. 이는 공교육으로 가기 위한 단계로서 무상교육 시행, 교육과정의 통합이라는 그동안의 미뤄왔던 큰 과제가 결실을 본 것이다.

⑫ 그 이듬해 2012년에는 누리과정을 확대한 3~5세 연령별 누리과정이 고시되면서, 우리나라 모든 3, 4, 5세 유아에게 유·보통합 교육과정을 적용하게 되었고, 무상교육이 실현되었다. 이후 2015년, 누리과정의 운영 시간을 3~5시간에서 4~5시간으로 조정하여 개정 고시하였다.

⑬ 2019년 7월 24일, 유아 중심·놀이 중심 교육을 표방하는 '2019 개정 누리과정'이 고시되었다.

**PLUS+**

### 국가 수준 유치원 교육과정의 변천

유치원 교육과정은 문서화된 교육과정이 제정·고시·공포된 시기를 기준으로 명칭을 부여하여 왔다.

제1차 유치원 교육과정은 우리나라에 유치원이 소개된 지 70여 년이 지나고 1949년 교육법이 제정되고서도 20년이 지난, 1969년에야 문교부령으로 제정·공포되었다. 제1차 유치원 교육과정에서는 유치원 교육과정의 의미를 '유치원 교육을 통하여 경험하는 모든 학습활동의 총화'로 규정하고, 적합한 학습 경험 선정의 중요성을 강조하여 경험중심 교육과정 또는 활동중심 교육과정을 지향하였다. 또한, 즐거운 가운데 도움이 될 수 있는 경험을 주어 바람직한 인격을 형성하도록 도와야 할 필요성을 언급하면서, 경험의 선택은 유아의 생활 경험, 흥미와 욕구를 고려하여야 함을 지도상의 유의점으로 제시하여 생활중심 교육과정임을 표명하고 있다.

1979년 문교부 고시를 통해 개정된 제2차 유치원 교육과정은 국민교육헌장 이념의 구현을 위해 국민적 자질의 함양, 인간 교육의 강화, 지식·기능 교육의 쇄신을 기본 방침으로 하여 지식 구조의 이해, 기본 개념의 파악, 탐구 방법을 강조하는 학문 중심 교육과정의 성격을 띠었다. 이러한 용어의 사용 이외에도 유치원 교육 내용에서 인지발달을 강조하고 있다. 인지 발달의 강조는 당시의 세계적인 추세로 제2차 유치원 교육과정 개정의 주안점이었다.

1981년 고시된 제3차 유치원 교육과정은 처음으로 초·중등 교육과정(제4차)과 함께 발표되었는데, 이 시기부터는 어떠한 단일의 교육 사조나 이론의 지배를 탈피하여 개인적·사회적·학문적인 조화와 복합적인 이론의 접근을 시도하였다. 즉, 종합적인 접근 방식을 취하고자 한 것으로, 이전의 경험 중심, 학문 중심의 접근과 함께 미래지향적인 교육과정의 정신과 인간 중심 교육과정으로서의 성격을 함께 반영하여 사회적·학문적 적합성을 모두 갖추고자 하였다. 종래와는 달리 문교부가 교육 전문 연구기관인 한국교육개발원에 교육과정의 연구·개발을 위탁하여 체계적인 연구에 의해 교육과정을 개정하고자 시도하였다.

제4차 유치원 교육과정은 현장 실태 조사와 요구 조사 등 기초 연구를 통해 교육과정 개정의 기본 방향을 설정한 후 교육과정 시안 개발을 한국교육개발원에 위탁하는 형태로 이루어져서 1987년에 발표되었다. 제4차 유치원 교육과정에서는 국제 관계의 다양화와 정보화 사회로의 변화 속에서 바람직한 미래 사회를 구현하기 위해 적절한 인간상을 분석하고 반영하고자 하였다.

1992년 개정 고시된 제5차 유치원 교육과정은 한국유아교육학회가 개정 연구를 위탁받아 개발되었는데, 우리나라 교육과정 최초로 중앙 집권형 교육과정을 지방 분권형 교육과정으로 전환하였다. 지방자치제를 전제로 시·도 교육청과 유치원의 역할 분담 체계를 확립하여 각각의 역할과 책임을 명확하게 분담하고 있다.

1998년 발표된 제6차 유치원 교육과정은 1995년 교육개혁위원회 내의 교육과정 특별 위원회에서 제시한 개정 지침을 바탕으로 수준별 교육 내용의 연속성을 체계화하고 교육 내용을 적정화하는데 중점을 두고 개정되었으며, 국가에서 주어지는 교육과정의 틀에서 벗어나 만들어 가는 교육과정으로의 전환을 강조하여 교육과정 편성·운영의 자율성, 융통성, 창의성을 강조하였다.

2007년 개정 유치원 교육과정은 21세기 지식 정보화 시대에서 인류사회의 변화에 능동적으로 대처할 수 있는 교육과정의 필요성과 2004년 제정된 「유아교육법」에 근거하여 만 3~5세까지 초등학교 이전의 발달을 돕는 총체적 환경으로서의 교육이라는 인식을 토대로 유아교육을 체계화하는 방향에서 개발되어, 초·중등학교 교육과정과의 연계성을 강화하고 단위 유치원의 자율성을 강화하였다.

한편, 2009년 미래 기획위원회가 초등학교 취학연령을 1년 앞당기는 학제개편 방안을 발표하였는데 2010년 교육과학기술부는 이에 대한 대안으로 만 5세 무상교육 체계 강화를 주요 내용으로 하는 방안을 대통령에게 보고하였고, 이후 2011년에 교육과학기술부와 보건복지부는 유치원 교육과정과 어린이집 표준보육과정을 통합한 '5세 누리과정'을 고시하였다. 2012년에는 이를 확대하여 '3~5세 연령별 누리과정'이 고시되었으며, 이후 '2015 개정 유치원 교육과정'이 고시되어 적용되었다.

이어 교육부와 보건복지부는 2019년 7월 24일 '3~5세 연령별 누리과정'을 전면 개정하여 유아 중심·놀이 중심 교육을 표방하는 '2019 개정 누리과정'을 고시하였다.

## 02 「유아교육법」의 의미와 체계

「유아교육법」은 유아교육에 관한 기본법이며 모든 제도는 법률에 의해 제도화되고 시행과정을 거쳐 발전한다. 「유아교육법」의 체계와 내용에 관한 이해는 유아를 위한 유아교육의 본질적인 방향과 교육의 실제적인 측면을 반영하므로 중요하다.

① 법치주의 국가에서 국민의 교육을 국가가 관리·조성하는 학교교육은 법의 제정에 따라 제도화되고 법에 의해 시행되므로 「유아교육법」의 제정은 유아교육 관련 법 조항을 체계적으로 정비하여 기본적 교육법 체계를 마련한 것으로서의 의미가 깊다.

② 「유아교육법」은 유아 단계부터 체계화하고 유아교육에 대한 공교육체제 구축의 법적 근거를 마련하고 질적 수준이 높은 유아교육기관에서 유아의 균형적이고 조화로운 발달을 조장함과 아울러 유아 보호자의 사회·경제적 활동이 원활하게 이루어질 수 있도록 지원하는 것을 목적으로 하고 있다(「유아교육법」, 2004.1.29. 법률 제7120호).

③ 유아교육 관련 법은 「초중등교육법」, 「유아교육진흥법」 등으로 부속되거나 여러 곳에 산재해 있다가 2004년 1월 「유아교육법」이 제정·공포되면서 독립된 법체계를 갖추게 되었다. 이로써 우리나라 「교육기본법」은 「유아교육법」, 「초중등교육법」, 「고등교육법」, 「평생교육법」의 5법 체제를 갖추게 되었다.

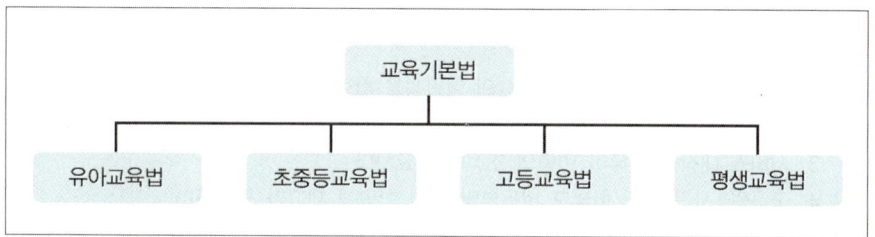

④ 우리나라는 동일 연령의 유아를 관련부처가 각기 다른 교육부와 보건복지부에서 유치원과 어린이집을 각각의 법과 예산으로 집행하는 이원화된 관리체계를 갖고 있다.

⑤ 그러나 OECD 주요 선진 교육복지국가들은 교육과 보육이 일원화되어 일관된 관리체계를 갖추고 상호 통합적이고 협력적인 접근과 교육 공동체 간의 동등한 파트너십, 정부참여의 공공성과 공적 투자가 필요함을 강조하고 있다. 따라서 이러한 경향을 연구하여 우리나라도 통합된 법적·제도적 정비체제를 갖추는 것이 필요하다.

## 03 「유아교육법」과 제도의 당면 과제

### 1. 유아교육과 보육의 통합

① 2004년 1월 역사적으로 의미 있는 「유아교육법」의 제정에도 불구하고 「영유아보육법」과의 중복, 상치로 인한 문제가 끊임없이 제기되고 있으며 이러한 이원화는 정책의 비일관성과 비형평성 및 종사자와 전문가, 해당 정책 입안가들 간의 갈등을 야기하고 있는 실정이다.

② 그러므로 모든 영유아를 위한 교육의 균등한 보장을 위해 우리가 당면한 문제를 적극적으로 해결하고자 하는 정부기관의 의지가 절실히 필요하다.

③ 「유아교육법」과 「영유아보육법」 통합방안을 세부적으로 정리하면 다음과 같다.
  ㉠ 행정부처 통합 : 교육과학기술부와 보건복지부 통합 가칭 '유아교육보육부'
  ㉡ 교사양성과정 및 자격제도 통합 : 보육교사교육원 기능 전환, 양성교육과정 통합, 자격제도 통합, 양성대학의 학제 개편

ⓒ 유치원 · 어린이집 운영 통합 : 유아교육과정과 표준보육과정의 통합, 유아생활기록부, 운영기준, 통합보육, 방과 후 운영, 평가 및 평가 인증

ⓔ 무상교육 · 무상보육

ⓜ 시설통합 : 유치원과 어린이집의 통합 가칭 '유아학교'

ⓗ 행정지원체제 통합 : 유아교육 · 보육위원회 및 보육정책 조성위원회의 통합, 유아교육위원회와 보육정책위원회의 통합, 육아종합지원센터의 활용안, 유아교육진흥원과 보육개발원의 통합

**PLUS+**

**유아교육과 보육 통합의 필요성**

1. 「유아교육법」과 「영유아보육법」의 형평성을 확보하기 위해서이다.
2. 양 법 간 재정지원의 불균등을 해소하기 위해서이다.
3. 서비스 대상인 영유아 연령의 조정이 필요하다.
4. 국공립, 사립 간의 학부모 비용부담 등의 형평성 제고가 필요하다.
5. 제3의 시설에서까지 유아교육과 보육이 이루어지고 있어 유아교육과 보육의 질을 제고할 필요성이 있다.
6. 유아교육과 보육에 관한 OECD의 관점 확보를 위해서이다.

**유아교육의 질 제고를 위한 정책의 방향 - 박찬옥, 조형숙, 엄은나(2008)**

1. 유아학교 중심의 공교육 제도를 확립할 것
2. 유아교육에 대한 정부의 행 · 재정적 지원을 대폭 확대할 것
3. 양질의 교사양성을 위한 체제를 정비하고 질 강화 방안을 마련할 것
4. 0~만 5세 영유아교육을 교육부 중심의 학제로 포함할 것

## 2. 유아교육과 보육의 통합을 위한 외국의 정책

① OECD 주요 유럽 국가 중 핀란드, 노르웨이, 스웨덴은 행정적으로 일원화 체제를 이미 실현하였고 덴마크, 네덜란드, 이탈리아는 서비스 질을 증진하고자 노력하고 있다(문무경, 2007).

② 이들 육아정책의 공통점은 모든 유아를 위한 보편적 서비스의 기회 확대를 추진하여 거의 100% 달성하였으며, 이제 만 3세 미만을 위한 최적의 육아지원 서비스를 계획하고 있다고 한다.

③ 또한 보편적 서비스 제공의 완전 달성을 위한 정부의 재정지원 증대, 공 · 사립시설에 대한 재정지원의 형평성 제고, 국가 수준 교육과정 개발 및 시행, 팀워크를 강조하는 교사교육 강화, 육아지원과 초 · 중등 상급 학교의 연계와 협력강화를 위한 노력과 같은 선진 국가들의 정책은 우리나라가 지향해야 할 정책목표로 삼고 참고할 가치가 있다. 유아교육과 보육의 통합은 궁극적으로 유아교육의 전반적인 질을 향상시키는 것이다.

**PLUS⁺**

**교육부의 유아교육 발전을 위한 노력**

1. 2009년 12월 8일 「유아교육선진화 추진계획」 발표
   ① 교육부(당시 교육과학기술부)는 2009년 12월 8일 학부모의 유아학비 부담을 경감하고 선진 유아교육제도 구축을 통한 질 높은 유아교육 서비스 제공을 목표로 아이가 행복한 미래형 학교라는 비전을 가지고 유아교육선진화추진계획을 발표하였다.
   ② 유아교육선진화계획은 유아교육에 대한 시대적 요구를 반영하여 재정투자 확대, 지원 인프라 강화, 교육과정, 교원정책 등 유아교육 전반에 걸친 선진화 추진을 통해 유아교육의 질적 수준을 선진국 수준으로 향상하고자 한 것이다.

2. 2012년 「유아교육법」 개정
   「유아교육법」 개정으로 '유아교육발전기본계획'의 수립에 대한 법적 당위성을 확보하고, 2013~2017년 동안의 유아교육 발전 5개년 계획인 '제1차 유아교육발전기본계획'이 추진되었다.

   > **「유아교육법」 제3조의2(유아교육발전기본계획)**
   > ① 교육부장관은 유아교육의 발전을 위하여 유아교육에 관한 중장기 정책 목표 및 방향을 설정하고, 유아교육발전기본계획(이하 "기본계획"이라 한다)을 수립하여 추진하여야 한다. 〈개정 2013.3.23.〉
   > ② 교육부장관은 제5조 제1항에 따른 중앙유아교육위원회의 심의를 거쳐 5년마다 기본계획을 수립하여야 한다. 〈개정 2013.3.23.〉
   > (이하 생략)
   > [본조신설 2012.1.26.]

3. 2018년 이후 '제2차 유아교육발전기본계획' 추진
   '제2차 유아교육발전기본계획'이 수립되어 2018년부터 2022년까지 해당 계획을 근간으로 하여 유아교육의 질적 수준 향상을 위한 노력이 지속되고 있다.

# 박수민

유아임용의 정석 – 유아교육개론

# CHAPTER

# 01 | 확인학습 문제로 **내용 다지기**

정답_p.599

**01** 유아교육의 단편적 개념을 5가지 쓰고, 각각에 대해 말로 설명하시오.

① _____

② _____

③ _____

④ _____

⑤ _____

**02** 유아교육의 중요성을 유아의 발달적 측면에서 제시하시오.

1) _____

2) _____

3) _____

4) _____

**03** 1989년 국제연합(UN)에서 '세계인권선언'과 '국제인권규약'의 규정에 근거하여 채택한 문서의 명칭을 쓰시오.

_____

**04** 다음은 유아교육의 원리이다. 괄호 안에 알맞은 내용을 넣으시오.

> • 유아교육은 ( ㉠ )와/과 ( ㉡ )의 서비스를 모두 포함해야 한다. 이는 유아교육기관에서는 가르침과 보호의 기능을 반드시 함께 수행해야 함을 의미한다.
>
> • 유아교육은 ( ㉢ )을/를 중시해야 한다. 이는 유아교사가 의도하는 형식적·표면적 교육과정뿐만 아니라, 유아의 자발적·즉흥적·순간적·우연적 학습경험에 의해 나타나는 유아의 변화에도 가치를 부여해야 한다는 의미이다.
>
> • 유아교육은 유아의 ( ㉣ )와/과 ( ㉤ )을/를 존중해야 한다. ( ㉣ )(이)란, 유아가 주변 대상이나 사물에 대해 갖는 내적인 동기유발이며, ( ㉤ )(이)란, 유아가 심리적·생리적으로 결핍 또는 필요를 충족시키려는 자발적 행위라 할 수 있다.
>
> • 유아교육은 ( ㉥ )중심의 교육이어야 한다. ( ㉥ )은/는 유아기의 언어라 할 수 있으며, 유아는 ( ㉥ )을/를 통하여 배우고 자아를 표현하며 필요한 발달적 기능을 자연스럽게 익혀나갈 수 있다.
>
> • 유아교육은 ( ㉦ ) 중심 교육이어야 한다. 학습의 성과 및 결과보다 ( ㉦ ) 자체를 중요시해야 한다.
>
> • 유아교육은 상호작용을 중시해야 한다. 상호작용이란, ( ㉧ ), ( ㉨ ), ( ㉩ ), ( ㉪ ), ( ㉫ ) 등의 다양한 상호작용의 형태를 의미한다.

㉠ _____  ㉡ _____  ㉢ _____

㉣ _____  ㉤ _____

㉥ _____  ㉦ _____

㉧ _____  ㉨ _____

㉩ _____  ㉪ _____

㉫ _____

**05** 1923년부터 2016년까지 아동 권리 보장을 위한 우리나라의 노력을 정리하시오.

① 1923 ~ _____

② 1957 ~ _____

③ 1988 ~ _____

④ 1991 ~ _____

⑤ 2015 ~ _____

⑥ 2016 ~ _____

06 국제연합(UN)의 아동권리협약의 4대 기본원칙과 4대 기본권을 쓰시오.
(※ 아동권리협약의 4개 기본권의 내용에 대해 말로 설명할 수 있어야 합니다.)

　　1) 4대 기본원칙

　　　　①

　　　　②

　　　　③

　　　　④

　　2) 4대 기본권(각각에 해당되는 권리의 예를 2가지씩 쓰시오.)

　　　　①

　　　　②

　　　　③

　　　　④

07 「아동복지법」에 근거하여 아동복지를 정의하시오.

08 아동복지의 대상에 대해 정의하시오.

　　　「아동복지법」에 근거하여 아동이란, ( ㉠ )(으)로, 이들은 모두 아동복지의 대상자가 된다. 즉, ( ㉠ )와/과 그 ( ㉡ ) 및 ( ㉢ )이/가 아동복지의 대상이라 할 수 있다. 아동복지 대상을 보편주의에 입각하여 ( ㉣ ) 와/과 선별주의에 입각하여 ( ㉤ )으로 구분할 수 있다.

　　㉠ _____　　㉡ _____　　㉢ _____

　　㉣ _____　　㉤ _____

**09** 다음은 아동 복지의 원칙을 제시한 것이다. 알맞은 내용을 쓰시오.

| 보편성의 원칙 | ㉠ |
| --- | --- |
| ㉡ | 특정아동을 대상으로 하는 보충적 사업으로서 여러 가지 조건이나 기준에 의해 아동복지사업의 대상을 제한하는 것을 의미한다. |
| ㉢ | 아동이 지니고 있는 능력을 최대한 개발하기 위한 것으로, 아동은 사회적 자립과 동시에 사회에 기여할 존재라는 관점이 전제되어 있다. |
| 예방성의 원칙 | ㉣ |
| 개별성의 원칙 | ㉤ |
| 종합성의 원칙 | ㉥ |

**10** Kadushin의 아동 복지 서비스의 유형을 3가지 쓰고 각각의 의미와 서비스의 예를 2가지씩 쓰시오.

① _____　_____

② _____　_____

③ _____　_____

**11** 우리나라의 정부 차원에서 실시하고 있는 복지 사업 중 해당 부서에서 추진 중인 복지 사업의 명칭을 쓰시오.

① 보건복지부(빈곤의 대물림을 차단하고 공평한 양육여건을 보장하고자 하는 사전예방적 아동보호통합서비스) : _____

② 교육부(저소득지역 아동·청소년의 교육복지수준을 향상시키기 위해 실시한 사업) : _____

**12** Zuckerman이 제시한 아동 복지 사업 분류의 명칭과 사업의 예를 각각 2가지씩 쓰시오.

① _____　_____

② _____　_____

③ _____　_____

**13** 우리나라 교육의 5법 체제를 작성하시오.

**14** 현존하는 우리나라 최초의 유치원 명칭을 쓰시오.

**15** 다음은 우리나라 유아교육 체제의 역사에 대한 내용이다. ㉠~㉥을 제시된 기준에 따라 구분하시오.

㉠ 만 4세부터 입학 대상이었던 것이 만 3세로 확대됨(교육대상 연령의 하향화)

㉡ 질적으로 발전된 유아교육의 실현을 위해 '유아교육진흥방안'을 발표함

㉢ '초·중등교육법' 제정 및 '유아교육진흥법' 개정으로 취학 전 1년 무상교육이 순차적으로 실시됨

㉣ '유아교육법'의 제정으로 교육의 5법 체계가 마련됨. 유아교육이 공교육으로 진입하기 위한 법적 근거가 마련됨

㉤ 유아교육기관이 문교부 산하의 유치원, 내무부 산하의 새마을 유아원으로 정리되고, '유아교육진흥법'이라는 단일법이 적용되어 법적으로 일원화됨

㉥ 누리과정의 시행으로 유·보 통합 교육과정이 마련되고 유·보 통합의 첫걸음을 내딛음

㉦ 유치원과 어린이집으로 이원화되어 있는 교육·보육과정의 통합을 통해 유아교육의 질 제고

㉧ 5차 유치원교육과정이 고시됨

㉨ 1차 유치원교육과정이 제정되어 국가수준 교육과정이 처음 시행됨

㉩ 국가에서 주어지는 교육과정의 틀에서 벗어나 만들어 가는 교육과정으로의 전환을 강조하며 교육과정 편성·운영의 자율성, 융통성, 창의성을 강조하는 교육과정이 제정됨

| 1960년대 | |
|---|---|
| 1970년대 | |
| 1980년대 | |
| 1990년대 | |
| 2000년대 | |
| 2010년대 | |

# 박수민

## 유아임용의 정석 - 유아교육개론

# CHAPTER
# 01 | 기출문제로 감각 익히기

정답_p.614

**01** 다음의 (가)~(다)는 누리과정의 제정 배경과 구성에 관한 것이고, (라)는 교육 취약
계층을 위한 사업에 대한 설명이다. 물음에 답하시오.

2013학년도-A

> (가) 초등학교 취학 직전 유아에 대한 무상교육은 「㉠」에 무상보육은 「㉡」에 명문화 되
> 어 있다.
> (나) 영유아기는 생애발달의 결정적 시기로서 교육·보육에 대해 국가 지원이 필요하다.
> 이에 정부는 2011년 9월 5일 '5세 누리과정'을 고시하였고, 모든 유치원과 어린이집
> 은 2012년부터 적용하고 있다. 이로써 누리과정은 취학직전 1년간의 유아교육·보
> 육 선진화를 실현하게 되었으며, ㉢ 공정한 출발선을 보장하는 계기를 마련하였다.
> 또한 2012년 7월 10일에 만 3~5세 유아를 위한 누리과정을 고시하여 2013학년부터
> 적용할 예정이다.
> (다) 누리과정의 '구성방향' 중 하나는 '만 3~5세아의 발달 특성을 고려하여 ( ㉣ )(으)로
> 구성한다. 이는 2007년 개정 유치원 교육과정의 '구성 방침'과 차이가 있다.
> (라) 보건복지부는 '드림스타트'를, 교육과학기술부는 '( ㉤ ) 사업'을 실시하고 있다.
> '( ㉤ ) 사업'에서 유치원을 포함한 학교 중심의 지역교육공동체는 교육 취약계층
> 아동 청소년들에게 통합적 서비스를 제공한다.

1) ㉠과 ㉡에 적합한 현행 법령의 명칭을 쓰시오.

- ㉠ : _____ 법

- ㉡ : _____ 법

2) 누리과정 실행으로 얻을 수 있는 사회·경제적 효과 중 저소득 계층의 측면과 인구학
적 측면에서의 기대 효과를 1가지씩 쓰시오.

- 저소득 계층의 측면 : _____

- 인구학적 측면 : _____

3) ⓔ에 적절한 단어를 쓰시오.

_____

4) ⓜ 사업의 유치원 부분은 ⓒ을 위해 누리과정 외에 실시하고 있는 국가 정책 사업이다. ⓜ을 쓰시오.

_____

02 다음의 (가)와 (다)는 아동 관련 문서 중 일부이고, (나)는 (가)에 대한 설명이다. 물음에 답하시오.

2013학년도-A

| | |
|---|---|
| (가) | ⑦ 모든 사람은 인종, 피부색, 성별, 언어, 종교, 정치적 또는 기타의 의견, 민족적 또는 사회적 출신, 재산, 출생 또는 기타의 신분 등 어떠한 종류 구분에 의한 차별 없이 동 선언 및 규약에 규정된 모든 권리와 자유를 향유할 자격이 있음을 선언하고 동의하였음을 인정하고, <br> ······ (중략) ······ <br> ⓛ 아동은, 완전하고 조화로운 인격 발달을 위하여, 가족적 환경과 행복, 사랑 및 이해의 분위기 속에서 성장하여야 함을 인정하고, … (중략) … <br> 아동은 신체적, 정신적, 미성숙으로 인하여 출생 전후를 막론하고 적절한 법적 보호를 포함한 특별한 보호와 배려를 필요로 한다는 점에 유념하고, … (중략) … 모든 국가, 특히 개발도상국가 아동의 생활 여건을 향상시키기 위한 국제 협력의 중요성을 인정하면서, 다음과 같이 합의하였다. <br> ······ (중략) ······ |
| (나) | '아동 이익 최우선의 원칙', '아동의 의사 존중 및 참여의 원칙', '아동의 ( ⓒ )의 원칙', '아동의 생존, 보호 및 ( ⓔ )의 원칙' 등 4개의 일반 원칙을 중심으로 한다. |
| (다) | 모든 어린이가 차별 없는 인간으로서의 존엄성을 지니고, 나라의 앞날을 이어나갈 새 사람으로 존중되며, 바르고 아름답고 씩씩하게 자라도록 함을 길잡이로 삼는다. |

1) 1989년 국제연합(UN)은 세계인권선언과 국제인권규약의 규정에 근거하여 (가)가 포함된 문서를 채택하였다. 이 문서의 명칭을 쓰시오.

• 문서의 명칭 : _____

2) 누리과정의 총론에 제시된 '편성' 중 ⑦의 내용과 관련된 지침을 1가지 쓰시오.

_____

3) '아동의 ( ㉢ )의 원칙'은 ㉠에서, '아동의 생존, 보호 및 ( ㉣ )의 원칙'은 ㉡에서 찾아볼 수 있다. ㉢과 ㉣을 찾아 쓰시오.

• ㉢ : _____

• ㉣ : _____

4) (다)가 포함된 문서는 1957년 처음 발표된 후, 1988년 보건사회부에 의해 개정, 공포되었다. 이는 인간의 존엄성 존중, 건전한 가정에서의 보호, 교육, 놀이 등에 관한 권리, 학대와 노동으로부터의 보호에 관한 권리 등을 포함하고 있다. 이 문서의 명칭을 쓰시오.

---

**03** 다음은 「유아교육법」의 일부이다. ㉠에 들어갈 말을 쓰시오. 2013학년도 추시-A

「유아교육법」
제2조(정의) 이 법에서 사용하는 용어의 뜻은 다음 각 호와 같다.〈개정 2010.3.24., 2012.3.21.〉
······(중략)······
6. "( ㉠ )과정"이란 제13조제1항에 따른 교육과정 이후에 이루어지는 그 밖의 교육 활동과 돌봄 활동을 말한다.
······(중략)······
제13조(교육과정 등) ① 유치원은 교육과정을 운영하여야 하며, 교육과정 운영 이후에는 ( ㉠ )과정을 운영할 수 있다.
〈개정 2012.3.21.〉
(이하 생략)

04 다음은 「유아교육법」의 일부이다. 물음에 답하시오.

2014학년도-A

> 「유아교육법」 [법률 제11769호, 2013.5.22., 일부개정]
>
> 제1조(목적) 이 법은 「( ㉠ )」 제9조에 따라 유아교육에 관한 사항을 정함을 목적으로 한다. 〈개정 2010.3.24.〉
>
> ……(중략)……
>
> 제24조(생략) ① 초등학교 취학직전 3년의 유아교육은 ( ㉡ )으로 실시하되, ( ㉡ )의 내용 및 범위는 대통령령으로 정한다. 〈개정 2012.3.21.〉
>
> ② 제1항에 따라 ( ㉡ )으로 실시하는 유아교육에 드는 비용은 국가 및 지방자치단체가 부담하되, 유아의 보호자에게 지원하는 것을 원칙으로 한다. 〈개정 2010.3.24.〉

1) ㉠에 들어갈 법의 명칭 1가지를 쓰시오.

_____

2) ㉡에 들어갈 말 1가지를 쓰시오.

_____

05 다음은 유치원 교사와 원장 간 대화의 일부이다. 물음에 답하시오.

2014학년도-A

> 최 원장 : 선생님들이 여러 가지로 관심을 갖고 노력하시니 잘 해 나가실 거라 믿어요. 필요하다면 연수나 세미나 참석에 따른 시간과 비용에 대한 지원을 해드릴게요. 그리고 박 선생님은 ㉠ 유치원 정교사 1급 자격 연수를 받을 수 있는 교육경력을 갖추었기 때문에 이번에 연수를 신청하실 수 있겠네요.

1) 다음은 「유아교육법」 [법률 제11769호, 2013.5.22., 일부개정]에 제시된 교사자격기준의 일부이다. ㉠과 관련하여 A에 들어 갈 숫자를 쓰시오.

| 자격<br>급별 | 자격기준 |
| --- | --- |
| 정교사<br>(1급) | 1. 유치원 정교사(2급)자격증을 가진 자로서 ( A )년 이상의 교육경력을 가지고 소정의 재교육을 받은 자<br>……(후략)…… |

_____

**06** 다음은 「유아교육법」의 일부이다. 물음에 답하시오.

「유아교육법」 [법률 제 12336호, 2014.1.28., 일부개정]

제17조의3(응급조치) 원장(제21조 제2항에 따라 원장의 직무를 대행하는 사람을 포함한다)은 보호하는 유아에게 질병·사고나 재해 등으로 인하여 위급한 상태가 발생할 경우 즉시 해당 유아를 「응급의료에 관한 법률」 제2조에 따른 ( ㉠ )에 이송하여야 한다.
[본조신설 2013.5.22.]
⋯⋯ (중략) ⋯⋯
제19조의2(유아교육( ㉡ )의 구축·운영 등) ① 교육부장관 및 교육감은 유치원 및 교육행정 기관의 업무를 전자적으로 처리할 수 있도록 유아교육 ( ㉡ )(이하 "( ㉡ )"이라 한다)을 구축·운영할 수 있다. 〈개정 2013.3.23.〉
⋯⋯ (중략) ⋯⋯
제20조(교직원의 구분) ① 유치원에는 교원으로 ( ㉢ )을 두되, 대통령령으로 정하는 일정 규모 이하의 유치원에는 원감을 두지 아니할 수 있다. 〈개정 2010.3.24., 2011.7.25.〉
⋯⋯ (후략) ⋯⋯

1) ㉠과 ㉡에 들어갈 용어 1가지를 각각 쓰고, ㉢의 빈칸을 채우시오.

• ㉠ : _____

• ㉡ : _____

• ㉢ : _____, _____, _____, _____

**07** 다음은 ○○유치원의 자율연수 시간에 교사들이 나눈 대화 내용이다. 물음에 답하시오.

2017학년도-A

> 홍 교사 : 유치원 교육과정 운영에 있어서 가장 근간이 되는 것은 국가수준 교육과정이 잖아요. ⑤ 우리나라에서 국가수준 유치원 교육과정이 처음 만들어진 해가 언제인지 기억하세요?
>
> 곽 교사 : 오래전 일이라 잘 모르겠는데, 한번 찾아봐야겠어요. 교육과정 변천사를 보면, 2015 개정 유치원 교육 과정에 이르기까지 중요한 변화들이 있었더군요. 예를 들면, ⑥ 제3차 유치원 교육과정은 제2차 유치원 교육과정이 개정되고 난 후 불과 2년 만에 개정되었어요. 또 그 당시 교육과정의 1일 시간 편성 기준은 변경되지 않았지만 현재의 2015 개정 유치원 교육 과정과는 달랐어요.
>
> 최 교사 : 그렇군요. 저는 유치원 입학 연령에 관심이 많은데, 관련법을 살펴보니 연령이 바뀌면서 유아에 대한 정의가 달라졌더라고요. 현재 ⑥「유아교육법」에서 유아는 "만 3세부터 5세까지의 어린이"로 규정되어 있지요?
>
> 곽 교사 : 그것도 확인해야겠네요. 그런데 무엇보다 교사로서 현재 가장 중요하게 숙지하고 있어야 할 것은 2015 개정 유치원 교육과정이지요.
>
> 홍 교사 : 맞아요. 저는 교육계획안을 작성할 때, 우선 2015 개정 유치원 교육과정의 구성 방향에 따라 유아의 발달 특성과 연령을 고려하고, 신체 운동·건강, 의사소통 등 5개 영역을 중심으로 구성하려고 노력해요. 그런데 쉽지는 않네요.
>
> 곽 교사 : ② 교육과정의 구성 방향은 이 외에도 4가지가 더 있어요.
>
> ⋯(하략)⋯

1) ⑤의 해당 연도를 쓰시오.

_____

2) ⑥과 관련하여 ① 유치원 교육과정이 2년 만에 개정된 이유를 쓰고, ② 2015 개정 유치원 교육과정의 편성에서 제시된 1일 시간 편성 기준을 쓰시오.

- ① : _____

- ② : _____

3) ⑥의 유아에 대한 정의에서 잘못된 부분을 찾아 바르게 고쳐 쓰시오.

_____

_____

4) 2015 개정 유치원 교육과정에서 ②에 해당하는 것으로 올바르지 <u>않은</u> 것 2가지를
   ⓐ~ⓓ에서 찾아 기호를 쓰고, 바르게 고쳐 쓰시오.

> ⓐ 질서, 배려, 정직 등 기본생활습관과 독립성을 기르는 데 중점을 두어 구성한다.
> ⓑ 자율성과 창의성을 기르는 데 중점을 두고, 전인발달을 이루도록 구성한다.
> ⓒ 사람과 자연을 존중하고, 우리 문화를 이해하는 데 중점을 두어 구성한다.
> ⓓ 초등학교 교육과정과의 통합성을 고려하여 구성한다.

- ① : _____

- ② : _____

08 (가)는 1989년에 유엔에서 채택되고 1991년에 우리나라에서 발효된 「아동의 권리
   에 관한 협약」의 일부이고, (나)는 1988년에 개정된 '대한민국 어린이 헌장'의 일부
   이다. 물음에 답하시오.                                    2019학년도 추시-A

(가)

> … (상략) …
>
> 제2조
> 1. 당사국은 자국의 관할권안에서 아동 또는 그의 부모나 후견인의 인종, 피부색, 성별,
>    언어, 종교, 정치적 또는 기타의 의견, 민족적, 인종적 또는 사회적 출신, … (중략)
>    … 출생 또는 기타의 신분에 관계없이 그리고 어떠한 종류의 ( ㉠ )을/를 함이 없이
>    이 협약에 규정된 권리를 존중하고, 각 아동에게 보장하여야 한다.
>                              … (중략) …
>
> 제27조
> 1. 당사국은 모든 아동이 신체적 · 지적 · 정신적 · 도덕적 및 사회적 ( ㉡ )에 적합한 생활
>    수준을 누릴 권리를 가짐을 인정한다.
> 2. 부모 또는 기타 아동에 대하여 책임이 있는 자는 능력과 재산의 범위 안에서 아동
>    ( ㉡ )에 필요한 생활여건을 확보할 일차적 책임을 진다.
>                              … (중략) …
>
> 제28조
> 1. 당사국은 아동의 ( ㉢ )에 대한 권리를 인정하며, 점진적으로 그리고 기회 균등의 기
>    초 위에서 이 권리를 달성하기 위하여 특히 다음의 조치를 취하여야 한다.
>                              … (하략) …

(나)

> 　　대한민국 어린이 헌장은 어린이날의 참뜻을 바탕으로 하여, 모든 어린이가 ( ㉠ )없이 인간으로서의 존엄성을 지니고, 나라의 앞날을 이어나갈 새사람으로 존중되며, 바르고 아름답고 씩씩하게 자라도록 함을 길잡이로 삼는다.
>
> 　　　　　　　　　　　　… (중략) …
>
> 3. 어린이는 좋은 ( ㉢ )시설에서 개인의 능력과 소질에 따라 ( ㉢ )을/를 받아야 한다.
>
> 　　　　　　　　　　　　… (중략) …
>
> 6. 어린이는 예절과 질서를 지키며, 한겨레로서 서로 돕고, 스스로를 이기며 책임을 다하는 ( ㉣ )(으)로 자라야 한다.
>
> 　　　　　　　　　　　　… (하략) …

1) 괄호 안의 ㉠에 공통으로 들어갈 말과 ㉢에 공통으로 들어갈 말을 각각 쓰시오.

　• ㉠ : _____

　• ㉢ : _____

2) 괄호 안의 ㉡과 ㉣에 들어갈 말을 2015 개정 유치원 교육과정 총론에 제시된 '목적'에서 각각 찾아 쓰시오.

　• ㉡ : _____

　• ㉣ : _____

3) 다음은 「아동의 권리에 관한 협약」의 이행과 관련된 내용이다. 괄호 안의 ⓐ에 들어갈 말을 쓰시오.

> 　　아동권리의 모니터링은 아동의 권리가 제대로 보장되고 있는지를 지속적으로 조사하고 감시하며, 그 결과를 반영하여 궁극적으로 아동의 권리가 신장되도록 하는 행위이다. 이는 국제적 수준뿐 아니라 ( ⓐ ) 또는 지방자치단체나 공공단체, 민간단체까지 다양한 수준에서 행해질 수 있다.

**박수민**

유아임용의 정석 – 유아교육개론

CHAPTER

# 02

# 유아교육사상

# 1 한국의 유아교육사상

# 2 서양의 유아교육사상

# 01 한국의 유아교육사상

### 🕰 들어가며

전통사회에서 유아들을 위한 형식적 학교제도는 없었다고 하더라도 유아들을 그 사회 구성원으로 길러내기 위한 뚜렷한 교육적 가치관과 그에 기초한 교육실천은 이루어지고 있었다. 이러한 전통사회에서의 교육은 그 시대를 지배한 사상 또는 종교, 시대적 환경에 그 뿌리를 두고 있다.

## 01 조선시대 이전의 유아교육

### 1. 시대 흐름에 따른 변화

① 삼국시대 이전의 교육형태는 생활교육, 종교의식 교육, 군사교육, 생산교육이었고, 삼국시대 이후에 들어서 비로소 불교를 통하여 고등한 종교·철학 사상을 형성하게 되었다.

② 고구려 소수림왕 2년(372)에 불교의 전래로 삼국은 바람직한 교육환경을 조성하였지만, 이를 통해 형식적인 학교를 세우지는 못하였다(손인수, 1964).

③ 불교에 있어서 바람직한 인간 형성의 이론은 '각(覺)', 즉 깨달음의 형식을 통해 무실체(무아)한 존재의 실상을 올바로 인식하는 데 초점이 모아지고 있었다.

④ 불교의 가르침은 통일신라에 이르러 원효와 원광·자장·의상·대현(이병도, 1955) 등의 고승에 의해 정리되었다.

⑤ 원효(617~686)는 불교사상을 정리하여 독자적인 체계를 수립하였고, 불교의 전파뿐만 아니라 대중의 도덕적 지표를 제시하였다.

> **불교의 5계 : 당시 대중의 도덕교육을 담당**
> 1. 생물을 죽이지 말라(불살생).
> 2. 훔치지 말라(불투도).
> 3. 음행하지 말라(불사음).
> 4. 거짓말하지 말라(불망어).
> 5. 술 마시지 말라(불음주).

⑥ 원광은 불교의 5계를 발전시킨 세속오계를 화랑인 귀산과 추항에게 일러주어 도덕교육과 교훈지도를 담당토록 하였다.

> **세속오계 : 근본덕목으로서 교육에 적용**
> 제일 : 사군이충    제이 : 사친이효    제삼 : 교우이신    제사 : 임전무퇴    제오 : 살생유택
> ⇨ 충·효·신·용·인(忠·孝·信·勇·仁)의 계가 나타남
> ⇨ 가정·사회·국가 생활의 근본덕목으로서, 가정에서 유아를 교육할 때에도 이러한 덕목이 적용되었을 것으로 예상됨

⑦ 고려시대로 넘어오면서 불교와 유교 사상 모두 영향력을 지녔는데 학교교육은 유교사상이, 상류 및 민중 등의 사회교육은 불교사상이 지배하였다.

⑧ 불교경전에 나타나는 '동자'와 '동녀'는 8세 이상의 남녀 어린이를, '영동'과 '영아'는 동자와 동녀 이전의 유아를 말한다.

## 2. 인간관

불타는 누구나 깨달을 수 있는 존재라고 보았기 때문에 원시교단에서는 어린이도 성인과 똑같이 비구, 비구니가 될 수 있었다. 원시불교에서의 어린이는 성인과 본질적으로 차이가 없다고 보았다.

## 3. 부모와 자녀의 관계

『육방예경』에서 불타는 어린이를 부모로부터 보호와 교도를 받을 권리와 의무를 가진 존재로 보았다.

> **불교의 아동관**
> 1. 대승불교에서는 어린이를 현실 속에서 이상을 경작·도야하면서 이상을 향해 끊임없이 전진해 가는 독자적 존재로 파악하고, 어린이는 성인의 단계에 이르지 않고도 깨달음의 세계에 진입할 수 있다고 본다(『대지도론』, 『화엄경』 참고).
> 2. 어린이의 장난이나 놀이는 이상적인 인간 형성의 중요한 일면이며, 나아가 어린이의 순수성은 성인도 본받아야 할 점으로 이해되고 있다(『법화경』 방편품 ; 『법화경』 28품 중 제2품).
> 3. 자리이타(自利利他)의 실천을 통해 스스로를 형성해가는 구도과정에 있는 보살들이 어린이를 지도하기 위해서는 보살 자신이 어린이로 나타나야 함을 강조한다.

## 4. 불교가 교육에 미친 영향

① 불교는 오랜 세월 동안 한국인의 의식구조에 깊은 영향력을 끼쳐왔는데 특히 유아교육에 있어서는 유아를 독자적·인격적 가능성의 존재로 여기는 데 영향을 주었고, 가정교육에 있어서도 충·효·신·용·인의 도덕적 지침으로 교육하도록 하는 데 영향을 미쳤다.

② 불교의 아동관에서 알 수 있는 점으로 교사는 군림하는 위치가 아니라 스스로 어린이의 세계에서 어린이의 입장이 되어야 하며, 교사의 지도와 어린이의 학습은 서로의 인격적인 교섭을 통해 가르치는 가운데 스스로를 형성해 가고 배우는 인격적인 상호 침투에 의한 상호 형성관을 의미한다(박선영, 1982).

## 02  조선시대의 유아교육

### 1.  성리학에 나타난 유아교육사상

> 1.  조선시대는 유교사상이 지배한 사회로 모든 생활과 철학은 성리학의 범주 속에서 찾아볼 수 있다. 유교사상에서는 인간을 본질적으로 선(善)한 존재라고 보았다.
> 2.  인간은 본성에 바탕을 둔 도리, 즉 도덕이 있기 때문에 다른 동물과 구별된다고 보았고, 여기에서 교육의 필요성을 가진다.
> 3. 『소학(小學)』의 내편(內篇) 첫머리
>    "하늘이 사람에게 부여한 자질을 이성이라 부르고, 이성을 좇는 것을 도의라 이르고, 도의를 닦는 것을 교육이라고 부른다."

#### (1) 교육목표

① 수기치인(修己治人), 즉 수신제가치국평천하(修身齊家治國平天下)에 있다.

② 수기는 자기 자신의 수업과 수양에 관한 윤리이며, 치인은 상대방이 있는 정명(正明)과 경륜(經倫)이 필요한 정치술이다.

③ 성리학의 교육목적은 개인의 행동거지, 몸가짐을 바르게 하고 마음과 의지를 바로 세워 장차 안정된 사회를 이루고자 하는 것이며, 개인과 사회를 조화롭게 일치시키고자 하는 데 있다.

#### (2) 교육내용

① 새로운 지식 발달보다는 전통적 문화, 체제, 질서의 원활한 유지의 수단으로서 도덕교육이 강조되었다.

② 도덕학의 대상은 곧 '예(禮)'의 실천에 있었다. 예는 생활의 규범이었다.

#### (3) 교육원리 및 교육방법

① 유교윤리의 본질은 "인간은 같지 아니하고 다르다."라는 차별윤리이므로 남녀, 노소, 군신의 엄격한 차이를 강조하고, 상하의 관계에 있어 엄격한 질서를 중시하며, 아랫사람에게는 '섬김'의 의무를 강조하였다.

② 행동거지에 있어 남녀 분별교육을 강조하였다.

> • "사내아이의 기상은 영리하되 경솔하지 않고, 순박하되 유약하지 않아야 하며, 되바라지게 똑똑해서는 안 되고, 다만 묵직하여 장래성이 있어야 한다."
> • "계집아이는 중문 밖에 나가게 해서는 안 되고 사내아이는 대문 밖에 나가게 해서는 안 된다. 어린이를 교양하고 방탕한 짓을 막아주는 것이 집안을 다스리는 법이다."
>
> – 『사소절(士小節)』

③ 도덕교육은 어릴 때 시작해야 함을 강조하였다.

> "반드시 그들로 하여금 강독하고 학습하는 것을 어렸을 때에 하게 하는 것은 그 습관이 지혜와 함께 자라고, 교화가 마음과 함께 이루어져서 도리에 어긋나 거역하거나 가르침을 감당하지 못하는 근심을 없애려는 것 때문이다."
>
> – 『소학(小學)』

④ 지행일치를 강조하였다.

> "만약 입으로만 읽고서 마음으로 체득하지 못하고 몸소 실행하지 아니하면 책은 책대로, 나는 나대로 있을 것이니 무슨 이로움이 있으랴."
>
> – 『소학(小學)』

⑤ **태교의 강조** : 교육의 첫 단계는 태교이다. 태교는 임신한 부인의 몸가짐을 바르게 하여 뱃속의 아이를 가르치는 일을 말한다. 인간교육의 출발점으로 태교는 널리 행하여졌고, 이러한 점은 현대의 유아교육에 많은 시사점을 준다.

> • 임신부의 몸가짐에 대해서만 설파함
> • ⅰ) 수태 이전의 심신관리 ⅱ) 부친의 태교 ⅲ) 모친의 태교
>
> – 『소학(小學)』

⑥ **출생 후~6세까지의 교육** : 『소학』에 나타난 방법을 보면, 자식을 낳으면 여러 서모와 그 밖의 부녀자 중에서 부덕이 있는 자를 가려 보모로 삼고 이를 보육하고 선도하게 하였다. 이와 같은 교육은 6세까지 계속되었다.

⑦ 6세가 되면 지능이 어느 정도 발달된다고 보아 이때부터 지적인 교육이 시작되었다.

> **6세 이후 동몽들을 위한 교과서 :**
> 『천자문(千字文)』 → 『동몽선습(童蒙先習)』 → 『명심보감(明心寶鑑)』, 『소학(小學)』
> 1. 『천자문(千字文)』 : 아동들이 7, 8세(만 5~7세)가 되어 글방에 들어가서 처음 배우는 교재로 지식을 주기에 앞서 지식을 흡수할 능력을 키우기 위한 것이다.
> 2. 『동몽선습(童蒙先習)』 : 천자문을 뗀 후 배운 학습서로 박세무(1487~1554)가 지은 동몽의 최초 학습서이다. 조선시대 동몽 교육용으로 사회가 인정하고 널리 보급되었음을 짐작할 수 있다.
> 3. 『명심보감(明心寶鑑)』, 『소학(小學)』 : 인간 도덕교육의 기본을 삼강오륜으로 삼는 유교는 이의 실천을 위해 동몽들이 이러한 교재의 내용을 통하여 삼강오륜을 비롯한 많은 덕목을 배우고 실천하도록 교육했다.

⑷ **성리학에 나타난 유아교육과 현대 유아교육**

① 조선시대 유교사회에서의 유아는 독자적인 존재이기보다는 수동적 존재라고 할 수 있다. 스스로 생각하고 자유 속에서 선택하게 하기보다는 많은 제약과 규율 속에서 충·효를 강조하는 의무와 책임의 수행을 강조하였다. 또한 성인의 말씀을 본받아 배우고 따르기 위한 존양과 궁리에 힘쓰는 모방교육을 강조하였다. 그러므로 유교의 교육은 일률적으로 연령이 증가함에 따라 엄격하게 암기식으로 교육하였기 때문에 현대의 아동관과는 차이가 있다. 또한 사회유지 수단으로서 예를 중시하는 도덕교육이었으므로 전인으로서의 교육에 대해서는 소홀하였다고 할 수 있다.

② 그러나 태교의 중요성을 강조하고 효를 근본사상으로 하는 도덕교육이 어릴 때 시작되어야 한다는 유아교육의 인정, 인적 환경의 중요성, 지행일치의 강조, 선천적으로 알고 능한 것을 인정한 점 등은 인간성 회복을 위한 인성교육이 필요한 오늘날 유아교육사상의 밑거름으로 활성화되어야 할 것이다.

## 2. 실학에 나타난 유아교육사상

① 실학도 아동의 본성이 선함을 인정하고 있다. 아동을 무한한 가능성을 지닌 존재로 보고, 사회의 구성원으로 인식하기 시작하였다.

② 실학자 이덕무가 지은 『사소절』에서는 "지극히 중요한 일은 자식을 가르치는 것보다 더한 것이 없다."고 하여 아동을 가르치는 일을 중시하였음을 알 수 있다.

③ 실학에서는 교육이 집안의 흥망성쇠와 관련 있으며, 부모가 교육을 위해 적극적인 역할을 해야 한다고 했다. 교육의 방향은 아동의 기질을 제거하는 쪽에 맞추지 말고, 아동이 선을 행하도록 하는 데 두었다.

④ 인간이 각자의 능력에 따라 대우를 다르게 받아야 함을 주장하였다. 즉, 인간의 능력에 따른 신분의 가변성을 인정하고 있는 것이다.

⑤ 체벌이 인정되었으나 아동의 인격을 손상시키는 심한 체벌은 경계하였다.

⑥ 아동을 위한 문자교육은 아동의 경험 세계와 밀접하게 연결되어야 한다고 보고 우리나라의 자연, 사회 등의 환경에 적절하도록 문자를 재선택하고 재분류하여 문자교육서로 『훈몽자회』를 만들었다. 교육의 실제에서 아동의 경험을 중시하였음을 엿볼 수 있다.

⑦ 그러나 위의 생각들은 당시의 수직적·종속적 위계질서를 극복하지 못했기 때문에 아동이 관심의 대상이 되기는 하였으나 존중받지는 못하였다.

⑧ 실학에서 아동기는 태아기에서 시작되고, 아동기가 끝나고 성인이 되는 시기는 15세로 보았다.

　㉠ 아동은 3, 4세가 될 때까지 부모에게 절대적으로 의존한다.

　㉡ 7, 8세가 되면 남과 여의 구별이 시작된다.

　㉢ 10세에 성인과 같은 대우를 받게 되고, 15세가 되면 성인으로 인정되어 혼인이 허락된다.

## 3. 동학에 나타난 유아교육사상

> 동학의 아동존중사상은 근대적인 아동존중사상의 시작을 의미하며, 성리학과 실학의 아동관이 지니고 있던 한계를 극복한 결과이다.

① '인간은 누구나 한울님을 모신 평등한 존재'라는 긍정적인 인간관에 기초하고 있다.

② 교육을 통하여 인간이 돌아가야 할 가장 이상적인 상태를 어린이의 마음으로 보고 있다.

③ 아동은 태어날 때부터 성인과 대등한 능력을 지닌 존재로 인식되었기에 존엄하다고 보았다.

④ 아동이 성인을 가르칠 수 있다고 보는데, 이는 동학에서는 아동의 능력을 성인과 마찬가지라고 인정하고 있기 때문이다.

⑤ 아동이나 성인이나 마음속에 한울을 모셨기 때문에 누구나 존엄하며 동등하게 대우받아야 한다고 보았다.

⑥ 성리학과 실학의 입장과는 다르게 아동에 대한 체벌은 어떠한 경우라도 금하고 있다.

⑦ 동학에서도 역시 아동기의 시작은 태내기에서 시작된다. 잉태는 '한울님[天]'을 잉태함을 의미하므로 매우 중요하였다.

⑧ 아동의 성장 발달이 후천적으로 이루어진다고 보았다. 즉, 성인(聖人)은 미리 결정되어 있는 것이 아니라 자신의 노력 여하에 따라 성취될 수 있는 것이라고 보았다.

⑨ 아동을 가르치는 일은 개인뿐만 아니라 한 가정을 지켜내기 위해서도 중요하다. 또한 동학에서 아동의 존재 가치는 국가와 민족의 인재, 재목으로 인식되었으며, 앞으로 국가를 위기에서 구할 수 있는 귀중한 인재로 인식되었다.

## 4. 소파 방정환(1899~1931)의 아동중심사상

### 🕐 들어가며

'사람이 곧 하늘'이라는 동학의 인내천(人乃天) 사상은 아동을 소중하게 여기도록 하였으며 인격체로 아동을 대우하는 사상을 확산시켰다. 또한, 이후 소파 방정환의 소년해방운동의 배경이 되었다.
소파 방정환은 천도교 간부이며 동학의 3대 교주인 손병희의 사위로, 그의 아동교육사상은 동학사상에 바탕을 두고 있었다.

### (1) 방정환의 교육관

① 방정환은 어린이를 이미 하늘의 성품을 가진 존재라고 하면서 성인은 선한 어린이의 성품을 그대로 보존해야 한다고 하였다.

② 따라서 교육이란 아동이 스스로 자율성에 따라 삶을 살아가도록 도와주는 것이라고 보았다.

## (2) 방정환의 교육방법

① **환경의 중요성** : 나쁜 환경은 제거하고 좋은 환경을 제공하라고 하였다.

② 여기서 좋은 환경이란 아동의 올바른 성장을 도와주는 환경으로, 교육에서는 흥미의 원리와 표현의 원리를 중시하였다(이기숙 외, 2002).

| 구분 | 내용 |
|---|---|
| 흥미의 원리 | 아동의 본성에 기초하여 흥미와 놀이를 중시하였다. 창간지 「어린이」에서 "여기서는 그냥 재미있게 놀자. 그러는 동안 저절로 깨끗하고 착한 마음이 자라게 하자."라고 적었는데, 이것이 그가 만든 「어린이」라는 잡지의 편집방향이자 그가 지향하는 교육방법이었다. |
| 표현의 원리 | 표현의 원리는 자신의 생각이나 현실을 꾸밈없이 그대로 표현해야 함을 강조하는 것으로 소파 방정환은 예술교육에서 자신이 느낀 것을 자연스럽게 표현하도록 하였다. 표현을 강조하는 것은 어린이 세계의 독특함을 인정하는 것이고, 어린이의 특성인 활동과 관련하여 자기표현을 기쁨이자 성장의 바탕으로 본 것이다. |

③ 실제적인 교육방법으로는 사진이나 그림 이용하기, 칭찬, 존댓말 사용, 견학, 동화구연, 동극 등을 들 수 있다. 특히, 칭찬을 통한 교육을 강조하였는데, 방정환이 개최한 제1회 어린이날 선언문에서도 칭찬에 대해 언급하고 있다. 방정환은 결코 아동을 꾸짖는 일이 없었는데, 이는 칭찬을 통한 자신감 형성을 중요하게 생각하였기 때문이다.

> **제1회 어린이날 선언문 중 칭찬에 대한 내용**
> ㅡ. 어린이를 책망할 때는 쉽게 성만 내지 마시고 자세히 타일러 주십시오.
> ㅡ. 어린이를 결코 윽박지르지 마십시오. 조선의 부모는 대개가 가정교육은 엄해야 한다는 잘못된 생각으로 그 자녀의 일생을 망쳐 놓습니다. 윽박지를 때마다 뻗어 가는 어린이의 기운은 바짝바짝 줄어듭니다. 그렇게 길리운 사람은 공부를 암만 많이 해도 크게 자라서 뛰어난 인물이 못 되고 남에게 끌리고 뒤지는 샌님이 되고 맙니다.
> ㅡ. 어린이는 항상 칭찬해가며 기르십시오. 칭찬을 하면 주제넘어진다고 생각하는 것은 큰 잘못입니다. 잘한 일에는 반드시 칭찬과 독려를 해주어야 그 어린이의 용기와 자신하는 힘이 들어가는 것입니다.

## (3) 방정환의 교육과 현대 유아교육

① 사람이 곧 하늘이며 어린이도 하늘이라는 동학의 인내천 사상과 동학의 영향을 받은 소파 방정환의 사상은 아동의 존재를 있는 그대로 인정하면서 존중하는 것으로 현대 아동중심사상의 근간이 되었다.

② 또한 아동의 흥미와 표현을 인정하면서 이를 격려하는 환경을 제공하고 이런 과정 속에서 아동이 자연스럽게 성장하도록 강조한 것은 현대 유아교육의 방법과 맥을 같이 한다.

## (4) 방정환의 어린이 운동

소파 방정환은 우리나라 어린이 운동, 아동 문학의 선구자이다. 소파의 어린이 운동은 예술 문화 운동, 출판 운동, 소년운동단체 등의 세 방향으로 이루어졌다.

① 예술 문화 운동

　㉠ 소파가 어린이 운동을 하면서 계몽내용으로 삼았던 것이 예술이었는데, 이러한 예술 문화 운동은 세계아동예술전람회, 자유화 대회, 동요 보급운동, 동화 구연, 동극 등을 통해 이루어졌다.

　㉡ '세계아동예술전람회'는 지금까지 우리나라에서 무관심했던 예술교육에 대한 자극을 불러일으키고자 한 것으로 3년여의 계획과 준비 끝에 20여 개국이 참가하는 결실을 맺을 수 있었다. 이를 두고 〈동아일보〉 사설에서는 '어린이 운동이 실질적으로 일어난 지 5년 만에 이룩된 최대의 결실'이라고 평가했다.

　㉢ '자유화 대회'는 1924년부터 '어린이'사 주최로 열렸으며, 그해 2월호에 제1회 자유화 당선작을 발표하였다. 자유화 대회는 '자기 생각대로' 그릴 것을 강조하면서, 아동의 자발적인 참여와 관심을 불러일으켰다.

　㉣ 동요 보급 운동은 「어린이」지가 주요 발표무대였다. 창간호부터 전래동요 '파랑새', '버들피리', '봄이 오면'을 싣기 시작해 매호마다 2~3편 이상의 동요가 실렸다. 윤극영의 '설날', '반달', 이원수의 '고향의 봄', 최순애의 '오빠 생각', 한정동의 '두루미(따오기)', 윤석중의 '오뚜기' 등의 작품이 소파의 손을 거쳐 「어린이」지에 게재되었고, 유명 작곡가가 곡을 붙임으로써 온 조선의 어린이들이 즐겨 부르는 노래가 되었다.

② 출판 운동(문학활동)

　㉠ 출판 운동은 「어린이」지를 비롯하여 「개벽」, 「신여성」, 「학생」 등의 잡지나 『사랑의 선물』과 같은 단행본의 간행을 통하여 이루어졌다.

　㉡ 그의 문학활동의 시작은 1922년 동경 유학시절에 어린이를 위한 마음으로 세계명 작동화 10가지를 번안한 『사랑의 선물』에서 시작되었다. 이 책은 소파의 유일한 단행본으로 그림까지 삽입되어 있었고, 한글로 쓰여 어린이들이 읽기 쉬웠다.

　㉢ 소파가 본격적으로 아동문학을 시작한 때는 1923년 3월 1일에 창간된 월간 「어린이」의 주간을 맡고부터였다.

　㉣ 「어린이」지에 실렸던 글의 종류는 동화, 동요(동시), 동극, 소년소설, 우화, 전기, 기행문 등의 문예물과 과학, 역사, 수학 등의 지식물과 취미, 오락물, 토론 등의 교양물로 이루어져 있다.

　㉤ 「어린이」지를 통한 아동교육은 아무런 정치적·상업적 목적이 없는 어린이의 올바른 성장 발달에만 목적을 둔 교육운동인 것이다.

③ 소년운동단체

㉠ 아동운동이 민족구원이라고 보았던 소파는 이런 신념을 실천하기 위하여 여러 소년단체를 만들어 다양한 활동을 펼쳤다. '천도교 소년회'와 '색동회', '조선소년운동협회', '소년지도자대회'가 그 예이다.

㉡ '천도교 소년회'는 1921년부터 '씩씩하고 참된 소년이 됩시다. 그리고 늘 사랑하고 도와갑시다.'라는 목표 아래 본격적인 아동해방운동에 들어갔다. 창립 1주년인 1922년 5월 1일을 '어린이날'로 정하고 여러 가지 행사를 거행하였는데, 이날 배포된 인쇄물 중 하나인 '어린이날'이란 제목으로 쓰인 인쇄물은 다음과 같다.

> **천도교 소년회에서 배포한 어린이날 인쇄물 내용**
> 1. 어린 사람을 헛말로 속이지 말아주십시오.
> 2. 어린 사람을 늘 가까이 하시고 자주 이야기하여 주십시오.
> 3. 어린 사람에게 경어를 쓰시되 늘 부드럽게 하여 주십시오.
> 4. 어린 사람에게 수면과 운동을 충분히 하게 하여 주십시오.
> 5. 이발이나 목욕 같은 것은 때맞춰 하도록 하여 주십시오.
> 6. 나쁜 구경을 시키지 마시고 동물원에 자주 보내 주십시오.
> 7. 장가나 시집 보낼 생각 마시고 사람답게만 하여 주십시오.

🔊 1922년 5월 1일 '어린이날'은 천도교 소년회에서 실시한 것으로 이를 사회적으로 확대하기 위해 이듬해 1923년 창단하기로 한 색동회와의 협의하에 '조선소년운동협회'를 주최로 제1회 어린이날 기념식을 거행하게 된다.

㉢ '조선소년운동협회'의 주최로 1923년 5월 1일, 제1회 어린이날 행사가 거행되었다. 당시 시내에 배포된 선전문은 세계에서 가장 먼저 생긴 '어린이 헌장'이라 할 수 있다. '제네바 선언'이라 부르는 '국제 아동권리선언'이 헌장으로 채택된 1924년보다 1년 전의 일이었다.

**○ 연도별로 살펴본 소파 방정환의 어린이 운동**

| 구분 | 출판 운동 | 예술 문화 운동 | 소년운동단체 |
|---|---|---|---|
| 1920 | 「개벽」 발행 | | |
| 1921 | | | 천도교 소년회 결성(5월) |
| 1922 | 『사랑의 선물』 발행 | | 어린이날 행사 거행 |
| 1923 | • 「어린이」 발행<br>• 「신여성」에 '어린이 찬미' 수록 | 「어린이」지를 통한 동요 보급 운동 | • 색동회 결성(5월)<br>• 조선소년운동협회 결성 (5월)<br>• 제1회 어린이날 제정 |
| 1924 | | '자유화 대회' 개최 | |
| 1928 | | '세계아동예술전람회' 개최 | |

# 서양의 유아교육사상

## 01 고대 사회~16세기의 유아교육

### 1. 소크라테스(Socrates, BC 469~399)

 **들어가며**

소크라테스는 아테네의 전성기에 태어나 소피스트시대에 활동하였으며 아테네가 몰락하던 시기에 삶을 마감하였다. 그는 석공인 아버지와 산파인 어머니 사이에서 하류계층의 시민으로 출생하였다. 평생을 철학자이자 교사로서 살았으나, 신성을 모독하고 청소년을 타락시켰다는 죄목으로 사형선고를 받아 독배를 마시고 생을 마감하였다.

### (1) 교육사상 및 목적

① 소크라테스의 교육목적은 선을 알아서 이를 실행하는 도덕적 성품을 기르는 것이다. 악은 무지에서 시작된다고 보고 교육의 목적을 지행합일(知行合一)에 두었다. 지행합일설은 소피스트의 상대주의에 반대하고 보편적 개념을 추구하는 절대주의로서 인간에게 보편적 개념을 창출하게 하며, 인간이 자기 자신의 무지를 자각하여 새로운 지식으로서 보편적 개념에 도달하게 한다.

② 그는 진리에 이르는 출발점은 자신의 무지를 깨닫는 것이라고 생각하였다. 사람은 자신이 모른다는 것을 알 때 무엇인가를 알 수 있으며, 따라서 자신이 모른다는 것을 아는 것, 즉 '무지의 자각'이야말로 진리에 이르는 출발점이라고 생각하였다.

### (2) 교육방법

① 소크라테스는 종래에 시행되던 강의법이 아니라 대화법을 사용하였다. 그에게 있어 대화는 단순한 무지를 깨닫게 하여 어떤 지식만을 갖게 하는 것이 아니라, 자기의 애매모호한 지식을 분명히 하여 참된 진리에 이르게 하는 것이다.

② 지식은 타인에게서 받아들이는 작용이 아니라 자기 속에 원래 있던 지식을 상기시키는 것이며 자기 지식을 산출시키는 과정이다. 소크라테스는 지식을 부여하는 것이 아니라 사고력을 기르는 것이 중요하다고 생각하였다.

③ 대화법은 크게 반어법과 산파술로 이루어지며, 플라톤(Platon)의 『대화편(對話篇)』에서 그 실례들을 볼 수 있다. 소크라테스는 사람들을 무지(無知)의 세계에서 애지(愛知)의 세계로 인도하고자 하였다.

④ 이를 위해 소크라테스는 반어법을 사용하여 무지를 자각하게 하고 산파술을 통해 무지의 자각에서 출발하여 진리를 파악하게 하였다. 그러나 반어법과 산파술은 별개의 요소가 아니다. 반어법을 쓰는 가운데에는 이미 산파술이 작용하고, 산파술을 쓰는 가운데 이미 반어법의 사용이 포함된다.

| 반어법 | • 스스로의 무지를 깨우치는 방법<br>• 상대방이 사용하는 개념이 명료하지 못하고, 그들의 주장이 논리적으로 일관성이 없다는 것을 깨닫도록 하는 것<br>⇨ 대화를 통해 무지를 자각시키는 반문을 함 |
|---|---|
| 산파술 | • 기지에서 출발하여 미지, 애지의 세계에 접하게 하는 방법<br>• 상대방이 이미 가지고 있는 개념이나 지식을 토대로 더 정확한 개념 정의에 이르도록 하는 방법<br>⇨ 스스로 진리에 도달하도록 유도하는 질문을 함 |

(3) **교사의 역할** : 산파의 역할(정신적 활동을 자극), 동반자적 존재(함께 상호작용하면서 진리를 추구해 감)

산파 역할로, 결함과 한계에 대해 질문을 함으로써 학생들이 반성적 사고를 통해 지식의 한계를 인식하고, 더 나아가 올바른 지식을 만들도록 도와준다.

> 소크라테스는 이성적 탐구에 의하여 지식을 얻는 일을 산모가 아기를 낳는 일에 비유하였다. 지식은 태아와 같이 우리의 내면에 들어 있으며, 지식을 얻는 일은 산모가 출산하듯이 우리 내면에 잠재해 있는 지식을 끌어내는 것이다. 출산과정에서 산모가 산파의 도움을 받듯이 지식 획득과정에서 학습자는 교사의 조력을 받게 된다. 이 점에서 그는 가르치는 일을 '산파술'이라고 불렀다.

## 2. 플라톤(Platon, BC 427~347)

 **들어가며**

'플라톤 이후의 모든 서양철학은 플라톤의 저술에 대한 일련의 각주'라는 표현에서 알 수 있듯이 플라톤은 서양철학의 근간을 형성한 대학자이다. 플라톤은 BC 427년 아테네에서 태어났으며, 18세에 소크라테스를 만나 그가 사형당할 때까지 가르침을 받았다. 플라톤은 30편에 이르는 저서를 남겼는데 현재까지 대부분이 남아 있다. 저서의 형식은 소크라테스를 주인공으로 여러 가지 논제(論題)에 대한 철학적 대화를 실시한 것으로 『대화편(對話篇)』이라 지칭된다.

### (1) 기본사상

① 플라톤은 각 개인이 행복하게 살기 위해서는 사회 조건이 개선되어야 하며 이상사회가 실현되어야 행복할 수 있다고 보았다. 그는 전 우주에 걸쳐 영속적이며 불변하는 것에

대한 가치를 탐구하였다. 그것은 우리의 오감을 통해 인식할 수 있는 경험이나 감각을 초월하여 존재한다.

② 플라톤은 이를 '이데아(Idea)'라 표현하였다. 이데아는 합리적인 이성(理性)으로만 파악할 수 있는 영원불변한 것으로, 끊임없이 변화하는 현상의 사물과는 구별된다. 세계는 변화하는 현상계와 불변의 이데아로 나뉘며 이러한 구분을 이분법적 사고라 한다. 변화하는 감각세계의 사물은 이데아를 모방하여 형성되었지만, 이데아의 세계 만이 진실한 존재, 즉 필로소피아(철학)의 궁극적인 목적이다.

### (2) 교육목적

① 플라톤의 교육목적은 현상계에 변화하는 사물 이면에 내재한 사물의 이데아를 파악하는 안목을 기르게 하는 것이다.

② 이데아의 세계를 경험한 철인(哲人)이 대다수의 시민을 통치하는 국가체제를 주장하였다. 플라톤이 지향한 국가의 이상은 이데아를 아는 철인이 통치하는 정의로운 국가이다.

③ 플라톤은 정의로운 국가를 형성하기 위해서 사회 계급별로 주어진 덕목을 교육시켜야 한다고 주장하였다. 각 개인을 부여받은 재능에 따라 분류하고 각자의 재능을 최대한 발휘하도록 훈련시키는 것이 이상적인 교육이다.

④ 플라톤에 따르면 인간의 영혼은 '이성(reason)', '의지(spirit)', '욕망(appetite)'으로 구성된다. 이성은 '지혜', 의지는 '용기', 욕망은 '절제'가 필수 덕목이다. 이 3가지 덕목이 조화될 때 정의가 실현될 수 있다. 따라서 국가의 세 계급, 즉 금의 계급인 정치가, 은의 계급인 군인, 동의 계급인 평민이 각각의 덕에 적합한 의무를 다할 때 정의로운 국가가 유지될 수 있다.

⑤ 국가를 구성하는 각 계급의 덕목은 각자의 역할에 따라 결정된다. 정치가의 덕목은 '지혜', 군인은 '용기', 평민은 '절제'이다. 국가는 각 개인의 덕을 실현하기 위해 각 개인의 계급에 적합한 교육을 실시할 의무가 있다.

| 영혼 | 필수덕목 | 직업/계급 |
|---|---|---|
| 이성 | 지혜 | 통치자(정치가) |
| 의지 | 용기 | 수호자(군인) |
| 욕망 | 절제 | 생산자(평민) |

### (3) 교육단계

> **플라톤의 「국가론」에 나타난 초기 교육에서의 놀이의 중요성**
> "어릴 때 교과목을 제시할 때 그 형식이 결코 강제적인 강의방식이어서는 안 되며 강제적인 상태에서 배운 것은 마음에 아무것도 남지 않는 법이네. 따라서 아동들을 강제적으로 공부시킬 것이 아니라 놀이를 통해서 해야 할 것이네. 이렇게 하는 것이 아동 각각의 타고난 능력을 구별하는 데 더욱 좋을 것이네."
>
> – 박재문·서영현 역, 1987

① 무릎학교기(0~6세) : 가정교육단계로 신화와 동화, 서사가 주된 교육내용이 된다.

② 1도야기(7~14세) : 국가에서 주도하는 학교교육을 실시하고 놀이, 유희, 음악과 체육, 문예교육이 된다.

③ 2도야기(15~20세) : 초기 도야기를 통과한 학습자 중 우수한 자를 선발하여 문법, 문학, 음악 등의 이론 학과와 체육, 군사훈련을 병행한다.

④ 3도야기(21~30세) : 철인으로 키울 후보자를 대상으로 10년간 자유교육을 실시한다. 교육내용은 산수, 기하, 천문이다. 실제적 목적의 교육보다 정신능력, 과학 자체보다 과학의 토대가 되는 추상적 진리를 주로 교육했으며, 모든 교육이 이데아의 파악을 위한 것이다.

⑤ 4도야기(31~35세) : 3도야기에서 선택된 우수한 학습자를 대상으로 절대적 진리의 관조, 변증법을 학습한다. 이 시기는 통치계급이 되기 위한 준비기간이다.

⑥ 5도야기(36~50세) : 15년간 국가의 정치에 실제로 참여하여 정치적 · 군사적 실현에 관한 경험을 누적시킨다.

**PLUS⁺**

### 플라톤 사상의 유아교육적 의미

플라톤의 사상에 나타난 유아교육적 의미를 살펴보면 다음과 같다.

첫째, 조기교육의 중요성을 강조하였다. 플라톤은 유아기, 즉 출생에서 5세까지의 경험을, 이후 인간 발달을 좌우하는 중요한 요인으로 보았다. 플라톤이 강조한 조기교육은 출생 이후 교육을 통해 인간됨을 이루는 것이 아니라 유전적으로 타고난 바를 발견하고 키우기 위한 것이다. 조기교육을 통해 인간 본성에 내재한 이성을 잘 발견하고 길러주면 바람직한 덕목인 선의 이데아가 유아의 삶 속에서 발현될 수 있다.

둘째, 유희를 기반으로 한 음악과 체육 중심의 유아교육을 주장하였다. 플라톤에 따르면 출생에서 10년간 교육활동의 중심은 체육이다. 모든 학교는 체육관과 운동장을 갖추어야 한다. 놀이와 체육은 유아교육과정의 중요한 부분을 차지한다. 초기 유아의 체육활동은 유목화된 종목이 아니라 자연스러운 유희과정에서 수반되는 신체활동으로 구성된다. 유아는 다양한 신체활동을 통하여 평생 건강의 기반이 되는 체력을 축적한다. 유희를 기반으로 한 체육활동만으로 온전한 인격체가 될 수는 없다. 플라톤은 온전한 성격을 지닌 사람을 양성하기 위해서 음악의 중요성 또한 강조하였다.

셋째, 유아교육에서 서사의 역할을 강조하였다. 플라톤은 6세 이하의 유아들에게 적합한 교육은 동화와 신화를 통한 상상력의 발전이라 보았다. 그리스 시대의 서사는 매우 다양한 형태로 존재하였다. 그리스 시대의 유아들은 신화와 동화를 기반으로 서사를 경험하고 성장하였다. 다양한 우화와 서사 속에 등장하는 다양한 인물들의 사고나 행동, 삶을 대하는 태도 · 가치 · 성향 등은 발달 초기 단계의 유아에게 다양한 삶의 모델을 제공할 수 있다.

플라톤은 국가의 목적을 위해 유아교육을 언급한 것이지 유아 자체를 독립된 인격으로 보아 조기교육을 강조한 것은 아니다. 하지만 유아교육의 중요성을 아주 일찍부터 주장한 것에 의의가 있다고 하겠다.

## 3. 아리스토텔레스(Aristoteles, BC 384~322)

 **들어가며**

아리스토텔레스는 무려 20년 동안 플라톤의 제자로서 학문을 익혔지만, 그의 사상은 플라톤과는 반대되는 지위에 선다. 플라톤을 관념론의 선구자라 한다면, 아리스토텔레스는 그와 대립되는 실재론의 창시자라고 할 수 있다.

### (1) 기본사상

① 아리스토텔레스는 실재주의자이다. 실재주의(realism)는 이상주의에 대비되는 학설이다. 이상주의자들이나 관념주의자들이 주장하는 것처럼 외계는 정신 또는 관념의 그림자나 환상이 아니라 실제로 구체적으로 존재하는 것이다. 우리가 보건 말건, 알건 모르건, 우리가 원하건 원치 않건, 믿건 안 믿건, 물리적·자연적 사물과 현상은 사람의 정신과 독립하여 존재한다는 것이 실재론자의 입장이다(오천석, 1987).

② 아리스토텔레스는 자연현상과 사회현상을 해석하는 데에 상식적인 관찰방법을 사용한다. 경험적인 관찰과 탐구를 통해 그는 형상태(actuality = form)와 질료태(potentiality = matter)로 연합 구성된 존재에 대한 형이상학적인 체계를 개발하고 있는데, 형상태는 완벽한 것인 반면에 질료태는 완전해질 수 있는 가능성을 말한다.

③ 아리스토텔레스에 있어 구체적인 사물은 질료와 형상으로 이루어진 것이다. 질료와 형상은 구체적인 사물의 구성요소이다. 이러한 사실에 비추어 형상은 질료 없이는 실제적인 것이 될 수 없다고 말할 수 있다. 이와 같이 형상이 질료 없이는 존재할 수 없지만, 그렇다고 해서 형상이 질료 때문에 존재하는 것은 아니다. 그 스스로 도저히 결정을 지니지 못한 질료는 형상을 통해서만 결정되고 그렇게 함으로써 존재한다.

| 질료 | 특수형태로 배열될 수 있게 하는 원리이며, 어떠한 것도 될 수 있어서 비결정적임 |
|------|-------------------------------------------------------------------|
| 형상 | 각 사물의 재료적 속성이 구체적으로 실현된 것 |

### (2) 교육의 기본구조

아리스토텔레스의 교육의 기본구조는 '교육의 3체'라고 부르는 3가지 요소로 구성된다.

인간은 3가지 것들을 통하여 선하고 귀하게 된다. 이 3가지 것들은 자연(physis), 습관(ethos), 이성(logos)이다. 먼저 사람들은 어떤 다른 생명체가 아니라 인간으로 태어난다. 그리고는 몸과 마음이 일정한 고유특성들로 무장하게 된다. 많은 것들에 있어서 자연의 바탕은 변화된 습관을 통하여 통제되고 소용없게 된다. 왜냐하면 많은 것들에 있어서 자연의 성향들이 중립적이기 때문에 보다 나쁜 또는 보다 좋은 성향들로 바뀌기 때문이다. 다른 생명체들은 주로 그의 자연이 결정하는 대로 그렇게 살며, 소수의 생명체들은 습관의 영향 아래서 산다. 그러나 인간만은 이성을 통하여 살아간다. 왜냐하면 인간만이 이성을 가지고 있기 때문이다. 따라서 인간은 이러한 3가지 것들을 서로 조화롭게 하지 않으면 안 된다. 왜냐하면 인간은 많은 것들을 그의 습관과 자연에 거슬러 행하며, 이러한 행동을 인간이 자신의 열어 놓은 말(이성)을 통하여, 다르게 행하는 것이 더 좋다고 확신하게 되었기 때문이다. 이러한 합리적 숙고를 통한 행동은 교육의 결과이다. 교육의 힘으로 인간은 부분적으로는 습관을 통하여, 부분적으로는 수업을 통하여 필요한 것을 배우게 된다.

- 『정치학』 중에서

### (3) 교육목적

① 아리스토텔레스에 의하면 우리가 추구하는 궁극적 선은 행복(Eudaimonia)이다. 행복이란 어떤 상태를 가리키는 것이 아니라 어떤 활동을 가리키는 말이다.

② 일반적으로 '행복'이라고 번역되는 그리스어 '유다이모니아'는 오히려 잘 사는 것, 혹은 바람직하게 사는 것이라는 뜻에 더 가까운 말이다. 따라서 아리스토텔레스 교육의 궁극적 목적은 사람들로 하여금 행복한 삶을 살게 하는 것이다.

### (4) 아리스토텔레스의 유아교육론

① 아리스토텔레스는 교육과정은 인간의 성장 발전의 형태에 맞추어져야 한다고 주장한다.

> 발생의 순서에 있어 육체가 정신에 선행하는 것과 같이 비이성적인 것이 이성적인 것에 선행한다. 그 증거로 분노, 의욕, 욕구는 아이들이 태어날 때부터 가지고 있지만 이성과 이해는 어린이들이 성장하면서 발달하는 것이다. 그러므로 육체에 대한 배려가 영혼에 대한 배려보다 선행해야 하며, 욕구적인 부분에 대한 배려가 뒤따라야 한다. 욕구에 대한 배려는 이성을 위해서, 육체에 대한 배려는 정신을 위한 배려이어야 함은 물론이다.
>
> - 『정치학』 중에서

② 유아에게는 놀이와 육체적인 활동의 기회와 적절한 공부를 준비하기 위한 기회가 제공되어야 하며, 성인이 되기 전까지는 주로 적절한 가치관과 도덕적 성향을 계발해 주어야 한다. 14세 이전의 어린이들은 계속되는 학습을 위해서 기본적으로 셈하기, 읽기, 쓰기를 배워야 하며, 14세에서 21세까지는 산수, 사학, 천문학, 음악, 문법, 문학, 시, 수사학, 윤리, 정치학 등과 같은 지적인 과목을 배우고, 21세 이후에는 더욱 전문화되고 세분화된 과목으로 생물학, 심리학, 논리학, 형이상학, 우주론 등의 과목을 다룰 것을 주장하고 있다.

③ 아리스토텔레스는 유아기 아이들에게 있어서 가정과 사회 환경의 침투력은 좋은 영향이든 나쁜 영향이든 간에 절대적인 것이라고 주장하면서 올바른 교육환경을 조성해야 한다고 보고 있다. 특히 가정교육의 중요성을 강조하였는데 가정교육을 통해 인간의 자연스러운 본성이 건전하게 실현되고 난 후에야 여기에서 규범적인 정신이 생긴다는 것을 기대하고 있다.

④ 아리스토텔레스는 어린이들이 7세가 될 때까지 가정에서 어머니 또는 유모의 양육을 받아야 한다고 주장했다. 그러나 이 유아기에서도 어린이에게 들려주는 동화나 놀이를 감시하고 그것이 도덕적인 미래의 시민으로 성장하는 데 적절한 것인지 아닌지를 확인하는 가정교사가 있어야 한다고 하였다.

⑤ 아리스토텔레스는 출생에서 5세까지는 주로 신체적인 배려를 강조하고 있다. 예를 들어, '술은 금한다, 나이에 적합한 팔다리의 운동을 한다.' 등이다. 또한 영양섭취가 충분하도록 권고하고 있으며, 추위에 길들게 하는 것이 건강과 군사훈련을 위해서도 좋다고 하였다. 5세부터는 충분한 운동을 시키되 그것은 오락을 통해 이루어져야 한다.

⑥ 적합한 동화와 이야기를 들려주되 모방을 잘하는 시기이기 때문에 야비하고 수치스러운 말을 배우지 않게 해야 하고 적절한 때는 처벌을 가해야 한다고 하였다.

⑦ 아리스토텔레스는 실제생활에서 얻는 경험의 중요성을 강조하였다.

> 그러나 실생활에서 오는 경험과 행동에 의하여 진리는 참으로 고증된다. 이는 여기서 최후의 결정이 내려지기 때문이다. 그러므로 우리는 도달된 결론을 실제생활의 실증에 직면시킴으로써 검토하지 않으면 안 된다. 만일 그 결론이 사실과 부합된다면 이를 수락하여도 좋다. 그러나 부합되지 않는다면 이는 단순한 이론에 불과하다는 결론을 내릴 수밖에 없다.
>
> – 『정치학』 중에서

## 4. 로마 시대 : 퀸틸리아누스(Marcus Fabius Quintilians)

① 로마 시대 유아교육의 가장 중요한 장소는 가정이었으며 가정교육의 중심은 어머니였다.

② 자녀에게 건전한 도덕적·종교적인 기본 태도를 키우고 옳은 인생관과 생활 태도의 바탕을 마련해 주는 것이 어머니의 역할이었다. 또한 자녀 교육에서 아버지의 의무를 강조하였다.

③ 로마 시대 가장 뛰어난 학자인 퀸틸리아누스는 성선설을 주장하였는데, 태어날 때 선한 자가 악해지는 이유를 교육이 잘못된 데 있다고 설명하였다. 따라서 타고난 선을 계속 유지하려면 올바른 교육이 필요하다고 하였다.

## 5. 중세 시대

① 기독교 사상이 모든 면에 영향을 주었던 중세 시대에는 아기들이 이미 만들어진 성인의 축소판으로 이 세상에 태어난다고 믿어왔다. 이른바 전성설(preformation theory)은 인간이 창조되는 순간에 '전성(前成)'되며 출생 때까지는 크기와 부피만 성장한다고 믿었다.

② 아동들은 단지 그들의 신체 크기로 성인과 구별되었다. 사회적으로도 역시 아동들은 성인과 똑같이 취급되었다. 아동들은 걷고 말할 수 있게 되자마자 곧 성인 사회에 참가하여 성인과 똑같은 놀이를 하고 똑같은 일을 하며 똑같은 종류의 옷을 입었다.

③ 따라서 일을 잘 못하면 가혹한 체벌을 가했기 때문에 학교는 무서운 곳이라는 이미지를 갖게 되었다. 교육내용은 성경이 주를 이루었고, 그에 따른 교수방법은 반복이었다.

## 6. 르네상스 시대 & 종교개혁기

① 르네상스 시대에는 기독교 교육이 아닌 그리스·로마 중심의 교육이 행해졌다. 학교는 무서운 곳이 아니라 즐거운 곳이라는 인식의 탈바꿈이 이루어졌다.

② 종교개혁 시대에는 루터(Luther)가 "모든 자녀를 학교에 보내라."는 법 제정을 주장하여 공교육과 취학의무론에 관심을 일으켰다.

③ 르네상스 시기와 종교개혁기에는 아동을 특별히 생각하고 보호해 줄 필요가 있는 존재로 보는 새로운 아이디어가 출현했다고 볼 수 있다.

---

**02**   **17~19세기의 유아교육**

 **들어가며**

### 17~19세기의 교육철학

### 1. 17C 실학주의

① 인문주의(고전의 형식에 얽매이며 암기와 훈련을 위주로 변질되면서 초기에 진리탐구를 추구하고자 했던 인문주의의 정신이 상실)에 대한 반동으로 나타난 사상

② 인문주의의 변질이 사람들의 거부감을 낳았고 이로 인해 생활에 필요한 것을 추구하는 실학주의가 나타난다.

③ 실제의 현실과 관련된 교육을 해야 한다는 견해를 지향한다(현실에 대한 객관적 사실에 관심을 둠).

| 인문적 실학주의 | 인문적 실학주의(人文的 實學主義, humanistic realism)는 인문주의적 색채를 띠고 있는 실학주의로서 고전을 배운다는 점에서는 인문주의 교육과 같으나 고전을 배워 그것을 실제적인 생활에 이용한다는 뜻에서 실학주의적 성격을 가지고 있다. |
|---|---|
| 사회적 실학주의 | 사회적 실학주의(社會的 實學主義, social realism)는 사회생활의 경험을 교육의 내용으로 해야 한다고 보며 사회 안에서 생활하는 인간의 사회관계를 중요시하여 신사의 양성을 교육목적으로 한다. |
| 감각적 (과학적) 실학주의 | 감각적 실학주의(感覺的 實學主義, sense realism)는 과학의 발달에 의한 자연과학의 지식과 연구방법을 교육에 도입하여 인간생활의 향상을 꾀하고자 하는 것이다. 감각적 실학주의는 고전이나 사회적 생활경험을 통하여 실생활에 필요한 지식을 얻게 하려는 것이 아니라, 감각적 직관을 교육의 기초로 삼으려고 하는 것이다. 즉 실물이나 표본, 그림과 같이 구체적 사물을 교재로 택하여 교육함으로써 참된 지식을 얻게 하려는 것이며, 이를 과학적 실학주의라고도 한다. |

### 2. 18C 계몽주의

① 사람의 정신을 깨닫게 하여 생활이나 학문, 종교, 도덕 등에 대한 비판적·합리적 태도를 가지게 하자는 정신 운동으로, 18세기 유럽 시민 계급의 성장에 영향을 미친 사상이다.

② 계몽이란 인간의 내면에 있는 이성을 각성한다는 것으로, 다른 사람의 의견이나 관점에 수동적으로 반응하는 것이 아니라 자신의 이성과 생각을 독립적으로 표현할 수 있는 것을 말한다.

③ 계몽주의가 나타난 배경에는 교회의 절대주의와 절대왕권주의가 있다. 전통이나 교권, 교회의 속박에 대항하여 사회의 불합리한 모순과 정치적·사회적·종교적인 속박에서 벗어나려는 시민들의 운동으로 합리적·이성적 지성과 개인의 자유의지를 강조한다.

④ 실제 생활경험을 통한 지식 획득, 이성 자각, 지성의 획득을 강조하였기에 실학주의적 정신 및 자연과 더불어 생활하는 것을 강조하는 자연주의적 성격을 띠기도 한다.

### 3. 19C 신인문주의

신인문주의의 배경에는 유럽의 절대왕권과 계몽사상이 들어 있다. 16세기와 17세기의 유럽에는 왕권신수설(王權神授說, divine right of kings : 왕은 신성하고 지상에서 신을 대신하며, 왕의 권력은 신이 내린 것이라고 하여, 왕권에는 제한이 없음을 주장한 것으로 영국의 스튜어트 왕조에서 비롯되었음)을 부정하고 인간의 이성에 의한 해방이라고 하는 합리주의, 이성중심주의가 나타났다. 이러한 정신은 일반 민중들을 일깨우는 계몽정신으로 작용하여 18세기의 유럽 사회 전반에 영향을 미쳤다.

18세기의 계몽주의는 개인의 자연적 이성을 존중하고 자율적인 오성(悟性)의 힘으로 편견이나 미신과 같은 타율적인 지식을 타도해야 한다는 것을 강조하였다. 또한 모든 것을 오성에 비추어 판단하려고 하는 합리주의적·주지주의적 경향이 있었다. 그러나 이러한 정신들은 합리적인 이성을 제외한 모든 인습과 권위를 배척하고 인류의 보편성을 과신하여 인간이 가진 개별성과 역사의 특수성을 무시하는 결과를 초래하였고, 이에 신인문주의가 등장하게 되었다.

① 신인문주의는 18세기 말부터 19세기에 걸쳐 일어난 사상으로 인간의 이성만을 강조했던 계몽주의와 달리 인간의 조화로운 발달을 추구한 사상이다.

② 인간의 지(知), 정(情), 의(意)를 골고루 계발하고 인간성의 조화로운 발달을 꾀하려는 운동이 신인문주의이며, 문예사조는 낭만주의이다.

③ 고대 문화, 즉 그리스 정신을 바탕으로 그리스 고전의 부활을 강조하며 인간 정신의 내면을 부활시키기 위한 노력이다.

## 1. 코메니우스(Johann Amos Comenius, 1592~1670)

 **들어가며**

감각적 실학주의자이며 체코의 성직자이고 근대 교육학의 아버지이다. 코메니우스는 30년 전쟁으로 인해 폴란드, 영국, 스웨덴 등을 전전하다 1670년 네덜란드의 암스테르담에서 생애를 마칠 때까지 세계 평화주의자, 교사로 살았다. 그는 자신의 삶의 영역을 교육학의 연구, 세계 평화의 건설, 범지학의 연구와 저술, 예언의 실행을 위한 노력으로 서술하고 있다.

### (1) 교육사상

① 코메니우스의 사상은 철저하게 기독교적 세계관에 그 기초를 두고 있다.

② 코메니우스는 교육의 목적이 내세를 위한 준비에 있으며, 이를 위해서는 3가지가 요구되는데 이것들은 각각 독립된 것이 아니라 하나의 통일에 의해서 이루어져야 한다고 하였다.

| 구분 | 내용 |
|---|---|
| 지적인 도야 | 지식을 개발하며 모든 사물을 알기 위하여 노력하는 것 |
| 도덕적 도야 | 도덕을 실천하여 만물 및 스스로의 지배자가 되게 하는 것 |
| 종교적 신앙 | 기독교를 믿음으로써 스스로는 물론 만물을 신에게 귀인시키는 것 |

③ 코메니우스의 교육사상은 범교육사상과 보편교육사상으로 설명된다. 범교육은 모든 사람에게 모든 것을 가르치는 교육이며, 보편교육은 모든 계급의 남녀 아동은 평등하게 교육받아야 한다는 사상이다.

④ 코메니우스의 교육사상에는 모든 어린이들의 인격의 존엄성에 대한 인식과 놀이의 교육적 의의에 대한 높은 평가, 그리고 근대 자연과학과 리얼리즘의 사상이 포함되어 있다.

## (2) 교육원리

① 합자연의 원리(객관적 자연주의) : "자연의 질서에 따라서"

> 교육은 자연의 질서를 바탕으로 이루어져야 하며, 이러한 자연의 질서를 따라 이루어지는 교육에는 다음의 몇 가지 원리가 있다(Heidebrecht, 1987).
> 1. 내부에서 외부로의 원리이다. 내장이 먼저 생기고 외부가 발달하듯이 유아는 사물에 대한 이해가 먼저이고 다음으로 기억, 언어로 지도해야 한다.
> 2. 일반에서 특수로의 원리이다. 자연의 형성과정은 일반적이고 보편적인 것에서 특수한 것으로 이루어진다. 학습을 시작하는 처음 시기는 간단한 것을 가르쳐 전체적인 개관을 익힌 후 법칙과 구체적인 현상을 익혀야 한다.
> 3. 쉬운 것에서 어려운 것으로의 원리이다. 라틴어보다 모국어를 먼저 배워 사물에 대한 지식을 얻은 후 라틴어 학습으로 나아가야 한다.
> 4. 단계적 학습의 원리이다. 하느님이 천지를 창조할 때 단계적으로 했듯이 유아를 교육할 때 연령뿐만 아니라 유아의 단계적인 발달 속도를 고려해야 한다.
> 5. 발달의 원리이다. 발달의 원리는 자연의 원리를 따르는 것을 말한다. 특히 아동의 이해능력과 발달 단계에 따라 다르게 가르쳐야 하며 인생의 각 단계에 적합한 내용과 교수법으로 교육해야 한다.

② 직관의 원리(실물에 의한 감각훈련 교육) : 교육의 실제에 있어서 실물에 의한 직접적인 사물을 통한 교육을 말한다.

> 사물에 대한 인식은 감각기관을 통해 직접적이고 능동적으로 사물 자체를 지각하여 이루어지므로 실물을 통한 교육은 중요하다. 실물이 없을 경우 모사품이나 모형을 제시하지만 가능하면 실물을 직접 관찰하고 감각적으로 경험하는 것이 유아에게 분명하고 실제적인 교육이다. 코메니우스는 유아기의 지적 발달은 감각기관을 통해 사물 자체의 감각을 느끼는 것에서 출발한다고 하였다. 외부 감각에 의해 새겨진 사물의 상(像)을 내부 감각으로 표현하는 습관을 들여야 하며, 이를 통해 정신기능이 작용하고 정확한 사고를 하게 되어 대상을 비교하고 인지하는 능력을 가지게 된다. 실물을 통한 감각교육은 모든 교육의 기초이며 학습은 감각을 통해 가장 잘 성취된다. 유아에게 놓인 것은 실물이지 실물의 그림자는 아니므로 감각적 직관을 바탕으로 하는 직접적인 감각체험의 학습방법은 중요하다.

③ 집단학습의 원리

④ 교육의 기회균등의 원리

### (3) 교육 내용 및 방법

① 유아의 존엄성, 가정교육의 중요성, 조기교육의 필요성을 강조하였다.

② 유아의 자연성 계발에 적합한 인간적·실물 중심적 교육방법을 강조한 코메니우스는 유아의 자발적·자율적 활동이 허용되는 개방적인 훈육방식의 가치를 강조하였다.

③ 코메니우스는 유아의 놀이를 중요한 교육내용으로 보았다.

④ 교육은 가능한 한 일찍부터 시작해야 하며, 유아에게 학습에 필요한 기능이 갖추어지기 전에 강요해서는 안 되고 자연적 순서에 따라 진행되어야 한다고 강조하였다.

### (4) 학교제도

◉ 코메니우스의 단계별 학교교육

| 단계 | 대상 | 연령 | 학교명 |
|---|---|---|---|
| 제1기 | 유아기 | 1~6세 | 모친학교(어머니 무릎학교) |
| 제2기 | 아동기 | 7~12세 | 모국어 학교 |
| 제3기 | 소년기 | 13~18세 | 라틴어 학교 |
| 제4기 | 청년기 | 19~24세 | 대학 및 외국 여행 |

① 1단계 = 모친학교

㉠ 모친학교의 목적과 교육방법에 대해서 코메니우스는 이 시기의 교육은 가정에서 이루어져야 하며 따라서 자연히 어머니가 교육을 담당하게 된다고 하였다.

㉡ 코메니우스는 『유아학교』라는 책을 쓰게 되는데, 이 책에서 어린이는 하느님께서 주신 가장 귀한 존재임을 강조하면서 그들의 안전과 건강이 보장되어야 하며 그들의 지적 능력, 언어, 도덕성 등이 잘 교육되어야 함을 설명하고 있다. 이 책에서도 6세까지는 어머니가 가장 최고의 교사임을 강조하면서 어머니들에게 구체적인 지도에 대한 안내와 충고를 하고 있다.

② 2단계 = 모국어 학교 : 7세에서 12세까지의 어린이들을 위한 교육기관으로서 코메니우스는 모국어를 배우기 이전에 라틴어나 다른 외국어를 가르치는 것은 비합리적이라고 생각하였다. 따라서 모든 어린이들은 모국어 학교(공립소학교)에서 교육받아야 함을 강조하였다.

③ 3단계 = 라틴어 학교

㉠ 제3단계는 소년기가 대상인 라틴어 학교이다. 이 라틴어 학교의 목적은 고대에서 수집한 지식을 이해·판단하도록 소년을 훈련시키는 것이었다.

㉡ 자국어·라틴어·그리스어·히브리어를 가르쳤으며, 자유7학과(문법·수사학·변증법·산수·기하·천문학·음악)와 물리학·지리학·역사학·도덕·종교를 두었다.

④ 4단계 = 대학 및 외국 여행 : 제4단계는 청년기로 대학 및 여행의 시기(아카데미)로 정립시켰다. 모든 방면에 지식을 제공토록 했는데, 특히 여행과 고전을 중시하였다.

## (5) 저서

① 『어학입문』: 라틴어 교수에 관한 교과서로 12개 종류의 유럽 각국어로 번역·보급되었으며 아시아 언어로까지 번역되었다.

② 『어학최신교수법』: 언어교수론으로 언어는 사물과 병행해서 지도하여야 쉽게, 그리고 효과적으로 빨리 습득할 수 있다는 원리에 입각해 내용이 잘 배열되어 있다.

③ 『대교수학』

  ㉠ 라틴어를 쉽게 학습할 수 있는 방법을 알려주고, 보편교육의 토대를 형성할 수 있는 모든 지식을 개관하고자 쓰인 세계 최초의 교육학서이다.

  ㉡ 코메니우스의 교육사상이 총 33장에 체계적으로 정리되어 있다.

  ㉢ 제1장부터 제6장까지는 교육의 목적과 내용을 논하였고, 제7장부터 제10장까지는 학교교육의 필요성과 전 민중의 취학의 필요성을 설명하였으며, 제11장부터 제12장까지는 현재 학교의 결함을 지적하고 그 개선의 필요성과 가능성을 주장하였다. 제13장부터 제19장까지는 학교교육의 기술을 확립할 필요성과 그 일반원리를 논하였고, 제20장부터 제26장까지는 각 교과 영역별 교육기술론을 논술했으며, 제27장부터 제31장까지는 학교제도와 각 학교 단계의 학교관리 및 학교조직론을 각각 논급하였다.

  ㉣ 이와 같이 광범위하고 체계적인 교육학서로서 그 내용면에서 현대적 가치를 지니고 있다.

④ 『세계도회』

  ㉠ 『세계도회』는 유아들이 그림을 좋아하고, 그림을 보며 즐거워한다는 것과, 지식이 감각이나 실물에 의한 방법으로 이루어진다는 것을 보여 준 세계 최초의 그림책이다.

  ㉡ 라틴어 학습을 시작하는 초보자를 위하여 고안하였다. 학생들의 지루함을 덜어주기 위하여 자세한 설명을 피하고 모든 주제를 조그마한 그림으로 설명하였다.

  ㉢ 『세계도회』의 서문에서 '감각에 존재하지 않고 지성에 존재하는 것은 하나도 없다.'라고 하여 감각적 직관을 강조하였다. 따라서 학습은 감각적인 것을 통하여 가장 잘 성취된다고 하였으며 감각교육은 모든 학습의 기초가 된다고 하였다.

⑤ 『범교육론』: 이 책에는 전 삶을 포함하는 교육학적인 범교육의 계획이 포함되어 있다. 코메니우스가 주장한 범교육은 교육대상과 교육내용에서 전체성의 원리를 띠고 있다. 범교육의 원리는 자연의 원리인 자발성을 따른다.

⑥ 『유아학교』: 교사들을 위한 안내서로, 가족을 공공 교육제도에 있어서 중요한 요소로 등장시켰다는 점에서 그 의의가 크다.

## 2. 로크(John Locke, 1632~1704)

로크는 영국 경험론의 시조이며 경험주의 철학자, 정치학자, 경제학자, 의사이면서 또한 실학주의 교육사상가이다. 그는 인간이 태어날 때 백지(tabula rasa)로 태어난다고 주장하였으며, 이 견해는 지금까지도 그 맥을 유지하고 있다. 즉, 인간은 백지로 태어나므로 훈육과 환경에 따라 크게 달라질 수 있다는 것이다.

### (1) 교육사상

① 로크의 교육목표는 신사를 육성하는 데 있다.

② 백지 위에 새겨져 가는 아동의 경험 하나하나는 인간 형성에 중요한 요소가 된다고 하면서 조기교육의 중요성을 강조하였다.

③ 그의 백지설에 의하면 환경은 동적이고 능동적이며 인간은 수동적인 존재일 뿐이다. 그러므로 인간은 환경에 의하여 빚어지는 것이라고 생각하였다.

> **백지설(theory of tabula rasa)**
> 백지설은 인간은 태어날 때 선하거나 악하지도 않은 아무것도 없는 백지 상태임을 의미하는 것으로 당시 유럽의 관점과는 달랐다. 당시 유럽의 아동관은 기독교의 원죄설에 근거한 아동관과 본유관념론적 아동관이 지배적이었다. 원죄설에 근거한 아동관은 인간은 이미 죄를 지은 악한 본성을 가지고 태어나는 존재이며, 악한 본성을 다스리고 죄에서 벗어나 신과 교통하기 위해서는 엄격한 훈련, 금욕, 교육이 강조되었다. 본유관념론(本有觀念論, innate ideas)은 인간의 정신은 태어나면서부터 이미 내재해 있으며 아동은 무늬만 다를 뿐 성인과 같은 생각과 정신을 가지고 있다는 관점이다.
> 그러나 로크는 인간의 정신은 태어날 때 아무것도 쓰여 있지 않은 석판을 의미하는 '백지 상태(tabula rasa)'이며 감각적 인상(印象)을 통해 석판이 각인된다는 백지설을 주장하였다. 즉, 인간의 정신은 태어날 때부터 악한 존재가 아니라 깨끗한 백지 상태이고 태어난 이후에 유아의 다양한 경험으로 정신을 형성하고 인간의 모습을 갖추게 된다는 것이다. 백지설은 오늘날의 교육에서 환경적 영향을 강조하는 경험주의(empiricism)와 연결되는 것으로 교육은 경험을 통한 학습이며 성인이나 사물, 환경에 대한 감각적 인상이 지식이나 마음의 기초를 이룬다는 것을 말한다.

④ 후천적인 경험론을 강조한 그는 아동을 이해하는 데 있어서도 일관된 주장을 하고 있다. 즉, 아동은 그들의 자연적인 욕구에 의해 행동하기 쉽고, 실수를 쉽게 저지르며, 이성적이고 합리적인 면보다는 감정적인 면이 더 강하기 때문에 부모의 계속적인 보살핌과 일관성 있는 훈련에 의한 습관의 형성이 필요하다고 생각하였다. 이러한 과정을 통해서 비로소 인간은 한 사람의 완전한 인격체로 성숙될 수 있다는 것이다.

### (2) 교육내용

로크는 저서 『교육에 관한 의견』에서 교육내용을 체육론, 덕육론, 지육론으로 설명하고 있다.

로크의 『교육에 관한 의견』

로크는 "건강한 정신은 건전한 신체로부터 나온다(A sound mind in a sound body)."라는 고대 로마의 시인 유베날리스(Juvenalis)의 고어(古語)를 인용하여 건강을 통한 교육의 중요성을 강조하였다. 로크는 우선 체육을 강조하였고, 다음으로 덕육과 지육의 순서로 강조하면서 체, 덕, 지의 조화로운 교육을 통한 신사의 양성을 역설하였다. 또한 신사의 기본은 체육과 덕육, 지육을 골고루 갖추는 것이지만 지혜와 덕을 갖추지 않은 사람이 지식이 있는 것은 문제라고 했으며, 학식이 풍부한 사람이라도 덕이 없으면 사회적으로 존경받지 못하기 때문에 덕육은 신사에게 중요하다고 하였다.

① 체육론

㉠ 로크는 『교육에 관한 의견』 첫 장에 '건전한 신체에 건전한 정신(A sound mind in a sound body)'이라고 썼는데, 이것이 그의 체육론에 대한 이상적 인간상을 대표하는 말이다. 체육론에서 로크는 건전한 정신과 건전한 신체는 연마를 통해 저항력을 기름으로써 가능한 것이라 생각했다.

㉡ 신체적인 발달과 건강을 지성과 덕성의 발달을 위한 기초로 생각했던 로크는 신체를 건강하게 유지하기 위하여 습관 형성을 강조했는데, 유아기부터 철저하게 단련하여 저항력을 길러 냄으로써 신체건강이 이루어진다고 보았다.

㉢ 그러나 습관 형성을 위해서 체벌을 사용하는 것은 반대하였다.

로크의 체육론에 담긴 내용

1. 겨울이건 여름이건 옷을 얇게 입혀 추위와 더위에 대한 저항력을 길러야 한다.
2. 의복은 외관을 중시하지 말고, 활동하기 편하도록 만들어야 한다.
3. 음식물은 빵과 우유가 가장 좋으며, 쓰고 매운 것이나 독한 술은 마시면 안 된다.
4. 약은 되도록 적게 사용하며, 가능한 쓰지 않는 것이 좋다.
5. 침대는 딱딱한 편이 좋다.
6. 충분한 수면을 취하는 것이 좋다. 일찍 자고, 아침 일찍 일어나는 습관을 기르는 것이 가장 유익하다.

② 덕육론

㉠ 덕육의 목적은 자신의 욕망을 억제하고 이성에 따라 행동하도록 하는 데 있다.

㉡ 이성이 발달되기 전의 아동은 부모에게 복종하는 행동이 필요하다. 따라서 부모의 권위는 확립되어야 한다.

㉢ 지혜롭고 유덕한 인간이 되기 위하여 자기의 욕망을 억제할 수 있는 힘을 배워야 한다.

㉣ 예법은 외형으로 갖추는 것보다 마음으로부터의 친절과 겸손이 표현되었을 때 가치가 있다.

㉤ 예법을 기르기 위하여 체벌은 삼가야 한다. 그보다 신뢰감과 존경심으로 교육해야 한다.

㉥ 덕성교육은 조기에 이루어져야 적절하다는 것을 이야기하고 있다.

> **로크의 조기교육 강조 내용**
> "교육에 의해 받아들여야 하는 것, 삶을 지배하고 그에 영향을 끼치는 것은 조기에 이루어져야 합니다."

③ **지육론**
  ㉠ 지육론에 있어서 지육, 그 자체를 목적으로 하는 교육은 배척되어야 한다고 하여 지식은 오로지 덕을 쌓고 사색을 깊게 하는 데 필요한 수단이어야 한다고 하였다.
  ㉡ 지육은 감각적 경험을 통해 이루어진다. 사고와 지식의 모든 소재는 감각과 반성을 통한 직접적 혹은 간접적 경험에서 이루어지므로 감각적 경험은 학습에서 중요하다.
  ㉢ 경험으로 지식을 형성하며 사려 깊은 인간이나 덕 있는 신사가 되기 위한 수단으로서 감각적 경험이 필요하다. 인간은 오관(五觀)에 의한 감각작용으로 외적 지식을 형성하며, 의식적인 반성작용을 통해 내적 지식을 형성하므로 책을 읽기보다는 경험을 하는 것이 더 좋다.

(3) **교육방법**
  로크의 교육은 과학적 방법을 통한 실학주의를 표방한다. 과학적인 방법이란 암기나 추리를 통한 내성적 방법이 아니라 오관(五官)을 통한 감각적 학습과 사물을 통한 실제 학습이다. 로크가 말하는 구체적인 교육방법은 다음과 같다.
  ① **감각적 훈련을 통한 학습** : 로크는 감각적 훈련을 통해 유아의 감각을 개발하고자 하였고 읽기, 맛 보기, 냄새 맡기, 만져 보기 등의 감각훈련을 교육방법으로 제시하였다.
  ② **습관 형성을 통한 학습** : 로크에 의하면 습관은 제2의 삶을 결정하기 때문에 엄격한 규율을 통한 습관 형성 훈련은 어려서 일찍 시작해야 한다. 특히 어릴 때부터 유아가 훌륭한 습관을 형성할 수 있도록 가정에서부터 주의를 기울일 것을 강조하였다. 그러나 습관이 어느 정도 형성되면 부모의 위엄을 통한 엄격한 학습방법을 강조하였다.
  ③ **칭찬과 존중을 통한 학습** : 로크는 당시 유행하던 체벌은 좋은 교육방법이 아니라고 하며 호전적인 심성을 일으키기 때문에 체벌보다 칭찬이나 존중을 통한 학습을 강조하였다. 칭찬과 존중은 유아들로 하여금 습관을 효과적으로 형성하는 데 필요한 방법이라고 하였다.
  ④ **부끄러움이나 수치심을 통한 학습** : 로크는 훈련을 통해 유아들이 체면을 생각하게 하고 부끄러움을 스스로 인식하여 자신을 선한 경지로 이끌게 할 수 있다고 주장하였다. 그러므로 유아가 나쁜 행동을 하였을 때 야단치기보다 그것이 나빴다고 유아가 뉘우치고 깨닫게 하는 방법을 사용하는 것이 좋다. 이로써 유아는 부끄러움을 통해 자신을 올바르게 세우고 수치심을 통해 스스로를 교화하게 된다.
  ⑤ **구체물의 경험을 통한 학습** : 유아들은 외부 환경에 의해 많은 영향을 받으므로 구체적인 사물을 통한 경험이 바람직하다. 주변 사물의 직접적인 조작을 통해 유아는 자발적이고 창의적이며 스스로 문제를 해결할 수 있는 능력을 기른다고 하였다. 특히, 이미 만들어진 물건을 제공하기보다 주변에 있는 작은 돌, 종이 등으로 사물을 직접 만들어 보게 하는 것이 더 필요하다고 하였다.

## ⑷ 현대 교육에 주는 시사점

① 로크의 백지설은 모든 지식이 감각 경험에서 시작되어 후천적으로 학습되고 형성된다는 것이다. 이는 환경적 요인이 지니는 중요성을 의미하는 교육환경설의 시작이 된다. 인간의 발달에 있어 선천적인 요소를 부정하고 교육을 포함한 모든 환경적인 요인에 그 강조점을 두는 것으로서, 현대 유아교육에 시사하는 바가 크다.

② 유아를 성인의 부속물이 아닌 하나의 완벽한 인격체로 이해함으로써 현대 유아교육의 기초를 놓았으며, 정신이 유연한 유아기의 교육이 중요함을 주장하여 조기교육론의 출발점을 마련하였다.

③ 학교의 형식적인 교육보다 아버지에 의한 가정교육의 중요성을 강조한 점은 자녀교육에 아버지가 관심을 가지고 가정에서 아버지의 권위와 역할을 회복시킬 필요성을 느끼게 한다.

④ 지·덕·체의 조화를 꾀하는 전인교육의 기초를 놓았다. 그는 신체교육, 덕성교육, 지식교육에 관하여 상세하게 그 내용과 방법 등을 밝힘으로써 조화로운 인격체로의 발달을 지향하는 전인교육의 틀을 마련하였다.

## 3. 루소(Jean Jacques Rousseau, 1712~1778)

### (1) 교육사상

루소의 근본사상은 자연주의, 합리주의, 자유주의에 입각하고 있다. 그 근저는 "자연은 선하고 사회는 악이다."라는 근본 명제에서 출발한다. "자연으로 돌아가라."는 루소의 외침은 자연주의 사상을 잘 표현한 말이다.

> **PLUS+**
>
> **자연주의 교육**
>
> 루소는 자연의 의미를 꼬집어 말하지 않았지만 그가 말하는 자연은 다음과 같다.
> 1. 반사회적인 것으로서의 자연이다. 자연은 인위적으로 꾸며지거나 만들어진 것이 아니라 자발적이고 진솔한 마음에서 우러나오는 것이다. 사회의 구속적 상황은 부정과 불평등 및 불합리한 점들이 있기 때문에 참된 인간의 형성은 불가능하다. 불평등한 사회 상태보다 평등 상태가 자연의 상태이다. 그러므로 자연인이란 눈으로 보고, 자기감정으로 느끼고, 이성에 비추어 판단하고, 행동하는 인간의 모습이며, 부조리와 불합리 및 부정과 부패로 가득 찬 사회에 있지 않은 인간이자 사회로부터 영향을 받지 않은 인간을 의미한다. 이로 인해 루소는 시민이 주권자가 되어 시민의 의지에 의해 결정되는 자유와 평등의 사회계약을 강조하였다.
> 2. 내부로서의 자연이다. 이것은 이미 정해져 있는 내적 발달로서의 자연으로 심리적 발달이나 감각 및 신체의 발육을 의미한다. 내적 발달로서의 자연은 인간의 감각기능과 내적 기관을 계발하여 서로 조화를 이루는 것이다. 감각기관이 정상적으로 기능하기 위해서는 적절하게 발달되어야 하며 조화를 이루어야 한다. 즉, 자연적인 것은 내적 기관들의 발달이 서로 조화를 이루는 것을 말한다.
> 3. 자연 상태로서의 자연이다. 이것은 신이 내려 준 있는 그대로의 모습이며 진실하고 선(善)한 모습이다. 자연은 본래적으로 가지고 있는 인성으로서의 자연이며, 인간이 타고난 능력이자 본성이고 사회관습과 습관 등에 의해 변하기 이전의 상태이다. 이러한 자연은 사회적으로 때 묻지 않은 순수한 모습이다.
>
> 루소의 자연은 정신적인 측면과 물질적인 측면이 혼합되어 있다. 물질적인 측면은 눈에 보이는 자연이며, 정신적인 측면은 인간의 자유의지에서 기인하는 선천적인 능력이자 순수함이다.

### (2) 아동관

① **새로운 시각으로 어린이를 이해** : 어린이를 본래의 모습으로 보지 않고 어른의 축소물이나 미성숙한 어른으로 보는 견해에 대해 루소는 새로운 시각으로 어린이를 이해하였다.

② **선성(善性)을 지닌 어린이** : 루소의 자연주의 교육사상의 근본사상은 아동중심의 교육에서 출발하였다고 할 정도로 아동존중사상이 핵심을 이루고 있다. 아동의 본성을 선하게 본 루소의 아동관은 루소 이전의 전통적인 아동관과는 대조적인 것으로, 이런 의미에서 루소는 '아동의 진정한 발견자'라고 할 수 있다.

## PLUS⁺

**루소의 아동관**

1. 선성(善性)을 지닌 존재로 유아를 바라보았다. 선성을 지닌 존재란 인간은 창조자의 손에 의해 자연성을 가지고 선하게 태어남을 의미한다. 루소의 선(善)은 선하신 신(神)의 속성이고 신의 본질이 자연이며 세상의 만물은 신의 손에서 나오므로 선하다. 즉, 인간의 마음에는 근원적인 사악(邪惡)이나 악덕(惡德)이 전혀 없지만 선한 인간이 인간의 손에 의해 타락한다고 하였다. 자연성을 가지고 태어난 유아가 사회의 악(惡)에 오염되지 않고 가능한 한, 자연적으로 발달하게 하는 것은 유아의 내면에 존재하고 있는 선이 발달되도록 하는 것이다.
루소에게 선(善)은 사회의 도덕적인 차원에서의 선이 아니라 사회인으로서 지켜야 하는 도덕적 규율이나 법질서를 준수하는 것 이전의 상태, 즉 무구한 자연인의 상태에 있는 것을 말한다(안인희, 1992). 또한 유아가 선하다는 것은 자유로운 존재임을 의미한다. 유아가 자유로운 존재가 되기 위해서는 자신이 하고 싶은 것을 하고 어떤 제약이나 장애를 받지 말아야 한다. 이러한 자유는 행복의 진정한 원천이 되며, 실질적으로 유아의 삶의 범위를 확장해 준다(Jimack, 1983). 따라서 유아가 본래 자유롭다는 것은 유아를 위한 교육이 현재 상태의 행복을 추구하는 수단이 된다.

2. 유아를 자연적 발달 성향을 지닌 존재로 바라보았다. 루소는 유아를 어린 나무로 은유하였다. 식물이 지닌 내적 힘은 봄에 씨앗으로부터 발아하여 가을에 열매를 맺을 때까지 끊임없이 성장해 간다. 식물이 지닌 이러한 내적 힘의 결과로 식물은 한 단계에서 다음 단계로 나아간다. 이처럼 식물이 자연적 혹은 내면적으로 자랄 수 있는 힘이 있듯이 유아도 이러한 힘, 즉 내면적 힘인 내적 발달의 성향을 바탕으로 성장해 나간다. 이러한 성향은 유아에 따라 발달에 적합한 나름대로의 시기가 있으며, 이로 인해 유아의 모든 능력이 똑같이 골고루 성장할 수 없고 내면의 자연적 상태에 따라 성장하고 변화하게 된다. 이러한 점은 유아의 내적 흥미나 욕구가 생기는 시기가 각각 다르다는 것을 알려 준다. 그러므로 교육은 유아의 자연적 발달성인 내적 힘을 발현시키는 것이며, 교육은 자연에 따른 발달의 과정이 된다.

– 김희태·정석환, 유아교육철학 및 교육사, KNOUPress, 2015.

### (3) 교육 원리 및 방법

① **자연의 법칙에 따른 교육 : 합자연의 원리**

㉠ 루소는 '자연으로 돌아가라.'는 대명제를 제시함으로써 교육은 자연에 따라야 하며 자연인으로 성장해야 한다고 주장했다.

㉡ 자연의 원리를 따르는 교육은 신이 인간에게 내려 준 능력과 성향을 인위적으로 변형하지 않는 것이다. 인간 내부의 자연적인 발달 순서에 따르는 것이 자연의 원리를 따르는 교육이다.

㉢ 자연의 법칙에 순응하고 자연성에 근거한 교육이란 학습자에게 외적인 것을 적극적으로 주입하는 것이 아니라 자연에 의한 교육, 사물에 의한 교육, 인간에 의한 교육이 서로 조화를 이루어 인간의 자연적 발달 단계에 맞도록 하는 것이다.

㉣ 자연에 의한 교육은 인간의 능력과 기관의 내부적인 발달을 말하고, 사물에 의한 교육은 인간의 외부에 존재하는 사물에서 감각을 자극받고 인간이 경험으로 획득하는 경험교육을 의미한다. 그리고 인간에 의한 교육은 인간의 능력과 기관의 내부적인 발달을 어떻게 활용하는지를 가르치는 교육이다.

PLUS+

**루소의 자연인 양성을 위한 교육**

1. 루소는 자연인을 양성하기 위하여 자연, 사물, 인간에 의하여 교육할 것을 주장하였다.

| 구분 | 내용 |
|---|---|
| 자연에 의한 교육 | 자연은 인간이 태어날 때부터 가지고 있는 특성과 능력을 의미하는 것이며 인간 내부의 자연성이다. 이 자연성은 학습을 위한 인간의 기관과 기능의 내부적 발달, 즉 준비성의 개념이며, 선성을 의미한다. |
| 사물에 의한 교육 | 사물에 의한 교육은 언어적인 설명을 통하지 않고 직접 사물을 경험하게 하는 감각경험을 중심으로 하는 직관교육을 말한다. 이러한 직관에 의한 교육은 유아 개인의 주위를 둘러싸고 있는 모든 환경과의 관계를 의미한다. |
| 인간에 의한 교육 | 자연과 사물에 의한 교육을 구체적으로 활용하는 사람, 즉 인간에 의한 인간의 교육이다. |

2. 루소가 말하는 자연성, 즉 인간의 선천적인 능력은 개인마다 다르므로 루소의 자연성은 개인 차를 인정하는 것이 된다. 이는 당시에 시행되었던 획일적인 교육방법에 대한 또 하나의 새로운 도전이었다.

② 소극적 교육

　ⓐ 루소는 12세까지의 교육은 소극적이어야 한다고 주장하였다.

　ⓑ 인간의 본성이 본래 선이고 이미 모든 진리의 싹을 지니고 있다고 상정한다면, 교육의 임무는 아동의 생득적 본성을 잘 보호하기 위해 아동을 타락된 사회악으로부터 격리하여 아동 스스로 판단력을 형성하도록 하는 것이다. 그러므로 교육은 적극적으로 인간을 변화시키기보다는 오히려 선한 본성을 유지하고 발전시키는 것이다.

　ⓒ 유아의 내면적인 발달을 최대한으로 보장하고 외부의 자극이나 환경의 영향을 최소한으로 제한하는 것이 소극적인 교육이다.

　ⓓ 따라서 소극적 교육방법은 아동에게 지식을 가르치기에 앞서 감각기관을 완성하고 이성에의 준비를 끝내는 데 주력하는 것이다.

③ **생활 중심 교육방법** : 아동의 미래를 위한 준비가 아닌 현재 생활 그 자체를 위한 교육 이어야 한다.

④ **직관 중심 교육방법** : 루소는 『에밀』에서 경험을 통한 교육을 강조하였고, 학습자가 스스로 알도록 하는 방법으로 실물교육, 놀이, 발견학습을 제시하였다.

⑤ **흥미 위주의 자발성의 원리** : 유아의 자연성을 키우기 위해 유아가 가진 내적 흥미 위주의 자발성을 존중하고 특히 개성을 존중할 필요가 있다.

⑥ **사회생활 중심 교육방법** : 청년기에 이르면 인간은 사회적 감정에 눈을 뜨고 자기를 사회인으로 인식하기 때문에, 이때는 사회생활을 중점적으로 교육시키며 직업교육도 받게 할 것을 강조했다.

## (4) 『에밀(Emile, 1762)』

① 『에밀』은 루소가 쓴 교육소설로서, 이 책에서 루소는 인간의 발달 단계에 따르는 이상적인 교육이론을 제시하고 있다. 이 책은 교사이자 아버지인 루소가 아들이자 학생인 에밀 한 사람을 자연에 의한 방법으로 교육하는 것을 그 내용으로 하고 있다.

② 『에밀』은 모두 5편으로 구성되었다. 1편은 유아기 교육, 2편은 아동기 교육, 3편은 청년전기 교육, 4편은 청년기 교육에 관하여 기록하였으며, 마지막 5편에서는 나중에 에밀과 결혼할 소피(Sophie)라는 여성을 등장시켜 여성의 교육에 대하여 기록하고 있다.

### 1편 유아기 교육(1~5세) – 신체의 발육에 중점을 둠

- 유아기에 교사는 자연적인 방법으로 유아의 신체가 요구하는 욕구를 만족시킬 수 있도록 신체 발육에 중점을 두어야 하며, 유아의 자유롭고 자연적인 활동을 보장해야 한다.
- 이 시기의 교육은 첫째, 유아가 자연에서 자신의 신체를 자유롭게 사용하여 심신을 단련하게 한다. 유아를 대도시가 아닌 시골에서 양육하여, 자연스럽게 활동하고 맑은 공기를 접하게 하며, 신체를 훈련하고 건강을 유지하는 것에 초점을 둔다.
- 둘째, 언어학습을 준비시킨다. 언어를 인위적으로 일찍 가르치거나 유아가 이해할 수 없는 단어를 주입하지 않고, 언어에 대하여 자연스럽게 적응하는 힘을 기른다.
- 셋째, 유아의 도덕성에 관심을 둔다. 유아의 욕구를 자연적인 욕구와 인위적인 욕구로 구분해야 한다. 유아가 자연적인 욕구인 육체적 욕구에 머물도록 하며, 유아의 언어와 표정을 주의 깊게 관찰하여 자신의 고집에서 나오는 인위적인 욕구를 저지하게 한다.

### 2편 아동기 교육(6~12세) – 감각기관의 훈련에 중점을 둠

- 이 시기는 아동이 가지는 능력과 욕구가 균형을 이루는 시기로서, 아동은 자신이 원하는 것을 할 수 있다.
- 이 시기에는 첫째, 언어교육이 가능하다. 언어학습은 아동이 말을 시작하면서 이루어지지만, 읽기는 아동이 스스로 원할 때 가르치도록 한다. 에밀이 어떤 초대장을 받고 그 내용을 궁금해할 때 교사가 성급하게 읽어주지 말고, 아동의 호기심이 증가할 때까지 기다리면서 아동에게 자연스럽게 읽고 싶은 욕구가 생기도록 한다.
- 둘째, 감각훈련이 이루어지는 시기이다. 이때의 아동은 감각을 통하여 사물을 이해하게 된다. 아동이 사고하는 것을 배우도록 하기 위하여 손과 발의 감각을 먼저 느끼고 알게 한다. 지식이나 도덕적인 내용을 가르치는 것이 아니라 신체의 감각훈련이 중심이 된다.
- 셋째, 실제 경험을 통하여 교육한다. 아동은 자신의 환경에서 경험과 관찰을 통하여 얻은 지식을 가장 확실한 지식으로 만들 수 있으므로 교사는 서두르지 말고 기다리도록 한다. 에밀이 창문을 깨뜨렸을 때 비난하거나 벌을 주는 대신, 유리창이 깨진 방에서 찬바람을 맞으며 하룻밤을 지내게 하여 직접 자신의 부주의를 깨닫게 한다.

### 3편 청년 전기(소년기) 교육(13~15세) – 지적 교육에 중점을 둠

- 스스로 사물을 접하고 발견하고 판단력을 발달시키는 지적 도야기이며, 직관과 자기활동의 학습법을 활용한다. 루소는 이 시기를 '이성의 시기'라고 하였다.
- 이 시기는 이성(理性)에 눈을 뜨게 되고 지적인 호기심이 왕성하여, 지적 교육이 가능하다. 지식교육은 책이나 측정도구를 이용하지 않고, 사물을 직접 관찰하고 경험하며, 실물과 직접적인 발견에 의한 방법을 시행한다.
- 첫째, 직접적인 실험방법이나 직관적인 훈련으로 물리학을 학습한다.
- 둘째, 해가 뜨는 아침과 해가 지는 저녁에 대하여 호기심을 가질 때, 교사는 이를 자극하여 천문학 수업을 시작한다. 단순히 호기심만을 자극하는 것이 아니라 그것이 유용한 지식임을 깨닫게 한다.
- 셋째, 지리수업은 어떤 상품이 생산된 지역에 대하여 이해하는 것에서 시작한다.
- 넷째, 자주적이고 독립적인 생활을 영위하게 하기 위하여 손을 사용하는 노동인 수공업 기술, 농업 등을 가르친다. 루소는 에밀에게 목공일을 배우게 하였다. 목공일은 가장 깨끗하고 유용하며 신체를 단련시키기에 효과적이고, 숙련과 노력을 요구하고, 자연의 상태에 가까운 직업이다. 에밀이 목공일에 흥미를 느끼고 좋아한다는 이유에서 루소는 에밀의 평생직업으로 목수를 택하였다.

### 4편 청년기 교육(16~20세) – 애타심의 발현, 도덕교육과 종교교육에 중점을 둠

- 청년기는 종교적이고 도덕적인 도야가 가능하고, 타인의 감정을 수용하는 시기이다. 루소는 이 청년기를 '제2의 탄생기'라고 하여, 어린 시기를 벗어나서 남성과 여성의 역할을 익히고 사회적인 관계에 관심을 갖는 중요한 시기로 보았다.
- 이 시기에는 사회적이며 도덕적인 존재로서 필요한 자질을 쌓아야 하며, 적극적인 교육이 이루어진다. 이 시기의 교육내용으로는 역사와 종교가 있다.

### 5편 여성교육 – 여성교육에 있어서는 차별적 교육

- 장차 에밀과 결혼할 소피라는 여성을 설정하여 여성교육에 대하여 언급하고 있는데, 루소는 여기서 고전적인 현모양처로 여성의 모습을 그리고 있다. 루소는 여성의 특성을 감성적이며 의존적이고 수용적으로 규정하고 있다.
- 여성교육은 어머니와 주부로서의 역할과 덕을 익히고 가사능력을 배양시키는 것으로 그 범위를 제한하였다. 즉, 남성과 여성은 동등할 수 없으며, 여성은 여성으로서의 자연성을 가지고 있으므로 여성에게 남성과 동등한 교육을 하는 것은 여성의 자연성을 해치는 것으로 규정하였는데, 이러한 점에서 남녀불평등 교육이라는 비판을 받고 있다.

## (5) 현대 교육에 주는 시사점

① 루소는 유아가 가지고 있는 특성을 자연 그대로 인정하고, 소극적인 교육을 통하여 유아의 자연성을 그대로 보존하도록 돕고자 하였다. 유아가 가지는 흥미와 관심, 특성, 그리고 고유한 성향을 선성으로 보고, 선성이 자연스럽게 발달하도록 돕는 자연주의와 유아 중심 교육이론의 기반을 놓았다.

② 루소는 교육의 목적을 성선설을 전제로 하여 참다운 자연인으로서의 시민을 양성하는 것에 두었다. 유아가 미래의 성인생활을 준비하기 위하여 미래보다도 더 소중한 현재를 무시당하던 당시의 유아교육에 대하여 경종을 울리고 변화를 가져오게 하였다.

③ 루소의 자연주의 교육은 유아를 자유와 권리를 가진 독자적인 존재로 인정하여, 유아를 유아상태 그대로 존중하는 유아존중사상으로서, 유아교육이 발달하게 되는 계기가 되는 하나의 유아해방운동이었다.

④ 교사가 유아의 타고난 자연성으로서의 선성을 존중하여 이를 스스로 발달하도록 돕는 소극적인 교육방법은 유아의 자연성을 무시한 채 교육의 수단과 방법에만 집착하는 현대 유아교육에 대하여 시사하는 바가 크다.

⑤ 교육이론을 단계적으로 제시하여 각 단계에 따른 구체적인 교육방법과 교육내용을 정리하였다. 자연의 법칙에 따라 스스로의 내적인 힘에 의하여 학습하는 독립적이며 자발적인 학습원리는 현대의 아동심리학과 발달심리학이 발달하는 데 영향을 주었다.

**PLUS+**

### 아동관의 이해

어느 사회나 어린아이가 없었던 적은 없지만 그렇다고 어린아이를 항상 같은 시각으로 바라보지는 않았다. 즉, 아동관은 시대와 사회의 흐름을 반영하여 형성되었는데 유럽 사회의 경우 아동을 바라보는 관점은 불필요한 존재에서 필요한 존재로, 성가시고 귀찮은 존재에서 독립성과 인격을 지닌 존재로 변화하였다. 동양의 경우 이러한 변화는 아주 미미하지만 그럼에도 불구하고 아동관은 그 시대의 정신이나 문화에 따라 변화해 왔다.

1. **전성설(前成說, preformationism)**

전성설은 중세 유럽에 있었던 유아에 대한 관점으로서 유아를 '성인의 축소판(ready-made miniature adult)'으로 바라보았다. 완성체인 인간의 모습은 정자나 난자에 이미 작은 상태로 들어있는데 극미인(極微人, homonulus)이라 보기 어려우며, 아기가 태어나면 크기와 부피가 자라 성인이 된다는 관점이다. 따라서 유아는 성인에 비해 능력이나 역할 등에서 다르지 않고 신체적 크기에서만 차이가 있다고 생각하여 유아가 걷고 말할 수 있게 되면 성인의 옷을 입히고 성인과 똑같은 일을 하게 하였다.

전성설은 성인의 입장에서 유아를 부속물로 바라보는 것이다. 유아가 능력이나 자질이 있는 존재라고 생각했다면 유아를 부속물로 바라보거나 성인과 같은 일을 하게 하지 않았을 것이다. 전성설의 아동관이 있었던 당시 사회는 다음과 같은 측면에서 이해할 수 있다. 첫째, 당시 사회는 영아 사망률이 높았기 때문에 유아의 개인 자질이나 인격 등과 같은 특성에 관심을 기울이거나 인격체로 취급하는 것에 주저하였던 것(Aries, 1962)으로 여겨진다. 둘째, 성인들은 자신들의 생활이나 관점 및 처지에 동일한 형태와 기능을 다른 사람들이 가지고 있다고 생각하는 경향이 있다(Ausubel, 1958). 이로 인해 어린이를 매매하거나 생명을 빼앗는 일, 육체적 노동을 시키는 일 등이 나타나기도 했다.

전성설의 아동관은 중세의 미술작품에서도 잘 나타난다. 중세 화가들은 유아를 그릴 때 얼굴은 성인의 모습이지만 신체 크기로 성인과 유아를 구분하였는데, 이는 유아를 성인과 같은 입장으로 바라보고 있음을 잘 보여 준다.

전성설은 과학적 사고가 강조되면서 점차 쇠퇴하지만 그럼에도 여전히 지속되고 있다. 전성설과 같은 관점은 아니지만 오늘날의 사회에서도 영아나 유아를 성인과 같은 입장에서 바라보고 대하는 경우는 아직까지도 전성설의 모습이 잔존하고 있는 것이라 하겠다.

2. **원죄설(原罪說, original sin theory)**

원죄설은 기독교 사상에 근거한 관점이다. 원죄설은 아동 관점이기도 하지만 인간에 대한 관점으로 오늘날까지 존재하고 있다. 원죄설에 의하면 지상의 낙원에서 죄를 지어 쫓겨난

아담과 하와의 후손인 인간은 이들의 원죄(原罪)를 가지고 태어난다. 따라서 태어난 갓난아기도 원죄가 있으며 인간은 본성적으로 악하다는 관점을 함께 가지고 있어서 원죄에서 벗어나기 위한 훈련과 교육을 강조한다. 원죄설에 입각한 아동관은 아동을 엄격하게 훈련시키고 교육시켜야 하며 유아가 가진 충동이나 공격적인 성향에 대해서도 부정적인 입장을 견지한다.

3. 백지설(白紙設, tabula rasa)

백지설은 인간이 태어날 때 선한 존재나 악한 존재가 아닌 무(無)의 상태인 백지 상태로 태어나 주위 환경의 영향에 의해 점차 인간으로서의 성격이나 특성이 갖추어진다는 입장이다. 백지설은 로크(Locke)가 주장한 것으로 로크는 인간이 원죄를 가지고 태어난다는 관점과 태어나기 전부터 무엇인가를 알고 있다는 입장을 부정하고, 대신 유아의 성품이나 능력은 주위 환경으로 인해 형성된다는 입장을 견지한다.

로크에 의하면 인간의 정신은 태어나기 전부터 존재하는 것이 아니다. 태어난 유아가 수학이나 논리에 대해 모르는 것으로 볼 때 이미 어떤 정신을 가지고 태어나는 것이 아니라고 하였다. 로크의 이러한 입장은 본유관념론을 반박하는 것으로, 본유관념론(本有觀念論, doctrine of innate ideas)은 인간의 정신은 경험하기 이전에 이미 존재하고 있으며 생래적(生來的)임을 강조하는 관점이다. 본유관념론에 의하면 인간이 할 수 있는 일은 이미 있는 정신을 상기시키는 일이다.

로크는 본유관념론의 주장이 타당하지 않다고 생각하였다. 인간의 이성이나 정신이 채워지는 것은 이미 있었던 정신에 의해서가 아니라 무(無)의 상태로 태어난 유아가 주변 환경을 경험하면서 점차 유(有)의 모습으로 변하여 형성된다고 보았다. 그러므로 백지설에 의하면 인간의 정신이 형성되기 위해서는 주위의 환경이 어떻게 구성되는지가 중요해진다.

백지설은 인간 정신의 형성에 대한 환경결정론을 설명해 준다. 환경결정론(環境決定論)은 인간의 능력은 주위 상황에 달려 있으며, 인간은 가진 능력이나 역할보다 주위의 인물이나 환경에 의해 결정된다는 입장이다. 그러므로 인간이 가지고 있는 능력의 차이는 중요하지 않으며 후천적으로 어떤 환경을 제공해서 성품이나 능력을 변화시키는가에 초점을 둔다. 백지설과 환경결정론에 근거하면 유아의 가정이나 사회의 역할은 능력이나 성품의 형성에 아주 중요하다. 또한 환경에서 이루어지는 경험에 따라 정신의 형성이 달라진다. 왜냐하면 인간은 태어날 때 어떤 정신을 가지지 않은 백지 상태로 태어나 주위 환경에 의해 점차 그 인격이나 정신이 형성되기 때문이다. 따라서 올바른 인간으로 기르기 위해서는 유아에게 필요한 좋은 경험을 제공해 주어야 하고 좋은 환경에 유아를 노출시켜야 한다.

4. 성선설(性善說, God nature principle)

성선설은 인간을 선한 존재로 바라보는 관점으로, 유아 역시 선한 존재로 바라본다. 서양에서는 루소에 의해, 동양에서는 맹자(孟子)에 의해 제기되었다. 루소 이전에는 전성설(前成說)이 지배적이었다. 12세기 전후의 중세 미술 작품에서 유아들은 특징이 없고 표정이나 외모에서 성인과 차이가 없이 단순히 크기만 작으며 벌거벗은 몸도 성인과 같은 근육조직을 가진 것으로 묘사되었다.

이러한 관점은 루소에 의해 변화를 맞았다(Aries, 1962). 루소에 따르면 태어나는 인간은 창조자의 손에 의해 자연성(自然性)을 가지고 선하게 태어난다(장화선, 1993). 즉, 인간의 마음은 근원적이고 본질적으로 사악(邪惡)과 악덕(惡德)이 전혀 없다. 사악하지 않고 악덕하지 않은 것은 자연의 상태로 인간의 본성을 지칭한다. 루소의 성선(性善)은 사회의 도덕 가치규범이나 행위규범의 차원에서 말하는 선(善)의 개념이 아니다. 사회인으로서 지켜야 할 도덕적 규율이나 질서를 준수하여 나타나는 착한 행실의 개념이 아니라 사회적 도덕규범과 질서를 준수하기 이전의 상태인 무구한 자연인의 상태가 곧 선(善)이다.

루소가 말하는 선(善)의 상태는 행복과 연결된 것으로 불행이란 자신의 욕망과 욕망을 충족시키는 능력이 균형을 이루지 못할 때 생기는 것(장화선, 1993)이며, 인간의 행복은 자신의 능력과 욕망이 서로 일치하는 상태이다. 그러므로 선한 존재인 인간은 다른 사람 위에 군림하거나 자신을 다른 사람과 비교하지 않은 자유로운 존재를 의미한다. 인간이 자유로운 존재이므로 행동에 어떤 제약이나 장애가 있어서는 안 되며 교육은 미래의 준비가 아닌 현재 상태에서의 행복을 추구해야 한다. 이처럼 선한 유아의 본성은 사회에 의해 오염되어 악해지므로 선한 유아를 악한 사회로부터 격리시켜 유아가 가진 본래의 모습에 부합하는 교육을 해야 한다고 하였다. 이로 인해 본래 선한 존재인 인간은 자연 상태에서 자유로워야 하고 그것을 위한 교육을 주장했는데, 이것이 곧 소극적인 교육이다.

## 4. 오베르랑(Jean Frederic Oberlin, 1740~1826) ― 편물학교

### 🕰 들어가며

오베르랑은 27세 때 프랑스 동부 보스게(Bosges)의 작은 마을에 목사로 부임하였다. 당시 그 지역은 자연환경이 메마른 산골짜기였으며, 30년 전쟁과 그 후의 사회적 혼란으로 인하여 물질적으로나 정신적으로 황폐화되어 있었다.
여기서 오베르랑은 지역민의 생활을 재건하고자 경제적·사회적·교육적인 개혁을 시도하였다. 산업적인 개혁과 함께 문화진흥과 교육개혁에 관심을 두고 학교를 설립하여 초등학교, 중등학교, 성인학교 등 7세에서 16세까지의 학교제도를 정비하였다.

① 오베르랑은 1770년에 편물학교를 설립하였는데, 이 편물학교는 프랑스뿐 아니라 유럽에서 설립된 최초의 유치원이며, 독일의 프뢰벨이 설립한 유치원(1840)보다 70년이나 앞섰다.

② 이 편물학교는 3세 이상의 취학 전 유아와 방과 후 아동을 대상으로 하는 학교로서, 일터에 간 부모를 대신하여 유아 보호를 담당하였다.

③ 오베르랑은 초등의무교육을 주장한 루터의 영향을 받은 목사로서, 종교교육의 중요성과 조기교육의 교육적인 효과를 확신하고 있었다.

④ 편물학교의 교육목표는 유아가 규칙적인 생활을 하도록 하는 것과 프랑스어의 찬송가와 설교를 이해하는 것, 수공예의 기술을 전수하여 근로정신을 기르고 노동기술을 획득하는 것이다.

⑤ 가정에서 이미 형성된 나쁜 습관을 없애고, 복종, 성실, 질서 등의 습관을 기르며, 표준 프랑스어 발음과 문자를 배우고, 기독교 교리와 도덕에 대하여 익히고, 편물교사에게서 수공예를 배웠다.

⑥ 이러한 오베르랑의 편물학교는 1700년 이후에 설립된 어머니 학교와 비슷하지만, 그 지역 전체를 사회적이고 경제적으로 개발시키며, 지역 주민의 복지를 실현하는데 봉사하는 최초의 유아교육시설의 탄생이라는 역사적인 의미를 지니고 있다.

## 5. 오웬(Robert Owen, 1771~1858)

 **들어가며**

로버트 오웬이 살고 있었던 당시의 영국 사회에서는 18세기 후반부터 시작된 산업혁명으로 인해 공장이 계속 들어서고 인구가 도시로 집중되며 부녀자들과 아이들까지도 장시간의 노동에 혹사되었다. 사회는 불안과 공포에 휩싸이고 거리에는 범죄와 질병이 넘쳐 흘렀다. 그야말로 가정의 기능은 붕괴되고 가정교육은 권위를 잃고 만 것이다.

### (1) 교육사상(성격형성론)

① 사상적인 면에서는 로크, 교육방법적인 면에서는 페스탈로치의 영향을 받은 오웬은 영국에 유아학교를 설립하여 사회를 개조하려고 노력한 사회주의자이자 신교육의 개척자라 할 수 있다.

② 성선설의 입장에서 환경에 의한 성격형성론과 빈부와 귀천의 차별이 없는 무상 교육제도를 주장하였다.

③ 인간의 성격은 천성과 태어나면서 죽을 때까지의 천성에 작용하는 외계환경 등 이중의 창조에 의해 형성된다고 하여, 외적인 환경의 영향을 강조하였다.

④ 교육의 사명을 유아기의 바람직한 성격형성에 두고, 이를 위해서는 좋은 환경이 필요하다고 하였다.

### (2) 성격형성학원

① 영국 최초의 유아학교(Infant School)인 성격형성학원을 세운 시기는 프뢰벨의 유치원 창설보다 24년이나 앞선 1816년 1월 1일이었다.

② 유아학교, 소학교, 청년과 성인을 위한 학교의 3부로 구성되었는데 유아학교가 이 학원의 기초였다.

③ 인간 성격의 대부분이 유아기에 형성되고, 이 시기에 환경에 의한 영향이 가장 크다고 믿었기 때문에 유아학교를 학원의 주축으로 운영하였다.

④ 유아학교의 교육목적

　　㉠ 노동자 계급의 유아들을 위해 합리적으로 사고하고 행동하며 유익하고 실용적인 지식을 가르치는 것이다.

　　㉡ 친구를 존중하고 남을 배려하는 철저한 도덕적인 성격을 형성하는 것이다.

　　㉢ 아동집단 속에서 개성을 발달시키고 좋은 성격을 형성하면서 4~10세인 아동은 더 어린 아동을 돌보도록 하여 서로 힘을 합하여 행복을 지향하는 것이다.

PLUS⁺

'성격형성론'에서 페스탈로치의 교육정신의 영향을 받은 성격형성학원의 7가지 교육원칙
1. 성격형성론에 바탕을 둔 환경개조의 교육
2. 어린이들의 자기활동을 중시하는 교육
3. 사랑과 행복의 교육
4. 상벌의 폐지
5. 직관교육
6. 생산노동과 결합된 교육
7. 자연과 결합된 교육

⑶ **교육내용**

① 2~3세 유아에게는 좋은 습관, 협동심, 친절, 인내심 등의 기본 성향을 길러주는 것이
가장 중요하다고 생각하였다.

② 건강과 행복감의 경험은 교육과 함께 하며 이러한 방향을 10세가 될 때까지 계속되도
록 하였다. 따라서 일상적인 지식교육과 함께 무용, 노래 부르기, 악기 연주 등을
지도하였다.

③ 책보다는 주변 사물을 활용하여 개념을 지도하고, 자연스러운 대화 형태를 취하며,
호기심을 유발하여 어린이들이 질문을 하도록 유도하였다.

⑷ **운영방법**

① 유아학교는 1~3세의 영아반, 4~6세의 유아반으로 나누어 교육하였고, 두 반의 정원
은 30~50명이었다.

② 건물의 2층에는 큰 방을 만들어서 수업, 예배, 강의 등 6~10세 어린이들을 위한 장소
로 마련하였고, 아래층에는 3개의 방을 두어 어린이들이 놀고 쉴 수 있게 하였다.
또한 가능한 옥외놀이를 많이 하도록 격려하였다.

## 6. 페스탈로치(Johann Heinrich Pestalozzi, 1746~1827)

⑴ **교육사상**

① 페스탈로치의 교육사상은 목사였던 그의 조부로부터 이어진 기독교적인 신앙과 생활
속에서 사랑과 겸손을 직접 실천하여 모범을 보인 어머니로부터 형성된, 기독교적인
인간사랑 정신과 루소의 자연주의 사상에 그 근원을 두고 있다.

② 초기에는 루소의 유아중심사상을 깊게 수용하였으나 차츰 자신의 독자적인 사상을
형성하였다. 즉, 유아의 자연성을 인정하고 이를 조화롭게 발달시키며, 인간의 발달은
선천적인 자연법칙에 의존하고, 학교의 형식적이거나 암기 위주의 교육방법에 대하여
반대하는 점은 루소의 자연주의 사상과 공통점을 이루고 있다.

③ 페스탈로치는 인간의 자연성으로의 선성을 인정하고 이를 계발하고자 하였다. 다시 말하면, 인간이 선천적으로 부여받은 정신 능력인 지능력(Head), 인간의 감정과 도덕성을 대표하는 심정력(Heart), 신체 능력인 기능력(Hand), 즉 3H를 조화롭게 계발시키는 것이다.

### (2) 인간관

① 페스탈로치에 의하면 인간은 궁극적으로 스스로 형성되며, 내면의 힘에 의해 지배를 받는 존재로, 교육은 이러한 존재를 만들기 위한 것이다.

② 그러므로 교육이란 인간성의 계발이며, 인간의 내적 상태를 끌어내어 도덕적 존재로서의 인간성을 가질 수 있도록 하는 것이다.

③ 페스탈로치는 인간의 내면에는 동물적·사회적·도덕적인 3개의 층이 있다고 보았다.

| 동물적 상태 | • 자연 상태로 인간의 충동과 이기적인 본능을 나타냄(동물과 같음)<br>• 거칠고 야수적이며 충동적이고 선악이 미분화된 자연 상태 그 자체임 |
|---|---|
| 사회적 상태 | 인간의 이기심으로 인해 야기되는 탐욕, 권력, 억압의 상태를 조직이나 법률, 관습 등으로 통제하는 상태 |
| 도덕적 상태 | 개인의 내면에서 나타나는 욕구에 의해 개인의 행위를 결정하는 것으로 인간은 자기 내면의 순화를 갈구하는 하나의 힘, 도덕적 진리를 내면 깊숙이 간직한 상태 |

### (3) 교육원리

① 자기활동의 원리

㉠ 자기활동 원리는 인간의 내적인 힘에 의해 자발적으로 발전하는 것을 말한다.

㉡ 페스탈로치는 유아의 힘은 내면에서 스스로 싹튼다고 하였다. 이러한 자발성은 생명의 존중이자 본질이며 창조활동, 사고, 행동의 근원이므로 학습에서의 자발성은 생명을 존중하는 것이다.

㉢ 이는 외부적으로 주입되는 것이 아니라 인간의 내적 힘에 의해서 스스로 발전하는 것이며, 사물이나 타인은 이 발전에 필요한 조건이나 자기발전을 보조하는 수단에 지나지 않는다.

㉣ 따라서 교육은 유아의 내부에 있는 자연의 힘을 자발적으로 발전시키는 작용이며, 이를 위해 가능하면 유아의 선천적인 능력을 표출할 수 있는 모든 조건을 제공해 주는 것이 필요하다.

② 직관의 원리

㉠ 직관의 원리는 자기활동의 원리를 배경으로 하는 능동적이고 구성적인 것이다.

㉡ 직관(直觀)은 사물을 보고 냄새 맡고 만지는 것과 같이 감각기관을 통해 사물의 형태나 모양, 색, 분위기 등을 인식하는 것으로 인식활동의 최초 단계이다. 페스탈로치는 직관을 모든 인식의 절대적인 기초로 삼았으며 교육의 본질로 생각했다.

ⓒ 직관은 내적 직관과 외적 직관으로 구분된다. 외적 직관은 감각기관을 통해 외부 인상을 받아들이는 것이고, 내적 직관은 마음의 눈으로 세상의 본질을 체험하는 것이다.

ⓔ 교육에서 직관은 감각기관을 통해 사물에 관한 구체적인 지식을 얻는 것으로 사물을 직관하면 그 사물의 기본 인상에서부터 추상적인 사고력으로 나아갈 수 있다. 또한 단순한 암기보다 그림을 그리거나 글을 쓰고, 노래하고, 모형을 만들고, 현장학습을 하는 등과 같이 감각적 경험을 통해 스스로 느끼는 것이 교실에서 언어에 근거한 교육보다 더 좋은 효과가 있다. 따라서 페스탈로치는 사물을 직접 접하고 만지고 느껴 보는 감각 및 실물 교육을 강조하였다.

ⓜ 직관은 사물에 대한 구체적인 경험을 통해 더욱 명백하게 발달시킬 수 있다. 모든 사물은 수(數), 형(形), 어(語)로 되어 있으며, 사물의 이러한 요소를 밝히는 것이 교육의 출발점이다. 즉, 얼마나 많은 사물이 눈앞에 움직이는지(수), 사물의 모양 윤곽은 어떠한지(형), 그것은 무엇이라 불리는지(언어)를 통해 사물을 이해하게 된다. 어떤 사물이나 그 사물의 외부 모습은 수, 윤곽(형)에 포함되며, 언어로 우리의 의식에 떠오르는 막연한 감각적 인상에서 정확한 감각적 인상과 명료한 심상 형성의 관념에 도달하므로 수(數), 형(形), 어(語)는 직관 교수의 중요한 수단이다.

③ 노작교육의 원리

ⓐ 페스탈로치는 노작(勞作)을 교육의 기초로 삼았으며, 교육은 지식을 가르치는 것만이 아니라 일상생활 속에서도 이루어진다고 보았다.

ⓑ 유아들은 생활하면서 관념이 명백해지고 지식에 대한 인식의 기초도 세울 수 있다. 즉, 일상생활에서의 직관적인 경험을 통해 지식을 얻을 수 있고, 손을 사용하는 등의 구체적인 행동을 통해 매우 고상한 교양을 익힐 수 있다.

ⓒ 노작은 일하지 않으면 살아갈 수 없다는 관점에서 출발하였고, 노작교육은 생활에 필요한 경제활동 및 인간 형성과 결부되었다.

ⓓ 근면한 노동을 통해 협동심과 도덕성을 기른 사람들이 사회를 바꾼다고 보았으므로 노동은 곧 인간을 형성하는 원리로 간주되었다.

④ 조화의 원리

ⓐ 페스탈로치는 인간에게는 선천적으로 인성을 계발할 수 있는 능력이 있으며, 이러한 능력을 두루 발전시켜 다방면에 걸쳐 성숙하고 원만한 인격을 형성하게 하는 것이 교육이라고 하였다.

ⓑ 인간의 잠재능력은 도덕력(심정력, heart), 지력(지능력, head), 기술력(기능력, hand)으로 구분되며, 이 3가지는 서로 밀접히 관계되어 조화롭게 상호 조화 혹은 완전한 균형 속에서 삼위일체를 이루어 발전해야 한다.

ⓒ 이 중 어느 하나가 부족하거나 어떤 하나에 편중되는 것은 자연을 역행하는 것이며, 개인의 인격은 분열되고 이는 곧 사회 분열의 원인이 되어 결국 사회가 해체될 위기에 놓이게 된다. 따라서 심성의 도야에서 도덕적 이상이, 지력의 도야에서 이상 실현의 합리적 방법이, 기능의 도야에서 실행이 길러져 서로 조화를 이루도록 해야 한다. 페스탈로치의 이러한 관점은 신인문주의와 공통되는 사상이며 심정력(heart)을 중심으로 지능력(head)과 기능력(hand)의 조화로운 발전을 꾀하고자 하는 것으로 도덕적인 목표가 지적 목표보다 더 궁극적이다. 이것을 삼육론(三育論)이라 한다.

| | |
|---|---|
| 도덕력 도야 | 도덕적 인간성 계발을 목표로 도덕, 종교, 시민적 교양의 교육을 포함하여 심정력 도야에 의해 사랑, 감사, 순종, 신앙으로 인간의 정서를 순화하고 인간의 의지를 강화해서 좋은 품성의 도덕적 인간을 형성한다. |
| 지력 도야 | 지성과 사물에 대한 인식력의 도야로, 오관을 통해 사물을 감각적으로 인식하고 직관을 중요시하며 경험에 의해 지력을 연마한다. |
| 기술력 도야 | 기술력의 발전을 목표로 하여 기술 도야, 신체 도야, 직업 도야, 예술 도야를 총괄하는 개념으로 연습과 훈련으로 도야된다. |

ⓔ 페스탈로치는 이 3가지 기본 능력의 도야를 통해 인간은 자기완성을 실현하고 나아가 도덕적 사회를 건설할 수 있다고 하였다. 페스탈로치의 조화와 균형의 원리는 자기의 완성을 가져오며 사회완성의 원리가 되는 토대이다.

⑤ 단계적 방법의 원리

ⓐ 단계적 방법의 원리는 자연에 들어 있는 질서를 순차적으로 따르는 것이다. 자연은 질서 있게 구성되어 있으며 자연의 질서를 따르면 효과적으로 학습할 수 있다. 이를 위해 자연에 들어 있는 원리를 자기발전의 원리로 삼아야 하며 교육은 이러한 자연의 원리를 따라야 한다.

ⓑ 따라서 모든 교수는 근본적인 기초 요소에서 출발하여 연속적으로 다른 요소로 넘어가고, 끝으로 이를 정리·종합하는 3단계 과정을 거치는 것이 필요하다. 이는 쉬운 것을 바탕으로 점차 덧붙여 나가는 방법이다.

⑥ 생활공동체의 원리

ⓐ 생활공동체의 원리는 가정과 가정에서의 어머니의 역할과 가족 간 상호작용을 통한 자녀의 애정과 신뢰감을 형성하는 인간관계를 강조한다. 이를 바탕으로 사회 시민으로서의 자질이 높아지고 시민으로서의 자각정신이 강화된다고 보았다.

ⓑ 페스탈로치는 사회의 부패가 인간에게 영향을 미치는 점을 지적하면서 교육이 사회개혁의 수단이라 생각하고 가정생활과 학교생활의 조화를 통한 사회개혁을 강조하였다.

### (4) 가정교육

① 페스탈로치는 유아기에 인간의 근본이 형성되므로 유아기의 대부분을 보내는 가정은 인간형성의 장이며, 부모의 가정교육이 매우 중요하다고 하였다.

② 그는 '모성은 자연의 질서 중에서 가장 아늑하고 강력한 것으로서, 신으로부터 받은 선물'이며, '어머니는 신이 내린 교사'라고 하였다.

③ 어머니는 가장 강력하고 영향력 있는 유아의 교사이므로 유아교육은 모성애를 통하여 성취된다고 하였다.

**PLUS⁺**

**페스탈로치의 가정교육관**

1. 유아는 가정교육을 통하여 생활의 질서를 배우게 된다. 이 생활의 질서는 마음의 질서와 도덕적인 질서로 이어진다.
2. 가정은 순수한 감정이 형성되는 도덕교육의 터전이다. 그러므로 가정은 도덕의 학교이고, 이상사회를 형성하는 데 가장 기초가 된다.
3. 가정에서는 생활을 통하여 기초교육이 이루어진다. 읽기, 쓰기, 셈하기의 기초교육과 도덕이나 남을 사랑하거나 일하기 등의 실제적인 노동이 생활 가운데서 도야된다.

### (5) 저서

① 『은둔자의 황혼』(1789) : 교육사상을 요약한 저서로서 인간평등에 관해 주장하였으며, 자연에 따른 교육, 가정의 안정은 인간 행복의 기초라는 기본 이론의 윤곽을 제시하였다.

② 『린하르트와 게르트루트 1~4권』(1781~1787) : 가난한 한 농민의 가정이 교육을 통해서 부유해지는 과정을 그려 낸 농민소설이다.

③ 『게르트루트는 어떻게 그녀의 자녀를 가르치는가?』(1801) : 어린이들의 전인교육의 원리와 방법을 제시한 교육저서로, 아동교육론에 많은 영향을 주었으며 친구들에게 보내는 서간문 형식으로 서술되어 있다.

### (6) 현대 교육에의 시사점

① 교육방법에 있어서 감각을 통한 경험으로 학습하는 직관교수법과 손발의 노동을 통하여 정신적이고 도덕적인 가치를 추구하는 노작교육을 실시하였다.

② 페스탈로치가 교육에 남긴 중요한 공헌은 가정교육의 중요성을 강조한 것이다.

③ **아동중심교육의 정착** : 아동 발달의 초기 단계를 중요시한 아동중심사상은 페스탈로치에서 꽃을 피웠다. 아동과 접해있는 환경을 중요시하고, 아동의 자발적 활동, 관찰, 체험에 의한 창조적 활동을 강조한 그의 교육사상은 프뢰벨의 유치원과 영국 오웬의 유아학교로 이어졌으며 현대 듀이 교육의 원동력이 되었다.

## 7. 프뢰벨(Friedrich Fröbel, 1782~1852) - 유치원의 창시자

 **들어가며**

유치원의 창시자인 프뢰벨(Fröbel)은 독일의 오베르바이스바흐에서 목사의 아들로 태어났다. 프뢰벨은 루소의 자연주의 교육, 페스탈로치의 교수방법에 많은 영향을 받았으며 유치원 창설, 은물, 작업, 놀이, 노래와 게임 등 구체적인 유아교육내용을 체계화하였다.

### (1) 교육사상

① 프뢰벨의 교육사상은 기독교적인 사상에서 성립하였으며, 그는 자연과 인간의 만물에 어떤 형이상학적인 법칙이 있음을 주장하였다. 이 변하지 않는 법칙은 곧 신이며, 신과 자연과 인간은 통일성과 다양성을 동시에 가지고 있고, 신은 자연과 인간을 다스리고 움직이게 하며 지배하고 있다고 하였다.

② 자연과 우주만물 속에는 이 신성(神性)이 내재해 있으며, 자연의 본질과 자연의 작용은 신에게서 나왔고 신에 의하여 창조된 것이다.

③ 프뢰벨은 자연과 만물 속에 내재해 있는 영원한 법칙인 신성이 있으며, 이러한 신성을 통일하는 통일체로서의 신이 존재한다고 하였다.

**PLUS⁺**

#### 프뢰벨의 신성

"모든 것은 신적인 것이나 신으로부터 나오고, 신적인 것이나 신에 의해서만 규제된다. 만물의 유일한 근원은 오직 신에게 있다."

1. 신성의 개념 속에서 신, 인간, 자연이 삼위일체가 되는 통일을 주장하였다.
2. 신성은 순전한 관념이나 수동적인 존재가 아닌 언제나 활동하는 능동적인 존재이다.
3. 신성은 활동, 창조, 노동이며, 인간에게는 신성이 내재되어 있고, 어린이의 신성은 놀이를 통해 가장 순수하게 나타난다.

### (2) 교육목적

프뢰벨의 교육목적은 생명 통일체로서의 신을 인정하고 자각하게 하는 것이다. 그에 의하면 인간은 자신이 가진 신성을 표현하기 위하여 활동하며, 교육은 이 신성을 표현하도록 돕고 신성을 계발하는 것이다.

### (3) 아동관

① 만물 속에 내재해 있는 신성(神性)은 유아의 정신 속에도 있으며, 인간은 신과 비슷한 모습으로 창조되었다고 하였다. 유아의 정신 속에 내재하여 있는 이 신성을 유아가 지닌 무한한 가능성으로 보았다.

② 유아에게는 태어나는 순간부터 활동하고자 하는 충동, 즉 활동충동이 있다고 보았다.

③ 신의 모습으로 창조된 소중한 유아는 출생하는 순간부터 신성을 표현하고자 하는 활동충동에 의하여 끝없이 활동하고 움직이며, 이는 여러 동작으로 나타난다. 이 활동충동을 지닌 유아에게 신성을 발현시키도록 이끌어내는 것이 바로 놀이이다.

### ⑷ 교육원리

① **통일의 원리** : 신, 인간, 자연의 통합을 추구하였다. 이 셋의 불가분의 관계는 루소, 페스탈로치, 프뢰벨의 공통된 교육사상이다. 하지만 루소는 자연성에, 페스탈로치는 인간성에 그 중점을 둔 반면, 프뢰벨은 신성에 중점을 두고 있다.

② **자기활동의 원리** : 자기활동이란 스스로의 흥미로부터 생기는 것이며, 자기 자신의 힘에 의해서 기대되는 활동이다. 프뢰벨은 교육을 창조적 자기 발달의 과정이라고 보았다.

③ **연속적 발달의 원리** : 연속적 발달의 원리란 발달의 과정이 연속적임을 의미한다. 인간의 성장에는 끊임없는 연속과 계속이 있으며, 단절이나 비약은 없다. 이러한 연속적 발달관은 아동의 현실을 중시하는 아동생활존중의 원리가 되었다.

④ **행동(작업)의 원리** : 어린이들의 가장 특색 있는 자기활동은 놀이와 작업이라는 모습으로 나타난다. 따라서 프뢰벨에 의하면 놀이와 작업은 가장 유력한 교육의 수단이다.

⑤ **사회화의 원리** : 인간은 사회적 동물이며, 교육은 사회활동의 한 과정이다.

### ⑸ 유아교육의 내용

① 프뢰벨의 유아교육 내용에는 종교, 자연과 수학, 언어와 예술, 놀이와 게임 등이 있다.

② 교육내용은 활동충동에 의한 놀이와 유희에 그 핵심이 있다. 그는『어머니의 노래와 사랑의 노래』에서 놀이는 유아 발달의 최고 단계이며, 놀이는 유아의 내적인 것을 자유롭게 표현하는 것, 즉 신성을 표현하는 것이라고 하였다.

③ 유아가 은물을 통하여 놀이함으로써 손발과 손가락 등의 발달이 이루어지고, 어머니는 유아에게 신뢰감을 심어주고 자신감을 자라게 한다.

④ 유아가 집단적으로 실시하는 유희는 원의 형태를 이루고 있으므로, 유아는 원을 통하여 질서와 법칙에 대하여 인식하게 되고, 전체 중 한 사람으로서 자신을 인식하여 통일감과 사회성을 기르며, 질서와 규칙을 인식하게 된다.

> 🔖 『**어머니의 노래와 사랑의 노래**』
>
> 프뢰벨은 참다운 인간교육을 위한 유아교육의 방법을 담은『어머니의 노래와 사랑의 노래』를 출간하였다. 이 책은 그가 설립한 유치원의 교육적인 의도를 달성하고자 어머니와 유아를 위하여 집필되었다.

### ⑹ 유아교육의 방법

① 프뢰벨은 유아의 자발적인 학습을 가능하게 하고 유아의 창의성을 기르기 위하여 은물과 노작활동을 고안해내었다. 이 은물과 노작의 기본 원리는 유아의 자발적 활동에 기초한 직관교육방법이 된다.

② 그는 은물과 노작으로 우주만물 속에 내재해 있는 신의 형태를 표현하였으며, 유아는 은물을 가지고 놀이하거나 노작활동을 하면서 신과 인간, 사물의 본질을 인식한다고 하였다.

③ 프뢰벨의 유아교육 방법은 자기활동의 원리, 놀이의 원리, 노작의 원리, 사회의 원리로 정리할 수 있다.

### (7) 은물과 노작(작업)

① 프뢰벨에게 있어서 놀이와 작업은 유아의 신성을 표현하는 순수한 활동이다.

② 유아는 은물을 통하여 놀이와 작업하는 가운데서 자기표현과 자기활동을 하게 되며, 자기활동이 보장되는 환경에서 신성을 표현하는 행복을 맛본다. 프뢰벨의 교육은 은물을 통한 자기활동과 자기창조의 교육원리로 설명된다.

③ 은물과 작업은 단순히 어린이의 신체를 육성하고 강화하는 것뿐만 아니라 심정의 발전과 정신의 도야, 내적 감각의 각성을 촉진하는 것이다.

> **Tip 프뢰벨의 은물**
>
> 은물은 유아가 놀이와 작업을 하도록 프뢰벨이 제작한 교구로서 '신으로부터 받은 선물'이라는 뜻이며, 은물놀이를 통해 유아는 비교, 측정, 분석 등의 정신능력을 계발한다.

### ● 프뢰벨 은물의 구성

| 구분 | | 내용 |
|---|---|---|
| 제1은물 | | 빨강, 주황, 노랑, 초록, 파랑, 보라 색 털실 공(직경 6cm) 6개 |
| 제2은물 | | 나무로 만든 구(직경 6cm) 1개, 한 변의 길이가 6cm인 정육면체 2개, 지름이 6cm인 원기둥 1개, 기둥 2개, 들보 1개, 가는 막대 1개, 고리 3개 |
| 제3은물 | | 한 변의 길이가 3cm인 나무로 만든 정육면체 8개 |
| 제4은물 | 입체 | 나무로 만든 직육면체 8개(3×6×1.5cm) |
| 제5은물 | | 한 변의 길이가 3cm인 나무로 만든 정육면체 21개, 작은 정육면체를 대각선으로 한 번 자른 큰 삼각기둥 6개, 작은 정육면체를 대각선으로 두 번 자른 작은 삼각기둥 12개 |
| 제6은물 | | 나무로 만든 직육면체 18개(3×6×1.5cm), 직육면체 3개를 길게 한 번 자른 기둥 6개, 직육면체 3개를 짧게 한 번 자른 받침 12개 |
| 제7은물 | 면 | 플라스틱으로 만든 8가지 색의 7종류의 도형(3cm)<br>• **도형** : 정사각형, 직각이등변삼각형, 정삼각형, 직각부등변삼각형, 둔각이등변삼각형, 원, 반원<br>• **색** : 빨강, 노랑, 파랑, 주황, 초록, 보라, 검정, 하양 |
| 제8은물 | | 플라스틱으로 만든 5가지 길이의 막대(3cm, 6cm, 9cm, 12cm, 15cm) |
| 제9은물 | 선 | 금속으로 만든 3가지 크기의 고리(3cm, 4.5cm, 6cm), 고리를 반으로 자른 3가지 크기의 반 고리 |
| 제10은물 | 점 | 지름 1cm, 높이 5mm인 원기둥 모양의 나무 조각 |

**→ 프뢰벨 작업**

| 구분 | | 내용 |
|---|---|---|
| 점 | 제1작업 | 구멍 뚫기(perforating) |
| 선 | 제2작업 | 바느질하기(sewing-out) |
| | 제3작업 | 그리기(drawing) |
| 면 | 제4작업 | 색칠하기(coloring and painting) |
| | 제5작업 | 종이 말이 잇기(paper-interlacing) |
| | 제6작업 | 매트 짜기(mat-weaving) |
| | 제7작업 | 종이접기(paper-folding) |
| | 제8작업 | 오리기, 찢어 붙이기, 음영그림 만들기(paper-cutting and mounting, free-cutting, silhouetting) |
| 형체 | 제9작업 | 콩으로 만들기(pea-working) |
| | 제10작업 | 상자 만들기(cardboard-modeling) |
| | 제11작업 | 찰흙놀이(modeling in clay) |

### (8) 가정교육

프뢰벨은 유아의 신성을 발현하도록 돕는 환경으로서 가정과 부모교육의 중요성에 대하여 언급하고 있다. 가정은 권위와 사랑과 생명을 내포하고 있는 '신이 내린 동산'이라고 하였다. 프뢰벨은 부모교육이 유아교육에 직접적으로 미치는 영향에 대하여 강조하고 부모교육에 대하여 다음과 같이 언급하였다.

① 사회의 가장 축소된 단위인 가정에서 유아의 모든 발달의 기초가 형성된다.

② 유아기의 가정생활에서 인간발달과 인간형성이 완성된다.

③ 유아기부터 인류의 일원으로 인식되고 승인되고 보육되어야 한다.

④ 부모가 유아교육의 책임을 다하는 것은 신의 뜻에 순종하는 것이다.

⑤ 부모는 자연이 조화로운 것처럼 자신의 자녀가 조화롭게 발달하도록 돕는다.

⑥ 유아가 하는 질문은 그의 활동충동이 외부로 표출된 것이므로 유아의 질문에 대하여 성심껏 대답해 준다.

⑦ 유아가 사물에 대하여 잘 생각하고 이해하도록 격려한다.

⑧ 유아를 하나의 인격체로 존중하고 칭찬과 사랑으로 격려한다.

⑨ 유아의 내부에 내재된 소질과 능력을 잘 발달시키도록 돕는다.

⑩ 유아기의 교육이 인간 최고의 과업이다.

### (9) 유아교육적 의의

① 유아교육에 있어서 자기표현과 자기활동의 원리를 적용하여 아동활동 중심의 현대 진보주의 교육사상이 발전하는 데 크게 공헌하였다.

② 유아교육에서 놀이와 유희의 교육적인 가치를 인정하여 현대 유아교육의 중심 내용이 되게 하였으며, 유아의 놀이교구인 은물을 제작하여 창의성과 통일성, 협동심을 발달시키고자 하였다.

③ 가정교육의 중요성을 인정하고 유아교육을 가정교육의 연장으로 보았다.

④ 프뢰벨의 유치원 : 킨더가르텐(Kindergarten)은 유아교육과정과 훈련받은 교사에 의해 교육이 이루어진 최초의 유아교육기관이라는 중요성이 있다.

---

## 03 20세기의 유아교육

### 1. 맥밀란 자매(Margaret McMillan, 1860~1931; Rachel McMillan, 1859~1917)

**🕐 들어가며**

마거릿은 1894년에 브래드퍼드 교육위원회의 유일한 여성 위원으로 선출되어 학교를 방문할 기회를 자주 갖게 되었다. 이때 많은 어린이가 굶주리거나, 더럽거나, 병든 상태로 등교하고 있는 딱한 실상을 알게 되었고, 이 어린이들의 기본적 권리를 되찾아 주기로 결심했다. 초등학교의 반일제 수업을 반대하고, 초등학교에서 빈민 아동을 위한 의료·치아 검사를 실시, 급식 및 학교 목욕탕 설치 등을 주장하는 한편, 공장에서 일하는 어린 노동자들을 학교로 돌려보내기 운동을 펼침으로써 아동 복지 향상에 크게 공헌했다.
마거릿은 자신의 교육이론이 프랑스의 의사·심리학자이며 지적장애아동교육의 선각자이기도 한 세갱(Séguin)의 영향을 받은 것이며, 유아원의 교육철학은 기독교 정신에 입각한 프뢰벨의 교육철학과 매우 유사하다고 밝혔다.

#### (1) 배경

맥밀란 자매는 영국에서 1911년 최초로 유아원을 창설하였다.

#### (2) 교육의 강조점

① 마거릿은 건강한 신체는 교육을 하는 데 필수적이므로 건강교육과 사회복지는 학교교육의 중요한 요소가 되어야 하고, 학교는 기본적인 위생 습관을 형성시켜 주어야 한다고 주장했다.

② 마거릿은 감각 훈련을 학습 과정의 매우 중요한 것으로 보고, 특히 어린이들이 자연환경 속에서 직접적으로 감각 훈련을 하게 했다.

③ 모든 어린이는 내부에서 자연스럽게 성장하는 상상력으로 그들의 타고난 잠재력을 발달시킬 수 있다고 보았다. 또한 상상력과 창의력은 다양한 분야의 직종에 잘 적응할 수 있게 도와준다고 보아 높은 가치를 두었으며, 몬테소리가 상상놀이나 동화를 금지한 것을 비판했다. 특히 감각적 경험, 정서적 경험 및 심미적 경험은 창조적 상상을 촉진하므로 유아원의 교육과정에서 이러한 경험들을 제공해 주었다.

④ 따라서 유아원 설립 초기에는 빈곤한 가정의 어린이들이 주로 신체적 발달을 위해 필요한 실외 교육 환경을 경험하게 하는 데 역점을 두었으며, 점차 유아들이 자신의 감정과 느낌을 자연스럽게 표현할 수 있는 정서 발달 영역에도 큰 관심을 보였다. 그러나 어린이들의 자기표현은 어디까지나 사회에서 용납하는 범위에서 하도록 허용했다.

### (3) 부모교육 강조

① 부모교육은 유아원 교육의 주요 목표 중 하나이다. 마거릿은 학교와 가정이 공동의 가치를 공유하지 않는 한 교육의 지속적 효과를 얻을 수 없다고 보았다.

② 마거릿은 가정과 학교와 밀접한 관계를 맺게 하려고 가정 방문을 했고, 항상 교사와 부모와 어린이들의 교육 문제를 협의할 수 있도록 학교의 문을 개방하는 한편, 부모들에게 청결하게 목욕시키기, 세탁하기, 수유하기 등을 가르쳤다.

### (4) 교사교육 강조

① 마거릿은 교사를 교육의 성패에 가장 결정적인 요인으로 보았으며, 유아원 교육의 성공은 오로지 교사에게 달려 있다고 믿었다.

② 따라서 마거릿은 1919년에 독자적으로 빈민 지역 유아들을 위한 교사 양성 센터를 열었고, 1930년에는 맥밀란유아원 교사양성 대학을 설립하여 교사교육에 매진했다.

### (5) 영향

맥밀란 자매의 교육사상과 유아원에서 행한 교육실천의 예는 오늘날 빈곤계층 유아들을 위한 데이케어(Day Care)와 헤드 스타트(Head Start) 프로그램의 형성과 발전에 많은 영향을 미쳤다.

## 2. 듀이(John Dewey, 1859~1952)

 **들어가며**

듀이는 프래그머티즘(pragmatism)을 바탕으로 도구주의적 실용주의 교육학을 구성하고, 진보주의 교육사상을 체계화한 교육사상가이다. 그는 상대주의적 입장에서 진리란 고정된 영원불변하는 절대적인 가치체계가 아니라 '세상은 변화하며, 따라서 진리도 변화한다'라고 보았다. 또한 진리란 삶의 목적을 달성할 수 있게 해주는 수단이 되는 아이디어, 신념, 실제적인 과정이 되어야 한다고 하였다.

듀이는 고정되고 영원불변한 절대적 실재(absolute reality)를 비판하고, 지성은 경험과 사고의 도구라고 하였으며, 인간 삶에 있어 '변화'와 '성장', '경험'을 중시하였다. 또한 인간의 자발성과 자주성, 자유를 중심으로 한 인간 경험의 논리를 발전시켰다.

### (1) 인간관

① 인간은 고정된 존재가 아니라 변화하고 성장하는 존재이다.

② 인간에게 있어서 생득적인 요인보다 후천적인 환경과의 상호작용, 즉 경험을 강조한다.

③ 인간은 본래부터 악하거나 선하게 태어난 존재가 아니라 어떠한 것으로도 형성될 수 있는 가소성(plasticity)을 가진 존재이다.

### (2) 교육사상

① 듀이는 교육을 생활이라고 한다. 생활이란 사회생활을 통해서 인간이 자신을 형성하는 과정이다. 듀이는 생활의 준비로서의 교육이 아니라 생활 그 자체로서의 교육을 강조하였다. 즉 교육은 다가올 미래에 대한 준비가 아니라 현재 유아가 가지고 있는 흥미나 필요로 하는 것을 가르치는 행위라는 것이다.

> **PLUS+**
>
> **듀이가 말하는 '흥미'**
>
> 듀이가 말하는 흥미는 광범위한 의미를 지닌 개념으로, 노력과 의무와는 대비된다. 관심 있는 대상에게 갖는 흥미는 삶에서 필수적인 요소이며, 학습자는 흥미를 바탕으로 사람-사람, 사물-사물, 행위-결과 사이의 거리감을 좁힐 수 있다. 이런 점에서 흥미는 거리가 있는 두 현상을 서로 연결한다고 볼 수 있다.
>
> 듀이는 흥미를 다음과 같이 구분하였다.
> ① 대화와 의사소통의 흥미(interest in conversation or communication)
> ② 사물을 탐구하고 발견하는 흥미(interest in inquiry or finding out)
> ③ 사물을 제작하고 구성하는 흥미(interest in making or construction)
> ④ 예술적 경험의 흥미(interest in artistic experience)
>
> 듀이가 구분한 흥미는 일상생활을 영위하는 데 필요한 소통, 사물을 탐구하고 제작 및 구성하며 예술적 경험을 가지는 흥미 등 기본적인 것에서 고차원적인 것까지 모두 포함한다.

② 듀이는 교육을 성장이라고 한다. 성장이란 미래의 결과를 예견하여 경험을 축적하는 과정을 말한다. 듀이는 성장의 조건을 미성숙성(immaturity)이라고 하였다. 이는 부족이나 결핍이 아니라 성숙을 위한 잠재능력, 가소성, 가능성을 의미한다.

③ 듀이는 교육을 경험의 재구성이라고 정의한다. 교육은 경험의 과정이다. 이러한 경험은 계속성과 상호작용의 원리에 의해 이루어진다.

| 구분 | 내용 |
|---|---|
| 상호작용의<br>원리 | • "경험이란 언제나 개인과 그 당시 그의 환경을 구성하는 요소 사이에 일어나는 상호작용으로 말미암아 성립된다."(Dewey, 1938)<br>• 생활에 있어서 경험 주체인 유기체와 경험 객체인 환경이 서로 주고받는 작용을 함으로써 경험이 이루어짐을 의미한다. |
| 계속성의<br>원리 | • 경험은 어떤 것이든 계속되므로 과거, 현재, 미래로 분리하였지만 실제 삶에서는 단절된 것이 아니다.<br>• 듀이에게서의 경험은 계속성의 원리를 토대로 하고 있어 정지하지 않고 역동적으로 끊임없이 변화하는 것이다. |

결론적으로, 상호작용에 의해 개별적 경험이 이루어지며, 이를 통해 얻게 되는 새로운 사실과 관념은 또 새로운 문제를 제시하여 후속 경험의 기반이 되고, 이러한 과정을 통하여 경험은 계속 성장한다는 것이다.

### (3) 교육목적

① 듀이는 교육을 성장으로 이해하고 교육의 목적 역시 성장 외에 따로 있을 수 없다고 한다.

② 듀이가 의미하는 성장은 경험의 성장이며 교육은 경험을 재구성하고 재조직하는 과정이다. 성장은 개인과 환경과의 상호작용을 통해 스스로를 변화시켜가는 과정이며, 유아가 환경을 통해 스스로 갱신해가는 과정이다. 성장은 우리가 유아에게 무엇인가를 해주는 것이 아니라 유아가 스스로 하는 것이다.

③ 듀이는 교육의 목적을 유아 스스로가 자발적으로 결정하는 경험에 둔다.

④ 교육은 능동성을 지닌 유아 스스로가 경험의 성장을 계속할 수 있도록 하여야 하며 학습의 목적은 성장능력이 계속 증대하는 데 있다.

⑤ 듀이의 교육목적은 전통적 교육에서와 같이 유아생활의 외부에서 설정되는 것이 아니라, 유아 경험의 성장 그 자체에 두어야 한다. 그리고 학교교육의 목적은 유아에게 성장하는 힘을 조직적으로 길러 줌으로써 계속 성장해 나갈 수 있도록 돕는 것이다.

### (4) 교육내용

① 교육의 내용은 생활과 일치한다. 일상생활과 교육내용은 연속적인 관계를 지니며 교육과정은 계속적인 경험의 재구성을 말한다.

② 전통교육에서는 지식 자체의 본질적인 가치를 중시하여 이를 학습자에게 선별하여 전수하여야 한다고 본다.

③ 하지만 듀이의 교육내용은 지식 그 자체가 본질적 가치를 지닌 것이 아니라 계속적인 경험의 반성적 과정 속에서 경험되고 변화하는 성장 과정인 것이다.

④ 교육내용은 유아의 현재 삶의 성장과정 속에서 유용하게 사용될 때에만 가치를 가지게 된다. 과거의 진리인 문화유산을 배운다는 것은 과거의 문화유산에 대한 사실을 습득하는 것이 아니라, 그러한 문화유산이 탄생하게 된 '과정을 이해하고 경험하는 것'을 말한다.

## (5) 교육방법

① 듀이는 교육의 내용과 방법이 별개의 것이라는 이원론을 거부한다. 교육방법은 교육 내용에 관한 것이며 내용을 효과적으로 다룬 것이기 때문에 방법이 교육내용으로부터 유리되어 있다는 생각은 잘못된 것이다.

② 듀이는 반성적 사고가 일반적인 교육방법이라고 보았다. 듀이는 이러한 반성적 경험을 통한 교수방법을 다음과 같이 제시하였다.

> 첫째, 유아가 경험에 직면해서 그 활동 자체에 관심과 흥미를 가지는 단계이다.
> 둘째, 이러한 활동 안에서 사고를 일으키는 실제적인 문제가 발생하는 단계이다.
> 셋째, 유아가 그 문제를 다루는 데 필요한 정보를 가지고 관찰하는 단계이다.
> 넷째, 문제해결의 방법이 떠오르고 유아는 그 방안을 체계적으로 정립해 나가는 단계이다.
> 다섯째, 유아가 아이디어를 실제로 적용하여 그 아이디어의 의미를 분명히 하고 타당성을 스스로 확인하고 평가하는 단계이다.

③ 이러한 문제해결의 5단계 속에서 유아는 경험의 과정에 직면하고 스스로의 방법으로 문제를 효과적으로 해결해 나간다.

④ 듀이는 유아라 하더라도 사물을 가지고 행동할 뿐만 아니라 다른 사람과 교류하고 의사소통을 통해 정보적 지식도 갖기 때문에 반성적 사고작용이 유아에게서도 일어날 수 있다고 하였다.

### PLUS⁺

**듀이의 실험학교**

1. 듀이의 교육방법은 그가 세운 시카고 대학 부설 실험학교에서 실천되었다.
2. 실험학교는 교육을 통해 인류의 문명화된 경험 발생에 따른 사회문화적 수준과 아동의 성장 발달에 따른 개인적 수준을 모두 성취할 수 있어야 한다는 교육신념으로 운영되었다.
3. 이러한 사회와 개인의 통합에의 요구는 아동으로 하여금 자신을 표현할 수 있는 능력을 갖도록 하는 것이며, 사회적 목적을 실현하도록 하는 것이다.
4. 학교에서 요리·재봉·목공·도구 사용 등 간단한 구성활동을 하고 읽기·쓰기·수학 등의 교과는 자연스럽게 이들 행위에 연결된다.
5. 듀이가 목공, 요리, 정원 일, 뜨개질, 금속공예 같은 수공예 활동을 교육내용으로 강조하는 까닭은 그러한 활동이 갖는 사회적 가치 때문이다. 수공예 활동의 교과 가치는 지적 교과를 배우는 부담을 완화시키기 때문이 아니라, 그 모든 과정 자체가 인간 사회생활의 일부분이기 때문이다.

## (6) 교사의 역할

듀이에 따르면 유아의 흥미를 존중하는 것이 교사의 1차적인 역할이다. 즉 교사는 유아의 다양한 개별적 흥미를 실현시킬 방법을 찾고자 노력해야 한다. 이때 직접 개입보다는 관찰이나 안내, 조력하는 역할이 필요하다.

① **관찰자의 역할** : 듀이는 유아의 현재 수준과 발달단계를 고려한 수준별 및 상황별 교육 과정을 운영해야 한다고 주장한다. 교사는 유아 각자의 상황을 고려하여 전인적 발달을 이끌 수 있도록 세심한 관찰을 해야 한다. 관찰을 하지 않고서는 유아의 현재 상태나 흥미가 무엇인지 알 수 없기 때문에 관찰은 교사의 중요한 역할이다.

② **유아와 세계를 연결하는 매개체** : 듀이의 관점에서 유아는 새로운 세계와 직면하여 끊임없이 질문을 던지고 대답을 찾는 능동적인 탐구자이다. 따라서 교사는 유아가 직면하는 대상과 사건을 유아의 인지구조와 연결하여 새로운 사고를 이끌어 내는 매개체 역할을 담당해야 한다. 교사는 유아의 과거와 현재, 경험과 지식, 교육이론과 실제를 연결하고 그 의미를 찾는 연결고리가 되어야 한다.

③ **조력자 및 안내자의 역할** : 교사는 학습자가 새롭고 바람직한 경험에 접근할 수 있도록 도와야 한다. 학습자인 유아가 직면할 새로운 상황과 그 상황에서 구성되는 새로운 경험을 예측하는 것이 교사에게 필요하며, 이를 통해 유아 스스로 경험을 재구성할 수 있도록 도와주고 안내하는 역할을 담당해야 한다.

④ **평가자의 역할** : 교사가 실시하는 평가는 '유아에게 능동적인 활동을 초래했는가?', '유아가 새로운 경험에 직면하여 흥미와 적극적 요구를 개진했는가?' 등과 같은 질문으로 이루어진다. 교사의 모든 활동은 유아가 자발적으로 흥미를 표현하고 그 흥미를 동력으로 새로운 사물과 사건, 상황과 상호작용하여 자신의 세계를 재구성하는 것에 도움을 주는지의 여부에 의해 그 가치를 인정받을 수 있다.

## (7) 유아교육적 의의

① 교육목적은 유아의 현재 경험을 바탕으로 상황에 따라 역동적으로 설정되어야 하며, 유아가 그 결과를 예견할 수 있는 것이어야 한다.

② 유아에게는 자신의 목적을 세우고 실현할 수 있는 자유가 보장되어야 하며, 자아표현의 기회도 충분히 주어져야 한다.

③ 유아에게 교육활동을 통해서 반성적으로 사고하는 태도를 길러 주어야 한다. 유아의 놀이와 활동은 사회적 성격의 교과를 담고 있어야 하며, 반성적 사고를 통해 그러한 교과를 탐구함으로써 사회적 통찰력을 기를 수 있다.

**놀이에 대한 듀이의 입장**

놀이와 활동은 성장, 경험, 반성적 사고의 출발점이다. 경험을 통한 유아의 자아 표현과 계속적인 흥미의 가장 구체적 단서인 유아의 놀이에 대하여 듀이는 다음과 같이 말하였다.

> "놀이에도 목적이 있다. 그리고 그 목적은 다음에 따라오는 행동에 의미와 방향을 부여하는 아이디어의 형태를 띤다. 놀이를 하는 사람은 그냥 아무것이나 신체적 동작만을 하는 것이 아니다. 그 사람은 무엇인가를 이룩하려고 하는데, 여기에는 미래를 예견하고 그 예견에 따라 현재의 반응을 조정하려는 태도가 반드시 들어 있다. 진실로 놀이를 하는 유아들의 모습을 지켜본 사람이라면 놀이에 유아들이 얼마나 심각하게 몰두해 있는가를 알 것이다."(Dewey, 1916 : 211-212)

🔊 듀이는 아동의 실제생활과 밀접한 경험을 교육과정으로 제공해야 한다고 보았으므로 프뢰벨 교육과정의 핵심요소에 해당하는 상징성, 놀이, 통합, 모방보다는 경험을 아동의 발달과 흥미에 맞게 재구성한 유아교육과정을 제안하고 있다. 따라서 프뢰벨 유치원처럼 교사의 행동을 모방하거나 지시대로 움직이는 활동은 놀이가 아니라고 주장한다.

④ 유아교사는 유아와 경험의 동반자로서 유아가 교육적 경험을 할 수 있는 환경과 조건을 제공해 주어 유아가 스스로 성장할 수 있도록 조력하여야 한다.

⑤ 교육 그 자체가 가진 본질적 가치가 인정되어야 한다. 즉, 유아교육 자체는 상급학교 진학 준비도, 먼 미래를 준비시키는 것도 아닌 유아의 현재의 삶에서 교육적으로 가치 있는 경험을 할 수 있도록 하는 것이다.

### ⊙ 전통적 교육관과 듀이의 교육관

| 구분 | 전통적 교육관 | 듀이의 교육관 |
|------|--------------|--------------|
| 교육목적 | 지식의 습득 | 성장(경험의 재구성) |
| 교육내용 | 교과, 고전 | 흥미, 필요, 활동, 경험 |
| 교육방법 | 강의, 정신 훈련 | 개별적 체험활동, 자기 주도적 학습, 협동학습 |
| 교사 역할 | 지식의 전달, 감독, 통제 | 활동의 보조, 안내 |
| 특징 | 지식의 체계적 전수를 통한 이성의 개발 | 유아의 자발적 활동을 장려하는 과정 중심의 교육과정 |
| 배경철학 | 관념론, 실재론 | 자연주의, 진화론 |
| 장점 | 학문의 계열성, 절대적 가치의 전달, 미래 생활의 준비 | 교육의 민주화, 아동중심교육 |
| 단점 | 보수적 교육관, 엘리트 교육관 | 지나친 자유의 허용, 절대적 가치의 경시 |

## 3. 몬테소리(Maria Montessori, 1870~1952)

### (1) 교육사상 및 아동관

① 몬테소리는 아동을 주변 환경으로부터 꾸준히 정보를 수집하며 독자적으로 탐색하고 학습하는 존재라고 간주한다.

② 유아를 선천적으로 자신의 잠재능력을 스스로 전개해 나갈 수 있는 존재로 본다. 유아는 과제를 수행할 때 놀라운 집중력을 보이고, 자발적으로 자기를 훈련하여 현상을 배우며, 선택과 반복 및 질서를 좋아하고, 놀이보다 작업하는 것을 선호하여 조용히 활동하는 특성을 보인다고 하였다.

③ 외부환경에 수동적으로 반응해 나가는 것이 아니라 유아 자신이 스스로 접촉을 통해 학습해 나가는 능동적인 존재로 본다. 유아들은 준비된 환경 속에서 조용하게 자신의 일을 해 나간다.

④ 어린이의 자발적인 활동을 존중해야 하며, 교육은 아동의 활동을 간섭하기보다는 조장하는 일이며, 교사는 어린이의 정신을 존중하고 그의 활동을 관찰하고 도움을 제공하는 사람이다.

⑤ 몬테소리 교육에서 가장 강조하고 교육실천의 토대가 되는 것은 유아존중사상이다.

### (2) 교육목적

유아가 전인적 성장을 하도록 도와주고, 자신의 주변 환경에 적응할 수 있게 하며, 인간 관계 속에서 사회적 요구를 받아들이고, 더 나아가 '정상화(normalization)'를 꾀하는 것이다.

### (3) 교육이론의 주요 개념

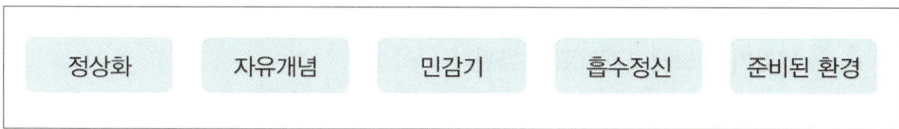

정상화　　자유개념　　민감기　　흡수정신　　준비된 환경

① 정상화

　㉠ 개념 : 유아의 육체적·정신적 에너지가 상호작용하여 내면적 안정을 갖춘 조화로운 상태를 말한다.

　㉡ 유아의 정상화는 민감기, 흡수정신, 내적 훈련뿐만 아니라 스스로 선택한 작업을 집중·반복하고 환경 속에 내재한 질서를 내면화하는 과정에서 이루어진다.

　㉢ 정상화의 열쇠는 정신이 어떤 대상에 대하여 집중할 때 생긴다.

　㉣ 대상인 구체적 사물에 아동이 정신을 집중할 수 있도록, 그리고 이 사물 자체가 어린이 정신에 질서를 주도록 잘 고안되고 체계적으로 정비되어야 한다.

② 자유개념

　㉠ 몬테소리의 자유개념은 어린이들의 자율성과 창의성 활동에 근거하고 있다.

　㉡ 개념 : 학문적이고 철학적인 자유개념이 아닌, 어린이들에게 자유와 교육적인 환경 사이에서 어떠한 일들이 일어나는가에 관심을 가진 자유개념이다.

　㉢ 그녀는 어린이들이 작업을 통해서 자유로운 상태가 이루어지지 않으면 자율성, 독립성, 창의성이 발달하지 못한다고 말한다.

　㉣ 인간은 자기 자신이 준비된 환경 속에서 자유로워지려는 욕구와 자신의 생명력에 필요한 모든 에너지를 필요로 한다.

　㉤ 자유로운 인간만이 자기 자신이 창조한 환경에 대해서 굴복하고, 자연과 인간에게 순종하고, 자신의 지배자가 되면서 인간존재의 가치를 가장 고차원적으로 끌어올리는 역할을 한다.

③ 민감기

　㉠ 개념 : 몬테소리는 유아가 특정 행동에 대해 감수성이 예민하여 쉽게 배울 수 있는 시기, 즉 민감기가 있다고 믿었다.

　㉡ 민감기가 있는 유아는 특별히 어떤 자극에 대해 수용적이어서 뚜렷한 이유 없이 어떤 행동을 계속 반복하는 데 강렬한 흥미를 가진다. 유아는 이러한 민감기를 통해 적극적으로 환경과 접촉하여 환경에 적응하게 된다.

　㉢ 민감기가 나타나는 연령은 주로 0~6세 사이인데, 유아가 자신의 환경을 받아들일 수 있고 그 환경에서 획득한 것을 자기 자신의 내부에 연결시킬 수 있는 것은 바로 이런 특정한 민감기가 있기 때문이다.

　㉣ 그러므로 교사가 각 유아의 민감기 특성을 잘 관찰하여 최적의 발달이 이루어질 수 있도록 도와주는 것이 아주 중요하다. 이와 같은 발달특성들은 각각 분리되어 있는 것처럼 보이지만 점차 통합되어 발달하게 된다.

　㉤ 민감기는 크게 5가지로 분류된다.

---

첫째, 제1기인 질서에 대한 민감성은 질서에 대한 감각이다. 1~2세까지 지속되는 질서에 대한 민감성은 사물이 있어야 할 곳에 없으면 짜증을 내며, 할 수 있으면 제자리에 그 물건을 갖다 놓는 현상이자 질서에 대한 요구이다.

둘째, 제2기인 오관에 대한 민감성은 2개월~2세에 나타난다. 손과 혀를 사용하여 환경을 탐구하려는 현상이며, 이를 바탕으로 언어발달이 이루어진다.

셋째, 제3기는 걷기에 대한 민감성으로 18개월에서 3세에 나타난다. 유아는 걷게 되면서 독립된 존재로 세상에 나아간다. 또한 자기 힘을 발달시켜 성장한다.

넷째, 제4기는 세부사항에 대한 민감성 시기이다. 이 시기에는 작은 사물에 대한 흥미를 가지는데 흔히 2세에서 3세 사이에 나타난다.

다섯째, 제5기는 사회생활에 대한 민감성의 시기이다. 2세 반에서 6세에 나타나는데 사회생활에 관심과 공동의식을 갖고 타인의 권리를 이해하는 등의 현상을 보인다.

---

④ 흡수정신

ⓐ 개념 : 몬테소리는 유아의 정신을 흡수정신으로 정의한다. 흡수정신(absorbent mind)은 유아의 내부에 존재하는 자발적인 정신이자 환경으로부터 스스로 배우는 정신이며 무의식적이고 자발적으로 자신도 모르는 사이에 환경으로부터 많은 인상을 받아들여 직접 경험하고자 하는 유아의 특성이다(연세대학교 교육철학연구회 편, 2002.).

ⓑ 흡수정신은 자발적 노력에 의해 설정되는 것이 아니라 민감기의 단계에 따라 형성되는 것이다.

ⓒ 흡수정신의 발달은 무의식적인 단계와 의식적인 단계로 구분되며 6세까지 지속된다.

ⓓ 무의식적 단계는 생후 3년까지로 보며 보기, 듣기, 맛보기, 냄새 맡기, 만지기 등을 위한 감각이 발달하게 된다.

ⓔ 의식적 단계는 3세에서 6세까지로서, 유아는 계획적으로 환경과 상호작용을 하며 좋아하는 것을 직접적으로 경험하고자 하는 의지가 강하게 나타난다.

⑤ 준비된 환경

ⓐ 개념 : 유아의 올바른 성장과 발달을 이끌기 위한 자극을 줄 수 있는 교육적 환경, 즉 유아의 자기형성의 욕구를 충족시켜 주며, 그의 인격과 성장패턴을 노출시켜 주기 위해 계획된 환경이다.

ⓑ 몬테소리는 "인간은 결코 타인에 의해 교육되지 않는다. 스스로 그 자신을 교육해야만 한다. 그렇지 않으면 결코 교육은 이루어지지 않는다."라고 말하고 있다.

**PLUS+**

1. **몬테소리의 자동교육**
   자동교육은 준비된 환경 속에서 유아가 스스로 선택한 교구를 가지고 능동적으로 활동을 할 때 학습이 자연히 이루어지는 것을 말한다. 몬테소리가 주장한 자동교육은 유아의 인간성 발굴을 중심으로 한 유아에 대한 존중, 그리고 자유에 바탕을 둔 유아의 자발적인 활동에 중점을 두고 있다.

2. **자기활동 원리**
   자기활동 원리는 유아가 능동적 학습자임을 강조한다. 몬테소리에 의하면 유아는 내면의 에너지로 스스로 학습하는 존재이고 스스로 학습 환경으로 들어가는 존재이다. 그러므로 유아는 능동적인 존재이며 준비된 환경 속에서 자기수정적인 특징을 지닌 교구와의 상호 작용을 통해 스스로 오류를 수정하면서 성장하고 발전해 나간다.

## (4) 교육내용

① 몬테소리 교구

ⓐ 몬테소리 교육의 준비된 환경에서 중심에 놓인 것은 바로 교구이다.

ⓑ 몬테소리 교구는 유아기의 민감기와 정신 발달 단계에 맞도록 고안되었고, 교구를 통해 스스로 반복하고 집중하여 정상화에 이를 수 있도록 고안되었으며, 어린이들의 자발적인 참여를 강조하였다.

ⓒ 몬테소리 교구는 거의 대부분 어린이가 교사나 또래의 도움 없이도 교구와의 상호 작용을 통해 스스로 과제의 성공과 실패를 확인하도록 되어 있어 자동교육이 가능하다.

ⓔ 몬테소리 교구는 사용법이 엄격하게 규정되어 있어 정해진 방법 외에는 허용되지 않는다.

② 교육내용

㉠ 일상생활 훈련

- 일상생활 훈련은 모든 영역의 전 단계과정에 위치하며, 실제 연습을 통해 이루어진다.
- 일상생활 연습은 일상생활에 필요한 기본적인, 개인적 또는 사회적인 기술의 발달에 중점을 둔다.
- 일상생활 연습의 교구들은 일상생활에 실제로 사용되는 것으로 모형이 아닌 실물이어야 하고, 어린이의 신체적인 균형을 고려한 높이, 무게, 길이, 크기이어야 하며, 작업을 해보고 싶다는 충동이 저절로 들 만큼 색상, 모양, 재질 등이 아름다워야 한다.

| 구분 | 내용 |
|---|---|
| 기본 동작 익히기 | • 걷기, 서기, 앉기, 나르기, 접기 등이 있으며, 더욱 진보된 동작으로는 선 따라 걷기와 정숙하기가 있다.<br>• 매일의 일상생활에서 이루어져야 하며 어린이들은 이를 통해서 자신의 통제력, 자제력 등을 기를 수 있다. |
| 자기 자신 가꾸기 | • 자기의 일을 스스로 할 수 있도록 배려한 활동들로 자신을 보살피고, 결국에는 환경에 적응할 수 있는 능력을 갖추게 된다.<br>• 단추 잠그기, 손 씻기, 옷 입기, 옷 걸기, 신발·양말 신기와 벗기, 이 닦기, 코 닦기, 거울 보기, 머리 빗기, 구두 닦기 등과 같은 활동이 있다. |
| 환경 가꾸기 | • 자신이 놓인 환경들과 관계를 가지면서 그것을 관리하고 적응해 나갈 수 있도록 작업내용을 배열하고 있다.<br>• 환경을 미화하는 책상 닦기, 화분 관리하기, 금속 광내기, 먼지 털기, 비로 쓸기, 물건 운반하기, 상 차리기, 동물 기르기, 다림질하기, 물 따르기, 냅킨 접기 등과 같은 활동을 말한다.<br>• 어린이들은 활동에 포함된 나무, 꽃, 금속 등과 같은 것에 흥미를 가지고 있기 때문에 가능한 한 교구들은 일상생활에서 흔하게 사용되는 자연적인 것을 포함시키는 것이 좋다. |
| 대인관계 형성하기 | • 사회생활을 원만하게 하기 위한 규칙이나 예의범절을 익혀 조화롭고 원만한 사회관계를 형성할 수 있도록 돕는다.<br>• 인사하기, 감사와 사과하기, 축하하기, 위험한 물건 주고받기, 손님 접대하기, 간식준비 및 예절, 타인의 작업을 보는 태도 등이 있다. |

ⓛ 감각교육
- 유아의 지식은 감각경험을 통해 흡수되고 인지적·추상적인 개념이 형성된다.
- 특히, 3~6세에는 감각발달이 매우 민감하게 나타나므로 이 시기의 감각훈련은 매우 중요하다. 감각을 예민하게 훈련하면 인지능력을 기를 수 있다.
- 감각교구는 시각, 촉각, 청각, 미각, 후각 등 오감의 발달에 도움을 주도록 고안되어 있으며, 감각교구를 통한 감각교육은 수학교육과 언어교육의 확장에 도움이 되도록 고안되어 있다.

| 구분 | 내용 |
|------|------|
| 시각교육 | 물건의 크기나 색, 형태를 변별하는 시각을 교육한다.<br>• **종류** : 꼭지원기둥, 분홍 탑, 갈색 계단, 빨간 막대, 색 원기둥<br>• **색** : 색판 1, 2, 3 : 색의 종류, 색의 명암(명도차)<br>• **형태** : 기하도형서랍, 기하입체, 구성삼각형 |
| 촉각교육 | 물체를 손으로 만지는 것에 의해서 지각할 수 있는 촉각, 온도감, 실체 인식 감각이나 손으로 떠받치거나, 들어 올리는 것에 의해서 지각할 수 있는 중량감을 교육한다.<br>• **촉각** : 촉각 판(물체 표면의 거칠음 - 매끄러움)<br>• **옷감 짝 맞추기** : 천의 종류와 감촉(손으로 만져지는 감촉)<br>• **온도감** : 온도 감각 병(뜨겁다 - 따뜻하다 - 미지근하다 - 차다)<br>• **온도 감각판** : 물체 자체가 가지고 있는 온도<br>• **중량감** : 무게 구별 판(무겁다 - 가볍다)<br>• **입체 식별** : 곡물 분류하기, 비밀주머니, 기하입체 바구니 |
| 청각교육 | 음의 강약, 고저를 구별하는 것으로 일상생활 안에서 여러 가지 음이나 악기음을 들어서 구별하는 연습을 한다.<br>• **소리상자** : 소리의 강약<br>• **음감 벨** : 음의 고저 |
| 미각교육 | 혀로 느끼는 미각을 교육한다.<br>• **미각 병** : 기본적인 맛의 종류(달다 - 맵다 - 시다 - 쓰다) |
| 후각교육 | 코로 느끼는 후각을 교육한다.<br>• **후각 병** : 여러 가지 구체물의 냄새 |

ⓒ 수학교육
- 수학교육의 목적은 유아들에게 지적 발달을 자극하기 위하여 경험적 기회를 제공함으로써 논리적인 사고와 가능성을 기르는 데 있다.
- 몬테소리 수학교육은 감각교육의 기초가 된다는 특성이 있다. 수량과 숫자와 수사의 3가지 관계를 중요시하며 작은 수에서 큰 수로 진행되도록 한다. 숫자는 아라비아 숫자를 쓴다. 0의 개념과 10진법 및 연산을 중요시한다. 10진법을 중심으로 기억을 필요로 하는 사칙계산으로 전개된다.

- 몬테소리 수학교구는 작업들이 구체적인 경험의 것에서부터 추상적인 것으로 이루어지도록 체계적으로 준비되며 구성체계는 수에 대한 개념 소개, 10진법 Ⅰ, Ⅱ, 연속 수, 가감승제, 암산, 평형과 입방, 분수, 기하학 도형, 시계가 있다.

② 언어교육
- 언어의 민감기에 있는 유아들에게 듣기, 말하기, 쓰기, 읽기 등 4가지 영역의 기초능력을 길러 주는 데 그 목적이 있다.
- 언어교육은 음성언어(듣기, 말하기)의 발달을 기초로 하며, 문자언어(쓰기, 읽기)는 쓰기가 읽기의 발달보다 선행한다고 본다. 이는 쓰기의 민감기가 읽기의 민감기보다 약 6개월 정도 먼저 온다는 몬테소리 이론에 근거한 것이다.

⑩ 문화교육
- 몬테소리 문화교육은 기본적으로 삶을 위한 교육이며, 인간에 관한 모든 양상, 문화, 예술 등이 들어 있다.
- 문화교육의 목적은 우주적 세계관의 전개로서, 이 우주는 서로 연결되어 있으며 상호 의존성을 가지고 있고 그 사이에서 인간이 가진 의식으로 우주적인 과업을 인식하여 책임감을 가지고 우주 전체의 일에서 의식적인 협력자가 되어 주기를 요구하는 데 있다.
- 몬테소리는 문화교육의 교구를 통해 아이들이 세계 밖으로 접근할 수 있게 도와 주었는데, 이것은 단순지식의 축적이 아니라 삶의 중심 과정으로서 진화를 의미한다.

| 구분 | 내용 |
|---|---|
| 지리 | 땅/물/공기, 모래 지구의, 색채 지구의, 수형/지형, 대륙지도, 우리나라 지도, 세계지도 퍼즐, 세계 여러 나라 국기/우표/화폐/의상/음악, 방향 소개 |
| 역사 | 시간의 소개(여러 가지 시계 소개), 과거·현재·미래 관념 소개, 계절 소개, 달력 소개, 아동의 역사, 가족의 역사, 지구의 역사, 생일 소개, 진화론 소개(단세포 생물에서 인류), 태양계 소개, 물건의 발달(time line) |
| 과학(식물학, 동물학) | 생물과 무생물 구분, 식물과 동물 구분, 척추동물과 무척추동물 구분, 척추동물의 구분(진화 순서에 따라), 동물의 생태 연구, 식물의 생태 연구, 신체 각 부분의 명칭과 기능 알기 |
| 미술 | 명화 감상, 기본 색깔 혼합, 물감 칠하기(이젤 이용), 크레용, 종이 작업, 풀칠하기, 목공놀이 |
| 음악 | 피아노와 음표, 오선의 소개, 오선의 음표, 음표의 추상, 짝짓기 카드 |

(5) 교육방법
① 자동교육
㉠ 유아가 자신이 자유롭게 선택한 교구를 통하여 자신의 능력을 점차 개발해 나가는 것이다.

ⓒ 많은 교구는 유아 자신이 활동하며 잘못된 점을 스스로 고치도록, 즉 자기 수정이 가능하도록 되어 있다.

ⓒ 이것은 자유활동의 개념에 입각한 것이고 유아는 '교구와의 상호작용'을 통해 배우게 되면서 자신의 능력을 점차적으로 개발해 가는 것이다.

② 개별화 교육

㉠ 몬테소리는 유아를 '독립적 인격', '창조적 정신'을 가진 존재로 보고 유아마다 발달 속도에 차이가 있기 때문에 유아가 지닌 성장 가능성 및 준비성의 실현을 위해 집단 교육이 아닌 유아 개개인의 발달 단계에 맞춘 개별화 교육이 이루어져야 한다고 하였다.

㉡ 각 개인은 오직 자기 자신의 '내부의 교사'에 따라 활동할 뿐인데, 이것은 수동적이고 외적인 훈련보다는 유아의 능동적인 학습과 내적 훈련에 강조점을 두는 몬테소리 교육방법의 주요한 특징이다.

③ 혼합연령 집단수업 : 몬테소리는 유아가 전인적 인간으로 발달하기 위해서는 공동체 생활을 할 필요가 있다고 보고 2~6세까지의 연령을 혼합하여 학급을 편성하였다.

④ 3단계 교수법 : 몬테소리는 유아가 올바른 교구 사용을 통하여 내적 발달을 이룰 수 있도록 3단계 교수법을 제시하였는데, 유아는 이러한 3단계 교수법을 통해 자신의 생각을 일반화하는 능력을 갖추게 된다.

| 구분 | 내용 |
| --- | --- |
| 1단계 | 감각인식을 이름과 연합시키는 단계 |
| 2단계 | 이름과 대응하는 물체를 인식하는 단계 |
| 3단계 | 물체에 대응하는 이름을 기억하여 말하는 단계 |

## (6) 몬테소리 교사의 역할

| 구분 | 내용 |
| --- | --- |
| 관찰자 | • 어린이를 관찰한다는 것은 단순히 어린이의 모습과 정신적인 움직임을 파악함과 동시에 각각의 유아를 어떻게 돕고 또 어떻게 개입해야 하는지 등을 식별하는 것을 말한다.<br>• 교사는 교구 사용법에 대한 정확한 지식을 갖고 있어야 하고, 관찰자는 매일 유아가 어떤 교구를 선택하여 스스로 작업하는지 관찰해야 한다.<br>• 유아가 독립적으로 교구를 선택하여 작업할 때 어떤 부분을 힘들어하는지, 특별히 강조하고 수정해야 할 사항이 있는지, 다른 제시나 도움이 필요한지, 작업에 집중할 수 있는지 등을 관찰하여 도움을 준다. |
| 준비된 환경 제공자 | 몬테소리 교사는 유아 발달의 정도에 맞고 매력 있고 평화롭고 청결하며 질서 있고 현실과 유리된 것이나 환상의 것이 아닌 과학적이고 현실적인 학습을 유아들에게 제공해 주어야 한다. |

| | |
|---|---|
| 촉진자 | '촉진자'로서 교사의 역할은 유아에게 몬테소리 활동을 실제적으로 시범 보이는 데 있어서 3가지 책임을 지게 된다.<br>• 교구의 바른 제시방법과 교구의 순서를 이해하여 정확하고 일관성 있는 시범을 보여야 한다.<br>• 시범을 보인 후 유아의 호기심이 자극되었다면 교사는 도와주는 것을 억제하고 유아가 교구를 반복해서 탐색하도록 격려해야 하며 유아가 범한 오류를 직접적으로 정정하지 않아야 한다.<br>• 유아가 반복적으로 활동을 수행했을 때 교사는 유아가 자신이 학습한 것이 무엇인지를 깨닫도록 도와주어야 한다. |
| 보호자 | • 유아가 편안한 환경에서 독립적이고 능동적인 작업을 수행하기 위해 보호자로서 교사의 역할은 매우 중요하다.<br>• 교사는 환경이 유아에게 즐거움과 편안함을 주고 있는지 고려하고 유아 - 교구 - 질서와 연결시킬 수 있도록 모든 교구와 자료는 지정된 장소나 선반 위의 명확한 위치에 두도록 해야 한다. |

⑺ **유아교육적 의의**

① 어린이를 존중하는 몬테소리의 태도는 가장 높이 평가될 업적 중 하나이다.

② 또한 어린이를 자기교수적인 존재로 여겨서 어린이가 자발적인 활동을 통해 스스로 중요한 개념을 학습할 수 있다고 보았으며 유아교육 방법으로 자발성의 원리를 따르도록 하였다.

③ 유아교육은 유아들에게 적합한 환경을 마련하는 것에서 출발한다는 교육환경의 중요성을 강조하였다.

④ 몬테소리는 상상놀이나 동화를 금함으로써 사회, 정서 및 창의성 발달을 경시하고 인지적인 활동만 강조했다는 비판을 받지만, 교수 매체를 직접 개발함으로써 유아교육 역사상 가장 훌륭한 교육자 중 한 사람으로 평가받고 있다.

## 4. 니일(Alexander Sutherland Neill, 1883~1973)

 **들어가며**

니일은 1883년 스코틀랜드 에든버러시 북부의 포파에서 태어났다. 1924년 니일은 영국 도어셋의 라임 레지스에서 서머힐(Summerhill)을 설립하였으며, 그의 교육사상은 서머힐에서 행해진 장기간의 교육실천을 통하여 형성되었다. 니일의 주요 저서로는 『문제 아동(The Problem Child, 1926)』, 『문제 부모(The Problem Parent, 1932)』, 『문제 교사(The Problem Teacher, 1939)』, 『문제 가족(The Problem Family, 1949)』, 『자유로운 아동(The Free Child, 1953)』, 『서머힐 (Summerhill : A Radical Approach to Child Rearing, 1960)』, 『방종이 아닌 자유(Freedom, Not License!, 1966』, 『아동의 권리(Children's Rights : Toward the Liberation of the Child, 1971)』 등이 있다.

### (1) 교육목적

① 교육은 '삶을 위한 준비'가 아니라 '삶 그 자체'라고 하고 삶의 목표를 행복에 두고 있다. 행복은 교육이 추구해야 할 본질적 가치이며 안락감, 균형감, 삶에 만족하는 내면적인 느낌이다. 이러한 느낌은 인간이 자유롭고 어떤 틀에 매어있지 않다고 느낄 때에만 일어날 수 있다.

② 니일이 삶과 교육의 목표로서 추구한 행복은 자율적이고 균형 잡힌 인성에 내재하는 것으로 행복을 추구하는 교육은 바람직한 인성 발달을 그 본질로 한다. 니일이 추구한 인성의 발달은 유아가 사랑과 인정 속에서 자유를 경험하면서 형성되는 자기성장의 과정이다.

### (2) 교육내용

① 서머힐 학교의 교육과정은 학생 모두가 성취할 것을 기대하는 보편적 수준과 학생 각자의 자율적인 선택에 의해 학습내용을 만들어가는 개별적 수준의 두 차원으로 나누어진다.

② 먼저 보편적 수준에서의 교육은 사회성과 도덕적 자율성의 발달이다.

③ 개별적인 수준의 교육은 서머힐의 수업시간에 행해진 여러 교과학습으로 이루어져 있다. 서머힐 학생들은 학습하고자 하는 교과목만을 선택하여 자신의 관심 분야를 기초적인 수준에서 심화된 수준까지 학습할 수 있다.

④ 서머힐의 학생들은 자율적인 학습을 통해 각자가 원하는 학습내용을 개별적으로 학습할 수 있다.

### (3) 교육방법

니일은 교육방법에서 유아의 흥미를 중요시하였는데, 니일은 유아를 흥미 속에서 사는 존재로 파악하였다. 내적 흥미에 기초하여 자율적으로 학습하는 유아들에게 교육방법은 지극히 작은 의미만을 가질 뿐, 학습을 주도하는 주요 동인이 될 수 없다. 따라서 니일의 서머힐 학교의 수업시간에는 일반학교가 교수·학습의 효율성 제고를 위해 사용하는 다양한 교육방법들이 필요하지 않았다.

### (4) 유아교육적 의의

① 니일은 유아를 선한 존재로 보고 있으며, 유아의 자유를 중요시하였다.

② 니일의 사랑에 대한 관점은 부모와 교사에게 많은 의미를 부여한다. 니일의 사랑은 유아의 편에 서 있는 것, 유아를 있는 그대로 인정해 주는 것이다.

③ 놀이에 대한 정서적·치유적 관점은 유아교육적 의의가 있다. 니일은 놀이에는 도구적 가치뿐만 아니라 유아의 자유로운 본성이 추구하는 통합적 관점과 본성을 회복하는 치유적 관점이 있다고 보았다.

④ 니일은 유아교육의 목표를 유아의 행복한 삶에 두었다.

## 5. 슈타이너(Rudolf Steiner, 1861~1925)

**🕐 들어가며**

> 오스트리아에서 태어난 슈타이너는 교육이 인간 본성에 기초한 지식과 예술로서의 교육이어야 한다는 교육론을 형성하고 인지학을 창시하였는데, 인지학의 실천으로 소리의 질과 어조의 질을 몸짓으로 표현하는 움직임의 예술 '오이리트미'를 창조하였다. 1919년 노동자들 앞에서 사회와 교육에 대한 연설을 하였는데 이를 들은 노동자들의 부탁으로 최초의 '자유 발도르프 학교'를 개설하게 되었다. 슈타이너의 교육사상에 따라 운영되는 자유 발도르프 유치원은 현재 세계 각국에 1,200개 이상이 있다.

### (1) 인간관

슈타이너의 유아교육사상의 기초가 되는 인지학은 인간을 신체, 영혼, 정신으로 삼분해서 설명하거나, 4가지 구성체로 설명하기도 한다. 인간이 어머니 뱃속에서부터 이 세상에 태어나는 것만큼이나 중요한 사건이 7세, 14세, 21세 무렵에 일어난다. 이와 같이 출생을 포함한 네 번의 계기를 통해서 인간은 4가지 구성체를 갖게 된다.

① 통합적 인간관

　　㉠ 슈타이너는 인간을 신체와 영혼과 정신으로 구성되어 있는 하나의 통합적 존재로 이해한다. 슈타이너는 육체와 영혼과 정신의 관계를 다음과 같이 설명하였다.

> "…… 인간은 3가지 세계의 시민이라고 할 수 있다. 신체를 통하여 지각한 세계에 살 수 있으며, 정신을 통하여 자기 자신의 세계를 구성하고, 영혼을 통하여 앞의 두 세계보다 고차원적 세계가 그에게 드러난다(Steiner, 1971:4-5)."

　　㉡ 정신 작용에 의하여 육체와 영혼의 연결이 가능하고, 육체와 영혼과 정신이 통합되어 하나의 전체로 작용할 때 비로소 참다운 의미의 인간존재가 가능하다.

② 4가지 구성체 : 슈타이너의 인간 구성체 분류에서 가장 일반적인 것은 물질체, 에테르체, 아스트랄체, 자아체에 해당한다.

| 구분 | 내용 |
|---|---|
| 물질체<br>(생명이 없는<br>육체) | 신체에 해당하며 눈에 보이는 인간의 몸, 인간존재에 관련된 것이다. 물질과 힘의 작용이 광물과 같아지는 현상을 나타내며 인간이 죽음에 이르게 되는 상태로 죽음과 함께 인간의 물질체는 붕괴된다. |
| 에테르체<br>(생명을 담고 있는<br>생명체) | • 에테르체는 중력의 법칙에 저항하여 밑에서부터 위로 뻗어가는 힘을 가지고 있으며, 번식이나 유전과 같이 생명 현상을 담당한다.<br>• 생명체는 개인의 성격의 기초를 형성하는 것으로서, 기억과 지속적인 욕망과 경향, 습관의 운반자 역할을 하는 기질의 실질적 담당자이다. 그러므로 개인의 생애에 걸친 기본적 행동유형은 에테르체에 뿌리를 두고 있다. |
| 아스트랄체<br>(감정) | • 에테르체보다 고차원이며 인격의 표현이다. 아스트랄체는 인간이 외부로부터 가져온 인상을 자신의 내면세계로 체험하고 내면화하는 내적인 활동의 형태이다.<br>• 인간은 이러한 정신적 과정을 통해서 많은 것을 학습한다. |
| 자아체<br>(높은 인간 영혼을<br>담고 있는 것) | 인간만이 가진 독특한 것으로 개인이 세계와 구별하여 '나'라는 의식을 가지는 것이다. |

③ 기질론

　　㉠ 인간본성은 무한히 복잡하지만 일반적 경향에 따라 유아를 우주형(Cosmic Type)과 지구형(Earthly Type)으로 분류한다. 유아를 주의 깊게 관찰하면 우주형인지 지구형인지 구분할 수 있다.

| 구분 | 내용 |
|---|---|
| 우주형 | 특별히 둥근 머리를 가지고 있고 역동적이기보다는 사고의 관념의 영역이 우수한 유아를 가리킨다. |
| 지구형 | 작고 좁은 머리를 가지고 있으며, 사지가 민첩하고 동작이 잽싸고 정확한 유아로 관념을 파악하고 개념을 다루는 데 느리다. 지구형의 유아들은 '오이리트미(Eurythmy)'와 같은 율동적 과외활동에 참여시켜야 한다고 하였다. |

ⓒ 슈타이너는 유전과 개성 사이에 존재하는 것을 기질이라는 말로 표현했다. 일반적으로 기질은 쾌활함, 격하기 쉬움, 우울함, 무기력함과 관련이 있는데 이를 담즙질, 다혈질, 우울질, 점액질의 4가지 인간유형으로 설명한다.

ⓒ 슈타이너의 기질론은 유아 개개인에 대한 기질을 파악하는 것이 교육에서 효과적임을 시사한다. 기질의 특성이 좋고 나쁜 기준을 제시하는 것이 아니라 유아는 다양한 기질을 소유한 존재이며 교사가 이러한 유아의 기질을 이해하는 것이 중요하다.

| 구분 | 내용 |
|---|---|
| 담즙질의 유아 | 매우 능동적인 리듬체계를 가진다. 어떤 것에 대한 근본적인 파악 없이 기분대로 밀고 나가며 외향적인 성향을 지닌다. 슈타이너는 담즙질의 유아에게는 흥미로운 것들을 많이 제공하고 호기심을 자극하여 기질을 적절히 유지시킬 것을 주장한다. |
| 다혈질의 유아 | 감정체(아스트랄체)와 관련이 있다. 감각과 정서를 중요시하고, 쾌·불쾌에 민감하다. 화를 잘 내고 성격이 급하고 사고와 개념화를 잘하고 자아의 의지가 강하며 다소 공격적이고 행동적이다. 다혈질의 유아는 그의 에너지를 소모시키는 것이 필요하므로 적절한 운동량이 주어져야 하며 교사는 이를 충분히 지각할 수 있어야 한다. |
| 우울질의 유아 | 걱정과 불안감이 심하고, 대개 조용하고 진지하며 깊이 생각한다. 항상 조용하고 자신의 상태에 몰입하여 주변 세계에 대해 관심이 적고, 침울하고 내성적이다. 우울한 기질의 유아에게 적극적으로 추켜세우거나 우스운 이야기를 하는 것은 소용이 없으며 그럴수록 더 움츠러든다. 이런 유아에게는 친근함으로 접근한 뒤 천천히 자신의 우울함에서 벗어나도록 해야 한다. |
| 점액질의 유아 | 에테르체와 관련이 있다. 이들은 내적 조화와 안정감이 강하고, 조용하며 인내심이 강하고, 수동적이며 다소 게으른 인상을 준다. 이런 유형의 유아를 대할 때는 우울질과 마찬가지로 비슷한 기질로 다루는 것이 필요하다. |

## (2) 교육목적

① 슈타이너는 자유를 교육의 목적으로 본다. 슈타이너의 자유는 인간본질에 관한 문제로서, 개별적인 인간의 내적 활동과 관련된다.

② 개인이 가지고 있는 내적 능력이 크면 클수록 그 사람의 자유는 확대된다. 내적 능력이란 물리적으로 보이는 형태의 능력이 아닌 내면의 능력으로, 슈타이너는 이것을 영혼의 3가지 영역인 의지, 감정, 사고의 활동 또는 정신적 활동이라고도 하였다.

③ 정신적 활동은 인간 자신이 사고, 감정, 의지가 행한 바를 의식적으로 반성하는 능력으로, 인간을 다른 것과 구분해 주는 정신활동이다. 이런 점에서 볼 때, 발도르프 학교에서 추구하는 자유는 내적 자유이다.

④ 슈타이너는 인간의 발달을 잘 드러내기 위하여 '탄생'이라는 용어를 사용하였으며, 인간은 의지, 감정, 사고 발달의 3단계를 거쳐 자유로운 인간이 된다고 하였다.

### (3) 교육의 내용과 방법

① 슈타이너는 유아의 발달 단계에 적합한 교육내용을 단계별로 가르치는 것을 강조하였다.

② 슈타이너는 인간 발달을 크게 7년 주기로 설명한다. 0~7세의 취학 전 유아교육에는 의지가 발달하며, 7~14세의 아동기 초등교육에는 감정이 발달하고, 14~21세의 청소년기 중등교육에는 사고가 활발하게 발달한다.

③ 유치원의 교육내용은 운동, 놀이, 공상을 기초로 이루어진다. 유아는 손뼉을 치고, 뛰며, 온몸을 움직이는 회전놀이를 하며, 간단한 도구들을 가지고 이야기와 연극을 하며 매일 자유롭게 즐긴다. 유아들은 매일 촛불을 밝히고 교사가 들려주는 요정이나 민속 이야기를 듣는다. 유아의 상상력을 충분히 기르는 것은 이후의 학문적 학습기술을 발달시키는 데 필요하다고 믿는다.

④ 유아기의 교육은 손발의 움직임을 통한 의지의 교육이 주를 이루어야 하고, 직접적으로 지적 사고력을 발달시키는 교육은 부적합하다.

⑤ 발도르프 학교의 교육내용은 의지와 감정과 사고가 고루 발달할 수 있는 포괄적인 교육과정으로 나타난다.

⑥ 교육방법 역시 발달 단계에 기초한다. 유아기에는 주로 모방과 본보기를 통해 이루어지고, 아동기에는 지적인 교과를 포함해 모든 교육내용을 예술적으로 가르친다.

**PLUS+**

**발도르프 유치원의 오이리트미**

1. 오이리트미란 음악이나 언어를 신체의 움직임으로 표현하는 예술을 의미한다.
2. 이는 '혼이 있는 신체의 배양'을 위한 창조의 예술로서, 소리와 음색에 익숙해져 이를 몸짓으로 형상화하는 '볼 수 있는 언어'이며 '볼 수 있는 노래'이다.

### (4) 발도르프 학교의 교사

① 슈타이너는 교육을 예술로서 파악하여 '교육예술'이라고 하였으며, 교사를 '영혼의 예술가'라고 불렀다.

② '영혼의 예술가'는 학생들의 온전한 발달을 위해 유아의 발달상태를 알고, 어떤 활동이 적합한지 민감하게 발견해서 유아의 온전한 발달을 돕는다는 의미이다. 이를 위해 슈타이너는 교사에게 통찰력이 요구되며, 통찰력을 위해 영적 의식을 갖출 것을 요구하였다.

③ 발도르프 학교 고유의 제도인 8년 담임제 역시 예술가로서의 교사의 역할을 잘 보여준다. 슈타이너는 되도록 같은 교사가 연속으로 유아를 가르칠 것을 강조하였다.

④ 영적 통찰력이 있는 교사, 자유롭게 교육과정을 구성하고 실행할 수 있는 교사, 유아들의 발달을 주의 깊게 관찰하고 민감하게 느낄 수 있는 교사를 양성하기 위해 발도르프 교사교육은 일반 사범대학의 교사교육과정과는 달리 독자적으로 운영된다.

## 04 현대 유아교육사상

 **들어가며**

서양에서는 근대의 시작인 신인문주의 운동 이후 동양과의 사상교류에 힘입어 20세기에 와서 여러 관점의 현대 교육사조들이 성립되었다. 20세기 전기와 후기로 나누어 살펴보면 다음과 같다.

### 1. 20c 전기 교육철학 사조

#### (1) 진보주의(Progressivism)

진보주의 교육은 고대에서부터 근대에 이르기까지 중심이 되어온 교사·교과 중심적인 교육을 비판하며 그 대안을 주장한 교육사조이다(Dewey, 1957). 진보주의 교육철학은 루소의 낭만주의 철학과 듀이(Dewey, 1859~1952)를 중심으로 하는 미국의 실용주의 철학을 기초로 하며, 아동은 성인의 축소판이 아니고 성인의 세계와는 다른, 아동 나름대로의 세계를 가지고 있다고 주장한다. 즉, 교사중심의 주입식 교육 및 개인차를 무시한 전통적 교육을 비판하고 학습자의 흥미와 자유에 의한 전인교육, 개인차를 존중한 개성교육, 생활경험 활동 등을 중심으로 한 교육개혁 운동이다.

진보주의 교육은 아동중심교육을 특징으로 하며 아동의 존엄성과 자발성을 존중하고 권위주의를 배격하며 민주사회 시민을 교육하는 데 목적을 둔다. 그러나 아동의 자유와 흥미를 지나치게 강조한 결과 아동들이 어려운 과목은 피하고 쉬운 과목만을 선택하려는 결과를 낳게 되었다. 개인의 자유와 현재의 생활을 지나치게 존중한 나머지, 미래에 대한 교육의 준비를 너무 소홀히 하였다는 비판을 받고 있다(오천석, 1986).

#### (2) 본질주의(Essentialism)

본질주의는 1930년대 후반 진보주의 사상에 대한 반발로 대두된 교육사상으로 진보주의자들이 주장하는 학습자의 흥미와 자유에 의한 전인교육, 개인차를 존중한 개성교육, 생활경험 활동 등 보다 오랫동안 축적되어 온 문화적 유산이 교육에서 핵심적인 위치를 차지해야 한다는 입장을 취한다. 따라서 그들은 교사의 권위와 교과중심 교육과정을 강조한 것이다. 본질주의에서는 변화되어야 할 것과 변화되어서는 안 될 가치로운 것이 있음을 구별하고, 교육이란 이러한 가치로운 것을 아동에게 습득시켜 개인적으로나 사회적으로 성숙하고 유용한 사람이 될 수 있도록 도와야 한다고 주장한다. 본질주의 교육사상은 진보주의를 부분적으로 비난하면서 영원하고 보편적인 절대적 실재를 인정하고 어느 사회에서나 그 가치가 인정되는 본질적인 지식이나 기술이 있다는 믿음 속에 그 사회의 문화유산 중 가장 기본적이고 본질적인 요소를 교육내용으로 삼는다.

그러나 본질주의자들은 학문적 훈련을 지나치게 중요시하기 때문에 학문 중에서 가장 체계화되어 있는 자연과학만을 중시하고 사회생활을 경시했다는 비판을 받고 있다. 또한 본질주의는 체계적인 지식의 전수와 교사의 주도권을 강조한 나머지 어린이의 자발적 참여와 학습동기를 가볍게 여김으로써 민주시민으로서 필수적으로 갖추어야 할 독립심, 비판적 사고, 협동심 등을 소홀히 하였다고 지적을 받는다. 즉, 본질주의는 오늘날 인류가 해결해야 할 과제가 무엇이며, 또 교육이 그것을 위하여 어떻게 공헌해야 할 것인가에 대한 미래의 전망과 사회 혁신적 자세가 부족하다는 비판을 받았다.

### (3) 항존주의(Perennialism)

항존주의 교육사상은 1930년경 진보주의 교육이론을 비판함과 동시에 본질주의 교육철학도 반박하며 등장하기 시작하였다. 항존이란 영원, 불변의 뜻을 가지고 있다. 항존주의는 변화하지 않는 절대적인 가치의 영원성을 주장하는 20세기 미국의 교육철학으로 신스콜라주의(NEO·Scholasticism)라고도 부른다. 원래 'perennial'이라는 말은 다년생 식물을 의미하는 것으로 매년 어김없이 때가 되면 꽃을 피우는 식물처럼 진리도 영원하다는 것을 상징하고 있다. 항존주의자들은 중세 스콜라 철학에 기초하여 진리는 시대, 장소, 사회에 따라 변화하는 것이 아니라 절대불변하며 보편적인 것이라고 주장한다. 교육내용으로는 오랜 세월 동안 진리가 축적된 문학·철학·역사·과학 분야 등의 고전을 가르쳐야 한다고 제안한다. 진리는 이미 고대와 중세의 고전, 특히 플라톤, 아리스토텔레스, 토마스 아퀴나스 등의 책에서 확립되었다는 것이다. 이 때문에 항존주의는 고전적 인문주의라고도 한다. 천주교 계통의 교육가들은 종교적인 측면을 보다 강조한다는 점에서는 차이가 있지만, 인간 지성의 훈련을 중요시하고 현대문명의 물질만능주의를 배격한다는 점에서는 항존주의와 동일한 입장을 취한다(오천석, 1986).

일반 교육학자들은 항존주의가 과거로의 도피와 민주주의에 대한 위협이며, 금욕성, 비활동성, 귀족성 등 고전을 과대하게 중요시한 점을 비판하고 있다.

### (4) 재건주의(Reconstructionism)

재건주의(Reconstructed Philosophy of Education)는 진보주의를 계승하기는 하였지만 진보주의보다 급진적인 경향을 가진 교육철학으로, 교육은 보다 사회 중심적이고 미래 지향적이어야 하며 사회 발전은 혁신적 과정을 거쳐야 한다고 주장하고 있다. 따라서 개조주의, 문화적 재건주의라고도 부른다. 재건주의는 진보주의의 아동중심적인 교육관과 점진적·진화적 사회발전 이론에 불만을 가지고 획기적인 교육개혁을 통하여 현대의 문화적 위기를 극복하려는 교육철학이다.

재건주의는 대학준비교육이나 직업훈련보다는 사회적 자아실현을 위한 일반교육을 중시하면서, 고전중심주의를 탈피하여 지역사회활동·집단 역학(group dynamics)·기술문명에 대응하는 방법 등 다양한 내용을 제시하였다. 또한 풍요로운 경제체제, 통합적인 수단으로서의 국가, 대중의 복지에 봉사하는 과학, 자유롭고 창조적으로 표현되는 예술, 유아에서 성인에 이르기까지 체계적으로 시행되는 교육 등 사회 각 방면의 개혁을 요구하고 있다.

재건주의의 대표적인 학자인 브라멜드(Brameld)의 주장은 1957년 소련이 미국보다 먼저 인공위성 스푸트니크호를 발사하여 미국 교육이 근본적으로 비판받게 되면서 크게 주목받았었다.

그러나 일반 교육학자들은 재건주의에 대해, 미래 사회를 어떤 가치관에 입각해서 설계할 것인가에 대한 논증이 결여되었으며, 행동과학을 유일한 방법으로 여기는 데서 오는 한계성이 있으며, 민주방식에 대해 지나친 기대를 하고 있다고 비판하고 있다.

| 구분 | 진보주의 | 본질주의 | 항존주의 | 재건주의 |
|------|----------|----------|----------|----------|
| 교육목적 | 학습자의 흥미, 필요 | 문화적 전통의 전수 | 항구적 지식의 훈련을 통한 이성적인 인간 형성 | 사회재건 |
| 교육내용 | 삶의 경험, 문제해결 | 역사, 과학, 외국어, 3R | 위대한 교과 | 사회과학 |
| 교육적 의미 | 아동중심교육관의 확립 | 교사의 수업주도권 인정, 본질적 지식의 구조 인정 | 문화유산에 내재한 항구적 진리의 재발견 | 교육의 사회적 역할 강조 |
| 대표 학자 | 듀이, 킬패트릭 | 배글리, 울리히 | 아들러, 허친스 | 브라멜드, 스탠리 |

## 2. 20c 후기 교육철학 사조

### (1) 실존주의(existentialism)

실존주의는 유럽에서 형성된 철학 사조로서 19세기의 키에르케고르(Kierkegaard), 니체(Nietzsche), 도스토예프스키(Dostoevskii) 등의 작품에서도 그 경향을 찾아 볼 수 있다. 제2차 세계대전 시기에는 독일의 하이데거(Heidegger), 야스퍼스(Jaspers)를 중심으로 활발했다가 제2차 세계대전 직후부터 사르트르(Sartre) 등에 의해 널리 유행되었다. 실존이란 현실적·구체적·개체적인 현실의 존재를 말하며, 반면에 본질은 추상적·보편적·영원불멸한 실재를 의미한다. 실존주의에 의하면 인간은 선택의 자유가 있는 동시에 선택에 대한 책임도 있으며, 운명이나 혹은 환경에 의해 만들어지는 것이 아니라 자기 자신의 선택과 결단에 의해 만들어지는 것이며, 어느 누구도 그 일을 대신해 줄 수 없다.

현대의 실존주의 사상은 실증주의적인 현대 문명의 발달로 말미암아 인간의 평균화, 기계화, 조직화, 대중화가 이루어지는 일상의 세계에서 '인간소외'의 불안에 중점을 둔다. 그리고 동시에 본래적 자기, 즉 실존의 개체성과 주체성을 어떻게 파악할 것인지를 묻고 있다(박상현, 1989).

실존주의 안에는 여러 가지 다른 견해들이 있지만, 인간이 자기 존재를 자각하고 자아를 창조하기 위해서는 무조건적 자유를 누려야 한다는 공통점이 있다. 즉 인간이란 어떤 본질을 가지고 세상에 태어난 것이 아니라 무(無)로서 세상에 던져졌기 때문에 스스로의 본질을 자유롭게 선택하고 결정하는 자유로운 존재일 필요가 있다는 것이다.

따라서 실존주의 교육철학은 지적인 교육 분야보다는 도덕교육 분야에, 교과 중심적 교육방법보다는 인간 중심적 교육방법에 더 많은 중점을 두고 있다. 또한 교사의 사람됨과 역할을 어느 교육철학보다 중요시하고 있다. 실존주의의 교육적 공헌은 교육에 있어서 개성 존중과 인간성 교육을 회복시킨 점이다. 반면, 실존주의는 인간을 객관적으로 파악하는 자세가 부족하다는 비판을 받고 있다.

### PLUS+

#### 부버의 교육사상

실존주의의 대표적인 교육사상가이며 "모든 참된 삶은 만남이다."라고 주장한 부버의 철학은 인간교육 측면에서 주목할 가치가 있다. 부버(M. Buber, 1878~1965)는 세계를 '나와 너(I and Thou)'의 '인격적 세계'와 '나와 그것(I and It)'의 '대상적 세계'로 나누었다(정석환, 1999). 부버는 인간과 인간 사이의 참된 대화와 직접 만남을 통하여 형식적이고 기계적인 '나와 그것'의 대상적 세계에서, 참된 만남이 이루어진 '나와 너'의 인간적·인격적 세계로 전환할 것을 주장한다. 교육은 본질적으로 '인간과 인간 사이(between man and man)'에 이루어지는 활동이다. 오늘날 발생하는 다양한 교육문제와 사회문제의 근원은 인간을 '나와 너'의 인격적(人格的) 가치로 대해야 할 교육 현장이 비인간화되고 대상화된 '그것(It)'에 의해 지배되고 있음에 기인한다. 즉, 교사와 학생 사이에 이루어지는 직접적 의사소통이 점차 교육매체를 이용한 간접적·은유적 의사소통 양식으로 대치되고 있다. 이러한 양상들은 교육의 비인간화와 인간 가치의 약화를 가속화시키는 중요한 요인으로 지적된다.

### (2) 페미니즘(feminism)

페미니즘(feminism)이란 역사적으로 남성이 주도권을 쥐고 여성을 억압해 온 사실을 인정하고 평등하고 여성의 역할이 인정되는 사회를 만들자는 사회운동을 말한다. 페미니즘을 사전적으로 정의하면 19세기 중반에 시작된 여성 참정권 운동에서 비롯되어 그것을 설명하는 이론까지 포함하는 개념으로, 여성 억압의 원인과 상태를 기술하고 여성 해방을 궁극적 목표로 하는 운동 또는 그 이론을 말한다.

페미니즘은 백인, 남성 중심 등의 권위를 거부하고 새로운 사회질서를 정립하고자 하는 시도이다. 페미니즘의 윤리는 '정의의 윤리(a morality of justice)'와 '배려의 윤리(a morality of care)' 중 '배려의 윤리'의 중요성을 강조한다. 페미니즘의 교육관은 기존 남성 중심적인 교육내용을 비판하고 여성성의 특징인 보살핌(caring)의 교육목적을 지지한다. 이를 위해서는 여성성의 다양한 특징을 교육에 활용하도록 교육과정을 개편해야 한다. 예를 들면 '책임 지향성', '타인에의 관심', '차이에 대한 인내와 통합에의 배려' 등이다.

### (3) 포스트모더니즘(post-modernism)

20세기 중·후반에 걸쳐 나타나기 시작한 포스트모더니즘(post-modernism)은 전통철학을 모더니즘(modernism)으로 간주하고 모더니즘의 단점을 비판하고 보완하기 위해 논의된 사상 흐름이다. 포스트모더니즘을 이해하기 위해서는 무엇보다 먼저 모더니즘과의 관계를 파악해야 한다. 모더니즘이란 이성 중심, 계몽적 사고 중심, 객관적 과학을 강조하는 서양철학을 의미하는 것으로 합리적 논증 절차가 그 특징이다. 포스트모더니즘은 전통적 모더니즘의 기본 논리가 인간의 자유를 보증하지 못했고 객관적 과학의 절차 또한 허구라는 입장이다.

포스트모더니즘은 전통적 모더니즘 사상의 객관적·절대적·합리적 성격에 반대하여 주관적·상대적·탈이성적 성격을 지닌 사상이다. 포스트모더니즘은 인간의 삶을 규정 짓고 속박하는 모든 사상을 비판하고 인간을 위한 사상에 대해서는 열린 마음으로 수용하는 사상이라 할 수 있다.

PLUS+

**포스트모더니즘의 교육**

포스트모더니즘의 교육은 전통적 교육에 대한 비판과 대안을 제시하였다. 포스트모더니즘은 모더니즘의 논리에 지배되는 학교교육을 비판하고 학습자 개개인의 다양한 차이를 존중할 것을 제안한다.

포스트모더니즘의 교육적 특징은 다음과 같다.

첫째, 교육에 존재하는 다양한 차이를 인정하고 이에 대한 인내를 주장한다.

둘째, 학습자의 상상력을 고양하고 이를 통해 다양한 정서의 존재를 존중한다.

셋째, 포스트모더니즘의 관점에서 기존 지식인이 담당하던 교육자의 역할에 대한 변화가 요청된다. 포스트모던 교육이 이루어지는 곳에서 교육자는 특정 지식을 소유한 사람이 아니라 언제 어디서나 표현할 수 없는 정서와 감정을 표현하고자 하는 열정으로 학습자에게 헌신하는 사람으로 대치될 수 있다.

넷째, 교육 방법의 변화를 요청한다. 포스트모던 교육 방법은 모더니즘 교육의 수동성, 즉 고정된 교재에 의지한 관습적 교육 방법을 극복하고 변화되는 상황과 오류 가능성을 고려한 활동적인 학습 방법을 지지한다.

### (4) 분석철학(Analytic philosophy)

분석철학은 러셀(Russell)과 비트겐슈타인(Wittgenstein)의 논리적 원자론 및 논리적 실증주의 사상을 기초로 하여 발전한 철학의 한 입장이다. 분석철학은 철학연구의 방법으로 현대의 과학적 방법을 접목하여 철학과 과학이 밀접한 관계를 맺었다. 따라서 분석적 방법을 사용하여 사상의 원자적인 확실한 기초개념 및 기초문장을 찾아 그것을 출발점으로 해서 하나하나씩 구조를 쌓아 가는 분석적 방법을 취하는 모든 철학을 분석 철학이라고 한다(김준섭, 1989). 분석철학은 반(反)형이상학적인 신경험주의 철학이라고도 부른다. 분석철학은 감각자료를 강조하는 영국의 경험주의 전통과 밀접한 관계를 가지고 있다.

분석철학자들은 언어의 분석 또는 개념의 분석이 철학의 적절한 역할이라고 주장하면서 전통적인 철학자들이 제기했던 문제들을 거부하였다. 즉, 철학이 실재의 본질을 탐구한다든가, 과학자들이 알지 못하는 진리를 발견할 수 있다는 사고는 그릇된 것이며, 그러한 잘못된 가정에서 출발하는 철학은 무엇보다도 언어를 오용하는 잘못이 있다고 하였다. 분석철학은 교육에 있어서 교육에 관한 사고와 논의의 엄밀성, 정확성을 강조함으로써 교육에 대해 이야기하고자 하는 바의 의미가 무엇이고 어떠한 근거에서 우리의 주장이 타당한가를 분명히 하는 태도에 공헌하고 있다.

일반 교육학자들은 분석철학은 단편적이고 세부적인 사항에 관심을 둘 뿐, 교육문제를 사회와 역사 속에서 거시적으로 논의하지 못하는 결함이 있다고 비판한다.

# 박수민

## 유아임용의 정석 – 유아교육개론

# CHAPTER 01 | 확인학습 문제로 **내용 다지기**

정답_p.600

**01** 다음 괄호에 알맞은 용어를 쓰시오.

> • 소크라테스의 교육 목적은 ( ㉠ )(이)다. 악은 무지에서 시작된다고 보고 교육의 목적
> 을 지행합일(知行合一)에 두었다.
> • 소크라테스는 종래에 시행되던 강의법이 아니라 ( ㉡ )을/를 사용하였다.
> ( ㉡ )은/는 크게 반어법과 ( ㉢ )(으)로 이루어지며, 반어법은 스스로의 무지를 깨우치
> 는 방법으로, 상대방이 사용하는 개념이 명료하지 못하고, 그들의 주장이 논리적으로
> 일관성이 없다는 것을 깨닫도록 하기 위해 대화를 통해 무지를 자각시키는 반문을 하
> 는 방법이며, ( ㉢ )은/는 상대방이 이미 가지고 있는 개념이나 지식을 토대로 보다 정
> 확한 개념 정의에 이르도록 하는 방법으로, 스스로 진리에 도달하도록 유도하는 질문
> 을 하는 것이다. 하지만 이 둘은 별개의 요소가 아니며, 함께 사용된다고 볼 수 있다.

㉠ _____

㉡ _____   ㉢ _____

**02** 다음 괄호에 알맞은 용어를 쓰고, ㉗과 ㉘의 의미를 각각 쓰시오.

> • 플라톤은 전 우주에 걸쳐 영속적이며 불변하는 것에 대한 가치를 탐구하였다. 그것은 우리의 오감을 통해 인식할 수 있는 경험이나 감각을 초월하여 존재하는 것으로, 플라톤은 이를 ( ㉠ )(이)라 표현하였다. ( ㉠ )은/는 합리적인 이성(理性)으로만 파악할 수 있는 영원불변한 것으로 끊임없이 변화하는 현상의 사물과는 구별된다.
> • 플라톤에 따르면 인간의 영혼은 ( ㉡ ), ( ㉢ ), ( ㉣ )(으)로 구성된다. ( ㉡ )은/는 '지혜', ( ㉢ )은/는 '용기', ( ㉣ )은/는 ( ㉤ )이/가 그 필수 덕목이다. 이 세 가지 덕목이 조화될 때 ( ㉥ )은/는 실현될 수 있다. 따라서 국가는 금의 계급인 ( ㉦ ), 은의 계급인 군인, 동의 계급인 평민이 각각의 덕에 적합한 의무를 다할 때 유지될 수 있는 것이다.
> • 아리스토텔레스는 ( ㉧ )(이)다. 이것은 이상주의에 대비되는 학설이다. ( ㉧ )들은 이상주의자 혹은 관념주의자들이 주장하는 것처럼 외계는 정신 또는 관념의 그림자나 환상이 아니라, 실제로 구체적으로 존재하는 것이라고 본다. 아리스토텔레스에 있어 구체적인 사물의 구성요소는 ( ㉨ )와/과 ( ㉩ )(이)다.

㉠ _____    ㉡ _____    ㉢ _____

㉣ _____    ㉤ _____    ㉥ _____

㉦ _____    ㉧ _____    ㉨ _____

㉩ _____

㉨의 의미 _____

_____

㉩의 의미 _____

**03** 다음은 특정 시대의 아동관을 설명한 것이다. 괄호 안에 알맞은 용어를 쓰시오.

> 교육의 암흑기라 불리며, 기독교 사상이 모든 면에 영향을 주었던 ( ㉠ )시대에는 아기들이 이미 만들어진 성인의 축소판으로 이 세상에 태어난다고 믿어왔다. 이것은 ( ㉡ )설이라 불리는데 인간이 창조되는 순간에 ( ㉡ )되며 출생 때까지는 단지 크기와 부피만이 성장한다고 믿었다.

㉠ _____    ㉡ _____

**04** 다음 괄호에 알맞은 용어를 쓰시오.

> • 코메니우스는 ( ㉠ )실학주의자로서, 교육의 실제에 있어서 실물에 의한, 또한 직접적인 사물을 통한 교육을 강조하는 ( ㉡ )의 원리를 제시하였다.
>
> • 코메니우스는 교육은 가능한 한 일찍부터 시작해야 하며, 유아가 학습에 필요한 기능이 갖추어져 있기 전에 강요해서는 안 되고 자연적 순서에 따라 진행되어야 한다고 강조하였다. 이는 자연의 질서에 따라 교육하라는 ( ㉢ )의 원리를 기저에 둔 교육방법이다.

㉠ _____    ㉡ _____    ㉢ _____

**05** 다음에서 설명하는 코메니우스의 저서를 쓰시오.

> ① 라틴어 교수에 관한 교과서로 12개 종류의 유럽 각국어로 번역, 보급되었으며 아시아 언어로까지 번역되었다.
>
> ② 이 책에는 전 삶을 포함하는 교육학적인 범 교육의 계획이 포함되어 있다. 코메니우스가 주장한 범 교육은 교육대상과 교육내용에서 전체성의 원리를 띠고 있다. 범 교육의 원리는 자연의 원리인 자발성을 따른다.
>
> ③ 두 가지 목적, 즉 라틴어를 쉽게 학습할 수 있는 방법을 제시하는 것과 보편 교육의 토대를 형성해 줄 수 있는 모든 지식을 개관하고자 하는 것이다. 이 저서는 세계 최초의 교육학서로 코메니우스의 교육 사상이 체계적으로 정리되어 있다. 총 33장으로 구성되어 있으며, 27장에는 단계별 학교 교육에 대해 제시하고 있다.
>
> ④ 이 책은 라틴어 학습을 시작하는 초보를 위하여 고안하였다. 학생들의 지루함을 덜어주기 위하여, 그는 자세한 설명을 피하고 모든 주제를 조그마한 그림으로 설명하였다. 이 책의 서문에서 '감각에 존재하지 않고 지성에 존재하는 것은 하나도 없다.'라고 하여 감각적 직관을 강조하였다.
>
> ⑤ 이 책은 교사들을 위한 안내서로 가족을 공공 교육제도에 있어서 중요한 요소로 등장시켰다는 점에서 그 의의가 크다.

① _____    ② _____    ③ _____

④ _____    ⑤ _____

06 다음은 코메니우스가 제시한 단계별 학교교육을 제시한 표이다. 괄호 안에 알맞은 말을 쓰고, 이러한 학교단계가 나타난 코메니우스의 저서를 쓰시오.

| 단계 | 대상 | 연령 | 학교명 |
|------|------|------|--------|
| 제1기 | ( ㉠ ) | 1~6세 | ( ㉡ ) |
| 제2기 | ( ㉢ ) | 7~12세 | ( ㉣ ) |
| 제3기 | 소년기 | 13~18세 | ( ㉤ ) |
| 제4기 | 청년기 | 19~24세 | ( ㉥ ) |

㉠ _____ ㉡ _____ ㉢ _____

㉣ _____ ㉤ _____ ㉥ _____

저서 _____

07 다음은 로크에 대한 설명이다. 괄호 안에 알맞은 용어를 쓰시오.

로크는 인간이 태어날 때 ( ㉠ )(으)로 태어난다고 주장했던 사람으로, 이 견해는 지금까지도 그 맥을 유지하고 있다. 따라서 인간은 훈육과 환경에 따라 크게 달라질 수 있다는 것이다. 로크의 교육목표는 ( ㉡ )에 있으며, ( ㉠ ) 위에 새겨져 가는 아동의 경험 하나하나는 인간 형성에 중요한 요소가 된다고 하면서 ( ㉢ )의 중요성을 강조하였다.
로크는 교육내용을 그의 저서 〈교육에 관한 의견〉에서 ( ㉣ ), ( ㉤ ), ( ㉥ )(으)로 설명하고 있다. ( ㉣ )에 대하여는 첫 장에서 '건전한 신체에 건전한 정신'(A sound mind in a sound body)이라고 쓰고 있는데, 이것이 로크의 ( ㉣ )에 대한 이상적 인간상을 대표하는 말이다. ( ㉤ )의 목적은 자신의 욕망을 억제하고 이성에 따라 행동하도록 하는데 있다. ( ㉥ )에 있어서 그것 자체를 목적으로 하는 교육은 배척되어야 한다고 하여 오로지 덕을 쌓고 사색을 깊게 하는데 필요한 수단이어야 한다고 하였다.

㉠ _____ ㉡ _____ ㉢ _____

㉣ _____ ㉤ _____ ㉥ _____

**08** 다음을 읽고 지문과 관련된 루소의 아동 교육 원리 및 방법을 쓰시오.

| | |
|---|---|
| 루소는 '자연으로 돌아가라'는 대명제를 제시함으로써, 교육은 자연의 순서에 따라야 함을 강조한다. | ① |
| 인간의 본성이 본래 선이고 이미 모든 진리의 싹을 지니고 있다고 상정한다면, 교육의 임무는 아동의 생득적 본성을 잘 보호하기 위해 아동을 타락된 사회악으로부터 격리하여 아동 스스로 판단력을 형성하도록 하는 것이기 때문이다. 그러므로 교육은 적극적으로 인간을 변화시키기보다는 오히려 선한 본성을 유지하고 발전시키기 위해 외부의 개입을 최소화해야 한다. | ② |
| 루소는 〈에밀〉에서 경험을 통한 교육을 강조하였고, 학습자가 스스로 알도록 하는 방법으로 실물교육, 발견학습을 제시하였다. | ③ |
| 교육은 아동의 미래를 위한 준비가 아닌 현재 생활 그 자체를 위한 교육이어야 한다. | ④ |

**09** 다음의 괄호에 알맞은 용어를 쓰시오.

> 루소가 말하는 ( ㉠ )은/는 인간이 태어날 때부터 가지고 있는 특성과 능력을 의미하는 것이며 인간 내부의 ( ㉠ )이다. ( ㉠ )은/는 학습을 위한 인간의 기관과 기능의 내부적 발달, 즉 준비성의 개념이며, 선성을 의미한다. 이는 인간의 선천적인 능력은 개인마다 다르므로 ( ㉡ )을/를 인정하는 것이 된다. 이는 당시에 시행되었던 획일적인 교육방법에 대한 또 하나의 새로운 도전이었다.

> 루소는 자연인을 양성하기 위하여 ( ㉢ ), ( ㉣ ), ( ㉤ )에 의하여 교육할 것을 주장한다.
> ㉢ 인간이 태어날 때부터 가지고 있는 특성과 능력을 의미하는 것이며 인간 내부의 천성을 의미한다.
> ㉣ 직접 사물을 경험하게 하는 감각경험을 중심으로 하는 교육을 의미한다.
> ㉤ ㉢과 ㉣을 구체적으로 활용하여 유용하게 사용하도록 가르치는 ㉤의 의한 교육을 의미한다.

㉠ _____    ㉡ _____    ㉢ _____

㉣ _____    ㉤ _____

**10** 다음에서 설명하는 기관을 설립한 학자의 명칭과 기관의 이름을 쓰시오.

> • 이 학교는 1770년에 설립되었는데 프랑스뿐 아니라 유럽에서 설립된 최초의 유치원이
>   며, 독일의 프뢰벨이 설립한 유치원(1840)보다 70년이나 앞섰다.
> • 이 학교는 3세 이상의 취학 전의 유아와 방과 후 아동을 대상으로 하는 학교로서, 일
>   터에 간 부모를 대신하여 유아보호의 역할을 담당하였다.
> • 이 학교는 그 지역 전체를 사회적이고 경제적으로 개발시키며, 지역 주민의 복지를 실
>   현하는 데 봉사하는 최초의 복지형 유아교육시설의 탄생이라는 역사적인 의미를 지니
>   고 있다.

설립자 _____     기관명 _____

**11** 다음 지문을 읽고, 괄호 안에 들어갈 알맞은 용어를 쓰시오.

> 영국 최초 유아학교(Infant School)의 첫 단서가 되는 ( ㉠ )은/는 프뢰벨의 유치원
> 창설보다 24년이 앞서 설립되었다. 유아학교, 소학교, 청년과 성인을 위한 학교로 3부
> 구조로 되어 있지만 유아학교가 이 학원의 기초이며, 중요한 학교였다. ㉠의 설립자이
> 자, 사회를 개조하려고 노력한 사회주의자, 신교육의 개척자인 ( ㉡ )은/는 교육의 사명
> 을 유아기의 바람직한 ( ㉢ )에 두고 좋은 ( ㉢ )을/를 위해서는 좋은 환경이 필요하다고
> 하였다.

㉠ _____     ㉡ _____     ㉢ _____

**12** 다음은 페스탈로치에 대한 설명이다. 괄호 안에 알맞은 용어를 쓰시오.

> 페스탈로치는 인간의 자연성으로의 선성을 인정하고 이를 계발하고자 하였다. 다시
> 말하면, 교육이란, 인간이 선천적으로 부여받은 정신의 능력인 ( ㉠ ), 인간의 감정과
> 도덕성을 대표하는 ( ㉡ ), 신체적인 능력인 ( ㉢ )이/가 조화롭게 발달하도록 돕는 것,
> 즉 3H를 조화롭게 계발시키는 것이다.

㉠ _____     ㉡ _____     ㉢ _____

**13** 페스탈로치는 인간의 내면에는 3개의 층이 있다고 보았다. 이와 관련하여 알맞은 용어를 쓰시오.

> ( ㉠ ) 자연 상태로 인간의 충동과 이기적인 본능을 나타냄
>
> ( ㉡ ) 인간의 이기심으로 인해 야기되는 탐욕, 권력, 억압의 상태를 조직이나 법률, 관습 등으로 통제하는 상태
>
> ( ㉢ ) 개인의 내면에서 나타나는 욕구에 의해 개인의 행위를 결정하는 것으로, 자기 내면의 순화를 갈구하는 하나의 힘, 도덕적 진리를 내면 깊숙이 간직한 상태

㉠ _____  ㉡ _____  ㉢ _____

**14** 합자연의 원리로부터 도출되는 페스탈로치의 교육원리 6가지를 적고, 그 내용을 설명하시오.

| 교육의 원리 | 설명 |
| --- | --- |
| ① | |
| ② | |
| ③ | |
| ④ | |
| ⑤ | |
| ⑥ | |

**15** 다음은 페스탈로치가 강조한 (    )의 중요성을 시사하는 글이다. 괄호에 들어갈 말을 쓰시오.

> 인간 형성의 근본은 유아기에 형성되므로 유아기 대부분을 보내는 이곳이 인간형성의 장이 된다. 그는 "모성은 자연의 질서 중에서 가장 아늑하고 강력한 것으로서, 신으로부터 받은 선물"이며, "어머니는 신이 내린 교사"라고 하였다. 페스탈로치의 저서 『린하르트와 게르트루트』 등을 통하여 이것의 중요성을 시사 받을 수 있다.

**16** 다음을 프뢰벨에 대한 설명이다. 괄호 안에 알맞은 용어를 쓰시오.

> ① 만물 속에 내재해 있는 ( ㉠ )은/는 유아의 정신 속에도 있으며, 인간은 신과 비슷한 모습으로 창조되었다고 하였다. 프뢰벨은 유아의 정신 속에 내재하여 있는 ( ㉠ )을/를 유아가 지닌 무한한 가능성으로 보았다.
> ② 유아는 태어나는 순간부터 활동하고자 하는 충동, 즉 ( ㉡ )이/가 있다고 보았다.
> ③ 신의 모습으로 창조된 소중한 유아는 출생하는 순간부터 ( ㉠ )을/를 표현하고자 하는 ( ㉡ )에 의하여 끝없이 활동하고 움직이며 이것은 여러 가지의 동작으로 나타난다. 이 ( ㉡ )을/를 지닌 유아에게 ( ㉠ )을/를 발현시키도록 이끌어내는 것이 ( ㉢ )(이)다.

㉠ _____     ㉡ _____     ㉢ _____

**17** 프뢰벨 교육 사상에 근거하여 ①, ③, ④에 들어갈 교육 원리와 ②에 들어갈 내용을 쓰시오.

| | |
|---|---|
| 신, 인간, 자연의 통합을 추구하였다. 신과 인간과 자연과의 불가분의 관계는 루소, 페스탈로치, 프뢰벨의 공통된 교육사상이다. 하지만 루소는 자연성에, 페스탈로치는 인간성에 그 중점을 둔 반면, 프뢰벨은 신성에 중심점을 두고 있다. | ① |
| ② | 자기 활동의 원리 |
| 인간의 성장은 끊임없는 연속과 계속이 있으며 단절이나 비약은 없음과 관련한 원리이다. | ③ |
| 어린이들의 가장 특색 있는 자기 활동은 놀이와 작업이라는 모습으로 나타난다. 따라서 놀이와 작업은 가장 유력한 교육의 수단이다. | ④ |

**18** 다음의 괄호 안에 알맞은 용어를 쓰시오.

( ㉠ )은/는 프뢰벨이 유아로 하여금 놀이와 작업을 실행하도록 하기 위하여 제작한 교구로서 '신으로부터 받은 선물'이라는 뜻을 가지고 있으며 유아는 이 놀이의 결과로 비교, 측정, 분석 등의 정신적인 능력에 계발된다. ㉠의 구성 체계는 ㉡(      ,      ,      ,      )(으)로 구성되어 있으며, 프뢰벨이 고안한 작업의 활동은 ㉢(      ,      ,      ,      )을/를 이해할 수 있도록 제1작업 구멍 뚫기에서부터 제11작업 찰흙 놀이 등 11종으로 되어 있다.

㉠ _____    ㉡ _____    ㉢ _____

**19** 1) 다음의 내용을 통해 알 수 있는 사상가의 이름을 쓰시오.

2) 다음의 내용 중 이 사상가와 관련 없는 내용 1가지를 쓰고, 그 이유를 쓰시오.

- 1911년, 영국에서 유아원 창설          • 상상놀이, 동화 금지
- 건강한 신체발달 강조                    • 감각 훈련을 중요시함
- 학교와 가정의 밀접한 관계 중시하여 가정 방문 실시
- 교사 교육 강조

1) _____

2) _____

_____

**20** 다음은 듀이의 교육 사상에 대한 설명이다. 괄호 안에 알맞은 용어를 쓰시오.

---

① 듀이가 말하는 ( ㉠ )은/는 광범위한 의미를 지닌 개념으로, 노력이나 의무와는 반대되는 개념이다. 이것은 거리가 있는 두 현상을 서로 연결하는 내적인 힘이다.

② 듀이는 교육은 ( ㉡ )(이)라고 한다. 이것은 미래의 결과를 예견하여 경험이 축적되어 가는 과정을 말한다. 듀이는 ( ㉡ )의 조건을 ( ㉢ )(이)라고 하였다. 이는 부족이나 결핍이 아니라 ( ㉡ )을/를 위한 잠재능력, 가소성, 가능성을 의미한다.

③ 듀이는 교육을 경험의 재구성이라고 정의한다. 교육은 경험의 과정이다. 이러한 경험은 ( ㉣ )의 원리와 ( ㉤ )의 원리에 의해 이루어진다.

| ( ㉣ )의 원리 | 듀이에게서의 경험은 ( ㉣ )을/를 토대로 하고 있어 정지하지 않고 역동적으로 끊임없이 변화하는 것이다. |
|---|---|
| ( ㉤ )의 원리 | "경험이란 언제나 개인과 그 당시 그의 환경을 구성하는 요소 사이에 일어나는 ( ㉤ )(으)로 말미암아 성립된다."(Dewey, 1938) |

---

㉠ _____  ㉡ _____  ㉢ _____

㉣ _____  ㉤ _____

**21** 듀이의 교육 사상에 근거하여 ①, ③에 들어갈 교사의 역할을 쓰고 ②에 들어갈 내용을 쓰시오.

| ① | 이것을 하지 않고서는 유아의 현재 상태나 흥미가 무엇인지 알 수 없기 때문에 이 역할은 중요하다. |
|---|---|
| 유아와 세계를 연결하는 매개체의 역할 | ② |
| 조력자 및 안내자의 역할 | 학습자가 새롭고 바람직한 경험에 접근할 수 있도록 도우며, 스스로 자신의 경험을 재구성할 수 있도록 지원해야 한다. |
| ③ | 교사는 '유아에게 능동적인 활동을 초래했는가?', '유아가 새로운 경험에 직면하여 흥미와 적극적 요구를 개진했는가?' 등과 같은 질문을 통해 이를 실시할 수 있다. |

**22** 다음은 몬테소리와 관련된 설명이다. 각각에 알맞은 용어를 쓰시오.

| | |
|---|---|
| 몬테소리는 유아가 특정 행동에 감수성이 예민하여 쉽게 배울 수 있는 시기가 있다고 믿었다. 이것이 나타나는 연령은 주로 0세~6세 사이인데, 유아가 자신의 환경을 받아들일 수 있고 그 환경에서 획득한 것을 자기 자신의 내부에 연결시킬 수 있는 것은 바로 이것이 있기 때문이다. | ① |
| 몬테소리가 강조한 환경으로, 유아의 올바른 성장과 발달을 이끌 수 있는 자극을 줄 수 있는 교육적 환경, 즉 유아의 자기형성의 욕구를 충족시켜 주며, 그의 인격과 성장패턴을 노출시켜 주기 위해 계획되어진 환경이다. | ② |
| 유아는 자신의 내부에 잠재해 있는 이것을 통해 강한 적극성을 가지고 환경을 받아들이며 스스로 경험하여 배우게 된다. 이것은 자발적 노력에 의해 설정되는 것이 아니라 ①의 단계에 따라 형성되는 것이다. | ③ |
| 몬테소리가 말하는 이것은 어린이들의 자율성과 창의성 활동에 근거하고 있다. 학문적이고 철학적인 의미에서가 아닌, 어린이들에게 자유와 교육적인 환경 사이에서 어떠한 일들이 일어나는가에 관심을 둔 개념이다. | ④ |
| 이것을 꾀하는 것이 몬테소리 교육의 목적이기도 하다. 준비된 환경 내에서 아동이 자기 자신의 내면적인 발달 속도에 따라 환경을 접하여 그 의미를 파악하는 것을 말하며, 유아의 정신적, 육체적 에너지가 상호작용하면서 내면적 안정을 갖춘 조화로운 상태를 의미한다. | ⑤ |

**23** 다음 글을 읽고 괄호 안에 들어갈 알맞은 용어를 쓰시오.

몬테소리의 준비된 환경에서 중심적인 위치에 놓여진 것이 바로 ( ㉠ )이다. ( ㉠ )은/는 유아기의 민감기와 정신발달 단계에 맞도록 고안되었고, 이것을 통해 유아가 스스로 반복하고 집중하여 ( ㉡ )에 이를 수 있도록 고안되었으며, 어린이들의 자발적인 참여를 강조하였다.

㉠ _____    ㉡ _____

**24** 다음은 몬테소리가 제시한 교육방법에 대한 설명이다. 각각에 알맞은 용어를 쓰시오.

| | |
|---|---|
| • 이것은 유아가 자신이 자유롭게 선택한 교구를 통하여 자신의 능력을 점차 개발해 나가는 것이다.<br>• 몬테소리 교구는 유아 자신이 활동하며 잘못된 점을 스스로 고치도록, 즉 자기 수정이 가능하도록 되어 있다.<br>• 이것은 자유 활동의 개념에 입각한 것이고 유아는 '교구와의 상호작용'을 통해 배우게 되면서 자신의 능력을 점차적으로 개발해 가게 된다. | ① |
| • 몬테소리는 유아를 '독립적 인격', '창조적 정신'을 가진 존재로 보고 유아마다 발달 속도에 차이가 있기 때문에 유아가 지닌 성장 가능성 및 준비성의 실현을 위해 집단 교육이 아닌 유아 개개인의 발달 단계에 맞춘 교육이 이루어져야 한다고 하였다.<br>• 이것은 각 개인은 오직 자기 자신의 '내부의 교사'에 따라 활동할 뿐이며, 수동적이고 외적인 훈련보다는 유아의 능동적인 학습과 내적 훈련에 강조점을 두는 몬테소리 교육방법의 주요한 특징이다. | ② |

**25** 다음은 몬테소리 교사의 역할 중 하나이다. 괄호 안에 알맞은 용어를 쓰시오.

| | |
|---|---|
| 촉진자 | '촉진자'로서 역할은 유아에게 몬테소리 활동을 실제적으로 ( ㉠ ) 보이는 데 있어서 세 가지 책임을 지게 된다.<br>① 교구의 바른 제시 방법과 교구의 순서를 이해하여 정확하고 일관성 있는 ( ㉠ )을/를 보여야 한다.<br>② ( ㉠ )을/를 보인 후 유아의 호기심이 자극되었다면 교사는 ( ㉡ )억제하고 유아가 교구를 반복해서 탐색하도록 격려해야 하며, 유아가 범한 오류를 ( ㉢ )하지 않아야 한다.<br>③ 유아가 반복적으로 활동을 하여 수행했을 때 교사는 유아 스스로 '자신이 학습한 것이 무엇인가' 하는 것을 깨닫도록 도와주어야 한다. |

㉠ _____   ㉡ _____   ㉢ _____

**26** 다음 설명에 알맞은 용어를 쓰시오.

| |
|---|
| 니일이 삶과 교육의 목표로서 추구한 ( ㉠ )은/는 자율적이고 균형 잡힌 인성에 내재하는 것으로, ( ㉠ )을/를 추구하는 교육은 바람직한 인성발달을 그 본질로 한다. 니일이 추구한 인성의 발달은 유아가 사랑과 인정 속에서 ( ㉡ )을/를 경험하면서 형성되는 자기 성장의 과정이다. |

㉠ _____   ㉡ _____

**27** 슈타이너의 기질론에 대한 설명이다. 다음이 설명하는 기질을 쓰시오.

| | |
|---|---|
| 매우 능동적인 리듬체계를 가진다. 어떤 것에 대한 근본적인 파악 없이 기분대로 밀고 나가며 외향적인 성향을 지닌다. | ① |
| 에테르체와 관련이 있다. 이들은 내적 조화와 안정감이 강하고, 조용하며 인내심이 강하고, 수동적이며 다소 게으른 인상을 준다. | ② |
| 감정체(아스트랄체)와 관련이 있다. 감각과 정서를 중요시하고, 쾌, 불쾌에 민감하다. 화를 잘 내고 성격이 급하며 사고와 개념화를 잘하고 자아의 의지가 강하며 다소 공격적이고 행동적이다. | ③ |

**28** 슈타이너는 인간을 네 가지 구성체로 설명하는데, 인간이 어머니 뱃속으로부터 이 세상에 태어나는 것만큼이나 중요한 사건이 7세, 14세, 21세 무렵에 일어난다고 하였으며 이와 같이 출생을 포함한 네 번의 계기를 통해서 인간은 네 가지 구성체를 갖게 된다고 하였다. 이와 관련하여 다음이 설명하는 용어를 쓰시오.

| | |
|---|---|
| 신체에 해당하며 눈에 보이는 인간의 몸, 인간존재에 관련된 것이다. 물질과 힘의 작용이 광물과 같아지는 현상을 나타내며 인간이 죽음에 이르게 되는 상태로 죽음과 함께 이것은 붕괴된다. | ㉠ |
| 이것은 중력의 법칙에 저항하여 밑에서부터 위로 뻗어가는 힘을 가지고 있으며, 번식이나 유전과 같이 생명 현상을 담당한다.<br>이것은 개인의 성격의 기초를 형성하는 것으로서, 기억과 지속적인 욕망과 경향, 습관의 운반자 역할을 하는 기질의 실질적 담당자이다. | ㉡ |
| 이것은 ㉡보다 고차원이며 인격의 표현이다. 인간이 외부로부터 가져온 인상을 자신의 내면세계로 체험하고 내면화하는 내적인 활동의 형태이다. 인간은 이러한 정신적 과정을 통해서 많은 것을 학습한다. | ㉢ |
| 인간만이 가진 독특한 것으로 개인이 세계와 구별하여 '나'라는 의식을 가지는 것이다. | ㉣ |

**29** 다음은 20세기 전기의 교육사상을 정리한 표이다. 괄호에 알맞은 용어를 쓰시오.

| 구분 | ( ㉠ ) | ( ㉡ ) | ( ㉢ ) | ( ㉣ ) |
|------|--------|--------|--------|--------|
| 교육<br>목적 | 학습자의 흥미,<br>필요 | 문화적 전통의<br>전수 | 항구적 지식의<br>훈련을 통한<br>이성적인<br>인간 형성 | 사회재건 |
| 교육<br>내용 | ( ㉤ ) | 역사, 과학,<br>외국어, 3R | 위대한 교과 | 사회과학 |
| 교육적<br>의미 | ( ㉥ )<br>교육관의 확립 | 교사의<br>수업주도권 인정,<br>본질적 지식의<br>구조 인정 | 문화유산에<br>내재한 항구적<br>진리의 재발견 | 교육의 사회적<br>역할 강조 |
| 대표<br>학자 | Dewey,<br>Kilpatrick | Bagley, Ulich | Adler,<br>Hutchins | Brameld,<br>Stanley |

㉠ _____  ㉡ _____

㉢ _____  ㉣ _____

㉤ _____  ㉥ _____

**30** 다음은 20세기 후기 교육철학 중 하나와 관련된 설명이다. 설명과 관련된 교육철학이 무엇인지 쓰시오.

① 이것은 전통적 모더니즘의 기본 논리가 인간의 자유를 보증하지 못했고 객관적 과학의 절차 또한 허구라는 입장이다.
② 이것은 전통적 모더니즘 사상의 객관적·절대적·합리적 성격에 반대하여 주관적·상대적·탈이성적 성격을 지닌 사상이다. 인간의 삶을 규정짓고 속박하는 모든 사상을 비판하고 인간을 위한 사상에 대해서는 열린 마음으로 수용하는 사상이라 할 수 있다.

**31** 다음 설명을 읽고 알맞은 용어를 쓰시오.

> ① ( ㉠ )은/는 우리 민족 고유의 사상으로, 성리학과 실학의 아동관을 지니고 있던 한계
> 를 극복하고 근대적인 아동 존중 사상의 시작을 의미한다고 볼 수 있다.
> ② '사람이 곧 하늘'이라는 ㉠의 ( ㉡ )사상은 아동을 소중하게 여기도록 하였으며 인격
> 체로 아동을 대우하는 사상을 확산시켰다. 또한, 이후 소파 방정환의 소년해방운동의
> 배경이 되었다.
> ③ ㉠에서도 역시 아동기의 시작은 태내기에서 시작된다. 잉태는 ( ㉢ )을/를 잉태함을
> 의미하므로 매우 중요하였다.

㉠ _____  ㉡ _____  ㉢ _____

**32** 다음은 방정환이 강조한 교육원리에 대한 설명이다. 제시된 원리가 무엇인지 쓰시오.

| | |
|---|---|
| 이 원리는 자신의 생각이나 현실을 꾸밈없이 그대로 표현해야 함을 강조하는 것으로 소파 방정환은 예술교육에서 자신이 느낀 것을 자연스럽게 표현하도록 하였다. 이것을 강조하는 것은 어린이 세계의 독특함을 인정하는 것이고, 어린이의 특성인 활동과 관련하여 자기 표현을 기쁨이자 성장의 바탕으로 본 것이다. | ㉠ |
| 방정환은 아동의 본성에 기초한 이것과 놀이를 중시하였다. 방정환의 창간지 『어린이』에서 "여기서는 그냥 재미있게 놀자. 그러는 동안 저절로 깨끗하고 착한 마음이 자라게 하자"라고 적혀 있는데, 그가 지향하는 이 교육방법의 원리를 잘 표현한 글이다. | ㉡ |

**33** 다음은 방정환이 강조한 교육 방법 중 하나이다. ㉠에 들어갈 알맞은 용어를 쓰시오.

> 어린이는 항상 ( ㉠ )해가며 기르십시오. ( ㉠ )을/를 하면 주제넘어진다고 생각하는
> 것은 큰 잘못입니다. 잘한 일에는 반드시 ( ㉠ )와/과 독려를 해주어야 그 어린이의 용기
> 와 자신하는 힘이 들어가는 것입니다.

**34** 다음은 방정환의 어린이 운동에 대한 설명이다. ㉠~㉢에 들어갈 알맞은 용어를 쓰고, Ⓐ에 해당되는 것으로, 세계명작동화 10가지를 번안한 소파 유일의 단행본의 명칭을 쓰시오.

> 소파 방정환은 우리나라 어린이 운동의 선구자이다. 소파의 어린이 운동은 세계 아동 예술 전람회, 자유화 대회, 동요 보급 운동, 동화 구연, 동극 등을 통해 이루어진 ( ㉠ ), 『어린이』지를 비롯하여 『개벽』, 『신여성』, 『학생』 등의 잡지나, 『 Ⓐ 』과 같은 단행본의 간행을 통하여 이루어졌던 ( ㉡ ) '천도교 소년회'와 '색동회', '조선소년운동협회', '소년지도자대회' 등을 중심으로 한 ( ㉢ )의 세 방향으로 이루어졌다.

㉠ _____   ㉡ _____   ㉢ _____

Ⓐ _____

# CHAPTER
## 01 | 기출문제로 감각 익히기

정답_p.614

**01** 다음은 교육사상가들에 대한 설명이다. 물음에 답하시오. 　2013학년도-A

> ( ㉠ )은(는) "어렸을 때의 생활이 그렇듯이 신한 것은 마치 일생의 어린 싹이 차고 이린 서리를 맞는 것입니다. 아무 것보다도 두렵고 슬픈 일입니다.
> …… (중략) …… 부인은 아이를 때리지 마라. 아이를 때리는 것은 한울(하늘)을 때리는 것이니 한울(하늘)이 싫어하고 기운을 상하게 하는 것이다."라고 하여 아동 존중 사상을 주창하였다.
>
> ( ㉡ )은(는) "은물의 형태와 자료는 어린이의 통찰력을 기르고자 하는 우주 법칙에 의해, 그리고 은물이 의도하고자 하는 아동 발달의 조건에 의해 결정된다."라고 하여 놀이의 중요성을 강조하였다.

1) ㉠의 사상가를 쓰고, 이 사람이 아동교육운동을 전개하는데 있어 주된 배경이 된 우리나라의 사상을 쓰시오.

　• ㉠ : _____

　• 사상 : _____

2) ㉡의 사상가는 구멍 뚫기, 바느질하기, 색칠하기, 콩 끼우기 등 10여 종의 활동을 고안하였으며, 이를 사용하여 유아의 내면세계를 표현하도록 하였다. 이 활동을 포괄적으로 지칭하는 명칭을 쓰시오.

**02** 다음은 유아교육 사상가에 대한 내용이다. 물음에 답하시오. 2013학년도 추시-A

---

( ㉠ )은(는) "어른들의 의무는 어린이를 지혜롭게 대하고, 어린이가 생활에 필요한 지식을 받아들이도록 도와주는 협조자여야 한다."라고 하였다. ( ㉠ )은(는) '정상화(normalization)'를 교육 목적으로 하고, 유아가 준비된 환경에서 교구를 활용하여 자기 스스로 오류를 정정해 나가는 자동 교육(auto education)을 주장하였다. 또한 환경을 받아들이며 스스로 경험하여 배우게 되는 특성을 설명하는 개념인 ( ㉡ )을(를) 제시하였다.

( ㉢ )은(는) "내가 기대하는 것은 학생들이 삶의 이유를 찾든 못 찾든 간에 그 결정의 ( ㉣ )을(를) 학생들에게 줄 수 있는 교육 방법을 마련하자는 것이다. 이는 가능한 일이다. 그것은 ( ㉣ )을(를) 통해서만, 그리고 ( ㉣ )을(를) 사랑하는 교사에 의해서만 가능하다."라고 하였다. 또한 ( ㉢ )은(는) 학생들이 행복한 삶을 영위하는 것을 교육의 목적으로 보았으며, 학교 운영에서도 교사나 성인이 간섭하지 않고 자치회를 통해 자신의 의사결정 능력을 익히도록 하였다.

( ㉤ )은(는) "교육의 근원은 자연과 인간과 사물이다. 우리의 능력과 기관의 내적 발달은 자연의 교육이고, 이 발달을 어떻게 이용할 것인지를 가르쳐 주는 것은 인간의 교육이다. 그리고 우리에게 영향을 미치는 대상들에 대한 우리 자신의 경험으로부터 얻는 것은 사물의 교육이다."라고 하였다. 또한 성선설에 근거하여 자연적인 성향과 조화를 이루며 자연의 원리를 따르는 교육을 주장하였다.

---

1) ㉠에 들어갈 사상가의 이름을 쓰고, ㉡에 들어갈 용어 1가지를 쓰시오.

- ㉠ : _____

- ㉡ : _____

2) ㉢에 들어갈 사상가가 설립한 학교 이름을 쓰고, ㉣에 들어갈 말 1가지를 쓰시오.

- 학교 이름 : _____

- ㉣ : _____

3) ㉤에 들어갈 사상가의 이름을 쓰시오.

- ㉤ : _____

**03** 다음은 교육사상가에 대한 설명이다. 물음에 답하시오.　　　　2014학년도-A

---

페스탈로찌(J. Pestalozzi)는 "자녀들은 인간 본성의 모든 능력을 부여받았으나 아직 미해결로 남아 있습니다. 그것은 자녀들의 ( ㉠ )이(가) 어떻게 사용되어야 할 것인가에 대한 물음입니다. 자녀들이 부여받은 정신적 능력이 발현되기 위해서는 교육을 받아야 합니다. …(중략)…

그러면 어떤 방법으로 교육을 받아야 할까요? 인간의 ( ㉠ )의 모든 능력이 조화롭게 결합이 되면 이 숭고한 사업이 성공할 것입니다. …(중략)… 실물교육이나 노작교육처럼 아동의 직접 경험 또는 직접 체험을 ( ㉡ )을(를) 통해 가르쳐야 합니다."라고 하였다. 외적 ( ㉡ )은(는) 감각기관을 통해 외계의 인상을 받아들이는 것을 말하며, 내적 ( ㉡ )은(는) 자신의 마음의 눈으로 세계의 본질을 체험하는 것을 말한다.

프뢰벨(F. Frobel)은 "만물에는 영원불멸의 법칙이 살아 지배한다. 모든 것을 지배하고 있는 이 영원불멸의 법칙은 필연적으로 모든 사물에 퍼져 있고, 강하고, 생동적이고 내재적인 영원한 ( ㉢ )에 기초하고 있다. ……(중략)…… 학교 본연의 임무는 만물에 항상 존재하는 ( ㉢ )에 중요한 가치를 두는 것임을 잊지 말아야 한다. 아동은 자기 자신의 ( ㉢ )이(가) 있는 자아를 다양성을 통해 표현하고 또 다양한 자아도 다양하게 표현한다."라고 하였다.

듀이(J. Dewey)는 "경험의 ( ㉣ ) 원리는 모든 경험에 대해 보편적으로 적용될 수 있는 것으로 지금 우리가 하고 있는 경험은 어느 정도 그리고 어떤 식으로든지 앞으로 올 경험의 객관적인 조건들을 구성하게 됩니다. 나아가 지금 하고 있는 경험이 앞으로 경험하게 될 외부적인 조건들을 구성하는 데 영향을 미칩니다. ……(중략)…… ( ㉤ )(이)라는 말은 경험의 의미를 이해하는 데 필요한 두 번째 원리입니다. 여기에는 경험 속에서 함께 작용하는 두 가지 요소, 즉 객관적이고 외적인 요소와 주관적이고 내적인 요소가 함께 작용하고 있다는 것을 의미합니다."라고 하였다.

---

1) ㉠에 들어갈 인간 본성의 능력을 나타내는 것 3가지를 쓰고, ㉡에 들어갈 용어 1가지를 쓰시오.

　• ㉠ : _____, _____, _____

　• ㉡ : _____

2) ㉢에 들어갈 용어 1가지를 쓰시오.

　• ㉢ : _____

3) ㉣과 ㉤에 들어갈 용어를 각각 1가지 쓰시오.

　• ㉣ : _____

　• ㉤ : _____

**04** 다음은 예비 유아 교사들의 대화 내용이다. 물음에 답하시오.

> 학생 A : 애들아, 교육 철학에 따라 유치원 교육이 다른 것 같아.
> 학생 B : 맞아, 최초의 유치원(Kindergarten)에서는 ( ㉠ )와(과) 작업(Occupation)을 활용해서 교육했지.
> 학생 C : 몬테소리(M.Montessori)도 일상생활 교구, 감각 교구, 언어 교구, 문화 교구, 수학 교구를 개발했어. 이 교구는 ㉡ 유아 스스로 자신의 실수나 오류를 발견할 수 있도록 고안되어서 교사가 잘못을 수정해 주지 않아도 정정이 가능하대.
> 학생 A : 난 듀이(J. Dewey)에 관심이 많아. 듀이는 유아들이 생활 속에서 관심을 갖는 내용을 선정해서 운영하는 교육과정을 강조했어.
> 학생 B : 나도 듀이의 교육 철학이 기억나. 교육은 생활이고, 성장이며, 계속적인 ( ㉢ )의 재구성이고, 사회적 과정이라고 했잖아. 그래서 듀이는 생활중심, ( ㉢ )중심, ( ㉣ )중심, 아동중심, 활동중심을 강조하는 교육 철학자야.
> 학생 C : 그래. 유아들이 생활 속에서 겪을 수 있는 비슷한 것끼리 모아서 쌓기, 언어, 역할, 과학, 음률 등으로 교실을 구분해 ( ㉣ )영역으로 배치하는 것도 듀이의 영향을 받은 거야.

1) ① 최초의 유치원에서 사용한 교구인 ㉠에 해당하는 용어 1가지를 쓰고, ② 이를 고안한 학자의 이름을 쓰시오.

　• ① : _____

　• ② : _____

2) ㉡을 설명하는 용어 1가지를 쓰시오.

_____

3) ㉢과 ㉣에 들어갈 용어를 각각 1가지 쓰시오.

　• ㉢ : _____

　• ㉣ : _____

**05** 다음은 자율장학연구회 소모임에서 유치원 교사들이 나눈 대화내용이다. 물음에 답하시오.

2017학년도-A

> 홍 교사 : 유아는 단계적으로 발달하면서 감각을 통해 모든 것을 받아들이잖아요. "감각에 의하지 않고 지성을 따르는 것은 하나도 없다."라고 한 ( ㉠ )의 주장은 유아교육의 중요성을 잘 드러내 주는 것 같아요. 그 사상가는 유아들을 위한 세계 최초의 그림책도 만들었지요.
> 김 교사 : ㉡ 몬테소리(M, Montessori)를 포함하여 여러 교육자는 유아를 위한 다양한 교구를 만들었죠. 저도 그런 교구를 보면 가지고 놀고 싶다니까요.
> 최 교사 : 사람은 자연의 일부이기 때문에 교구를 활용할 때도 자연의 순서에 따라 서두르지 말고, 쉬운 것에서 어려운 것으로, 연령에 적합한 내용과 방법으로 교육해야 한다고 생각해요.
> …(하략)…

chapter
**02**

1) ① ㉠에 들어갈 사상가의 이름을 쓰고, ② 홍 교사와 최 교사의 대화에서 공통적으로 나타나는 ㉠ 사상가의 교육원리 1가지를 쓰시오.

• ① : _____

• ② : _____

2) 다음은 ㉡에 관련된 내용이다. ⓐ~ⓔ 중 틀린 내용 1가지를 찾아 기호를 쓰고, 이를 바르게 고쳐 쓰시오.

> ⓐ 교구를 통한 감각 훈련과 언어지도 및 기본생활습관 훈련을 철저하게 실시하였다.
> ⓑ 교사는 유아가 교구와 상호작용하는 동안 호기심을 유발하도록 질문한다.
> ⓒ 유아는 스스로 성장할 수 있는 내적 생명력을 지니고 있다.
> ⓓ 유아 스스로 특정 과제를 숙달하고자 강하게 집중하는 현상이 나타난다.
> ⓔ 교구는 사용법이 정해져 있어 정해진 방법으로만 활용해야 한다.

_____

_____

**06** (가)와 (나)는 유아교육에 영향을 미친 사상에 한 내용이다. 물음에 답하시오.

2018학년도-A

(가)

> 듀이(J. Dewey)는 "학생이 학습을 통하여 실현해야 하는 ( ㉠ )을(를) 설정함에 있어서 학생이 이 일에 참여하여 능동적으로 협력하도록 만들지 못한 것이야말로 전통적인 교육이 범한 가장 커다란 잘못이며, … (중략) … ( ㉠ )을(를)를 설정할 때는 학생이 참여하는 것이 중요하고, ( ㉠ )은(는) 수업을 받는 학생들이 활동하는 방법을 직접 시사할 수 있는 것이어야 한다."라고 하였다. … (중략) … 또한 듀이는 "( ㉠ )이(가)교육적으로 중요하다는 점이 강조되면 될수록 ( ㉠ )(이)란 무엇이며, 그것이 경험 속에서 어떻게 형성되어 어떠한 기능을 수행하게 되는지를 이해하는 일이 더욱 중요한 문제로 부각 된다."라고 하여 교육의 수단이자 ( ㉠ )(으)로서의 경험을 강조하였다.
>
> 로크(J. Locke)는 인간 형성의 기초로서 ( ㉡ ) 교육을 강조하였다. 로크는 "신체의 ( ㉡ )이(가) 일과 행복에 얼마나 필요한지, 난관과 고통을 견뎌낼 수 있게 하는 강한 체질이 세상에 유의미한 사람이 되기 위해 얼마나 필수불가결한 요소인지는 너무 자명해서 따로 증명할 필요가 없을 것 같다."라고 하였다. 또한 그는 아이의 ( ㉡ )을(를) 관리하기 위한 몇 가지 규칙으로, "바깥 공기를 충분히 마시게 하고, 운동을 시키고, 잠은 충분히 재우고, 식사는 검소하게 하며, … (중략) … 너무 따뜻하거나 꽉 끼는 옷은 입히지 말고, 특히 머리와 발은 차게 유지하고 … (중략) … 습관을 들이라는 것이다. … (중략) … 어떤 경우에도 이성적 동물인 인간으로서 존엄과 덕성에 어울리지 않는 행위는 하지 않도록 아이에게 올바른 정신을 심어 주어야 한다."라고 하였다.
>
> 루소(J. J. Rousseau)는 "우리는 모든 것이 결핍된 상태로 태어나므로 도움이 필요하며, 우둔한 상태로 태어나므로 판단력이 필요하다. 어른이 되면 필요하겠지만 태어나면서 가지지 못한 모든 것은 교육을 통해 우리에게 주어진다. 그 교육은 자연이나 ( ㉢ ) 또는 인간의 소산이다. 우리의 능력과 기관들의 내적인 성장은 자연의 교육이다. 반면 그 성장을 이용하도록 우리에게 가르치는 것은 인간의 교육이다. 그리고 우리와 접촉하는 대상들에 대한 경험 획득은 ( ㉢ )의 교육이다. 그러므로 우리는 세 종류의 선생을 통해 교육 받는다."라고 하였다.

(나)

> ( ㉣ )은(는) 전통적 교육의 형식주의에 반대하여 어린이의 자유·경험·생활·창의 등을 존중할 것을 기본으로 한다. ( ㉣ )의 대표적인 교육자인 듀이는 교육을 실험적 과정으로 이해하고 학습자, 교육과정, 학교에 대한 새로운 관점을 제시하였다. 그의 사상은 전통적인 학교를 개혁하고자 하는 교육 개혁운동으로 전개되었고, 이후 전통적 교육관에 대비되는 교육사조로 발전하였다.
>
> ( ㉤ )은(는) 18세기 후반에 일어난, 구습(舊習)의 사상을 타파하려던 혁신적 사상운동이다. ( ㉤ )을(를) 대표하는 로크와 루소는 교육을 강조하였는데, 이는 교육을 통해 사회 개혁과 발전이 이루어질 수 있다고 믿었기 때문이다. 이들의 철학은 이성을 통해 사회의 무지를 타파하고 상식, 경험, 과학을 강조하는 사상운동에 영향을 주었다. 이러한 사상운동은 전통적 관습, 의례, 도덕에 대한 비판적 사고를 핵심으로 하며, 인간의 존엄과 평등, 자유권을 강조한다.

1) (가)의 ㉠, ㉡, ㉢에 들어갈 말을 각각 쓰시오.

- ㉠ : _____

- ㉡ : _____

- ㉢ : _____

2) (나)의 ㉣과 ㉤에 들어갈 사조의 명칭을 각각 쓰시오.

- ㉣ : _____

- ㉤ : _____

**07** 다음은 유아교육에 영향을 미친 인물에 관한 교사들의 대화 중 일부이다. 물음에 답하시오.

2019학년도 A

> 하 교사 : 유치원 교사를 하면서 항상 생각하는 건데, 지금의 유아교육이 있기까지는 참으로 많은 사상가의 공헌이 있었어요.
>
> 서 교사 : 대표적으로 17세기 최고의 교육자이면서 감각 교육을 중시했던 ( ㉠ )이(가) 있죠. ( ㉠ )은(는)인간의 발달단계에 따른 교육제도를 언급했으며, ( ㉠ )의 교육사상은 이후 아동중심교육을 내세웠던 여러 사상가에게 많은 영향을 미쳤어요.
>
> 차 교사 : ( ㉠ )의 영향을 받은 사상가로 루소(J. Rousseau)와 ( ㉡ )이(가) 있는데, ( ㉡ )은(는) 자연스러운 교육방법을 지향한 루소의 교육사상을 실천하려고 노력했죠.
>
> 하 교사 : 3H의 조화로운 발달을 강조한 ( ㉡ )의 교육사상은 직접적이고 경험적인 교육방법을 주장했다는 점에서 높이 평가받고 있어요. 특히 유아기에 도덕적 능력의 계발을 중심으로 지적, 도덕적, 기능적 영역의 조화를 강조한 점은 현대에도 시사하는 바가 크죠.
>
> 서 교사 : 프랑스의 사상가인 오베르랑(J. Oberlin)은 유아보호에 중점을 둔 학교를 설립했어요. 이 학교는 종교와 도덕교육을 중시했으며 질서와 노동을 강조했어요.
>
> 차 교사 : 19세기 영국의 ( ㉢ )도 자신이 경영하는 공장에 유아 학교를 세우고 노동자 계층의 유아를 가르치는 데 심혈을 기울었어요. ( ㉢ )은(는) 유아기 습관이 평생의 성격에 커다란 영향을 미친다고 생각하고 습관 형성을 강조했어요.
>
> 하 교사 : ( ㉢ )이(가) 세운 유아 학교는 ( ㉣ )의 일부로서 이후 유아 학교의 중요한 기초가 되었어요.
>
> … (하략) …

1) ㉠에 들어갈 사상가가 쓴 저서 중 학교 교육을 다음과 같이 4단계로 구분하여 제시한 저서의 이름을 쓰시오.

| 단계 | 대상 | 학교 |
|---|---|---|
| 1단계 | 0~6세 | 어머니무릎학교 |
| 2단계 | 7~12세 | 모국어 학교 |
| 3단계 | 13~18세 | 라틴어 학교 |
| 4단계 | 19~24세 | 대학 등 |

2) ㉡이 주장한 교육원리 중 손발의 노동을 통한 도덕성 함양과 정신의 단련을 강조한 원리를 쓰시오.

3) 다음 ⓐ와 ⓑ에 해당하는 말을 각각 쓰시오.

> ㉡의 영향을 받은 사상가 중 ( ⓐ )은(는) 유아의 본성을 신성으로 간주하고, 신의 뜻과 우주의 진리를 깨닫는 수단으로 이상적인 놀잇감인 ( ⓑ )을(를) 고안하였다.

- ⓐ : _____
- ⓑ : _____

4) ㉢에 들어갈 인물의 이름을 쓰고, ㉢에 해당하는 인물이 설립한 ㉣의 이름을 쓰시오.

- ㉢ : _____
- ㉣ : _____

**08** 다음은 유치원 교사들의 대화 내용이다. 물음에 답하시오. 2021학년도-A

> 이 교사 : 2019 개정 유치원 교육과정에서는 교사가 자연스러운 상황에서 유아의 놀이 흐름을 따라가며 지원하는 게 중요해졌죠.
>
> 한 교사 : 그러한 점은 루소(J. Rousseau)의 사상과 관련 있는 것 같아요. 자연적 교육 혹은 자연주의 교육 방법으로 언급되는 ( ㉠ )은(는) 지식을 외부에서 유아에게 강제적으로 주입해 주는 것보다 유아의 자유로운 활동을 존중하여 자연스러운 발달을 돕는 것을 의미해요. 이는 아동 중심 교육과 관련되기도 하죠.
>
> 이 교사 : 유아가 자유롭게 놀이하면서 배우려면 직접 경험하는 것이 중요해요. 이것을 루소의 사상에 비추어 보면, 인간의 정신세계로 들어오는 모든 것은 ( ㉡ )을 (를) 통하기 때문에 유아기에는 실물을 보고 만지고 느끼면서 외부 세계를 경험하는 것이 중요하죠.
>
> 한 교사 : 유아가 직접적인 경험을 통해 배우는 것은 듀이(J. Dewey)의 사상과도 관련돼요. 이것은 경험의 원리로 설명할 수 있죠. 그 원리 중 하나는 경험이 환경과의 상호작용을 통해 형성된다는 것이고요, 또 다른 하나는 ㉢ 현재의 경험과 과거의 경험이 연결되고 그 경험이 미래의 경험으로 이어진다는 것이에요.
>
> 이 교사 : 네, 저도 동의해요. 유아가 오늘 놀이에서 무엇을 경험하느냐에 따라 어제까지 알고 있던 지식이 조금씩 바뀌거나 새로워질 수 있죠. 이것을 듀이의 사상과 관련하여 해석하면, 교육은 끊임없는 경험의 재구성을 통한 ( ㉣ )(이)라는 것을 의미하죠.

1) ㉠과 ㉡에 들어갈 말을 각각 쓰시오.

• ㉠ : _____

• ㉡ : _____

2) ① ㉢에 해당하는 원리를 쓰고, ② ㉣에 들어갈 말을 쓰시오.

• ① : _____

• ② : _____

**09** 다음은 5세반 교사들 간 대화의 일부이다. 물음에 답하시오.                     2022학년도-A

---

장 교사 : 요즘 우리 반에서는 끝말잇기 놀이가 한창인데 이를 통해 유아들이 낱말
          에 관심을 갖는 것 같아요.

최 교사 : 그래요? 우리 반 유아들은 수수께끼 놀이를 즐겨 해요. 정답을 맞추려고
          엄청 집중을 하더라구요.                                          [A]

강 교사 : 우리 반 유아들은 단풍잎에 관심을 가지고 단풍잎을 만져 보고, 모양과
          색깔을 살펴보면서 식물에 대해 알아보고 싶어 해요.

장 교사 : 유아들이 여러 가지 놀이를 통해 배우는 모습을 보니 ㉠ 페스탈로치(J. H.
          Pestalozzi)가 제시한 직관의 원리가 생각나네요. 그는 ㉡ 조화의 원리도 중요
          하게 생각했죠.

최 교사 : 저는 몬테소리(M. Montessori)가 ㉢ 유아들은 교구를 가지고 작업하다가 실
          수를 하더라도 스스로 수정하며 배운다고 한 것이 생각났어요.

          유아는 스스로 작업에 흥미를 가지고 집중하여 반복하면서 지식을 획득
          하죠. 이를 통해 유아는 만족감을 느끼고 균형된 발달을 이루어 정상화에
          이르게 돼요.

유 교사 : 그 뿐만 아니라 몬테소리는 유아들의 능력이 효과적으로 획득되는 민감
          기에 대해서도 언급했죠. 이 시기에 유아는 스스로 지식을 형성하므로 준    [B]
          비된 환경을 마련해 줄 필요가 없다고 봤어요. 그리고 식물이 물을 빨아
          들이듯 주변 세계로부터 정보를 흡수하거나 받아들이는 유아의 정신적
          능력을 흡수정신이라고 했고요.

                        … (하략) …

---

1) ① ㉠의 교육 원리가 나타난 부분을 [A]에서 1가지 찾아 쓰고, ② ㉡의 교육 원리를
   설명하시오.

   • ① : _____

   • ② : _____

2) ① ㉢에 해당하는 용어를 쓰고, ② [B]에서 잘못된 부분을 찾아 그 이유를 설명하시오.

   • ① : _____

   • ② : _____

       _____

       _____

# 박수민

## 유아임용의 정석 - 유아교육개론

# CHAPTER

# 03

# 유아교육과 발달

# Section 01 발달의 의미

## 01 발달의 개념

① '발달(development)'이란 시간이 지남에 따라서 신체적 구조, 심리적 특성 및 행동과 일생 동안 살아가는 데 필요한 것들에 적응해 가는 방식을 의미(Rathus, 1988)한다.

② 발달심리학에서는 '발달'을 수정이 되는 순간, 즉 임신으로 인간의 생명이 시작되면서부터 죽음에 이르기까지 전 생애를 통해 이루어지는 모든 변화의 양상과 과정을 의미한다고 본다.

③ 발달은 신체, 운동기능, 지능, 사고, 언어, 성격, 사회성, 정서, 도덕성 등 인간의 모든 특성들의 질적 변화와 양적인 변화 모두를 포함하는 것이다.

④ 인간의 전 생애에 걸친 발달과정에서 어떤 특징이 양적으로 증대되고, 기능이 유능해지며, 구조가 더욱 복잡해지는 긍정적인 변화와 더불어, 양적으로 감소되고, 기능과 구조가 쇠퇴하는 부정적인 변화도 포함된다.

⑤ 긍정적인 변화는 발달로 보지만 부정적인 변화는 '퇴행'이라 하여 발달과 구분하기도 한다.

⑥ 발달은 경험 및 학습 또는 훈련과 같은 외적 작용에 의한 연령적 변화와 함께 유전인자 같은 내적 작용에 의한 생리적 변화를 모두 포함한다고 할 수 있다.

### PLUS+

**발달에 밀접하게 관련되는 개념**

1. **성장(growth)**
   크기나 양에서의 변화 또는 신체적 특성의 긍정적인 변화를 뜻한다.

2. **성숙(maturation)**
   인간행동의 수많은 변화 중 주로 유전 정보에 의해 일어나는 변화로 점진적인 신체적·심리적 변화를 뜻하며 유전인자가 발달과정을 방향 짓는 기제를 뜻한다.

3. **학습(learning)**
   연습과 경험을 통해 이루어지는 비교적 영속적이고도 진보적인 행동의 변화를 뜻한다.

## 02  발달에 대한 심리학적 관점

### 1. 성숙론

① 인간의 발달이 유전에 의해 결정된다고 보아 유전을 발달의 직접적인 원인으로 꼽고
있다.

② 루소는 발달의 변화는 유전적으로 이미 결정된 단계대로 일어난다는 사실을 처음으로
제시하였다.

③ 그 후 다윈(Darwin)이 『종의 기원』에서 성숙론적인 개념을 설명하였고, 다윈의 진화
론과 루소의 자연주의적 철학을 잘 조화시킨 홀(Hall)은 성숙론적 발달변화의 체제를
제시하였다.

④ 게젤(Gesell)은 발달의 모든 영역은 자연적인 계획과 과정의 개화(unfolding)에 의해
서 스스로 조정되는 것으로 보았다.

### 2. 환경론

① 환경론자는 발달변화란 학습과 훈련에 의한 경험의 결과라고 본다.

② 로크는 환경론자의 초기 지지자로서 인간이 출생 시에는 백지상태와 같지만 환경적인
영향에 의해서 개인의 인성, 지능, 행동 특성 등이 경험에 의해 학습이 된다고 하였다.

③ 이러한 견해는 20세기 초반의 파블로프(Pavlov)와 왓슨(Watson)에게로 전해졌다.

### 3. 상호작용론

유전이나 환경요인 중 어느 하나의 요인만이 발달변화의 과정이나 특성에 작용하는 것이
아니라 유전과 환경이 모두 상호 관련되어 있다는 견해이다.

# Section 02 발달의 원리 및 단계

## 01 발달에 영향을 미치는 요인

### 1. 내적 요인과 외적 요인

**(1) 내적 요인**

아동이 선천적으로 부모로부터 물려받은 생물학적 자질인 유전에서 비롯된다.

**(2) 외적 요인(환경적 요인)**

아동이 외부 세계와의 경험에서 받게 되는 비유전적인 영향이다.

### 2. 규범적 요인과 비규범적 요인

**(1) 규범적 요인**

특수한 세대의 사람들에게나 같은 장소에서 같은 시기에 성장하는 사람들에게 미치는 보편적인 영향을 의미한다.

**(2) 비규범적 요인**

개인 생활에 중요한 영향을 미치는 특별한 사건을 의미한다.

### 3. 결정적 시기

결정적 시기란 어떤 주어진 사건이 가장 큰 영향력을 가지게 되는 특별한 시기를 뜻한다. 즉, 유기체가 생애의 어떤 시점에서 특정한 행동을 가장 확실하게 학습하는 최적의 시기를 뜻한다.

예 동물행동학자 로렌츠(Lorenz)의 오리 대상 연구 실험 – '각인이론(imprinting theory)'

**PLUS⁺**

**결정적 시기에 대한 다른 견해**

발달의 다른 측면에서는 결정적 시기에 받은 영향이 이후에 회복될 수 없다는 종래의 개념이 근래에는 적절한 환경 제공으로 어느 정도 회복될 수 있다고 바뀌고 있다.

## 02 발달의 원리

**(1) 인간의 성장과 변화는 질서정연하며, 발달은 일정한 방향과 순서에 의해 진행된다.**

① 언어 발달에서 모든 아동은 같은 단계를 거치는데, 옹알이를 한 후에 말을 하고 간단한 문장을 말한 후에야 복잡한 문장을 말한다.

② 아동 초기에 신체 및 동작 발달은 상체에서 하체의 방향으로, 중심에서 말초의 방향으로, 전체 활동에서 세분화된 활동의 방향으로 이루어지는 '방향성'을 띤다.

**(2) 발달은 연속적(계속적)인 변화의 과정이지만 그 속도는 일정하지 않다.**

① 아동기에는 생식기관이 매우 느리게 발달하지만 청소년기에는 매우 빨리 발달하고, 아기의 키와 몸무게가 첫 해에 크게 증가하는 것처럼 발달영역에 따라 그 속도가 각기 다르다.

② 특정 부분이 어느 시기에 급격히 발달하기도 하고 지연되기도 하여 발달 단계에 따라 속도가 일정하지 않다.

**(3) 발달은 성숙과 학습에 의존한다.**

발달적인 모든 변화뿐만 아니라, 모든 개인의 특성과 능력은 기본적으로 성숙(외적인 환경조건, 경험이나 연습과는 비교적 무관한, 개인의 신체에서 일어나는 유기체의 신경생리학적·생화학적 변화)과 경험(학습과 연습)의 산물이다.

**(4) 발달에는 결정적 시기가 있다.**

발달에는 결정적 시기(critical period) 또는 민감기(sensitive period)로 불리는, 유기체가 생애의 어떤 시점에서 특정한 행동을 가장 확실하게 학습하는 최적의 시기가 있다.

**(5) 유전(유전적 요소)과 환경(경험)의 복잡한 상호작용이 인간 발달의 과정을 조절한다.**

유전인자는 환경이라는 제한 속에서 유전인자가 지닌 잠재력을 발휘할 수 있으며, 환경도 유전인자의 본질이 제한하는 한계 내에서 발달에 영향력을 행사할 수 있다.

**(6) 발달은 분화와 통합의 과정이다.**

모든 운동 발달은 세분화된 특수운동이 나타나기 이전에 전체 활동이 먼저 나타난다.

예 아동은 물건을 잡으려 할 때 처음엔 몸을 물건 쪽으로 구부리다가 이 활동이 분화되어 팔을 뻗치고, 이것이 다시 분화되어 손목을 움직이며, 거듭 분화되어 손가락을 사용하게 된다. 그러나 팔을 뻗치고 손목과 손가락을 사용하여 몸을 구부리는 활동은 결국 원하는 물건을 붙잡아 쥐는 행동으로 통합되어 목표물을 움켜잡게 된다.

### (7) 발달과정에는 개인차가 있다.

발달은 보편적인 과정을 거치면서도 개인차를 나타낸다. 즉, 발달적 변화의 시기나 표현 방식에 있어서 차이가 있고 발달의 결과도 개인마다 다양하다.

🔲 건강 수준과 같은 체질적 요소, 복잡한 생각을 이해하는 능력, 정서적 반응, 생활방식 등

### (8) 발달의 각 측면은 서로 밀접히 상호 관련되어 있다.

① 신체 발달이 우수한 아동이 지적 발달에 있어서도 앞서고, 지적으로 우수한 아동이 보다 긍정적이고 적극적인 성격을 발달시키는 경향이 있다.

② 일생생활에서 경험하는 대인관계의 결핍은 사회성 발달을 저해할 뿐 아니라 언어 발달과 사고 발달 등의 인지적 발달장애를 수반한다.

### (9) 모든 발달은 반드시 발달 단계를 거친다.

발달 단계란 인간 발달의 연속적인 선상에서 현저하게 구분되는 어떤 기준에 따른 단계이다. 발달은 연속적인 과정이므로 단계를 구분하는 일이 간단한 일은 아니나 특정한 시기에 어떤 특성이 비교적 현저하게 나타남으로써 다른 시기와는 구별된다.

## 03  유아 발달의 특성

### 1. 유아기 발달의 중요성

유아기는 다른 시기에 비해 변화의 폭이 매우 넓고, 그 속도가 아주 빠르며, 다음 변화의 바탕이 된다는 점에서 교육적 의의가 강조된다.

### 2. 유아 발달의 특성

#### (1) 적정성(適正性) 또는 적기성(適期性)

인간에게는 발달단계마다 필수적으로 경험해야 할 과업이 있는데, 이 발달과업을 성취하는 데는 적절한 시기가 있어서 이때를 놓치면 어렵다.

#### (2) 기초성(基礎性)

유아기의 경험은 다음 발달단계의 바탕이 된다. 유아기는 그 이후에 나타나는 인간 특성의 기초가 형성되는 시기로서 발달적 중요성을 갖는다.

#### (3) 누적성(累積性)

유아기 발달과정에서 이전 단계의 발달이 잘못되면 그 나쁜 영향이 그 다음의 발달단계에도 지속되며 궁극적으로 정상적인 성장 및 발달을 가져오지 못한다.

### ⑷ 불가역성(不可逆性)

어떤 특정 시기에 발달이 잘못되면 그 후기에 충분한 보상적 자극이나 경험을 제공받는다고 하더라도 원래의 발달상태로 회복되지 않는다.

---

**PLUS⁺**

**발달의 성격에 대한 기본적 의견**

**1. 연속적인 누적 과정이다.**

인간 발달을 가장 잘 기술한 것은 '연속적이고 누적적인 과정'이라는 말이다. 변화는 계속되며 인생의 각 중요한 단계마다 발생하는 변화는 미래에 대해 중요한 시사점을 가지게 된다.

**2. 총체적 과정이다.**

발달이란 부분적인 것이 아니라 총체적인(holistic) 것이다. 다시 말해서, 인간은 신체적·인지적·사회적 존재이다. 그리고 자아(self)를 이루는 이러한 각 요소들은 다른 발달영역에서 일어나는 변화에 부분적으로 의존한다.

> **총체적 관점(holistic perspective)**
>
> 발달과정의 통합된 입장으로 신체적·정신적·사회적·정서적 인간 발달 측면의 중요한 상호 관련성을 강조한다.

**3. 가소성이 있다.**

또래들이 많이 싫어하는 매우 공격적인 아동들은 인기 있는 아동들이 보여주는 사회적 기술을 학습하고 연습한 후에 그들의 사회적 지위를 향상시켰다(Mize & Ladd, 1990; Shure, 1989). 인간 발달이 그렇게 유연해서 출발이 좋지 않은 어린이들이 결핍을 극복하도록 도움을 받을 수 있다는 것은 참 다행스러운 일이다.

> **가소성(plasticity)**
>
> 1. 변화에 대한 역량과 경험으로 만들어지는 잠재력이 있는 발달상태
> 2. 긍정적이거나 부정적인 삶의 경험에 대한 반응에서의 변화능력

**4. 역사적·문화적 맥락의 영향을 받는다.**

모든 문화, 사회계층 혹은 인종과 민족 집단에 정확하게 맞는 발달에 대한 단 하나의 그림은 없다. 각각의 문화, 하위문화, 사회계층은 특정 패턴의 신념, 가치, 관습, 기술을 젊은 세대에 전한다. 그리고 이 문화적 사회화의 내용은 개인이 보여주는 태도와 능력에 큰 영향을 미친다. 사회적 변화도 발달에 영향을 준다.

## 04 발달에 적합한 실제 – NAEYC

### 1. 배경

1980년대 이후 천재아 선호 증상과 일찍부터 유아에게 형식적인 교육을 시키자는 온실(hothousing)이론의 문제가 심각하게 대두되었다. 이러한 학문적 성취와 테스트에 대한 압력에 대응하기 위한 움직임으로 미국의 전국유아교육협회(NAEYC : National Association for the Education of Young Children)에서는 『출생에서 8세까지 발달에 적합한 실제』를 출간하였다(Bredekamp. 1986). 이후 발달에 적합한 실제(DAP : Developmentally Appropriate Practices)는 유아교육에 많은 공헌을 했음에도 불구하고 거센 비판을 받게 되었다. 초기의 DAP는 피아제 이론에 강하게 의존하는 이론적 기초를 가지고 아동의 연령 적합성과 개인적 적합성이 반영된 통합된 교육과정을 사용할 것을 주장하였다. 이후 1997년에 개정된 새로운 DAP에서는 발달에 적합성과 부적합성, 교사 주도적 혹은 유아 주도적 교육과정의 양자택일적 사고의 위험성을 지적하면서 아동 삶에서의 다양한 문화적 맥락을 강조하기 시작하였다.

### 2. 새로운 DAP의 3가지 중요한 원칙

아동의 발달과 학습에 있어서 보편적인 기준에 대한 지식(연령 적합성), 각각 개인으로서의 유아에 대한 지식(개인적 적합성), 각 유아의 독특한 사회적·문화적 배경에 대한 지식(사회문화적 적합성)을 제안하고 있다. 또한 전문가로서의 유아교사를 정의하면서 지식 있는 반성적인 실천가, 사려 깊은 의사결정자, 학습자로서의 교사의 전문적 역할을 제안하였다.

### 3. 발달에 적합한 실제의 의미

발달에 적합한 유아교육 프로그램 실제는 연령 적합성, 개인적 적합성, 사회문화적 적합성을 의미하며, 교사가 다음 3가지 정보에 기초한 학습 환경과 경험을 제공할 때 성취된다(김정원, 성선화, 2006, Bredekamp & Copple, 1997).

### (1) 연령 적합성(age appropriateness)

영유아기에 이루어지는 성장과 변화에는 보편적이고 예측 가능한 단계가 있으며, 이러한 예측 가능한 변화는 그 시기의 유아에게 안정되고 흥미로우며 도전적인 활동, 놀잇감, 경험이 무엇인지 예상할 수 있도록 도와준다. 연령 적합성이란 영유아가 속한 연령집단의 발달 수준과 특성에 맞게 교육과정을 운영하는 것을 의미한다.

⑵ **개인적 적합성(individual appropriateness)**

집단 속에 있는 개별 영유아는 모두 각기 다른 발달능력과 흥미, 요구, 기질을 가지고 있다. 개인적 적합성이란 교육과정 운영 시 이러한 영유아의 개인차와 다양성을 수용하고 민감하게 반응해 주는 것을 의미한다.

⑶ **사회문화적 적합성(socio-cultural appropriateness)**

영유아의 발달과 학습은 그들이 속한 다양한 사회문화적 맥락에 의해 영향을 받는다. 사회문화적 적합성이란 개별 영유아 및 그 가족이 지닌 가치, 신념, 전통, 문화 등에 적합해야 한다는 것이며 그들에게 의미 있고, 관련되고, 존중될 수 있는 학습경험을 제공해 주는 것이다.

## 01   게젤의 성숙이론

### 1. 발달에 대한 기본 관점

① 게젤(Arnold Lucius Gesell, 1880~1961)은 유전자가 발달과정을 방향 짓는 기제에 대한 일반적인 명칭을 '성숙'이라고 명명하였는데, 그의 성숙이론은 발달을 자극하고 인도하는 생물학적 변인들을 강조한다.

② 발달은 단계적 '순서'를 통해 형성되며, 그 순서는 종들의 생물학적·진화적 역사에 의해 결정된다.

③ 아동이 각 단계를 통과하는 '발달속도'는 아동 자신의 유전적 배경에 의해서 결정되는데, 이 발달속도가 인위적으로 변할 수 있다 하더라도 근본적으로는 변화될 수 없다고 보았다.

### 2. 준비도(readiness)

준비도는 어떤 행동 및 학습에 필요한 신체적·신경학적 발달이 완성되어 있음을 의미하는 것이며, 성숙에 기초한 교육으로 새로운 경험을 위한 가장 적당한 시기, 가장 효과적인 훈련이 가능한 적기를 의미한다.

### 3. 발달의 기본 원리

#### (1) 발달적 방향성의 원리

발달에는 방향이 있으며 이 방향은 기본적으로 미리 계획된 유전적 기제의 기능이다.

#### (2) 상호적 교류의 원리

인간은 양측적으로 되어 있다. 즉, 두 반구로 된 뇌, 두 눈, 두 손, 두 다리 등으로 되어 있다. '상호적 교류'란 양측이 점차적으로 효과적인 체제화가 되어 가는 과정을 말한다.

### (3) 기능적 비대칭의 원리

발달의 모든 측면들이 상호적 교류의 원리에서처럼 균형을 이룬다는 것은 매우 어려운 일이다. 행동은 유기체가 나중 단계에서 어느 정도의 성숙을 이룰 수 있도록 비대칭적이거나 불균형적 발달기간을 거치게 된다.

### (4) 개별적 성숙의 원리

① 발달은 연속적 패턴화 과정으로서 패턴화는 미리 결정되며 유기체가 성숙함에 따라서 드러나게 된다. 성숙은 내인성, 즉 내적 요인에 의해서 통제되는 과정이며, 가르침과 같은 외인성, 즉 외적 요인에 의해서 기본적 측면이 영향을 받을 수 없다.

② 개별적 성숙원리는 개인의 발달 패턴과 방향을 확립시키는 내적 기제로서 '성장모형'의 중요성을 강조한다.

### (5) 자기 규제의 원리

① 모든 성장에는 상당한 정도의 자기 규제가 있다.

② 유아기의 자기 규제는 아기들이 자신의 수유주기나 수면주기 그리고 깨어 있는 상태의 주기 등을 규제하는 능력의 토대를 이루고 있다.

③ 자기 규제의 기제는 유동적인 성장의 본질이다. 아동들은 새로운 영역 안으로 급격히 들어오며, 다음에는 부분적으로 물러서다가, 다시 앞으로 더 나아가기 전에 자신의 진행과정을 견고하게 한다.

④ 발달은 안정과 불안정의 시기, 활발한 성장기의 충실기를 오르내리는 시소와 같다. 게젤은 이러한 발달적 유동성이 일련의 안정된 반응으로 나타난다고 보고 있다.

### (6) 개성 및 개인차

정상적인 아동은 모두가 동일한 순서를 거치지만 그 성장속도는 상이하다는 것이다. 게젤은 개별 아동의 독특성을 강력하게 믿었으며, 성장속도가 기질이나 성격상의 차이와 관계가 있을 것이라고 시사하였다.

## 4. 유아교육에 주는 시사점

① 인간의 성장 및 발달에 대하여 내적인 성장시간표를 중시하며 교육을 통해 보다 빨리 성장하도록 기대하고 재촉하는 것이 아니라 스스로 성장할 기회를 주는 것이 바람직하다는 관점을 제시하였다.

② 유아의 자발적인 성장 의지 및 욕구가 나타날 수 있도록 자연적 발달 순서에 적합한 다양한 학습자료를 스스로 조작할 수 있는 기회를 보장하도록 하였다.

③ 유아의 단계적 성장에 따른 흥미와 욕구에 대한 주의 깊은 관찰과 통찰력을 통해 유아에게 적절한 환경을 제공할 것을 강조하도록 하였다.

④ 학습의 준비도를 강조하여 유아가 보이는 행동은 그와 관련된 학습을 위한 준비가 되었음을 나타내 주는 것이므로 성장과 활동의 주도권은 유아 자신에게 있다고 여기도록 하였다.

⑤ 성인이 미리 설계해 놓은 틀에 아동을 맞추려고 강요해서는 안 되며, 아동이 성장의 기본적인 생리적 힘을 표현할 때 거기에서 나오는 단서에 따라야만 한다.

**PLUS⁺**

성숙주의이론(maturation theory)의 기초를 마련해 준 프랑스의 철학자 루소는 그의 저서 『에밀』에서 나무에 달리는 과일처럼 유아를 성인의 지시에서 벗어나게 한다면 자연스럽게 그들이 가지고 있는 유전적 능력을 펼치게 될 것이라고 믿었다. 루소의 이러한 사상은 20세기 초 아동 연구 운동의 중심에 있었던 게젤(Gesell)과 홀(Hall)에게 영향을 미치게 되는데, 이들은 유아의 성장이란 성숙의 법칙과 순서에 의한 결과이기 때문에 발달의 순서는 유전적으로 내재되어 있다고 주장했다. 이러한 성숙주의의 입장은 발달의 고정성을 강조해 개인의 능력이나 지능이 고정되어 있다고 보기 때문에 유아의 발달에서 교육이 차지하는 비중을 많이 감소시키고 있다. 게젤은 객관적이고 과학적인 관찰 및 연구 방법을 이용하여 많은 유아들의 신체적·사회적·인지적·언어적 행동을 기록했는데, 이를 기초로 '표준 행동 목록'을 만들었다. '표준 행동 목록'에는 유아의 행동이 발달 영역과 연령별로 분류되어 특정 연령 수준에서 대부분의 유아가 할 수 있는 능력이 기술되어 있다. 즉 유아들이 1세경에는 몇 개의 단어를 말할 수 있고, 2세경의 사회성 발달은 어떠하며, 3세가 되었을 때 수 세기는 어느 정도를 한다는 식으로 집단별 특성이 제시되어 있다. 게젤의 '표준 행동 목록'은 이후 각 연령에서 기대되는 행동의 기준치가 되었다.

---

**02  정신분석이론**

**1. 프로이트(Sigmund Freud, 1856~1939)의 정신분석이론**

**(1) 기본 가정**

① 프로이트는 인간의 마음을 빙산에 비유하여 물 위에 떠 있는 부분이 의식, 물속에 잠긴 대부분이 무의식이라고 하고 무의식의 세계를 매우 강조하였다.

② 정신은 크게 무의식, 전의식, 의식으로 이루어져 있는데, 이는 5세 정도에 완성되고 이들은 끊임없이 계속 상호작용하며, 실제적으로 행동이 '점검과 균형' 체계를 제공해 준다고 가정하였다.

③ 프로이트는 인간행동의 기본적 동기를 무의식에서 찾고 있으며, 무의식결정론의 입장을 취하고 있다. 인간의 행동을 의식세계만으로 설명하기는 어렵다.

④ 프로이트는 또한 인간의 성격구조(심적 구조)를 원초아, 자아, 초자아로 나누어 설명하였다.

## (2) 정신의 구성요소

① 의식(conscious) : 우리가 각성상태에서 지금 보고, 느끼고, 생각하는 모든 것(감각, 지각, 경험, 기억 등)을 관장한다.

② 전의식(pre-conscious) : 기억의 저장창고 내에 있는 내용으로 금방 회상되지는 않지만 다시 주의를 기울이면 기억해 낼 수 있는 성질의 것이다.

③ 무의식(unconscious) : 개인의 욕구, 충동 등 본능적 에너지가 지배하는 세계로 평상시에는 이를 전혀 의식하지 못하다가 최면상태나 꿈을 통해 엿볼 수 있는 개인의 의식세계이다.

## (3) 성격의 구성요소

> 프로이트는 성격을 원초아, 자아, 초자아의 3가지 요소로 설명한다. 이 요소들은 역동적인 관계에 있으며 인간행동은 결국 이 세 요소가 상호작용하여 나타낸 결과이다.

① id(원초아)

㉠ 원초아는 본능이나 충동 등 정신에너지의 기본적인 원천임과 동시에 생득적인 요소로, 즉각적인 만족을 추구하며 이기적인 동시에 비합리적인 가장 원시적인 체제이다.

㉡ 쾌락의 원칙의 지배를 받고 고통을 회피하려고 하며, 기본적인 본능으로서 삶의 본능과 죽음의 본능이 있다.

② ego(자아)

㉠ 자아는 원초아가 요구하는 충동들을 현실세계에서 실현하기 위해 적절하게 현실원리에 따라 움직인다.

㉡ 자아는 개인의 행동이 사회적으로 용납될 수 있도록 통제하는 기능을 갖고 있으며, 전부는 아니라 해도 대부분 의식적 성격이 강하고, 현실원칙에 따라 성격의 행정적 구실을 하여 '성격의 집행관'이라 할 수 있다.

> **현실원리(reality principle)**
> 현실을 알고 현실에 맞추어 원초아를 조절함으로써 원초아로부터 나온 에너지가 맹목적으로 발산되는 것을 지연시키며 유기체에 닥칠지 모르는 위험으로부터 유기체를 보존하려는 심리적 장치이다.

③ super ego(초자아)

㉠ 초자아는 성격의 도덕적 무기로, 이상을 향해 나아가고자 하며 옳고 그름을 결정하여 사회에서 공인하는 도덕적 기준에 맞추어 유기체의 행동을 통제하는 성격의 한 부분으로 사회의 원리에 따라 작동한다.

㉡ 초자아는 사회화 과정을 통해 형성되며 개개인에 따라 그 지각 내용이 다르기 때문에 통제의 정도와 강도도 개인에 따라 다르다.

ⓒ 선한 일을 했을 때에는 자긍심을 느끼게 해주며 나쁜 일을 했을 때는 죄의식을 느끼게 하는 심리기제는 양심과 자아이상이라는 두 부분으로 구성되어 있다. 부모나 외부의 통제가 자기 통제로 내면화된다.

**Tip 양심과 자아이상**

1. 양심 : 부모나 주위의 의미 있는 사람들의 질책이나 처벌로부터 발달함
2. 자아이상 : 부모나 주위의 의미 있는 사람들의 승인과 보상으로부터 발달함

## (4) 성격발달의 단계

프로이트는 리비도(libido)라는 성적 충동 또는 성적 본능의 정신 에너지의 흐름에 따라 성격발달 단계(구강기, 항문기, 남근기, 잠복기, 생식기)를 구분하여 설명하였다.

| 단계 | 특성 |
|---|---|
| 구강기<br>(생후~1세) | • 리비도는 구강에 집중된다.<br>• 원초아가 행동을 지배하며 빨기, 깨물기, 삼키기 등 생리적 욕구에 따른 만족을 추구한다. |
| 항문기<br>(1~3세) | • 리비도가 항문에 집중되어 마음대로 배설하는 데서 욕구의 충족을 느끼나 배변 훈련에 의해 본능의 충동을 간섭하는 외부의 힘을 처음으로 맛보게 된다.<br>• 부모의 부드럽고 적당한 배변 훈련은 창조성과 생산의 기초가 된다. 대소변 가리기 훈련을 통해 자기만족 및 시간에 대한 인식이 발달한다.<br>• 원초아와 자아가 행동을 지배한다. |
| 남근기<br>(3~6세) | • 리비도가 성기에 집중되며, 이성 부모에 대한 근친상간의 욕망과 동성 부모에 대한 거세불안을 느끼게 된다.<br>• 동성 부모에 대한 동일시로 오이디푸스 콤플렉스, 일렉트라 콤플렉스를 해결하고 부모의 가치나 기대를 자신의 것으로 받아들여 초자아를 발달시킨다.<br>• 초자아의 발달은 부모의 상벌에 반응하여 발달한다.<br>• 초자아 형성의 기제는 내부 투사이며 자아조정능력을 갖게 해준다. |
| 잠복기<br>(6~11세) | • 성적 욕구가 최소화되는 기간이다.<br>• 성인과 같은 본격적인 성적 흥분은 아직 명백하게는 나타나지 않는다.<br>• 가족 밖에서 사랑을 찾는다. |
| 생식기<br>(12세 이후) | 사춘기가 시작되면서 억압적 성적 충동이 다시 나타나고 이성에 대한 진정한 관심을 가지고 성적 성숙을 갖게 된다. |

## (5) 고착화 현상

한 발달 단계에서 머물고 다음 단계로의 발달이 이행되지 못하는 현상으로, 정신의 성숙 과정에 있어서 발달이 유아기에서 조기 정지되어 정신적 에너지가 병적 애착을 보이는 것을 고착이라 한다.

chapter **03**

예 • **구강기 고착화 현상** : 그럴 나이가 지났는데도 아기 말투를 쓰는 것, 어리광을 부리는 것, 손가락 빨기, 과식, 과음, 과도한 흡연 등
• **항문기 고착화 현상** : 결벽증, 수전노적인 성격 등

### (6) 정신분석에서의 불안과 방어기제

① 불안
  ㉠ 자아는 현실원리에 따라 원초아(id)의 본능적 욕구와 초자아(super ego)의 도덕적 양심을 조절해 주는 기능을 담당하는데, 불안은 현재 자기가 처해 있는 내·외적인 위험을 자신에게 알려줌으로써 자아가 그것에 대처하게 만든다.
  ㉡ 불안의 유형으로 현실 불안, 신경증 불안, 도덕 불안이 있는데, 이 3가지 모두 불쾌하다는 공통점이 있지만, 그 원인은 서로 다르다.

> 1. **현실 불안(reality anxiety)** : 그 원인이 외부 세계에 있다. 그래서 객관적 불안이라고도 하는데, 공포와 유사하다.
> 2. **신경증 불안(neurotic anxiety)** : 그 원인이 원초아(id)에 있다. 원초아(id)의 충동이 의식화될 것이라는 불안감 때문에 긴장하고, 그에 따라 생긴 정서반응이 신경증 불안이다.
> 3. **도덕 불안(moral anxiety)** : 자아(ego)가 초자아(super ego)에게 처벌받을 것을 두려워할 때 생기는 불안이다. 원초아(id)가 비도덕적 생각이나 행동을 적극적으로 표현하려고 할 때 도덕 불안이 발생한다.

② 방어기제
  ㉠ 불안에 처하면 사람들은 현실적으로 받아들이기 힘든 본능적 충동을 인식하지 않으려고 한다. 그러면서도 간접적으로 본능적 충동을 충족하려고 시도하는데, 그러한 역할을 담당하는 것이 바로 방어기제(defence mechanism)이다.
  ㉡ 방어기제는 짓누르는 불안으로부터 개인을 보호하는 동시에 간접적으로는 충동이나 욕구를 충족시키도록 도와준다.
  ㉢ 방어기제는 좌절된 욕구나 갈등, 열등감 등을 무의식적으로 자기 기만적인 방어적 행동을 통해서 긴장상태를 해소하려는 행동양식이다.

**➲ 방어기제의 유형**

| 구분 | 내용 |
|---|---|
| 합리화 (rationalization) | 논리적 위장, 자신이 한 어떤 행동의 결과가 불만족스러울 때 그로 인한 불안을 위장하기 위해 다른 이유를 대서 결과를 타당화하거나 정당성을 내세워 불안에서 벗어나려 하는 것<br>예 친구가 갖고 있는 과자가 먹고 싶으면서도 자기는 그런 맛없는 과자는 싫어한다고 하는 것 |
| 보상 (compensation) | 정신적·신체적 부족으로 인한 열등감이 야기하는 욕구불만이나 불안을 다른 것으로 대치하여 만족을 얻고자 하는 것<br>예 체구가 왜소한 사람이 학업 면에서 뛰어나고자 노력하여 인정을 받으려고 하는 것 |

| 투사 (projection) | 자신이 받아들일 수 없는 생각이나 욕망 등을 자신이 아닌 다른 사람이나 외부 환경적인 이유 때문이라고 생각하는 것(자신이 무의식에서 품고 있는 여러 가지 공격적 계획과 충동을 남의 것이라고 하는 경우)<br>예 • 선생님을 싫어해서 유치원에 가기 싫을 때 선생님이 자기를 미워해서 유치원에 가기 싫다고 하는 것<br> • 실제로는 내가 타인을 증오하는데, 이 감정을 타인에게 투사함으로써 오히려 타인이 나를 증오한다고 생각하는 것 |
|---|---|
| 동일시 (identification) | 자신이 바라는 특성을 지닌 사람과 자신을 동일시함으로써 신경증적 불안이나 욕구불만을 해소하는 것<br>예 내 친구는 노래를 잘해. / 우리 아빠는 힘이 세다. |
| 반동형성 (reaction formation) | 자신이 가지고 있는 것과 반대되는 생각이나 감정을 과장되게 표현하여 도덕적 불안을 감소시키는 것<br>예 • 여자친구를 좋아하면서 자기는 그 친구가 정말 싫다고 하는 것<br> • 반감을 가지고 있는 직장 상사가 있는데, 그 상사에게 반감을 표출할 수 없기 때문에 그와 반대되는 공손한 태도를 지나치게 보이는 경우 |
| 치환 (substitution) | 목적하던 것을 못가지게 됨에 따라 오는 좌절감에서 기인한 긴장을 줄이기 위해 원래의 것과 비슷한 것을 취해 만족을 얻는 것(원하는 것을 얻지 못해서 대체물로 해소하는 것)<br>예 엄마 젖을 뗄 때면 아기가 손가락을 빠는 경우 |
| 전위 (displacement) | 자신이 원했던 원래의 목표나 인물 대신 그것을 대치할 수 있는 다른 목표나 인물에게 에너지를 쏟아놓는 방어 기제(나보다 힘이 약한 사람에게 화풀이 하는 것)<br>예 아빠에게 억울하게 심한 꾸중을 들은 유아가 적대감을 아빠에게 표현하지 못하고 동생을 때리거나 장난감을 발로 차는 경우 |
| 전이 (transference) | 과거에 어떤 대상에게 느낀 감정이 다른 대상으로 옮겨지는 것<br>예 • 엄마에 대한 애정을 연인에게 쏟는 것<br> • 아버지에 대한 분노를 선생님에게 터뜨리는 것 |
| 승화 (sublimation) | 억압(좌절)된 동기나 정서를 사회적으로 더 수용될 수 있는 형태로 변화시키는 것<br>예 공격성을 감소시키기 위해 표현활동을 하는 것 |
| 고착 (fixation) | 한 발달 단계에 머물며 다음 단계로의 발달이 이행되지 못하는 것<br>예 • 구강기 고착 : 손가락 빨기, 과식, 과음<br> • 항문기 고착 : 결벽증<br> • 남근기 고착 : 과시적이며 거만하고 공격적인 성격 |
| 퇴행 (regression) | 현재 처해 있는 발달 단계에서 적응하기가 너무 어렵거나 고통스러워서 그것을 이겨낼 수 없다고 생각하면 이전 단계로 후퇴해 버리는 것<br>예 동생이 태어난 뒤 다시 젖을 먹거나 오줌을 싸는 유아의 행동 |
| 억압 (repression) | 불쾌한 생각이나 감정 등을 눌러서 무의식으로 가라앉게 하고 의식이 떠오르지 않게 하는 것 |
| 백일몽 (day dream) | 현실적으로 도저히 이루어지지 않는 희망이나 욕구를 공상의 세계로부터 충족시키려는 것 |

### (7) 유아교육에 주는 시사점

① 프로이트의 심리성적 발달 단계에서 각 단계마다 요구되는 정서적 지지를 중요한 타인(부모, 교사, 기타 양육자)에게 알림으로써 아동 양육의 방법을 제시하고 초기 아동기 환경의 중요성을 제시하였다.

② 프로이트는 무의식에서 의식이 분화한다고 하였고 그 분화시기는 2세를 전후한다고 하였으며, 5세를 전후하여 아동의 의식이 거의 완성된다고 하였다. 초기 아동의 경험이 아동의 성격발달과 행동발달에 중요한 영향을 미치며 이때에 형성된 성격은 성인이 되어서도 그 영향을 간과할 수 없음을 제시하여 아동 초기가 인간 발달에 있어 얼마나 중요한지 강조한 최초의 이론가이다.

③ 유아의 능력에 맞는 적절한 규칙을 부여함으로써 합리적인 초자아(super ego)가 형성되도록 도와야 함을 시사한다(귀납적 훈육).

④ 유아들이 바람직한 초자아(super ego)를 형성하도록 사회적·도덕적으로 바람직한 행동의 모델링을 제시해야 함을 시사한다.

⑤ 만족지연의 습관을 길러주어 원초아(id)에 대한 자아의 통제력을 길러줘야 함을 시사한다.

⑥ 욕구가 과도하게 억압되지 않도록 표현활동을 많이 제공하여 정서적 안정감을 가질 수 있게 도와야 함을 시사한다.

## 2. 에릭슨(Erik Homburger Erikson, 1902~1994)의 심리사회적 이론

### (I) 기본 가정

① 에릭슨은 모든 인간은 기본적으로 같은 욕구를 갖고 있으며 성격의 발달은 생물학적 요소와 각 개인의 자아 그리고 사회집단의 영향이 상호작용하여 이루어진다고 하였다.

② 에릭슨은 프로이트의 정신분석학을 기초로 하여 인간의 심리사회적 발달을 8단계로 구분하고, 각 시기마다 심리사회적 위기(crisis)가 있음을 지적하였다. 개개인이 이러한 위기를 어떻게 처리하느냐에 따라 품성이 형성된다고 보았다.

③ 각각의 심리사회적 위기는 긍정적 요소와 부정적 요소를 포함한다.

④ 갈등이 처음부터 만족스럽게 해결되면 긍정적 요소가 점차 성장·발달하는 자아 속에 스며들어 보다 건전한 발달이 보장되지만, 갈등이 계속되거나 불만족스럽게 해결되면 초기의 성취나 실패가 영구불변의 것은 아니지만 자아 발달에 손상을 주고 부정적 요소가 자아 속에 많이 통합되어 적응을 방해하기도 한다.

⑤ 중요한 것은 각 단계별 위기를 좋은 방향으로 적절히 처리해야 다음 단계에 잘 적응하고, 건전한 자아와 성품의 형성에 도움이 된다는 것이다.

PLUS⁺

1. 에릭슨의 발달단계는 심리사회적(psycho social) 발달단계라 한다.
   그 이유는 인간발달이 생물학적인 성숙으로 인해 자극되고, 이러한 성숙을 바탕으로 잠재력을 개발할 수 있는 사회적 여건이 충족되어 각 단계에서 직면하는 위기를 극복하면 건전한 자아 발달이 이루어진다고 보기 때문이다. 결국, 사회적 요인이라 할 수 있는 사회제도와 주변 사람들이 개인의 발달에 긍정적인 지지를 제공하면 건강한 성격을 갖춘 개인이 다시 사회를 풍요롭게 한다는 것이다.

2. 에릭슨이 제시하고 있는 심리사회적 발달 8단계는 다음과 같은 공통점이 있다.
   ① 각 단계마다 발달적 위기(developmental crisis)가 있다.
   ② 각 단계의 위기는 모두 대립되는 특성을 가진다.
   ③ 각 단계에 있어서 위기의 해결은 그 단계의 위기를 나타내는 상호 대립되는 특성이 균형을 유지함으로써 이루어진다. 각 단계의 부정적이고 바람직하지 않은 측면을 전적으로 배제할 경우 오히려 지장이 있을 수 있다.
   ④ 각 단계마다 성취해야 할 발달과업이 있으며 이것은 다음 단계에서의 긍정적 발달의 토대가 된다.

chapter **03**

## (2) 성격발달 단계

① 기본적 신뢰감 대 불신감(trust vs. mistrust - 영아기, 출생~1년) : 희망
   ㉠ 이 단계는 영아가 타인 또는 외계로부터 신뢰감을 생성시키는 시기이다.
   ㉡ 양육의 질, 즉 출생과 동시에 영아가 어머니와 갖게 되는 신체적 접촉이 영아의 신뢰감과 불신감 형성에 영향을 미치는 단계이다.
   ㉢ 영아의 건강한 성장 발달은 전적으로 신뢰감에서만 기인하는 것은 아니다. 신뢰와 불신이 적절한 조화를 이루어야 위험과 불안을 예상하는 능력을 습득할 수 있으며, 환경을 정복하고 효과적인 삶을 영위할 수 있다.

② 자율성 대 수치심, 회의감(autonomy vs. shame and doubt - 걸음마기, 1~3세) : 의지력
   ㉠ 이 단계는 자율성이 확장되는 걸음마기로, 특히 대소변 습관과 훈련이 유아의 성격 형성에 영향을 미친다.
   ㉡ 유아에게 자신의 속도, 방식으로 할 수 있는 것을 허용하고, 격려해주었을 때 자율성이 발달한다.
   ㉢ 수치심은 유아에게 자율성의 행사가 허용되지 않을 때 형성되는 것으로, 유아의 분노가 내면화된 것으로 보고 있다.
   ㉣ 이 단계에서는 좋은 의지와 고집의 비율이 아기의 자율성 획득과 수치심, 회의감을 결정하는 요소가 된다.
   ㉤ 자율성과 수치심이 원만하게 발달되었을 때 심리사회적 능력이 길러지는데, 이 단계에서 습득되는 것이 의지력이다.
   ㉥ 이 시기에 부모는 분별력 있게 유아의 행동을 지켜보면서 아동 자신과 타인을 해롭게 하는 행위나 좋지 않은 행위에 대한 합리적이고 엄격한 제한을 통해 유아의 자율성 발달에 도움을 주도록 하여야 할 것이다.

③ 주도성 대 죄의식(initiative vs. guilt – 유아기, 3~6세) : 목적
- ㉠ 이 단계의 유아는 새로운 과업을 습득하고 기술을 익히고 생산적인 일을 함으로써 주위로부터 인정받는 도전을 하게 된다.
- ㉡ 동작능력의 확장과 인지능력의 발달로 아동은 자발적이 되고, 지배와 책임을 확장하는 시기를 맞이한다.
- ㉢ 유아는 자기 주변에 대한 호기심과 사회에서 자신에게 주어진 역할과 책임이 무엇인지에 관심을 갖게 된다.
- ㉣ 이 단계는 아동을 목표지향적으로 기르는 것을 목적으로 한다.
- ㉤ 아동에게 탐색해 보고 경험해 볼 수 있는 기회와 자유를 충분히 주고 아동의 의문을 성실히 풀어주면 주도성이 고취될 것이고 이러한 것들이 자주 제지되었을 경우에는 아동은 죄의식과 무가치함을 느끼기 쉬울 것이다.

PLUS+

**유아기 주도성이 신장될 수 있도록 돕기**
1. 유아로 하여금 선택하고 그에 따른 행동을 하도록 격려한다.
   ① 유아가 활동 또는 게임을 선택할 수 있도록 자유 선택 시간을 가진다.
   ② 가능한 한 자기 일에 매우 열중하고 있는 유아에게 간섭하는 것을 피한다.
   ③ 유아가 어떤 활동을 제안할 때, 그 제안에 따르도록 노력하거나 아니면 그의 아이디어를 현재 진행 중인 활동에 통합시키도록 노력한다.
   ④ 긍정적 선택을 제안한다. 즉, "지금 과자를 먹으면 안 돼."라고 말하는 대신, "점심 먹고 난 다음이나 낮잠 자고 난 다음에 과자를 먹을까"라고 한다.
2. 각 유아가 성공을 경험할 기회가 있다는 것을 확실히 해준다.
   ① 새로운 게임 또는 기술을 소개할 때 낮은 단계부터 가르친다.
   ② 유아의 능력범위가 크게 차이 날 때에는 경쟁적 게임을 피한다.
3. 아주 다양한 역할로 가상(make-believe)놀이를 격려한다.
   유아가 즐기는 이야기와 어울리는 복장과 준비물을 가지고, 이야기를 실연하거나 좋아하는 인물을 위한 새로운 모험들을 꾸며내도록 격려한다.
4. 특히 유아가 자신의 힘으로 무엇인가를 시도할 때, 사고와 실수에 대한 인내심을 보인다.
   ① 따르기 쉽고 잘 엎질러지지 않는 컵들과 물병을 사용한다.
   ② 결과물이 불만족스럽더라도 시도는 인정해준다.

④ 근면성 대 열등감(industry vs. inferiority – 아동기, 6~12세) : 능력
- ㉠ 초등학교에 입학하는 아동기는 근면성을 발휘하여 여러 가지 기본적인 인지적 · 사회적 기술을 배워야 하는 시기로 이 단계의 아동은 가정에서 학교라는 환경으로 옮겨진다.
- ㉡ 이 단계의 아동은 '내가 배우는 것들이 곧 나다.'라는 자아정체성을 갖게 된다.
- ㉢ 이 단계에서는 학업성취에 자신감을 잃게 되거나 자신의 성, 종교, 인종, 사회적 지위, 경제적 지위가 자신의 인간적 가치를 결정짓는다는 것을 발견하면 열등감 또는 무능력감이 생기기도 한다.

ⓐ 이처럼 이 단계에 있어 학업성취는 근면성 발달에 결정적 영향을 미치기 쉽다. 근면성이란 자기가 개인적으로나 사회적으로 의미 있는 목표를 추구하는 가운데 사회환경에 적극적인 영향을 발휘할 수 있는 자신감이라고 에릭슨은 설명하고 있다.

ⓜ 이러한 근면성이 적절히 형성될 때 나타나는 미덕이 바로 능력이며 이것은 사회, 경제, 정치적 행동에 참여하는 기초가 된다.

⑤ 정체감 확립 대 역할혼미(self-identity vs. role confusion – 청소년기, 12~20세) : 충성심

　㉠ 이 단계는 청소년기로 자아정체감이 형성되는 시기이다. 성장하는 과정에서 획득한 여러 가지 자신에 대한 동일시들이 개인의 고유한 정체성으로 통합되는 동일시감을 지닌다.

　㉡ 자기에 대한 가치 부여, 자신의 역할을 분명히 인식하는 것을 통해 자아정체성이 확립되며, 불분명한 자신의 역할, 사회적 규범에 대한 불명료한 인식으로부터 역할에 대한 혼미가 초래된다.

　㉢ 역할혼미에 대한 부적응 현상은 청소년 비행으로 연결될 가능성이 크며 이 단계는 일생의 큰 분기점이다.

　㉣ 이 단계에 나타나는 미덕은 충성심이며 이 시기에 어떠한 사상과 가치에 의미를 부여하느냐는 일생의 성패를 좌우하는 관건이 된다.

⑥ 친밀감 대 고립감(intimacy vs. isolation – 성인기, 20~40세) : 사랑

　㉠ 이 단계는 성인기로 대인관계나 이성교제가 원만할 경우 친밀감이 형성되고 그렇지 못할 경우에는 고립감을 갖게 되는 시기이다.

　㉡ 이 단계의 미덕은 사랑으로, 사랑이란 자신을 타인에게 관여시키고 이 관여를 지키려는 능력이다.

⑦ 생산성 대 침체성(generativity vs. stagnation – 장년기, 40세~65세) : 보호

　㉠ 이 단계는 장년기로 생산성을 발휘하는 시기이다. 생산성은 다음 세대를 양성하고 인도하는 데 주로 관심을 두는 것이다.

　㉡ 생산성 확립에 실패한 사람은 개인적 욕구나 안위가 주 관심이 되는 자기 도취의 상태에 빠지며 자기 탐닉을 제외하고는 누구에게도, 무엇에도 관여하지 않는 사람들이다.

　㉢ 이 단계에서 나타나는 미덕은 보호이며 이는 차세대에 대한 배려의 형태로 나타난다.

⑧ 자아통합성 대 절망감, 혐오감(integrity vs. despair – 노년기, 65세 이후) : 지혜

　　㉠ 이 단계는 노년기로, 인간 발달의 마지막 단계이며 새로운 심리사회적 위기의 출현보다는 자아 발달 전 단계의 종합, 통합 및 평가의 단계이다.

　　㉡ 종합, 통합, 평가가 긍정적이면 삶에 충족감을 가져오지만 부정적일 경우 절망과 허탈감에서 자기 상실을 갖게 된다.

### (3) 유아교육에 주는 시사점

① 관찰을 통해 유아들이 겪고 있는 발달적 위기를 발견하여 필요한 도움을 제공해야 함을 시사한다.

② 행동의 사회적 기준에 대한 명확한 한계를 제시해야 함을 시사한다.

③ 주도성을 발달시키도록 놀이와 탐색을 격려하고 유아의 질문에 성의 있게 대답하는 것의 중요성을 시사한다.

④ 유아들이 상상력을 발달시킬 수 있는 풍부한 환경과 다양한 활동을 제공하고 선택의 기회 제공의 중요성을 시사한다.

● 에릭슨과 프로이트 이론의 비교

| 프로이트(Freud) | 에릭슨(Erikson) |
| --- | --- |
| • 심리성적 이론으로, 인간의 성격 발달을 성적 욕구의 충족 방식과 관련하여 설명한다.<br>• 원초아의 발달을 중심으로 인성을 설명한다. | • 심리사회적 이론으로, 인간 주변의 사회·문화적 관계에서 발생하는 갈등과 이를 자아가 극복해 나가는 방식으로 설명한다.<br>• 자아의 발달과정을 중심으로 인성 발달을 설명한다.<br>• 인간의 사회적 행동을 지배하는 것은 무의식이라기보다는 의식을 구성하는 합리적 사고 체계인 자아의 발달이라고 본다. |

**◯ 에릭슨의 발달단계 요약**

| 단계 | 심리성적 발달단계 | 심리 사회적 위기 | | 주된 관계 대상의 범위 | 덕목 |
|---|---|---|---|---|---|
| | | 성공 | 실패 | | |
| 1. 기본 신뢰감 대 불신감 (출생~1세) | 구강기 | **신뢰감** : 애정욕구 충족으로 형성 | **불신감** : 학대, 애정의 박탈 등의 이유로 형성 | 어머니 | 희망 (hope) |
| 2. 자율성 대 수치 및 회의감 (1~3세) | 항문기 | **자율성** : 부모로부터 독립한 자신, 자율적 개체로서의 인식에서 형성 | **수치 및 회의감** : 방해나 제지되는 상태에서 형성 | 어머니 아버지 | 의지 (will) |
| 3. 주도성 대 죄책감 (3~6세) | 남근기 | **주도성** : 현실 도전의 경험, 상상, 양친 행동의 모방을 통하여 형성 | **죄책감** : 너무 엄격한 훈육, 윤리적 태도의 강요에서 형성 | 가족 | 목적 (purpose) |
| 4. 근면성 대 열등감 (6~12세) | 잠복기 | **근면성** : 공상과 놀이에서 벗어나 현실적 과업을 수행하고 무엇이든지 해보려는 데서 형성 | **열등감** : 지나친 경쟁, 개인적 결함, 실패의 경험에서 형성 | 이웃 학교 | 능력 (competence) |
| 5. 정체감 대 역할혼미 (12~20세) | 초기 생식기 (청소년기) | **정체감** : 어른과의 동일시감, 자기가치감, 자기 역할의 인식에서 형성 | **역할 혼미** : 자신의 역할, 사회적 규준 제시의 불분명에서 형성 | 교우 집단 지도자 | 충실 (fidelity) |
| 6. 친밀감 대 고립감 (20~40세) | 생식기 | **친밀감** : 동성, 이성 간에 인간관계의 친밀감, 연대의식, 공동의식 등의 따뜻한 인간관계에서 형성 | **고립감** : 과도한 또는 형식적인 인간관계에서 형성 | 우정적 동료 | 사랑 (love) |
| 7. 생산성 대 자기침체 (40~65세) | 생식기 | **생산성** : 부모의 성역할 인식에서 자기나 자신을 위한 창조성, 생산성 형성 | **침체성** : 방해 당하면 자기중심적인 성격이 형성 | 직장 가정 | 보호 (care) |
| 8. 자아통합 대 절망감 (65~죽음까지) | 생식기 | **통합성** : 사회문화의 지배적 이상을 받아들이고 생의 의미에 대한 긍정감을 형성 | **절망감** : 무진통, 무가치 등의 현상은 성취 의욕을 좌절시키고 인생의 의미를 상실케 함 | 인류 동포 | 지혜 (wisdom) |

## 03 행동주의이론

### 1. 파블로프(Ivan Petrovich Pavlov, 1849~1936)의 고전적 조건화

#### (1) 고전적 조건화

① 파블로프의 이론은 고전적 조건형성 원리로 설명될 수 있다. 고전적 조건형성이란 일정한 자극에 의해 선천적으로 유발되는 반사를 처음에 아무런 관련이 없던 중립자극과 연계시킴으로써 이 중립자극이 선천적인 반사반응을 유발하게 되는 것을 말한다.

② 이러한 고전적 조건형성은 파블로프에 의해 처음 발견되어 왓슨에 의하여 인간에게 적용되기 시작하였다.

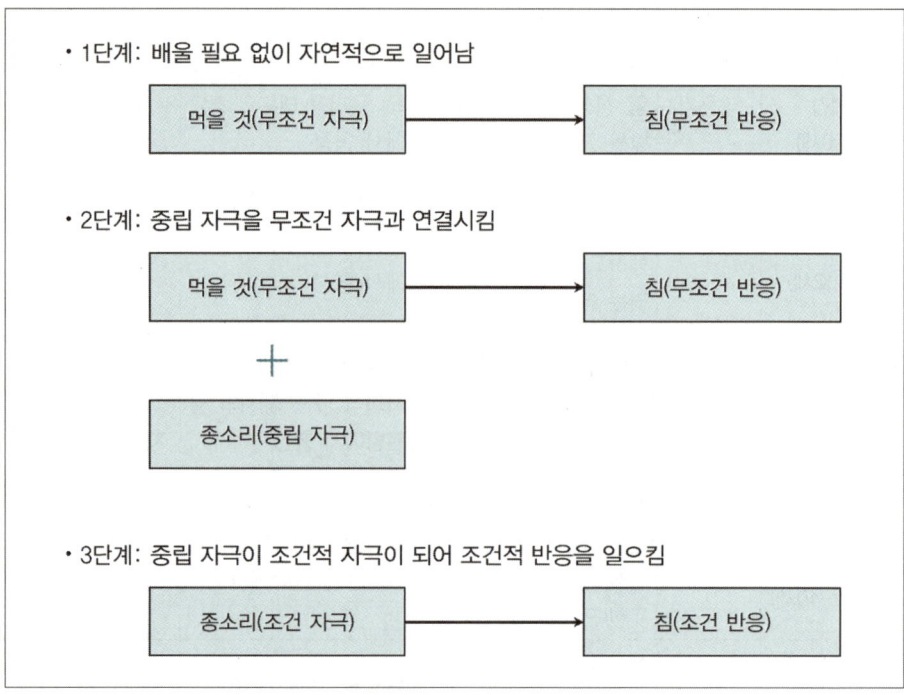

#### (2) 학습원리

① **시간의 원리** : 조건 자극(종소리)은 무조건 자극(음식)과 시간적으로 동시에 혹은 그에 조금 앞서서 주어져야 한다.

② **강도의 원리** : 무조건 자극(음식)은 조건 자극(종소리)보다 그 강도가 강하거나 동일해야 한다. 즉, 나중의 자극이 먼저의 자극보다 강하거나 동일해야 조건반사가 성립한다.

③ **일관성의 원리** : 조건 자극은 일관된 자극물이어야 한다.

④ **계속성의 원리** : 자극과 반응의 결합관계의 반복되는 횟수가 많을수록 조건화가 잘 성립된다(시행착오설의 연습의 법칙과 동일).

## 2. 왓슨(John Broadus Watson, 1878~1958)의 행동주의 − 왓슨의 연합주의이론

> 왓슨은 "나에게 12명의 건강한 아이와 그들을 키울 나만의 독특한 환경을 준다면, 나는 그들의 재능, 기호, 성향, 능력, 적성, 인종과 상관없이 의사, 변호사, 예술가, 상인 그리고 심지어는 거지, 도둑까지 만들 수 있음을 자신한다."고 말하면서 극단적인 환경론적 입장을 취하였다.

① 인간의 행동은 자극과 자극의 결과인 반응 사이의 연합에 의해 만들어지기 때문에 행동 결정의 중요한 원인은 환경이 된다.
② 인간은 공포 · 분노 · 애정의 3가지 반응형태를 갖고 있으며 그 이외의 것은 모두 학습에 의해 다양한 행동으로 발전한 것이다.
③ 습관형성에 있어 환경의 중요성을 지나치게 강조한다.

### PLUS⁺

#### 손다이크(Edward Lee Thorndike, 1874~1949)의 행동주의 학습이론

파블로프가 개의 타액 분비에 대해 연구하고 있을 때, 미국에서는 심리학자 손다이크가 동물의 문제해결행동을 연구하고 있었다. 그는 문제상자(problem box)라는 실험장치를 사용하여 고양이가 어떻게 하면 갇힌 상자에서 탈출할 수 있는지를 밝히고자 하였다.

고양이가 탈출하는 데는 줄을 당기거나 지렛대를 누르는 방법이 있다. 고양이가 상자에 갇힌 후, 몇 분 안에 우연히 줄을 낚아채거나 발판을 눌러 상자 문을 열고 나가면 고양이는 음식으로 보상받고 다시 상자 속에 갇히게 된다.

처음에는 우연히 상자를 탈출하던 것이 시행(施行)이 반복됨에 따라 탈출 소요시간이 점점 단축되어 나중에는 상자에 넣자마자 탈출하게 되었다. 그러나 이러한 향상은 매우 점진적인 것이었는데, 이러한 발견을 통해 손다이크는 고양이가 줄을 당기는 것과 문이 열리는 것의 관계를 지적으로 파악했다기보다는 끈을 보고 그것을 잡아당기기 간의 자극 − 반응 연합을 서서히 각인했다는 결론을 내렸다.

손다이크는 학습의 기본형식을 특정 자극(S : Stimulus)에 대한 시행착오적인 반응(R : response)의 결합으로 보았고, 이러한 실험을 통해서 학습에서의 강화(reinforcement)의 중요성을 발견하였다. 즉, 반응의 결과는 자극과 반응 간의 결합을 강화시킨다는 것이다. 따라서 학습에 있어서 보상이란 그 학습이 얼마나 빨리 이루어지는지를 결정하는 것이다. 손다이크는 여기에서 만족스러운 결과에 의하여 자극과 반응 간의 결합이 강해진다는 효과의 법칙(law of effect)을 발견하였다.

그는 학습의 법칙을 3가지로 제시하였는데, 그중에서 효과의 법칙(law of effect)은 그가 학습에 있어서 강화의 중요성을 강조한 부분이다. 효과의 법칙 이외에 손다이크는 시행과 착오의 연습을 많이 할수록 학습이 잘 된다는 연습의 법칙(law of exercise)과 고양이는 굶주려 있을 때 더 적극적으로 탈출하는데, 즉 학습자가 학습할 준비가 되어 있을 때 학습한다면 더 큰 효과를 얻을 수 있다는 준비성의 법칙(law of readiness)을 제시하였다.

chapter
**03**

### ➡ 손다이크(Thorndike)의 학습의 3대 법칙

| | |
|---|---|
| 효과의 법칙<br>(law of effect) | • 반응의 결과가 만족스러우면 자극 – 반응 간의 결합이 잘 일어나고(학습이 잘 되고), 불만족스러우면 결합은 약화된다는 것이다. 즉, 상은 결합을 강화하고 벌은 결합을 약화한다는 것이다.<br>• 만일 반응 후에 만족인자(보상)가 주어지면 그 자극 – 반응 연합은 강화된다. 그러나 반응 후에 불쾌한 결과가 주어지면 자극 – 반응의 연합은 약화된다. |
| 연습의 법칙<br>(law of exercise) | • 시행과 착오의 연습을 많이 할수록 학습이 잘 된다.<br>• 연습을 하면 결합이 강화되고(사용의 법칙), 연습하지 않으면 결합이 약화(불사용의 법칙)된다. |
| 준비성의 법칙<br>(law of readiness) | • 학습자가 학습할 준비가 되어 있을 때 학습한다면 효과를 얻을 수 있다.<br>• 어떤 행동을 행할 준비가 미리 갖추어져 있을 때 행동을 하면 만족감을 주고, 준비가 갖추어지지 않은 상태에서의 행동은 불만족을 야기시키며, 행동이 자율적이 아니고 강요될 때에는 그 행동을 하지 않게 되거나 적극성을 띠지 못한다는 것이다. |

## 3. 스키너(Burrhus Frederick Skinner, 1904~1990)의 조작적 조건화이론

### (1) 조작적 조건화 이론의 개념

① 어떠한 행동이 자발적으로 또는 의식적으로 일어나는 것을 중시하면서 '선 반응 후 강화'로 동물로 하여금 먼저 반응하게 한 다음, 곧 강화를 하는 조작적 조건화 방법을 사용하였다.

② 이 조작적 조건화는 반응 때마다 즉시 강화를 함으로써 그 반응 자체가 강화가 되는 것이다. 즉, 유기체의 능동적 반응이 간접적으로 자극의 역할을 하게 됨으로써 강화를 가져오게 되어 행동변화를 가져오게 되는 것이다.

③ 강화(reinforcement)가 행동변화의 핵심적 변수이기 때문에 강화이론이라고 부르기도 한다.

### (2) 조건형성의 기본 원리

① 강화 : 강화란 어떤 행동이 나타났을 때 보상이 주어지면 그 행동의 발생률이 점점 증가하는 것을 의미한다.

② 강화의 유형

  ㉠ 정적 강화 : 쾌 자극을 제공하여 행동의 발생빈도를 높인다.

  ㉡ 부적 강화 : 불쾌 자극을 제거하여 행동의 발생빈도를 높인다.

③ 강화계획

  ㉠ 연속 강화계획 : 새로운 행동을 학습할 때, 정확한 반응을 할 때마다 매번 강화를 하는 것이다.

  ㉡ 간헐적 강화계획 : 새로운 행동이 익혀질 때, 매번보다는 간헐적으로 강화하는 것이다.

> **간헐적 강화계획**
>
> 간헐적 강화계획은 학생으로 하여금 항시적인 강화를 기대하지 않고 기술을 유지하도록 돕는다.
>
> 1. 간헐적 강화계획에는 2가지 유형이 있는데, 강화인자들 사이에 지나간 시간 수를 기본으로 하는 간격 강화계획과 강화인자들 사이에 주는 학습자의 반응 수에 기초하는 비율 강화계획이 있다.
> 2. 이러한 간격, 비율계획은 고정되거나 변동되도록 계획을 세울 수 있는데 고정간격 강화계획, 변동간격 강화계획, 고정비율 강화계획, 변동비율 강화계획으로 나타난다.

### ● 강화의 원리(행동수정의 원리)

| 원리 | 내용 |
|---|---|
| 칭찬의 원리 | 행동을 수정하는 데는 벌보다 칭찬이 효과적이다. |
| 점진적 접근의 원리 | 목표행동을 세분화하여 점진적으로 접근해가는 것이 효과적이다. |
| 일관성의 원리 | 강화자극은 항상 일관되게 주어져야 한다. |
| 즉시 강화의 원리 | 목표행동이 일어난 후 즉시 강화를 제공하는 것이 행동수정에 효과적이다. |

④ 벌

    ㉠ 행동의 빈도 수를 낮추기 위해 벌을 사용한다.

    ㉡ 벌을 줄 때는 그 행동을 강화하려고 하는 것이 아니라 제거하려는 것이다.

    ㉢ 벌의 종류

| 구분 | 내용 |
|---|---|
| 제1유형 벌<br>(수여성 벌, 정적 벌) | 교사들이 벌점을 주거나, 과제부과, 운동장 한 바퀴를 뛰게 하는 것 등이 수여성 벌을 사용하고 있는 것이다. |
| 제2유형 벌<br>(제거성 벌, 부적 벌) | 청소년이 부적절하게 행동한 후 교사나 부모가 특권을 빼앗을 때, 그들은 제거성 벌을 적용하고 있다. |

    ㉣ 문제점 : 벌은 그 자체만으로 바람직한 행동을 학습시킬 수 없으며, 벌의 강도가 지나칠 경우, 공포반응의 학습과 같은 부작용이 나타날 수 있다.

    ㉤ 바람직한 벌의 사용 : 벌의 자극강도는 적절해야 하며, 일관성이 있어야 하고, 처벌 뒤에 보상이 제공되면 안 된다. 또한, 잘못된 행동 후 즉시 처벌해야 하고, 긍정적인 행동의 대안을 함께 제공해야 한다.

⑤ 소거 : 어떤 바람직하지 않은 행동이 나타났을 때 주의를 기울이지 않아 그 행동이 없어지도록 하는 원리이다.

## (3) 조건형성 원리의 적용

### ① 바람직한 행동의 강화를 위한 방법

| | |
|---|---|
| 행동 계약 | 특정 행동의 수행에 대한 보상을 약속하여 행동을 증가시키는 방법<br>예 '이번 시험에 높은 성적을 받으면 원하는 사진기를 사줄게.' |
| 프리맥 강화 | 출현빈도(반응률)가 높은 것을 출현빈도(반응률)가 낮은 것의 강화로 사용하는 방법<br>예 숙제를 하지 않고(출현빈도 낮음), TV 보기(출현빈도 높음)를 즐기는 아이에게 '숙제를 먼저 하면 TV를 보게 해줄게.'라고 말하기 |
| 토큰 강화 | 바람직한 행동을 했을 때 강화물을 직접 제공하는 대신 구매력을 가진 상징적인 표나 점수 등을 이용하여 강화를 여러 조각으로 나누어 제공하는 강화 체제<br><table><tr><td>장점</td><td>• 대체 강화를 이용하여 경제적이다.<br>• 만족 지연 능력을 길러준다.</td></tr><tr><td>단점</td><td>• 외적 강화의 반복 사용으로 인한 내적 동기를 감소시킨다.<br>• 지나친 경쟁심을 유발한다.</td></tr></table> |
| 행동 형성 (shaping) | • 새로운 행동의 학습에 있어 최종 목표행동을 정해 놓고 출발점 행동이 정해지면 초기 보상 수준은 낮게 하고 점진적으로 보상 기준을 높여가면서 새로운 행동에 도달하도록 하는 것<br>• 목표행동과 유사하거나 목표행동에 접근해 가는 행동들을 단계적으로 강화한다.<br>예 교사의 질문에 손을 높이 치켜들고 대답하는 행동을 학습시킬 때 처음에는 손을 반쯤 들고 대답할 의사가 있음을 표시하는 행동에 강화한다. 이것은 교사가 원하는 목표행동(손을 높이 드는 행동)은 아니지만 목표행동에 근접해 가는 행동으로, 목표행동과 관련된 소단위 행동이다. |
| 행동 연쇄 (chaining) | • 목표행동의 연속적 과정 가운데 일부분의 행동을 순서적으로 강화하는 것<br>• 목표행동에 도달하기 위한 단계가 일정하게 나눠진 상태에서, 한 단계가 끝나야만 (스스로 실행한 경우) 보상을 준다(이후 도움을 받아 매번 최종 목표행동까지 도달한다.).<br>예 자전거 타기 : 자전거 안장에 앉기 → 바퀴를 굴리기 → 자전거를 멈추고 발을 내리기 등과 같이 각 과정이 유사한 난이도의 행동으로 나눠져서 전체적으로 일련의 연결을 갖게 된다. |
| 용암법 | 아동이 점진적으로 어려운 순서의 각 행동을 숙달한 이후에 점진적으로 행동을 촉구하는 데 사용했던 직접적인 도움을 점진적으로 철회하는 것<br>예 아이들이 혼자서 밥을 먹을 수 있도록 부모의 도움을 점차 줄여가기 |

② 바람직하지 않은 행동의 수정을 위한 방법

| 소거 | 특정 행동의 감소를 위해 그 행동을 유지해 온 강화인자를 제거하는 방법 |
|---|---|
| 포만<br>(부적연습) | 교사에게는 부적합하지만 학생에게는 즐거운 행동을 학생이 계속 할 때, 그 문제 행동을 싫증 날 정도로 많이 시키거나 강제로 하게 하여 문제 행동을 감소시키는 방법 |
| 반응대가 | 어떤 규칙을 위반했을 때 강화인자(돈, 시간, 특권, 기쁨 등)를 내놓도록 하는 방법 |
| 상반 행동<br>강화 | 한 개인 내에 바람직하지 못한 행동과 양립시키기 어려운 상반되는 바람직한 행동을 강화함으로써 문제 행동을 감소시키는 방법 |
| 타임아웃 | 문제 행동의 감소를 위해 일정 시간 동안 격리시키는 방법<br><br>**타임아웃의 문제점**<br>• 또래들의 labeling을 통해 집단 따돌림을 형성할 수 있다.<br>• 또래집단에 대한 소속감을 박탈함으로써 부정적 자아 개념이 형성될 수 있다.<br>• 반복 사용하면 습관화가 일어나므로 벌의 효과가 나타나지 않는다.<br><br>**타임아웃 사용 시 유의점**<br>• 격리의 명확한 이유를 설명해 준다.<br>• 격리의 시간과 행동지침에 대해 구체적으로 설명해 준다.<br>• 격리 시 약속을 잘 이행했을 경우 적절한 보상을 제공한다. |
| 과잉정정 | 특정 행동을 지나칠 정도로 반복 연습시킴으로써 문제 행동의 발생을 예방하는 방법<br><br>**원상회복**: 행동의 결과에 대한 책임을 지게 하는 것으로 흘린 밥알을 모두 주워서 먹게 하는 것이 있다.<br>**긍정적 연습**: 야뇨증이 있는 경우, 잠자리에서 화장실 가는 동작을 20여 회 반복 연습하여 문제 행동의 발생을 소거하는 것이다. |
| 홍수법 | 불안이나 공포 등 정서적 문제 행동을 소거시키기 위해 조건 자극에 계속적으로 노출시키는 방법(이 기법은 유아가 공포를 경험할 때 회피하려고 해도 거기에서 벗어날 수 없도록 통제한다.) |
| 체계적<br>둔감법 | 특정한 대상에 대해 특정한 이유 없이 불안반응을 보이는 아동을 불안 대상이 되는 자극에 점차 노출시킴으로써 불안반응을 감소시키는 방법 |
| 이완법 | • 이완된 분위기를 조성함으로써 아동이 편안한 상태를 유지하도록 하여 아동이 경험하는 불안을 감소시키는 방법으로 행동을 수정하는 원리<br>• 아동이 경험하는 부정적 정서는 긴장된 분위기나 마음가짐으로 인해 실제의 정서 상태보다 증폭되어 인식되는 경우가 많다.<br>• 명상법, 호흡이나 간단한 체조를 통해 신체근육의 긴장을 이완시키는 방법이 있다. |

## 4. 반두라(Albert Bandura, 1925~2021)의 사회학습이론

### (1) 기본 가정

① 인간의 학습과정은 직접적인 강화에 의한 경험을 통하여 학습되는 행동도 있지만, 다른 사람의 행동을 관찰하고 이를 모방함으로써 새로운 행동을 학습할 수 있다.

② 이러한 학습은 일상적인 사회적 상황의 맥락에서 이루어지기 때문에 이를 사회학습이론(social learning theory)이라 부른다.

③ 반두라의 사회학습이론은 환경에 대한 반응을 강조하기는 하지만 행동주의에서보다 학습자를 훨씬 더 능동적으로 본다.

④ 세상에 대한 지식을 얻고 지식을 활용하는 인간의 능력에 영향을 주는 것으로 인지적 요인의 역할을 인정하고 있다.

### (2) 관찰학습의 단계

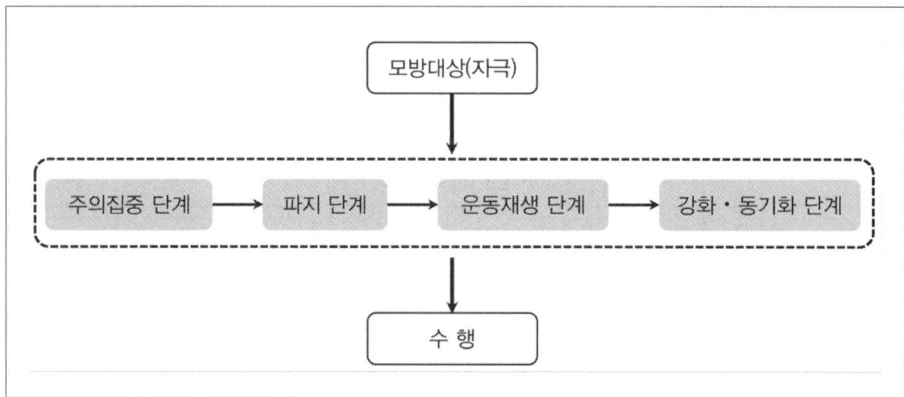

① 주의집중 단계 : 무엇보다도 먼저 모델에 주의를 기울이지 않으면 모델을 모방할 수 없다.

② 파지 단계

㉠ 관찰을 통해 얻은 정보가 기억되는 단계로서, 모델을 관찰한 후 어느 정도의 시간이 지난 다음에 그 모델을 모방하기 때문에 모델의 행동을 상징적인 형태로 기억하는 어떤 방식을 가져야만 한다.

㉡ 정보는 심상적(imaginal) 방법과 어문적(verbal) 방법의 2가지 상징적인 기호로 저장된다.

③ 운동재생 단계 : 파지된 바를 실제 행동으로 옮겨보는 단계로서, 관찰자의 행동이 모델의 행동과 배합하기 위해선 일정 기간의 인지적 시연(반복연습)이 필요하다.

④ 강화·동기화 단계

㉠ 반두라는 그 이전의 인지학습이론가들처럼 새로운 반응의 획득과 수행을 구별하였다. 행동을 획득했다고 해서 반드시 그 행동을 수행하는 것은 아니며, 이 수행은 강화와 동기적 변인들에 의해 좌우된다.

ⓒ 즉, 이 단계는 강화를 통해 행동의 동기를 높여주는 단계이다. 동기화는 외적 강화, 대리적 강화, 자기 강화로 구분될 수 있다.

### (3) 관찰학습의 유형

① **직접 모방 전형** : 관찰학습의 가장 간단한 모형으로 관찰자는 모델이 한 행동을 그대로 시행함으로써 보상을 받는 것을 그 기본 전제로 한다.

② **동일시 전형** : 관찰자가 모델의 일반적인 행동 스타일을 모방하는 것이 동일시 학습의 초점이다.

　　예 부모의 가치체계는 자녀의 양심에 기반이 되는 것으로서, 아동이 부모를 동일시하여 그 가치관을 내면화하는 과정이 이에 속한다.

③ **무시행 학습 전형** : 행동을 예행해 볼 기회가 없거나 모방에 대한 강화가 없음에도 불구하고 관찰자가 학습을 하는 것이다.

④ **동시학습 전형** : 모델과 관찰자가 동시에 동일한 과제의 학습을 하는 사태에서 관찰자는 모델의 행동을 보고 그대로 행동하는 기회를 가지게 되는 것이다.

⑤ **고전적 대리조건 형성 전형** : 이 전형은 타인이 정서적으로 경험하는 것을 관찰하고 정서적 반응을 학습하는 것이다.

　　㉠ **대리선동** : 모델의 무조건적 정서 반응을 관찰함으로써 모델과는 같지 않은 정서의 학습이 일어난다.

　　㉡ **감정이입** : 관찰자의 정서적 반응이 모델의 반응과 동일한 경우에 일어난다.

　　㉢ **동정** : 관찰자의 정서적 반응과 모델의 반응이 다를 때를 가리키는 것으로, 관찰자가 모델을 불쌍히 여기는 경우와 같이 관찰자가 자신의 처지를 모델보다 우위에 있다고 느낄 때 일어나는 반응이다.

### (4) 관찰학습의 효과

① **모델링 효과** : 관찰에 의한 새로운 행동의 학습

　　예 유치원에서 걸레를 들고 선생님이 한 것처럼 책상을 닦기 시작하는 유아는 과거에 자신이 보여주었던 다른 행동과는 관계가 없는 새로운 행동을 나타내는 것이 된다.

② **유도효과(eliciting effect)** : 이미 학습한 행동의 촉진 모델은 학습자의 목록에 이미 존재하지만, 이제까지는 요구되지 않거나 적극적으로 자극받지 않은 행동을 유도 또는 촉진시킨다. 많은 행동들은 필요하지 않으면 하지 않지만 관찰학습은 유도효과를 내어 이미 학습한 행동을 촉진시킨다.

③ **억제 / 비억제 효과(inhibitory / disinhibitory effect)** : 특수 행위의 억제
이는 유도효과의 특수한 경우이다. 모델의 관찰은 행동을 비억제(격려) 또는 억제(좌절)하도록 작용한다.

　　예 과거에 매우 공격적이었던 아동의 경우 공격적인 모델과의 상호작용에서 공격적 행동이 크게 강화될 것이지만(비억제), 공격적 행동이 벌을 받게 되면 아동은 공격적 행동을 하지 않게 될 것이다(억제).

PLUS⁺

1. 반두라의 자기 효능감
   (1) 자기 효능감의 의미
      자신이 어떤 일을 잘 해낼 수 있다는 개인적 신념으로서 어떤 행동을 할지를 결정하는 데 도움이 되는 것이다. 즉, 자신의 능력범위 내에 있는 활동은 시도하게 될 것이고, 자신의 능력을 벗어나는 과제나 활동은 회피하려 할 것이다(Bandura, 1981).
   (2) 자기 효능감의 중요성
      ① 어떤 사람의 행동을 모방할 것인지 아닌지의 여부는 그 사람이 누구인지, 그 사람의 행동이 보상을 받았는지, 그리고 자신의 능력에 대한 신념(자기 효능감)에 달려있다.
      ② 반두라는 아동에게는 자신의 능력이 성공할 수 있을 것이라는 믿음에 대한 약간의 과대평가가 필요하다고 본다. 왜냐하면 우리는 삶에서 좌절, 역류, 그리고 불공평과 같은 여러 가지 난관에 부딪치게 되는데, 이때 낙천적인 자기 효능감은 삶을 살아가는 데 큰 도움이 되기 때문이다.
      ③ 자기 효능감은 개인으로 하여금 일생 동안 에너지와 생명력을 가지고 앞으로 나아가게 하는 원동력이 된다. 자기 효능감이 낮은 사람들의 경우 자신감을 상실하고, 쉽게 포기하며, 우울증에 빠지게 된다.
   (3) 자기 효능감의 발달
      ① 반두라(1944)는 최근에 개략적으로나마 전 생애에 걸친 자기 효능감의 발달양상을 제시해 주고 있다.
      ② 유아는 자신의 환경을 탐색하고, 그것을 통제할 수 있다는 자신감을 갖게 되면서 자기 효능감을 발달시키게 된다. 아동이 성장하면서 그들의 사회적 세계 역시 넓혀 나간다. 그리고 점차 또래를 자기 효능감의 모델로, 그리고 사회적 비교 대상으로 삼는다. 10대들은 이성 교제를 통해서 자기 효능감을 평가한다. 성인들은 사회인으로서 그리고 부모로서의 새로운 역할에 대해 자신의 능력을 평가하며, 노인들은 은퇴에 대한 적응과 새로운 생활양식의 창출을 통해서 자신의 능력을 재평가한다.

2. 반두라의 상호 결정론
   (1) 개념
      사회학습이론에서는 행동의 원동력이 환경이라는 초기 행동주의 기본 가정에서 벗어나, 발달과정을 개인과 환경 간의 상호성으로 가정한다. 반두라(1977)는 이러한 견해를 상호 결정론(reciprocal determinism)이라고 불렀다. 즉, 환경이 아동의 성격과 행동을 조정한다는 왓슨(Watson)이나 스키너(Skinner)와는 달리 반두라는 개인, 행동, 환경 간에 관계는 양방향성이라고 주장하였다.
   (2) 상호 결정론의 모형
      상호 결정론의 모형은 상호작용의 삼각형을 구성한다. 여기서 개인(P)은 아동의 인지능력, 신체적 특성, 성격, 신념, 태도 등을 포함하는데, 이것은 아동의 행동(B)이나 환경(E)에 영향을 미친다.
      아동은 자신이 원하는 것을 선택할 뿐만 아니라(P ⇨ B), 아동의 행동(그리고 그 행동이 야기하는 반응)은 자신에 대한 느낌, 태도, 신념에 영향을 미친다(B ⇨ P). 마찬가지로 이 세상이나 사람들에 대한 아동의 지식 대부분은 TV, 부모, 교과서, 그 외 다른 환경으로부터 얻은 정보에 의한 것이다(E ⇨ P). 물론 환경도 행동에 영향을 미쳐 학습이론가들이 주장하는 것처럼 아동의 행동의 결과나 아동이 관찰하는 모델은 아동 자신의 행동에 영향을 미친다(E ⇨ B). 또한, 아동의 행동도 자신의 환경에 영향을 미친다(B ⇨ E).

(3) 시사점

아동은 자신의 성장과 발달에 영향을 미치는 환경조성에 적극적으로 참여한다.

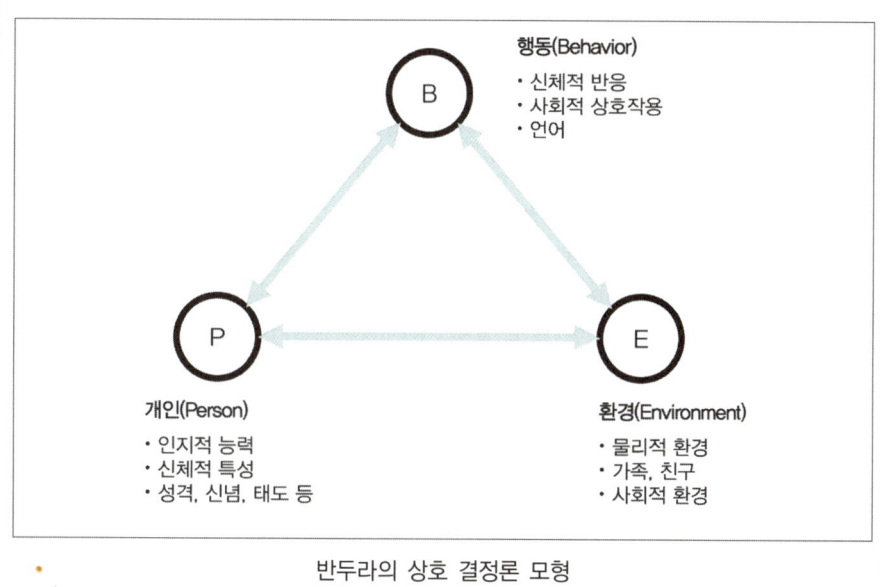

반두라의 상호 결정론 모형

---

## 04 피아제의 인지발달이론

### 1. 피아제(Jean Piaget, 1896~1980)의 인지발달이론의 이해

(1) 기본 가정

① 피아제가 강조한 바에 따르면, 아동은 쉽게 이해되지 않는 수많은 새로운 자극과 사건들에 의해 계속 도전을 받는 능동적이고 호기심으로 가득 찬 탐색자이다.

② 피아제의 견해에서 아주 중요한 가정은 아동이 스스로 지식을 구성해야 한다는 것이다.

(2) 인지적 도식 : 지능적 구조

① 피아제는 경험을 표상하고 조직하고 해석하기 위해 고안한 모델의 정신적 구조를 기술하기 위해 도식(schema)이라는 용어를 사용하였다.

② 피아제(1952, 1977)는 행동적 또는 감각운동 도식, 상징도식, 그리고 조작도식이라는 3가지 종류의 지적 구조를 설명하였다.

| 구분 | 내용 |
|---|---|
| 행동도식<br>(감각운동) | • 아동이 대상 또는 경험을 표상하거나 이에 반응하기 위해 사용하는 체계적인 행동양식이다.<br>• 생후 최초로 출현하는 지적 구조이다. 생후 첫 2년 중 거의 대부분의 기간 동안 영아가 대상과 사건에 대해 가지는 지식은 자신이 외현적(overt) 행동을 통해 표상할 수 있는 지식으로 국한된다. |
| 상징도식 | • 생후 2년째가 되면 아동은 대상과 사건에 대한 경험 없이도 문제를 해결하고 생각할 수 있게 된다.<br>• 이들은 목적을 달성하기 위해 경험을 정신적으로 표상하여 정신적인 상징, 즉 상징도식(symbolic schema)을 이용할 수 있게 된다.<br>예 피아제의 16개월 된 딸 Jacqueline의 행동 : 오후 내내 매우 투정을 부린 남자 아이(18개월)가 Jacqueline을 방문했다. 그는 아동용 놀이 틀에서 빠져 나오기 위해 소리를 지르고 구르면서 그것을 뒤로 밀어냈다. 예전에 한 번도 그런 장면을 본 적이 없는 Jacqueline은 놀라움에 가득 차서 그를 바라보고 서 있었다. 다음날 Jacqueline은 자신의 놀이 틀에 들어가 소리를 질렀으며, 발을 구르면서 움직이려고 했다. 연속으로 여러 번이나 그랬다. 분명히 Jacqueline은 자신이 본 것을 그 당시에는 따라 하지 않았지만 소꿉친구가 없는 상황에서 그의 반응을 흉내 내고 있었다. Jacqueline은 이런 장면을 기억하여 이후에 모방할 수 있도록 소꿉친구의 화난 행위에 대한 정신적 표상 또는 이미지를 형성했음에 틀림없다. |
| 조작도식 | • 7세 이상이 된 아동의 사고는 조작도식으로 설명될 수 있다.<br>• 인지적 조작(cognitive operation)이란 논리적인 결론에 도달하기 위해 수행하는 내적인 정신활동이다.<br>• 가장 흔한 인지적 조작은 사칙연산($+$, $-$, $\times$, $\div$)과 부등호($\langle$ , $\rangle$)에 의해 이루어지는 정신활동이다. 처음에는 실제적인 경험에 대해서만 논리적이고 체계적으로 사고하게 되고 결국에는 추상적이거나 가상적인 사건에 대해서도 논리적이고 체계적으로 사고할 수 있게 된다. |

(3) **지식의 습득과정** : 피아제의 인지적 과정

① '아동은 지적인 도식을 어떻게 구성하고 변경시키는가?'에 대해 피아제는 모든 형태의 도식이 조직화와 적응이라는 2가지 선천적인 지적 과정을 통해 형성된다고 믿었다.

② 조직화(organization)는 아동이 기존의 도식을 새롭고 더욱 복잡한 지적 구조로 통합시키는 과정이다.

③ 조직화의 목적은 주변 환경의 요구에 부합하는 과정인 적응(adaptation)을 촉진시키는 것이다. 피아제에 따르면, 적응은 2가지 상보적인 활동(동화와 조절)을 통해 이루어진다.

④ 동화(assimilation)는 아동이 세상에 대해 이미 가지고 있는 모델, 즉 이전에 가지고 있던 도식에 근거하여 새로운 경험을 해석하는 과정이다.

예 처음으로 말을 본 영아는 다리가 넷인 동물에 대한 기존의 도식 중 하나로 말을 동화시키려고 할 것이므로, 말을 "강아지"로 생각할 수도 있다.

⑤ 조절(accommodation)은 동화와 상보적인 것으로서 새로운 경험을 설명하기 위해 기존의 구조를 수정하는 과정이다.

> 예 말이 개가 아니라는 것을 인식한 아동은 이 새로운 생명체에 대해 이름을 지어주거나 또는 "저게 뭐야"라고 물은 뒤 주위 사람들이 대답해 주는 이름을 사용한다. 이 아동은 다리가 넷인 동물에 대한 도식을 수정(조절)함으로써 말이라는 새로운 범주를 포함시키게 된 것이다.

⑥ 적정 수준의 인지적 불일치로, 즉 기존의 도식과 일치하지 않은 경험을 동화시키다 보면 결국 인지적 갈등이 생겨 경험에 대한 조절이 촉진된다. 그 결과 아동은 적응상태, 즉 인지적 구조와 주변 환경 간의 평형상태(인지적 평형화)에 이르게 된다.

**◉ 피아제의 인지 성장**

| 피아제식 개념 | | 정의 |
|---|---|---|
| 시작 | 평형 | 도식과 경험 간의 조화<br>예 새 이외에는 날아다니는 대상을 본 적이 없는 영아는 모든 날아다니는 대상을 '새'라고 생각한다. |
| | 동화 | 기존의 도식에 근거하여 새로운 경험을 해석함으로써 그것에 적응하려는 시도<br>예 하늘을 나는 비행기를 본 영아는 이것을 '새'라고 부른다. |
| | 조절 | • 생소한 경험을 더 잘 설명하고자 기존의 도식을 수정<br>　예 영아는 이 새로운 대상이 깃털도 없고 날개를 펄럭이지도 않는다는 것을 발견하고는 갈등 또는 불균형을 경험한다. 이것이 새가 아니라고 생각한 영아는 새 이름을 붙이거나 "저게 뭐야?"라고 질문한다.<br>• 조절이 성공적으로 이루어지면 최소한 잠시 동안이나마 평형상태가 되돌아온다. |
| 종결 | 조직화 | 기존의 도식들을 새롭고 더욱 복잡한 구조로 재정리<br>예 상위범주(날아다니는 대상)와 2개의 하위범주(새와 비행기)로 구성된 위계적 도식을 형성한다. |

## 2. 피아제의 인지발달단계

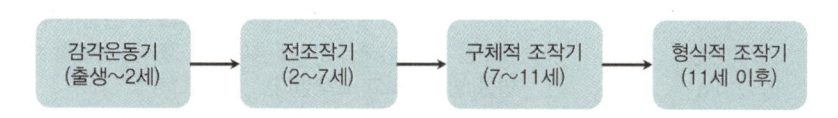

피아제의 지적 성장 단계는 질적으로 서로 다른 인지적 기능을 가지며, 피아제가 불변적인 발달 순서라고 부르는 것을 형성한다. 피아제의 주장에 따르면, 모든 아동은 정확히 같은 순서대로 이 단계들을 거치며, 각 연속적인 단계는 이전의 단계에서의 성취를 바탕으로 진전되기 때문에 어느 한 단계도 뛰어넘을 수 없다.

피아제는 지적 발달 단계의 순서가 불변이라고 믿었지만, 아동이 각 단계에 들어서거나 다음 단계로 이동하는 연령에는 엄청난 개인차가 존재함을 인식하였다.

### (1) 감각운동기(출생~2세)

① 감각운동기는 영아가 감각 입력과 운동 능력을 통합하여 주변 환경에 따라 '행동하고' 주변 환경을 '알아가도록' 하는 행동(감각운동)도식을 형성하는 시기이다.

② 영아의 인지 성장은 매우 급격하게 이루어지기 때문에 피아제는 감각운동기를 6개의 하위 단계로 분류하였으며 영아가 반사적인 존재에서 사고하는 존재로 점차 변모해 가는 과정을 설명하였다.

③ 감각운동기의 3가지 중요한 측면은 문제해결능력, 모방, 대상 개념이다.

| 측면 | 활동 | 내용 |
|---|---|---|
| 문제해결 능력의 발달 | 반사활동 (생후~1개월) | • 피아제는 생후 첫 1개월을 반사활동 단계라고 특징지었다.<br>• 반사활동 단계에서 영아는 기껏해야 선천적인 반사활동을 하고, 새로운 물체를 이러한 반사도식에 동화시키고, 이를 새로운 대상에 조절시키는 정도이다. |
| | 1차 순환반응 (1~4개월) | • 반사와 관계가 없는 도식은 1~4개월 사이 영아가 자신이 시도하고 통제하는 여러 반응(예 손가락 빨거나 웃기)이 만족스럽고 따라서 반복할 가치가 있다는 것을 우연히 발견하면서 최초로 나타난다.<br>• 1차 순환행동은 항상 영아 자신의 신체에 국한된다. |
| | 2차 순환반응 (4~8개월) | 이 시기의 영아는 자신의 신체 이외의 물체를 가지고 재미있는 일을 벌일 수 있다는 것을 우연히 발견한다. 이는 1차 순환반응처럼 이들에게 즐거움을 가져다주므로 반복된다.<br>예 고무 오리를 눌러서 꽥 소리가 나도록 만드는 것 |
| | 2차 도식의 협응 (8~12개월) | • 진정으로 계획적인 반응이 이 시기에 최초로 출현한다. 이 2차 순환반응의 협응 단계에 영아는 단순한 목표를 달성하기 위해 2개 이상의 행동을 협응시키기 시작한다.<br>예 쿠션 아래 재미있는 장난감을 넣어 두면 9개월 된 영아는 한 손으로 쿠션을 들어 올려 다른 한 손으로 장난감을 집어 든다. 이는 보다 큰 의도적인 도식의 일부로서, 처음에는 연계되지 않은 두 반응(들어올리기와 잡기)들이 목적을 위한 수단으로서 통합된 것이다.<br>• 피아제는 이와 같은 2차 도식들의 단순한 통합이 목표지향적 행동, 즉 진정한 문제해결능력의 초기 형태를 나타낸다고 믿었다. |
| | 3차 순환반응 (12~18개월) | • 이 시기의 영아는 물체에 대해 적극적으로 실험하기 시작하며, 새로운 문제를 해결하거나 흥미로운 결과를 산출할 수 있는 방법을 발명하려고 노력한다.<br>예 처음에는 고무 오리가 꽥 소리를 내도록 하기 위해 오리를 꽉 쥐기만 했던 영아가 이제는 어떤 결과가 나오는지를 살펴보기 위해 이것을 떨어뜨리고 밟고 베개 위로 던져본다.<br>• 이러한 시행착오적인 탐색도식을 3차 순환반응이라 하며, 이는 영아의 왕성한 호기심, 즉 사물이 작동하는 방식에 대해 학습하려는 강한 동기를 반영한다. |
| | 상징적 문제해결 (18~24개월) | 감각운동 단계에서 최고의 성취는 미래에 어떤 행동을 하기 위해 영아가 행동도식을 내면화하여 정신적 상징 또는 심상을 구성하기 시작한다는 것이다. |

| 모방의 발달 | • 피아제에 따르면, 지연모방(deferred imitation, 현재 옆에 없는 모델의 행동을 모방하는 능력)은 생후 18~24개월에 최초로 나타난다.<br>• 피아제는 좀 더 성장한 영아가 지연모방을 할 수 있는 이유는 기억 속에 저장된 모델의 행동에 대해 정신적 상징 또는 심상을 구성하여 이후에 다시 인출할 수 있기 때문이라고 하였다. |
|---|---|
| 대상 영속성의 발달 | 감각운동기에서 더욱 주목할 만한 성과 중 하나는 대상영속성(object permanence)의 발달이다. 대상영속성이란 대상이 더 이상 보이지 않거나 다른 감각을 통해 탐지할 수 없을 때에도 그 대상이 계속해서 존재한다는 개념이다. |

**피아제의 감각운동기의 성장**

| 단계 | 문제해결방법 | 모방 | 대상개념 |
|---|---|---|---|
| 1. 반사활동 (생후~1개월) | 선천적 반사활동을 하고 조절함 | 일부 운동반응을 반사적으로 모방함 | 움직이는 대상을 추적하지만 시야에서 사라지면 관심을 잃음 |
| 2. 1차 순환반응 (1~4개월) | 자신의 신체에 국한된 흥미로운 행동을 반복함 | 주변 사람이 모방한 자신의 행동을 반복함 | 대상이 사라진 곳을 열심히 바라봄 |
| 3. 2차 순환반응 (4~8개월) | 외부 대상을 향해 흥미로운 행동을 반복함 | 2단계와 동일 | 부분적으로 가려진 대상을 탐색함 |
| 4. 2차 도식의 통합 (8~12개월) | 단순한 문제해결을 위해 행동을 조합함(최초의 의도성을 보여줌) | 새로운 반응을 점차적으로 모방함. 아주 단순한 움직임을 보고 약간의 시간이 흐른 후 지연모방함 | • 대상개념이 출현한다는 분명한 신호가 나타남<br>• 이동되지 않은 숨겨진 대상을 탐색하고 찾아냄 |
| 5. 3차 순환반응 (12~18개월) | 문제해결이나 흥미로운 결과 산출을 위해 새로운 방법을 모색함 | • 새로운 반응을 체계적으로 모방함<br>• 단순한 움직임을 보고 긴 시간이 흐른 후 지연모방함 | 영아가 보는 앞에서 숨긴 장소를 변경한 대상을 탐색하여 찾아냄 |
| 6. 상징적 문제해결 (18~24개월) | 내적·상징적 수준에서 문제를 해결함에 따라 최초의 통찰을 보여줌 | 복잡한 연속 행동을 지연모방함 | 대상개념이 완전해짐. 영아가 보지 않는 상태에서 숨긴 대상을 탐색하여 찾아냄 |

## (2) 전 조작기(2~7세)

> 피아제가 이 단계를 '전 조작' 단계라고 명명한 것은 이 시기의 학령 전 아동은 논리적으로 사고할 수 있는 조작도식을 아직 습득하지 못한 상태라고 믿었기 때문이다.
> 피아제는 전 조작기를 전 개념적 시기(2~4세)와 직관적 시기(4~7세)의 두 단계로 구분하였다.

① 전 개념적 시기(preconceptual period, 2~4세) : 피아제는 생후 2~4년 된 아동의 사고, 개념, 인지과정이 성인에 비해 다소 초보적이라고 생각했기 때문에 이들을 '전 개념적'이라고 불렀다.

　㉠ 상징적 사고(symbolic function)의 출현
　　• 전 개념적 시기에서는 상징적 사고(특정 단어 또는 대상을 다른 무언가로 표상할 수 있는 능력)가 출현한다.
　　• 이 시기가 되면 유아들은 눈앞에 없는 사물을 머릿속에서 적극 표상하며 자신이 내재적으로 형성하고 있는 표상을 여러 형태의 상징으로 표현할 수 있게 된다.
　　• 피아제는 이러한 표상의 표출형태를 기호적 기능이라 부른다. 상징놀이 또는 가상놀이, 그림, 언어는 이 시기 유아의 대표적인 기호적 기능이다.

　㉡ 물활론(animism)적 사고 : 전 개념적 시기의 유아들은 무생물에 대해 생명 및 생명체적인 특징을 부여하려는 의지를 보인다.
　　예 지고 있는 해가 살아 있고, 화가 나 산 뒤로 숨어 있다고 믿는 것

　㉢ 자기 중심성(egocentrism)
　　• 전 조작적 사고에서 보이는 현저한 결점 중 하나는 자기 중심적 사고이다.
　　• 자기 중심성이란 세상을 자기 자신의 시각에서부터 바라보기 때문에 타인의 시각을 인식하는 데 어려움을 겪는 경향을 의미한다.

　㉣ 외양과 실체의 구별 불가능
　　• 전 조작적 사고기의 유아들은 중심화된 사고로 인해 허상적인 외양과 실체를 구별하는 것 또한 불가능하다.
　　• 왜, 3세 된 아동은 한 물체를 볼 때 믿을 수 없는 시각적 외양과 실제 정체를 구별하지 못하는 것일까? 이것은 아동이 아직 이중부호화에 능숙하지 않기 때문이다. 이중부호화(dual encoding)란 물체를 동시에 하나 이상의 방식으로 표상할 수 있는 능력이다.

② 직관적 시기(intuitive period, 4~7세) : 피아제는 4~7세 사이의 단계를 '직관적 시기'라고 명명하였다. 직관적 사고는 전 개념적 사고보다 좀 더 확장된 것으로서, 이 시기의 아동은 덜 자기 중심적이고, 크기, 모양, 색깔 등과 같은 지각적 특성을 기초로 하여 물체를 구분하는데 있어 훨씬 능숙해진다. 하지만 이 시기 영아의 사고가 '직관적'이라고 불리는 이유는 물체와 사건에 대한 이해가 여전히 논리적 또는 이성적인 사고과정이 아닌 가장 두드러진 지각적 특성인 외양에만 크게 의존하고 있거나 중심화(centered)되어 있기 때문이다.

㉠ 보존능력의 결여

- 전 조작 단계 아동의 직관적 사고를 논할 때 가장 빈번하게 인용되는 예는 피아제의 유명한 보존 연구이다.
- 전 조작 단계의 아동은 보존개념(conservation)이 없다. 이들은 물체의 특성, 속성(부피, 질량, 수 등)이 물체의 외관과 표면상 조금 달라진다고 해도 변함이 없다는 것을 아직 깨닫지 못한다.

㉡ 보존에 실패하는 이유 : 2가지 인지적 조작능력이 결여되어 있기 때문이다.

| 이유 | 내용 |
|---|---|
| 탈중심화(decentration)가 되지 않아서 | 1가지 이상의 측면에 동시에 집중할 수 있는 능력의 결여 |
| 가역성(reversibility)의 결여 | 정신적으로 특정 행동을 원상태로 돌리거나 무효로 하는 능력의 결여 |

## ➡ 아동의 보존개념에 대한 실험절차

| 보존개념 실험과정 | | 아동의 반응 |
|---|---|---|
| 액체 : 2개의 동일한 용기에 같은 높이로 액체를 붓고 아동에게 동일한 양의 액체가 담겨 있다고 말한다. | 한 용기에 담긴 액체를 다른 모양의 용기에 부어 두 용기에 담긴 물의 높이가 달라진다. | 보존개념을 습득한 아동은 각 용기에 동일한 양의 액체가 담겨 있다는 것은 인식한다(평균적으로 액체 보존개념은 6~7세에 습득된다.). |
| 질량(점토성 물질) : 찰흙으로 만든 2개의 동일한 공을 제시하고 아동에게 동일한 양의 찰흙이 뭉쳐져 있다고 말한다. | 찰흙 1개를 길게 당겨 길쭉한 모양으로 만들어 2개의 찰흙 모양은 달라진다. | 보존개념을 습득한 아동은 각 모양에 동일한 양의 찰흙이 뭉쳐져 있다는 것을 인식한다(평균연령 6~7세). |
| 수 : 2줄의 구슬을 제시하고 아동에게 각 줄에 동일한 수의 구슬이 놓여 있다고 말한다. | 한 줄의 구슬 간격을 넓힌다. | 보존개념을 습득한 아동은 구슬의 간격이 변했어도 각 줄에 동일한 수의 구슬이 놓여 있음을 인식한다(평균연령 6~7세). |
| 부피(물 차지량) : 찰흙으로 만든 2개의 동일한 공을 동일한 양의 액체가 담긴 동일한 모양의 용기에 넣고 아동은 각 용기의 물의 높이가 동일한 정도로 상승한 것을 본다. | 찰흙 공 하나를 꺼내서 모양을 다르게 빚은 다음 용기 위에 얹어 놓는다. 아동에게 이 찰흙 덩어리를 다시 물 속에 넣으면 옆 용기보다 물 높이가 올라갈지, 내려갈지, 또는 동일할지에 대해 물어본다. | 보존개념을 습득한 아동은 찰흙 공의 모양 외에는 변한 것이 없으므로 찰흙이 동일한 양의 액체를 차지할 것이기 때문에 두 용기의 물의 높이가 동일하게 될 것임을 인식한다(평균연령 9~12세). |

출처 : Shaffer, D. & Kipp, K. 공저, 송길연 외 3인 공역, 발달심리학, 박영story, 2014, pp238.

## PLUS+

### 피아제(Piaget) 전조작기 사고의 특징

| | |
|---|---|
| 상징적 사고<br>(symbolic thinking) | 눈앞에 없는 사물을 머릿속에서 적극 표상하며 자신이 내재적으로 형성하고 있는 표상들을 여러 형태의 상징으로 표현할 수 있게 된다. |
| 물활론적 사고<br>(animistic thinking) | 물활론적 사고란 생명이 없는 대상물에다 생물의 특성을 부여하여 살아 있는 존재처럼 생각하는 경향이다.<br>존재하는 모든 사물에 의지나 생명이 있다고 생각하는 단계(4~6세경) ⇨ 움직이는 모든 것을 살아 있다고 생각하는 단계(6세 이후) ⇨ 스스로 움직이는 것에 한해 생명을 부여하는 단계(8세 이후 12세까지). ⇨ 식물, 동물 등 생물만 살아있는 것으로 생각하는 단계(11~12세 이후) |
| 자아 중심성<br>(egocentrism) | 타인의 생각, 관점 및 감정을 이해하지 못하고 자신의 입장에서만 세상을 바라보는 경향성을 말한다. 즉 유아는 자신의 관점에서만 사물을 이해할 뿐 타인의 관점을 고려하지 못하거나 자기가 모든 것의 중심이라고 생각하는 한계를 지닌다. |
| 지각의 중심화<br>(centration) | 대상물이나 활동의 1가지 측면만 고려하여 2개 이상의 측면을 동시에 고려하거나 이를 통합하는 조작적 사고가 결여되는 것으로, 대개 지각적으로 우세한 측면에만 집중하는 경향을 말한다. |
| 직관적 사고<br>(intuitive thinking) | 크기, 모양, 색깔 같은 사물의 현저한 지각적 속성에 의해 그 대상을 판단하는 중심화된 사고 양상을 말한다. 전조작기 직관적 사고는 보존개념의 결함에서 두드러지게 나타난다. |
| 보존개념의 결여 | 전조작기 유아는 어떤 상황에서 지각적으로 가장 현저한 자극에 초점을 맞추고 다른 면들은 무시해 버리는 중심화 경향을 보이므로 보존개념이 없다. 보존개념이란 어떤 대상의 외양이 바뀌어도 그 속성은 바뀌지 않는다는 것을 이해하는 능력을 의미한다.<br><br>**● 보존개념 획득 시 형성되는 3가지 개념**<br><br>**반환성**: 가했던 조작을 철회하면 항상 원래의 상태로 돌아가는 것을 생각하는 조작<br>**보상성**: 조작을 가하여 변화된 대상의 2가지 특성을 비교하고 그 관계를 통합하는 조작<br>**동일성**: 원래의 상태에 양을 더하지도 빼지도 않았으므로 양에는 변화가 없다고 추론하는 조작 |
| 전환적 추론<br>(transductive reasoning) | 서로 관련이 없는 2개의 사건을 원인과 결과의 관계로 연결시키는 비약적 도출과 같은 현상이다. 2개의 사태가 동시에 일어났을 때, 한 사태가 다른 사태의 원인이 된다고 생각함으로써, 하나의 특정 사태로부터 다른 특정 사태를 추론하는 전조작기 인과추론의 특징적인 양상이다. |
| 목적론 | 우연히 존재하는 사물이나 현상을 특별한 목적이 있어서 존재한다고 믿는 것이다. |
| 인공론 | 모든 사물과 현상을 인간이 만들었다고 믿는 사고이다. |
| 실재론 | 정신적인 것과 물리적인 것이 미분화된 상태로 존재하여 정신적인 현상에 물리적인 속성을 부여하는 현상이다.<br>예 생각, 꿈 등과 같은 정신적 현상이 물리적 실체를 가졌다고 믿는 것 |

## (3) 구체적 조작기(7~11세)

> 구체적 조작기 아동은 인지적 조작을 빠르게 습득하고 자신이 경험한 대상이나 사건에 대해 생각할 때 이를 적용한다. 인지적 조작은 내적 정신활동으로서 아동은 이를 통해 심상이나 상징을 수정하고 재구성함으로써 논리적 결론을 내릴 수 있다.

① 가역적 사고의 발달
　㉠ 구체적 조작행동 속에 나타나는 논리적 사고의 가장 중요한 특징으로 가역성 개념을 들 수 있다. 가역성이 가능해짐으로써 아동들은 어떤 현상을 역으로 상상할 수 있게 되며, 어떤 상황을 본래의 상황으로 변환시킬 수 있다.
　㉡ 이러한 구체적 조작기의 논리적 조작은 보존(conservation), 분류(classification), 서열(seriation) 등에서 나타난다.
　㉢ 그러나 구체적 조작기의 사고 역시 구체적 대상에만 조작이 가해질 수 있다는 점에서는 여전히 제한적이다.

② 보존개념의 형성
　㉠ 구체적 조작기 동안 길이, 무게, 부피 등 여러 형태의 보존개념을 습득한다. 이제 인지적 조작능력으로 무장된 인지적 조작자인 아동은 지각적 특성에 의해서가 아니라 논리적 조작에 의해서 보존 문제를 해결할 수 있게 된다.
　㉡ 그러나 동일한 가역성이 적용됨에도 불구하고 과제의 유형에 따라 가역 조작의 획득 시기는 다르게 나타난다. 일반적으로 길이, 크기, 양, 수의 보존개념은 6~7세에, 무게의 보존개념은 8~9세에, 넓이와 부피의 보존 개념은 11~12세경에 획득된다(Piaget, 1973).
　㉢ 구체적 조작 단계 아동은 피아제의 여러 보존 문제를 쉽게 풀 수 있다.
　　예 • 7세가 된 아동에게 액체 보존 문제를 제시하면 이 아동은 동시에 두 용기의 높이와 너비 모두에 집중함으로써 탈중심화(decenter)를 할 수 있다.
　　　 • 또한 가역성(붓기과정을 정신적으로 원상태로 돌림으로써 액체가 원래 용기에 담겨 있던 상태를 상상할 수 있다는 것)도 나타나며, 결론에 도달하기 위해 외양이 아닌 논리를 이용한다.

③ 분류 조작
　㉠ 구체적 조작기에 이르면 유목에 근거한 분류 조작이 가능해진다. 아동은 대상이 여러 차원에 따라 다양한 방식으로 분류될 수 있다는 것을 이해하게 된다.
　㉡ 그 결과, 여러 대상들을 속성에 따라 다양하게 분류하고 통합하여 유목의 위계적 망을 형성할 수 있다.

④ 서열 조작
  ㉠ 구체적 조작기에 사물을 길이나 크기 등의 기준에 따라서 증가 혹은 감소하는 순서대로 배열하는 서열 조작 능력이 발달한다.
  ㉡ 여기에는 요소들 간의 이행 관계를 기술하는 개념으로서, 이행성(transitivity) 조작과 다중서열(multiple seriation) 조작이 포함된다.
  ㉢ 이행성 조작은 A가 B보다 길고, B가 C보다 길 경우 A가 C보다 길다는 것을 이해하는 것이고, 다중서열 조작은 동시에 2개 이상의 범주적 요인을 비교하고 통합하는 것을 가리킨다.

● 전 조작 단계 사고와 구체적 조작 단계 사고의 비교

| 개념 | 전 조작 단계 사고 | 구체적 조작 단계 사고 |
|---|---|---|
| 자아 중심성 | 타인도 자신과 동일한 시각을 갖고 있다고 생각한다. | 때때로 자아 중심적으로 반응하기도 하지만 타인의 다양한 시각에 대해 훨씬 잘 알고 있다. |
| 물활론 | 스스로 움직이는 친숙하지 않은 물체도 생명체적인 특성을 갖고 있다고 생각한다. | 생명체의 생물학적 기초에 대해 좀 더 알게 되며 무생물에 대해 생명체적인 특징을 부여하지 않는다. |
| 인과관계 | 인과관계에 대해 제한적으로만 알고 있다. 변환식(transductive)적 사고를 함으로써 2개의 연달아 일어나는 사건에 인과관계가 있다고 생각한다. | 인과관계 법칙에 대해 보다 잘 이해하게 된다(인과관계에 대한 지식은 청소년기 이후로도 계속하여 발달한다.). |
| 지각 중심의 사고/중심화 | 문제에 대한 답변을 찾을 때 지각적 외양을 근거로 판단을 내리고 상황의 단일한 측면에만 중점을 둔다. | 문제에 대한 답변을 찾을 때 현혹적인 외양은 무시하고 상황의 하나 이상의 측면에 중점을 두게 된다(탈 중심화). |
| 비가역성/가역성 | 자신이 목격한 행동을 정신적으로 원상태로 돌리지 못한다. 물체나 상황이 변화되기 전의 상태가 어땠는지에 대해 거꾸로 돌려 생각하지 못한다. | 자신이 목격한 변화를 정신적으로 무효화하여 전후 상태를 비교할 수 있으며, 상황이 어떻게 변화하였는지를 판단할 수 있다. |
| 논리적 사고에 대한 피아제식 검사에서의 성취도 | 자아 중심성, 지각 중심의 사고 및 중심화로 인해 보존 과제에 실패하고, 물체를 범주화하는 데 어려움을 겪으며, 높이나 길이와 같은 양적 차원에 따라 물체를 정신적으로 배열하는 능력이 결여되어 있다. | 자아 중심성이 약화되고 가역적인 인지적 조작을 습득하게 됨에 따라 보존 과제를 수행하고, 물체를 여러 차원에서 정확하게 범주화하고, 물체를 양적 차원에서 정신적으로 배열할 수 있게 된다. 외양보다는 논리를 바탕으로 결론을 내린다. |

## (4) 형식적 조작기(11, 12세~)

> 형식적 조작에 의한 사고의 발달을 11, 12세에서 14, 15세에 이르는 초기 단계와 14, 15세에서 성인기까지 지속되는 후기 단계인 두 하위 단계로 구분하고 있다.
> 구체적 조작이 경험에 근거한 정신적 활동이었다면 형식적 조작은 개념과 명제에 근거한 정신적 활동이다. 형식적 조작사고는 추상성, 가설 연역적 사고 및 조합적 사고라는 3가지 특징으로 설명될 수 있다.

① 추상적 사고
  ㉠ 형식적 조작기에는 추상적 사고가 가능해지면서 대상의 구체적 존재 여부와 상관없이 형식논리에 의해 대상에 대해 사고를 전개할 수 있으며, 현실적으로 사실이 아니더라도 논리적으로 타당하면 받아들일 수 있다.
  ㉡ 형식적 조작기에는 추상적 개념을 다루게 되면서 추상적 상징과 은유(metaphor)가 많이 사용되며, 상위 인지(meta-cognition) 또한 발달한다. 상위 인지의 발달은 정보처리의 효율성을 가져오며 정보처리 전략도 정교화 된다.
② 가설 연역적 사고 : 형식적 조작기에는 논리적 추리능력의 발달로 가설연역적 사고가 가능해진다. 이는 가설을 설정하고 이를 전제로 추론하는 명제적 사고로, 이러한 추리능력의 획득은 가설 설정을 통한 'if~, then~' 방식의 논리 전개가 가능해졌음을 의미한다.
③ 조합적 사고
  ㉠ 조합적 사고는 모든 관련 변인들의 가능한 조합을 체계적으로 고려하면서 진위를 검증하거나 문제를 해결해 내는 능력이다.
  ㉡ 특정한 문제의 해결을 위해 가능한 모든 조합이나 순열을 검토할 수 있는 능력은 형식적 조작기에 가능해진다.
  ㉢ 문제해결과정에서 관련 변인을 추출·분석하여 이를 상호 관련짓고 통합하는 조합적 사고야말로 과학적 추론을 가능하게 하는 대표적인 인지능력이다.

## 3. 피아제 이론의 교육적 시사점

① 학습은 능동적인 과정임을 시사한다. 유아는 자신의 학습에 능동적인 역할을 하며 학습자에게는 능동적으로 물리적·정신적으로 과업을 선택할 기회가 주어져야 한다.
② 이때의 과업들은 유아들에게 조작·탐색·재발견·재발명할 기회를 줄 수 있는 것이어야 한다.
③ 유아를 위한 교육적인 경험을 계획할 때 발달의 대략적인 지표를 나타내주는 유아의 나이를 기준으로 계획하기보다는 유아가 현재 가지고 있는 능력을 더 고려해서 계획할 필요가 있다.
④ 피아제 이론을 교수·학습에 적용할 때 가장 중요한 것은 유아가 가지고 있는 인지구조의 평형을 깨고 인지갈등을 유발하는 것이다.

⑤ 인지갈등은 유아가 일상생활에서 자발적으로 환경을 탐색하고 발견하는 가운데 이루어지는 것이지만 또래 간의 갈등이나 교사의 적극적인 개입을 통해 이루어지기도 한다.

⑥ 인지갈등을 일어나게 할 때 중요한 점은 유아의 인지구조보다 약간 높은 수준에서 일어나게 해야 한다는 점이다. 이는 유아가 가지고 있는 사전 경험과 유사하면서도 약간의 새로운 경험이 첨가되는 것을 의미하므로 교사는 유아의 사전 경험의 종류와 질이 어떤 것인지를 인지하고 있을 필요가 있다.

## 05 비고츠키의 사회문화적 접근

 **들어가며**

러시아 발달학자인 비고츠키는 피아제가 이론을 정립하던 1920년대와 1930년대에 활발하게 활동한 학자였다. 안타깝게도 비고츠키는 연구를 완성하기 전인 38세의 나이로 세상을 떠났다. 그럼에도 불구하고 그는 인지 성장이 사회문화적 맥락에서 일어난다는 점, 아동의 인지능력들 중 대부분이 부모, 교사, 기타 보다 유능한 협력자와의 상호작용을 통해 출현한다는 점을 주장함으로써 우리에게 생각해 볼 문제를 풍부하게 남겨주었다.

### 1. 기본 가정

① **지적 발달에서 문화의 역할** : 비고츠키(Lev Semenovich Vygotsky, 1896~1934)는 영아가 주의력, 감각, 지각, 기억이라는 기본적 정신기능을 가지고 출생하며 이러한 기능들은 영아가 몸담고 있는 문화에 의해 결국 새롭고 더욱 정교한 고도의 정신적 기능으로 변형된다고 주장하였다.

② **초기 인지능력의 사회적 기원 및 근접 발달 영역** : 비고츠키는 어린 아동이 새로운 원리를 학습하고 발견하는 데에 능동적으로 참여하는 호기심에 가득 찬 탐색자라는 피아제의 입장에는 동의하였다.

③ 그러나 피아제와 달리 비고츠키는 아동에게 있어 정말로 중요한 '발견'의 상당수는 스스로의 탐색에 의해 이루어지는 것이 아니라, 언어적 가르침을 전수하는 능숙한 교사와, 교사의 가르침을 내면화하여 자신의 수행을 조절하기 위해 사용하는 제자 간의 협동적 대화의 맥락에서 발생하는 것이라 주장하였다.

**PLUS➕**

**비고츠키가 주장한 협동적 학습**
4세 된 애니(Annie)가 처음으로 퍼즐 선물을 받았다. 애니는 퍼즐을 맞춰보려고 이리저리 노력해 보았지만, 결국 아빠가 옆에 와서 앉아 도움을 줄 때까지는 아무것도 맞추지 못하였다. 아빠는 모퉁이 4군데를 먼저 맞추는 것이 좋겠다고 알려주고, 그 중 한 조각의 가장자리에 있는 분홍색 부분을 가리키며 "분홍색이 들어간 조각을 찾아보자."고 제안한다. 애니가 조각을 잘 찾지 못해 당황해 하면 아빠는 옆에 맞춰지게 될 2조각을 가까이 놓아 두어 애니가 그 2조각을 알아차리도록 한다. 애니가 2조각을 맞게 끼우면 아빠는 옆에서 격려해준다. 애니가 점차 퍼즐을 이해하게 되면 아빠는 옆으로 물러서서 애니가 혼자서 퍼즐을 맞추게 둔다.

## 2. 근접 발달 영역(Zone of Proximal Development)

① 근접 발달 영역이란 학습자가 독립적으로 성취할 수 있는 것과 보다 능숙한 사람의 조언과 격려를 받아 성취할 수 있는 것 간의 차이를 말한다.

② 이 영역(ZPD)에서 섬세한 가르침이 이루어져야 하고 새로운 인지 성장이 발생할 것으로 기대된다.

> 예 분명히 Annie는 아빠의 도움이 없을 때보다 있을 때에 퍼즐을 더 잘 맞출 수 있었다. 더욱 중요한 사실은 Annie가 아빠와 협동하면서 사용한 문제해결기법을 내재화하고 결국 이를 스스로 사용하게 됨으로써 독자적으로 수행이 가능한 새로운 단계에 진입한다는 것이다.

**PLUS**⁺

비고츠키는 학습이 발달을 이끌어 가는 것으로 보았으며 발달과 학습의 복잡한 관계를 '근접 발달 영역(the zone of proximal development)'이라는 개념을 가지고 설명했다. 근접 발달 영역이란 '독자적인 문제 해결에 의해 결정되는 실제적 발달 수준과 성인의 지도하에 또는 좀 더 능력 있는 또래들과의 협동을 통한 문제 해결에 의해 결정되는 잠재적 발달 수준과의 차이'(Vygotsky, 1978 : 86)이다. 비고츠키는 근접 발달 영역에서 학습과 발달이 역동적으로 민감하게 일어난다고 보았으며, 유아들은 이 영역에서 타인과의 협력적 학습을 통해 현재 발달 수준에서 좀 더 높은 발달 수준으로 도약할 수 있다고 한다.

## 3. 비계 설정 / 발판화(Scaffolding)

① 인지 성장을 촉진시키는 사회적 협력이 갖는 하나의 특징은 발판화(scaffolding)로서, 이는 보다 능숙한 참여자가 (풋내기 학습자가 문제를 보다 잘 이해할 수 있도록) 그 학습자의 현재 상황에 대해 어떤 도움을 주는 것이 적절할지를 조심스럽게 결정하는 것을 의미한다.

② 발판화는 공식적인 교육환경에서만 이루어지는 것이 아니라, 보다 능숙한 사람이 아동이 가진 능력의 한계 수준에 맞추어 자신의 가르침을 조정하는 모든 상황에서 이루어진다.

> 예 Annie의 아빠는 근접 발달 영역에서 Annie를 가르쳤을 뿐 아니라 비계 설정도 이용하였다.

## 4. 유도된 참여 - '어깨너머로 배우다.'

① 모든 문화권의 아동들이 무엇을 배우기 위해 또래 친구들과 꼭 학교에 가는 것은 아니다. 부모 또한 옷감을 짜거나 사냥 같은 것은 공식적으로 가르치지도 않는다. 대신 이 아동들은 유도된 참여(guided participation)를 통해 학습할 수 있다.

② 유도된 참여란 필수적인 도움과 격려를 제공해주기보다 능숙한 협력자와 함께 각 문화에서 중요하게 여겨지는 활동에 능동적으로 참여하는 것을 일컫는다. 또한 유도된 참여는 아동이 어른 또는 보다 능숙한 협력자들과 일상적인 경험에 참여하면서 인지를 형성시키는 비공식적인 '사고의 견습(apprenticeship)'이다.

PLUS⁺

### 비고츠키의 근접 발달 영역의 좋은 예

> 엄　　마 : 브리타니, 공원에는 뭐가 있지?
> 브리타니 : 아기그네.
> 엄　　마 : 맞아, 아기그네. 그리고 또 뭐가 있지?
> 브리타니 : (어깨를 으쓱한다.)
> 엄　　마 : 미끄럼틀
> 브리타니 : (웃으면서 고개를 끄덕끄덕 한다.)
> 엄　　마 : 그리고는 또 뭐가 있지?
> 브리타니 : (또 어깨를 으쓱한다.)
> 엄　　마 : 시⋯⋯
> 브리타니 : 아! 시소!
> 엄　　마 : 그래 맞아, 시소도 있단다.

1. 여기서 브리타니는 엄마의 도움으로 특정 물체들을 기억해내는 학습을 하고 있을 뿐만 아니라, 맥락 이외의 정보(위 대화 당시 두 사람은 공원에서 몇 킬로미터나 떨어진 집 안에 있었다.)를 기억해내는 것의 중요성도 학습하고 있다.
2. 브리타니는 이미 알고 있는 사실들을 이야기하도록 요청받을 수 있다는 점과 자기 스스로 그 사실들을 기억해낼 수 없을 때는 엄마의 도움을 받아 대답할 수 있다는 점을 학습하게 되는 것이다.
3. 보다 능숙한 협력자가 유도하는 또 다른 형태의 상황은 놀이상황이다. 이는 능숙한 협력자와 놀이를 하는 아동이 이러한 사회적 지지를 받지 못한 아동에 비해 보다 능숙한 놀이의 참여자가 됨을 시사한다.
4. 학령 전 아동이 형제자매나 부모 등과의 사회적 가장놀이를 얼마나 많이 하는가가 이후 아동이 타인의 감정과 신념의 이해능력을 예측해주는 척도가 되므로, 아동의 놀이를 활성화시켜야 한다는 것은 분명하다.
5. 이러한 점에서 볼 때 부모 및 기타 보다 능숙한 협력자와 함께 하는 가장놀이에 의한 발판화는 가장 중요한 형태의 유도된 참여라고 할 수 있을 것이다.

## 5. 효과적인 비계 설정의 구성요소

### (1) 공동의 문제해결

비계 설정의 첫 번째 구성요소는 흥미 있고 문화적으로 의미 있는 협력적 문제해결활동에 대한 어린이들의 참여이다.

### (2) 상호 주관성

상호 주관성은 어떤 과제를 시작할 때는 서로 다르게 이해하고 있던 두 참여자가 공유된 이해에 도달하는 과정을 말한다. 공동 활동을 하는 동안 진정한 협동을 성취하고 효과적인 의사소통을 하기 위해서, 참여자는 같은 목표를 향해 일하는 것이 본질적이다. 상호 주관성은 각 참여자가 서로 다른 사람의 관심에 맞추어 조정함에 따라 의사소통을 위한 공동의 화제를 만들어 간다.

### (3) 따뜻함과 반응─상호작용의 정서적 분위기

과제에 대한 아동들의 집중과 기꺼이 도전하려는 태도는 성인이 명랑하고, 따뜻하고, 반응적일 때 그리고 언어적 칭찬과 적절하게 자신감을 북돋워 줄 때 최대화된다.
예 "이제 맞추었네!", "야! 해냈구나!"

### (4) 아동을 근접 발달 영역에 머물게 하기

비계 설정의 주요 목표, 그리고 일반적인 교육의 목표는 아동들로 하여금 그들의 근접 발달 영역에 있는 과제들을 수행하도록 하는 것이다.

> **아동을 근접 발달 영역에 머물게 하기**
> 1. 아동에게 주어진 과제가 적합하게 도전적인 수준이 되도록 과제와 주변 환경들을 구성해 줄 것
> 2. 아동의 현재 요구와 능력에 맞도록 성인의 개입의 양을 항상 조절해 줄 것

### (5) 자기 조절을 증진시키기

비계 설정의 또 다른 목표는 아동으로 하여금 가능한 한 많은 공동 활동을 조정하게 함으로써 자기 조절을 훈련하는 것이다. 이를 위해 성인은 아동이 독립적으로 일을 할 수 있게 되면 가능한 한 빨리 조절과 도움을 멈추어야 하는데, 이는 성인이 아동으로 하여금 의문점과 문제를 파악하도록 허용하고 아동이 곤경에 빠져 있을 때에만 개입해야 하는 것을 뜻한다. 요약하면, 공동의 목표가 세워지면 아동의 능동적 반응에 대한 성인의 능동적인 철회는 자기 조절의 발달에 매우 중요하다.

## 6. 수업에 적용할 수 있는 비계 설정의 유형

| 유형 | 내용 |
|---|---|
| 모델링 | 미술 교사는 학생들에게 혼자서 새 스케치를 시도하도록 요구하기 전에 원근법의 스케치를 시범으로 보여준다. |
| 앞에서 중얼거리면서 생각하기 | 물리 교사는 운동량 문제를 풀 때 칠판에 문제를 풀어나가는 과정에서 자신의 내적인 생각을 중얼거리면서 말로 나타낸다. |
| 질문 | 물리 교사는 학생들이 스스로 몇 문제를 풀게 하고, 중요한 시점에서 질문을 한다. |
| 수업자료를 조절하기 | 초등학교 체육 교사는 슈팅 기법을 가르칠 적에는 바스켓의 높이를 낮추며, 그 다음에 학생들이 숙달하게 되면 높인다. |
| 단서 제공 | 유아가 퍼즐 맞추기를 할 때 "빨간색 바지와 같은 빨간색 조각이네."라고 힌트를 준다. |
| 절차적 촉진자 | 묵시적 기능(implicit skill)의 학습을 도울 경우, 예컨대 교재를 읽은 후 '누가, 무엇을, 어디에, 언제, 왜 그리고 어떻게'와 같은 질문을 포함하는 '신호단어(signal word)'를 사용하도록 학생들을 격려한다. |

| 어려운 분야를 예상하기 | 수업의 모델링과 설명 단계에서 교사는 잠정적인 학생의 오류를 예상하고 토의한다. |
|---|---|
| 난이도를 조절하기 | 묵시적 기능이 내포된 과제를 도입할 경우 간단한 문제들로 시작하고, 각 단계 후에 연습을 하게 하며 점차 과제의 복잡성을 증가시킨다. |
| 절반쯤 행해진 예들을 제공하기 | 학생들에게 절반쯤 행해진 문제의 예들을 제공하고서 결론을 도출하게 하는 것이 궁극적으로 학생 스스로 문제를 해결하는 방법을 가르치는 효과적인 방법일 수 있다. |
| 상호 교수 | 교사와 학생이 돌아가며 교사의 역할을 하며, 학생들이 토의를 이끌고 질문하는 과정에서 학생들에게 필요한 지원을 제공한다. |
| 체크리스트를 제공하기 | 학생들이 자신의 반응의 질을 조절하는 것을 돕기 위해 자기 점검절차(self-checking procedure)를 가르칠 수 있다. |

## 7. 교육에 주는 시사점

① 피아제와 마찬가지로 비고츠키도 수동적 학습보다는 능동적 학습을 강조하며, 학습자가 이미 알고 있는 것을 측정하여 앞으로 무엇을 학습할 수 있는가를 예상하는 것이 중요함을 시사한다.

② 비고츠키식 교사는 협동적 학습활동을 조직하여 그러한 활동 안에서 학생들끼리 서로 도와주도록 격려한다. 여기서 비고츠키의 이론이 시사하는 바는 덜 능숙한 학생은 보다 능숙한 또래 학생들의 가르침으로부터 도움을 얻게 되고, 이 능숙한 학생들은 교사 역할을 함으로써 이득을 보게 된다는 것이다.

> **협동적 학습이 효과적인 이유**
> 1. 아동은 함께 문제를 해결할 때 보다 동기화 된다.
> 2. 협동적 학습은 아동끼리 서로 자신의 생각을 설명하고 분쟁을 해결하도록 만든다. 이러한 활동을 통해 아동은 서로의 생각을 보다 자세하게 검사하고 상대방이 이해할 수 있도록 이를 명확하게 표현할 수 있게 된다.
> 3. 아동은 함께 문제를 해결할 때 고도의 인지적 책략을 사용하는 경향이 있으며, 이러한 책략을 통해 혼자서는 결코 생각해 낼 수 없었던 생각과 해결책을 찾아낸다.

③ 피아제와 비고츠키의 접근의 주요한 차이점은 가르치는 사람의 역할이다.

피아제의 이론을 따르는 교실에서 학생은 독립적이고 발견 위주의 활동에 많은 시간을 쏟는 반면, 비고츠키의 이론을 따르는 교실에서 교사는 유도된 참여방식을 이용하여 학습활동을 조직하고, 아동의 현재 능력에 맞추어 조심스럽게 만들어낸 유용한 힌트나 지시를 제시하며, 아동의 진도를 살피면서 점차 더욱 고차적인 정신적 활동을 부과한다.

## ● 피아제의 인지발달이론과 비고츠키의 인지발달이론 비교

| 피아제의 인지발달이론 | 비고츠키의 인지발달이론 |
|---|---|
| 인지 발달은 모든 문화에서 거의 보편적이다. | 인지발달은 각 문화마다 다양하게 나타난다. |
| 인지 발달은 주로 아동이 스스로 지식을 구성하는 독립적인 탐색에서부터 이루어진다. | • 인지 성장은 사회적 상호작용에서부터 이루어진다.<br>• 아동과 그의 파트너가 지식을 '공동으로 구성함'에 따라 근접 발달 영역 내에서 유도된 학습을 통해 이루어진다. |
| 개인적(자아 중심적) 과정은 사회적 과정이 된다(예컨대, 자아 중심적 언어는 보다 효과적인 의사소통이 가능한 방식으로 조정된다.). | 사회적 과정은 개인적인 심리적 과정으로 변모한다(예컨대, 사회적 언어는 사적 언어가 되어 결국 내적 언어로 변모된다.). |
| 또래집단과의 접촉은 타인의 시각으로 볼 수 있는 능력을 향상시키므로 또래집단이야말로 아동을 변화시키는 아주 중요한 존재이다. | 어른은 아동이 내재화하는 지적 적응의 문화적 도구를 전수함으로써 아동을 변화시키는 아주 중요한 존재이다. |

**PLUS+**

### 인지발달이론에서의 언어의 역할

1. **언어와 사고에 대한 피아제의 이론**
   ① 피아제(1926)가 학령 전 아동의 언어 습관에 대해 기록한 바에 따르면, 아동은 일상생활을 하면서 마치 생중계 아나운서인 것처럼 자기 자신에게 혼잣말을 한다.
   ② 피아제는 이러한 자기지향적인 발언을 자기 중심적 언어(egocentric speech)라고 불렀다. 자기 중심적 언어는 특정인을 지정하여 말하는 것도 아니고 유의미한 방식으로 조정된 것도 아니기 때문에 상대방은 이해할 수 없다.
   ③ 피아제는 자기 중심적 언어를 단순히 아동의 지속적인 정신활동을 반영하는 것으로, 인지 발달에 거의 어떠한 영향도 주지 않는다고 지적하였다.
   ④ 그러나 피아제는 전 조작기가 끝날 즈음이 되면 아동의 언어가 보다 사회적이고 덜 자기 중심적이 된다는 점을 관찰하였으며, 그 원인을 아동이 타인의 시각으로 볼 수 있는 능력이 성장하고 상대방이 이해할 수 있도록 자신의 언어를 조절할 수 있게 되기 때문이라고 보았다.
   ⑤ 즉, 피아제는 비고츠키와는 반대로 인지 발달(자기 중심성의 쇠퇴)이 언어 발달(자기 중심적 언어에서 의사소통적 언어로의 전이)을 촉진시킨다고 주장하였던 것이다.

2. **언어와 사고에 대한 비고츠키의 이론**
   ① 비고츠키는 아동이 문제를 해결하려 하거나 중요한 목표를 달성하려고 할 때 보다 혼잣말을 많이 한다는 점을 발견하였다. 이러한 비사회적 언어는 아동이 목표를 달성하는데 있어 장애물을 만나게 될 때마다 극적으로 증가하였다.
   ② 비고츠키는 이러한 아동의 비사회적 언어가 자기 중심적인 것이 아니라 의사소통적인 것이라는 결론을 내렸다.
   ③ 즉, 아동이 책략을 계획하고 자신의 행동을 조정함으로써 목표를 달성할 가능성을 높여주는 것이 바로 이 '자기 자신을 위한 언어(speech for self)' 또는 '사적 언어(private speech)'인 것이다.

④ 비고츠키는 아동이 성장할수록 사적 언어(혼잣말)의 형태가 단축되어 4세 영아는 전체 문장을 읊조리지만 7~9세 아동은 한 마디 단어를 뱉는다든가 간단하게 입술만 움직이는 식으로 변화된다고 주장하였다. 그리고 이러한 사적 언어(혼잣말)의 빈도가 연령의 변화에 따라 거꾸로 된 U자 모양을 보인다고 하였다.

⑤ 비고츠키의 입장에 따르면 사적 언어(혼잣말)는 결코 완전히 사라지지 않는다. 사적 언어(혼잣말)는 인지적 자기 안내체계(cognitive self guidance system)의 역할을 하고, '드러나지 않게' 파묻혀 내적 언어(inner speech), 즉 일상생활을 조직하고 조정하기 위해 사용하는 내현적인 언어적 사고가 되는 것이다.

## 06 브론펜브레너의 생태학적 체계이론

### 1. 기본 가정 : 발달생태학적 접근

① 생태학(ecology)이란 개인이나 유기체가 경험하고 있는 혹은 개인과 직접·간접으로 연결되어 있는 환경적 상황을 의미한다.

② 생태학적 접근(ecological approach)에서는 가족, 지역사회, 문화 등 인간이 몸담고 있는 생태환경을 보다 체계적으로 구조화하고 이들 환경체계와 개인 간의 관계를 이해하는 것을 인간 발달의 주요 과제로 삼고 있다.

③ 브론펜브레너(Urie Bronfenbrenner, 1917~2005)는 유아의 발달이 이루어지는 주변 세계와 더 넓은 세계 사이의 관계를 이해하려고 하였고 유아들의 주변 세계에 대한 해석과 그 해석들이 어떻게 변화하는지에 초점을 두었다.

④ 그는 이러한 각각의 상황들 속에서의 역동성과 그 상황들 간의 전이(轉移)에 관심을 가지면서, 인간을 둘러싸고 있는 생태학적 환경을 가장 가까운 것에서부터 가장 먼 것에 이르기까지 네 개의 구조체계로 제시하면서, 그 네 개의 구조체계가 시간체계 안에서 이루어진다고 보고 5가지의 구조체계를 제시하였다.

전이는 생태학적 환경에 있는 개인의 역할, 장면 혹은 역할과 장면 모두의 변화로 인해 개인의 지위가 변화될 때마다 전 생애에 걸쳐 일어난다.

## 2. 아동 발달과 환경의 관계

① 브론펜브레너의 인간생태학적 관점에서 환경은 '생태학적 환경'이다.

② 생태학적 환경을 미시체계, 중간체계, 외체계, 거시체계로 나누고, 개인과 환경과의 상호작용뿐만 아니라 환경체계 간의 상호작용을 강조하고 있다.

③ 또한, 그의 모델은 발달이 시간적 차원(시간체계) 안에서 일어남을 강조한다. 시간체계는 환경에서의 특정한 사건(생태적 맥락에서의 어떠한 변화)이 아동 발달에 영향을 줄 수 있음을 강조한다.

④ 그는 생태학적 관점의 새로운 접근을 설명하기 위해 환경을 러시아 인형(마트로시카) 세트에 비유하여 한 구조가 그 다음 구조 속에 끼워지도록 되어 있는 일련의 겹구조로 설명한다.

## 3. 아동의 발달에 영향을 미치는 환경체계

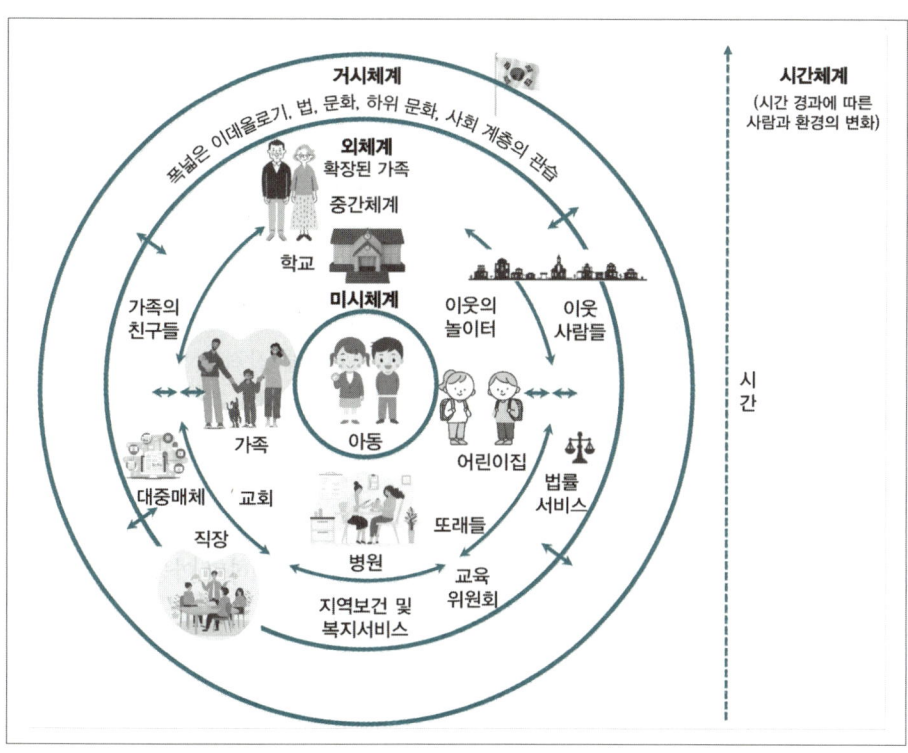

생태학적 접근에 따른 인간 환경체계

## (I) 미시체계(microsystem)

① 미시체계는 가정환경이나 학교환경처럼 개인에게 직접적인 영향을 주는 체계이다.

② 미시체계는 발달하는 아동과 사회 사이의 직접적이고 복잡한 관계를 말하는데, 특별히 가정, 학교, 또래집단, 이웃, 운동 팀, 수련캠프, 교회 등과 같이 일대일로 만나서 직접적으로 친숙한 대인관계를 형성하는 물리적·사회적 환경이다.

### (2) 중간체계(mesosystem)

① 그 다음 수준의 중간체계는 미시체계들을 연결시켜주며 미시체계들이 중복되어서 생기는 대인관계를 의미한다.

② 즉, 아동이 적극적으로 참여하는 2개 또는 더 많은 수의 환경들 간의 상호관계를 말한다. 아동의 경우, 가정과 학교의 관계, 가정과 동료집단과의 관계가 대표적이다.

  **예** 가정의 경험이 학교 행동에 영향을 미치는 것 또는 또래 간의 사회성과 학교 성적과의 관련성 여부를 살펴보는 연구들의 주제가 되는 체계가 바로 중간체계이다.

### (3) 외체계(exosystem)

① 외체계(외부 체계)는 개인이 직접적인 관련성은 없으나 개인에게 영향을 미치는 사회적 구조인 환경요소를 포함한다.

  **예** 부모의 직업은 그들의 사고와 행동에 영향을 미치고, 자녀의 양육방식에 영향을 미쳐 마침내 자녀의 성격 발달에 영향을 미치게 된다.

② 외체계는 발달하는 개인에 직접적으로 관여하는 발달의 장은 아니지만 아동의 발달에 간접적으로 영향을 끼치는 사건이나 장면을 말한다.

③ 아동의 경우, 부모의 직장, 손위형제가 다니는 학교, 학급, 이웃의 특징, 학교와 지역사회 간의 관계가 외체계에 속한다. 또한, 정치적·경제적·사회적 의사결정기구(**예** 교육부, 문화체육관광부 등)와 같이 보다 큰 환경맥락을 일컬어 외체계라고 한다.

### (4) 거시체계(macrosystem)

① 거시체계(거대체계)는 개인이 속한 사회나 하위문화의 이념 및 제도의 유형으로 사회문화적 규범과 같은 커다란 체계를 말하며 개인에게 간접적 영향을 준다.

② 앞서 설명한 3가지 체계를 포섭하는 신념체계 또는 이데올로기라고 할 수 있다.

  **예** 규칙, 규범, 기대, 가치, 역사 등이 여기에 속한다.

### (5) 시간체계(chronosystem)

전 생애에 걸쳐 일어나는 변화와 사회 역사적인 환경을 의미하며 아동이 성장함에 따라 겪게 되는 외적인 사건, 내적 시간들이 구성요소가 된다.

## 4. 교육에 대한 시사점

### (1) 개별화 교육의 강조

생태학적 관점에 의하면 개개인의 생태학적 관점은 각각 다르기 때문에 학습 목표와 내용은 개인의 특성, 소질과 생태학적 특성에 맞추어 개별화된 교수·학습방법이 고려되어야 한다.

### (2) 지역사회의 적극적인 참여 강조(협력체제의 구축)

교육은 가정과 학교 그리고 지역사회의 긴밀한 협력을 통해서만 가능하다. 따라서 아동과 성인의 관계가 조화롭게 구성되기 위해서는 사회의 세심한 배려가 요구된다.

## 07 가드너의 다중지능이론

 **들어가며**

가드너(Howard E. Gardner, 1943~)의 다중지능이론(Multiple Intelligence Theory)은 프랑스의 심리학자 알프레드 비네(Alfred Binet)의 '지능검사'로 인한 수치화된 지능의 대안으로 제시되었다. 가드너는 이와 같은 언어지능과 수리지능만을 측정하는 '지능검사'를 단순한 '일차원적인 방법'의 측정으로 보고, 이것을 '획일화된 학교교육' 안에서 설명될 수 있는 '일차원적인 개념'으로 보았다. 과거의 여러 지능연구들이 모두 일차원적인 것으로 이루어졌기 때문에 인간의 지적 능력을 제대로 파악하지 못한다고 보고 이를 다원적인 측면에서 파악하고자 하였다.

### 1. 기본 가정

① 인간은 서로 다른 인지적인 장점과 스타일을 지니고 있다.
② 인간의 지적 능력이 다양하고 분리되어 있다는 점을 인정하는 다원적 관점을 취한다.
③ 다원론적인 견해를 통하여 제안한 것이 '다중지능'이다.

### 2. 다중지능이론의 특성

① 모든 사람은 8가지 지능을 모두 가지고 있다.
　㉠ 가드너는 모든 사람은 비록 개인 간 수준의 차이는 있으나 8가지 지능들을 모두 가진다고 하였다.
　㉡ 교육은 학생 개인의 지능 프로파일을 최대한으로 파악하고 그 발전을 도와주는 개인 중심의 개별화 교육이 되어야 한다.
② 대다수의 사람들은 각 지능들을 적절한 수준까지 발달시킬 수 있다.
　㉠ 모든 인간이 8가지의 지적 능력을 개발시킬 수 있는 잠재력을 소유하고 있다는 것이다.
　㉡ 가드너는 대다수의 사람들이 적절한 자극과 보상 혹은 교육받을 기회를 갖는다면, 8가지 지능 모두를 어느 정도 높은 수준까지 개발시킬 수 있다고 주장한다.
　㉢ 그러므로 교육은 다양한 기회를 통해 지능 발달을 뒷받침 해주는 역할을 해야 한다.
③ 각각의 지능은 서로 독립적이며, 복잡한 방식으로 상호작용한다.
　㉠ 각각의 지능들은 서로 독립적이다. 그러나 각각의 지능이 서로 독립적으로 기능한다고 해서 그들이 함께 작용할 수 없다는 것을 의미하지는 않는다.
　㉡ 오히려 실제의 활동 분야에서는 독특한 지능 이외에 다른 지능을 요구한다.
　　**예** 바이올린 연주자가 되기 위해서는 음악적 지능과 함께 신체·운동적 유연함이 필수적이고, 청중들을 사로잡을 수 있는 대인관계 지능이 필요하다.

④ 각 지능 영역 내에서 그 지능을 나타내는 많은 양식이 있다.

　　㉠ 신체・운동지능의 경우, 달리기는 못하지만 기민한 행동을 요하는 작업을 잘 할 수 있다.

　　㉡ 이처럼 다중지능이론은 사람들이 지능들 '간'에는, 물론 같은 지능 '내'에서도 자신의 재능을 포함하는 방법이 매우 다양하다는 사실을 강조하고 있다.

　　㉢ 그러므로 개별화 교육을 할 때에도 여러 지능들 사이에서뿐만 아니라, 특정 지능 내의 다양성을 수용할 수 있도록 하여 자신의 지적 가능성을 극대화할 수 있도록 구성되어야 하는 것이다.

---

PLUS+

**다중지능의 독립성과 동등성**

1. **지능의 독립성**

　　모든 인간은 상대적으로 8가지 독특한 지능을 소유하고 있으며, 각 지능은 서로 독립적이기 때문에 한 영역의 지능이 높다고 해서 다른 영역의 지능이 높은 것으로 예언할 수 없다.

　　예 IQ 점수가 낮은 사람이라도, 8가지 영역 중 하나 또는 그 이상의 영역에서는 뛰어난 능력을 보일 수 있다.

2. **지능의 동등성**

　　일반적으로 언어적 지능과 논리・수학적 지능을 영리한 것의 기준으로 여기며 다른 지능 영역은 재능으로 생각해 왔다. 하지만 다중지능이론에 의하면 언어적 지능과 논리・수학적 지능이 강조된 것은 문화적인 영향일 뿐이므로, 좀 더 직관적이고 광범위한 시야로 보면 8가지 지능 모두가 동등하며 독립적이라는 것이다.

---

## 3. 다중지능의 종류

### (1) 언어적 지능

① 언어를 구사하고 말의 뉘앙스, 순서, 리듬에 대해 이해하고 표현하는 능력을 말한다.

② 즉, 읽기, 글짓기, 말하기, 듣기 등에서 어휘를 효과적으로 사용하는 능력이라고 할 수 있다.

③ 이 영역에 높은 지능을 가지고 있는 학생들은 말하기를 좋아하며 이야기를 잘 만들고 글쓰기를 좋아한다.

④ 작가, 번역가, 언어 치료사, 시인, 아나운서, 기자, 변호사, 국어 교사, 강연가, 비서, 사업가, 정치인, 만담가, 코미디언, 시인과 영화배우 등이 속한다.

### (2) 논리・수학적 지능

① 기존 지능의 핵심으로 간주되어 온 이 지능은 연역적 그리고 귀납적 사고를 잘 하는 능력을 말한다.

② 아울러 복잡한 수학적 계산과 사물 간의 논리성을 과학적으로 구성하는 추리능력, 추상적인 패턴과 관계들에 대한 인식능력, 숫자를 효과적으로 사용하고 범주화, 분류, 추론, 일반화, 가설 검증, 계산 등의 정신적 과정에 사용되는 능력이 포함된다.

③ 과학자, 수학자, 컴퓨터 프로그래머, 법률가, 회계사, 논리학자, 통계학자, 보험업자, 경제학자, 기술자, 과학 교사, 수학 교사 등에게 필요한 지능이다.

### ⑶ 공간적 지능

① 삼차원 상의 형태와 이미지를 정확하게 지각하고 이해하는 능력이며, 지각한 현상이나 사물을 시각적 · 공간적 표현방식으로 변형하거나 발전시킬 수 있는 능력을 말한다.

② 이 지능이 뛰어난 학생들은 그림 그리기, 만들기, 디자인하기, 배열하고 재편성하기를 좋아하며 자신에게 주어지는 정보를 그림이나 이미지, 그리고 공간적 배열을 통하여 변경하는 데 관심을 둔다.

③ 엔지니어, 측량기사, 시각 예술가, 안내자, 정찰병, 비행사, 사냥꾼, 지도 제작자, 건축가, 화가, 조각가, 미술 교사, 외과의사, 실내 장식가 등이 속한다.

### ⑷ 음악적 지능

① 자신의 감정을 음악적으로 잘 표현하며 소리가 갖는 다양한 특질, 즉 높낮이, 울림, 리듬에 매우 민감하게 반응하고 표현할 수 있는 능력을 말한다.

② 사람에 따라서는 음악에 대해 영상적 혹은 포괄적으로 이해할 수도 있고, 혹은 분석적으로 이해할 수도 있으며, 이 2가지의 이해능력을 모두 가지고 있을 수도 있다.

③ 노래 부르기, 악기 연주하기, 녹음하기, 지휘하기, 작곡하기, 즉흥연주하기, 편곡하기, 음 듣고 구분하기, 음악 분석하기 등에 필요한 지능으로서 연주가, 작곡가, 음악 비평가, 피아노 조율사, 음악 치료사, 지휘자, 가수, 무용가, 음악 교사가 이 영역에 속한다.

### ⑸ 신체 · 운동적 지능

① 외부의 자극과 정보, 문제를 자신의 육체를 통하여 인식하고 이해하는 능력을 말한다.

② 이 지능에는 자기 자극에 대한 감수성, 촉각적 능력뿐만 아니라 균형, 손재주, 힘, 유연성, 속도 등과 같은 특정한 신체적 기술이 포함된다.

③ 물리치료사, 레크리에이션 지도자, 목수, 도예가, 체육 교사, 안무가, 영화배우, 운동 선수, 외과의사, 팬터마임, 무용가 등이 이 영역에 속한다.

### ⑹ 대인관계 지능

① 다른 사람의 마음, 감정, 느낌, 기분, 의도, 동기를 잘 이해함으로써 다른 사람과 효과적으로 그리고 조화롭게 일할 수 있는 능력으로서, 사회적 지능 혹은 최근에 대두된 정서지능에 해당한다.

② 이 영역에 뛰어난 아동은 조직과 집단 내에 협동을 항상 유지하며, 특정 목표를 달성하기 위해서 집단을 형성하고 리더십을 구사하며, 심지어 갈등이 유발되었을 때도 조정과 협상의 테크닉을 통하여 사태를 잘 마무리한다.

③ 이 지능은 정치가, 교사, 상품 판매인, 상담가, 종교지도자, 사업가, 지배인, 인사담당자, 중재인, 간호사, 여행안내원, 사회지도자 등에게 특별하게 요구된다.

### (7) 개인 이해 지능

① 자기 자신의 본 모습에 대하여 보다 객관적으로, 그리고 심층적으로 이해할 수 있는 능력을 말한다.

② 자신의 성격과 기질, 감정상태, 감정의 변화, 행동의 목적, 의도, 욕구에 대하여 명료한 평가를 내릴 수 있으며 자기 자신의 장·단점에 대한 정확한 이해, 자기 통제와 자기 관리 능력 및 자존감을 유지하려는 의지와 능력도 포함된다.

③ 이 지능이 높은 아동은 자기 존중감, 자기 향상 자아에 대한 애착이 강하며 확신감도 강하기 때문에 독립적으로 문제를 해결하고 일하고자 하는 경향을 가지고 있다.

④ 소설가, 철학가, 심리치료사, 종교지도자, 임상학자, 상담원들이 이 영역에 속한다.

### (8) 자연 탐구 지능

① 자연 탐구 지능은 식물, 동물, 광물을 포함한 자연에 흥미·관심이 있으며, 주변 사물을 자세히 관찰하여 차이점이나 공통점을 찾고 분석하는 능력을 의미한다.

② 곤충학자, 원예가, 사육사, 과학자들이 이 영역에 속한다.

#### ◈ 가드너(Gardner)의 8가지 지능의 종류 및 정의

| 구분 | 지능 | 정의 |
|---|---|---|
| 상징 관련 지능 | 언어적 지능 | • 단어를 효과적으로 사용하는 능력(구두/글로 표현)<br>• 언어의 실용적 영역을 조작하는 능력 |
| | 논리·수학적 지능 | • 숫자를 효과적으로 사용하는 능력<br>• 추론을 잘 하는 능력 |
| | 음악적 지능 | 음악에 대한 전반적인 직관적 이해와 분석적이고 기능적인 능력(음에 대한 지각력, 변별력, 변형능력, 표현능력) |
| 물질 관련 지능 | 공간적 지능 | • 시각적·공간적 세계를 정확하게 지각하는 능력<br>• 시각적·공간적 세계에 대한 지각력을 변형시키는 능력<br>• 시각적·공간적 아이디어를 시각화하거나 그림으로 나타내는 능력<br>• 공간적 행렬에 자신을 적절하게 위치시키는 능력 |
| | 신체·운동적 지능 | • 몸 전체를 사용하는 아이디어와 느낌을 표현하는 능력<br>• 손을 사용하여 사물을 만들어 내고 변형시키는 재능 |
| | 자연 탐구 지능 | 동·식물이나 주변 사물을 자세히 관찰하여 차이점이나 공통점을 찾고 분석하는 능력 |
| 인성 관련 지능 | 대인관계 지능 | • 다른 사람의 기분, 의도, 동기, 느낌을 분별하고 지각하는 능력<br>• 특정 행위에 따르도록 집단의 사람들에게 영향력을 행사하는 능력<br>• 실용적 방식으로 암시에 효과적으로 반응하는 능력 |
| | 개인 이해 지능 | • 자아를 이해하는 데 관련된 지식과 그 지식을 기초로 적응하는 행위능력<br>• 자신에 대한 정확한 모습을 알고 그에 따른 자아 훈련 |

## (9) 다른 지능의 존재 가능성

가드너는 새로운 지능이 될 만한 후보로 영성지능, 실존지능에 대해 언급하고, 도덕지능의 가능성을 제기하였다.

> **실존지능**
> 1. 영적 지능으로 불렸던 것으로 인간의 존재 이유, 생과 사의 문제, 희로애락, 인간의 본성, 가치 등 철학적인, 어떤 의미에서는 상당히 종교적인 사고를 할 수 있는 능력이다.
> 2. 뇌에 해당 부위가 없을 뿐만 아니라 아동기에는 이 지능이 거의 나타나지 않기 때문에 가드너는 다른 8가지 지능과 달리 이 지능을 반쪽 지능으로 간주한다.

## 4. 교육에 주는 시사점

① 학습자의 강점 규명 및 개발을 위한 기회 제공의 중요성을 시사한다.
    ㉠ 학교는 교육과정을 통해 학생이 다중지능의 8가지 영역 중에서 어떤 특정 영역에서 두각을 나타내고 있는가를 규명할 수 있는 기회를 제공해주어야 한다.
    ㉡ 또한 학교는 다중지능 영역과 관련하여 학생이 가지고 있는 발달적 강점을 보다 지속적으로 이끌고 강화시킬 수 있는 교육 프로그램을 개발하여 제공해주어야 한다.

② 균형 잡힌 교육과정 개발의 중요성을 시사한다.
    현대교육은 지나치게 인지 중심으로 구성되어 있어서 다중지능이론의 목표를 달성하는 데는 다소 제한적인 기능만을 담당하고 있는 것으로 평가할 수 있다.

③ 다중지능이론에 기초한 교수법을 개발할 필요가 있음을 시사한다.
    인간이 각자 독특한 방식으로 지식을 수용하고 아울러 특정한 방식이 자신에게 더 적합할 수 있다는 관점에 따라 효과적인 학습전략의 수립과 교수방법의 이론화에 대한 새로운 아이디어가 이루어져야 한다.

④ 이해(understanding)를 위한 대안적 평가방법을 제시한다.
    교실에서의 학생 평가는 지필고사 중심의 평가방법에서 벗어나 대안적 평가방법 중심으로 전개될 필요가 있다. 학습결과물에서나 글짓기, 그림, 과학작품 등에 대한 평가, 프로젝트 평가, 포트폴리오 평가, 수행평가 등이 그것이다.

⑤ 학교와 가정의 새로운 파트너십 형성이다.
    ㉠ 다중지능이론에 의한 학생 평가는 학생의 단점이나 실패의 내용보다는 각 학생에게 내재해 있고 가능성이 있는 발달적 특징과 강점을 규명하고 기록하며 발전시켜 나가는 데 그 목적이 있다.
    ㉡ 교사가 학생의 능력과 관심에 대하여 작성한 평가기록은 학부모에게 학생의 생활지도와 진로지도를 위한 가장 기초적이면서도 중요한 평가자료로 활용되어야 한다.

chapter
**03**

**프로젝트 스펙트럼**

**1. 개념**

다중지능이론에 기초하여 이루어지는 수행평가나 상황에 기초한 교육활동을 통해 유아의 지능을 평가하는 도구의 한 방법이다.

**2. 목적**

유아의 지능 프로파일과 작업유형을 확인하여 유아가 지닌 인지능력의 강점과 흥미를 찾아서 개발하는 것이다.

**3. 장점**

유아의 능력 있는 분야를 판별해 내고 능력이 있는 분야의 발달을 촉진하는 데 기여할 수 있다. 프로젝트 스펙트럼은 지금까지 중요시하지 않았던 음악, 미술, 신체·운동 등의 활동능력을 개별 유아의 작업유형을 통해 평가함으로써 자신의 강점이 무엇인가를 찾도록 도와주는 혁신적인 방법이다.

**4. 기존 평가방식과의 차이점**

① 적응에 곤란을 겪는 유아의 경우에도 적어도 한 영역에서는 능력 있는 분야를 가지고 있다는 것을 전제로 한다.

② 개입 내용은 오직 학업과 관련된 도움을 주기보다는 다방면의 내용을 포함한다.

③ 기술적 관념에서 프로젝트 스펙트럼은 단지 평가에만 초점을 두기보다는 유아가 능력을 향상시킬 수 있도록 지원한다는 것이다.

## 08 동물행동학적(또는 진화론적) 관점

 **들어가며**

동물행동학자들의 가장 기본적인 전제는 모든 동물 종(種)의 구성원들은 다수의 '생물학적으로 프로그램된' 행동을 갖고 태어난다는 것이다. 그러므로 동물행동학자들은, 종의 구성원들이 공유하며, 종의 개체들을 비슷한 발달경로로 이끄는 선천적이거나 본능적인 반응들에 초점을 둔다.

### 1. 로렌츠의 '각인(imprinting)' 실험(1965)

① 각인의 정의 : 로렌츠는 동물들의 특정한 생존 행동이 그 동물에게 프로그램된 것이라는 가정을 입증하기 위해 오리 알을 두 부류로 나누었고, 한 부류는 오리 어미가 부화를 시켰으며 다른 부류는 부화기에서 직접 부화시켰다. 전자의 경우, 태어난 새끼 오리들은 어미 오리를 따라 다니고 후자의 경우, 부화기에서 태어나자마자 본 로렌츠를 어미라 여기며 따라다녔다. 이에 그는 처음으로 본 대상에 대해 애착을 갖는 것을 포함하여 특정 기간 내에 빠르게 본능적으로 배우는 이러한 과정을 '각인'이라고 명명하였다.

② 그는 특정한 종의 생존 가능성을 증진시키는 행동 패턴은 '각인'되며, 이러한 '각인'현상은 결정적 시기에만 나타난다고 주장하였다.

---

**PLUS⁺**

**결정기와 민감기**

1. 동물행동학자들은 학습이론가들을 인간 발달에 있어 생물학적 기초를 거의 무시한다는 이유로 비난하면서도, 학습이 없이는 발달이 많이 이루어질 수 없음을 잘 알고 있다.
2. 동물행동학자들은 생의 초기 경험이 매우 중요하다고 믿는다. 그들은 발달의 많은 속성들에 대해 '결정기(critical period)'가 있을 것이라고 주장한다.
3. 결정기는 발달 중인 유기체가 적응적인 발달패턴을 나타낼 생물학적 준비가 된, 그들에게 적절한 경험적 입력이 수용되는 제한적 시간 폭이다.
4. 민감기(sensitive period)는 특정 능력이나 행동이 나타나기에 최적의 시간이며, 사람이 환경의 영향에 특히 민감한 시간을 의미한다.
5. 민감기의 시간 틀은 결정기의 시간 틀보다 덜 엄격하거나 덜 규정적이다. 민감기 이외의 시간에도 발달이 일어나는 것은 가능하지만, 그 능력을 기르는 데는 더 많은 힘이 들어간다.

---

**2. 볼비(John Bowlby, 1969, 1973)와 같은 인간 동물행동학자들의 주장**

① 아동들이 미리 프로그램된 다양한 행동들을 보이고, 이런 반응들 각각이 개인이 생존하고 정상적으로 발달하도록 도와줄 특정한 종류의 경험을 촉진한다.

② 영아가 우는 것은 자신의 고통을 큰 소리로 알리도록 생물학적으로 프로그램 되어 있기 때문이며, 돌보는 사람 또한 그 신호에 반응하도록 생물학적으로 익숙해진다고 믿는다.

③ 따라서 영아 울음의 적응적 의미는, 영아의 기본 요구들(예 배고픔, 목마름, 안전)이 충족되고, 영아가 일차적인 정서애착을 이루기 위해 다른 사람들과 충분한 접촉을 가질 수 있음을 보증하는 것이다.

---

**09　인본주의이론**

**🕐 들어가며**

1960년대에 들어서면서, 제1의 심리학이라 불리는 프로이트의 정신분석을 근간으로 하는 정신역동주의의 결정론적이고 본능적인 인간관과, 제2의 심리학이라 불리는 행동주의의 기계론적 인간관에 반감을 가진 학자들이, 인간의 자유 의지와 자아실현에 초점을 두고 인간을 연구하는 인본주의 심리학을 제창했다(노안영, 강영신, 2011). 제3의 심리학이라 불리는 인본주의는 인간이 자신의 문제를 해결하고, 잠재력을 실현하고, 삶을 긍정적으로 변화시킬 수 있는 능력을 가진 자율적인 존재라고 본다(Schneider, Bugental, & Pierson, 2001).

인본주의 관점을 취하는 성격 이론가들은 개인은 세상을 지각하는 각자의 고유한 틀을 가진 자유롭고 능동적인 존재이며, 이렇게 사람마다 고유하고 독특한 지각이 각자의 행동을 결정한다고 보았다(노안영, 강영신, 2011). 인본주의 관점에 속하는 대표적인 학자로는 인간 중심 접근을 제시한 로저스(Rogers, 1959)와, 욕구 위계를 제시하고 이를 바탕으로 한 자아실현 접근을 제안한 매슬로우가 있다(Maslow, 1970).

**1. 매슬로우(Abraham Harold Maslow, 1908~1970)의 욕구위계이론**

**(1) 기본 가정**

① 매슬로우는 인간의 무한 잠재력에 대한 확신을 가지고 그 잠재력을 최대로 발휘했던 인간을 연구하여 그들에게서만 발견되는 특징을 밝혀냄으로써 긍정적이고, 적극적이며, 선한 인간의 전형을 보이고자 했다.

② 인간행동은 자신의 삶을 의미 있고 가치 있는 것으로 만드는 개인적인 목표를 달성하려는 욕구에서부터 비롯된다고 가정하였다.

③ 인간은 다른 동물과 마찬가지로 생리적인 욕구를 지니고 있으며 순차적으로 위계에 따라 욕구를 충족시켜 나가려 한다고 하였고, 욕구의 최종은 자아실현에 있다고 하였다.

## (2) 결핍욕구와 성장욕구

> 인간의 욕구는 생득적인 것이며 강도와 중요성에 따라 위계를 이룬다고 보았으며, 이를 결핍욕구와 성장욕구로 구분하여 설명하였다.

① 결핍욕구
  ㉠ 결핍욕구는 부족에서 기인한 것으로 결손된 상태(⬛ 추위, 배고픔, 불안 등)가 야기될 때 인간의 긴장을 미리 막기 위해 작동하는 것으로서 행동결정에 있어 긴급한 요인이 된다.
  ㉡ 하위 수준인 생존·안전·소속과 사랑의 욕구·존중의 욕구가 충족되지 못하면 욕구 충족을 위해 동기가 증진되며 욕구가 충족되면 동기는 감소하게 된다.

② 성장욕구
  ㉠ 자아실현의 욕구를 존재욕구 또는 성장욕구라고 부른다.
  ㉡ 성장욕구는 결핍욕구와는 달리 욕구가 충족되면 그 동기가 감소하는 것이 아니라 오히려 더 많은 충족을 위한 동기가 증진된다.
  ㉢ 성장욕구는 완전히 충족될 수 없기 때문에 욕구 충족을 위한 동기가 끊임없이 나타난다.

## (3) 욕구위계설

| 구분 | | 내용 |
|---|---|---|
| 결핍욕구 | 생리적(신체적) 욕구 | 신체 내 균형을 획득하기 위한 공기, 음식, 음료, 휴식에 대한 욕구 |
| | 안전의 욕구 | 법칙과 한계를 갖는 구조의 도움으로 달성하는 안정성의 추구, 공포나 불안, 무질서로부터의 자유 추구 |
| | 소속감과 애정의 욕구 | 가족, 친구, 애인 등에 의해 제공되는 애정과 친밀감의 추구 |
| | 자존의 욕구 | • 자기 존중과 타인 존중<br>• 자아 존중의 조건 : 유능감, 자신감, 숙달감, 성취감, 타인으로부터의 존경, 독립, 자유를 갖는 것 |
| 성장욕구 | 자아실현의 욕구 | '자신의 본질에 진실되기'를 위해 개인에게 알맞고 능력 있는 일을 한다는 감각으로 자신의 모든 잠재력과 능력을 인식하고 충족시키는 것을 의미 |

chapter
**03**

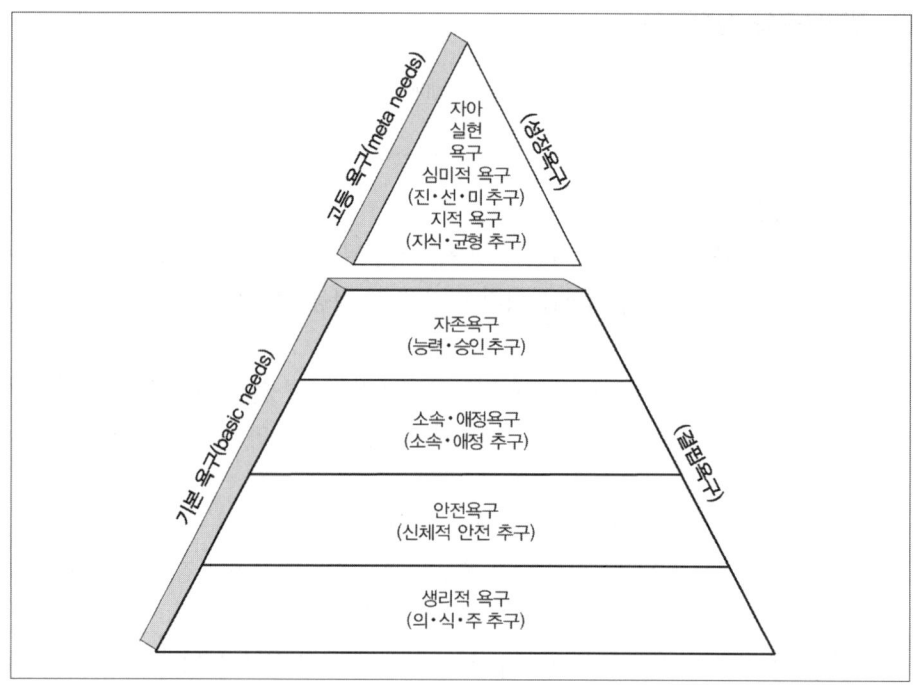

욕구위계도

## 2. 로저스(Carl Rogers, 1902~1987)의 인간 중심 접근

> 칼 로저스(Carl Rogers, 1951)는 치료자 중심 치료, 지시적 접근이 주류를 이루던 1940년대 상담 및 심리 치료의 추세에 반발했다. 그는 모든 사람에게는 스스로의 성격을 변화시킬 능력이 있다고 주장했으며, 따라서 내담자를 수동적인 존재로 규정하던 기존의 접근에서 벗어나 내담자 중심의 상담과 비지시적 접근법이 심리 치료에 훨씬 더 효과적이라고 주장했다(노안영, 강영신, 2011).

### (1) 기본 가정

① 로저스는 인간 스스로가 자기 운명을 통제할 능력이 있다고 하였다. 즉, 인간 내면에는 자아 스스로 자신에게 닥친 문제를 해결할 수 있고 환경을 조절하고 통제하는 힘이 있다고 본다.

② 모든 사람들은 자신의 성장과 발전을 위한 충분한 잠재력을 지니고 있다는 것이다. 그러나 개인은 자신의 잠재력을 인식하지 못하는 경우가 많기 때문에 이를 깨닫게 하여 성장의 기회를 가질 수 있도록 도와주어야 한다고 말하고 있다.

③ 인간이 스스로를 유지하고 향상시키기 위해 발전하려는 선천적 경향을 실현이라고 하며 실현화 과정이 자아의 유지와 고양에 적극성을 발휘할 때 이를 자아실현이라고 한다.

## (2) 주요 개념

### ① 현상학적 장과 자아

㉠ 로저스(Rogers, 1959)는 개인이 세상을 어떻게 지각하고 이해하는지에 관심을 갖고, 이와 관련하여 개인의 주관적 경험을 강조했다. 로저스는 사람이 세상을 지각할 때 객관적인 세계란 존재하지 않으며, 모든 시선에 주관적인 선택과 목적의 영향력이 작용한다고 보았다.

㉡ 그는 유기체로서 개인이 경험한 것 전체가 현상적 장(phenomenal field)을 구성하며, 이러한 현상적 장은 그것을 경험한 개인이 행동하는 데 있어 중요한 참조 틀로 작용하고, 결과적으로 행동에 결정적으로 영향을 미친다고 보았다(Rogers, 1951). 결국, 로저스에 따르면 스스로의 실체를 가장 잘 자각할 수 있는 이는 본인 자신이다(Rogers, 1959).

㉢ 현상적 장에서 개인이 스스로라고 지각하는 부분이 바로 자아이다. 즉, 개인의 경험으로 이루어진 현상적 장의 내부에 자아가 위치하며, 자아는 상황과 경험의 변화 속에서 역동적으로 변화하며 재조직된다. 그러나 자아는 이러한 변화 속에서도 통합되고 조직화된 자아 개념을 유지한다(노안영, 강영신, 2011).

### PLUS+

**자아 개념(self-concept)**

1. 자아 개념이란 개인이 그 자신에 대해 인지하는 특성(자신의 특성, 독특한 속성, 전형적인 행동)들의 집합을 말한다.
2. 자아 개념은 생득적인 것이 아니라 성장해 가면서 변화하여 발전을 거듭한다.
3. 현실적 자아(actual self)와 이상적 자아(ideal self)로 구분되는데, 이 두 자아가 불일치되었을 때 갈등이 초래되며 심할 경우 부적응을 초래하고 더 심하게는 정신병과 같은 심리적 타격을 받을 수도 있다.
   ① **현실적 자아** : 현재 자신이 지각하고 있는 자아의 모습
   ② **이상적 자아** : 자신이 최선의 노력을 경주했을 경우 되고 싶은 자신의 모습

### ② 실현화 경향성과 자아실현 경향성

㉠ 인간은 생득적으로 스스로를 유지하거나 발달시켜 잠재적으로 가지고 있는 역량을 키우려 하는 경향성을 지니고 있는데, 이를 실현화 경향성(actualization tendency)이라고 한다(Rogers, 1959). 로저스는 실현화 경향성은 사람뿐 아니라 살아 있는 모든 유기체에서 공통적으로 드러난다고 했다(Rogers, 1959).

㉡ 그는 특히, 실현화 경향성 중 자아를 유지하고 발전하며 잠재력을 발휘하려는 경향성을 자아실현 경향성(self-actualization tendency)이라 일컬었다(Rogers, 1959).

③ 긍정적 존중(positive regard)

　㉠ 인간은 다른 사람들, 그 중에서도 본인에게 중요한 타인으로부터 관심과 애정을 받고 싶어하는 강한 동기를 지닌다. 때문에 타인에게서 주어지는 긍정적 존중은 개인의 행동에 큰 영향력을 행사한다. 타인으로부터 승인, 존경, 사랑, 우정 등의 인정을(여러 가지 형태의 경험을) 한데 묶어 긍정적 존중이라고 한다.

　㉡ 긍정적 존중은 아무 조건 없이 주어지는 무조건적 긍정적 존중(unconditional positive regard)과 특정 조건이 충족될 때에만 주어지는 조건적 긍정적 존중(conditional positive regard)으로 구분된다. 무조건적 긍정적 존중은 그에 대한 평가나 조건 없이 애정이 주어지지만, 조건적 긍정적 존중은 타인이 정해 놓은 어떠한 기준이나 방식을 따르는 등 특정 조건이 충족되는 경우에만 주어진다.

　㉢ 여기서 타인에게 존중을 받을 만한가, 그렇지 않은가를 결정하는 기준을 가치의 조건(conditions of worth)이라고 한다. 긍정적 존중을 받기 위하여, 사람들은 종종 이러한 가치의 조건에 부합하도록 행동을 변화시킨다.

　㉣ 조건적 긍정적 존중은 타인에게뿐 아니라 자기 자신에게도 적용된다. 조건적 자기 존중(conditional self-regard)이란 다른 사람이 자신에게 부여한 가치의 조건을 후에 자기 자신에게 스스로 적용하는 경우를 일컫는다(Rogers, 1959). 즉, 가치의 조건을 만족시키는 행동을 할 때에만 스스로를 존중하고, 애정 등의 보상을 주며, 감싸 안아 받아들인다는 것이다(Sheldon & Elliot, 1998).

　㉤ 조건적 존중은 때로 자아실현과 갈등을 야기한다. 다시 말해서, 타인으로부터 관심을 받고 애정을 받고 싶어하는 강한 동기 때문에 스스로가 추구하고자 하는 목표나 이상대로 행동하지 않고 타인이 정해 놓은 어떠한 기준이나 방식을 따르는 등 특정 조건을 충족시키려 행동하는 것이다. 즉, 명백히 자아실현이 가치의 조건대로 행동하는 것보다 더 중요하지만, 때로는 긍정적 존중의 욕구가 자아실현 경향성을 넘어서기도 한다.

④ 충분히 기능하는 사람(fully functioning person)

　㉠ 로저스는 인간 유기체 실현의 궁극적인 목표를 '충분히 기능하는 인간(fully functioning person)'으로 보았다(Rogers, 1959).

　㉡ 충분히 기능하는 인간은 삶의 순간순간에 집중하며 자신의 존재의 의미를 발견하는 실존적인 삶을 영위해 간다. 즉, 매 순간 경험을 능동적으로 받아들이고 지속적으로 변화하며 발전한다.

　㉢ 또한, 자신을 둘러싼 경험에 개방적이어서, 특정한 대상이나 사건들을 부정하거나 왜곡하지 않고 있는 그대로 받아들이며, 그것으로부터 기인하는 감정에 스스로 솔직하고 당당하다. 자신과 자신의 경험에 대한 자신감과 신뢰를 바탕으로, 타인의 판단이나 평가에 휘둘리지 않고 스스로가 가장 만족스러운 방향으로 행동한다. 로저스는 이러한 사람을 '충분히 기능하는 사람'이라고 했다.

## 10  정보처리이론

 **들어가며**

정보처리이론은 컴퓨터와 의사소통 기구의 발전에서 나온 것이다. 1960년대의 심리학자들은 인간의 정신과정을 더 잘 이해하기 위해 이러한 기술을 살펴보기 시작하였다. 정보처리이론의 기본 가정은 인간의 신경조직이 바로 컴퓨터의 정보처리과정과 유사한 방법으로 작용한다는 것이었다.

### 1. 기본 가정

① 정보처리이론가들에 의하면 인지란 주의, 지각, 기억, 개념형성, 문제 해결과 같은 과정을 포함하는 것이다.

② 근본적으로 정보처리과정에서는 개인이 주위 환경으로부터 정보를 얻고, 이러한 정보를 조직하고, 처리하며, 기억하는 과정에 초점을 둔다.

③ 이 접근의 핵심은 기억과 사고의 처리과정이다.

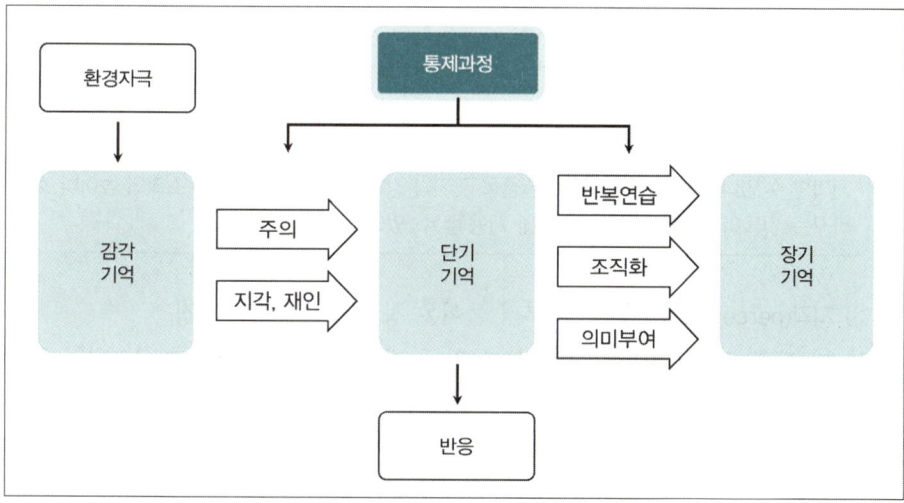

정보처리과정

### 2. 정보처리과정

**(1) 감각기억 단계**

① 감각기억의 용량, 지속시간, 내용

ㄱ **용량** : 감각기억의 용량은 매우 커서 우리가 한 번에 다룰 수 있는 양 이상의 정보를 담을 수 있다.

ㄴ **지속 시간** : 엄청난 양의 정보가 지속되는 시간은 아주 짧아서 1초에서 3초 정도 지속될 뿐이다.

ⓒ 내용 : 시각적인 감각은 마치 사진처럼 이미지로 잠깐 부호화되고, 청각적인 감각은 소리의 패턴으로 부호화한다. 다른 감각들도 그 자체에 부호를 갖고 있는 것으로 보인다.

② 주의집중
ㄱ 선택적 주의 : 어떤 자극에 마음을 기울이는 것
- 색깔, 움직임, 소리, 냄새, 온도 등 조금씩 차이가 있는 주변의 무궁무진한 자극들을 모두 지각한다는 것은 불가능하다.
- 어떤 자극에는 주의를 기울이고 다른 것들은 무시함으로써 우리는 우리가 처리할 것들을 선택한다. 그러나 '주의(attention)'는 매우 제한되어 있기 때문에 과제가 어려울 경우 우리는 한 번에 하나의 과제에만 주의를 기울일 수 있다.
ㄴ 자동화
- 완벽하게 학습된 과제를 많은 노력을 기울이지 않고 수행하는 능력으로 주의집중을 요하던 과정들은 연습들로 인해 자동화된다.
- 사실 '자동화(automaticity)'는 정도의 문제이다. 어떤 일에서건 완전히 자동화가 될 수 없고, 얼마나 많은 연습을 했느냐에 따라 자동화의 정도에 있어서 차이가 난다(Anderson, 1990).

**PLUS⁺**

**주의집중의 수업 적용**
학습의 첫 단계는 주의를 기울이는 것이다. 학생들은 자신들이 재인하거나 지각하지 않은 것들을 처리할 수 없다. 밝은 색깔, 단어에 밑줄을 긋거나 강조하는 것, 깜짝 쇼, 목소리의 높이나 조명을 바꾸는 것들이 모두 주의를 끄는 데 사용될 수 있다.

③ 지각(perception) : 감각으로부터 들어온 정보를 해석하는 과정
ㄱ 개념 : 감각기억으로부터 받아들인 원 정보에 우리가 의미를 부여하는 것이다.
ㄴ 이러한 의미는 객관적 실제와 우리의 기존 지식 둘 다에 근거해 형성된다.
예 '13'과 같은 형태를 보여주고 나서 알파벳의 어떤 철자인지 물으면 여러분은 'B'라고 답할 것이며 무슨 숫자냐고 물으면 '13'이라고 답할 것이다. 실제 형태는 똑같은데도 이 형태의 지각, 즉 의미는 숫자 또는 알파벳 철자를 보게 되리라는 기대에 따라 달라지게 된다. 하지만 숫자나 글자에 대한 지식이 없는 어린 아이들에게는 이 형태가 아무런 의미를 갖지 못한다(Smith, 1975).

⑵ **단기 기억 단계**
감각기억 속의 정보가 이미지나 소리의 형태로 (또는 다른 유형의 감각부호로) 일단 변환되고 나면 '단기 기억(short-term memory)'체계로 들어갈 수 있게 된다.

① 단기 기억의 용량, 지속 시간, 내용
　㉠ 용량
　　• 단기 기억의 '용량'은 한 번에 담을 수 있는 정보 단위(bits)의 수에서 제한되어 있다.
　　• 정보처리모델에 의한 실험상황에서는 대략 한꺼번에 5개에서 9개까지가 용량인 것으로 보인다(Miller, 1956).
　㉡ 지속 시간
　　• 감각기억에서처럼 단기 기억에서도 정보의 '지속 시간'은 짧은데, 길어야 대략 20초에서 30초이다.
　　• 20초로 시간이 제한된 기억체계는 그다지 쓸모가 없어 보일 수 있다. 그러나 이 체계가 없다면 문장의 첫 부분에서 읽은 내용을 마지막 부분에 도달하기도 전에 이미 다 잊어버릴 것이다. 그럴 경우 문장들을 이해하기는 매우 어려울 것이 틀림없다.
　㉢ 내용
　　• 단기 기억은 '작업 기억(working memory)'이라고도 불리는데, 이것은 단기 기억의 '내용'이 활성화된 정보, 즉 지금 이 순간 우리가 생각하고 있는 것이기 때문이다.
　　• 이와 같이 활성화된 정보는 장기 기억으로부터 나온 지식일 수도 있고 방금 경험한 새로운 것일 수도 있다(Anderson, 1990).
② 단기 기억에서 정보의 보전방법
　㉠ 주의 기울이기 : 단기 기억 속의 정보는 사라지기 쉽기 때문에 보전되려면 활성화된 상태를 유지해야 한다. 우리가 정보에 주의를 기울이고 있는 한 정보는 활성화되어 있다. 따라서 단기 기억 속의 정보를 20초 이상 활성화시키려면 정보를 마음속으로 되뇌어야만 한다.
　㉡ 시연(되뇌기) : 반복 시연, 정교화 시연 등 시연 작업은 기억 속에 정보를 유지시킬 뿐만 아니라 단기 기억에서 장기 기억으로 정보를 이동시키는 데에도 도움이 된다.

| 반복 시연 | • 정보를 마음속으로 반복함으로써 단기 기억에 붙들어 두는 것이다.<br>• 정보는 반복되기만 하면 단기 기억 속에 무한히 남아 있을 수 있다. 이것은 전화번호와 같이 사용하고 잊어버리려는 정보를 지속시키는 데 좋은 방법이다. |
|---|---|
| 정교화 시연 | • 정보를 자신이 알고 있는 어떤 것과 연합하여 단기 기억에 붙들어 두는 것이다.<br>• 기억하고자 하는 정보를 이미 알고 있는 정보, 즉 장기 기억으로부터의 정보와 연합시키는 것이다.<br>예 자신의 남동생과 같은 이름을 가진 사람을 파티에서 만나기로 되어 있다면 그 이름을 기억하기 위해 반복할 필요가 없고 연합만 형성하면 된다. |

ⓒ 결집(chunking)
- 단기 기억의 제한된 용량은 '결집(chunking)' 또는 '덩이 짓기'라는 통제과정에 의해 어느 정도는 극복될 수 있다.
- 3, 5, 4, 8, 7, 0이라는 6개 숫자를 기억하고자 할 때 숫자를 2개씩 묶어서 2자리 숫자 세 개(35, 48, 70)로 기억하거나, 세 개씩 묶어서 3자리 숫자 2개 (354, 870)로 기억하면 훨씬 기억하기 쉽다.
- 이렇게 묶어줌으로써 한 번에 담아두어야 할 정보 단위의 수가 6개가 아니라 2개 또는 3개가 되기 때문이다.

③ 단기 기억의 망각
ㄱ 망각은 때로는 매우 유용하다. 망각이 일어나지 않는다면 단기 기억은 금방 꽉 차버려서 더 이상 학습을 할 수 없게 될 것이다.
ㄴ 우리가 이전에 읽었던 모든 문장들을 영원히 기억한다면 심각한 문제가 아닐 수 없다. 따라서 지식을 일시적으로 저장하는 체계가 아주 쓸모 있는 것임을 알 수 있다.

---

**PLUS⁺**

**망각에 대한 2가지 이론**

1. **간섭(interference)**
   간섭이란 새로운 정보를 기억하는 것이 옛 정보를 기억하는 것을 방해하는 것을 말한다.
2. **쇠잔(decay)**
   쇠잔은 사용되지 않는 정보는 통상적으로 시간이 경과함에 따라 사라지는 것을 말한다.

---

**(3) 장기 기억 단계**

① 장기 기억의 용량, 지속 시간, 내용
ㄱ 용량 : 단기 기억의 용량은 제한되어 있지만 장기 기억의 용량은 무제한인 것으로 보인다.
ㄴ 지속 시간
- 일단 정보가 장기 기억에 저장되고 나면 영원히 거기에 남아 있을 수 있다.
- 이론적으로는 우리가 원하는 만큼 많은 정보를 오랫동안 기억할 수가 있어야 한다. 그러나 문제는 필요한 때에 적절한 정보를 찾아내는 데 있다. 단기 기억에 있는 정보는 바로 이 순간에 생각하고 있는 것이기 때문에 즉시 찾을 수가 있지만, 장기 기억에 있는 정보를 찾아내기 위해서는 시간과 노력을 들여야 한다.
ㄷ 내용
- **명제와 명제망** : 옳고 그름을 판단할 수 있는 정보
- **심상** : 정보의 물리적 속성과 공간구조를 그대로 가지고 있는 '지각'에 기초한 표상
- **도식** : 인위적으로 만들어진 범주 표상

- **일화기억** : 특정한 장소와 시점과 관련된 정보, 특히 개인의 일상생활에서의 사태에 대한 지식
- **절차기억** : 일하는 방법에 관한 기억

  예 자전거를 타는 방법 등 어떤 절차를 배우는 것으로 절차는 많이 연습할수록 더욱 자동화된다.

② 장기 기억에서의 정보의 저장

ㄱ 정보를 최초에 학습하는 방식은 이후의 재생에 영향을 미치는 것으로 보인다.

ㄴ 새로운 자료를 학습할 때 반드시 명심해야 할 점은 자료를 장기 기억 속에 이미 저장되어 있는 정보와 통합하는 것이다.

ㄷ 이때 정교화(elaboration), 조직화(organization), 맥락(context)이 중요한 역할을 한다.

| | |
|---|---|
| **정교화** | • 기존 지식에 새로운 정보를 연결시켜 의미를 추가하고 확장하기<br>• **의미** : 새로운 정보를 기존의 지식과 연결함으로써 의미를 부과하는 것이다. 즉, 새로운 정보를 이해하기 위해 도식을 사용하고 기존의 지식을 끌어 들이며, 그 과정에서 기존의 지식이 변화할 수도 있다. 정교화는 흔히 자동적으로 이루어진다.<br>　예 17세기의 역사적 인물에 대한 문장을 읽으면 그 시대에 관한 기존 지식이 활성화되기 쉽다. 즉, 새 지식을 이해하는 데 옛 지식이 이용되는 것이다.<br>• **정교화 전략의 중요성**<br>－ 처음 학습할 때 자료를 정교화하면 나중에 재생하기가 훨씬 쉽다. 왜냐하면 정교화는 일종의 '되뇌기'이기 때문이다. 작업기억 속의 활성화된 정보가 장기 기억에 영구히 저장될 수 있도록 충분히 오래 붙들어두는 기능을 한다.<br>－ 또한 정교화는 기존의 지식과 더 많은 연결고리를 만들어 준다. 1가지 정보나 지식이 다른 정보들과 더 많이 연합될수록 원래의 정보에 도달하게 해주는 길의 수가 더 많아진다. 다시 말해서 찾고 있는 정보를 알아볼 수 있게 해주는 인출단서가 많아지는 것이다. 정교화가 정밀하고 의미 있는 것일수록 재생이 더 용이하다는 것을 발견했다. |
| **조직화** | • 질서 있고 논리적인 관계의 망<br>• **의미** : '조직화'는 학습을 증진시켜 주는 정보처리의 두 번째 요소로서, 정보를 질서 있고 논리적인 관계구조로 만드는 것을 의미한다. 잘 조직된 정보는 따로따로 떨어진 별개의 정보들보다 학습하고 기억하기가 쉽다. 자료가 복잡하거나 방대할 때에는 더욱 그러하다.<br>• 하나의 개념을 구조 속에 집어 넣으면 그 개념의 일반적인 정의나 구체적인 실례들을 학습하고 기억하는 데 도움이 된다. 구조는 우리가 어떤 정보를 필요로 할 때 그 정보를 찾아내게 해주는 길잡이 역할을 한다. |

| 맥락 | • 하나의 사건과 관련한 물리적 또는 정서적인 배경<br>• **의미** : 물리적 맥락과 정서적 맥락의 여러 측면들이(장소, 특정한 날에 느꼈던 감정, 함께 있었던 사람) 다른 정보들과 함께 학습된다. 맥락이란 하나의 사건과 관련한 물리적 또는 정서적인 배경을 의미하는데, 현재의 맥락이 학습 당시의 맥락과 비슷할수록 나중에 그 정보를 기억해내기가 더 쉽다.<br>• 이것은 연구결과 사실인 것으로 입증되었다. 어떤 방에서 자료를 학습한 학생들은 그와 비슷한 방에서 시험을 칠 때 전혀 다른 방에서 시험을 칠 때보다 더 높은 점수를 받았다(Smith, Glenverg & Bjork, 1978). 따라서 시험공부를 할 때 시험 볼 때와 비슷한 조건에서 공부를 하는 것이 성적을 향상시키는 데 도움이 될 수 있다. |
|---|---|

### ⑷ 상위 인지

많은 인지심리학자의 관심을 끄는 한 가지 의문은 왜 어떤 사람들은 다른 사람들보다 더 많은 것을 학습하고 기억하느냐 하는 것이다. 정보처리론적 입장을 취하는 학자들에 의하면 그 답은 '집행 통제 과정(executive control processes)'에서 찾아볼 수 있다. '집행 통제 과정'은 정보처리 세계 내에서 정보의 흐름을 관장한다.

① 상위 인지의 의미
   ㉠ 앞에서 학습한 선택적 주의, 유지 되뇌기, 정교화 되뇌기, 조직화, 정교화 등과 같은 집행 통제 과정들을 '상위 인지 기술(meta-cognitive skills)'이라 부르기도 한다.
   ㉡ 상위 인지는 문자 그대로 인지에 관한 지식을 의미한다. 사람마다 상위 인지 기술에 있어서 차이가 있기 때문에, 얼마나 잘 학습하고 얼마나 빨리 학습하는지에 있어서도 차이가 나는 것이다.

> **PLUS** ➕
>
> 1. **발달적 차이**
>    상위 인지 능력에 있어서의 차이는 부분적으로 발달에 기인한다. 아이들은 성장함에 따라 집행 통제를 실시하고 전략을 사용하는 일에 점점 더 능숙해진다. 상위 인지 능력은 5~7세경에 발달하기 시작하며, 학령기 동안 크게 향상된다.
> 2. **개인적 차이**
>    같은 발달 수준에 있는 학생들 사이에도 크게 차이가 있다. 이러한 차이의 어떤 부분은 생물학적인 차이 또는 학습 경험의 차이에서 비롯된다.

② 상위 인지의 구성요소
   ㉠ 상위 인지는 최소한 2개의 구성요소(서술적 지식과 절차적 지식, 조건적 지식)를 가지고 있다.
   ㉡ **서술적 지식과 절차적 지식** : 과제를 수행하는 데 필요한 기술, 전략 및 자원에 대한 지식과 무엇을, 어떻게 해야 할지를 아는 지식이다.
   ㉢ **조건적 지식** : 과제가 확실히 해결되게 해주는 지식, 즉 언제 할지를 아는 것이다.

# CHAPTER 03 | 확인학습 문제로 **내용 다지기**

정답_p.603

01 다음이 설명하는 것에 대한 알맞은 용어를 쓰시오.

> 1) 크기나 양에서의 변화 또는 신체적 특성의 긍정적인 변화
> 2) 어떤 특정 시기에 발달이 잘못되면 그 후기에 충분한 보상적 자극이나 경험을 제공받
>    는다고 하더라고 원래의 발달 상태로 회복되지 않는다는 것을 뜻함
> 3) 수정이 되는 순간, 즉 임신으로 인간의 생명이 시작되면서부터 죽음에 이르기까지 전
>    생애를 통해 이루어지는 모든 변화의 양상과 과정
> 4) 유전 정보에 의해 일어나는 변화로, 점진적인 신체적·심리적 변화를 뜻하며, 유전인
>    자가 발달과정을 방향 짓는 기제를 뜻함
> 5) 어떤 주어진 사건이 가장 큰 영향력을 가지게 되는 특별한 시기로, 유기체가 생애의
>    어떤 시점에서 특정한 행동을 가장 확실하게 학습하는 최적의 시기를 의미함
> 6) 외부환경(경험, 훈련, 연습)에 의한 변화를 뜻하는 것으로 1), 4)와 함께 발달의 개념
>    에 포함됨
> 7) 성숙이론에서 제시된 개념으로, 어떤 행동 및 학습에 필요한 신체적, 신경학적 발달
>    이 완성되어 있음을 의미하는 용어
> 8) 초기 발달은 다음 발달 단계의 바탕이 된다는 것을 의미함

1) _____     2) _____

3) _____     4) _____

5) _____     6) _____

7) _____     8) _____

02 발달의 원리 9가지를 쓰시오. (교재에 제시된 것을 중심으로 쓰시오.)

1) _____

2) _____

3) _____

4) _____

5) _____

6) _____

7) _____

8) _____

9) _____

**03** 유아기 발달의 특성 중 가소성에 대한 정의를 내리시오.

_____

_____

**04** 유아기 발달의 특성 중 누적성에 대한 정의를 내리시오.

_____

_____

**05** 다음은 게젤의 성숙이론에 기초한 발달원리를 설명하는 글이다. 알맞은 원리를 쓰시오.

| | |
|---|---|
| 이는 유동적인 성장의 본질이다. 아동들은 새로운 영역 안으로 급격히 들어오며, 다음에는 부분적으로 물러서다가, 다시 앞으로 더 나아가기 전에 자신의 진행과정을 견고하게 한다. (유아 스스로 자신의 수준에 맞도록 성장을 조절하고 이끌어 가는 능력이 있다.) | ㉠ |
| 발달에는 방향이 있으며 이 방향은 기본적으로 미리 계획된 유전적 기제의 기능이다. | ㉡ |
| 인간은 양측으로 되어 있다. 즉, 두 반구로 된 뇌, 두 눈, 두 손, 두 다리 등으로 되어 있다. ㉢ (이)란 양측이 점차적으로 효과적인 체제화가 되어가는 과정을 말한다. | ㉢ |

**06** 다음은 프로이트 이론에 대한 내용이다. 각각에 알맞은 용어를 쓰시오.

> • ( ㉠ )은/는 한 발달 단계에서 머물고 다음 단계로의 발달이 이행되지 못하는 현상으로, 정신의 성숙 과정에 있어서 발달이 유아기에서 조기 정지되어 정신적 에너지가 그런 요소에 병적 애착을 보이는 것을 의미한다.
> • ( ㉡ )은/는 현실 원리에 따라 이드의 본능적 욕구와 초자아의 도덕적 양심을 조절해 주는 기능을 담당하는데, ( ㉢ )은/는 현재 자기가 처해 있는 내·외적인 위험을 자신에게 알려 줌으로써 ( ㉡ )이/가 그것에 대처하게 만든다.
> • ( ㉢ )에 처하면 사람들은 현실적으로 받아들이기 힘든 본능적 충동을 인식하지 않으려 한다. 그러면서도 간접적으로 본능적 충동을 충족하려고 시도하는데, 그러한 역할을 담당하는 것이 바로 ( ㉣ )(이)다. ( ㉣ )은/는 좌절된 욕구나 갈등, 열등감 등을 무의식적으로 자기 기만적인 행동에 의해서 긴장 상태를 해소하려는 행동 양식이다.

㉠ _____     ㉡ _____

㉢ _____     ㉣ _____

**07** 프로이트 이론에 기초하여 다음에 해당되는 알맞은 용어를 쓰시오.

| | |
|---|---|
| 개인의 욕구, 충동 등 본능적 에너지가 지배하는 세계로 평상시에는 이를 전혀 의식하지 못하다가 최면 상태나 꿈을 통해 엿볼 수 있는 개인의 의식 세계이다. | ㉠ |
| 인간의 성격구성요소 중 본능이나 충동 등 정신에너지의 기본적인 원천임과 동시에 생득적인 요소로 즉각적인 만족을 추구하며 이기적인 동시에 비합리적인 가장 원시적인 체제이다. | ㉡ |
| 현실을 알고 현실에 맞추어 원초아를 조절함으로써 원초아로부터 나온 에너지가 맹목적으로 발산되는 것을 지연시키며 유기체에게 닥칠지 모르는 위험으로부터 유기체를 보존하려는 심리적 장치이다. | ㉢ |
| 성격의 구성요소 중 성격의 도덕적 무기로, 이상을 향해 나아가고자 하며 옳고 그름을 결정하여 사회에서 공인하는 도덕적 기준에 맞추어 유기체의 행동을 통제하는 기능을 한다. | ㉣ |
| 성적 충동 또는 성적 본능의 정신 에너지를 의미한다. | ㉤ |
| 프로이트가 제시한 성격형성 단계 중 원초아만이 행동을 지배하는 단계 | ㉥ |
| 초자아는 부모나 주위의 의미 있는 사람들로부터 받은 승인이나 칭찬에 의해 발달되는 ( ㉦ )와/과 질책이나 처벌에 의해 발달되는 ( ㉧ )(으)로 구성되어 있다. | ㉦ |
| | ㉧ |

**08** 다음에 해당되는 프로이트 기제를 쓰시오.

| | |
|---|---|
| 선생님이 싫어서 유치원에 가기 싫을 때, 선생님이 자기를 미워해서 유치원에 가기 싫다고 하는 것과 같이, 자신이 무의식적으로 품고 있는 충동을 남의 탓으로 돌림 | ㉠ |
| 한 발달 단계에 머물며 다음 단계로 이행되지 못하는 것 | ㉡ |
| 체구가 왜소한 사람이 학업면에서 뛰어나려고 노력하여 인정을 받으려고 하는 것 | ㉢ |
| 친구가 갖고 있는 과자가 먹고 싶으면서도 자기는 그런 맛없는 과자는 싫어한다고 그럴듯한 이유를 대는 것 | ㉣ |
| 아빠에게 억울하게 심한 꾸중을 들은 유아가 적대감을 아빠에게 표현하지 못하고 동생을 때리거나 장난감을 발로 차는 경우 | ㉤ |
| 우리 아빠는 힘이 세다고 말하며 힘이 약한 자신의 욕구를 충족시키려고 하는 것 | ㉥ |
| 여자 친구를 좋아하면서 자기는 그 친구가 정말 싫다고 하는 것과 같이 자신이 가지고 있는 것과는 반대되는 생각이나 감정을 과장되게 표현하는 것 | ㉦ |
| 공격성을 감소시키기 위해 표현 활동을 하는 것 | ㉧ |

**09** 프로이트가 제시한 성격의 구성요소를 지배하는 각각의 원리를 쓰시오.

원초아 ㉠ _____ 자아 ㉡ _____

초자아 ㉢ _____

**10** 프로이트 이론에서 시사 받을 수 있는 것 중 유아들이 바람직한 <u>초자아를 형성하도록 돕기 위한 방안 2가지</u>를 쓰시오.

1) _____

2) _____

**11** 반두라의 관찰학습 4단계를 쓰시오.

① _____ ⇨ ② _____

⇨ ③ _____ ⇨ ④ _____

**12** 에릭슨은 프로이트의 정신분석학에 기초하여 인간의 심리사회적 발달은 8단계로 구분하여 제시하였다. 다음 설명에 알맞은 용어를 쓰시오.

> • 에릭슨은 심리사회적 발달의 각 단계마다 ( ㉠ )이/가 있음을 지적하고 있다. 중요한 것은 각 단계별 ( ㉠ )을/를 좋은 방향으로 적절히 처리해야 다음의 단계에 잘 적응하고 건전한 자아, 건전한 성품의 형성에 도움이 된다는 것이다.
> • 에릭슨은 프로이트와 달리 ( ㉡ )의 발달 과정을 중심으로 인성 발달을 설명한다. 인간의 사회적 행동을 지배하는 것은 무의식이기보다는 의식을 구성하는 합리적 사고 체계인 ( ㉡ )의 발달이라고 본다.
> • 에릭슨이 제시한 첫 번째 단계인 ( ㉢ )은/는 영아기, 출생~1년에 해당되는 시기이며 이 단계는 영아가 타인 또는 외계 특히, 양육자의 양육의 질에 영향을 크게 받는 단계이다.
> • ( ㉣ ) 단계의 유아는 자기 주변에 대한 호기심과 자신이 사회 속에서 어떤 역할과 책임이 있는지에 관심을 갖게 된다. 이 단계의 성공적 발달은 아동을 목표 지향적이 되도록 하는 것에 있다.

㉠ _____   ㉡ _____

㉢ _____   ㉣ _____

**13** 관찰학습 유형 중, '무시행 학습 전형'에 대해 설명하시오.

_____

_____

**14** 관찰학습의 효과를 3가지 쓰시오.

1) _____

2) _____

3) _____

**15** 행동주의 이론과 관련한 내용이다. 알맞은 용어를 쓰시오.

---

- 파블로브의 이론은 고전적 조건형성 원리로 설명될 수 있다. 고전적 조건형성이란 일정한 자극에 의해 선천적으로 유발되는 반사를 처음에 아무런 관련이 없던 ( ㉠ )와/과 ( ㉡ )시킴으로써 이 ( ㉠ )이/가 선천적인 반사반응을 유발하게 하는 것을 말한다.
- ( ㉢ )(이)란, 어떤 행동이 나타났을 때 보상이 주어지면 그 행동의 발생률이 점점 증가하는 것을 의미한다.
- 강화의 효과적인 적용을 위해서는 다음과 같은 강화의 원리가 적용되어야 한다. 우선, 행동을 수정하는 데는 벌보다 ( ㉣ )이/가 효과적이다. 또한, 목표 행동을 세분화하여 ( ㉤ )(으)로 접근해가는 것이 효과적이며, 강화 자극은 항상 ( ㉥ )되게 주어져야 한다. 목표 행동이 일어난 후 ( ㉦ )을/를 제공하는 것이 행동 수정에 효과적이다.
- ( ㉧ )은/는 어떤 바람직하지 않은 행동이 나타났을 때 주의를 기울이지 않아 그 행동이 없어지도록 하는 원리이다.
- ( ㉨ )은/는 행동의 출현빈도(반응률)가 높은 것을 출현빈도(반응률)가 낮은 것의 강화로 사용하는 방법으로 바람직한 행동의 강화를 위한 방법이다.
- ( ㉩ )은/는 바람직한 행동을 했을 때 강화물을 직접 제공하는 대신 구매력을 가진 상징적인 표, 점수, 칩 등을 이용하여 강화를 나누어 주는 방법이다.
- 반두라의 사회학습이론은 인간의 학습과정은 직접적인 강화에 의한 경험을 통하여 학습되는 행동도 있지만, 다른 사람의 행동을 ( ㉪ )하고, 이를 ( ㉫ )함으로써 새로운 행동을 학습할 수 있다는 가정을 하고 있다.

---

㉠ _____     ㉡ _____     ㉢ _____

㉣ _____     ㉤ _____     ㉥ _____

㉦ _____     ㉧ _____     ㉨ _____

㉩ _____     ㉪ _____     ㉫ _____

16 벌 사용의 문제점 2가지와 바람직한 사용방법 5가지를 쓰시오.

    1) 문제점

        ① _____

        ② _____

    2) 바람직한 사용 방법

        ① _____

        ② _____

        ③ _____

        ④ _____

        ⑤ _____

chapter **03**

17 손다이크가 제안한 학습의 3대 법칙에 근거하여 아래 ㉠~㉢에 들어갈 말을 쓰시오.

| ㉠ | 효과의 법칙 |
|---|---|
| 시행과 착오의 연습을 많이 할수록 학습이 잘 된다. ㉡ | |
| ㉢ | 준비성의 법칙 |

18 다음은 조건형성의 원리를 적용한 행동수정기법에 대한 설명이다. 알맞은 명칭을 쓰시오.

| | |
|---|---|
| 아동이 점진적으로 어려운 순서의 각 행동을 숙달한 이후에 행동을 촉구하는 데 사용했던 직접적인 도움을 점진적으로 철회하는 것 | ㉠ |
| 불안이나 공포 등 정서적 문제 행동을 소거시키기 위해 조건자극에 노출시켜 벗어날 수 없도록 통제하는 방법 | ㉡ |
| 특정 행동의 수행에 대한 보상을 약속하여 행동을 증가시키는 방법 | ㉢ |
| 특정한 대상에 대해 특정한 이유 없이 불안반응을 보이는 아동을 불안 대상이 되는 자극에 점차 노출시킴으로써 불안반응을 감소시키는 방법 | ㉣ |
| 문제 행동의 감소를 위해 일정 시간 동안 격리시키는 방법으로, 사용 시 유아에게 명확한 이유와 시간 및 지침에 대해 구체적으로 설명해 주어야 한다. | ㉤ |

**19** NAEYC에서 제안하는 발달에 적합한 실제(DAP)의 중요한 3가지 원칙에 대해 설명하시오.

| 사회문화적 적합성 | ㉠ |
|---|---|
| ㉡ | ㉢ |
| ㉣ | 영유아가 속한 연령집단의 발달 수준과 특성에 맞게 교육과정을 운영하는 것 |

**20** 사회 학습 이론에서는 행동의 원동력은 환경이라는 초기 행동주의 기본 가정에서 벗어나, 발달과정을 개인과 환경 간의 상호성으로 보는 양방향성인 것으로 가정한다. 즉, 환경이 아동의 성격과 행동을 조정한다는 Watson이나 Skinner와 달리 Bandura는 ( ① ) 간에 관계는 양방향성이라고 주장한다. 이를 Bandura의 ( ② ) (이)라 부른다. ①에 들어갈 말 3가지와, ②에 들어갈 말 1가지를 쓰시오.

① _____  ② _____

**21** 아래 설명에 해당하는 용어가 무엇인지 제시하시오.

> 이것은 자신이 어떤 일을 잘 해낼 수 있다는 개인적 신념으로서, 어떤 행동을 모방할지를 결정하는 데 도움이 되는 것이다. 또한 이것은 개인으로 하여금 일생 동안 에너지와 생명력을 가지고 앞으로 나아가게 하는 원동력이 된다.

용어 _____

**22** 피아제의 인지성장의 과정을 설명하시오.

| Piaget식 개념 | | 정의 |
|---|---|---|
| 시작 | ㉠ | 도식과 경험 간의 조화 |
| | 동화 | ㉡ |
| ↓ | ㉢ | ㉣ |
| 종결 | 조직화 | ㉤ |

**23** 다음에 알맞은 용어를 쓰시오.

1) 유아가 자신의 경험을 표상하고, 조직하고, 해석하기 위해 고안한 정신적 구조
2) 아동이 기존의 도식을 새롭고 더욱 복잡한 지적 구조로 통합시키는 과정으로, 주변 환경의 요구에 부합하는 과정인 적응을 촉진시키는 것을 목적으로 하는 선천적인 사고의 본질
3) 인지적 구조와 주변 환경 간의 조화를 이루고자 하는 선천적인 사고의 기제로서 동화와 조절이라는 2가지 발달기제 간의 균형을 이루려는 자기 규제의 과정
4) 새로운 경험을 설명하기 위해 기존의 구조를 수정하는 과정
5) 유아가 대상 또는 경험을 표상하거나 이에 반응하기 위해 사용하는 생후 최초로 출현하는 행동양식으로서의 지적 구조
6) 감각운동기 문제해결능력의 발달단계 중 진정한 문제해결능력의 초기 형태를 나타내며 단순한 목표를 달성하기 위해 2가지 이상의 행동을 협응시키는 시기
7) 대상이 눈에 보이지 않거나 다른 감각을 통해 탐지할 수 없을 때에도 그 대상이 계속해서 존재한다는 것을 아는 것
8) 감각운동기 말기에 발달하는 능력으로, 기억 속에 저장된 모델의 행동에 대해 정신적 상징 또는 심상을 구성하여 다시 인출할 수 있기 때문에 가능한 영아기 능력을 뜻함

1) _____  2) _____

3) _____  4) _____

5) _____  6) _____

7) _____  8) _____

**24** 다음은 피아제의 인지이론을 설명하는 글이다. 알맞은 용어를 쓰시오.

• 피아제는 인지발달단계로 ( ㉠ ) → ( ㉡ ) → ( ㉢ ) → ( ㉣ )을/를 제시하였다.
• 이 지적 성장 단계는 질적으로 서로 다른 인지적 기능을 가지며, Piaget의 주장에 따르면, 모든 아동은 정확히 같은 순서대로 이 단계들을 거치며, 각 연속적인 단계는 이전의 단계에서의 성취를 바탕으로 진전되기 때문에 어느 한 단계도 뛰어 넘을 수 없다. Piaget는 지적 발달단계의 순서가 ( ㉤ )(이)라고 믿었지만, 아동이 각 단계에 들어서거나 다음 단계로 이동하는 연령에는 엄청난 ( ㉥ )이/가 존재함을 인식하였다.

㉠ _____  ㉡ _____  ㉢ _____

㉣ _____  ㉤ _____  ㉥ _____

**25** 피아제의 이론에 기초하여 감각 운동기는 영아가 감각 입력과 운동 능력을 통합하여 주변 환경에 따라 "행동하고" 주변 환경을 "알아가도록"하는 행동(감각운동)도식을 형성하는 시기이다. 이 시기의 영아들이 획득해야 하는 중요한 능력을 3가지 쓰시오.

① _____  ② _____  ③ _____

**26** 다음은 구체적 조작기에 나타나는 사고의 특징 중 하나이다. 알맞은 용어를 쓰시오.

구체적 조작기에는 사물을 길이나 크기 등의 기준에 따라서 증가 혹은 감소하는 순서대로 배열하는 ( ㉠ )이/가 발달된다. 여기에는 ( ㉡ )와/과, ( ㉢ )이/가 포함된다. ( ㉡ )은/는 A가 B보다 길고, B가 C보다 길 경우 A가 C보다 길다는 것을 이해하는 것이고, ( ㉢ )은/는 동시에 두 개 이상의 범주적 요인을 비교하고 통합하여 순서대로 배열하는 것을 가리킨다.

㉠ _____  ㉡ _____  ㉢ _____

**27** 피아제의 인지발달이론에 근거하여 다음의 ㉠~㉽에 들어갈 내용을 쓰시오.

| | |
|---|---|
| ㉠ | 상징적 사고 |
| ㉡ | 물활론적 사고 |
| 타인의 생각, 관점 및 감정을 이해하지 못하고 자신의 입장에서만 세상을 바라보는 경향성 | ㉢ |
| 사물의 두드러진 지각적 특성인 외양에 의존하여 크기, 모양, 색깔, 등과 같은 지각적 특성을 기초로 판단하는 전조작기 사고 | ㉣ |
| ㉤ | 보상성 |
| ㉥ | 전환적 추론 |
| 어떤 대상의 외양이 바뀌어도 그 속성은 바뀌지 않는다는 것을 이해하는 능력 | ㉦ |
| ㉧ | 실재론 |
| 우연히 존재하는 사물이나 현상을 특별한 목적이 있어서 존재한다고 믿는 것 | ㉨ |

**28** 비고츠키의 사회문화적 인지발달이론과 관련한 다음 용어에 대해 설명하시오.

1) 근접 발달영역

_____

_____

2) 비계

_____

_____

3) 상호 주관성

_____

_____

4) 혼잣말

_____

_____

**29** 다음이 설명하는 이론과 학자를 쓰시오.

> • 가족, 지역사회, 문화 등 인간이 몸 담고 있는 생태환경을 보다 체계적으로 구조화하고 이들 환경체계와 개인 간의 관계를 이해하는 것을 인간발달의 주요 과제로 삼고 있다.
> • 유아의 발달이 이루어지는 주변 세계와 더 넓은 세계 사이의 관계를 이해하려고 하였고 유아들의 주변 세계에 대한 해석과 그 해석들이 어떻게 변화하는지 초점을 두었다.
> • 그는 이러한 각각의 상황들 속에서의 역동성과 그 상황들 간의 전이(轉移)에 관심을 가지면서, 인간을 둘러싸고 있는 생태학적 환경을 가장 가까운 것에서부터 가장 먼 것에 이르기까지 네 개의 구조체계로 제시하며, 그 네 개의 구조 체계가 시간 체계 안에서 이루어진다고 보고 5가지의 구조체계를 제시하였다.

이론 _____ 학자 _____

**30** 브론펜브레너의 이론에 근거하여 다음이 설명하는 환경체계의 명칭을 쓰시오.

| | |
|---|---|
| 아동의 발달에 간접적으로 영향을 끼치는 사건이나 장면을 의미함. 정치적·경제적·사회적 의사결정기구(예 교육부, 문화관광부 등)가 포함되는 환경맥락임 | ㉠ |
| 전 생애에 걸쳐 일어나는 변화와 사회 역사적인 환경을 의미하는 환경체계 | ㉡ |
| ㉢ | 중간 체계 |
| 가정, 학교, 또래집단, 이웃, 운동 팀, 수련캠프, 교회 등과 같이 일대 일로 만나서 직접적으로 친숙한 대인관계를 형성하는 물리적·사회적 환경체계를 의미함 | ㉣ |
| 아동이 속한 사회의 신념체계 또는 이데올로기 예 규칙, 규범, 기대, 가치, 역사 등 | ㉤ |

**31** 가드너의 다중지능 중 설명에 해당되는 지능을 쓰시오.

| | |
|---|---|
| 다른 사람의 마음, 감정, 느낌, 기분, 의도, 동기를 잘 이해함으로써 다른 사람과 효과적으로 그리고 조화롭게 일할 수 있는 능력 | ㉠ |
| 자기 자신의 본 모습에 대하여 보다 객관적으로 그리고 심층적으로 이해할 수 있는 능력 | ㉡ |
| 외부의 자극과 정보, 문제를 자신의 육체를 통하여 인식하고 이해하는 능력 | ㉢ |
| 읽기, 글짓기, 말하기, 듣기 등에서 어휘를 효과적으로 사용하는 능력 | ㉣ |
| 삼차원 상의 형태와 이미지를 정확하게 지각하고 이해하는 능력이며, 지각한 현상이나 사물을 시각적−공간적 표현 방식으로 변형하거나 발전시킬 수 있는 능력 | ㉤ |
| 위에 제시된 지능 외에 가드너가 제시한 지능 3가지를 모두 쓰시오. | |

32 가드너는 다중지능이론에 기초하여 이루어지는 수행평가나 상황에 기초한 교육활동을 통해 유아의 지능을 평가하는 도구의 한 방법으로 <u>이것</u>을 제시하였다. 이것이 무엇인지 쓰시오.

_____

33 동물행동학자인 1) <u>이 학자</u>는 오리알 실험을 통해 처음으로 본 대상에 대해 애착을 갖는 것을 포함하여 특정 기간 내에 빠르게 본능적으로 배우는 과정을 2) <u>이것이라</u> <u>명명</u>하였다.

   1) _____   2) _____

34 매슬로우는 인간행동은 자신의 삶을 의미 있고 가치 있는 것으로 만드는 개인적인 목표를 달성하려는 욕구에서부터 비롯된다고 가정하며, 이 이론을 주장하였다. 이 이론의 명칭이 무엇인지 쓰시오.

_____

35 다음은 매슬로우의 이론과 관련한 설명이다. 알맞은 용어를 쓰시오.

| | |
|---|---|
| 욕구가 충족되면 그 동기가 감소하는 것이 아니라 오히려 더 많은 충족을 위한 동기가 증진된다. 이 욕구는 완전히 충족될 수 없기 때문에 욕구 충족을 위한 동기가 끊임없이 나타난다. | ㉠ |
| 부족에서 기인한 것으로 결손된 상태가 야기될 때 인간의 긴장을 미리 막기 위해 작동하는 것으로 행동 결정에 있어 긴급한 요인이 된다. | ㉡ |
| '자신의 본질에 진실되기' 위해 개인에게 알맞고 능력있는 일을 한다는 감각으로 자신의 모든 잠재력과 능력을 인식하고 충족시키는 것을 의미 | ㉢ |
| 가족, 친구, 애인 등에 의해 제공되는 애정과 친밀감을 추구하고자 하는 욕구 | ㉣ |

**36** 로저스의 인간중심이론의 관점에서 다음을 설명하시오.

1) 로저스의 인간관

_____

_____

2) 현장학적 장

_____

_____

**37** 피아제와 비고츠키의 이론을 비교·정리하시오.

| Piaget의 인지발달이론 | Vygotsky의 사회문화적 이론 |
|---|---|
| 인지발달은 모든 문화에서 거의 ( ㉠ )(이)다. | 인지발달은 각 문화마다 ( ㉡ ) 나타난다. |
| 인지발달은 주로 아동이 스스로 지식을 구성하는 ( ㉢ )에서부터 이루어진다. | 인지 성장은 ( ㉣ )에서부터 이루어진다. |
| ( ㉤ )은/는 사회적 과정이 된다. 예컨대, 자아중심적 언어는 보다 효과적인 의사소통이 가능한 방식으로 조정된다. | 사회적 과정은 ( ㉥ )(으)로 변모한다. 예컨대, 사회적 언어는 사적 언어가 되어 결국 내적 언어로 변모된다. |
| ( ㉦ )와/과의 접촉은 타인의 시각으로 볼 수 있는 능력을 향상시키므로 ( ㉦ )이야말로 아동을 변화시키는 아주 중요한 존재이다. | ( ㉧ )은/는 아동이 내재화하는 지적 적응의 문화적 도구를 전수함으로써 아동을 변화시키는 아주 중요한 존재이다. |

㉠ _____  ㉡ _____  ㉢ _____

㉣ _____  ㉤ _____  ㉥ _____

㉦ _____  ㉧ _____

**38** 로저스의 인본주의심리학과 관련된 설명이다. 알맞은 용어를 쓰시오.

> • ( ㉠ )(이)란, 개인이 그 자신에 대해 인지하는 특성(자신의 특성, 독특한 속성, 전형적인 행동)들의 집합을 말한다. ( ㉠ )은/는 생득적인 것이 아니라 성장해 가면서 변화하여 발전을 거듭한다. ( ㉠ )은/는 현재 자신이 지각하고 있는 자아의 모습인 ( ㉡ )와/과 자신이 최선의 노력을 경주했을 경우 되고 싶은 자신의 모습인 ( ㉢ )(으)로 구분되는데, 이 두 자아가 불일치되었을 때 갈등이 초래되며 심할 경우 부적응을 초래하고 더 심하게는 정신병과 같은 심리적 타격을 받을 수도 있다.
> • 인간은 타인으로부터 인정받고 싶은 욕구를 가지고 있고, 이러한 욕구에 반응해 주는 것으로, 타인에게서 주어지는 여러 가지 형태를 한데 묶어 ( ㉣ )(이)라고 한다. 이 중 건강한 발달을 위해 중요한 것은 특별한 조건 없이 주어지는 ( ㉤ )(이)라 할 수 있다.
> • ( ㉥ )(이)란, 하나의 동기개념으로, 모든 유기체가 갖고 있는 선천적인 경향성을 의미한다.

㉠ _____  ㉡ _____  ㉢ _____

㉣ _____  ㉤ _____  ㉥ _____

**39** 정보처리이론에 근거하여 다음에 알맞은 내용을 쓰시오.

| ㉠ | 단기 기억 | ㉡ |
|---|---|---|
| 용량 : 무제한 | 용량 : ㉢ | 용량 : ㉤ |
| 지속시간 : 1~3초 | 지속시간 : ㉣ | 지속시간 : ㉥ |
| 내용 : 이미지, 소리패턴 등으로 부호화 됨 (감각 부호) | 내용 : 장기기억으로부터 나온 지식 혹은 방금 경험한 새로운 것 | 내용 : ㉦ |

**40** 다음은 단기 기억에서 정보의 보전방법에 대한 설명이다. 빈칸에 알맞은 내용을 쓰시오.

| 1) | • 단기 기억의 제한된 용량은 통제과정에 의해 어느 정도는 극복될 수 있다.<br>• 3, 5, 4, 8, 0이라는 6개의 숫자를 기억하고자 할 때 숫자를 2개씩 묶어서 2자리 숫자 세 개(35, 48, 70)로 기억하거나, 세 개씩 묶어서 3자리 숫자 2개(354, 870)로 기억하면 훨씬 기억하기 쉽다. |
|---|---|
| 2) | • 이것이 일어나지 않는다면 단기 기억은 금방 꽉 차버려서 더 이상 학습을 할 수 없게 될 것이다.<br>• 이것에 대한 이론으로는 간섭과 쇠잔이 대표적이다. |

**41** 다음은 정보처리이론에 대한 설명이다. 설명에 해당하는 용어를 쓰시오.

| 하나의 사건과 관련한 물리적 또는 정서적인 배경을 의미하며, 현재의 이것이 학습 당시의 이것과 비슷할수록 나중에 그 정보를 기억해내기가 더 쉽다. | ㉠ |
|---|---|
| 감각 기억으로부터 받아들인 원 정보에 우리가 의미를 부여하는 것으로 정의할 수 있다. | ㉡ |
| 정보를 마음속으로 반복하는 것이다. 정보는 반복되기만 하면 단기 기억 속에 무한히 남아 있을 수 있다. | ㉢ |
| 질서 있고 논리적인 관계의 망으로 정보를 질서 있고 논리적인 관계 구조로 만드는 것을 의미한다. 이러한 정보는 따로따로 떨어진 별개의 정보들보다 학습하고 기억하기가 쉽다. | ㉣ |
| 색깔, 움직임, 소리, 냄새, 온도 등 조금씩 차이가 있는 주변의 무궁무진한 자극들을 모두 지각한다는 것은 불가능하다. 따라서 어떤 자극에는 주의를 기울이고 다른 것들은 무시함으로써 우리는 우리가 처리할 것들을 선택한다. | ㉤ |
| 인지에 관한 지식을 의미하며, 이 능력은 같은 발달 수준에 있는 학생들 사이에도 크게 차이가 있다. 이러한 차이의 어떤 부분은 생물학적인 차이 또는 학습 경험의 차이에서 비롯된다. | ㉥ |

CHAPTER
# 03 | 기출문제로 감각 익히기

정답_p.615

01 다음은 소망유치원 만 5세반 김 교사가 작성한 일일교육계획안의 일부이다.

2013학년도-A

| (생략) | 생활 도구 | (생략) | 생활도구와 미디어의 안전 | (생략) | 생활도구를 안전하게 사용하기 |
|---|---|---|---|---|---|
| 시간/ 활동 | 활동내용 | | 자료 및 유의점 | 평가 | |
| ...... (중략) ...... | | | | | |
| 12:50 ~ 13:40 바깥 놀이 | 〈모래놀이 도구를 바르게 사용해요〉<br>• 모래놀이 도구의 종류를 알아본다.<br>• 모래놀이 도구를 안전하게 사용하며 놀이한다. | | (생략) | ㉠ 평소 곤충을 좋아하는 민수가 벌이 위험하다는 것을 알면서도 벌을 발견하고 잡으려다 쏘였다. 이 바람에 경황이 없어 아이들이 모래 놀이 도구를 안전하게 사용하는지를 관찰하지 못했으므로 내일 다시 관찰해야 겠다. | |

1) 피아제(J. Piaget)의 전조작기 사고 특성 중 유아가 자신의 입장에서만 사물을 생각하며 다른 사람의 입장에서 이해하지 못하는 것은 '자기중심성'에 해당한다. 그리고 ㉠에서 처럼 자신이 지각하는 한 가지 요소에만 주의를 집중하고 그 외 다른 요소들을 고려하지 못하는 것은 '(      )'에 해당된다. 괄호 안에 들어갈 알맞은 말을 쓰시오.

• _____

**02** **다음은 교육 사상가들에 대한 설명이다. 물음에 답하시오.**  2013학년도─A

( ㉠ )은(는) "성숙(maturation)은 개체의 전 성장의 형태와 그 변화 정도를 결정하는 성장의 내적 요소에 해당한다. …… (중략) …… 성숙은 외적 환경 및 내적 환경에 반응하는 유기체의 제반 발달적 분화를 포함한다는 의미에서 성장(growth)보다 훨씬 더 종합적, 포괄적 개념이라 할 수 있다."라고 하였으며 아동 개인의 발달을 평가하는데 사용할 수 있는 표준행동목록(발달 일정표)을 고안하였다.

1) ㉠의 사상가는 '유아에게 무엇을 가르치기 위해서는 유아가 성숙할 때까지 기다려야 한다.'는 ( ① ) 개념을 제시하였다. ㉠의 사상가와 ①에 들어가는 용어를 쓰시오.

  • ㉠ : _____

  • ① : _____

**03** 다음은 다사랑 유치원의 만 5세 햇님반 사례이다. 물음에 답하시오.  2013학년도-A

> 햇님반에는 지연이를 포함한 20명의 유아들이 있다. 이 반에는 홍 교사와 함께 한 명의 하모니 선생님이 배치되어 있다. 웃어른을 공경하는 우리나라 문화의 영향으로 지연이를 비롯한 유아들은 하모니 선생님께도 공손하고 잘 따른다.
>
> 이 반의 담임인 경력 1년차 홍 교사는 지연이 어머니 때문에 마음이 몇 번 불편한 적이 있었다. 며칠 전에는 유치원 홈페이지에 올려놓은 지연이 생일 사진이 마음에 들지 않는다고 지연이 어머니로부터 전화를 받았는데, 당황하여 제대로 답변조차 하지 못했다. 홍 교사는 수업과 관련해서도 자신이 누리과정에 대하여 충분한 이해를 하고 있는지 염려스럽다. 또한, 경력 5년차 유 교사로부터 수업 개선에 대한 몇 가지 의견을 들었음에도 불구하고 여전히 적용 방법에 대해서도 확신이 서지 않아 초조할 때가 종종 있다. 그런데 지연이 어머니 전화까지 받고 나니 앞으로 교사로서 잘해 나갈 수 있을 것인지 더욱 자신이 없어지면서 지연이를 대하는 것도 부자연스러울 때가 있다. 며칠 전부터 지연이의 하원시간이 어머니의 직장 일 때문에 이전보다 1시간 정도 늦어진 저녁 7시가 되었다.

1) 브론펜브레너(U. Bronfenbrenner)의 생태학적 체계 이론을 근거로, 위 사례에서 지연이의 미시체계(microsystem)와 거시체계(macrosystem)에 해당하는 것을 각각 찾아 1가지씩 쓰시오.

   • 지연이의 미시체계 : _____

   • 지연이의 거시체계 : _____

2) 위 사례에서 지연이의 외체계(exosystem)에 해당하는 것은 무엇이고, 이것이 지연이의 유치원 생활에 미친 영향은 무엇인지 각각 찾아 1가지씩 쓰시오.

   • 지연이의 외체계 : _____

   • 영향 : _____

**04** 다음 사례는 하늘유치원 만 5세반 박 교사가 자유선택활동 시간에 관찰한 내용의 일부이다. 물음에 답하시오.

2013학년도-B

> 자유선택활동 시간에 역할놀이 영역에서 남아인 지훈이와 여아인 다빈이가 같이 놀이를 하고 있다.
>
> …… (중략) ……
>
> 지훈이가 놀잇감 속에서 여성용 머플러와 가발, 여성용 구두를 꺼내 든다. 그리고 가발과 머플러를 머리 위에 뒤집어쓰고 구두를 신고는 거울 앞에 선다. 지훈이가 거울에 비친 자기의 모습을 바라보더니 요리하는 엄마 흉내를 낸다.
>
> 이것을 본 다빈이가 "야, 넌 왜 남자가 엄마처럼 하고 있냐? 가발 쓰고 구두 신는다고 남자가 엄마가 되냐? 그리고 밥은 여자만 하는 거야."라고 말한다. 그러자 지훈이는 재빨리 가발과 머플러, 구두를 바구니에 던져 넣고는 쌓기 영역으로 가서 다른 남아들과 집짓기 놀이를 한다. 집짓기 놀이 중 지훈이가 무거운 블록을 들고 와 집을 짓자 남아들이 "야! 지훈이는 아빠같이 힘이 세고 집도 잘 짓네."라고 하며 좋아한다. 그 말을 듣고 지훈이는 블록을 많이 들고 와서 더 열심히 집짓기에 참여한다. 집을 다 지은 후, 남아들이 "집은 우리 남자들만 짓는 거야."라는 말을 한다.

1) 반두라(A. Bandura)의 ( ① )이론에서는 모델이 보이는 행동을 관찰하고 모델의 행동을 따라 하는 모방과 ② 정적 강화가 인간의 사회성 발달에 있어 필수적이라고 본다. ①이 무엇인지 쓰고, 위 사례에서 ②의 예를 1가지 찾아 쓰시오.

   • ① : _____

   • ②의 예 : _____

   _____

**05** 다음은 행동수정 기법에 대한 설명이다. ㉠에 들어갈 용어 1가지를 쓰시오.

2013학년도 추시-A

행동수정기법 중 한 가지인 ( ㉠ )은(는) 처음 유치원에 와서 부모와 헤어지는 것을 불안해하는 자녀를 둔 부모에게 도움을 줄 수 있는 방법이다. ( ㉠ )을(를) 적용한 예를 들면 다음과 같다. 먼저 엄마는 헤어지기 싫어하는 자녀와 함께 하루 종일 놀이실에서 놀이한 후 귀가한다. 다음으로 엄마는 자녀와 함께 오전 자유선택활동 시간 동안만 놀이하고 귀가한다. 그 다음에 엄마는 자녀와 유치원 현관에서 잠시 이야기를 나눈 후 헤어져 귀가한다. 마지막으로 엄마는 자녀와 유치원 앞에서 헤어지고 바로 귀가한다.

• ㉠ : _____

chapter
**03**

**06** (가), (나)는 민 교사가 작성한 저널의 일부이다. 물음에 답하시오. 2013학년도 추시-A

---

(가) 평소 양보를 잘 하지 않는 준우가 "선생님, 제가 정훈이에게 자동차를 먼저 가지고 놀라고 양보했어요."라고 하였다. 나는 은주의 감사카드에 글을 적어주느라 칭찬을 못 해주고 "아, 정훈이가 무척 좋아했겠구나."라고만 하였다. 준우는 어제 주희가 ㉠ 친구에게 양보해서 칭찬받는 것을 보고, 그 일을 기억해서 자신도 칭찬받기를 기대한 것 같다. 준우가 친구들과 잘 놀 수 있도록 칭찬해 줄 수 있는 기회를 놓친 것 같아 아쉽다. (2013년 6월 5일)

… (중략) …

(나) 인간의 지능은 상호 독립적인 여러 지능으로 구성된다고 주장하는 가드너(H. Gardner)의 ( ㉡ )이론은 유아의 강점과 특성을 파악하는 데 도움이 되는 것 같다. 유아들을 관찰해 보면, 각 아이들마다 가지고 있는 강점이 매우 다양한 것 같다.

(2013년 6월 11일)

---

1) 반두라(A. Bandura)의 사회학습이론에 근거하여, (가)에서 준우의 양보 행동을 일어나게 한 강화 1가지를 쓰고, 관찰학습이 일어나는 4가지 인지적 과정 중 ㉠을 설명하는 용어 1가지를 쓰시오.

• _____

• ㉠ : _____

2) ㉡에 들어갈 용어 1가지를 쓰고, ㉡이론 중 다음 내용에 해당하는 지능 1가지를 쓰시오.

---

• 타인의 기분과 동기를 파악하고 변별하는 능력
• 다른 사람과 지내기, 다른 사람들과 좋은 관계를 유지하는 능력
• 문제해결 과정에서 서로 다른 의견을 잘 조율하고 통솔하는 능력

---

• ㉡ : _____

• 지능 : _____

**07** 다음은 5세반 유아들의 비눗방울 놀이 장면의 일부이다. 물음에 답하시오.

2013학년도 추시-B

> 선영, 민서, 수연, 창수가 동그란 모양 틀로 비눗방울을 만들고 있다.
>
> 선영 : 와! 크다!
> 민서 : 어! 나는 자꾸 터지는데, 왜 터지지?
> ···(중략)···
> 교사 : (세모, 네모, 별 모양의 틀을 보여주며) 이 모양틀로 비눗방울을 불면 어떻게 될까?
> 선영 : 세모 모양은 세모로 나와요.
> 창수 : 별 모양은 별 모양으로 나올 것 같아요.
> 수연 : 잘 안 불어질 것 같아요.
> (유아들이 세모, 네모, 별 모양의 틀을 가지고 비눗방울을 불기 시작한다.)
> 선영 : ㉠ (고개를 갸우뚱하며) 어? 이상하다! 왜 별 모양으로 안 나오지?
> 창수 : 와~, 난 잘 불어진다!
> ···(후략)···

1) ㉠에 나타난 사고과정 1가지를 피아제(J.Piaget)의 인지발달이론에 기초하여 쓰시오.

**08** 다음은 놀이에 대한 이론 일부이다. 물음에 답하시오.

2014학년도-A

> 비고츠키(L. Vygotsky) 이론에 의하면, 놀이는 유아의 근접발달지대를 창출하며, 이때 성인의 ㉠ 비계설정은 매우 중요하다. 상징놀이에 관해서는 사물로부터 의미의 분리를 도와줌으로써 추상적 사고의 발달에 필수불가결한 준비의 역할을 한다고 보았다.
> ···(후략)···

1) 〈보기〉는 ㉠에 관한 설명이다. ①에 들어갈 용어 1가지를 쓰시오.

> ┤ 보기 ├
>
> 비계설정에서 성인의 중요한 역할은 사회적 중재가 일어나는 초기에는 직접 행동을 보여주거나 언어적 지시를 통해 사고를 이끌어주다가, 점차 유아의 수행 능력이 증가함에 따라 도움을 감소시킴으로써 유아 스스로 문제해결 과정을 조절할 수 있는 ( ① ) 능력을 갖도록 격려하고 지원하는 것이다.

**09** 다음은 부모 면담 내용의 일부이다. 물음에 답하시오.

> 준이 어머니 : 네, 제가 준이에게 좀 더 관심을 가져야겠네요. 그런데요 선생님, 한 가지
> 생각나는 건데 제가 전화 통화할 때마다 옆에 와서 말을 걸거나 소리를
> 질러서 꼭 해야 하는 통화를 못해요. 그럴 때는 정말 화가 나고 속상해요.
> ⋯(중략)⋯
> 교      사 : 준이가 집에서는 음식은 골고루 잘 먹나요?
> 준이 어머니 : 자기가 먹고 싶은 것만 먹어서 걱정이에요. 그래서 ⊙ 준이가 음식을 골
> 고루 잘 먹을 때마다 준이가 좋아하는 동화책을 읽어주기로 했어요.
>
>

1) ⊙에 해당하는 강화의 종류 1가지를 쓰시오.

___

**10** 다음은 교사 저널이다. 물음에 답하시오.

> 민재는 자신의 생각이나 느낌을 글보다는 신체를 이용하여 표현하는 능력이 뛰어난
> 편이다. 민재는 손으로 만들기를 잘 하고, 공과 같은 도구를 자유자재로 다루며, 스카프
> 를 이용하여 춤추는 활동에서도 창의적이다. 그러나 민재는 말이나 글에 대한 민감성은
> 부족하며, 글 배우는 것을 힘들어 한다. 민재는 "나는 아직 글씨 몰라요."하며 자신의
> 이름 쓰기를 주저하고, 생일 초대 카드를 만들 때에도 글씨는 어렵다며 활동에 참여하지
> 않고, 동화책 읽기에도 관심이 없다. 민재가 잘하는 영역과 어려워하는 영역이 있는 걸
> 보면, 민재의 지능 영역 안에는 다양한 잠재능력이 있다는 생각이 든다. 민재가 ⊙ 강점
> 지능 영역을 통해 ⓒ 약점 지능 영역을 보완할 수 있도록 통합적 활동을 계획해야 겠다.
> (2014년 0월 0일)

1) 가드너(H. Gardner)의 다중지능영역 중, ⊙과 ⓒ에 해당하는 민재의 지능영역을 각각
   쓰시오.

   • ⊙ : _____

   • ⓒ : _____

**11** 다음은 유아기 사고의 특성을 보여주는 예이다. 물음에 답하시오.    2015학년도-A

---

**(가)**

　4세 겨운이는 오전 간식 시간에 옆자리에 앉아 있는 소진이와 약간 다투었다. 소진이가 겨운이의 과자를 하나 더 먹으려고 하자 겨운이는 소진이의 손등을 꼬집었다. 소진이는 "너, 왜 꼬집어?"라며 겨운이의 팔을 쳤고, 겨운이는 울음을 터뜨렸다. 선생님은 겨운이를 달래며 친구를 꼬집으면 안 된다고 말한 후, 유아들과 이야기나누기 시간을 가졌다. 그런데 갑자기 소진이가 배가 아프다며 울기 시작하였고, 선생님은 급히 소진이를 데리고 나갔다. 이를 본 겨운이는 간식 시간에 자신이 소진이를 꼬집어서 소진이의 배가 아픈 것이라고 생각하여 겁도 나고 걱정이 되었다.

**(나)**

　3세 나운이는 인형을 앞에 놓고 숟가락을 마이크처럼 입에 댄 채 노래를 부르고 있었다. 나운이는 실수로 숟가락을 놓쳐 그만 인형의 머리 위에 떨어졌다. 나운이는 놀라 인형을 쓰다듬으며, "호호" 불어 주었다. "괜찮아? 숟가락이 때려서 많이 아프지?"라고 말한 후, 구급함에서 일회용 밴드를 꺼내어 인형의 머리에 붙여 주었다. "조금만 참아. 곧 괜찮아질 거야." 나운이는 인형을 토닥이며 가슴에 꼭 끌어 안았다.

**(다)**

　현우 어머니는 4세 현우와 누나에게 과자 5개가 들어 있는 과자 한 봉지씩을 나누어 주었다. 현우와 누나는 과자 봉지를 뜯어 "하나, 둘, 셋, 넷, 다섯" 세면서 각자 자신의 접시에 과자를 놓았다. 현우는 접시에 과자 5개를 줄지어 놓았고, 누나는 접시에 과자 5개를 띄엄띄엄 떨어뜨려 놓았다. 현우 어머니는 "현우 다섯 개, 누나 다섯 개네."라고 말하며 똑같은 개수가 있음을 확인시켰다. 현우는 자신의 접시와 누나의 접시를 번갈아 보더니, 누나의 과자가 더 많다며 울기 시작하였다. 현우 어머니는 똑같이 5개씩 있으니 울지 말라고 현우를 달랬으나, 현우는 울음을 그치지 않았다.

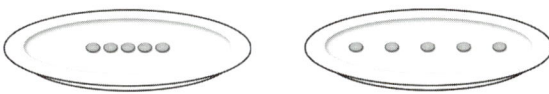

---

1) (가)에서 ① 겨운이가 보여주는 유아기 사고의 특성을 나타내는 용어 1가지를 쓰고, ② 이를 보여주는 상황을 (가)에서 찾아 서술하시오.

　• ① : _____

　• ② : _____


2) (나)에서 나운이가 보여 주는 유아기 사고의 특성 2가지를 나타내는 용어를 각각 쓰시오.

　• ① : _____

　• ② : _____

3) (다)에서 비가역성 때문에 나타나는 현우의 유아기 사고의 특성을 서술하시오.

_____

_____

**12** 다음을 읽고 ㉠에서 비고츠키(L. S. Vygotsky)의 이론에 따른 비계 (scaffolding)에 해당하는 것을 1가지 쓰시오.  2015학년도-B

> 교사 : (3명의 유아들 앞으로 주사위 두 개를 던지며) 얘들아, 몇 개니?
>                   …(중략)…
> 지호 : (주사위 두 개를 동시에 던지며) 난 두 개랑 여섯 개가 나왔네. 여섯 개에서 두 개를 빼면 다섯 개네.
> 미나 : 아니야. (자신의 손가락을 펴 보이며) 이렇게 여섯 개에서 두 개를 빼면, 나머지 하나, 둘, 셋, 넷. 네 개지.
> 지호 : (손가락 여섯 개를 펴며) 여섯 개에서 두 개를 빼면, 나머지 하나, 둘, 셋, 넷. 아~하! 넷이구나.
> ㉠
>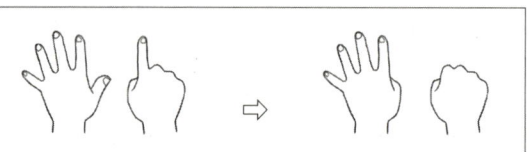
>                   …(후략)…

**13** 다음은 교사 저널의 일부이다. 물음에 답하시오.  2015학년도-B

> … (전략) …
>
>   역할놀이 영역에서 연희와 수지가 서로 인형을 가지고 놀겠다고 싸움을 하다 연희가 수지를 할퀴어서 결국 수지가 울고 말았다. 그래서 ㉠ 유아들과 약속한 대로 연희를 교실 뒤쪽에 마련된 의자에 3분간 앉아 있도록 하였다. 약속한 시간이 지난 후, 연희와 의자에 앉아 있게 된 이유에 대해 이야기를 나누었다. 이러한 행동 수정 방법은 흥분된 감정을 진정시키고 부적절한 행동을 줄이기에는 적절한 방법인 것 같다. (2014년 ○월 ○일)

1) ㉠에 해당하는 행동수정 방법 1가지를 쓰시오.

_____

**14** 다음은 두 유치원의 견학에 대한 가정통신문이다. 물음에 답하시오. 2016학년도-A

---

**가정통신문**

　㉠ 아이들이 몸담고 있는 가족과 지역사회, 문화와 같은 환경과 아이들의 관계는 매우 중요합니다. 이에 따라 우리 원에서는 3주에 걸쳐 지역사회 기관이 하는 일을 알아보기 위해 우체국과 도서관, 소방서 등 아이들에게 친숙한 기관을 방문할 계획입니다. 이 기관들은 우리 원 아이의 학부모님이 근무하는 곳으로, 견학을 통해 부모님의 직업 세계를 구체적으로 살펴보는 기회를 가질 것입니다. ㉡ 부모님이 일하는 직장을 직접 방문함으로써 아이들이 부모님에 대한 고마움과 지역사회 기관이 우리에게 주는 혜택을 알 수 있도록 하겠습니다.

…(중략)…

2015년 ○월 ○일 ○○유치원

---

**가정통신문**

　이번 주 견학 장소는 과학관입니다. 이번 견학은 아이들 스스로 참여하고 싶은 체험 공간을 선택하고 찾아다니면서 궁금한 점을 해결하는 방식으로, 아이들의 타고난 호기심과 잠재력을 개발하는 데 주안점을 두고 있습니다. 우리 원은 ㉢ 아이들이 새로운 체험 활동에 대한 두려움을 극복하고 자발적으로 지식을 습득하여 세상을 탐색할 수 있도록 도와주고자 합니다. 아이들이 체험 활동을 통해 주변 세상을 보다 능동적으로 탐색할 수 있도록 적극적인 지지를 보내겠습니다.

…(중략)…

2015년 ○월 ○일 □□유치원

---

1) ① ㉠에서 나타난 발달 이론을 쓰고, ② 그 이론에서 ㉡을 지칭하는 용어를 쓰시오.

　• ① : ＿＿＿＿＿＿＿＿＿＿＿＿＿＿＿＿＿＿＿

　• ② : ＿＿＿＿＿＿＿＿＿＿＿＿＿＿＿＿＿＿＿

2) 에릭슨(E. Erikson)의 심리사회적 이론에서 ㉢을 지칭하는 용어를 쓰시오.

**15** 다음은 자율장학연구회 소모임에서 유치원 교사들이 나눈 대화 내용이다. 물음에 답하시오.

2017학년도-A

> …(전략)…
>
> 최 교사 : 사람은 자연의 일부이기 때문에 교구를 활용할 때도 자연의 순서에 따라 서두르지 말고, 쉬운 것에서 어려운 것으로, 연령에 적합한 내용과 방법으로 교육해야 한다고 생각해요. 세계 최초로 영상 촬영 기술을 이용하여 유아의 행동을 관찰함으로써 표준화된 행동목록을 만든 ( ㉠ )도 ㉡ 유아가 배울 준비가 되어 있지 않다면 준비될 때까지 기다려야 한다고 했잖아요.
>
> 임 교사 : 그래서 발달적으로 적합한 교육을 통해 최적의 교육기회를 제공해주고자 미국의 전국유아교육협회(NAEYC)에서는 1984년부터 약 2년 동안 방대한 연구를 통해 유아 연령의 적합성과 개인의 적합성이 반영된 통합된 교육과정의 운영 지침을 제공했지요.
>
> 김 교사 : 이후 이 지침은 개정되어 기존의 두 가지 원칙에 ( ㉢ )을/를 하나 더 추가했지요.
>
> …(하략)…

1) ① ㉠에 들어갈 학자의 이름과 ㉡이 의미하는 용어를 각각 쓰고, ② ㉢에 들어갈 원칙 1가지를 쓰시오.

　• ① : _____

　• ② : _____

**16** (가)는 교사들이 나눈 대화의 일부이고, (나)는 교사 저널의 일부이다. 물음에 답하시오.

2019학년도-A

(가)

> 윤 교사 : 제가 얼마 전 역할 영역에서 우리 반 아이들의 놀이를 관찰하고 있었는데, 남아들은 의사 역할을 하고 여아들은 간호사 역할을 하더라구요.
> 박 교사 : 저도 가끔 그런 놀이 행동을 관찰할 수 있었어요.
> 윤 교사 : 아이들은 이미 3세 무렵이 되면 여자, 남자라는 자신들의 성을 인지하게 되잖아요.
> 박 교사 : 맞아요. 그리고 유아들은 자신이 인지한 성이 나중에 커서도 여자는 여성, 남자는 남성이라는 성을 유지하게 된다는 것도 인지하게 되는 것 같아요.
> 윤 교사 : 어제 우리 반 수호 어머니가 상담 시간에 오셨다가 ㉠ <u>요즘 수호가 집에서 아빠 흉내를 많이 낸다고 하시더라구요. 아빠 면도기로 면도하는 흉내도 내고 아빠 신발을 신고 돌아다니기도 한다는 거예요.</u>
> …(하략)…

[A]

(나)

> 어제 철민이가 블록을 정리하고 있는데 희연이가 와서 철민이를 도와주었다. 그래서 나는 희연이를 칭찬해 주었다. 오늘 평소 놀잇감을 잘 정리하지 않던 태영이가 철민이의 정리정돈을 도와주었다. ㉡ <u>태영이는 희연이의 칭찬받는 모습을 유심히 보고, 그 행동을 기억했다가 철민이를 도와주는 행동을 한 것 같다.</u> 앞으로 태영이가 지금처럼 도와주는 행동을 더 잘할 수 있도록 좋은 모델을 많이 보여 주어야겠다.
> …(하략)…

1) (가)의 ㉠에 나타난 유아의 행동과 관련된 용어를 프로이트(S. Freud)의 정신분석 이론에 근거하여 쓰시오.

2) (나)에서 ① 태영이가 보인 행동을 설명하는 반두라(A. Bandura)의 이론을 쓰고, ② 그 이론에 근거하여 ㉡과 관련된 과정(process) 1가지를 쓰시오.

- ① : _____
- ② : _____

**17** 다음은 유아들의 놀이상황이다. 물음에 답하시오.

> (은희, 찬영, 재경이가 실외 놀이터에서 컵에 물을 옮겨 담으며 이야기하고 있다.)
> 은희 : 내가 주스 파는 사람 할게. 주스 사세요.
>   (은희는 길쭉한 컵 속에 담긴 물을 넓적한 컵에 옮겨 담는다.)
> 찬영 : 어? 물이 적어졌다.
> 은희 : 아니야, 그대로야. 내가 보여 줄게.
>   (은희는 넓적한 컵에 있는 물을 길쭉한 컵에 다시 옮겨 담는다.)
> 재경 : 신기하다. 물이 다시 많아졌어.

1) 위 상황은 피아제(J. Piaget)의 이론에 기초할 때 전조작기 유아들의 사고 특성을 보여 주는 대화의 예이다. ① 상징적 사고의 특성을 보이는 유아의 말을 찾아 쓰고, ② 보존개념이 아직 획득되지 않았음을 보여 주는 유아의 말 2가지를 찾아 쓰시오.

- ① : _____

- ② : _____

**18** 다음은 놀이상황에서 유아와 교사가 나눈 대화이다. 물음에 답하시오.

> 수민 : (휴지를 풀고 있는 진호를 보고 약간 화난 목소리로) 너 지금 뭐 해?
> 진호 : 휴지로 멋진 눈길을 만드는 중이야. 우리 엄마 친구가 휴지로 작품을 만드셨다고 들었어.
> 지영 : ㉠ 나도 TV에서 그런 전시회를 본 적 있어.
> 수민 : 그래도 진호 혼자 우리 휴지를 다 쓰고 있잖아.
> 진호 : 다 쓰고 있다고?
> 수민 : 다른 사람이 못 쓰도록 네가 낭비하고 있어.
> 진호 : 낭비? 이게 왜 낭비야?
> 수민 : 이렇게 막 쓰니까 낭비지.
>
>   교사는 진호와 수민이의 다툼이 시작되려고 하자 다가간다.
>                              …(하략)…

1) 브론펜브레너(U. Bronfenbrenner)의 생태학 이론에 근거하여 ① ㉠에 해당하는 체계의 명칭을 쓰고, ② 그 개념을 설명하시오.

- ① : _____

- ② : _____

**19** 다음은 5세반 놀이상황이다. 물음에 답하시오.

2022학년도-B

> (서연이와 민호가 한 팀으로 윷놀이에 참여한다.)
> 지현 : 윷이 판 밖으로 나갔네. 그럼 이제 우리 차례야.
> 서연 : 아니야. 밖으로 나가도 돼.
> 민호 : 맞아. 나가도 돼.
> 동우 : 안 돼. 윷이 나가면 말을 옮기지 못해.
> 서연 : (큰 소리로) 그런 게 어딨어? 나 안 해!
>   (서연이가 울먹거리며 윷을 던지고 자리를 떠난다.   [A]
> 지현이가 서연이에게 다가가 안으며 토닥거린다.)
>                …(중략)…

1) 가드너(H. Gardner)의 다중지능이론에 근거하여, [A]에서 지현이의 행동에 나타난 강점 지능 1가지를 쓰고 설명하시오.

**20** 다음은 유아들의 놀이상황이다. 물음에 답하시오.

2022학년도-B

> (유아들이 가족사진을 보며 점토로 얼굴을 만들고 있는데, 도은이는 점토를 들고만 있다.)
> 준수 : (도은이를 보며) 왜 안 해?
> 대호 : 도은아, 마음대로 만들면 돼.
> 미영 : 나는 엄마 만들어야지. 얼굴은 동그랗게 하고 눈도 붙여야지.
>   (도은이가 미영이의 만드는 모습을 물끄러미 쳐다본다.)
> 도은 : (작은 목소리로) 그럼 나도 엄마 만들어야지.
>   (도은이가 점토로 엄마 얼굴을 만든다.)
> 미영 : 아빠도 만들어야지.
> 도은 : 나도 아빠 만들래.
>   (도은이가 점토로 아빠 얼굴을 만든다.)
> 도은 : ㉠ (자신이 만든 점토를 보면서 뿌듯한 표정으로) 와, 멋지다.

1) 반두라(A. Bandura)의 사회학습이론에 근거하여, ㉠이 어떤 강화인지 쓰고 설명하시오.

# 박수민

## 유아임용의 정석 - 유아교육개론

CHAPTER

# 04

# 유아교육과 놀이

# 놀이에 대한 이해

## 01 놀이와 탐색

### 1. 다르다는 입장

① 허트(Hutt, 1971) ⇨ 놀이와 탐색활동은 완전히 별개의 행동이다.

② 탐색활동은 '이 물건의 속성은 무엇일까(What does this object do)?'라는 의문을 풀기 위한 행동이다.

③ 놀이는 '이 물건을 가지고 무엇을 할 수 있을까(What can I do with this object)?'라는 의문에 연관되는 행동이다.

### 2. 유사하다는 입장

① 펜슨과 쉘(Fenson & Schell, 1986) ⇨ 놀이나 탐색이 어떤 외적 목표를 성취하기 위한 것이 아니라 내적으로 동기화된 행동이라는 공통점을 갖고 있다.

② 동물이나 인간의 초기 단계에서는 탐색과 놀이가 분명하게 구별되지 않으므로 '탐색적 놀이'라는 용어를 사용해야 한다.

### 3. 놀이와 탐색의 비교

① 놀이와 탐색은 외적으로 부여된 목표에 의해 유도되기보다는 내적으로 동기화된 행동이라는 점에서 비슷하다(Hutt, 1971; Weisler & McCall, 1976). 하지만 놀이와 탐색 간에는 몇 가지 중요한 차이가 있다(Hutt, Tyler, Hutt & Christopherson, 1989).

➜ 놀이와 탐색의 비교

| 구분 | 탐색 | 놀이 |
|---|---|---|
| 발생 시기 | 놀이 이전에 나타남 | 탐색 이후에 일어남 |
| 상황 | 낯선 사물을 대할 때 | 친숙한 사물을 대할 때 |
| 목적 | 사물에 대한 정보 수집 | 자극 유발 |
| 행동 | 전형적 행동 | 다양한 행동 |
| 기분 | 진지한 | 즐거운 |
| 심장 박동률 | 적은 변화 | 많은 변화 |

출처 : Hughes & Hutt (1979); Hutt (1971).

② 하울월(Wohlwill, 1984)은 놀이와 탐색을 전형성(stereotype), 주의집중(attention), 정서(affect)의 세 가지 기준으로 구분하였다.

| 전형성 | 탐색은 상황에 상관없이 감각적 탐색의 전형적인 행동인 반면, 놀이는 새로운 방법을 사용하고 다양한 행동으로 나타난다. |
|---|---|
| 주의집중 | 탐색은 진지하고 심각하지만, 놀이는 심각하지 않다. |
| 정서 | 탐색은 중립적이거나 약한 정도의 부정적 정서가 표현되는 반면, 놀이는 긍정적 정서가 나타난다. |

③ 탐색은 물체나 상황에 대한 정보 획득에 관심을 두는 '자극 지배적 행동'으로 탐색되는 자극 특성에 의해 통제된다. 놀이는 놀이자의 요구와 흥미에 지배되는 '유기체 지배적 행동'으로 대상에 대한 정보 획득보다는 자극 생성에 관심이 있다.

④ 놀이와 탐색이 개념적으로는 구별되지만 유아가 놀이를 하는지 혹은 탐색을 하는지 구별하기란 쉽지 않다. 특히 유아와 동물에게 이 두 상태는 매 순간 변한다(Weisler & McCall, 1976). 유아와 동물에게 놀이의 주요 기능은 탐색으로서 종종 탐색적 놀이로 결합된다. 나이 든 유아의 놀이 에피소드에서도 흔히 놀이와 탐색이 혼합되어 나타나지만 일반적으로는 놀이 이전에 탐색이 일어난다.

⑤ 놀이와 탐색은 서로 관련을 갖는데, 보통 놀이에 앞서서 탐색이 나타난다. 유아는 새로운 사물을 만나면 먼저 호기심을 가지고 그 사물을 탐색하다가 차츰 그 사물을 이용한 놀이를 하게 된다. 발달단계에 따라서도 행동의 정도가 다르다. 영아기에는 놀이에 비해 탐색 행동이 많이 나타나고, 걸음마기에는 놀이와 탐색 행동의 빈도가 유사하며, 학령전기에는 탐색보다 놀이 행동이 많이 나타난다(Pellegrini & Boyd, 1993).

## 02 놀이와 일 - 프로스트와 클레인(Frost & Klein)

놀이는 능동적·자발적이며 재미있고 과정 중심적인 특성이 강한 활동인데 비해서 일은 수동적·강요적이며 단조롭고 외부로부터 부과된 규칙의 구속을 받는 특성이 있다.

⊙ 놀이-일 연속체(Frost & Klein, 1979)

| 놀이<br>(일의 특성일 수도 있음) | 일<br>(놀이의 특징이 아님) |
|---|---|
| 능동적 ←————————→ | 수동적 |
| 자발적 ←————————→ | 강요적 |
| 재미있음 ←————————→ | 단조롭고 고됨 |
| 목표 없음 ←————————→ | 외적 목표에 구속 |
| 스스로 시작함 ←————————→ | 타인에 의해 착수됨 |
| 진지함 ←————————→ | 무사 안일함 |

## 03 놀이와 학습의 연속 유형 – 버겐(Bergen)

<table>
<tr><td colspan="5" align="center">◀───────────────────────────────────────────▶</td></tr>
<tr><td align="center">자유 놀이</td><td align="center">안내된 놀이</td><td align="center">지시적 놀이</td><td align="center">과제 지향적 활동</td><td align="center">학습(일)</td></tr>
</table>

| | |
|---|---|
| 자유놀이 | 내적 통제(조절), 실제성, 내적 동기가 높은 범주로, 놀이자는 어떤 놀이를 할 것인지 언제 할 것인지를 선택한다. 놀이를 혼자할 것인지, 다른 놀이자와 같이 할 것인지도 결정한다. 또한 놀이를 같이 할 다른 놀이자의 선택도 자유롭게 결정한다. |
| 안내된 놀이 | 외적으로 부여된 통제, 실제성, 동기에 유아의 흥미와 요구에 맞는 사회적 규칙 내의 자유로운 구조 속에서 일어난다. 놀이자가 놀이 활동의 광범위한 선택권을 갖고 있으나, 선택, 안정성, 분배에 대한 사회적 규칙이 제시된다. 교육환경은 자유놀이의 환경보다 더 규제적일 수 있고, 놀이의 선택에 대한 구체적 제한이나 특별한 시간 동안 지정된 수의 놀이 활동에 참여하도록 할 수도 있다. 안내된 놀이는 성인에 의한 감독, 놀잇감 제시, 도전 의식의 격려, 놀이의 재지시에 의하여 이루어지기도 한다. 유아들은 대부분 동화가 중심이 되는 방식으로 활동을 하지만 성인의 안내에 의하여 조절적 방식으로 활동을 하여 활동에 필요한 제한을 하기도 한다. 성인이 결정한 규칙과 외적인 실제를 위하여 놀이의 조절이 필요한데, 도구사용의 규칙과 제한에 의한 목공놀이가 그 예가 된다. 성인은 유아가 혼자놀이보다 좀 더 사회적인 놀이에 참여하도록 격려할 수 있다. 일반적인 유치원의 자유놀이는 실제로 종종 자유놀이와 안내된 놀이의 결합이다. |
| 지시적 놀이 | 성인에 의하여 정해진 외적 요인으로 통제되고, 놀이는 성인에 의하여 지도되고 이끌어진다. 유아의 행동 범위는 성인에 의해 제한된 범위 안에서 활동이 이루어진다. 유아의 행동범위는 성인에 의하여 명확히 지시되며 성인이나 또래에 의하여 규제되며, 지시적 놀이의 범주에는 게임활동이 속한다. 지시적 놀이에서 유아는 놀이 장소, 종류, 방법, 시간에 대한 선택권이 없고, 참여유아 수, 규칙, 시간이 성인에 의하여 정해진다. 지시적 놀이는 조절적 방식으로 대부분 이루어지며, 동화적인 방식은 짧은 시기동안만 제시된다. 지시적 놀이를 진정한 놀이로서 유아가 경험하도록 돕기 위해서는 충분한 흥미를 갖고 즐기도록 해야 한다. |
| 과제 지향적 활동 | 유아의 기초 기술 학습을 위한 교육은 기계적 암기와 반복되는 연습 등에 많은 시간이 요구된다. 특정 학습 목표는 유아들의 기계적인 암기나 연습에 의한 시간적 할애가 요구되기도 한다. 유아들은 이러한 성인이 주도한 활동들은 놀이가 아니라고 보고 있으며, 이것들은 '과제 혹은 일'이라고 본다. 성인은 이러한 활동을 재미있는 활동으로 제시하여 놀이로 가장하여 놀이화하려고 한다.<br>이 활동도 잠재된 내적인 통제, 동기, 실제성을 이끌 수 있다면 안내된 놀이나 지시적 놀이활동으로 전환될 수 있다. |
| 일 | 외적으로 정해진 목표성취를 위하여 몰두하는 활동이며, 동기 또한 외부에 있고, 실제성의 변형이 되지 않는다. 유아의 놀이는 대부분 동화적인 방식으로 일어나는데 일은 그러한 놀이활동이 거의 나타나지 않는다. |

**놀이와 학습의 연속성 관계**

놀이에 대한 이론과 연구 결과의 실제 적용을 위한 계획 시, 유아교육자는 놀이와 비놀이의 관계를 파악하여 놀이가 비놀이로 전환되지 않도록 놀이와 학습의 연속성 관계를 파악하여야 한다(Bergen, 1988; Miller & Almon, 2009; Sponseller, 1974).

Sponseller(1974)는 놀이를 학습의 매체로 인식하여 놀이와 학습의 도식에 기초한 놀이 활동의 적용과 평가를 위한 현장 적용성을 제시하였다.

**Sponseller(1974)의 놀이와 학습의 범주와 특성**

| 내적·외적 통제와 조절의 정도 | 유아의 활동 참여, 활동의 과정 진행, 활동 장소, 놀이과정의 선택과 결정의 정도 |
|---|---|
| 내적·외적 실제의 정도 | 실제 상황을 변형시키거나 어려운 기술을 사용할 수 있는 유아의 가능성의 범위 |
| 내적·외적 동기의 정도 | 유아가 자신의 최적의 요구에 의하여 활동을 주도하거나 확대, 변화, 중단에 대한 기회의 수준 |

## 04 놀이의 특징 – 레비(Levy, 1978)

### 1. 정의

놀이 행동은 인간 개성의 창의적이고 심오한 특성을 계발시켜 주는 역동적 과정이다.

### 2. 놀이의 특성

| 구분 | 내용 |
|---|---|
| 내적 동기화 | 행동의 결과에 의해서 만족을 얻는 외적 동기와는 달리 행동 자체에서 만족을 얻는 것을 말한다. |
| 현실의 유보 | • 놀이에서는 현실이 잠시 정지되거나 현실을 초월할 수 있다.<br>• 유아는 현실적 자아를 떠나서 '환상적 자아', '상상적 자아'로 변신할 수 있다. |
| 내면적 통제 | 놀이를 하는 유아는 놀이에 대하여 자기 자신이 얼마 간의 책임과 통제권을 갖고 있다고 믿는다. |

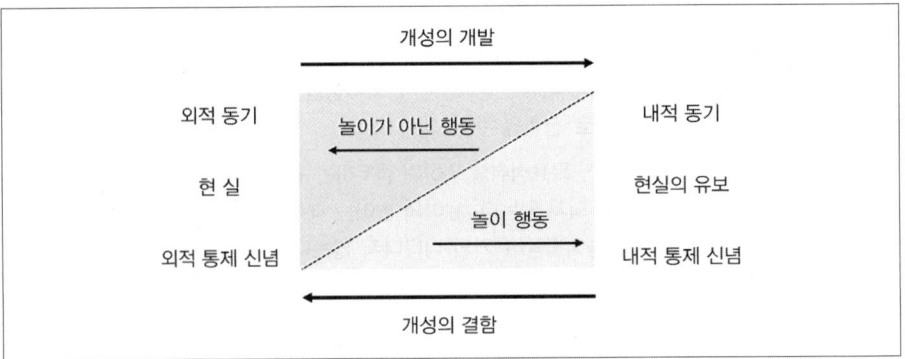

## 05  놀이의 본질적 특성

### 1. 비실제성

실제에 대한 가상성은 유아가 여기와 지금의 현실적 구속으로부터 벗어나 새로운 가능성을 경험하도록 해준다.

### 2. 내적 동기화

놀이는 자연스럽고 자발적이며 즐거움을 추구하는 활동이며, 놀이는 외적 통제나 결정에서 자유로운 자기 조절적 활동이다.

### 3. 과정지향성

활동의 목표보다 활동 그 자체에 초점을 맞춘다. 놀이는 과정을 목표보다 더 중시하고, 놀이는 융통적이며 가변적인 경향성을 가진다.

### 4. 자유 선택성

활동을 자유롭게 선택할 수 있다. 이는 유아의 자아 존중감과 주도성을 발전시키는 중요한 역할이다.

### 5. 긍정적 감정

놀이는 즐거움과 기쁨의 표시로 나타난다. 또한 놀이에 대한 감정과 즐거움은 유아 스스로 자신을 가치 있게 여기도록 만든다.

chapter
**04**

Section

# 02 놀이 이론

## 01 고전적 놀이 이론

고전적 놀이 이론은 '놀이를 왜 하는가?'에 대한 '기원'에 대해 설명한다.

| 이론 | 학자 | 놀이의 목적 |
| --- | --- | --- |
| 잉여 에너지 이론 | 실러 / 스펜서 | 잉여 에너지 발산 |
| 연습이론 | 그루스 | 성인 생활에 필요한 기술의 연습 |
| 반복이론 | 홀 | 고대의 본능 발산 |
| 휴식이론 | 패트릭 / 라자루스 | 일할 때 소모된 에너지의 재생 |

### 1. 잉여 에너지 이론

⑴ **실러(Schiller)**

유아는 자신의 생존을 위하여 일해야 하는 입장이 아니므로 과잉 에너지가 많은데, 이 과잉 에너지를 놀이로 소모하게 되므로 성인에 비해 더 많은 놀이를 한다.

⑵ **스펜서(Spencer)**

고등 동물은 하등 동물에 비하여 생명을 유지하기 위한 목적보다는 그 이외의 목적을 위해 에너지를 방출하는데, 이러한 활동을 놀이라고 본다.

⑶ **톨먼(Tolman)**

인간은 기본 욕구(음식, 성, 휴식 등)가 충족되면 생리학적으로 활동 정지 상태에 이르고 이 상태가 오래 지속되면 에너지가 과다해져 놀이욕구가 생긴다고 주장한다.

⑷ **비판점**

유아의 경우, 에너지 과잉 상태가 아닐 때에도 놀이를 하는 것은 설명하지 못한다.

## 2. 연습이론

### (1) 그루스(Groos)

성인기에 필요한 행동을 잘 하기 위한 능력을 발달시키기 위해 놀이를 통해 연습을 해야한다고 주장한다.

### (2) 비판점

그루스가 놀이를 통해 특정 행동(예 구애 행위, 어미 역할 등)이나 기술이 연습된다고 주장한 점은 놀이의 기능을 너무 제한시켰다는 비판을 받는다.

## 3. 반복이론

### (1) 홀(Hall)

아동의 발달과정에 원생 동물류에서 인간에 이르기까지의 진화과정이 재현된다고 주장하였다. 따라서 유아기의 놀이에도 인류의 전 역사가 반복되어 나타난다.

### (2) 비판점

① 엘리스(Ellis, 1973)는 유아들의 놀이에 인간의 진화과정이 반영되지 않는다고 지적함으로써 반복이론을 비판하였다.

② 프로스트와 클레인(Frost & Klein, 1979)은 반복이론으로는 현대의 다양한 놀잇감이나 게임을 통한 놀이의 사회적 학습 측면을 설명할 수 없다고 지적하였다.

## 4. 휴식이론

### (1) 패트릭(Patrick)

인간은 정신적으로 피로감을 풀고 휴식하고 싶을 때 놀이를 한다고 하였다.

### (2) 라자루스(Lazarus)

일을 할 때 소모된 에너지를 복구하기 위해서 놀이를 한다고 주장하였다.

### (3) 비판점

① 프로스트와 클레인(1979)은 휴식이론이 스트레스가 심한 현대사회에서 놀이를 합리적으로 설명하는 것처럼 보이지만, 유아의 놀이 해석에 있어서는 설득력이 부족하다고 비판하였다.

② 스트레스가 쌓일 정도로 일을 하지 않는 유아가 놀이에 열중하는 이유를 설명할 수 없다.

## 02 현대적 놀이 이론

현대적 놀이 이론은 놀이의 '기능'에 초점을 두어 설명한다.
놀이에 관한 이론은 20세기에 들어서면서 현대 심리학의 영향을 받아 더 체계적으로 발전하였다.

| 현대 놀이이론 | 학자 | 놀이의 역할 |
|---|---|---|
| 정신분석이론 | • 프로이트<br>• 에릭슨 | • 외상적 경험의 정화<br>• 자아 기능의 강화 |
| 인지발달이론 | • 피아제<br>• 비고츠키<br>• 브루너 / 서튼 스미스 | • 학습된 기술의 연습과 강화<br>• 사물과 행동으로부터 의미를 분리시켜 추상적<br>  사고력을 촉진<br>• 행동과 사고력의 융통성 촉진 |
| 각성조절이론 | • 벌린 / 엘리스 / 페인 | • 자극을 증가시켜서 각성을 최적의 상태로 유지 |
| 상위의사소통이론 | • 베이트슨 | • 의미의 다각적 수준 이해 능력을 촉진 |
| 각본이론 | • 울프 / 그롤만 | • 개인적 경험의 이해 |

### 1. 정신분석이론

(1) 프로이트(Freud)

① 놀이의 동기를 쾌락원리로 설명하며 유아는 놀이를 통해 현실에서 불가능한 역할을 하면서 만족을 얻게 된다. 예 우주비행사, 간호사, 엄마, 아빠, 경찰관 등

② 유아는 주변의 사물이나 사람을 통제하고 지배할 능력이 없기 때문에 놀이에서는 자신이 어른인 것처럼 가정하여 막강한 힘을 발휘해 보고 싶은 강한 욕구를 갖게 된다.

③ 프로이트의 이러한 주장은 불안, 긴장감, 공격욕구 등과 같은 불유쾌한 정서가 놀이를 통해 해소될 수 있다고 보는 정화이론과 유사하다.

(2) 왈더(Wälder)의 반복 강박 개념

① 유아가 불유쾌한 경험을 하게 되면 이를 갑자기 소화하기가 매우 어려워 이 경험을 놀이에 자주 반복함으로써 그 강도를 점차 약화시켜서 해결한다.

② 가상적인 반복 놀이는 유아가 불유쾌한 사건을 다루는 또 다른 유형의 기제이다. 놀이에서 나쁜 경험을 반복함으로써 유아는 그 경험을 작고 다루기 쉬운 부분으로 나누어 다루게 되며, 이 과정에서 유아는 천천히 특정 사건과 관련한 부정적인 정서를 정화시킬 수 있다.

놀이의 정화 기능은 역할 전환과 반복이라는 두 기제를 통하여 완성된다.

1. **역할 전환**

   놀이는 유아가 현실을 잠시 보류하고 현실에서의 나쁜 경험을 수동적으로 받던 입장에서 그 경험을 제공하는 능동적인 사람으로 역할을 전환할 수 있도록 한다. 유아는 이를 통해 부정적인 감정을 대체물이나 사람에게 전이할 수 있다.

2. **반복**

   놀이에서 현실에서의 나쁜 경험이나 감정을 여러 번 반복해서 다루게 되면 이를 통해 유아는 부정적인 감정을 받아들이게 된다.

## (3) 에릭슨(Erikson)

① 놀이의 동기를 주관적으로 해석하는 정신분석이론의 결점을 보완하여 놀이를 주변 환경의 숙달에 기여하는 발달적 현상으로 본다.

② 에릭슨은 유아의 놀이가 세 단계로 발달된다고 주장하였다.

| 구분 | | 내용 |
|---|---|---|
| 1단계 | 자기 세계의 놀이 단계 | 출생 후 첫 일 년 동안 자신의 신체를 가지고 감각적 지각이나 근육 운동 및 발성을 반복하여 시도해 보는 놀이를 한다. |
| 2단계 | 미시 영역 놀이 단계 | 2세가 되면 놀잇감이나 사물을 놀이 대상으로 하는데 이 시기에는 사물을 가지고 놀면서 사물에 대한 숙달뿐 아니라 자아를 향상시킨다. |
| 3단계 | 거시 영역 놀이 단계 | 유치원에 다니는 동안에 해당되며 다른 사람과 함께 놀이하면서 사회적 상호작용이 숙달된다. 점차 문화와 사회적 역할을 이해할 수 있게 된다. |

## 2. 인지발달이론

## (1) 피아제(Piaget)

① 놀이 경험은 유아의 인지 발달과 긴밀한 관계를 맺는다.

② 유아에게 놀이는 이 세상을 이해하는 데 도움을 주는 매개체의 구실을 할 뿐 아니라 인지 발달의 지표 또는 부산물이다.

③ 놀이란 이미 구성된 인지 구조를 공고히하고 정교화 하는 동화가 지배적인 활동이다. 즉, 놀이는 조절보다는 동화가 우선인 활동으로 유아는 새로 획득한 개념이나 기능을 연습하기 위해 놀이한다고 보았다.

| 구분 | 내용 |
|---|---|
| 놀이는 동화의 상황이다. | 놀이에서는 규칙이나 제한에 구애됨이 없어 유아의 활동에 사물을 예속시키는 일종의 상징적 전환이 이루어지므로 놀이는 거의 순수한 동화이다. 즉, 적응 행동으로서의 놀이이다. |
| 모방은 조절의 연속이다. | 객관적 사고는 외적 현실의 요구 조건에 맞게 기존의 사고 형태를 적응시키려는 것이므로 모방은 조절의 연속이다. |

**피아제의 놀이 발달 단계**

| 구분 | | 내용 |
|---|---|---|
| 1단계 | 연습놀이<br>(practice play) | 2세 미만의 감각운동기에 신체의 감각운동을 연습하는 즐거움 때문에 그 행동을 반복하는 놀이 |
| 2단계 | 상징놀이<br>(symbolic play) | 2세에서 7세의 전 조작기 시기, 가작화된 표상이 내포된 상징놀이 |
| 3단계 | 규칙 있는 게임<br>(game with rule) | 구체적 조작기의 유아들이 인지능력이 발달되면서 주로 하는 놀이 |

## (2) 비고츠키(Vygotsky)

비고츠키(1976)는 인지 발달에 미치는 놀이의 영향력을 피아제보다 더욱 강조하였으며, 놀이가 발달을 이끄는 주도적 활동이라 하였다.

① **추상적 사고력의 발달** : 놀이과정을 통해 유아의 추상적 사고력이 발달된다는 것이 바로 비고츠키의 주장이다. 비고츠키에 의하면 유아는 사물과 의미를 분리하여 사고할 수 없기 때문에 추상적 사고가 불가능하지만, 가상놀이를 하면서 나무 조각을 인형으로, 막대기를 자동차로 사용하는 경험을 통해 사물로부터 의미를 분리해서 생각할 수 있게 된다.

② **사회적 지지를 받는 학습 맥락의 제공** : 모든 인간의 고등 정신 활동은 사회문화적인 상황에서 시작되고, 구성원들에 의해 공유되는데 놀이는 유아가 사회적 지지를 받는 학습 맥락을 제공한다. 놀이 맥락에서 유아는 부모, 교사, 손위 형제나 또래와 같은 좀 더 유능한 상대자로부터 지원이나 비계를 제공받음으로써 혼자서는 할 수 없었던 활동에 참여할 수 있게 된다. 놀이는 바로 이런 형태의 사회적 조력이 제공될 수 있는 자연스러운 맥락을 제공한다.

③ **자기 조절력의 도구** : 비고츠키는 놀이가 학습을 촉진하는 자기 조절력의 도구가 된다고 하였다. 놀이 상황에서 유아는 자기 조절, 언어 사용, 기억, 친구와의 협동 등을 통해 자신의 영역을 확대시키며 스스로 비계설정을 하게 된다. 사회극놀이에 참여한 유아는 놀이의 틀 혹은 상상적 상황, 행동을 통제할 수 있으며, 더 높은 수준의 인지 활동에 참여하게 된다.

**PLUS+**

### Vygotsky 틀로 본 놀이

비고츠키는 놀이가 인지 발달, 정서 발달, 사회성 발달을 증진시킨다고 믿었다. 이러한 비고츠키의 관점은 발달에 미치는 놀이의 영향을 한 가지 측면에서 본 다른 이론가보다는 놀이의 가치에 대해 좀 더 통합된 견해이다. 그의 저서에서, 비고츠키는 놀이의 정의를 유아원과 초등학교 시기 아동의 극놀이와 가작화놀이로 제한하고 있다. 놀이에 대한 비고츠키의 정의는 대부분의 교육자뿐 아니라 바교육자들이 놀이로 간주하는 게임, 율동, 사물 조작, 탐색과 같은 활동을 포함하지 않는다. 비고츠키에 의하면 진짜 놀이는 다음의 세 요소가 있어야 한다.

- 유아는 상상의 상황을 창조한다.
- 역할을 택해 실행한다.
- 특정 역할에 따라 정해진 일련의 규칙을 따른다.

상상의 상황과 역할놀이의 창조는 보편적으로 가작화놀이의 특징이다. 그러나, 이러한 특징에 놀이는 완전히 자발적인 것이 아니고 일련의 규칙에 따라 영속적이라는 비고츠키의 생각이 첨가되었다.

비고츠키는 극놀이에 참여하는 유아는 자신이 놀이하는 역할에 맞게 행동한다고 지적한다. 비고츠키는 다음과 같이 쓰고 있다.

놀이에서 상상의 상황이 있을 때마다 규칙이 존재하는데, 규칙은 미리 정해지며 게임 과정에서 변화되는 것이 아니고, 상상의 상황에서 뻗어 나오는 것이다. 그러므로, 유아가 실제 상황에서 행동하듯이, 유아가 규칙 없이 상상의 상황에서 행동을 할 수 있다고 상상하는 것은 절대 불가능한 일이다. 유아가 엄마놀이를 한다면, 유아는 엄마의 행동 규칙을 갖고 하는 것이다. 유아가 놀이하는 역할과 사물의 의미를 변화시킨 사물과 유아의 관계는 항상 규칙으로부터 나온다. 즉, 상상의 상황은 항상 규칙을 내포하고 있다. 놀이를 할 때 유아는 자유롭다. 그러나 이것은 가공의 자유이다(Vygotsky, 1917, p 10).

놀이를 위해 창조된 상상의 상황은 유아가 특정한 방식으로 행동하도록 하는 통로이며, 유아가 지시에 따라 행동하게 만드는 첫 제한이다. 유아가 외부의 지시를 따르는 다른 행동과 달리, 놀이에서는 자기 자신의 행동을 구속하게 된다. 처음에 놀이의 시작은 자기 구속, 즉 자기 조절을 통해 참여하게 된다. 놀이를 하면서 유아는 충동적으로 행동하는 대신에, 역할이 요구하는 행동을 하게 된다. 예를 들어, 트럭 운전사의 역할을 한다면, 유아는 '자동차'에 타고 있어야 하며, 놀이 시나리오에 트럭을 '멈추게 하기'와 '추격하기'를 집어넣지 않는 한 친구를 추격하려고 달려들 수가 없다. 놀이 상황을 유지하기 위해, 유아는 달려들거나 다른 영역에 있는 유혹적인 장난감을 바라보는 욕구를 억제해야 한다.

각 상상의 상황은 자연스럽게 표면화되어 나타나는 일련의 역할과 규칙을 포함한다. 역할이란 해적이나 선생님과 같이 유아가 맡아 놀이하는 등장 인물을 말한다. 규칙이란 역할이나 가장의 시나리오에 의해 인정된 일련의 행동을 말한다. 상상의 상황에 따라 주제를 바꾸면 역할과 규칙도 바뀌게 된다. 예를 들어, 가게놀이를 하는 집단의 유아는 자존심이 많은 사자놀이를 하는 유아와는 다른 역할을 하게 된다. 규칙은 처음에는 놀이에 숨겨져 있다가 나중에 외현화되어 나타나게 되고, 유아 간의 협상에 따라 달라진다. 따라서, 놀이는 가시적인 상상의 상황과 잠재적 혹은 암시적인 규칙을 가진 역할을 포함한다.

상상의 상황이란 유아가 창조한 가상의 상황이다. 비록 상황은 상상이지만, 유아가 그 상황에 등장하는 인물을 가시화해 만들었기 때문에, 다른 사람들이 볼 수가 있다. 유아는 "의자는 여기에, 책상은 저기에 있다고 하자."라고 말한다. "교실에 여섯 명의 유아가 있다고 하고 우리는 교사라고 하자." 유아가 주유소에서 출발하는 트럭처럼 "부릉, 부릉"하고, 상상의 말의 고삐를 잡으면서 "이랴, 이랴"를 하면서, 몸짓과 소리를 사용해 가시적으로 상황을 만들 수도 있다. 역할도 역시 외현화된다. 선아는 엄마가 되어 엄마처럼 옷을 입고 아기 인형을 안고, 아기에게 우유를 먹이는 엄마처럼 행동하고, 시장에 간다. 유아는 그녀를 보고 있는 누구라도 그녀가 누구인지 추측할 수 있음에도 불구하고 자신이 누군지 다른 사람에게 설명하고 다른 유아에게 자신의 역할을 선언한다.

한편, 규칙은 쉽게 눈에 보이지도 않고, 오직 행동에 의해 추론될 뿐이어서, 암묵적인 것으로 간주된다. 규칙은 특정한 역할과 연계된 행동의 형태로 표현된다. 상상의 놀이 상황에서 각 역할은 유아의 행동에 고유의 규칙을 부과하게 된다. 규칙은 유아가 규칙을 어기게 되면 분명하게 드러난다. 유아는 엄마놀이와 선생님놀이를 구별해 놀이한다. 각 역할에 맞게 몸짓, 복장, 언어도 차별화한다. 놀이의 초기 단계에서는 유아가 이 차이를 인식하지 못할 수도 있다. 그러나, 대부분 네 살 정도가 되면 역할을 수행하다가 생기는 실수에 민감하며 가끔 서로 교정을 하는 것을 보게 된다. 즉, "엄마는 손가방을 들고 다녀." "네가 선생님이면, 아이들은 앉아 있어야 돼." "선생님은 책을 이런 식으로 읽어." 유아는 장난삼아 역할에 따른 규칙을 어기는데 재미를 느끼기도 한다. 세 살 난 토비는 어린아이용 높은 의자에 올라앉으며 "이제 나는 아빠야."라고 말한 후 웃음을 터뜨리고는 "아빠는 본래 아기 의자에 앉는 거 아닌데."라고 말한다.

### (3) 브루너(Bruner)

놀이는 목적보다 수단이 중요시되는데, 놀이를 할 때 유아는 목적을 달성하려고 애쓸 필요가 없기 때문에 부담 없이 새로운 실험을 해보고 이를 현실적 문제 해결에 적용한다. 이처럼 놀이에서 유아의 행동 선택권이 증가함으로써 사고의 융통성이 촉진된다는 것이다.

### (4) 서튼 스미스(Sutton-Smith)

① 가상놀이에서 발생하는 상징적 전환(예 막대기를 말로 사용)이 유아의 정신적 융통성에 영향을 미친다고 보았다. 유아는 상징적 변형을 통해 관습적인 정신적 연합으로부터 자유로워지고 새롭고 독특한 방법으로 아이디어를 결합하게 되는데 이러한 놀이에서의 가작화 경험은 창의적 사고를 촉진한다.

② 서튼 스미스는 초기 연구에서 놀이는 적응 잠재성(adaptive potentiation)의 개념으로 보았으나, 후에는 적응 가변성(adaptive variability)의 개념으로 대치하였다. 이 개념은 놀이에서 영유아는 다양한 가능성을 수행하면서 선택권이나 대안 책을 더 잘 고려할 수 있게 되어 결과적으로 융통성이 발달한다는 것이다.

## 3. 각성조절이론

### (1) 정의

각성조절이론은 인간의 각성을 적정 수준에 유지시키려는 중추신경조직의 욕구를 만족시키기 위해 놀이를 한다고 설명하는 이론이다.

### (2) 벌린(Berlyne)

인간은 자극이 과도한 상황에서는 각성이 높은 수준으로 증가하고 이로 인해 자극을 감소시키는 활동에 참여하게 된다.

예 신기한 사물을 접하여 각성이 높은 수준으로 증가하면, 그 사물을 탐색하여 친근하게 됨으로써 각성을 감소시킨다. 반대로 자극이 충분하지 못하면 각성이 낮은 수준으로 감소하여 싫증이 나게 되고 이런 상황에서는 각성 수준을 증가시키기 위해 놀이 행동이 나타난다.

### (3) 엘리스(Ellis)

놀이는 자극의 다양성을 창출하여 최적의 각성 수준으로 끌어 올릴 수 있는 '자극 추구 활동'이다. 놀이에서는 새롭고 특이한 방법으로 사물을 사용하고 행동하여 자극이 증가된다. 엘리스는 놀이를 낮은 수준의 각성에서 기인하는 자극 생산활동으로 보고 있다.

예 유아가 기존의 미끄럼틀을 타는 것에 싫증이 난다면 다양한 방법으로 미끄럼틀을 탐으로써 자극의 수준을 향상시킬 수 있다.

### (4) 페인(Fein)

놀이는 유기체가 필요로 하는 다양한 자극을 제공한다(엘리스의 의견에 동조).

## 4. 상위의사소통이론

### (1) 베이트슨(Bateson, 1971)

베이트슨은 놀이를 상위의사소통과의 관계에 초점을 맞추어 설명하였다.

① 상위의사소통이란 놀이의 여러 가지 상황, 행동, 사물 등을 놀이 친구에게 이해시키고 설명해 주기 위한 의사소통으로, 자신의 가작화한 행동을 상대방에게 알리는 것이다.

예 친구에게 "우리가 지금 가짜로 싸우는 거라고 그러자."라고 말함

② 유아는 놀이를 통해 상위의사소통 경험을 함으로써 다양한 수준의 이해능력이 촉진되고, 자신이 맡은 역할을 충실히 하는 능력이 촉진된다.

### (2) 가비(Garvey, 1977)

놀이 에피소드를 시작하고 유지시키고 종결하며 복원시키기 위해 유아들이 어떤 메시지를 사용하는지에 관심을 갖고 연구하였다.

① 유아들은 사회극놀이에 참여하는 동안 그들이 맡은 역할과 실제의 자기 자신 사이에서 계속 오락가락한다. 즉, 놀이 중에 자신이 맡은 역할에 문제가 발생하면 문제해결을 위해 놀이의 틀을 부수고 자신의 원래 위치로 되돌아가는 것이다.

② 유아들은 놀이 중에 그들이 맡은 역할에 충실하면서 동시에 자신의 실체, 즉 자신이 누구인지, 어떤 위치에 있는지 등을 인식하고 있다.

예 아기 역할을 맡은 유아가 우유병을 빨고 있는데 아빠 역할을 맡은 유아가 우유병을 빼앗아가자 "야! 아빠가 그러는 게 어디 있어? 잘 먹어라 해야지."라고 말함

**놀이 틀(play framing)**

놀이 틀(play framing)은 유아의 놀이 특성 및 장면을 이해하는 중요한 개념이다. Bateson (1971)은 그림을 벽과 구분하는 그림 틀에 비유하여 놀이 틀을 설명하였다. 놀이 틀은 일상적인 비놀이 행동과 놀이 행동을 구분해 준다. 놀이 행위자는 자신의 행동을 어떻게 해석할 것인지, 다른 사람들이 자신의 행위에 대해 어떻게 반응하고 다루기를 원하는지를 의사소통하는 언어적·비언어적 사회적 단서를 제공한다. 놀이에서 이러한 단서는 다른 사람들이 놀이임을 알도록 해 준다.

놀이 대본 또는 놀이 행위는 놀이의 틀 안에서 일어난다. 놀이 틀과 놀이 맥락은 앞으로 진행될 놀이 에피소드뿐 아니라 진행되고 있는 다른 행동에 대해 알려주기 때문에 유용한 개념이다. 유아는 사회적 갈등을 해결하거나 협상하기 위해 또는 앞으로의 놀이 행위를 계획하기 위해 놀이 틀을 자주 깬다. 때로는 다른 사람의 요구에 참여하거나 교사의 말을 듣기 위하여 놀이 틀이 깨어지기도 한다. 놀이 틀이 깨어짐에도 불구하고 놀이가 유지되는 능력은 매우 중요한 놀이기술이다. 익숙한 놀이자는 놀이 틀을 조종하기 위해 사회적 단서를 어떻게 제공해야 할지, 진행 중인 놀이에 어떻게 합류하고 재합류할지, 놀이 에피소드의 응집력을 어떻게 유지해야 할지에 대해서도 안다.

놀이 틀은 놀이를 평가하는 데도 중요하다. 관찰자는 놀이와 놀이 틀 밖에서 일어나는 의사소통을 구별해야 한다. 이러한 점은 유아의 놀이를 교육적으로 활동하려는 교사와 성인에게 중요하다. 성인도 공동 놀이자로서 유아와 놀이 상태를 공유할 때는 놀이 틀 안에 있지만, 흥미롭고 유용한 놀잇감과 놀이 무대를 제공하는 경우에는 놀이 틀 밖에 있다. 때로는 교사가 놀이를 중재한다고 개입하면서 놀이 틀을 건드려 유아의 놀이를 방해할 수도 있다.

## 5. 각본이론

### (1) 기본 전제

놀이에는 유아의 개인적 경험에 대한 지식이 나타난다.

### (2) 내용

유아가 성숙해지면 경험에 근거하여 사건을 구성할 수 있게 되는데, 경험에 대한 유아의 해석이 놀이내용으로 표현된다.

### (3) 울프와 그롤만(Wolf & Grollman, 1982)

유아의 극놀이를 각본으로 간주하고 놀이 중에 표현되는 이야기 조직의 수준을 분석함으로써 유아의 인지 발달과 언어 발달의 지표를 제시하였다.

이야기 조직은 3가지 수준, 즉 쉐마 수준, 사건 각본 수준, 에피소드 수준으로 구성된다.

| 구분 | | 내용 |
|---|---|---|
| 1단계 | 쉐마 수준 | 1가지의 소규모 사건에 관련되는 1~2가지의 행동을 한다.<br>예 인형을 침대에 눕히기 |
| 2단계 | 사건 각본<br>수준 | 하나의 목적을 달성하기 위해 2가지 이상의 쉐마를 행한다. |
| | | **단순 사건** — 1가지 목적을 달성하기 위해 적어도 2~3가지 쉐마를 행하기<br>예 인형을 목욕시키고 침대에 눕히기 |
| | | **윤곽 사건** — 적어도 4가지 쉐마를 행하기<br>예 햄버거를 만들고, 커피를 타고, 케이크를 굽고, 샐러드를 만드는 것 |
| 3단계 | 에피소드<br>수준 | 1가지 목적을 달성하기 위해 2가지 이상의 사건 각본을 행한다. |
| | | **단순<br>에피소드** — 1가지 목적을 달성하기 위해 2가지 이상의 각본을 행하는 것<br>예 생일파티 에피소드에서 케이크를 만드는 사건(2~3가지의 쉐마가 내포)과 친구에게 대접하는 사건(2~3가지의 쉐마가 내포)을 표현함 |
| | | **윤곽<br>에피소드** — 2가지 이상의 윤곽 사건이 내포하는 것<br>예 생일파티 에피소드에서 여러 가지 음식을 장만하는 사건(4가지 이상의 쉐마가 내포)과 여러 친구들에게 대접하며 파티하는 사건(4가지 이상의 쉐마가 내포)을 연결하여 표현함 |

**chapter 04**

**PLUS⁺**

### 놀이에 대한 기타 관점

#### 1. 변형으로서의 놀이

변형으로서의 놀이에 관한 접근은 피아제 이론에 영향을 받아 유아 놀이의 상징적 특성을 강조한다. 스밀란스키(Smilansky)는 유아의 놀이 수준의 발달과 놀이의 변형적인 측면의 관계성을 중요하게 고려하였다. 놀이의 변형은 실제 자기를 다른 사람처럼 가작화하기, 다른 사람을 실제 사람과 다르게 가작화하기, 어떤 사물의 실제 표상과 다르게 사물 가작화하기, 어떤 상황을 실제 상황과 다르게 가작화하기이다. 놀이의 변형은 구체성과 유아와의 친숙성의 정도 차이에 의하여 평가될 수 있다. 유아는 발달 정도에 기초하여 처음에는 사물과 유사성과 구체성이 높은 모형 소품을 사용하고, 다음에는 대체 사물을 사용하고, 마지막으로 가작화된 사물을 사용하여 변형으로서의 놀이에 참여한다. 놀이 주제와 내용도 유아의 발달 정도에 따라서 유아의 놀이 시 변형의 정도는 유아의 일상생활과의 근접도와 관계가 높다. 즉, 구체적 일상생활에 기초한 변형에서 추상적 상상 변형으로 발전하게 된다.

#### 2. 수행으로서의 놀이

수행으로서의 놀이는 서튼 스미스(Sutton-Smith)가 제기한 놀이 4자 대화(Quadralogue) 접근으로, 놀이를 일상적 의사소통 대화체로 보고, 놀이에는 4가지 유형의 의사 소통자 역할이 포함되어야 한다고 하였다. 즉, 놀이자나 공동 놀이자, 청중, 감독자, 연출자이다. 유아는 혼자 놀이할 때에도 공동 놀이자와 가상적 청중을 상상하며 놀이를 한다. 사회적 놀이를 할 때 유아는 놀이자의 각자 역할이나, 놀이의 진행 계획 및 재시도에 관한 생각을 갖고 놀이 과정을 조정한다. 4자 대화로 보는 놀이 접근은 놀이를 실제 혹은 가상의 청중을 위한 가상 세계에서 놀이자들 간에 상호작용하면서 다차원적 요인들로 무대화된 사건을 연기하는 과정으로 본다.

## Section 03 놀이와 발달

### 01 놀이가 발달의 제 영역에 미치는 영향(놀이의 발달적 가치)

 **들어가며**

유아는 놀면서 성장하고 발달한다. 따라서 놀이에 관한 많은 연구들 중에는 놀이와 유아 발달의 관계에 대한 연구가 상당한 비중을 차지한다. 이들 연구에서는 유아 발달의 전반적인 측면이 모두 다루어지고 있다. 이를 신체 발달, 인지 발달, 언어 발달, 사회성 발달, 정서 발달, 창의성 발달의 측면에서 살펴보면 다음과 같다.

### 1. 신체 발달

유아에게 놀이는 신체적 움직임을 반드시 수반하는 동시에 그에 따르는 즐거움을 준다. 특히 나이가 어릴수록 신체적 움직임은 더욱 활발하며, 대근육의 움직임이 더 강한 편이다. 그러나 점차 나이가 들면서 그 움직임은 더 정교해지고 소근육의 미세한 조작도 가능하게 된다. 놀이와 밀접한 관계를 맺고 있는 유아의 신체 발달은 특별히 다음 몇 가지의 측면에서 큰 중요성을 갖는다.

① 놀이 동작은 유아의 신체 성장과 심장·혈압·배설·수면 등의 생리 기능의 발달이 포함되는데, 이는 달리기, 매달리기, 미끄러지기, 손으로 조작하기 등의 다양한 놀이를 통해 이루어진다.

② 유아는 다양한 놀이 동작을 함으로써 바른 자세를 형성할 수 있게 된다. 유아기는 서고 걷고 앉는 등의 기본 자세가 형성되는 시기이다. 굴 속 기어가기, 시소 타기, 평균대 걷기와 같이 신체 각 부분의 조화를 이룰 수 있는 놀이를 함으로써 바른 자세가 형성될 수 있다.

③ 놀이 동작을 통해 기본 운동 능력이 증진된다. 유아는 신체가 유연하고 모험심이 많기 때문에 새로운 신체 기술을 배우는 데 적합한 시기이다. 기어오르기, 뛰기, 던지기, 매달리기, 기어가기 등의 대근육 운동 능력과 물체의 조작, 눈과 손의 협응, 잡기, 쥐기 등의 소근육 운동 능력은 유아의 놀이 동작이 반복됨으로써 더욱 발달하게 된다 (이숙재, 1997).

## 2. 인지 발달

놀이란 그 자체가 지적인 요소를 갖고 있기 때문에 유아의 자연스러운 탐색과 조작은 곧바로 인지 발달과 연결된다. 따라서 유아는 이 세상에 태어나 놀이를 하면서 스스로 학습을 해 나가는 것이다. 여러 가지 다양한 놀이의 경험과 장난감들을 통해서 유아들은 환경과 사물에 대한 지식을 넓혀 나가고, 여러 가지 논리적·수학적 지식도 습득하게 된다.

### (1) 헤닝거(Henninger, 1987)

놀이와 인지 발달에 관한 많은 연구들 중에서 헤닝거(Henninger, 1987)의 연구 결과에 의하면, 놀이는 수학과 과학의 개념 학습에도 효과적임이 밝혀졌다. 이는 유아들이 놀이를 하면서 수·과학 교육에 필수적 요인인 호기심이 왕성해지고 발산적 사고가 촉진되며, 학습에 대한 동기 또한 강해지기 때문이라는 것이다. 놀이가 지적 발달을 돕는 요소는 무엇일까를 다음과 같이 지적했다.

① 놀이 방법이 본래 탐색적이고 조작적인 요소를 갖고 있어서 유아들이 주변 사물에 대해 지각하는 데 도움을 준다.
② 놀이는 목적과 수단의 관계를 알게 하여 문제해결능력을 길러 준다.
③ 놀이는 상상력을 자극하여 창의적 표현과 구성을 돕는다.
④ 놀이는 개념 형성을 돕는다.

### (2) 페플러(Pepler, 1982)

놀이와 문제해결력의 관계에 대한 논의가 활발하게 전개되고 있는데, 페플러(Pepler, 1982)는 다음 3가지 관점에서 이를 설명하고 있다.

① 놀이 중의 탐색 활동은 사물에 대한 이해를 높여 줌으로써 문제해결력을 발달시킨다.
② 놀이 행동의 융통성 있고 실험적인 속성이 문제해결력과 밀접하게 연관된다.
③ 놀이를 함으로써 구체적 사고에서 추상적 사고로의 전환이 쉽게 이루어진다.

특별히 놀이의 유형 중에서도 사회극놀이가 유아의 인지 발달에 효과가 높은 것으로 알려졌다. 왜냐하면 사회극놀이는 상징적 표상 기능, 각종 사회적 역할에 관한 다양한 지식, 다른 유아의 관점을 이해하고 받아들이는 능력, 문제를 해결하는 능력 등이 복합적으로 요구되기 때문이다(Johnson, Ershler & Lawton, 1982).

## 3. 언어 발달

놀이를 하면서 다양한 어휘를 습득하고 정확한 발음과 목소리 조절능력이 발달하며 문장 구성력도 증진된다. 다양한 상황이나 역할에 적합한 언어를 사용하는 놀이 경험을 통해 바른 언어생활 습관을 자연스럽게 형성한다. 또한, 또래들과의 집단놀이 경험을 하면서 남의 말을 잘 듣고 이해하며 자신의 의견을 교환하는 의사소통능력을 기른다. 가게 놀이, 우체국 놀이처럼 글자를 접할 기회가 많은 놀이를 하면서 읽기, 쓰기에 관심을 가지고 자발적으로 학습하려고 시도하게 된다.

## 4. 사회성 발달

유아는 다른 친구와 놀이를 함으로써 사회적 관계를 형성하게 되며, 다시 그 관계가 초래하게 될 문제점에 대처하고 해결하는 방안을 배우게 된다. 결과적으로 유아들은 놀이를 통해서 사회적 존재로 성장하게 되는데, 놀이의 세계는 그들에게 풍부한 사회 경험을 제공하는 역할을 담당한다. 이처럼 유아의 사회성은 가정이나 기관에서 직접 가르친다고 발달되는 것이 아니라 유아들의 단계적인 놀이 경험을 통해서 습득되는 것이다. 이는 또래 집단이 갖는 규제력도 함께 작용하는 것으로 유아들은 그 또래 문화 속에서 도덕적 기준이나 규칙, 성 역할 등의 수많은 사회적 학습을 하게 된다.

특히 유아는 자기중심성이 강하고, 타인에 대한 조망수용능력이 부족한데, 친구들과 함께 다양한 극적 놀이를 함으로써 여러 종류의 사회적 역할을 올바르게 이해하고 각 역할에 대한 적합한 행동을 할 수 있게 된다.

## 5. 정서 발달

유아는 언어 사용 능력이 제한되어 있기 때문에 놀이를 통해 자신의 감정이나 생각을 나타내는 경우가 많다. 특히, 놀이에서는 실제 생활에서 받아들여지지 않는 유아의 부정적 정서가 정당한 구실로 표출될 수 있기 때문에 정신 건강에 도움을 줄 수 있다. 즉, 놀이는 유아 자신의 적개심이나 증오심, 그 밖의 부정적 감정과 애정, 보호심 등의 억압된 감정을 표현하게 함으로써 사회적으로 더욱 잘 적응할 수 있는 정서적 발달을 가져오게 한다. 그 밖에도 놀이 활동 그 자체가 유아들에게 즐거움을 줌으로써 감정순화를 일으키고 정서적인 안정감을 주며, 건전한 정서 상태를 유지하게 한다(신옥순, 1994).

## 6. 창의성 발달

서튼 스미스(Sutton-Smith, 1971)는 "놀이야말로 유아의 반응 레퍼토리를 증가시켜 주며 유사한 상황에서 반응 양태에 차이를 초래할 수 있는 확산적 사고(divergent thinking)를 가능케 하는 수단이 되며, 놀이를 통한 창의성 함양은 낯익은 자료를 신비롭게 활용한다든지 역할극이나 상상적 놀이를 통해 나타난다."라고 하였다. 또한 리버만(Lieberman, 1965)은 유아의 장난기와 창의성 간의 관계에 관한 연구를 했는데, 그 결과 유치원 유아의 장난기와 확산적 사고 간에는 유의미한 관련이 있음을 확인했다. 이외에도 유아는 놀이를 하면서 다각적 탐색을 하며, 이로 인해 광범위한 기술과 반응 레퍼토리를 습득하게 될 뿐만 아니라 융통성 있는 사고를 하게 되고 그 결과 창의성이 증가한다(이숙재, 1997).

PLUS+

## 놀이의 교육적 가치

지금까지 많은 심리학자들과 유아교육전문가들은 놀이를 유아교육의 방법으로 활동할 것을 역설해 왔다. 이상금(1987)은 유아교육의 본질적 기능 가운데 "놀이는 유아기 교육의 조화로운 발달과 종합적인 학습을 성취시키는 최상의 방법이다. 유아교육은 놀이를 왕성하게 유도함으로써 종합적이고 유연성 있는 지도가 가능하고, 인간 교육의 목표도 달성할 수 있다."라고 놀이의 중요성을 강조했다. 김광웅(1975)과 이숙재(1997)는 놀이가 유아교육의 방법으로 가장 적절한 이유를 다음과 같은 6가지 속성을 들어 설명하고 있다.

① 놀이는 유아들이 가장 즐기는 활동이다.
② 놀이는 유아들의 자발적인 활동이다.
③ 놀이는 체험적이다.
④ 놀이는 다양한 경험을 포함한다.
⑤ 놀이는 반복적이다.
⑥ 놀이는 탐구적이며 창의적이다.

하지만 유치원과 가정에서 이루어지는 유아의 모든 활동이 반드시 놀이여야 할 필요는 없으며, 반드시 놀이여서도 안 된다. 이와 아울러 모든 놀이 활동이 꼭 교육적이어야 하는 것도 아니다. 단지 민감한 반응, 적당한 자극, 균형, 교안 및 의논 등은 유아의 활동을 전환시키며, 이로 인해 유아의 사고 또한 변화될 것이다. 바로 이러한 과정 속에서 학습이 이루어질 수 있고, 교육이라는 부수적인 효과를 얻을 수 있다. 따라서 유아를 위한 바람직한 교수방법은 유아의 욕구와 반응에 불필요한 간섭이나 왜곡 없이 개입하는 것이다.

## 놀이의 평가적 가치

유아는 아직 문자 해독 능력이 없기 때문에 일반적인 평가 자료를 가지고 획일적으로 평가한다는 것은 신뢰롭지 못하다. 따라서 유아의 자연스러운 놀이를 관찰함으로써 유아에 대한 평가 자료를 수집하는 것이 더욱 합리적이다. 특별히 유아는 놀이를 통해 자신의 모든 것을 표현하기 때문에, 자신의 정서 상태는 물론 신체적·인지적·사회적인 모든 영역이 놀이에 반영된다고 할 수 있다. 또한 놀이는 유아가 자발적으로 참여하는 활동이므로 자연스러운 상황에서 유아의 있는 그대로의 모습을 관찰할 수 있다는 점이 장점으로 작용한다. 놀이 시간을 통해 평가할 수 있는 내용은 다음과 같다(이숙재, 1997).

① 놀이에 참여하는 유아의 전반적인 발달 수준을 평가할 수 있다. 대·소근육의 발달과 언어 능력, 지적 능력, 사회성 발달 수준 등을 평가할 수 있다.
② 놀이를 통해 유아의 발달상의 문제점이 표출될 수 있으므로 이를 진단할 수 있다.
③ 놀이 행동 자체가 평가의 대상이 될 수도 있다. 즉 유아가 흥미롭게 참여하는 놀이의 유형은 어떤 것이며, 주로 사용하는 놀잇감은 무엇이며, 놀이 집단은 어떻게 구성되는지, 놀이의 지속 시간은 얼마인지 등을 평가하여 놀이 지도의 참고 자료로 사용할 수 있다.

## 놀이의 치료적 가치

놀이가 갖는 또 하나의 의미를 찾는다면 놀이가 유아의 부적응 문제를 치료하는 데 좋은 효과를 나타낸다는 점이다. 놀이 치료의 이론적 근거는 유아는 놀이를 통해서 자연스럽게 자신이 지닌 심리적 문제를 표현한다는 데 있다. 즉 심리적으로 문제를 지닌 유아를 놀이 상황에 두면, 스스로의 자연스러운 놀이 활동을 통해서 자기의 문제를 표현하고, 문제된 불안과 긴장을 해소시키면서 차츰 자신의 문제에 대한 통찰을 갖게 되며, 이러한 통찰은 스스로를 좀 더 긍정적이고 적극적인 방향으로 나가도록 이끌어 준다는 것이다.

chapter
04

놀이가 유아의 정서적 문제를 해결해 주게 되는 정신분석학적 기제는 투사(projection)와 정화작용(catharsis)이라고 할 수 있다. 놀이 상황에서 유아들은 놀이 행동을 통해 자신이 가진 공포·감정·불안·공격성·적대감 등을 투사한다. 이러한 투사의 과정은 단순한 표현의 수준을 넘어서서 자신이 지닌 정서적 문제를 해소시키는 감정 정화의 작용을 하게 된다. 또한 이러한 정화 외에도 자신이 지닌 문제에 대한 통찰력을 갖게 되고, 문제에 대한 통찰은 자연스럽게 치료의 효과를 가져오게 한다.

구에미(Guemey, 1984)는 유아의 치료에 놀이가 유용한 이유를 첫째, 놀이가 욕구를 만족시켜 주는 매체 역할을 하며, 둘째, 놀이에서 얻는 만족은 놀이 결과에 의한 것이 아니라 놀이 과정 중에 맛보게 되는 것이며, 셋째, 유아에게 인상 깊었던 사건이나 경험이 놀이 속에 반복적으로 재현되므로 그 상황에 숙달되거나 동화되어 해결된다는 3가지로 설명했다.

놀이 치료에 관심을 두고 임상적 사태에 적용하여 나름대로의 이론을 구성하고 있는 대표적인 학자들은 레비(Levy), 에릭슨(Erikson), 프로이트(Anna Freud), 매(Mae), 액슬린(Axline) 등을 들 수 있다. 놀이 치료는 그 방법상 대체로 2가지로 분류되는데, 그 하나는 액슬린 등으로 대표되는 비지시적 놀이 치료 방법으로서 치료자가 놀이 장면을 구조화시키거나 놀이 행동을 통제하지 않는 것이 원칙으로 되어 있다. 다른 하나의 방법은 프로이트와 레비 등에 의해 대표되는 지시적 방법이다. 즉, 놀이를 관찰할 뿐만 아니라, 놀이에 참여하여 문제의 성격을 아이에게 해석해 주는 방법이나 유아가 지닌 문제에 관한 적절한 놀이가 이루어질 수 있도록 놀이 장면을 통제해야 한다는 입장이다. 이처럼 놀이를 활용하여 유아의 정서적 부적응을 치료하는 데 다소간 방법상의 차이는 있지만 놀이가 그러한 효과를 가지고 있다는 데에는 재론의 여지가 없다(남궁원 외, 1987).

출처 : 이은화 외 6인, 유아교육개론, 이화여자대학출판부, 2013.

## 02 놀이의 유형별 발달과정(사회적 놀이와 인지적 놀이)

### 1. 사회적 놀이 유형

#### (1) 파튼(Parten, 1932)의 사회적 놀이 발달단계

유아의 사회적 놀이 발달과정을 분석한 대표적인 학자로 파튼을 꼽을 수 있다. 그는 유아원의 자유놀이 시간을 관찰하여 유아의 사회적 참여도에 따라 놀이를 다음과 같이 6가지 형태로 분류하였다.

| 구분 | 내용 |
|---|---|
| 비참여 행동<br>(unoccupied<br>behavior) | • 엄밀한 의미에서 놀이로 볼 수 없는 행동으로 순간적인 흥미에 따라 어떤 것을 몰두해서 바라볼 뿐이다.<br>• 흥미 있는 것이 없을 때에는 자신의 몸을 만지작거리거나 의자에 앉았다 일어서는 행동을 반복하기도 하며, 여기저기 돌아다니거나 선생님을 따라 다닌다. |
| 방관자적 행동<br>(onlooker<br>behavior) | • 다른 친구의 놀이를 지켜보는 것으로 가끔씩 자신이 구경하고 있는 친구에게 말을 걸거나 질문을 하기도 하며, 제안을 하기도 한다(놀이에 직접 참여하지는 않는다.).<br>• 비참여 행동과 다른 점은 특정 유아집단을 바라본다는 점과 가까운 거리에서 지켜봄으로써 필요한 경우에는 말을 걸 수도 있다는 점이다. |

| 단독놀이<br>(solitary play) | • 주변에 있는 유아들과 이야기를 나눌 수 있는 위치에서 친구가 사용하는 놀잇감과는 다른 놀잇감을 가지고 혼자서 독자적으로 놀이하는 형태이다.<br>• 곁에 있는 친구와는 가까워지려는 시도를 전혀 하지 않는다. |
|---|---|
| 병행놀이<br>(parallel play) | • 유아가 주변의 다른 친구들과 동일한 놀이를 하지만 서로 접촉하거나 간섭하지 않고 혼자서 놀이하는 형태이다.<br>• 다른 유아들과 함께 논다기보다 다른 유아 곁에서 논다고 할 수 있다. |
| 연합놀이<br>(associative play) | • 다른 유아와 함께 노는 집단놀이의 일종으로 놀이내용에 대해 이야기를 주고받거나 놀잇감을 빌려주기도 한다.<br>• 역할을 분담하거나 놀이내용이 조직적으로 전개되지는 못한다. |
| 협동놀이<br>(cooperative play) | 1~2명의 유아가 지휘권을 갖고 역할을 서로 분담하여 공동의 목표 달성을 위해 진행하는 조직적인 놀이이다. |

(2) **하위스와 매더슨(Howes & Matheson, 1992)의 사회적 놀이 발달단계**

파튼의 병행놀이를 좀 더 세분화하고 가상놀이를 추가하여 영유아의 사회적 놀이를 6단계로 분류하였다.

| 구분 | | 내용 |
|---|---|---|
| 1단계 | 병행놀이<br>(parallel play) | 거리상으로 가깝고 유사한 활동을 하지만 서로에 대한 관심이나 인식이 없는 단계 |
| 2단계 | 병행적 인식 놀이<br>(parallel aware play) | 거리상으로 가깝고 유사한 활동을 하며 눈 마주치기와 상호 인식을 하는 단계(또래와 사회적 상호작용은 하지 않음) |
| 3단계 | 단순 사회적 놀이<br>(simple social play) | 유사한 활동에 참여하며 눈 마주치기와 말하기, 주기(놀잇감 빌려주기), 잡기 등의 사회적 접촉을 하는 단계 |
| 4단계 | 상호 보완적 놀이<br>(complementary and reciprocal play) | 사회적 관계의 출현과 '행동에 기초한 역할 전환(서로 역할을 바꾸어 하기)'을 하는 단계<br>예 숨고 찾기, 쫓고 도망가기 등 |
| 5단계 | 협동적 사회 가상놀이<br>(cooperative social pretend play) | 또래와 어울려 가상놀이를 하면서 역할을 맡고 역할에 알맞은 가작행동을 하는 단계 |
| 6단계 | 복합적 사회 가상놀이<br>(complex social pretend play) | 또래와 함께 가상놀이를 하면서 놀이 진행을 위해 자신이 맡은 역할에서 잠시 벗어나 상위의사소통을 할 수 있는 단계<br>예 • 역할 정하기 : 넌 아빠 해, 난 엄마 할게.<br> • 놀이 내용 제안 : 우리 백화점에서 길을 잃었다고 하자.<br> • 또래에게 알려주기 : 도서관에서 어떻게 책을 사니? 도서관은 책을 빌리는 곳이야. / 무슨 소방관이 그래! 빨리 물 호스를 들어야지! |

## 2. 인지적 놀이

피아제는 유아의 인지가 발달함에 따라 놀이가 점차 복잡해져서 연습놀이, 상징놀이, 규칙 있는 게임의 3단계로 발달된다고 주장하였다. 피아제 외에도 스밀란스키, 프로스트와 클레인 등이 인지 발달적 관점에서 놀이 유형을 제시하고 있는데, 이를 간략하게 제시하면 다음과 같다.

● 인지적 놀이 발달

| 피아제의<br>인지 발달 단계 | 피아제<br>(1962) | 스밀란스키<br>(1968) | 프로스트와 클레인<br>(1979) |
|---|---|---|---|
| 감각운동기<br>(출생~2세) | 연습놀이 | 기능놀이 | 기능놀이 |
| 전 조작기<br>(2~7세) | 상징놀이 | 구성놀이, 극놀이 | 구성놀이, 상징놀이,<br>사회극놀이 |
| 구체적 조작기<br>(7~11세) | 규칙 있는 게임 | 규칙 있는 게임 | 규칙 있는 게임 |
| 형식적 조작기<br>(11~15세) | – | – | – |

### (1) 기능놀이

기능놀이(functional play)는 감각운동기의 유아가 기능적인 즐거움을 위해 반복적으로 되풀이하는 단순한 놀이 행동을 뜻한다.

예 매달려 있는 장난감을 우연히 건드려서 이리저리 흔들거리면 유아는 자기 행동의 결과로 장난감이 움직이게 된 것을 매우 기뻐하며 이 행동을 반복하게 됨

### (2) 구성놀이

① 구성놀이는 기능적 활동으로부터 창조적 활동으로의 전환을 뜻한다.
② 생후 22~24개월이 된 유아는 다양한 놀잇감을 활용하여 무엇인가를 창조하는 놀이를 시작한다.

예 블록이나 여러 가지 끼워 맞추는 놀잇감, 목공놀이 도구나 미술자료를 가지고 자동차 만들기, 성 쌓기, 터널 만들기 등의 놀이

③ 이러한 변화는 사물을 조작(操作)하는 단계로부터 사물을 구성(構成)하는 단계로의 발전을 의미하는 것이라고 스밀란스키는 지적했다.

## PLUS+

### 쌓기 놀이 발달 단계(Johnson, 1974)

| | 내용 | |
|---|---|---|
| 1단계 : 블록을 이리저리 옮기는 단계 | 블록을 이리저리 옮기기만 하고 무엇을 만드는 놀이는 거의 하지 않는다. | – |
| 2단계 : 줄 만들기와 탑 쌓기 단계 | 수직으로 쌓거나 수평으로 늘어 놓아서 줄을 만든다. | |
| 3단계 : 다리 만들기 단계 | 수직으로 세운 2개의 블록 사이에 블록을 올려놓아 다리 형태가 되게 한다. | |
| 4단계 : 폐쇄 공간 만들기 단계 | 폐쇄 공간을 만든다. | |
| 5단계 : 패턴과 균형 단계 | 여러 블록을 사용하여 대칭이나 균형을 이루는 정교한 디자인의 구조물을 쌓기 시작한다(장식적인 패턴을 덧붙이게 된다.). | |
| 6단계 : 초기 표상 단계 (초기 구상 표현 단계) | 1~5단계의 쌓기 기술을 결합하여 구조물을 만들고, 구성물에 이름을 붙이기 시작한다. 구조물의 형태나 기능이 명칭에 적합하지 못한 경우도 있다. 유아는 완성된 구조물을 가지고 놀이하며, 구조물에 자신에게 의미 있는 이름을 붙이기 위한 시도가 이루어진다. | |
| 7단계 : 표상이 활발한 단계 (후기 구상 표현 단계) | 블록으로 실물과 유사한 구조물을 정교하게 표현할 수 있다. 유아는 구성이 시작되기 전에 무엇을 쌓을 것인가를 알리기 시작한다. 유아는 의미를 붙인 구조물에 대해 구체적으로 설명하고, 다양한 실제적인 생활과 연결되는 맥락 속에서 자신들의 이해를 표현한다. 대부분의 블록 구조물은 역할 놀이에 사용된다. | |

## (3) 상징놀이

① 상징놀이란 눈에 보이지 않는 대상을 표상하거나 사물이나 상황을 실제와 다르게 변형시켜 표상하는 놀이로 2세 말경부터 나타난다.

예 맨손으로 마시는 시늉을 한다든가 작은 막대기로 담배 피우는 시늉을 하는 것

## PLUS+

싱어(Singer, 1973)는 상상놀이(imaginative play)와 가상놀이(makebelieve play)를 동의어로 혼용하면서 가작화 요소(as-if element)가 내포된 놀이로 정의했다. 가비(Garvey, 1977)는 가장놀이(pretending play)를 시간, 공간, 역할 및 사물을 실제와 다르게 변형하는 놀이로 규정한다. 프로스트와 클레인은 상상놀이와 극놀이(dramatic play)를 동의어로 보아, 존재하지 않는 대상을 표상화하는 놀이로 정의하고 있다. 피아제(Piaget, 1962)는 유아가 인지적으로 불균형 상태에 있고 개념 발달이 미숙한 단계에서 현실을 자신의 욕구에 동화시키게 되는데, 이러한 동화의 한 실례가 상징놀이라고 설명했다. 학자들의 견해에는 차이가 있지만 가작화 요소가 내포된다는 공통점이 있다.

② 상징놀이 발달을 판단하는 3가지 준거

| 구분 | 의미 |
|---|---|
| 통합<br>(integration) | 놀이가 점점 통합되어 단편적인 상징 행동으로부터 줄거리가 있는 이야기 형식으로 조직되어가는 것을 말한다. |
| 탈중심화<br>(decentration) | • 상징놀이를 할 때 자신에게 초점을 두는 정도로, 연령이 증가함 따라 상징놀이의 중심이 자기활동에 대한 상징에서 타인 또는 대상물에 대한 상징으로 주체가 바뀐다.<br>• 자신의 일상생활 경험이 주로 가상 행동으로 나타났다가 18개월부터 가상 행동의 주체가 다른 대상으로 옮겨간다. |
| 탈맥락화<br>(decontextualization) | • 한 사물을 다른 사물로 대체하여 사용하는 것으로 상징능력의 발달에 따라 사물 대체가 사물의 물리적 특성이나 현실에서의 용도와 점점 달라진다.<br>• 실제적 소품에 덜 의존하게 되며 구체적·물질적 표상에서 추상적인 표상으로 바뀐다. |

③ 맥쿤(McCune, 1986, 1995)의 상징놀이의 발달과정

| 구분 | | 내용 |
|---|---|---|
| 1단계 | 전(前) 상징적 단계<br>(presymbolic) | 상징놀이 초기 단계에서 유아들은 사물의 용도를 인지하여 행동으로 표현하는 가상 행동과 비슷한 행동을 한다.<br>예 빈 컵을 입에 가져다 대고, 빗을 머리에 대는 행동 |
| 2단계 | 자기 가작화 단계<br>(self-pretending) | • 이 단계에서 유아는 자신에 관련된 가상 행동, 상징놀이를 한다.<br>예 먹는 척 하거나 자는 척 하기<br>• 이런 행동이 가상적 행동임을 표현하기 위해서 효과음을 내기도 한다.<br>예 소리를 내면서 먹는 시늉, 코를 골며 잠자는 시늉 |
| 3단계 | 타인 가작화 단계<br>(other-pretending) | 타인 가작화란 가상 행동이 유아 자신으로부터 타인에게로 분산되는 것을 의미한다. 타인 가작화는 2가지 형태로 나타난다.<br>• 유아가 일상생활에서 연습한 가작화 쉐마(schema)를 다른 놀잇감이나 사람에게 적용하는 것이다.<br>예 컵으로 인형이나 아기에게 우유를 먹이는 가상 행동<br>• 다른 사람이나 사물의 행동을 가작화하는 것<br>예 유아가 자루걸레를 가지고 마루를 열심히 닦는 흉내를 내는 것 |
| 4단계 | 결합적 가작화 단계<br>(combinatorial pretending) | 결합적 가작화는 여러 개의 쉐마가 연속적으로 결합되는 것을 의미한다. 결합은 2가지 형태로 이루어 진다.<br>• 하나의 상징적 쉐마가 여러 대상에게 적용될 수 있다.<br>예 유아가 자신의 머리를 빗고 난 후 인형의 머리를 빗겨 줌<br>• 여러 개의 쉐마가 일련의 순서로 결합된다.<br>예 인형에게 입맞춤을 해주고, 침대에 눕힌 후 고무 젖꼭지를 입에 물려 줌 |
| 5단계 | 위계적 가작화 단계<br>(hierarchical pretending) | • 5단계에서는 가상 행동에 위계적 구조가 나타난다.<br>• 유아가 가상 행동을 하기 전에 미리 계획을 세우고 이를 말이나 행동으로 표현한다.<br>예 "우리 세탁소 놀이 하자."라고 하며 옷을 찾으러 다님 |

④ 고웬(Gowen, 1995)의 상징놀이 범주

| 수준 | | 내용 및 사례 |
|---|---|---|
| 1수준 | 전 가작화<br>(prepretense) | • 유사한 가작화 활동에 참여하지만 가작화한다는 확실한 증거가 없다.<br>• 놀잇감을 상징적으로 사용하면서 사물의 기능을 이해하는 시기이다.<br>예 영아는 단순히 전화기를 귀에 댄다. 단순히 인형의 입에 젖병을 댄다. |
| 2수준 | 자기 가작화<br>(pretend self) | 1세경에 나타나며 자신의 일상 생활과 관계된 잠자기, 먹기 등의 가상행위가 자기 자신을 중심으로 이루어지는 단계이다.<br>예 영아는 컵을 들어 입에 대고, 마시는 소리를 낸다. |
| 3수준 | 타인 가작화<br>(pretend other) | 자신의 일상생활과 관계된 잠자기, 먹기 등의 가상행위가 다른 놀잇감이나 사람에게 적용되는 단계 / 다른 사람의 행동을 가작화한다.<br>예 영아는 모형 젖병이나 컵으로 인형에게 젖을 먹인다. |
| 4수준 | 대체<br>(substitution) | • 사물을 일상적 용도와는 다른 창의적이고 상징적인 방법으로 사용하며 가상행위를 하는 것이다.<br>• 상징기술이 발달하면서 실제 사물과 비슷하게 만들어진 놀잇감에는 덜 의존하게 되고 사물의 일상적 사용법과는 다르게 다른 사물을 가상하여 사용한다.<br>예 영아는 블록을 젖병이라고 하면서 인형에게 먹이고, 밀가루 반죽조각을 햄버거라고 하면서 접시에 놓는다. |
| 5수준 | 상상적인 사물이나 존재<br>(imaginary objects or being) | 대상물이나 물질 그리고 사람과 동물이 있는 것으로 가상하는 것(현재 존재하고 있지 않은 사물이나 존재를 상상하는 능력)이다.<br>예 영아는 빈 주전자를 컵에 따르면서 "커피"라고 말하고, 상상의 자동차를 탄 것처럼 자동차 소리를 내며 방을 돌아다닌다. |
| 6수준 | 능동적 대행<br>(active agent) | 놀잇감에 생명을 불어 넣어 적극적인 활동자가 되게 하는 것이다.<br>예 영아는 모형 동물이 마치 달리는 것처럼 카펫 위에서 뛰게 한다. 인형이 스스로 먹는 것처럼 인형의 손을 인형의 입에 가져간다. |
| 7수준 | 이야기가 없는 배열<br>(sequence no story) | 단일 가상 행동을 반복한다. / 1가지 형태의 가상 행위나 도식을 여러 대상에게 반복하여 적용시키는 것이다.<br>예 엄마에게 마시라고 컵을 주고, 다음 인형에게도 마시라고 컵을 준다. |
| 8수준 | 이야기가 있는 배열<br>(sequence story) | 가상 행동에서 하나 이상의 도식을 사용한다. / 한 대상에게 여러 상징 행동을 적용하는 것이다.<br>예 컵 안을 휘저은 뒤, 컵을 들어 마시고, "엄마 맛있어요."라고 말한다. |
| 9수준 | 계획<br>(planning) | 가상놀이를 하기 전에 계획한 증거가 나타난다. / 자신이 무엇을 계획할 것인지, 또한 이를 위해 필요한 도구가 무엇인지 생각하고, 계획할 줄 알게 되며, 놀이가 사전에 계획되었음을 언어적·비언어적 표현으로 나타낸다.<br>예 보물섬 놀이를 하자며 지도를 만들고 보물을 만든다. |

chapter
**04**

PLUS+

## 거칠게 뒹구는 놀이

### 1. 거칠게 뒹구는 놀이의 개념

영유아의 놀이 중 거칠게 뒹구는 놀이(rough and tumble play)는 2명 이상의 유아들이 잡고 뒹굴며 몸을 부딪치고 거칠게 놀이하는 유형으로, 생후 33개월의 영아부터 청년에 이르기까지 흔히 발견되는 놀이이다. 자유놀이 시간 중 10%가 나타나는 형태로(Humphrey & Smith, 1984; 최형성, 최석란, 1999), 나타나는 양상에 따라 전쟁놀이(war play)라고도 한다. 이 놀이는 유아의 사회인지발달과도 관련이 있고(Pellegrini, 1987), 특히 남아의 중요한 발달적 기능을 하며, 신체적인 접촉과 고함을 동반하여 다소 과격해 보이는 활동이다. 이 놀이의 집단은 주로 동성으로 구성되며, 어린 유아들은 다른 유아들과 함께 놀이하기보다는 구경을 더 많이 한다. 또한 일반적으로 다른 유형의 사회화놀이에 비해 가장 나중에 나타난다고 본다. 놀이는 유아들에게 재미있는 놀이로 인식되는 반면, 교사나 부모 등의 성인들에게는 갈등이나 부정적인 결과를 유발하는 문제 상황으로 인식되는 경향이 있다(조경자, 1995).

특히 대다수가 여교사인 유아교육기관의 현실에서 남자 유아들의 전쟁놀이를 어떻게 보고, 어느 정도 허용해 줄 것인가에 대한 혼란이 초래되고 있다. 그러나 놀이로서의 가치가 있고, 이 놀이 안에서도 다양한 구성놀이, 가상놀이, 사회극놀이가 일어날 수 있으므로 안전하게 관리해 주는 선에서 허용하는 것이 좋다.

### 2. 거칠게 뒹구는 놀이의 교육적 가치

① 유아의 사회인지발달과 관련이 있다.

유아는 실제 몸싸움인지 아닌지 구분하고 파악하여 행동하는 능력이 있어야 이 놀이에 참여할 수 있다. 이 과정을 통해 유아의 사회인지발달의 정도를 살펴볼 수 있다. 거칠게 뒹구는 놀이의 신호와 일반적인 싸움의 신호를 정확하게 구분할 수 있는 능력은 유아의 긍정적인 사회참여와 사회기술 증진과 관련이 있다. 즉, 사회인지가 잘 발달된 유아일수록 놀이와 싸움을 정확히 구분하여 참여할 수 있다.

② 유아의 친사회적 기술의 발달에 도움을 준다.

유아는 거친 신체놀이를 하면서 다양한 사회적 문제를 해결하고 전략을 세우는 친사회적 기술이 더 발달할 수 있다. 인기아일수록 놀이와 싸움의 구분을 잘하는 반면, 거칠게 뒹구는 놀이를 싸움의 신호로 반응하는 유아의 경우 이 놀이에 참여하지 못하고 또래에게서 고립되고 배척될 수 있다(Humphrey & Smith, 1984). 이 놀이는 다른 유아들과 함께 상호작용하면서 이루어지는 놀이이므로 사회적 의사소통의 한 형태가 될 수 있고, 부정적 감정을 여과시키며 충동을 조절하는 학습 계기가 될 수 있다. 또한 또래 간의 연대감 형성에 도움이 된다. 안전이 보장된 경우 성별을 구분하지 말고 신체적인 놀이를 일부 허용하는 것도 필요하다.

③ 유아의 문제해결력을 향상시킨다.

유아는 거칠게 뒹구는 놀이를 하면서 다양한 사회적 맥락을 통해 문제해결을 위한 기술을 연습할 기회를 가진다. 성인이 보기에 언제 갈등상황이 발생할지 몰라 불안해 보이지만, 유아들에게는 문제해결 연습의 기회가 된다(임자영, 이대균, 2010). 이 놀이는 2명 이상의 유아들이 함께 하는 놀이이고, 신체 접촉이 빈번한 놀이이기 때문에 의견이 충돌하거나 힘의 세기 조절이 실패하는 경우가 발생하기 마련이다. 그러나 이러한 갈등상황 속에서도 유아들은 자율적으로 규칙을 만들고 보완해 나가는 과정을 거치면서 문제해결력을 향상시킬 수 있다.

### 3. 거칠게 뒹구는 놀이를 위한 전략

거칠게 뒹구는 놀이를 포함한 전쟁놀이를 효과적으로 다룰 수 있는 실제적 전략들이 있다(Levin, Diane, Carlsson-Paige & Nancy, 2008). 이 전략은 유아와 상호작용하는 수준과 관련되어 있다. 교사는 유아의 전쟁놀이를 지도할 때 몇 가지 고려할 점이 있다.

① 유아가 폭력적인 미디어 등에 노출되는 것을 가능한 제한한다.

② 유아의 생활 속에 있는 각종 미디어를 알아야 한다. 유아들이 자주 보는 프로그램에 대해 토의하면서 무엇을 보고, 자제해야 하는지 이야기를 할 수 있다.

③ 유아에게 좋은 미디어를 선택하는 방법을 가르친다. 유아들과 2~3개의 프로그램 중 하나를 선택하고, 선택한 이유에 대해 이야기를 나누어 본다.

④ 시청시간을 규칙적으로 정한다. 미디어 시청시간이 늘어나면 유아주도적인 다양한 활동이 줄어들 수 있으므로, 시청시간을 정하고 조절하도록 한다.

⑤ 유아가 폭력적인 미디어에 노출되었을 때, 본 내용에 대해 대화를 나누고 해결하도록 한다. 유아가 실제와 환상을 구분하도록 도와주고 정형화된 이미지에 대한 편견을 가지지 않도록 유의해야 한다.

⑥ 다른 부모나 전문가들과 함께 노력해야 한다. 관련 주제에 대한 토론을 위한 부모공동체를 만드는 것도 한 방법이다. 발달적·사회정치적인 측면에서 거칠게 뒹구는 놀이의 딜레마를 찾고 중재한다.

⑦ 유아의 놀이에 영향을 주는 대중문화를 파악하도록 한다. TV 프로그램, 영화, 놀잇감 등이 유아의 놀이에 미치는 영향 등을 이해하도록 노력한다.

⑧ 유아가 놀이에서 보이고 있는 발달적 특징에 기초하여 중재하도록 한다. 유아가 실제와 환상을 혼동하여 친구를 나쁘다고 할 경우 잘 지도해야 한다.

⑨ 유아의 놀이에서 나타나는 인지적인 이해에 기초하여 중재하도록 한다. 예를 들어 행동에 따른 결과를 예측하지 못하고 높은 곳에서 뛰어내리려고 할 때 개입하여 지도해야 한다.

⑩ 인본주의적인 방향으로 놀이의 개념이 나타나도록 조기에 개입하도록 한다. 적에 대한 유아의 일방적인 개념을 확장시켜 줄 필요가 있다.

⑪ 폭력과 싸움에서 놀이를 전환하도록 새로운 내용을 포함시키도록 한다. 현재 폭력적인 전쟁놀이를 하고 있다면, 교사는 "오늘은 이 통이 배가 될 수 있겠다. 이 배로는 어디를 가볼까?" 등의 방법으로 놀이를 전환시킬 수 있다.

⑫ 유아가 질적으로 우수한 놀이를 하는 창의적인 놀이자가 되도록 도와준다. '헐크' 놀이 중 "이 헐크는 우리 친구들을 보호할 수 있는 어떤 특별한 힘이나 방법이 있는 거니?" 등의 질문으로 놀이를 교육적으로 이끌 수 있다.

⑬ 유아가 하고 있는 것과 관계된 놀이를 함께 하기 위해 상호작용하도록 한다. 유아 스스로 어떻게 발전시켜야 할지 방법을 찾을 수 있도록 교사는 개방적 질문으로 이야기를 나눈다.

⑭ 유아에게 의미 있는 방법으로 주제에 대해 토의하도록 하고, 놀이에 대한 가치판단을 내리는 것을 피하도록 한다.

⑮ 폭력에만 집중하는 것을 넘어서, 새로운 문제를 해결하도록 도와주는 놀이로 확장시킨다.

---

**전쟁놀이의 유의점**

전쟁놀이에서 유아는 폭력이나 고정관념을 배우게 될 수도 있다. 이런 경우 폭력적인 내용에 대한 유아의 생각을 확장하고 정립하기 위해 교사가 개입할 수 있다. 가상과 현실을 구분할 수 있도록 돕고, 착한 사람과 나쁜 사람에 대한 이분법적인 기준을 토의를 통해 다시 생각해 보도록 한다. 유아의 발달단계에 맞는 새로운 교육과정 활동들과 주제를 개발하여 유아들이 전쟁놀이에서 충족하고자 하는 것을 대체해 주는 것도 좋은 방법이 될 수 있다.

또한 안전 유지가 최우선되어야 한다. 다른 유아에게 위협이 되거나 안전상의 이유로 중재가 필요한 경우에는 놀이를 중단시킬 수 있다. 그러나 모래시계를 두고 차례대로 모두 하는 등의 중재로 진행할 수 있다면 교사의 적절한 개입으로 놀이를 이어가도록 돕는다.

### (4) 사회극놀이

① 사회극놀이(sociodramatic play)는 상징놀이가 더욱 발전된 놀이형태로, 1명 이상의 친구와 함께 참여하는 극놀이이다.

② 사회극놀이에는 현실적 요소와 비현실적 요소가 내포된다.

 ㉠ 현실적 요소 : 유아는 자신이 현실 세계에서 직접 경험한 상황이나 사람의 역할을 모방하는 사회극놀이를 많이 하는데, 이것이 바로 현실적 요소 또는 모방적 요소이다.

 ㉡ 비현실적 요소(가작화 요소) : 유아는 자신이 관찰한 내용을 정확하게 모방할 능력이 부족하기 때문에 비현실적 요소 또는 가작화 요소가 개입된다고 한다. 가작화 요소가 적용됨으로써 사회극놀이의 내용이 다양하고 창의적이 될 뿐 아니라 유아에게 더 큰 만족감을 줄 수 있다.

③ 사회극놀이의 효과(Smilansky)

 ㉠ 사회극놀이는 유아의 창의력, 지적 성장 및 사회적 기술 증진에 기여한다.

 ㉡ 사회극놀이를 통해 분산된 경험을 결합하여 새로운 것을 창조할 수 있다.

 ㉢ 일정한 조회체계에 따라 경험과 지식을 선별적으로 받아들일 수 있다.

 ㉣ 자신이 맡은 역할의 특징을 파악하여 표현할 수 있다.

 ㉤ 사회극놀이에 참여하는 가운데 놀이 주제에 전념하는 것을 배운다.

 ㉥ 사회극놀이를 함으로써 자신을 통제하는 것을 배우고, 전·후 관계에 알맞은 행동을 할 수 있다.

 ㉦ 다양한 상황에 접근하는 융통성을 습득한다.

 ㉧ 유아가 자기 나름대로의 행동 기준을 설정할 수 있게 된다.

 ㉨ 사회극놀이를 하면서 자신이 창조자가 된 것 같은 만족감을 느낄 수 있다.

 ㉩ 사회극놀이 경험을 통해서 유아가 자기중심적인 존재에서 사회적인 존재로 성장한다.

 ㉪ 사회극놀이를 통해 현실을 정확하게 관찰하는 것을 배운다.

 ㉫ 새로운 개념을 배울 수 있고, 좀 더 추상적인 사고를 할 수 있다.

 ㉬ 행동을 다른 상황에 일반화시키는 것을 배운다.

 ㉭ 다른 친구들의 지식이나 경험을 통해 많은 것을 간접적으로 학습한다.

④ 스밀란스키의 사회극놀이 개입 프로그램

 ㉠ 사회극놀이 개입 프로그램의 기본 가정

  • 사회극놀이는 유아가 다른 사람이나 동물, 사건의 가상된 역할을 가정하거나 개인에게 의미 있는 상징적 상황에서 놀이하는 가상적 역할놀이를 의미한다.

  • 이스라엘의 저소득층 이민 가정의 유아를 위해 개발된 이 모델은 다음의 4가지 가정에 기초한다.

1. 사회극놀이는 사회성 및 인지 발달 그리고 학교에서의 성공과 관련이 있다.
2. 모든 유아가 사회극놀이에 참여하는 것은 아니므로 어떤 유아의 놀이는 덜 사회적·상징적·언어적·조직적이다.
3. 사회경제적 지위가 낮은 유아의 사회극놀이 활동 부족은 아동기의 학문적 어려움의 원인이 될 수 있다.
4. 성인의 개입은 사회극놀이의 양과 질을 증진시키고 전체적인 인지 발달을 증진시킨다.

ⓒ 4단계 개입전략
- 1단계 : 유아들에게 풍부한 경험을 제공하는데(예 산책, 견학 등), 이러한 경험들은 이후에 사회극놀이 영역에서 기본적인 놀이가 될 수 있다.
  - 스밀란스키는 사회극놀이는 기본적으로 동화적인 성격을 갖기 때문에 첫 단계가 아주 중요하다고 설명하고 있다.
  - 사전에 습득한 경험의 재현이 이루어지는 것이며, 경험이 부족한 유아들은 가상하는 것을 잘하지 못한다(Smilansky & Shehatya, 1990).
- 2단계 : 이전의 경험이나 견학 등과 관련된 소품으로 구성된 특별한 놀이 영역을 교실의 사회극놀이 영역 내에 만들어주는 것이다.
  예 식료품 가게를 견학한 후에 빈 상자나 통, 모형, 야채, 계산대 등을 마련해 주어서 가게 놀이를 할 수 있도록 조성한다.
- 3단계 : 유아의 놀이를 관찰하고 놀이에서 부족한 점이 있는 유아를 파악하는 단계이다.
- 4단계 : 교사가 함께 놀이하는 것이다.
  - 처음에는 놀이상황으로 들어가기 전에 유아를 관찰한다.
  - 놀이가 진전되는 상황을 충분히 이해하도록 한다.
  - 만약 유아에게 어떤 지원이 필요하다고 판단되면 사회극놀이를 통해서 개입한다.
  - 교사는 역할을 맡음으로써 역할놀이 주제의 내부자로 놀이할 수 있다.
    예 교사는 점심을 먹으려는 손님의 역할을 가상하고 식당으로 들어갈 수 있다.
  - 교사는 질문을 하거나 새로운 소품을 제공함으로써 역할놀이의 외부에서 개입할 수도 있다.
    예 주유소 놀이를 하는 유아들에게 "기름을 넣기 위해서는 어떤 호스를 사용하고 있니?"라고 말할 수 있다.
  - 교사는 놀이자로 참가하는 동안 유아에게 힘을 행사해서는 안 되며, 유아들이 자신의 의견에 따라 놀이하도록 유아를 존중해야 한다.

### ➡ 사회극놀이 프로그램의 4단계 개입전략(Smilansky & Shehatya)

| 구분 | 내용 | 사례 |
|------|------|------|
| 1단계 | 놀이에서 재창조해 볼 수 있는 단일한 경험을 제공한다. | 교사는 유아들과 슈퍼마켓을 견학한다. |
| 2단계 | 이 단일한 경험과 관련된 주제의 소품이 포함된 놀이 영역을 구성해 준다. | 소꿉 영역에 계산대, 진열대 등의 소품을 준비하여 가상적인 슈퍼마켓을 만든다. |
| 3단계 | 유아의 놀이를 관찰하고, 놀이전략과 부족한 점을 기록한다. 놀이에서 특별한 지원이 필요한 유아를 파악한다. | 교사는 한 유아가 진열대 앞에서 다른 아이들을 쳐다보기만 하고 놀이는 거의 하지 않는 것에 주목한다. |
| 4단계 | 놀이에서 부족한 것을 해결하기 위해 놀이 주제의 내부 또는 외부에서 유아의 사회극놀이에 개입한다. | 교사는 물건을 사러온 것처럼 가장한 후 그 유아에게 우유가 어디에 있는지 묻는다. 다른 유아가 관심을 보이자, 교사는 소극적으로 참여하던 유아가 친구와 놀이할 수 있도록 장려한다. |

---

**PLUS⁺**

**놀이에서 어려움을 보이는 유아의 유형**

1. 친구와 상호작용을 잘하지 못하는 경우
2. 가상적인 인물의 역할을 거의 극화해 내지 못하는 경우
3. 실제 사물이나 사건을 가상적인 대상으로 변형시키지 못하는 경우
4. 주제나 규칙을 상세하게 일러주지 않으면 하나의 역할에서 다른 역할로 빠르게 전환시키는 것에 어려움을 보이는 경우

---

ⓒ 스밀란스키의 모형에서 모든 개입의 목적은 사회극놀이의 주제를 유지하고 증진시켜 주려는 것이다. 따라서 놀이과정에서 활동에 간섭하는 식의 상호작용은 부적절하다.

ⓓ 스밀란스키의 접근에서 중요한 지침은 교사는 1~2가지의 놀이 기술을 증진시키기 위하여 단기간에 걸쳐서 개입하고 곧 뒤로 물러나야 한다는 점이다.

ⓔ 프로그램의 목적은 자기 지시적 놀이를 신장시켜 주는 것이지, 성인의 안내에 의해 가상놀이를 유도하려는 것은 아니기 때문이다.

ⓕ 유아와 함께 놀이함으로써 조성해 줄 수 있는 수준 높은 놀이 행동의 질적 요소로는 역할의 가작화(모방적인 역할놀이), 사물의 가작화, 행동과 상황에 대한 가작화, 역할놀이의 지속성, 사회적 상호작용, 언어적 의사소통 등이 있다.

## (5) 규칙 있는 게임

① 규칙 있는 게임은 구체적 조작기의 유아가 주로 하는 가장 발전된 형태의 놀이로, 정해 놓은 규칙에 따라 2명 이상의 또래와 경쟁하면서 승부를 겨루는 활동이다.

② 유아가 정해진 규칙을 잘 지키며 게임을 하려면, 규칙을 올바르게 이해하고 적절하게 사용하며, 주어진 범위 내에서 자신의 행동을 통제할 수 있어야 한다.

③ 이런 이유 때문에 스밀란스키(1968)는 특별한 기술이나 특정 내용을 유아에게 가르치는 데 규칙 있는 게임이 효과적이라고 주장하였다.

④ 게임의 종류

| 구분 | 종류 |
|---|---|
| 신체적 기술을 요하는 게임 | 달리기, 숨기, 과녁 맞추기 등 |
| 인지적 기술에 의해 영향을 받는 전략 게임 | 체스, 바둑, 장기 등 |
| 우연에 의해 승부가 결정되는 우연 게임 | 빙고 게임, 주사위 던져 목표 지점에 도달하기 등 |

⑤ 파커(Parker, 1984)의 구분 : 경기장 게임(field game), 테이블 게임(floor and table game), 영상 게임(iconic game), 단어 게임(word game)

1. **연극놀이의 특징**
   ① 연극놀이는 남에게 보여 주는 것이 목적이 아니라 참여자가 주체적으로 가상하여 생각이나 느낌을 즉흥적으로 표현하는 놀이이다.
   ② 또래와 함께 능동적으로 참여하여 창의적으로 함께 만들어 가는 참여자 중심, 과정 중심의 활동이다.
   ③ 유아의 개인적 경험이나 동화, TV, 사물 등 다양한 소재를 줄거리로 표현할 수 있는 창의적 놀이이다.
   ④ 유아가 해석하고 창조한 내용을 연극적 요소(등장인물, 줄거리, 배경 구성, 분장, 음악 등)와 표현력(신체동작, 언어, 집중력, 독창성, 사회적 협동력)으로 창조하는 놀이 활동이다.

2. **연극놀이의 교육적 가치**
   ① 연극놀이는 유아의 상상력, 창의력 발달을 돕는다.
   ② 연극놀이를 하면서 유아의 언어 발달이 증진된다.
   ③ 연극놀이는 유아의 사회성 발달을 돕는다.
   ④ 연극놀이를 통해 유아의 지적 발달이 촉진된다.
   ⑤ 연극놀이를 하면서 유아의 정서 발달이 증진된다.

3. **연극놀이의 종류**
   **(1) 무언극놀이**
   유아가 생각이나 느낌, 동화 내용을 말없이 몸짓으로만 표현하는 연극놀이를 말한다. 무언극놀이는 언어 표현이 미숙한 어린 영아나 연극놀이 초보자에게 적합하다. 몸짓으로만 표현하기 때문에 유아에게 부담감을 주지 않으며, 특히 말하기, 듣기에 문제가 있거나 부끄럼을 많이 타는 유아에게 효과적이다.
   ① **다양한 무언극놀이 소재**

   | 단어나 물건에 대한 연상 | 시장바구니, 밀가루 반죽, 의사 가운 등의 단어를 듣거나 물건을 직접 보고 연상되는 느낌을 몸짓으로 표현 |
   |---|---|
   | 동화 내용 | '아기돼지 삼형제, 커다란 무, 원숭이와 모자장수 아저씨' 등의 동화 내용을 무언극으로 표현 |
   | 동식물의 특징 | 강아지, 돼지, 코끼리 등의 움직임을 몸짓으로 표현하거나 채소의 성장 과정을 몸짓으로 표현 |
   | 감각 경험 | 쓴 약을 먹었을 때, 햇빛이 너무 강할 때, 이상한 냄새를 맡았을 때, 넘어졌을 때의 느낌을 몸짓으로 표현 |
   | 과학적 공상 내용 | 로봇, 로켓, 우주인 등의 움직임을 몸짓으로 표현 |
   | 일상적 생활경험 | 음식 만들기, 운전하기, 교통 정리하기 등을 몸짓으로 표현 |

   ② **창의적 표현 격려** : 창의적인 몸짓으로 표현하도록 지도한다.
   ③ **배경음악과 효과음 사용** : 유아의 상상력을 자극하고 창의적 표현을 격려할 수 있다.
   ④ **무언극놀이 환경 구성** : 이동식 커튼이나 칸막이로 무언극 무대를 구성해 주면 더욱 효과적이다.
   **(2) 인형극놀이**
   인형극놀이는 손 인형, 손가락 인형 등 여러 종류의 인형을 가지고 다양한 내용을 표현하는 놀이이다. 인형을 통해 표현이 이루어지므로 유아의 호기심을 자극하여 자발적인 참여를 유도할 수 있다. 특히 인형극놀이는 여러 사람 앞에 나서기를 싫어하는 유아나 소극적인 유아에게 적합하다.

① **인형 탐색**: 여러 종류의 인형을 움직여 보면서 탐색하는 기회를 갖게 한다. 이때 거울을 제공하여 인형의 움직임을 살펴보게 한다.

② **줄거리 구성**: 등장시킬 인형을 미리 정하고 인형에 맞추어 내용을 구성하는 방법과 줄거리를 먼저 구성하고 내용에 맞는 인형을 선정하여 놀이할 수 있다. 동화 내용에 따라 인형극놀이를 할 수도 있으며 동화 내용에 새로운 등장인물을 추가하거나 내용을 변경할 수 있다.

③ **인형 조작**: 인형을 조작하면서 동시에 대사를 표현하는 것이 힘들 수 있으므로 CD 동화나 교사가 들려주는 동화 내용에 따라 인형만 조작하기, 동물 소리 표현하기 등의 활동을 한다.

④ **다양한 미적 표현과 감상 격려**: 인형극놀이를 통해 유아가 음악, 미술, 신체 표현 등 다양한 미적 표현에 관심을 가지고 체험하며 감상할 수 있도록 격려한다.

(3) **즉흥극놀이(새로운 이야기를 즉흥적으로 만들어 표현하는 놀이)**

① **다양한 즉흥극놀이 소개**: 즉흥극놀이 소재가 될 수 있는 주변의 물건, 여러 종류의 의상 및 도구, 다양한 동화책을 제공한다. 유아들이 원하는 즉흥극놀이 소재를 직접 선택하여 놀이하면 더욱 효과적이다.

② **개방적 지도**: 모든 유아가 창의적 잠재력을 갖고 있음을 인정하고 존중하며 유아의 요구나 상황에 맞게 변형하여 적용한다.

③ **이야기 구성**: 먼저 이야기를 꾸미고 내용에 따라 표현하도록 지도한다.

④ **적절한 개입**: 교사는 즉흥극놀이를 원활하게 진행하기 위해 해설자나 등장인물로 참여한다.

⑤ **충분한 시간 제공**: 즉흥극놀이의 내용을 구성하고 각 역할에 맞게 표현하는 방법을 생각해 내려면 시간이 필요하다. 주어진 소품이나 소재에 대해 충분히 생각하고 친구들과 의견을 나눌 수 있도록 여유 있게 시간을 제공해야 한다.

(4) **주제극놀이(thematic fantasy play)**

주제극놀이라는 용어를 최초로 사용한 학자는 설츠(Saltz)와 존슨(Johnson)(1974)이다. 주제극놀이는 유아가 동화 속의 등장인물이 되어서 이야기 내용을 창의적으로 가작화하는 과정 중심의 놀이다. 주제극놀이는 다른 연극놀이에 비해 동화를 놀이 소재로 한다는 점, 주제극놀이용 동화를 감상하고 역할 분장, 소품, 무대 배경 등을 준비하는 과정에서 연계된 놀이를 다각적으로 할 수 있다는 점이 특징이라 하겠다. 주제극놀이를 지도하는 순서는 다음과 같다.

① **동화 선정 및 소개**
- 유아의 발달 수준에 적합한 동화
- 이야기 구조가 간결하게 구성된 동화
- 등장인물이 많고 내용이 반복적인 동화
- 대사가 짧고 전체 내용이 길지 않은 동화

② **이야기 나누기**: 동화의 등장인물, 특징(목소리나 몸짓 등), 이야기 줄거리, 주제극놀이에 필요한 소품이나 분장에 관하여 이야기를 나누면서 동화 내용을 회상하고 이해하며 익숙해지게 한다.

③ **준비 및 연계놀이 활동**: 주제극놀이 준비를 위해 유아가 서로 토의를 하면서 동화 줄거리를 각색하고 역할을 정하며 배경, 분장, 음향효과 및 조명에 대해 의논한다.

● 『빨간 모자』 주제극놀이를 위한 연계놀이 사례

| 영역 | 활동명 | 활동 내용 |
|---|---|---|
| 미술 | 게시판 꾸미기 | 게시판에 등장인물과 이야기 배경을 서로 협동하여 꾸민다. |
| | 지점토 만들기 | 지점토로 놀이에 사용할 케이크와 과자를 만든다. |
| 언어 | 막대 인형놀이 | 등장인물의 배역을 정하고 막대 인형으로 놀이한다. |
| | 동화 들려주기 | 융판 인형 자료를 이용하여 다른 친구에게 동화를 들려 준다. |
| | 주제극놀이<br>책 만들기 | 놀이 장면을 사진으로 찍어 종이에 붙인다. 사진 장면에 대한 설명은 교사가 글로 써 준다. 순서대로 묶어 책으로 만든다. |
| 수 및 조작 | '할머니 집에 가요' 게임 | 게임 판할머니 집까지 가는 길과 주사위를 이용하여 놀이한다. |
| | 케이크, 과자 담기 게임 | 카드의 지시에 따라 케이크와 과자를 담거나 덜어 낸다. |
| 음률 | 빨간 모자 | 소리가 다른 여러 가지 악기를 연주하며 노래한다. |
| | 마녀 걸음 걷기 | 음악에 따라 마녀처럼 걷는다. |

④ **주제극 놀이하기** : 분장과 배경 꾸미기 등 준비가 끝나면 주제극놀이를 시작한다. 교사는 유아의 놀이 과정을 관찰하면서 도움이 필요한 경우에는 적절하게 개입한다.

⑤ **평가하기** : 주제극놀이가 끝나면 느낀 점, 재미있었던 점, 고쳐야 할 점 등에 대해 서로 이야기하거나 각자 맡은 역할을 동작이나 말로 표현하면 누군지 알아맞히는 게임, 등장인물과의 인터뷰놀이를 통한 평가를 할 수 있다. 주제극놀이 장면을 비디오로 촬영하여 유아들이 함께 보면서 평가하는 방법도 있다.

## 03 놀이 발달에 영향을 미치는 요인

### 1. 연령

연령이 많아질수록 놀이 친구와 함께 참여하는 사회적 놀이의 빈도가 증가했으며, 놀이 지속 시간도 길어졌다. 또 상징놀이가 발달하였으며 복잡한 규칙이나 기술이 필요한 놀이를 많이 하는 것으로 밝혀졌다.

### 2. 성(性)

(1) **놀이 장소에 대한 성차 연구** : Harper와 Sanders(1975)

남아는 실외놀이를, 여아는 실내놀이를 선호한다.

(2) **놀이 참여에 대한 성차 연구** : Rubin, Maioni와 Hornung(1976), Rubin, Watson과 Jambor(1978)

① 남아는 여아보다 극놀이, 단독 기능놀이 및 연합 극놀이에 덜 참여한다.

② 여아는 남아보다 병행 구성놀이를 더 많이 하고 병행 극놀이를 덜 한다.

(3) **놀잇감에 대한 성차 연구** : Cramer와 Hogan(1975), Fagot(1978), 이숙재(1982)

① 남아는 블록이나 자동차 종류의 놀잇감을 사용하는 빈도가 많았으며, 여아는 인형과 장난감 가구를 사용하는 빈도가 많았다.

② 남아는 교통기관 놀잇감과 조작 놀잇감을 많이 사용했으며, 여아는 인형과 같은 부드러운 촉감의 놀잇감과 미술 작업 자료를 많이 사용하였다.

③ 남아는 블록, 조작 놀잇감, 자동차 종류들, 여아는 밀가루 반죽, 소꿉 그릇을 많이 사용하였다.

(4) **상상놀이에 대한 성차 연구** : Singer(1973), Sanders와 Harper(1976), Rubin과 Maioni(1975)

① 전반적으로 여아와 남아의 상상놀이 참여 빈도에 있어서 여아보다 남아가 더 많은 상상놀이를 하는 것으로 나타났다.

② 상상놀이에 참여하는 태도 연구에서 남아가 여아보다 상상놀이에 즐겁게 참여하는 사실을 발견하였다(Pulaski, 1973).

③ 상상놀이 내용에서 남아는 싸움에 관한 상상놀이를, 여아는 가정생활에 관련된 상상놀이를 많이 한다(Pulaski).

④ 여아는 소꿉놀이, 극화놀이를 많이 하고, 남아는 군인·경찰 놀이, 자동차·교통 놀이, 선장·해적 놀이, 로봇·우주 놀이, 공사·수선 놀이를 많이 한다(김온기, 1983).

(5) **거친 신체놀이를 조사한 연구** : 이숙재(1998)

남아가 여아보다 몸을 거칠게 움직이면서 노는 신체 놀이를 선호한다.

> **PLUS⁺**
>
> **성별 차이가 발생하게 된 원인**
>
> 1. 라인골드와 쿡(Rheingold & Cook, 1975)
>    놀이에서의 성별 차이는 부모의 태도 때문이다.
> 2. 파고(Fagot, 1977)
>    유아가 성 유형화된 놀이를 하는 것에 교사가 영향력을 미친다.
> 3. 로스(Ross, 1971)
>    친구의 영향을 받아서 놀이에 성별 차이가 나타난다.
> 4. 루이스(Lewis, 1972)
>    생물학적 요인, 부모들이 보상과 처벌을 가함으로써 성 역할 행동을 가르친다는 점, 유아 스스로가 성 역할 행동을 유도하는 제반 관습을 학습하는 것이 놀이에서 성차가 나타나는 원인이다.

### 3. 지적 능력

① 우수아는 신체 활동을 싫어하기 때문에 거친 게임은 흥미가 없고, 지적이고 조용한 놀이를 선호하며, 자기보다 나이가 많은 놀이 친구를 더 좋아하며 상상놀이를 많이 한다(Terman).

② 지진아는 놀이 활동에서 창의성을 보이지 않았으며 자기보다 나이가 어린 유아들이 하는 단순한 놀이를 좋아하고 친구들과 어울리는 놀이를 좋아한다(Lehman & Witty, 1923).

③ **유아의 지능이 놀이 친구와의 관계에 미치는 영향** : Johnson(1971)
지능이 평균 이하인 유아는 지능이 평균 이상인 유아에 비해 사회적 상상놀이 참여 빈도가 적다.

④ **놀이와 인지양식 간의 관계 연구** : Saracho(1987)

| 구분 | 놀이 스타일 |
|---|---|
| 장 독립적인 유아 | 사물을 지각할 때 사물을 둘러싼 배경의 영향을 받지 않거나 적게 받는 유아는 놀이에 더 많이 참여하는 경향이 있으며, 사회적 능력보다 분석적 능력을 갖고 있어서 단독 놀이를 더 좋아한다. |
| 장 의존적인 유아 | 장(field)에 의하여 영향을 많이 받는 유아는 타인에게 강한 호기심을 보이고 민감하게 반응함으로써 사회적 기술을 습득할 기회가 많은 병행, 연합, 협동 놀이를 자주 한다. |

### 4. 성격

① 놀이에 영향을 미치는 성격 특성은 장난기, 상상 성향, 기질 등이다.

② 장난기의 신체적·인지적·사회적 자발성과 즐거움의 표현, 유머감각 5가지 특성 중 신체적 자발성을 제외한 4가지 특성이 놀이와 매우 높은 상관이 있다(Lieberman).

③ 상상 성향이 높은 유아가 놀이 중 상호작용, 협동, 집중, 긍정적 정서 표현 등을 더 잘 하였으며 상상의 놀이 친구를 가지며 가작화된 놀이나 게임을 선호한다(Singer, 1973).

④ 기질에 따라 활동 수준이 높은 기질의 유아는 신체적 에너지가 활발하므로 인기가 있으며, 주의 전환성(distractibility)이 높은 기질의 유아는 다른 유아의 느낌이나 요구에 민감하게 반응하기 때문에 또래집단에서 리더의 역할을 한다(Thomas와 Chess, 1977).

⑤ 순한 기질의 유아는 미술이나 조작놀이 영역을 많이 선택했으며, 까다로운 기질의 유아는 쌓기놀이나 대근육 활동 영역을 많이 선택한다(김용희, 1991).

### 5. 가정환경

① 놀이 행동은 가정의 사회경제적 수준이나 문화적인 배경과 깊은 관계가 있는 것으로 알려져 있다.

② 가정의 사회경제적 수준에 의한 영향력은 직접 작용이 아닌 상황적 요인으로 작용하여 간접적으로 영향을 미친다(사회경제적 수준에 따라 놀이에 대한 부모의 인식, 가정의 놀이환경에 차이가 생기게 되고 그 결과로 각 계층 유아의 놀이가 달라지므로).

③ 유아는 자신을 둘러싸고 있는 가정, 사회, 문화의 전체적인 맥락에서 놀이를 하게 되므로 유아의 놀이와 가정의 사회경제적 · 문화적 배경은 불가분의 관계에 있다.

④ 사회경제적 수준에 따른 차이

　　㉠ **하류층 유아** : 상상놀이에 덜 참여함, 비상호작용적 가상놀이를 많이 함

　　㉡ **중류층 유아** : 병행놀이와 기능놀이에 덜 참여함, 연합놀이와 협동놀이, 구성놀이를 많이 함

⑤ 문화적인 배경에 따른 차이

　　㉠ **도시의 아파트 지역 < 도시의 단독 주택 지역 < 농촌 지역** : 다양한 종류의 집단 게임과 전통적인 집단 게임을 더 많이 한다.

　　㉡ **농어촌 유아들** : 놀이에서 연합으로 사회 참여를 한다.

　　㉢ **도시의 유아들** : 또래 유아들과 사회적 관계를 거의 맺지 않는 평행활동에 참여한다.

　　㉣ 농어촌 유아가 도시 유아보다 사회적으로 더욱 성숙된 사회 참여를 한다(지성애, 1994).

## 6. 부모

① 놀이 발달의 전제 조건으로, 양육자의 관심과 참여가 중요하다.

② 유아의 모든 놀이 경험은 1차 양육 책임자인 어머니, 아버지와 밀접하게 연관된다.

　　㉠ **어머니** : 직업 수준, 양육 태도, 놀이에 대한 인식, 유아와 맺는 상호작용의 빈도나 질

　　㉡ **아버지** : 부재 여부, 아버지의 역할

③ 부모는 유아의 놀이에서 관찰자, 안내자, 놀이 제공자, 놀이 대상자 등의 역할을 해야 한다.

④ 유아의 놀이를 자유롭게 허용해 주고 유아를 격려해 줌으로써 유아가 풍부한 상상력을 가지고 놀이를 진행해 나가도록 이끌어 주어야 한다.

**PLUS⁺**

> **부모들이 자녀의 놀이 행동을 도와줄 수 있는 방법**(Lesenberg & Jacobs, 1982)
>
> 1. 놀이에 관심을 가지고 지켜봄으로써 유아에게 적절한 놀이환경을 만들어 주어야 한다.
> 2. 놀이에 대해 모범이 되어야 한다.
> 3. 부모는 자녀와 함께 놀이를 하되 자녀의 발달 수준에 맞는 놀이가 진행될 수 있도록 해야 한다.
> 4. 놀이 영역을 확대시키기 위해 새로운 방법을 제시해 주고 유아가 결정하도록 해야 한다.
> 5. 놀이를 격려해주고 칭찬해 주어야 한다.
> 6. 놀이에 대해 계획을 세워야 한다.

## 7. 교육환경 – 놀이 공간, 놀잇감, 교육 프로그램

### (1) 놀이 공간

① 놀이 면적이 놀이에 미치는 영향 : Shapiro(1975)

    ㉠ 과밀 놀이실(유아 1인당 2.7m²(0.8평) 이하)에서는 비참여 행동이나 방관적 행동 및 목적 없이 빈둥거리는 행동이 가장 많이 나타났다.

    ㉡ 유아 1인당 면적이 2.7~4.5m²(약 0.8~1.4평)일 때는 비참여 행동이 15% 감소되 었으나 4.5m²(1.4평) 이상인 경우에는 비참여 행동이 다시 20%로 증가되었다.

| 구분 | 내용 |
|---|---|
| 밀집도가<br>높은 환경 | • 유아들 간의 신체적 접촉이 빈번하게 되어, 서로의 활동을 방해하게 되고 공격적 행동이 증가하게 된다.<br>• 공간이 협소하므로 뛰어다니기 등과 같은 활동이 줄어들기도 하지만 친구에게 관심을 가지고 배려하는 행동 또한 줄어든다. |
| 밀집도가<br>낮은 환경 | 뛰어다니는 것과 같은 활동적인 놀이에 참여하는 경향이 늘어나는 반면, 공간에 여유가 있기 때문에 다른 유아들과 신체적 접촉의 빈도가 줄어들게 되고 이로 인하여 공격적 행동 또한 적게 나타난다. |

② 공간 배치가 놀이에 미치는 영향 : Kinsman과 Berk(1979), 이정미(1986)

    ㉠ 쌓기놀이 영역과 역할놀이 영역의 통합 : 동성 친구와의 놀이보다 혼성집단 놀이가 증가한다.

    ㉡ 놀이실의 각 영역을 분리대로 경계를 지어서 구성 : 다른 유아의 놀이를 방해하는 행동이나 뛰어다니는 행동이 감소하고, 미술 영역, 과학 영역 및 역할놀이 영역에서 유아의 놀이 지속 시간이 더 길어진다.

③ 실외놀이장의 형태가 놀이에 미치는 영향 : Hayward, Rothenberg와 Beasley(1974)

| 구분 | 내용 | 이용률 | 놀이 시간 |
|---|---|---|---|
| 전통적<br>실외놀이장 | 그네, 미끄럼틀 등 철제 고정놀이 시설물이 질서정연하게 설치된 놀이장 | 21% | 가장 짧게 놀이함 |
| 현대식<br>실외놀이장 | 건축 전문가가 아름답게 구성해 놓은 놀이장 | 22% | |
| 모험놀이장 | 유아가 여러 가지 물건이나 건축 자재로 집 등을 만들어서 놀이하는 놀이장 | 45%<br>(가장 높음) | 가장 오래 놀이함 |

④ 실외놀이장의 질적 수준이 놀이에 미치는 영향 : 이봉선(1998)

    ㉠ 질적 수준이 낮은 놀이장에서는 3, 5세 유아 모두 기능놀이와 연합놀이를 많이 한다.

    ㉡ 질적 수준이 높은 놀이장에서는 3세 유아는 기능·연합놀이, 5세 유아는 규칙 있는 게임과 협동놀이를 많이 한다.

(2) **놀잇감**

① 놀잇감의 중요성

㉠ 놀잇감은 유아가 자신의 감정이나 흥미를 표현할 수 있는 매체이다.

㉡ 타인과의 사회적인 상호작용을 매개하는 역할을 한다.

㉢ 놀잇감은 놀이에 대한 흥미를 유발시키고 놀이를 지속시키는 요인이다.

② 놀잇감의 복합성이 놀이에 미치는 영향

㉠ 유아의 놀이 행동 및 탐색활동, 호기심 등에 영향을 미친다.

㉡ 유아들은 단순한 놀잇감보다는 복합적인 놀잇감을 선호하고, 또래보다는 놀잇감과 더 많은 상호작용을 한다.

㉢ 다양한 기능과 도전적 요소를 갖추지 못한 복합놀이기구는 자주 선택되지 않으며, 복합성이 높은 놀이기구에 대한 선호도 또한 놀이기구에 익숙해짐에 따라 줄어든다.

㉣ 놀잇감이 매우 단순한 경우에는 놀잇감 자체가 유아들의 개별적인 요구를 충족시키지 못하므로 또래와의 상호작용이 증가한다.

㉤ 신기하고 새로운 놀잇감이 제공될 때 놀잇감의 요소 및 특성에 대한 탐색이 증가한다.

③ 놀잇감의 양이 놀이에 미치는 영향

| 구분 | 내용 |
|---|---|
| 놀잇감이 많은 경우 | • 유아들의 놀이 참여도는 높아지며, 공격적 행동은 감소한다.<br>• 유아들 간의 갈등을 감소시키는 반면 다른 유아들과 함께 나누는 것과 같은 행동도 감소한다.<br>• 놀이시설이 풍부한 놀이터에서는 더 신체적인 활동에 참여하나, 사회적 접촉 및 놀리거나 싸우는 등과 같은 부적절한 행동은 덜 나타난다. |
| 놀잇감이 적은 경우 | • 유아들 간의 사회적 상호작용은 증가하지만, 공격적 행동과 손가락을 빠는 등과 같은 스트레스 행동도 증가한다.<br>• 유아들 간의 갈등이 늘어나는 반면 다른 유아들과 함께 어울려 노는 것과 같은 행동도 증가한다.<br>• 유아들에게 한 번에 하나의 놀잇감을 가지고 놀 수 있도록 제한했을 경우, 협동놀이나 극화놀이 및 복잡한 언어적 상호작용이 증가한다.<br>• 놀이시설이 점점 감소되는 놀이터에서는 사회적 접촉과 부적절한 놀이 행동이 늘어나는 반면, 신체적 활동은 줄어든다. |

④ 놀잇감의 유형이 놀이에 미치는 영향

㉠ 소꿉놀이 도구, 인형놀이 도구, 모형 자동차 등은 집단놀이 및 극화놀이를 촉진한다.

㉡ 미술 도구, 구성 놀잇감, 퍼즐 등은 유아들의 비사회적 놀이 및 구성놀이와 관련이 있다.

ⓒ 찰흙, 밀가루 점토 및 모래 등은 비사회적 놀이 및 기능 · 구성놀이와 관계가 있고, 블록은 다양한 유형의 사회적 놀이 행동, 구성놀이와 극화놀이를 촉진시킨다.

ⓓ 모래의 특성(조직성, 개방성, 다기능성)은 유아들의 높은 선호도를 이끌어낼 뿐만 아니라 극화놀이의 기본적인 소재로 자주 활용하게 하는 요인이 된다.

⑤ 놀잇감의 구조성 및 실제성이 놀이에 미치는 영향

| 구분 | 내용 |
|---|---|
| 구조성 및 실제성이 높은 놀잇감 | • 연령이 낮을수록 선호하며, 연령이 낮은 유아들의 극화놀이를 촉진시킨다.<br>• 유아들의 조직적 놀이 및 탐색활동을 촉진시킨다.<br>• 표상적 기술이 부족한 어린 유아의 경우 극화놀이를 시작하기 위하여 주제와 연관된 실제성이 높은 놀잇감을 제공해 줄 필요가 있다. |
| 구조성 및 실제성이 낮은 놀잇감 | • 연령이 높을수록 선호한다(기능과는 전혀 다른 물건으로 상상하여 놀이에 이용할 수 있는 능력이 증가하므로).<br>• 유아들의 환상을 더욱 촉진시킨다.<br>• 유아들의 반응을 어떤 특정한 상황에 얽매이지 않도록 함으로써 유아들이 자유롭게 놀이 주제를 확장시키도록 하는 효과가 있다. |

1. 놀잇감의 구조성 : 놀잇감이 특정한 용도로 사용되는 정도를 나타낸다.
2. 놀잇감의 실제성 : 놀잇감이 현실에서의 대응물과 얼마나 닮아 있는지를 나타낸다.

㉠ 신옥순(1994)의 연구 : 2~3세 정도의 유아인 경우에는 표상능력이 부족하기 때문에 실제적인 모형이 있는 구조화가 높은 놀잇감이 오히려 상상놀이를 더욱 유도한다.

㉡ 사회경제적 수준이 낮은 유아들의 경우에는 다양한 놀잇감에 대한 경험이 부족하여 놀잇감 자체에 실제성이 부족할 시 극화놀이를 잘 유발시키지 못한다.

㉢ 놀잇감을 선정할 때 각 유아의 개인적 요구 및 경험들이 고려되어야 하며, 놀이환경을 구성할 때 구조적인 놀잇감과 비구조적인 놀잇감을 제공하여야 한다.

(3) 교육 프로그램 : 프로그램의 구조화 정도가 놀이에 미치는 영향

| 구분 | 내용 |
|---|---|
| 구조화가 높은 프로그램 | • 수렴적 학습을 강조하고 교사는 활동에 대한 지시를 보다 많이 한다.<br>• 놀이의 범위, 다양성, 수행 수준을 감소시킬 수 있다.<br>• 사물을 구체적으로 사용하거나 목표지향적인 활동을 많이 한다. |
| 구조화가 낮은 프로그램 | • 유아 중심의 활동과 개방식 학습 경험을 강조한다.<br>• 상상놀이가 일반적으로 더 많이 나타난다. |

프로그램의 구조화 정도

교사가 유아의 행동을 지도하는 데 어느 정도의 역할을 하는지, 유아가 모종의 해결이나 결과를 얻도록 수렴적 활동을 얼마나 강조하는지의 정도이다.

## 8. 교사

① 교사는 유아의 놀이 참여 빈도에 영향을 주는 가장 중요한 요인이다.

② 교사의 적절한 개입은 유아의 수준 높은 인지, 사회적 놀이의 지속 시간을 증가시킨다.

③ 교사들은 유아들이 도움을 필요로 할 때, 오직 그때만 개입해야 한다. 놀이가 잘 진행되고 있을 때, 교사들의 가장 좋은 역할은 놀이를 통해 배우려는 유아들의 관찰자이다.

④ 유아들이 혼자 놀기를 원한다고 표현하면, 이는 반드시 존중되어야 한다.

⑤ 교사들이 개입할 때에는 놀이를 중단시키기보다는 유지하고 지속시키는 방법이어야 한다. 가능한 한 빨리 교사가 물러서면서 동시에 간단하게 개입해야만 한다.

⑥ 교사들의 개입이 놀이에 이롭다고 결정된다면, 다양한 접근법을 시도할 수 있다.

| 구분 | 내용 |
|---|---|
| 유아들이 놀이를 계획하고 조직하도록 돕기 | 놀이를 관찰하고 나서, 질문을 함으로써, 유아들이 상상한 것을 조직하고 친구들과 구두로 더 복잡한 놀이를 하도록 상호작용을 하는 것을 도울 수 있다.<br>예 •"차를 타고 어디로 갈 거니?"<br>•"저녁식사로 무엇을 요리할 거니?" |
| 새로운 아이디어를 추가하도록 격려하기 | 교사들은 질문을 함으로써, 힌트를 주거나 무대 감독자처럼 신호를 보내 직접적인 제안을 함으로써 놀이를 확장시킬 수도 있다. 이러한 놀이지도는 놀이 밖(외부 개입)이나 유아들과 함께 놀이하는 것(내부 개입)에서 나올 수도 있다.<br>예 •"공책을 블록으로 사용할 수 있을 거야."<br>•"우리는 환자를 할 친구가 필요해. 네가 민영이에게 부탁해 봐."<br>•"아기를 따뜻하게 해주기 위해서 무엇을 사용할 수 있을까?"<br><br>(놀이의 재미가 혹은 질이 떨어지기 시작할 때) 놀이에 풍부한 상상력을 가지고 참여함으로써, 놀이를 성공적으로 확장시킬 수 있다.<br>예 •"음, 배가 고파지는데, 저녁 준비가 거의 끝나가니?"<br>•"저녁을 요리하는 동안 내가 아기를 안고 있어도 되겠니?" |
| 놀이 행동을 제시하는 모델링 | 교사들은 유아들과 상호작용을 하거나 놀이를 지시하는 것이 아니라 유아들과 평행으로 놀이하는 것처럼 모델링을 제시한다.<br>예 "나는 여행을 다녀와서 지치고 배가 고파. 어서 맛있는 오믈렛을 만들어 먹어야 겠다. 네가 만들어주는 맛있는 음식도 기대할게." |
| 소도구 제공하기 | 교사가 적절한 때에 주제와 관련된 소도구들을 첨가할 때 유아들의 놀이는 확장되고 더 복잡해진다.<br>예 •"너는 버스를 타려고 하는구나. 여기 티켓이 있어."<br>•"네가 만든 스프를 맛보기 위해서 필요한 숟가락이 여기 있어."<br>•"너의 저녁을 준비하기 위해 이 팬을 사용하고 싶니?" |

**스밀란스키가 고안한 교사 개입 기술**

1. 유아들이 놀 수 있도록 실제 경험을 제공하고, 그 다음 이러한 경험들과 관련 있는 소도구들을 제공한다.
2. 누가 참여하지 않는지, 누가 놀이를 확장시키기 위해 성인의 도움을 필요로 하는지를 기록하기 위해 유아들의 놀이를 주의 깊게 관찰한다.
3. 유아들이 자신의 놀이능력을 발달시킬 수 있도록 돕기 위해 능동적으로 개입한다. 비고츠키의 용어를 빌리자면, 이러한 개입은 일종의 비계 설정이다.

## 9. 또래

① 연령이 어릴 경우, 놀잇감이 친구와의 놀이에 영향을 미치는데, 2세 유아의 경우 놀잇감을 매개체로 또래 친구들에게 쉽게 접근할 수 있다(Fontaine, 1996).
② 크기가 작은 놀잇감은 놀잇감 자체가 놀이의 초점이 되어 또래 간 상호작용이 줄어들지만, 커다란 놀잇감은 친구와의 상호작용을 촉진한다(Brenner, 1977).

# 놀이 지원

 **들어가며**

놀이는 그 본질적 특성상 유아에 의해 주도되는 것이며, 또 그래야만 한다. 하지만 유아의 놀이는 주변의 놀이 환경에 의해 영향을 받을 수밖에 없으며, 이때 교사는 놀이에 대한 물리적이고 인적인 환경 요인으로 작용하게 된다. 놀이 과정 중 교사의 역할에 따라 놀이가 증가되기도 하며 놀이의 유형이나 지속 시간, 놀이의 질 또한 영향을 받는다. 따라서 교사는 유아가 놀이를 주도해 나가도록 적절한 지원을 해야 한다.

## 01 놀이 관찰

유아의 놀이에는 개별 유아의 전반적인 발달 수준과 그들의 내면세계가 모두 투영되는 것이기에 교사는 이를 세심히 관찰해야 한다. 놀이의 관찰을 통해서 교사는 유아의 흥미나 관심, 놀이가 진행되는 양상, 놀이자들 간의 관계, 놀이의 지속을 위해 필요한 소품, 다음 놀이의 계획을 위한 아이디어의 제공 등을 얻을 수 있다. 세심한 관찰이 선행되지 않는 개입이나 참여는 놀이를 방해할 뿐이다.

> **PLUS⁺**
>
> **놀이 관찰의 의의**
> 1. 놀이 행동을 관찰함으로써 유아의 발달수준을 파악할 수 있고 한 집단에 속한 유아 간의 개인차를 알 수 있다.
> 2. 놀이 관찰을 통해 유아의 놀이상황을 바르게 이해하게 되고 놀이의 가치를 파악하게 된다.
> 3. 놀이 관찰을 통해 활동 및 환경 구성을 계획하고 준비하는 데 필요한 기초 자료를 수집할 수 있다.
> 4. 놀이를 관찰함으로써 효율적인 놀이 개입이나 지도를 할 수 있다.

### 1. 관찰 절차

관찰 목적이나 주제의 명료화 → 관찰 행동의 정의 → 관찰 시간과 장면의 선정 → 관찰 기록

## 2. 놀이 관찰 시 유의사항

① 유아의 놀이 행동을 정확하고 객관적으로 관찰한다.

② 놀이 지도에 지장이 없는 한, 관찰 즉시 기록한다.

③ 지속적으로 관찰한다.

## 3. 관찰척도를 이용한 놀이 관찰

(1) 스밀란스키(Smilansky), 사회적 가상놀이 관찰척도(Sociodramatic Play Inventory : SPI)

① 성숙한 형태의 사회적 가상놀이의 평가준거로 5개의 요인을 평가하도록 고안한 도구

② 사회적 가상놀이의 개념

ㄱ 둘 이상의 유아가 같은 주제를 가지고, 말과 행동을 모방하고 상황을 가상하면서 언어적으로 상호작용하는 놀이

ㄴ 고도의 인지, 사회, 언어 능력이 요구 → 인지적으로 성숙된 놀이로 간주(스밀란스키)

ㄷ 발달의 주도적 요소, 모든 발달성향이 응집되어 있는 놀이, 발달의 주요 자원이라 인식(비고츠키)

ㄹ 대개 3세 후반에 시작되어 발전하다가 7세경에 감소(거꾸로 된 U자형 발달경로)

③ 사회적 가상놀이의 관찰척도 모형 : 사회적 가상놀이 관찰척도의 행동 관찰목록에 대한 정의

◐ 사회극놀이 목록 : 기록용지

| 이름 | 역할 수행하기 | 가작화하기 | | | 사회적 상호작용 | 언어적 의사소통 | | 지속성 |
|---|---|---|---|---|---|---|---|---|
| | | 사물 | 행동 | 상황 | | 상위 의사소통 | 가장 의사소통 | |
| | | | | | | | | |
| | | | | | | | | |
| | | | | | | | | |
| | | | | | | | | |
| | | | | | | | | |

출처 : Smilansky(1968)에서 발췌

## ● 사회극놀이 목록의 정의

| | | |
|---|---|---|
| 역할 수행<br>(role playing) | | 유아는 가족 구성원, 경찰관, 드라큘라 백작 등의 역할을 택하고, "나는 엄마야." 등의 언어적 선언을 통해 이러한 역할을 의사소통하며 역할에 적합한 행동(유아 돌보는 척하기)을 한다. |
| 가작화하기<br>(make-believe transformation) | | 사물, 행동 또는 상황을 표상하기 위해서 상징을 사용한다. |
| | 사물 | 사물이 다른 사물로 대체되거나(나무 적목을 컵인 척하는 것), 언어적 선언을 통해 상상이 창조되기도 한다(빈손을 바라보며 "나의 잔이 비었다!"라고 외치는 것). |
| | 행동 | 실제의 행동을 대신하는 축약된 행동을 하거나(손을 위아래로 움직이면서 망치질하는 척하는 것), 상징 행동을 나타내기 위해 언어적 표현을 한다("나는 못 질을 하고 있어."). |
| | 상황 | 상상 놀이의 상황이 언어적 선언을 통해 만들어진다("우리는 지금 제트 비행기에 타고 있는 거야."). |
| 사회적 상호작용<br>(social interaction) | | 적어도 두 유아가 놀이 사건과 관련해서 직접 상호작용을 한다(또래놀이 척도의 항목에서 네 번째 놀이단계인 상호 인식이 있는 보완적 놀이단계에서 나타난다.). |
| 언어적 의사소통<br>(verbal communication) | | 유아는 놀이 사건과 관련된 언어적 의사소통에 참여한다. 언어적 의사소통에는 두 가지의 유형이 있다. |
| | 상위 의사소통 | 놀이 사건을 조직하고 구성하기 위해 사용된다. 유아는 다음과 같은 말을 사용한다.<br>ⓐ 사물 가작화를 변별하여 명명하기("밧줄을 뱀인 척하자.")<br>ⓑ 역할 분담하기("나는 아빠 할게, 너는 아기 해.")<br>ⓒ 이야기 구성하기("우리는 먼저 시장에 간 다음 장난감 가게에 갈 거야.")<br>ⓓ 역할에 적합하지 않은 행동을 한 놀이자 비난하기("엄마는 그렇게 하지 않아." 또는 "야, 그것은 말이 아니라 뱀이야.") |
| | 가장 의사소통 | '~인 척하는' 의사소통으로 유아가 정한 역할에 적합하게 말하는 것이다. 교사 역할을 맡은 유아는 다른 놀이자에게 "너는 버릇없는 아이구나. 원장선생님께 보내야겠어."라고 말할 것이다. |
| 지속성<br>(persistence) | | 유아가 하나의 놀이에 참여하는 지속성을 의미한다. 연령이 어린 유아는 적어도 5분 정도, 유치원 유아들은 10분 정도 놀이를 지속해야 사회극놀이로 간주된다. |

④ 관찰도구 활용방법 : 놀이 활동에 참여한 2~4명의 유아를 집중적으로 관찰(며칠 또는 몇 주간의 간격을 두고 반복 관찰)

(2) **루빈(Rubin), 마이오니(Maioni), 호넝(Hornung), 사회/인지놀이 관찰척도(1976)**

① 사회놀이 범주(파튼), 인지놀이 범주(피아제, 스밀란스키) 두 놀이를 동시에 평가할 수 있는 관찰도구

② 사회/인지놀이 관찰척도의 놀이행동 관찰목록에 대한 정의

　㉠ **인지놀이 발달단계**

| 기능놀이 | 사물을 가지고 또는 사물 없이 신체의 움직임을 계속 반복하는 놀이 |
|---|---|
| 구성놀이 | 사물 또는 여러 가지 놀이자료를 가지고 무엇인가를 만드는 놀이 |
| 극화놀이 | 역할 이행 및 가상전환을 하는 놀이 |
| 규칙 있는 게임 | 미리 정해진 규칙을 확인하고 그것을 인식하고 수용하면서 진행하는 놀이 |

　㉡ **사회놀이의 발달단계**

| 혼자놀이 | 서로 이야기할 수 있는 거리만큼 떨어져서 사물을 가지고 또는 사물 없이 혼자 노는 놀이 / 다른 유아들과의 사회적 접촉이나 어떤 대화도 이루어지지 않음 |
|---|---|
| 병행놀이 | 다른 유아들과 아주 근접한 거리에서 같은 놀이자료를 가지고 놀이 활동을 하거나 비슷한 놀이 활동에 참여하는 놀이 / 상대를 인식하고는 있으나 같이 놀이하고자 시도하지 않음 |
| 집단놀이 | 다른 유아들과 함께 사회적 상호작용을 하면서 참여하는 놀이로 각자의 역할이 할당되기도 함 |

　㉢ **비놀이(비놀이 행동 / 학문적 활동)**

| 비놀이 행동 | 몰입하지 않는 행동, 쳐다보는 행동, 한 활동에서 다른 활동으로 전환하는 행동이 포함 |
|---|---|
| 학문적 활동 | 학습활동과 교사가 제시하는 활동 및 과제 등이 포함(책 읽기, 금붕어 먹이 주기, 색칠하기, 컴퓨터 하기 등) |

| 인지적 놀이 \ 사회적 놀이 | 기능놀이 | 구성놀이 | 극화놀이 | 규칙 있는 게임 |
|---|---|---|---|---|
| 혼자놀이 | 공 튀기기 | 동물원 구성하기 | 전화하기 | |
| 병행놀이 | 자동차 굴리기 | 로봇 만들기 | 음식 준비하기 | |
| 집단놀이 | 쫓아다니기 | 고속도로 만들기 | 병원 놀이하기 | 손바닥 치기 |

| 비놀이 행동 | | | 학문적 활동 |
|---|---|---|---|
| 비참여적 행동 | 방관자적 행동 | 전이 | |
| 배회하기 | 미장원 놀이 지켜보기 | | • 책 읽기<br>• 햄스터 먹이주기 |

③ **관찰도구 활용방법**

　㉠ 사회 / 인지 놀이 관찰척도 개념 정의 숙지 → 기록지 준비 → 15초 관찰

　㉡ 관찰과정 : 관찰지에 유아 이름과 날짜 기입 → 15초 동안 첫 번째 유아 관찰, 모든 유아 1번씩 관찰(1분에 3명의 유아 관찰 가능) → 유아 개인당 20~30번 관찰

④ 관찰기록의 실례

    ㉠ 3명의 유아들이 비석치기(집단-규칙 있는 게임)

    ㉡ 혼자 바구니에 공을 던져 넣는다(혼자-기능놀이).

    ㉢ 유아가 특별한 활동에 참여하지 않고 교실을 배회한다(몰입하지 않는 행동).

## (3) 하위스(Howes), 또래놀이 관찰척도

① 하위스는 영유아의 사회적 놀이 행동을 연구하기 위하여 사회 / 인지 놀이 관찰척도보다 더 자세한 관찰척도를 개발하였다.

② 또래놀이 관찰척도는 2가지 범주의 병행놀이인 단순 병행놀이(수준 1)와 병행적 인식놀이(수준 2)로 되어 있다. 덧붙여 네 범주의 집단놀이가 포함되는데 단순 사회적 놀이(수준 3), 상호 보완적 놀이(수준 4), 협동적 사회 가작화 놀이(수준 5), 복합적 사회 가작화 놀이(수준 6)이다.

③ 또래놀이 관찰척도는 또래놀이의 3가지 차원에 초점을 둔다.

> • 유아의 사회적 상호작용의 복잡성
> • 유아 상호작용의 보완적이고 상호적 정도
> • 놀이의 유지와 계획 시 사용되는 언어의 확장

④ 수준 1과 수준 2의 놀이 행동은 비사회적, 비상호보완적, 비언어적이다. 중간수준에서 유아는 언어적 상호작용을 포함한 단순 사회놀이(수준 3)와 상호 보완적 놀이(수준 4)에 참여하기 시작한다. 가장 높은 수준의 두 범주에서 유아는 가상놀이 대본을 함께 실행하는 사회극놀이에 참여하게 된다. 수준 5에서 유아의 언어는 자신이 맡은 역할대로 말하는 가작화 놀이에 제한되어 있다. 수준 6에서 유아는 놀이를 계획하고 조직하기 위하여 일시적으로 가작화 놀이를 멈추고 상위의사소통 교환을 하게 된다.

⑤ 하위스의 또래놀이 관찰척도의 예

| 또래놀이 관찰척도 | | | | | | | | |
|---|---|---|---|---|---|---|---|---|
| 관찰자 | | | | | | | | |
| 관찰유아 | | | | | 남/여 | | | |
| 생년월일 | | | | | 관찰일시 | | | |

| 혼자 놀이 | 단순 병행 놀이 | 병행적 인식 놀이 | 단순 사회 놀이 | 상호 보완적 놀이 | 협동적 사회 가상 놀이 | 복합적 사회 가상 놀이 | 성인 개입 | 환경과 자료 |
|---|---|---|---|---|---|---|---|---|
| 수준 0 | 수준 1 | 수준 2 | 수준 3 | 수준 4 | 수준 5 | 수준 6 | | |
| | | | | | | | | |
| | | | | | | | | |
| | | | | | | | | |

⑥ 하위스의 또래놀이 관찰척도의 놀이 행동 범주에 대한 정의

| 단계 | | 내용 |
|---|---|---|
| 수준 0 | 혼자놀이 | 서로 이야기할 수 있는 거리 안에서 다른 영유아와 사회적 접촉이나 어떤 대화도 없이 혼자서 사물을 가지고 또는 사물 없이 혼자 하는 놀이이다. |
| 수준 1 | 단순 병행놀이 | 영유아는 0.9m 이내에서 서로 같은 활동을 하지만 서로 눈을 마주치거나 언어를 통한 사회적 행동을 하지 않는다. 예를 들면 몇몇 영유아가 블록을 가지고 서로 가까이 앉아서 놀이하지만 그들 각자는 모두 자신의 놀이에 빠져있다. 그들은 아직 서로의 존재에 관심이 없는 것 같다. |
| 수준 2 | 병행적 인식놀이 | 수준 1의 놀이에 눈을 마주치는 것이 첨가된 병행놀이다. 예를 들면, 블록을 가지고 놀이하는 2명의 영유아가 있는데 그들은 가끔씩 서로 쳐다보고 각각 다른 블록을 구성한다. 비록 영유아들이 사회적 상호작용을 하지는 않지만, 다른 영유아의 존재와 현재 활동에 관심을 갖는다. 이 단계에서 영유아들은 종종 각각 다른 영유아의 놀이를 모방한다. 한 영유아는 다른 영유아의 블록 구조물을 그대로 묘사할 수 있다. |
| 수준 3 | 단순 사회놀이 | 영유아들은 같은 유형의 활동을 하면서 사회적으로 상호작용을 한다. 그들은 말하고 사물을 교환하면서 웃거나 다른 형태의 사회적 상호작용을 한다. 예를 들면, 블록을 가지고 놀이하는 영유아들은 서로의 구성물을 평가할 수 있다("그거 참 예쁘다."). |
| 수준 4 | 상호보완적 놀이 | 영유아는 사회적 놀이에 참여하거나 게임을 한다. 블록을 가지고 놀던 영유아 중 한 영유아가 다른 영유아에게 블록을 하나 주고 그것을 받은 영유아는 다른 블록을 다시 준다. 숨바꼭질이나 쫓고 쫓기는 게임 또한 이 범주에 속한다. |
| 수준 5 | 협동적 사회 가상 놀이 | 영유아는 사회극놀이를 하는 동안 보완적인 역할을 수행한다. 역할이 분명하게 이름 붙여질 필요는 없지만, 이때 영유아의 행동은 분명히 일치되어야만 한다. 예를 들면, 영유아는 엄마, 아빠의 역할을 흉내 낼 수 있고 인형을 목욕시키는 척 할 수 있다. |
| 수준 6 | 복합적 사회 가상 놀이 | 유아는 놀이에 대한 사회 가상 놀이와 상위의사소통 모두를 나타낸다. 상위의사소통은 유아가 놀이에 대한 그들의 가상 역할을 말하기 위해 일시적으로 놀이를 중단할 때 발생한다. 예를 들면 명령하기와 역할정하기를 하고("난 의사고, 너는 간호사고, 너는 아기 해.") 새로운 놀이 각본을 제안하며("자, 우리 아기가 열이 많이 나고 아프다고 하자.") 현재 장면을 수정한다("아기가 아프니까 의사 선생님한테 주사를 놓아 달라고 하자."). 그리고 다른 유아를 촉진시킨다("의사 선생님이 주사를 놓는 것이 아니야. 간호사 선생님이 주사를 놓는 거야."). |

## (4) 바넷(Barnett), 놀이성 관찰척도

① 놀이성은 기본적인 성격 특성과 같은 것이다.

② 어떤 유아는 자주 놀이를 즐기고 아주 빈약한 환경에서도 자신의 놀이세계를 창조하는 성향을 가지고 있다(Barnett, 1990). 또 어떤 유아는 풍부한 놀이 환경에서조차 거의 놀지 않는다.

③ 리버만(Liberman, 1977)은 이러한 유아의 놀이성을 신체적 자발성(physical spontaneity), 사회적 자발성(social spontaneity), 인지적 자발성(cognitive spontaneity), 즐거움의 표현(manifest joy), 유머감각(sense of humor)의 5가지로 제시하였는데, 바넷 (Barnett, 1990)은 교사가 유아의 놀이 선호성을 파악할 수 있도록 유아의 놀이 성향을 측정하는 척도로 만들었다.

④ 놀이성 관찰척도의 다섯 가지 놀이성 요소는 각각 네다섯 가지의 조작적 정의로 표현되었고, 유아의 놀이성의 특징은 5점 척도로 평가하도록 되어 있다.

⑤ 교사는 놀이성 관찰척도를 사용하여 유아의 놀이성을 평가하면서 성인의 개입이나 놀이친구의 도움이 필요한 유아가 놀이에 즐겁게 참여할 수 있도록 도움을 줄 수 있다.

● **바넷(Barnett)의 놀이성 관찰척도**

| 구분 | 유아의 놀이성 정도 | | | | |
|---|---|---|---|---|---|
| | 전혀 | 조금 | 다소 | 많이 | 아주 많이 |
| **신체적 자발성** | | | | | |
| 유아의 동작이 잘 협응된다. | 1 | 2 | 3 | 4 | 5 |
| 놀이하는 동안 유아는 신체적으로 능동적이다. | 1 | 2 | 3 | 4 | 5 |
| 유아는 보다 능동적인 것을 선호한다. | 1 | 2 | 3 | 4 | 5 |
| 유아는 달리기, 한발뛰기, 껑충뛰기, 도약을 많이 한다. | 1 | 2 | 3 | 4 | 5 |
| **사회적 자발성** | | | | | |
| 유아는 타인의 접근에 쉽게 반응한다. | 1 | 2 | 3 | 4 | 5 |
| 유아는 다른 유아와 협동적으로 놀이한다. | 1 | 2 | 3 | 4 | 5 |
| 유아는 놀잇감을 흔쾌히 공유한다. | 1 | 2 | 3 | 4 | 5 |
| 유아는 놀이 시 지도자 역할을 한다. | 1 | 2 | 3 | 4 | 5 |
| **인지적 자발성** | | | | | |
| 유아는 스스로 게임을 창안한다. | 1 | 2 | 3 | 4 | 5 |
| 유아는 놀이에서 비전형적인 놀잇감을 사용한다. | 1 | 2 | 3 | 4 | 5 |
| 유아는 여러 가지 배역을 가장한다. | 1 | 2 | 3 | 4 | 5 |
| 유아는 놀이 동안 활동을 변화시킨다. | 1 | 2 | 3 | 4 | 5 |
| **즐거움의 표현** | | | | | |
| 유아는 놀이 동안 즐거움을 표현한다. | 1 | 2 | 3 | 4 | 5 |
| 유아는 놀이 동안 충만함을 나타낸다. | 1 | 2 | 3 | 4 | 5 |
| 유아는 놀이 동안 열정을 보인다. | 1 | 2 | 3 | 4 | 5 |
| 유아는 놀이 동안 감정을 표현한다. | 1 | 2 | 3 | 4 | 5 |
| 유아는 놀이하면서 노래하고 말한다. | 1 | 2 | 3 | 4 | 5 |
| **유머 감각** | | | | | |
| 유아는 다른 유아들과 농담을 즐긴다. | 1 | 2 | 3 | 4 | 5 |
| 유아는 다른 사람을 조용하게 놀린다. | 1 | 2 | 3 | 4 | 5 |
| 재미있는 이야기를 말한다. | 1 | 2 | 3 | 4 | 5 |
| 유아는 유머러스한 이야기에 웃는다. | 1 | 2 | 3 | 4 | 5 |
| 유아는 주변에서 익살부리는 것을 좋아한다. | 1 | 2 | 3 | 4 | 5 |

### ⑸ 펜(Penn), 상호작용적 또래놀이척도

① 펜의 상호작용적 또래놀이척도(Penn Interactive Peer Play Scale : PIPPS)는 유아의 또래놀이 상호작용을 측정하는 관찰도구이다(Fantuzzo, Coolahan, Mendez, MCDermott, & Sutton-Smith, 1998).

② 상호작용적 또래놀이척도 문항은 놀이 방해 12문항, 놀이 단절 9문항, 놀이 상호작용 8문항인 총 29문항으로 구성되어 있으며, 각각은 다음을 나타낸다.

    ㉠ 놀이 방해(play disruption) : 공격적 행동 및 자기통제의 결여와 관련된 부정적 행동이다.

    ㉡ 놀이 단절(play disconnection) : 위축된 행동과 관련된 부정적 행동이다.

    ㉢ 놀이 상호작용(play interaction) : 친사회적 행동, 인간관계 기술, 자기통제, 단호한 언어 등과 관련된 긍정적 행동이다.

펜의 상호작용적 또래놀이척도의 각 문항은 4점 척도('관찰되지 않는다'는 1점, '가끔 관찰된다'는 2점, '자주 관찰된다'는 3점, '매우 자주 관찰된다.'는 4점)로 평가한다. 점수에 대한 해석으로는 놀이 방해와 놀이 단절은 점수가 낮을수록 긍정적인 반응이고, 놀이 상호작용은 이와 반대로 점수가 높을수록 긍정적인 반응이다.

● **펜(Penn)의 상호작용적 또래놀이척도의 문항**

| 구분 | 관찰되지 않음 | 가끔 | 자주 | 매우 자주 |
|---|---|---|---|---|
| **놀이 방해** | | | | |
| 싸움과 논쟁 시작하기 | 1 | 2 | 3 | 4 |
| 다른 유아가 갖고 있는 물건 빼앗기 | 1 | 2 | 3 | 4 |
| 놀이 방해 | 1 | 2 | 3 | 4 |
| 신체적 공격 | 1 | 2 | 3 | 4 |
| 언어적 공격 | 1 | 2 | 3 | 4 |
| 다른 유아의 물건 파괴하기 | 1 | 2 | 3 | 4 |
| 역할 바꾸지 않기 | 1 | 2 | 3 | 4 |
| 고자질하기 | 1 | 2 | 3 | 4 |
| 울거나 불평하거나 화를 내기 | 1 | 2 | 3 | 4 |
| 다른 유아의 의견에 동의하지 않기 | 1 | 2 | 3 | 4 |
| 장난감 공유하지 않기 | 1 | 2 | 3 | 4 |
| 다른 유아들의 놀이 생각을 거절하기 | 1 | 2 | 3 | 4 |
| **놀이 단절** | | | | |
| 다른 유아에 의해 무시되기 | 1 | 2 | 3 | 4 |
| 놀이 집단 주변을 배회하기 | 1 | 2 | 3 | 4 |
| 움츠리기 | 1 | 2 | 3 | 4 |

| | | | | |
|---|---|---|---|---|
| 놀이 시작하는 데 도움을 필요로 하기 | 1 | 2 | 3 | 4 |
| 놀이에서 목적 없이 쳐다보기 | 1 | 2 | 3 | 4 |
| 불행한 것처럼 보이기 | 1 | 2 | 3 | 4 |
| 권유받을 때 놀이하는 것을 거절하기 | 1 | 2 | 3 | 4 |
| 놀이에서 갈팡질팡하기 | 1 | 2 | 3 | 4 |
| 교사의 지시를 필요로 하기 | 1 | 2 | 3 | 4 |
| **놀이 상호작용** | | | | |
| 다른 유아가 상처받고 슬플 때 위로해 주기 | 1 | 2 | 3 | 4 |
| 다른 유아 돕기 | 1 | 2 | 3 | 4 |
| 놀이를 만드는 데 창의성 보이기 | 1 | 2 | 3 | 4 |
| 또래갈등을 안정시키도록 돕기 | 1 | 2 | 3 | 4 |
| 이야기를 말로 하기 | 1 | 2 | 3 | 4 |
| 다른 유아가 놀이에 참여할 수 있도록 격려하기 | 1 | 2 | 3 | 4 |
| 다른 유아의 행동을 긍정적으로 지도하기 | 1 | 2 | 3 | 4 |
| 놀이하는 동안 긍정적 정서 유지하기 | 1 | 2 | 3 | 4 |

## 02 놀이의 참여자

교사의 놀이 참여는 충분한 관찰과 세심한 배려 속에서 이루어질 때, 그 효과를 언급할 수 있을 것이다. 유아들이 하고 있는 놀이의 종류가 어떤 것인지, 놀이의 전개가 어느 정도로 진행되었는지, 놀이 참여자들 간의 관계 형성은 어떻게 이루어지고 있는지 등을 관찰하면서 참여 여부를 결정짓고, 놀이의 흐름을 막지 않는 범위 내에서 놀이에 참여해야 한다. 교사는 유아의 놀이에 적절히 개입하여 놀이를 촉진·확장시키는 역할을 해야 한다.

### 1. 교사 개입 연속 모형(TBC)

볼프강 등(C. Wolfgang, B. Mackender & M. Wolfgang, 1981)이 제시한 교사 개입 연속 모형(TBC : Teacher Behavior Continuum)은 유아 중심의 개방적인 놀이 개입에서 교사 중심의 구조화된 개입으로 일련의 연속적인 조치를 취할 수 있음을 강조한다.

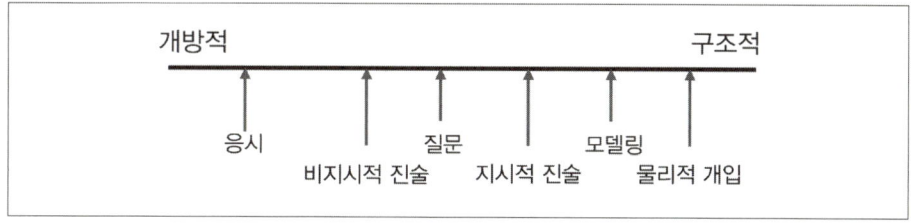

교사 개입 연속 모형(TBC)

● 역할놀이에서 TBC 적용의 예

| 구분 | 내용 |
| --- | --- |
| 응시 | 교사는 유아가 다양한 상상을 하며 너무 흥분하지 않도록 가까이에서 지켜본다. |
| 비지시적 진술 | 교사는 유아의 놀이 행동을 구두로 설명한다.<br>예 "선생님이 보니까 선화는 아기 인형에게 우유를 주고 있구나." |
| 질문 | 교사는 유아의 역할놀이가 확장될 수 있도록 적절한 질문을 한다.<br>예 "이제 아기에게 우유를 먹였으니 다음에는 어떻게 할까?" |
| 지시적 진술 | • 교사는 역할을 배정해 준다.<br>　예 "너는 아빠고, 아기는 주연이가 하렴."<br>• 놀이내용의 전개를 지시한다.<br>　예 "아기가 우유를 먹어서 배가 부르니까 유모차에 태우고 밖으로 나가자." |
| 모델링 | 교사가 적절한 행동의 시범을 직접 보여준다.<br>예 "아기에게 우유를 먹이려면 이렇게 안고 먹여야지. 선생님이 해볼게." |
| 물리적 개입 | 교사가 역할놀이에 적합한 소품을 제시하며 신체적으로 유아의 행동을 교정해 준다.<br>예 전화기를 유아의 귀에 잘 대주면서 아기가 아프다고 병원에 전화하라고 한다. |

## 2. 존슨(Johnson), 크리스티(Christie)와 야키(Yawkey)의 교사 개입 방법

교사가 놀이에 전혀 관여하지 않는 방법으로부터(방관자, 무대 감독자, 공동 놀이자, 놀이 리더, 학습 지도자의 역할) 점차 개입의 강도를 높여 가는 일련의 연속적 개입방법을 제시하였다.

| 구분 | 내용 |
| --- | --- |
| 비참여자 | • 유아의 놀이에 주의를 기울이지 않고 상호작용을 하지 않는다. |
| 방관자 | • 의미 : 가장 소극적인 개입방법으로, 교사가 놀이하는 유아를 가까운 거리에서 지켜보면서 머리를 끄덕이거나 미소를 지으며 때로는 '재미있게 놀고 있구나.' 등의 말을 걸어 관심을 표현한다.<br>• 장점 : 교사가 유아의 놀이에 관심이 있으며 놀이를 인정한다는 뜻이 전달된다. 교사는 놀이를 지켜보면서 유아가 선호하는 놀이, 놀잇감, 놀이 친구 등을 파악할 수 있으며 적절한 개입의 방법을 결정할 수 있다.<br>• 유의점 : 유아에게 부담을 줄 수도 있다. |

| | |
|---|---|
| 무대 감독자 | • **의미** : 교사가 유아의 놀이 준비와 진행을 도와주고 조언해 주는 개입방법으로 유아가 놀이상황을 준비하는 것을 도와주고 놀이가 원만하게 진행되도록 이끌어 주는 역할을 한다.<br>• **장점** : 교사가 상황에 적절한 제안을 하여 놀이를 확장시킬 수 있다.<br>• **유의점** : 꼭 필요한 경우에만 개입하도록 한다.<br>**예** • 슈퍼마켓 놀이를 하는 경우, 유아들이 판매할 상품의 목록을 만들기로 결정하면 교사가 기록("가게에서 어떤 물건을 파는지 붙여 놓으면 손님들이 좋아하겠다. 팔고 싶은 물건 이름을 말하면 선생님이 종이에 적어 줄게.")<br>   • 놀이내용, 아이디어를 확장시켜서 발전된 놀이를 할 수 있도록 적절한 질문 ("○○은 힘이 들어서 물건을 사러 슈퍼마켓이 가기 싫구나. 슈퍼마켓에 가지 않고 물건을 살 수 있는 방법이 있을까?") |
| 공동 놀이자 | • **의미** : 유아의 놀이에 파트너로 함께 참여하는 개입방법이다. 단, 적극적으로 참여를 하지만 유아가 놀이를 주도하고 교사는 이에 따른다.<br>**예** 가게 놀이에서 교사가 손님 역할, 병원 놀이에서 환자 역할<br>   • **장점** : 놀이를 활성화시키고 발전시킬 수 있을 뿐 아니라 교사와 유아 간에 친밀감이 형성될 수 있다.<br>   • **유의점** : 꼭 필요한 경우에만 공동 놀이자로 개입한다.<br>**예** • 유아가 교사를 놀이에 참여하도록 초대하는 경우("선생님이 환자 하세요.")<br>   • 놀이를 진행시키기 위해 교사가 파트너가 되어야 할 경우(병원 놀이에서 환자 역할을 자원하는 유아가 없을 때) |
| 놀이 리더 | • **의미** : 교사가 놀이에 참여하여 주도권을 가지고 놀이를 이끌어 나가는 적극적인 개입방법이다.<br>**예** 유아의 군인 놀이가 장난감 권총으로 서로 때리는 공격적 행동으로 진전될 때, 교사가 개입하여 "자, 이제부터 선생님이 대장이다. 지금부터 사격 연습을 시작하겠다. 모두 엎드려서 저기 과녁을 향해 사격을 한다. 준비, 땅!"이라고 하는 것<br>• **장점** : 유아 스스로 역할놀이에 참여하지 못할 때, 다른 유아와 함께 놀이를 하는 데 어려움이 있을 때, 놀이가 반복되거나 중단될 위험이 있을 때 교사가 놀이 리더로 개입하면 효과적이다.<br>• **유의점** : 이 개입방법은 교사가 주도적으로 지시와 통제를 하기 때문에 유아의 자발적인 놀이욕구를 침해할 가능성이 있다. |
| 학습 지도자 | • **의미** : 교사가 유아의 놀이 확장이나 촉진보다는 놀이를 통한 유아의 인지학습에 초점을 맞추어 개입하는 방법이다.<br>• **방법** : 교사는 유아가 놀이를 하면서 인지학습을 하도록 적절한 질문이나 제안을 한다.<br>**예** 유아가 불자동차 놀이를 하는 경우, "불이 나면 몇 번에 전화해야 할까?", "불을 꺼주는 아저씨가 누굴까?" 등의 질문으로 인지학습을 유도<br>• **장점** : 나이가 든 유아의 인지학습에 효과적이다.<br>• **유의점** : 유아의 놀이 흐름을 방해할 가능성이 있다. |

## 3. 피터(Peter), 나이스워스(Neisworth)와 야키(Yawkey)의 3가지 개입 전략

| 구분 | 내용 |
|------|------|
| 자유 발견 | 교사가 자유놀이 시간에 각 놀이 영역별로 다양하고 풍부한 놀이 활동과 놀잇감을 제공함으로써 유아가 자유롭게 탐색하고 놀이하게 하는 방법이다. |
| 유도적 발견 | 유아로 하여금 준비된 환경에서 질적으로 우수한 놀이를 하도록 교사가 여러 가지 방법으로 유도하는 방법이다.<br>구체적인 방법으로는 탐색을 격려하기, 적절한 사물의 활용을 제안하기, 사물의 다각적 활용을 격려하기, 놀이 사용에 적절한 언어 본보기 보여주기 등이 있다. |
| 지시적 발견 | 교사가 유아의 놀이에 직접적인 도움을 주는 개입방법이다. |

## 4. 사회극놀이 훈련 시 교사의 개입방법(Smilansky, Johnson)

| 구분 | 내용 |
|------|------|
| 외적 중재 | • 놀이상황 밖에서 유아에게 사회극놀이 행동을 사용하도록 제안한다.<br>• 교사는 질문을 하거나 새로운 소품을 제공함으로써 역할놀이의 외부에서 개입할 수도 있다.<br>　예 교사는 주유소 놀이를 하는 유아들에게 "기름을 넣기 위해서는 어떤 호스를 사용하고 있니?"와 같이 질문할 수 있다. |
| 내적 중재 | • 하나의 역할을 맡아 역할놀이 주제의 내부자로 참여하고, 사회극 행동의 구체적 모델을 제공한다.<br>　예 교사는 점심을 먹으려는 손님의 역할을 가상하고 식당으로 들어갈 수 있다. |
| 주제-상상 훈련 | • 동화를 이용하여 이야기 내용을 행동으로 표현해 보도록 한다. |

## 5. 우드(Wood), 맥마흔(McMahon), 크랜스턴(Cranstoun)(1980)의 교사 개입 유형

| 구분 | 내용 |
|------|------|
| 병행놀이<br>(parallel playing) | • 유아 가까이에서 동일한 놀이 자료를 가지고 놀이를 하지만 상호작용은 하지 않음<br>• 기능놀이와 구성놀이에서 많이 활용<br>• **장점**: 유아에게 편안함을 주고 놀이의 가치를 부여하는 효과가 있으며 교사가 옆에 있다는 사실이 유아에게 위안을 주며 유아의 놀이가 가치 있는 것임을 느끼게 함 |
| 공동놀이<br>(co-playing) | • 진행 중인 유아의 놀이 활동에 교사가 직접 참여<br>• 유아가 성인을 놀이에 참여시키기 위해 초대할 때 사용<br>• 놀이의 방향은 유아가 주도하며 교사는 이에 따름 |
| 놀이교수<br>(play tutoring) | • 교사가 놀이를 먼저 시도하고 놀이를 직접 지도하는 것<br>• **교사의 역할**: 주도적, 적극적, 새로운 놀이 시작 및 지도<br>• 놀이활동에 참여하지 않는 유아들의 참여 유도 시 적용<br>• 유아와 교사 간의 풍성한 대화 유도<br>　– 외적 중재: 교사가 놀이 밖에서 유아에게 놀이 행동을 격려하거나 의견을 제시, 제안하는 것<br>　– 내적 중재: 교사가 직접 놀이 상황에 참여하여 역할을 담당하고 이행하는 것 |
| 현실대변인<br>(spokesman for reality) | • 교수 · 학습 매개로써 놀이를 활용<br>• 유아의 놀이장면 밖에서 놀이 활동과 현실세계를 연결시켜줌<br>• 유아의 놀이에 참여하지 않고 놀이를 고무시킨다는 점에서 외적 중재와 유사 |

## 6. 신(Shin, 1989)의 자유놀이 시간에 교사의 놀이 개입 전략

신(Shin)은 유치원 현장에서의 교사 개입을 관찰하고, 스파이델(Spidell, 1985)의 교사 개입 유형에 '칭찬'과 '명령'을 첨가하여 교사의 개입의 유형을 범주화하였다.

| 구분 | 내용 |
|---|---|
| 환경 구성 | 놀이 자료의 첨가 및 환경의 재구성과 조정 |
| 대화 | 현재 놀이 활동, 흥미, 놀이 상황에 대한 양방적 일상 대화 |
| 칭찬 | 유아의 놀이 과정이나 행동, 놀이 결과에 대한 긍정적 강화 |
| 유지 | 놀이 진행과정의 보조 및 유지를 위한 도움 |
| 시범 | 놀이의 적절한 진행에 대한 실제 실행의 모델 |
| 참여 | 진행 중인 놀이에 한 역할이나 기능에 참가하는 역할 |
| 방향 제시 | 놀이 중단 혹은 반복적 활동 시 놀이의 대안이나 방향 제시 |
| 교수 | 놀이 상황이나 놀잇감 등의 사실·개념·과정의 직접적 설명 및 가르침 |
| 명령 | 지시나 명령을 통한 놀이 관련 행동의 직접적 요구 |

## 7. 카간(Kagan) – 효과적인 놀이 개입을 저해하는 요인

카간(Kagan, 1990)은 유아의 교실에서 효과적인 놀이 개입을 저해하는 요인으로 태도적(attitudinal), 구조적(structural), 기능적(functional) 요인의 세 가지를 제시하였다.

| | |
|---|---|
| 태도적 요인 | 놀이에 대해 교사가 갖고 있는 가치와 관련이 있다. 예를 들어, 놀이에서의 개입에 대하여 몇몇 교사는 간섭으로 인식하기도 하고, 놀이에 방해된다고 생각하여 개입을 망설이기도 하며, 교사의 개입이 유아를 가르치고 조정하는 역할을 수행할 수 있다고 인식하기도 한다. 태도적 요인은 교사의 놀이에 대한 신념과 관련된 것으로, 놀이 개입에 대한 교사의 신념이 놀이 실제에 영향을 미친다는 것이다. |
| 구조적 요인 | 놀이가 전개되는 데 직접적인 영향을 미치는 교육과정, 시간, 공간, 자료로 인한 '제한'을 포함한다. 예를 들어, 교사 지시적인 학문적 교수를 통한 성장을 중시하는 교실에서는 놀이시간을 제한하게 된다. 이처럼 교육과정의 특성은 놀이시간은 물론 공간이나 자료 제공에도 영향을 미치게 된다. 구조적 요인은 놀이 개입을 이끄는 놀이 상황이 어떠한 특성을 갖는지와 관련된 것으로, 놀이의 내용을 결정하는 교육과정과 시간, 공간 및 자료가 교사의 놀이 개입에 영향을 미친다는 것이다. |
| 기능적 요인 | 앞에서 언급한 태도적 장애물과도 관련이 있다. 예를 들어, 유아교사는 극놀이의 활용에 대해 교사교육과정에서 훈련을 받지만, 실제 유아교육기관의 환경과 그 안에서 극놀이를 전개하는 과정에는 차이가 있다. 즉, 놀이를 실행하는 데 있어 이론과 현장 실제 간의 조율이 중요하게 작용한다는 것으로, 놀이가 전개되는 유아교육기관의 놀이환경 특성은 교사의 놀이 개입에 영향을 미친다. |

요약하면, 교사의 놀이 개입에 영향을 미치는 것은 태도적, 구조적, 기능적 요인이라고 볼 수 있다(McLane, 2003). 놀이가 유아의 학습과 발달을 촉진시키도록 효과적인 교사 개입이 이루어지기 위해서는 교사의 신념, 교육 내용을 결정하는 교육과정과 놀이환경(맥락)이 중요하다고 할 수 있다.

PLUS+

**놀이 감독 및 관리**

1. 교사는 모든 유아들이 안전한 환경에서 편안한 마음으로 친구들과 즐겁게 놀이를 할 수 있도록 관리하는 역할을 해야 한다.

---

**놀이 시 교사가 감독 및 관리할 내용**

1. 놀이에 참여하지 못하는 유아는 없는가?
2. 놀이 친구를 위협하거나 공격하는 유아는 없는가?
3. 놀잇감을 혼자서 독점하는 유아는 없는가?
4. 위험하거나 비위생적인 놀잇감이나 놀이 시설물은 없는가?
5. 놀이 공간이 잘 구성되었는가?
6. 유아가 자신의 생각 대로 놀이를 주도해나가고 있는가?

---

2. 놀이 감독 및 관리의 세부적인 역할

| 구분 | 내용 |
|---|---|
| 정서적 후원 | • 교사는 유아들이 자신감을 가지고 적극적으로 놀이에 참여하도록 정서적으로 지원하는 역할을 해야 한다.<br>• 미소를 짓거나 고개를 끄덕이거나 격려와 칭찬("참, 재미있는 생각을 했구나!")을 해주어서 유아가 놀이에 몰두할 수 있게 도와준다.<br>• 놀이에 참여하지 못하고 배회하거나 시작한 놀이를 끝마치지 못하는 유아에게도 관심을 보이고 적절한 도움을 주어야 한다. |
| 갈등상황의 중재 | • 교사는 유아가 상황에 알맞게 감정을 표현하고 다른 사람의 입장을 수용하며 공공 규칙을 이해하고 지키도록 도와주어야 한다.<br>• 교사가 직접 개입하여 문제를 해결하기보다는 유아 스스로 문제를 해결할 수 있도록 중재하는 역할을 해야 한다. |
| 정리 정돈 지도 | • 교사는 유아들이 놀잇감을 바르게 정리 정돈할 수 있도록 다양한 방법으로 지도해야 한다. |
| 놀잇감 및 놀이 시설물 관리 | • 교사는 놀잇감을 분류 기준에 따라 분류하고 비품 대장이나 목록을 작성하여 체계적으로 보관해야 한다.<br>• 정규적으로 모든 놀잇감과 놀이 시설물을 점검해서 망가진 것은 수리하고 위험한 것은 치우며 새로운 놀잇감을 보완하고 늘 청결을 유지하는 등의 적절한 관리를 해야 한다. |

Section
# 05  놀이 환경

### 🕐 들어가며

유아교육기관의 놀이 환경은 크게 실내놀이 환경과 실외놀이 환경으로 구분할 수 있다. 실내·외에 제공되는 놀잇감 또한 놀이 환경에 포함될 수 있으며, 유아교사는 유아들의 전인적 발달을 돕기 위해 적절한 놀이 환경을 조성해 줄 수 있어야 한다.

## 01  프레스콧(Prescott) – 바람직한 놀이 환경

### 1. 개방성과 폐쇄성

쌓기놀이나 모래놀이와 같이 놀이 방법이 다양한 개방적 놀이와 퍼즐 맞추기처럼 놀이 방법이 고정된 폐쇄적 놀이까지 모두 놀이 환경에 포함되어야 한다.

### 2. 단순성과 복합성

놀이 시설물이나 놀잇감은 유아가 적극적으로 조작하고 변경시킬 수 있는 가능성의 정도에 따라 3가지로 구분되는데, 모든 유형을 모두 포함하도록 배려해야 한다.
- 1가지 용도로만 활용되는 단순 설비
- 2가지 서로 다른 놀잇감이 제공되는 복합 설비
- 3가지 이상의 놀잇감이 활용되는 슈퍼 설비

### 3. 활동성과 비활동성

뛰기, 자전거 타기와 같이 대근육을 많이 움직이는 놀이와 퍼즐 맞추기, 구슬꿰기와 같이 소근육만 움직이는 놀이를 모두 고려해야 한다.

### 4. 집단놀이와 단독놀이

놀이의 사회적 구성에 따라 혼자서 노는 단독놀이와 여러 유아가 함께 참여하는 집단놀이가 모두 포함될 수 있도록 고려해야 한다.

### 5. 부드러움과 딱딱함

놀이 환경이 유아에게 제공하는 감각 경험에는 딱딱함(예 콘크리트 바닥)과 부드러움
(예 물, 찰흙, 봉제인형 등)이 포함되어야 한다.

### 6. 접촉과 은둔

극놀이처럼 사회적 접촉이 빈번한 놀이에서는 유아 간에 상호작용을 많이 한다. 그러나
유아들은 때때로 책상 밑이나 구석진 장소 등에 은둔하여 자신만의 놀이 세계에 몰입하는
것도 좋아한다.

### 7. 도전과 안전

놀이 환경은 유아의 안전을 보장하도록 구성되어야 한다. 그런데 안전한 공간 구성은
자칫 유아에게 많은 제한을 가해서 도전 및 탐색욕구를 억제하게 만드는 경우도 생긴다.
따라서 이 2가지 측면이 조화를 이루도록 환경을 구성해야 한다.

---

**02** **아이젠버그와 자롱고(Isenberg & Jalongo) - 좋은 놀이 환경의 특성**

아이젠버그와 자롱고(Isenberg & Jalongo, 2001)는 존스(Jones, 1977)의 연구를 인용
하여 창의적이고 좋은 놀이환경의 특성을 다음과 같이 정리하였다. 즉, 영유아와 교사
에게 모두 좋은 놀이환경이란 분위기, 구조화 정도, 난이도, 활동성, 접촉도, 도전성
및 집단 크기 등 일곱 가지 특성 차원의 양면적 속성이 균형 있게 조성되는 환경을 일컫
는다.

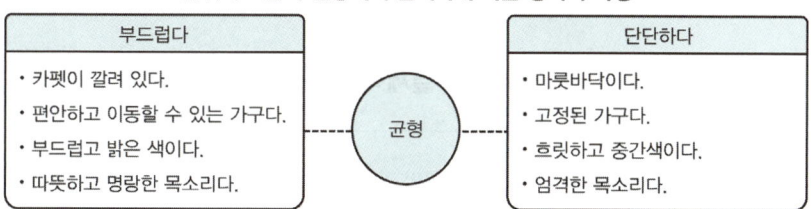

**분위기 : 놀이 환경에서 감지하게 되는 정서적 특징**

| 부드럽다 | | 단단하다 |
|---|---|---|
| · 카펫이 깔려 있다.<br>· 편안하고 이동할 수 있는 가구다.<br>· 부드럽고 밝은 색이다.<br>· 따뜻하고 명랑한 목소리다. | 균형 | · 마룻바닥이다.<br>· 고정된 가구다.<br>· 흐릿하고 중간색이다.<br>· 엄격한 목소리다. |

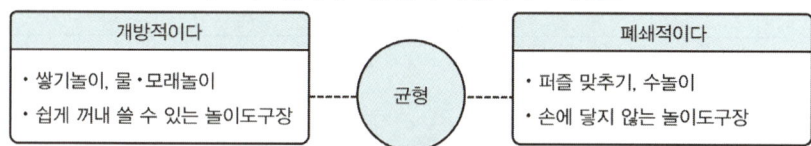

**구조화 : 놀이자료 및 놀이도구장의 구조화 정도**

| 개방적이다 | | 폐쇄적이다 |
|---|---|---|
| · 쌓기놀이, 물·모래놀이<br>· 쉽게 꺼내 쓸 수 있는 놀이도구장 | 균형 | · 퍼즐 맞추기, 수놀이<br>· 손에 닿지 않는 놀이도구장 |

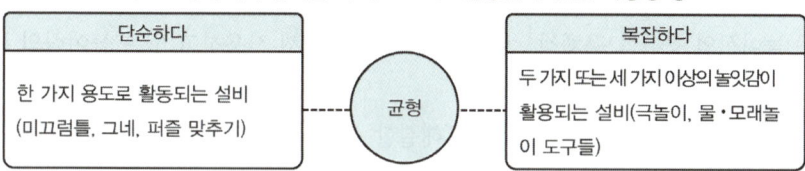

**난이도 : 영유아가 흥미를 가지고 조작·변경할 수 있는 가능성 정도**

| 단순하다 | | 복잡하다 |
|---|---|---|
| 한 가지 용도로 활동되는 설비<br>(미끄럼틀, 그네, 퍼즐 맞추기) | 균형 | 두 가지 또는 세 가지 이상의 놀잇감이<br>활용되는 설비(극놀이, 물·모래놀<br>이 도구들) |

**활동성 : 신체활동 수준**

| 활동적이다 | | 비활동적이다 |
|---|---|---|
| 대근육 활동(기어오르기, 점프하기,<br>자전거 타기) | 균형 | 소근육 활동(그림 그리기, 가위질<br>하기, 수 조작, 과학, 언어활동) |

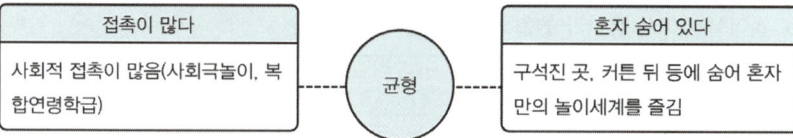

**접촉도 : 혼자만의 놀이 세계와 여럿이 접촉하게 되는 놀이 세계의 기회 제공**

| 접촉이 많다 | | 혼자 숨어 있다 |
|---|---|---|
| 사회적 접촉이 많음(사회극놀이, 복<br>합연령학급) | 균형 | 구석진 곳, 커튼 뒤 등에 숨어 혼자<br>만의 놀이세계를 즐김 |

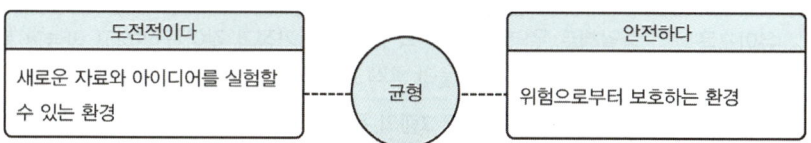

**도전성 : 모험심을 기르는 환경과 안전한 환경의 제공**

| 도전적이다 | | 안전하다 |
|---|---|---|
| 새로운 자료와 아이디어를 실험할<br>수 있는 환경 | 균형 | 위험으로부터 보호하는 환경 |

**집단 크기 : 대집단·소집단·단독놀이 간의 균형**

| 함께 한다 | | 혼자 한다 |
|---|---|---|
| 그룹게임·공동작업 | 균형 | 개인 놀이 |

창의적이고 좋은 놀이환경의 특성

## 03 유아교육기관의 실내놀이실

### 1. 놀이실을 구성할 때 고려해야 할 실제적인 조건

| 놀이실의 현재 상태 | 유아교육기관의 특성 | 유아의 특성 |
| 안전과 위생 | 융통성과 변화 |

### (1) 놀이실의 현재 상태

① 유아교육기관의 놀이실을 구성하려면 먼저 놀이실 자체를 사전에 세밀히 분석해야 한다.

② 놀이실의 공간을 구체적으로 계획하기 전에 현재 사용하고 있는 놀이실의 문제점을 파악해야 한다.

③ 문제점을 파악한 다음에는 이를 해결할 수 있는 다각적인 방법을 모색하여 최선의 대책을 수립해야 한다.

---

**PLUS+**

**놀이실의 현재 상태에서 파악해야 하는 내용**

1. 놀이실이 협소하지 않은가?
2. 놀이실 공간이 최대한으로 활용되고 있는가?
3. 사용되지 않는 공간은 없는가?
4. 놀이실의 영역이 효율적으로 배치되어 있는가?
5. 놀이실 내에서 유아가 원활하게 이동할 수 있는가?

---

### (2) 유아교육기관의 특성

| 구분 | 내용 |
|---|---|
| 유아교육 기관의 유형 | 종일제로 운영되는 기관의 놀이실은 가정과 같이 편안하고 아늑한 분위기가 되도록 배려하고 아울러 휴식과 급식을 위한 공간과 시설을 제공해야 한다. |
| 프로그램의 철학적 배경 | • **개방주의 교육 프로그램의 운영기관**: 유아의 자발적인 학습을 격려하기 위해 각 활동 영역별로 구분해서 놀이실 공간을 배치한다.<br>• **고도로 구조화된 프로그램 운영기관**: 교사가 주도하는 학습활동 시간과 연습활동 시간으로 하루 일과가 운영되므로 집단활동 영역과 연습을 위한 공간이 요구된다. |
| 생태적 조건 | 지역 특성 및 문화적 배경을 고려해서 공간을 구성하고 놀잇감을 제공해야 이질감을 느끼지 않고 적극적으로 공간을 활용할 수 있다. |

### (3) 유아의 특성

놀이실 공간은 사용자인 유아의 특성을 고려하여 유아의 발달 수준과 행동 특징, 기호 및 흥미를 반영하여 구성해야 한다.

### (4) 안전과 위생

① 안전한 놀이실을 조성해 주기 위하여 정기적으로 안전사항을 점검해야 한다.

---

**실내놀이실 안전 점검 사항**

1. 놀이실 바닥이 미끄럽거나 굴곡이 있어서 유아가 넘어질 염려는 없는가?
2. 책상이나 교구장의 형태는 유아가 사용하기에 안전한가?
3. 출입문의 형태나 크기는 많은 유아가 이용하기에 안전한가?
4. 놀이실의 난방 시설은 안전한가? 화재의 위험은 없는가?
5. 교사가 놀이실 전체를 한 눈에 바라볼 수 있도록 공간 배치가 되어 있는가?
6. 망가지거나 위험한 놀이 시설이나 놀잇감은 없는가?

---

② 유아는 어른보다 세균 감염의 위험이 크므로 놀이실은 밝고 청결하며 환기가 잘 되어야 한다.
③ 눈이 부시지 않는 적절한 조명과 햇빛을 조절할 수 있는 커튼이나 블라인드도 필요하다.

chapter
**04**

### (5) 융통성과 변화

① 놀이실 공간은 필요에 따라 재구성되어야 한다. 놀이 공간은 유아들의 요구에 따라, 놀이 흐름에 따라 언제든지 재구성될 수 있어야 한다.
② 유아의 참여와 반응에 따라 계속적으로 놀이실 구성이 수정·보완된다면 놀이 효과를 높일 수 있으며 유아들이 실제 진행하는 놀이 흐름에 적합한 환경이 조성될 수 있다.

## 2. 놀이 영역 배치

### (1) 놀이 영역에 따라 구분 배치할 때의 효과

① 각 놀이 간의 경계가 뚜렷해지므로 다른 놀이를 하는 유아의 방해를 받지 않고 오랜 시간 동안 놀이에 몰두할 수 있다.
② 각 영역별로 놀이를 하는 데 필요한 놀잇감과 공간이 제공되어서 유아가 좀 더 발전된 형태의 놀이를 할 수 있다.
③ 각 영역에 제공된 여러 종류의 놀이 중에 유아가 원하는 놀이를 스스로 선택하게 되므로 의사결정능력과 자율성 및 독립심이 증진된다.

### (2) 놀이 영역 배치 시 유의할 점

① 놀이의 활동성과 소음을 기준으로 하여 정적 놀이 영역(예 언어 영역, 과학 영역 등)과 동적 놀이 영역(예 음률 영역)으로 구분해서 배치하여 서로 방해받지 않고 진행될 수 있도록 한다.

② 한 영역에서 다른 영역으로 이동하기 쉽도록 통로를 만들어야 한다.

③ 서로 연관되는 놀이 영역은 인접하게 배치하여 놀이 효과를 높인다.

> 예 극놀이가 많이 일어나는 역할놀이 영역과 쌓기놀이 영역을 인접 배치 ⇨ 남·여아의 혼성놀이를 자극할 수 있을 뿐 아니라 쌓기놀이와 역할놀이가 혼합된 보다 발전된 놀이로 유도

④ 각 놀이 영역을 구분 짓기 위해서 책꽂이, 교구장 및 칸막이를 L, U형으로 설치한다. 칸막이는 유아의 키높이보다 낮아야 하며 놀이 종류에 따라 요구되는 공간의 크기나 통로 등을 고려하여 설치한다.

⑤ 놀이 영역의 명칭을 글자나 그림으로 표시하여 각 영역에 붙이고 교구장에도 각 놀잇감의 명칭 카드를 붙이면 좋다.

⑥ 놀이 영역의 배치는 필요에 따라 변형시킬 수 있도록 한다.

> 예 • 유아의 요구 및 참여 인원 수에 따라 놀이 영역을 확대·축소시킴
> • 생활 주제나 단원에 따라 놀이 영역의 배치를 변화시킴

⑦ 놀이실의 공간 배치는 교사가 유아를 돌보고 지도하는 데 불편함이 없도록 한다. 특히, 보조 교사가 없는 유아교육기관에서는 유아의 안전 관리를 위하여 이 점에 유의한다.

⑧ 놀이실의 출입구 가까이에는 영역 배치를 피하도록 한다.

⑨ 각 놀이 영역의 특징을 고려하여 적절한 장소에 알맞은 공간을 제공한다.

## 3. 유아를 위한 놀이 영역 배치

### (1) 쌓기놀이 영역

쌓기놀이 영역은 활동적이며 소음이 발생하는 영역이므로 정적 놀이 영역과는 떨어진 곳에 배치한다. 또한 역할놀이 영역과 인접하게 배치하는 것이 효과적이며, 공간을 넓게 확보하여 유아가 공간에 제한을 받지 않고 쌓기놀이를 하도록 한다.

### (2) 역할놀이 영역

이 영역에서는 여러 가지 역할을 가작화하는 활동적인 놀이를 많이 하므로 동적 놀이 영역과 인접하게 배치한다. 특히 쌓기놀이 영역과 가깝게 배치하면 두 영역의 놀이가 통합될 수 있어서 효과적이다.

### (3) 조작놀이 영역

조작놀이 영역에서는 유아가 소근육을 이용하여 조작, 구성, 게임 등의 정적인 놀이를 주로 하므로 유아들의 왕래가 많지 않은 조용한 장소에 배치한다. 또한 유아는 바닥에 앉아서도 조작놀이를 하므로 낮은 책상을 준비하고 바닥에 카펫이나 자리를 깔아 준다.

### (4) 언어 영역

언어 영역은 유아들이 방해를 받지 않고 안정된 분위기에서 읽고, 쓰고, 말하고, 듣는 놀이를 할 수 있도록 배치한다. 주로 활자화된 자료를 사용하므로 밝은 곳에 위치하도록 하며 편안하게 앉을 수 있는 의자나 쿠션을 준비하는 것이 좋다.

### (5) 미술 영역

미술 영역은 유아들의 왕래가 많지 않은 조용한 곳에 배치하는 것이 좋다. 또한 미술 활동을 하면서 손이 더러워지기 쉬우므로 수돗물 가까이에 미술 영역을 배치하면 더욱 효과적이다. 바닥에는 비닐을 깔아서 청소하기 편리하게 해야 하며, 작품을 말리거나 보관·전시할 수 있는 공간과 시설이 확보되어야 한다.

### (6) 수놀이 영역

수놀이 영역은 유아들이 활동에 몰두할 수 있도록 밝고 조용한 장소에 배치한다. 바닥에는 카펫이나 자리를 깔아 주고 유아 혼자서 활동하는 개별 공간과 3~4명의 유아가 소집단으로 활동할 수 있도록 책상과 의자를 적절히 배치한다.

### (7) 과학 영역

과학 영역은 조용하고 햇빛이 잘 들며, 물의 공급을 쉽게 받을 수 있도록 수도 시설 가까이에 배치하는 것이 좋다.

### (8) 음률 영역

음률 영역에서 발생하는 소리와 움직임이 다른 놀이를 방해하지 않도록 특별히 배려해야 한다. 정적 놀이 영역과 멀리 떨어진 곳에 배치하고 바닥에 카펫을 깔아서 소음을 방지하고 유아가 넘어졌을 때 다치지 않도록 한다.

### (9) 물놀이 영역

물놀이 영역은 실내·외에 설치할 수 있는데, 수도 시설 가까운 곳에 통로를 피하여 배치하며 배수 처리가 용이한 곳이 적합하다.

### (10) 모래놀이 영역

실내·외 어느 곳에나 설치할 수 있다. 실내놀이실에 설치하는 경우, 유아들의 왕래가 많지 않은 장소에 배치하며 모래를 쉽게 치울 수 있도록 바닥에 비닐 깔개를 깐다.

### (11) 목공놀이 영역

목공놀이에서는 소음이 많이 발생할 뿐 아니라 위험한 도구를 사용하게 되므로 유아의 왕래가 많지 않으며, 정적 놀이 영역과 격리된 장소에 배치해야 한다. 또한 목공놀이를 안전하게 하도록 충분한 공간이 제공되어야 하며 경우에 따라서는 이 영역을 실외나 별도의 활동실에 배치할 수 있다.

### (12) 요리 영역

요리 영역은 싱크대나 수도 시설 가까운 곳에 배치한다. 요리를 한 후 음식을 간식으로 먹는 경우, 간식용 책상을 준비한다.

### (13) 대근육 활동 영역

대근육 활동 영역은 언어 영역이나 조작놀이 영역과 같이 정적인 영역에서 멀리 떨어진 곳에 배치하며, 유아들이 서로 부딪치지 않고 마음대로 움직일 수 있도록 넓은 공간을 제공한다.

---

## 04  유아교육기관의 놀잇감

### 1. 놀잇감 구비 조건

| 기능적 조건 | 교육적 조건 | 사회·문화적 조건 |
|---|---|---|
| • 안전성<br>  − 재질 및 페인트 안전<br>  − 구조와 부품의 안전<br>  − 안전한 크기 및 무게<br>  − 안전한 형태 및 끝마무리<br>• 적합성 : 발달 및 흥미, 요구에 적합<br>• 내구성<br>  − 재질 및 구조의 견고성<br>  − 간편한 보관 및 관리<br>• 경제성 : 저렴한 가격 및 다용도 | • 신체 발달 증진<br>  − 대소근육 운동 및 협응력 증진<br>  − 다양한 감각 경험 제공<br>• 언어적 · 지적 발달 증진<br>  − 언어 능력 촉진<br>  − 탐색 활동 자극<br>  − 확산적 사고력, 해결력 증진<br>• 정서 · 사회성 발달 증진<br>  − 정서적 안정감 유지<br>  − 자유로운 정서 표현 장려<br>  − 사회적 상호작용 촉진<br>• 창의성 발달 증진 : 상상력과 창의력 고취 | • 반편견 인식 고취 : 성 역할, 외모, 직업, 장애에 대한 반편견<br>• 인종의 다양성 수용 : 다문화 가정 친구 수용<br>• 가족의 결속, 유대감 강화 : 가족의 놀이 참여 자극<br>• 건전한 놀이 문화 조성<br>  − 전자게임 몰입 억제<br>  − 자연 친화적 놀이 장려 |

**바람직한 놀잇감의 조건(Hurlock)**

1. 다양한 놀이 활동을 할 수 있는 기회를 제공한다.
2. 유아의 연령 및 발달 수준에 적합하다.
3. 성인의 도움 없이도 조작이 가능하다.
4. 유아가 어떻게 사용하든지 안전하다.
5. 다른 유아와 함께 놀 수 있는 기회를 제공한다.
6. 실내·외에서 모두 사용할 수 있다.
7. 색채가 유아의 취향에 잘 맞는다.
8. 유아의 흥미와 창의성을 자극한다.
9. 성인의 도움 없이 유아가 이동시킬 수 있을 만큼 작고 가볍다.

## 2. 놀잇감 선택 기준

### (1) 부적절한 요소와 바람직한 요소

| 부적절한 요소(Hurlock, 1978) | 바람직한 요소(변홍규, 박혜정, 윤점룡) |
|---|---|
| • 위험성<br>• 어른의 취향<br>• 다양성이 없는 놀잇감<br>• 생활 연령에 따른 선택<br>• 너무 복잡한 놀잇감<br>• 너무 단조로운 놀잇감<br>• 깨지기 쉬운 놀잇감 | • 유아의 발달 수준에 적합할 것<br>• 안전도가 높을 것<br>• 견고하며 내구성이 있을 것<br>• 유아의 독자적 조작 또는 이동이 가능할 것<br>• 상상력과 같은 정신기능을 자극할 것<br>• 유아의 흥미와 개성에 맞을 것<br>• 다양한 놀이 활동을 조장하고 다양한 발달 영역을 자극할 것<br>• 저렴하고 경제적일 것 |

### (2) 상품화된 놀잇감의 문제점

① 호전적·공격적 내용을 주제로 한다.
② 고정관념에 따라 천편일률적으로 제작되었다.
③ 문화적·직업적 편견을 반영한다.
④ 고정된 성 역할 개념을 반영한다.

## 3. 놀잇감의 유형

### (1) 놀잇감의 특성(구조화 정도)에 따른 분류

① 특수 목적용 놀잇감 : 수단과 결과를 연결시키도록 고안된 놀잇감으로서 나무못과 못판, 퍼즐 맞추기, 미로 찾기, 숫자 막대기 등이 이에 속하며 대부분 용도가 정해져 있어서 고정된 방법으로만 사용해야 한다.

| 구분 | 내용 |
|---|---|
| 고정적 구조의 놀잇감 | 여러 가지 실제 물건, 소형 모조품, 소꿉놀이 소품, 사진과 그림, 조작 놀잇감, 감각 놀잇감, 다목적용 도구(망치와 나무판, 칼, 숟가락, 포크 등), 미로 놀이, 기어오르기 시설, 구르기 놀이 |
| 가동적 구조의 놀잇감 | 모빌 종류, 딸랑이, 공 종류, 생물, 끌고 다니는 놀잇감, 움직이는 인형, 손 인형 종류, 수 세기와 측정을 위한 놀잇감, 작동 놀잇감, 바퀴 달린 놀잇감, 흔들거리며 균형 잡는 놀이 시설(그네, 시소, 흔들 목마 등) |
| 분리 가능한 놀잇감 | 페어 맞추는 놀잇감, 퍼즐 맞추기 종류, 길이·무게 등을 기준으로 등급화된 놀잇감, 과학 기구 |

② 개방식 놀잇감 : 용도가 무제한으로 개방된 놀잇감
  ㉠ 기준 치수 놀잇감 : 형태는 몇 가지 유형으로 고정되어 있으면서 크기는 기준 단위를 중심으로 배수가 되도록 만들어진 놀잇감이다.
    例 직육면체 나무토막, 적목 종류(단위 적목, 속이 빈 적목, 벽돌 적목)
  ㉡ 자유형 놀잇감 : 형태나 크기가 사전에 결정되어 있지 않은 놀잇감이다.
    例 • 손가락 그림 물감, 크레파스 그림, 이젤 그림, 오리기 자료(가위, 종이, 리본 테이프)
       • 구성놀이 자료(찰흙, 헌 상자, 성냥 곽 등)

◐ 기준 치수 놀잇감과 자유형 놀잇감의 차이점

| 구분 | 내용 |
|---|---|
| 기준 치수 놀잇감 | • 하나하나의 놀잇감 조각을 옆으로 또는 위로 추가하여 구성물을 완성하게 되므로, 전체를 구성하는 부분의 특성이 그대로 존재하게 된다.<br>• 유아는 이러한 놀이과정에서 부분과 전체의 관계를 이해할 수 있게 된다. |
| 자유형 놀잇감 | 연속적 자료이기 때문에 각 부분이 전체에 통합되어 구성물을 완성하게 되므로 각 부분을 식별하기 어렵다. |

㉢ 개방식 놀잇감의 특징
  • 용도가 다양하기 때문에 놀잇감의 옳고 그른 사용법이 없어 자발적인 탐색을 유도하고 스스로 의사결정을 할 수 있다.
  • 여러 가지 감각 경험을 제공한다.
  • 자발적인 탐색을 유도하여 스스로의 도전을 통해 지식을 발견하게 해준다.
  • 모험도가 높은 놀이를 해볼 수 있는 기회를 제공하며 많은 문제해결과정을 경험하도록 해준다.
  • 놀잇감을 가지고 노는 동안 여러 가지 기술을 습득할 수 있다.
  • 놀잇감을 어떻게 사용할 것인가에 대해 유아 스스로 의사결정을 하게 해준다.
  • 상상놀이에 여러 가지 용도로 사용할 수 있다.
  • 혼자 놀거나 친구들과 함께 놀 때 사용할 수 있다.

## (2) 유아의 연령에 따른 분류

① 영아기 : 모빌, 딸랑이, 손으로 잡아당기거나 발로 차는 놀잇감, 공, 오뚝이, 그림책, 물놀이 용품, 일상용품(例 냄비, 숟가락, 거울)

② 유아 전기 : 모양 맞추어 넣는 놀잇감, 크기별로 쌓거나 포개 넣는 놀잇감, 구슬 꿰기, 나무토막이나 상자 곽, 퍼즐 맞추기, 흔들 배 또는 흔들 목마, 끌고 다니는 놀잇감, 소꿉 놀잇감, 그림책, 미술 작업 자료, 공 종류, 운동 놀잇감

③ 유아 후기 : 분류, 짝짓기 놀잇감, 적목 종류, 조작놀이용 놀잇감, 말놀이 용품, 역할놀이 용품, 장난감 자동차류, 모형 동물, 게임 도구, 실험용 도구, 미술 작업 자료, 목공놀이 용품, 운동놀이 용품, 운동시설, 악기, 물·모래놀이 용품

**PLUS⁺**

**놀잇감 선택을 위한 제안**

1. 정선된 다목적 놀잇감들을 선택하라(총은 하나의 목적만을 위해 사용될 수 있다.).
2. 유아가 자기 자신의 놀잇감을 만들 수 있는 자료들을 선택하라(도구들, 블록들, 건설 장비 세트).
3. 놀잇감을 자연의 자료들(모래, 물 등), 자연 환경들(뒤뜰 등)과 결합시킨다.
4. 발견을 확장시킬 수 있는 놀잇감들을 고른다(씨앗, 흙, 돋보기 등 안전한 놀잇감을 선택).
5. 날카로운 모서리, 캔의 부서진 부위, 질식하기 쉬운 부분, 구멍 나거나 잘라질 수 있는 부분이 있는지 살핀다.
6. 연속성 있는 놀잇감을 선택하라(사용하기 힘들거나 잘못 사용하기 쉬운 것은 제외).
7. 유아의 연령을 고려하라(발달 단계에 따라 다르게 사용될 수 있는 놀잇감을 선택).
8. 균형 있는 선택을 하라(신체, 인지, 정서, 언어, 창의성을 조장할 수 있는 놀잇감).
9. 흥미를 발달시킬 수 있는 놀잇감을 함께 제시하라(음악, 판 게임).
10. 너무 많은 놀잇감을 주어 실패하지 않도록 하라.
11. 신체적 위험을 가져올 수 있는 폭력적인 환상이나 게임을 초래하는 놀잇감을 피하라.
12. 유아들과 놀잇감의 선택에 대해 논의하라.
13. 교사는 놀잇감의 수와 종류, 특히 주제가 제한되어 있는 놀잇감을 제한하라.
14. 놀잇감을 만들거나 개조하는 것을 장려하라.
15. 유아들이 너무 자라서 좀 더 적절한 놀잇감을 구입해야 할 때, 유아들과 함께 자선 단체에 기존 놀잇감을 기증하도록 해보라.
16. 민족적·문화적인 균형을 반영하는 놀잇감을 확실하게 제공하라.

출처 : Play and Playscopes(p.73) by J. L. Frost, 1992, Albany, NT : Delmar.

chapter
**04**

## 05 유아교육기관의 실외놀이장

 **들어가며**

실외놀이는 실내놀이와 마찬가지로 영유아의 삶에 매우 중요하다. 영유아의 실외놀이를 적극적으로 지원해 주기 위해서 생동감 넘치고 건강한 실외놀이 환경을 조성하는 일이 무엇보다 우선되어야 한다.

### 1. 실외놀이장의 기능

① 신체놀이를 자유롭게 할 수 있는 건강을 위한 장소
② 다양하고 풍부한 감각 경험을 제공하는 장소
③ 자연을 탐구하고 체험할 수 있는 장소
④ 정적 놀이를 할 수 있는 장소
⑤ 다양한 사회관계를 맺는 장소
⑥ 휴식을 제공하는 장소
⑦ 즐거움을 주는 장소

### 2. 실외놀이장의 구성

(1) 실외놀이장의 구성 기준

① 다양한 놀이가 가능한 공간인가?
② 안전하고 위생적인 놀이 공간인가?
③ 발달에 적합한 놀이 공간인가?
④ 균형적 놀이 공간인가?
⑤ 융통성 있는 놀이 공간인가?
⑥ 아름다운 놀이 공간인가?
⑦ 접근성이 좋은 놀이 공간인가?

(2) 위치와 면적 : 실외놀이장의 위치는 안전성과 효율성을 고려하여 결정

① 안전성 측면에서 실외놀이장은 「유아교육법」, 「어린이 놀이시설 안전관리법」 등 국가가 정한 법적 기준을 준수하여야 하며 축대, 소음, 매연, 교통사고 등의 위험요소가 없는 장소가 적합하다.
② 효율성 측면에서 볼 때 실외놀이장을 최대한 활용할 수 있도록 면적을 확보하는 것이 좋고, 실내와 연결이 잘 되는 곳에 배치하는 것이 좋으며 남향으로 배치하면 볕이 잘 들어 쾌적한 환경을 조성할 수 있다.

### (3) 지면

실외놀이장은 단일 지면으로 구성하기보다 부드러운 지면과 딱딱한 지면 등으로 다양하게 구성하는 것이 바람직하다.

### (4) 통로

실외놀이장에는 적절한 통로가 만들어지는 것이 바람직하다.

> **실외놀이장에 통로가 만들어졌을 때의 이점(Kritchevsky, Prescott와 Walling, 1977)**
> 1. 시설물에서 놀고 있는 또래를 방해하지 않고 이동할 수 있다.
> 2. 놀이 시설물이나 그 주변으로 이동하지 않고 통로로 안전하게 이동할 수 있다.
> 3. 모든 놀이 시설물이 영유아와 교사의 시야에 잘 들어온다.
> 4. 쓸모없는 공간이 생기지 않는다.

### (5) 공터

① 공터는 아무런 시설물이 설치되어 있지 않아 그 용도가 잠재적인 공간을 의미한다.
② 공터는 영유아의 요구나 의도에 따라 운동놀이나 집단 게임을 하는 공간 또는 휴식을 취하는 장소 등으로 언제든지 필요에 따라 융통성 있게 활용할 수 있다.

### (6) 울타리와 창고

① 실외놀이장 주변에는 울타리를 설치함으로써 위험한 외부 환경이나 시설로부터 영유아를 보호할 수 있으며, 외부인의 무분별한 출입을 통제할 수 있다.
② 고정놀이 시설물 이외에 이동 가능한 놀이 기구를 정리·보관할 수 있는 창고가 필요하다.
③ 창고는 놀이 기구를 운반하고 정돈하는 데 편리한 장소에 설치하며, 창고의 크기는 실외놀이장의 면적이나 놀이 기구의 양을 고려하여 정한다.

## 3. 실외놀이장의 영역 배치

### (1) 운동놀이 영역

운동놀이 영역은 정적인 놀이 영역과 떨어진 곳에 배치하여 기어오르기, 매달리기, 미끄럼타기 등 다양한 놀이를 할 수 있도록 그네, 미끄럼틀 등의 놀이 시설물을 설치한다. 또한 사다리, 널빤지 등의 이동놀이 기구도 함께 제공하여 다양한 운동놀이를 할 수 있도록 한다.

### (2) 역할놀이 영역

실외놀이장의 역할놀이 영역은 물·모래놀이 영역과 인접하게 배치하고 놀이 집이나 텐트를 설치하여 아늑한 공간을 만들어 준다. 또한 다양한 역할놀이가 이루어질 수 있도록 흔들 배, 흔들 목마, 운전대, 모형 자동차나 모형 동물 등을 제공한다.

### (3) 정적 놀이 영역

정적 놀이 영역은 쌓기놀이, 미술 활동, 책 보기, 휴식 등을 하는 영역으로 활동적인 영역으로부터 떨어져 있고 그늘진 장소에 배치한다.

### (4) 물·모래놀이 영역

물놀이와 모래놀이를 함께 하는 경우가 많으므로 수도 시설이 가깝고 유아들의 통행이 적은 곳에 배치한다.

### (5) 목공놀이 영역

목공놀이는 소음이 많이 생길 뿐 아니라 주변이 지저분해지기 쉬우므로 다른 놀이 영역과 떨어진 장소에 배치하는 것이 좋다. 또한 안전을 위해 유아들의 통행이 빈번하지 않은 장소에 배치하는 것이 적절하다.

### (6) 동·식물 기르기 영역

동·식물을 기르는 영역은 유아들이 쉽게 접근할 수 있으며 바람이 잘 통하고 햇빛이 잘 들고 배수가 잘 되는 장소에 배치한다.

## 4. 실외놀이장의 안전 관리

① 발달 수준에 적합한 놀이 시설물을 설치한다.
② 바닥재는 충격 흡수용 바닥재로 설치하여 안전을 고려한다.
③ 체계적 안전교육을 수립하여 교육한다.
  ㉠ 협동적 안전계획 수립
  ㉡ 직접 경험을 통한 안전교육
  ㉢ 위험요소 및 자기 능력의 한계 인지
  ㉣ 동화 및 놀이를 통한 안전교육
  ㉤ 놀이 시설물의 올바른 사용법 설명 및 시범

---

**실외놀이장의 안전 점검 및 점검 내용**

1. 놀이 시설물의 돌출 부분, 뾰족한 끝이나 날카로운 모서리의 상태
2. 시설물을 연결하는 조임새, 시설물 간의 틈새 상태
3. 금속 표면재의 상태
4. 유해한 식물과 곤충 여부
5. 나무 재료의 부서진 조각, 금속의 부식, 플라스틱 제품의 균열, 페인트 벗겨짐
6. 망가지거나 떨어져 나간 부품의 여부
7. 미끄럽거나 굴곡이 심한 바닥, 위험한 축대의 여부
8. 위험 시설물 여부
9. 유리 조각, 돌멩이, 휴지 등의 쓰레기 여부

---

## 5. 실외놀이 기구 및 시설물

노렌 비요른(Noren-Bjorn)은 놀이 기구와 시설물을 기능에 따라 고정놀이 시설물과 이동놀이 기구로 구분하는데, 이를 간략하게 제시하면 다음과 같다.

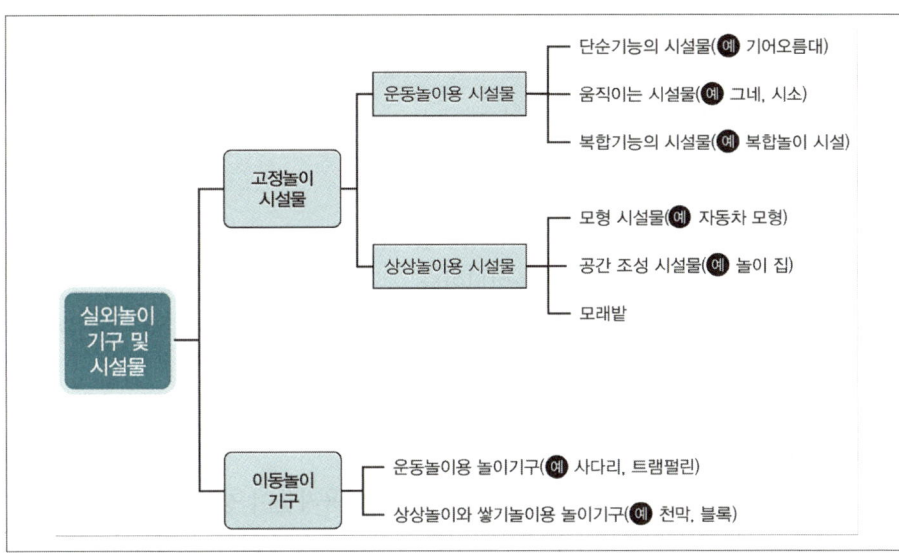

## 6. 실외놀이 시설물 재료의 장·단점

| 구분 | 장점 | 단점 |
|------|------|------|
| 금속 | • 쉽게 파괴되지 않는다.<br>• 관리가 쉽다. | • 감촉이 차갑다.<br>• 단단해서 다치기 쉽다.<br>• 용접 부분이 파손되면 위험하다.<br>• 시설물 제작을 위해 많은 준비가 필요하다. |
| 목재 | • 감촉이 따뜻하다.<br>• 형태를 쉽게 만들 수 있다.<br>• 주변 환경에 잘 어울린다.<br>• 쉽게 바꿀 수 있다.<br>• 부딪쳐도 충격이 적은 편이다. | • 갈라지기 쉽다.<br>• 목재에 사용하는 방부제 때문에 위험하다.<br>• 정기적으로 이음새 부분을 조여주어야 한다.<br>• 불에 약하고 쉽게 흠집이 생긴다. |
| 섬유 유리 | • 곡선이나 둥근 테두리를 만들 수 있다.<br>• 부딪쳐도 충격이 적은 편이다.<br>• 다채로운 색상이 가능하다. | • 쉽게 피로해진다.<br>• 단단하다.<br>• 시설물 제작에 많은 준비가 필요하다.<br>• 쪼개진 부분이 날카롭다. |
| 플라스틱 | • 투명하다.<br>• 충격이 적은 편이다.<br>• 곡선이나 둥근 테두리의 제작이 가능하다. | • 단단하다.<br>• 시설물 제작에 많은 준비가 필요하다.<br>• 가격이 비싸다. |
| 재생 재료 | • 가격이 싸거나 거의 무료다.<br>• 부모나 지역사회의 어른들이 제작할 수 있다. | • 디자인이 재료와 잘 맞아야 한다.<br>• 재료 준비에 시간이 걸린다.<br>• 관리가 어렵다.<br>• 부상 위험률이 높다.<br>• 제작이 잘못될 수 있다. |

## 7. 실외놀이터의 유형 – Frost(1986)

### (1) 전통놀이터

① 개념 : 그네, 미끄럼틀, 시소, 기어오름대와 같은 철제 고정놀이 시설물이 질서 정연하게 설치된 놀이터를 말한다.

② 단점 : 단조롭고 반복적인 운동놀이 경험만을 제공하고, 탐색적이거나 도전적인 놀이 경험은 충분히 제공하지 못한다.

### (2) 현대식 놀이터

① 개념 : 전문 건축가나 디자이너가 나무, 값비싼 돌, 콘크리트나 기타 건축 재료를 사용해서 미적으로 조성해 놓은 놀이터이다.

② 단점 : 어른들의 눈을 즐겁게 할 수는 있으나 영유아의 놀이욕구를 충족시키는 데 제한이 있다.

### (3) 모험놀이터

① 개념 : 모험놀이터는 완성된 놀이터가 아니라 이용자들이 창조하여 완성하는 놀이터이다. 이 놀이터에서는 건축 자재로 집을 짓거나 웅덩이 파기, 모닥불 놀이, 물·모래 놀이, 동·식물 키우기 등의 다양한 놀이를 자유롭게 할 수 있다.

② 장점 : 기존의 놀이터에서는 금지되었던 다양한 놀이를 마음껏 할 수 있다는 점에서 영유아 및 아동에게 자주성과 창조성을 길러 주고 자연의 소중함을 깨닫게 하는 등의 의의를 갖는다.

③ 단점 : 다소 무질서해 보일 수 있고, 놀이 재료에 위험요소가 있을 수 있어 안전 관리가 요구된다.

### (4) 창조적 놀이터

① 개념 : 전통놀이터와 모험놀이터가 절충된 반형식적인 놀이터로 고정놀이 시설물 이외에 타이어, 목재, 전선 감개(cable spool), PVC 파이프 등을 제공하여 유아가 스스로 놀이 기구를 창조해 보도록 계획된 놀이터이다.

② 장점 : 놀이 기구나 시설물의 형태를 필요에 따라 변경시킬 수 있으므로 영유아가 변화를 느끼고 흥미를 계속 유지할 수 있다.

# CHAPTER 04 | 확인학습 문제로 내용 다지기

정답_p.606

01 다음은 Frost와 Klein이 구분한 놀이와 일의 특성이다. 괄호에 알맞은 용어를 쓰시오.

**놀이-일 연속체(Frost & Klein)**

| 놀이 | | 일 |
|---|---|---|
| ( ① ) | ↔ | 수동적 |
| ( ② ) | ↔ | 강요적 |
| 재미있음 | ↔ | 단조롭고 고됨 |
| ( ③ ) | ↔ | 외적 목표에 구속 |
| ( ④ ) | ↔ | 타인에 의해 착수됨 |
| 진지함 | ↔ | 무사 안일함 |

① _____    ② _____

③ _____    ④ _____

02 Levy는 놀이의 특성을 다음 3가지로 제시하고 있다. 각각의 설명에 알맞은 내용을 쓰시오.

| | |
|---|---|
| 놀이에서는 현실이 잠시 정지되거나 현실을 초월할 수 있다. 유아는 현실적 자아를 떠나서 '환상적 자아', '상상적 자아'로 변신할 수 있다. | ① |
| 행동의 결과에 의해서 만족을 얻는 외적 동기와는 달리 행동 자체에서 만족을 얻는 것을 말한다. | ② |
| ③ | 내면적 통제 |

**03** 다음은 Bergen이 제시한 놀이와 학습의 연속 유형이다. 각각의 설명에 알맞은 내용을 쓰시오.

| | |
|---|---|
| • 내적 통제(조절), 실제성, 내적 동기가 높은 범주로, 놀이자가 어떤 놀이를 할 것인지 언제 할 것인지를 선택한다. | ① |
| • 외적으로 부여된 통제, 실제성, 동기에 유아의 흥미와 맞는 사회적 규칙 내의 자유로운 구조 속에서 일어난다.<br>• 놀이자가 놀이 활동의 광범위한 선택권을 갖고 있으나, 선택, 안정성, 분배에 대한 사회적 규칙이 제시된다. | ② |

① _____ ② _____

**04** 고전적 놀이 이론에서는 '놀이를 왜 하는가'에 대해 설명을 하고 있다. 다음 설명과 관련된 놀이 이론을 쓰시오.

| | |
|---|---|
| 일을 할 때 소모된 에너지를 복구하기 위해서 놀이를 한다. | ① |
| 아동의 발달 과정에는 원생 동물류에서 인간에 이르기까지의 진화 과정이 재현되며, 유아기의 놀이에도 인류의 전 역사가 반복되어 나타난다. | ② |
| 성인기에 필요한 행동을 잘하기 위한 능력을 발달시키고자 놀이를 통한 연습을 한다. | ③ |
| 인간은 기본 욕구(음식, 성, 휴식 등)가 충족되면 생리학적으로 활동 정지 상태에 이르게 되는데, 이 상태가 오래 지속되면 에너지가 과다해져 놀이 욕구가 생긴다. | ④ |

**05** 다음의 괄호에 들어갈 알맞은 말을 쓰시오.

놀이의 정화 기능은 ( ① )와/과 ( ② )(이)라는 두 기제를 통하여 완성된다. ( ① )은/는 유아가 현실을 잠시 보류하고 현실에서의 나쁜 경험을 수동적으로 받던 입장에서 그 경험을 제공하는 능동적인 사람으로 바뀌어 부정적인 감정을 대체물이나 사람에게 전이할 수 있게 한다. ( ② )은/는 놀이에서 유아는 현실에서의 나쁜 경험이나 감정을 여러 번 계속해서 다루게 되면 이를 통해 부정적 감정을 받아들이게 된다는 것이다.

① _____ ② _____

06 Erikson은 놀이의 동기를 주관적으로 해석하는 정신분석이론의 결점을 보완하여 놀이를 주변 환경의 숙달에 기여하는 발달적 현상으로 보았다. Erikson이 제시한 놀이 발달 단계와 각 단계의 특징을 쓰시오.

| 1단계<br>(            ) | |
| --- | --- |
| 2단계<br>(            ) | |
| 3단계<br>(            ) | |

07 다음의 내용이 설명하는 ① 놀이 이론을 쓰고, ② 대표적인 학자를 제시하시오.

> 이 이론은 인간의 각성을 적정수준으로 유지시키려는 중추신경조직의 욕구를 만족시키기 위해 놀이를 한다고 설명한다.

① _____  ② _____

chapter
04

08 다음은 Vygotsky의 놀이에 대한 견해이다. 알맞은 용어를 쓰시오.

> 유아기 어린이는 ( ① )하여 사고할 수 없기 때문에 ( ③ )이/가 불가능하나, ( ② )을/를 하면서 나무 조각을 인형으로, 막대기를 자동차로 사용하는 경험을 통해 ( ① )해서 생각할 수 있게 된다. 따라서 놀이는 어린이의 ( ③ ) 발달에 영향을 미친다.
> 또한, 놀이는 근접발달지대에서 ( ④ )의 역할을 함으로써 유아의 발달을 촉진시켜 더 높은 수준의 기능을 획득하도록 도와준다.

① _____  ② _____

③ _____  ④ _____

**09** 다음은 Vygotsky 관점에서 놀이를 설명한 것이다. 괄호에 들어갈 말을 제시하시오.

비고츠키는 유아기 놀이에는 세 가지 특성이 존재한다고 보았다. 첫 번째 특성은 놀이에서 유아는 ( ① )을/를 창조한다. 상상 놀이는 상상 세계에서 아동이 실제 생활 속에서 만족시키지 못한 욕구를 일시적으로 충족시켜 준다. 또한 두 번째 특징은 유아들은 놀이에 필요한 ( ② )을/를 맡아 실행한다. 세 번째 특징은 놀이를 성공적으로 수행하기 위해 놀이에 참여하는 유아들이 놀이 진행에 필요한 ( ③ )을/를 따른다는 것이다. 이와 관련하여 비고츠키는 "( ① )이/가 있는 곳에는 언제나 ( ③ )이/가 있다."(Vygotsky, 1978, p.95)고 주장하며, 아동의 상상 놀이는 ( ③ )없이 일어날 수 없다고 주장한다. 유아가 엄마의 ( ② )을/를 맡아 놀이를 한다면, 그 유아는 엄마의 행동 ( ③ )을/를 갖고 있는 것이다.

① _____    ② _____

③ _____

**10** Bateson은 유아들이 놀이를 하며 상위 의사소통을 사용하고 이를 통해 자신이 맡은 역할에 충실히 하는 능력이 촉진된다고 보았다. '상위의사소통'을 정의하시오.

_____

_____

**11** 각본 이론의 관점에서 '놀이'란 무엇인지 설명하시오.

_____

_____

**12** Wolf와 Grollman은 유아의 놀이 중에 표현되는 이야기 조직의 수준을 분석함으로써 어린이의 인지발달과 언어발달의 지표를 제시하였다. 이들이 제시한 3단계 이야기 조직 수준 중 다음에 해당되는 단계의 명칭을 쓰시오.

| | |
|---|---|
| 인형을 침대에 눕히기(한두 가지의 행동을 함) | ① |
| 햄버거를 만들고, 커피를 타고, 케이크를 굽고, 샐러드를 만드는 것 (하나의 목적을 달성하기 위해 두 가지 이상의 쉐마를 행함) | ② |
| 여러 가지 음식을 장만하여 여러 친구들에게 대접한 후 설거지 하기 (한 가지 목적을 달성하기 위해 두 가지 이상의 사건 각본을 행함) | ③ |

**13** Howes와 Matheson은 Parten의 병행놀이를 좀 더 세분화하고 가상놀이를 추가하여 영유아의 사회적 놀이를 6단계로 분류하였다. 다음에 해당하는 단계의 명칭을 쓰시오.

| | |
|---|---|
| 사회적 관계의 출현과 '행동에 기초한 역할 전환'(서로 역할을 바꾸어 하기)을 하는 단계 ⓔ 숨고 찾기, 쫓고 도망가기 등 | ① |
| 또래와 함께 가상놀이를 하면서 놀이 진행을 위해 자신이 맡은 역할에서 잠시 벗어나 상위 의사소통을 할 수 있는 단계 | ② |

**14** Parten이 제시한 사회적 놀이 유형에 대한 설명이다. 아래 설명에 알맞은 사회적 놀이 유형을 쓰시오.

| | |
|---|---|
| 유아가 주변의 다른 친구들과 동일한 놀이를 하지만 서로 접촉하거나 간섭하지 않고 혼자서 놀이하는 형태이다. | ① |
| 한두 명의 유아가 지휘권을 갖고 역할을 서로 분담하여 공동의 목표 달성을 위해 진행하는 조직적인 놀이이다. | ② |
| 주변에 있는 유아들과 이야기를 나눌 수 있는 위치에서 친구가 사용하는 놀잇감과는 다른 놀잇감을 가지고 혼자서 독자적으로 놀이하는 형태이다. | ③ |
| 다른 유아와 함께 노는 집단놀이의 일종으로 놀이 내용에 대해 이야기를 주고받거나 놀잇감을 빌려 주기도 한다. 역할을 분담하거나 놀이 내용이 조직적으로 전개되지는 못한다. | ④ |
| 놀이에 직접 참여하지는 않으나 다른 친구의 놀이를 지켜보는 것으로 가끔씩 자신이 구경하고 있는 친구에게 말을 걸거나 질문을 하기도 하며, 제안을 하기도 한다. | ⑤ |

**15** 다음에 제시된 학자들이 제안한 인지적 놀이 유형에 대해 알맞게 제시하시오.

| Piaget 인지 발달 단계 | Piaget | Smilansky | Frost와 Klein |
|---|---|---|---|
| 감각운동기 | 연습놀이 | ① | ① |
| 전조작기 | 상징놀이 | ② | ② |
| | | 극놀이 | ③ |
| | | | ④ |
| 구체적 조작기 | ⑤ | ⑤ | ⑤ |

① _____ ② _____

③ _____ ④ _____

⑤ _____

**16** 다음에 제시된 인지적 놀이 유형에 대한 정의를 쓰시오.

1) 구성놀이

_____

_____

2) 상징놀이

_____

_____

3) 사회극놀이

_____

_____

**17** 다음은 Johnson이 제시한 쌓기 놀이 발달 단계를 나타낸 것이다. 괄호에 들어갈 단계명을 쓰고 6단계의 특징을 쓰시오.

> 1단계 : 블록을 이리저리 옮기는 단계 → 2단계 : 줄 만들기와 탑 쌓기 단계 → 3단계 : ( ㉠ ) → 4단계 : 폐쇄 공간 만들기 단계 → 5단계 : ( ㉡ ) → 6단계 : 초기 표상 단계 → 7단계 : ( ㉢ )

㉠ _____ ㉡ _____ ㉢ _____

6단계 특징 _____

**18** 다음의 괄호에 들어갈 알맞은 말과, 상징놀이의 구성요소 및 내용 3가지를 쓰시오.

| | |
|---|---|
| 놀이가 점점 통합되어 단편적인 상징 행동으로부터 줄거리가 있는 이야기 형식으로 조직되어가는 것을 말한다. | ① |
| 상징 놀이를 할 때 상징 놀이의 중심이 ( ② )에서 ( ③ )(으)로 주체가 바뀐다. | ④ |
| 한 사물을 다른 사물로 대체하여 사용하는 것으로, 상징 능력의 발달에 따라 실제적 소품에 덜 의존하게 되며 구체적, 물질적 표상에서 ( ⑤ )(으)로 바뀐다. | ⑥ |

① _____ ② _____
③ _____ ④ _____
⑤ _____ ⑥ _____

**19** 다음은 McCune의 상징놀이의 발달 과정을 설명한 것이다. 설명에 알맞은 상징놀이 발달 단계를 쓰시오.

| 설명 | 상징놀이 발달 단계 |
|---|---|
| 유아는 자신에 관련된 가상 행동, 상징놀이를 한다.<br>예 소리내며 먹는 척 하거나 자는 척 하기 | ① |
| 유아가 일상생활에서 연습한 가작화 쉐마를 다른 놀잇감이나 사람에게 적용하거나 혹은 다른 사람이나 사물의 행동을 가작화하는 단계이다.<br>예 컵으로 인형이나 엄마에게 우유를 먹이는 가상 행동<br>예 유아가 자루걸레를 가지고 마루를 열심히 닦는 흉내를 내는 것 | ② |
| 유아가 가상 행동을 하기 전에 미리 계획을 세우고 이를 말하나 행동으로 표현한다.<br>예 "우리 세탁소놀이 하자."라며 옷을 찾으러 다님 | ③ |

**20** 다음은 Gowen의 상징놀이의 발달 과정을 설명한 것이다. 설명에 알맞은 상징놀이 발달 단계를 쓰시오.

| 설명 | 상징놀이 발달 단계 |
|---|---|
| 상징기술이 발달하면서 실제 사물과 비슷하게 만들어진 놀잇감에는 덜 의존하게 되고 사물의 일상적 사용법과는 다르게 다른 사물을 가상하여 사용한다. | ① |
| 대상물이나 물질 그리고 사람과 동물이 있는 것으로 가상하는 것이다.<br>예 영아는 빈 주전자를 컵에 따르며 "커피"라고 말하고, 상상의 자동차를 탄 것처럼 자동차 소리를 내며 방을 돌아다닌다. | ② |
| 놀잇감에 생명을 불어넣어 적극적인 활동자가 되게 하는 것이다.<br>예 영아는 모형 동물이 마치 달리는 것처럼 카펫 위에서 뛰게 한다. | ③ |

**21** 다음은 Smilansky가 제시한 수준 높은 사회극놀이의 여섯 가지 조건을 나타낸 표이다. 각각에 들어갈 말을 쓰시오.

| 사회극놀이의 조건 | 설명 또는 놀이 상황에서 나타날 수 있는 예 |
|---|---|
| ① | 1가지 놀이 주제를 적어도 10분간 계속하는 것 |
| 사물의 가작화 | ② |
| ③ | 상황이나 행동을 언어로 가작화 |
| ④ | ⑤ |
| ⑥ | 동일한 놀이 주제를 가지고 두 명 이상의 놀이자가 상호 작용 |
| 언어적 의사소통 | ⑦ |

**22** 유아들의 사회극놀이 상황에서 나타날 수 있는 '언어적 의사소통'에는 다음과 같이 2가지의 유형이 있다. 다음이 설명하는 언어적 의사소통의 명칭을 쓰시오.

| | |
|---|---|
| 자신이 맡은 역할에 충실하여 의사소통을 하는 것이다.<br>예 여보! 저녁 먹어요! | ① |
| 자신의 가작화 행동을 상대방에게 알리거나, 놀이를 연출, 감독하기 위한 의사소통이다.<br>예 우리 지금 불이 났다고 하자<br>예 야! 아빠가 그러는 게 어디 있어? 잘 먹어라 해야지! | ② |

23 다음은 Rubin, Maioni & Hornung이 개발한 사회/인지놀이 관찰척도이다. 괄호에 알맞은 내용을 제시하시오.

| 인지적 놀이<br>사회적 놀이 | ( ㄹ ) | ( ㅁ ) | ( ㅂ ) | 규칙 있는 게임 |
|---|---|---|---|---|
| ( ㄱ ) | 공 튀기기 | 동물원구성하기 | 전화하기 | |
| ( ㄴ ) | 자동차 굴리기 | 로봇 만들기 | 음식 준비하기 | |
| ( ㄷ ) | 쫓아다니기 | 고속도로 만들기 | 병원 놀이하기 | 손바닥 치기 |

| 비놀이 행동 | | | ( ㅅ ) |
|---|---|---|---|
| ( ㅇ ) | ( ㅈ ) | 전이 | |
| 배회하기 | 미장원놀이 지켜보기 | | 책읽기<br>햄스터 먹이주기 |

ㄱ _____ ㄴ _____ ㄷ _____

ㄹ _____ ㅁ _____ ㅂ _____

ㅅ _____ ㅇ _____ ㅈ _____

chapter **04**

24 Barnett의 놀이성 관찰척도에 근거하여 다음의 특징이 해당되는 놀이성의 요소 2가지가 무엇인지 쓰시오.

√ 유아는 놀이 동안 열정을 보인다.
√ 유아는 놀이 동안 감정을 표현한다.
√ 유아는 놀이하면서 노래하고 말한다.
√ 유아는 타인의 접근에 쉽게 반응한다.
√ 유아는 다른 유아와 협동적으로 놀이한다.

① _____ ② _____

25 다음은 Penn의 상호작용적 또래놀이척도의 내용이다. 알맞은 내용을 쓰시오.

| | |
|---|---|
| - 싸움과 논쟁 시작하기<br>- 신체적 / 언어적 공격<br>- 다른 유아들의 놀이 생각을 거절하기<br>- 고자질하기 | ① |
| - 다른 유아에 의해 무시되기<br>- 놀이에서 목적없이 쳐다보기<br>- 놀이 집단 주변을 배회하기<br>- 움츠리기 | ② |
| - 다른 유아 돕기<br>- 또래 갈등을 안정시키도록 돕기<br>- 놀이하는 동안 긍정적 정서 유지하기 | ③ |

26 Wood, McMahon, Cranstoun의 교사 개입 유형 중 ① 다음이 설명하는 개입 유형의 명칭을 쓰고, ② 이 개입 방법의 장점을 쓰시오.

> 유아 가까이에서 동일한 놀이 자료를 가지고 놀이를 하지만 상호작용은 하지 않음

① _____

② _____

27 Peter, Neisworth와 Yawkey의 세 가지 개입전략 중 다음에 해당하는 전략 방법을 쓰시오.

> 준비된 환경에서 유아가 질적으로 우수한 놀이를 하도록 교사가 이끄는 전략으로, 탐색을 격려하거나, 적절한 사물의 활용을 제안하는 등의 방법이 있다.

개입 전략 방법 _____

28  Smilansky가 제시한 사회극 놀이 훈련 시 교사의 개입방법을 3가지 쓰고 각각의 방법에 대해 설명하시오.

1) _____

_____

2) _____

_____

3) _____

_____

29  다음은 놀이 시 교사개입 유형에 대한 설명이다. 알맞은 용어를 쓰시오.

① Wolfgang, Mackender와 Wolfgang이 제시한 ⓐ (            )은/는 유아 중심의 ⓑ (    ) 놀이 개입에서 교사 중심의 ⓒ (    )된 개입으로 일련의 연속적인 조치를 취할 수 있음을 강조한다.
② 다음 사례에 대한 Wolfgang, Mackender와 Wolfgang의 개입 유형을 쓰시오.

| 내용 | 개입 유형 |
|---|---|
| 너는 아빠고, 아기는 주연이가 하렴.<br>아기가 우유를 먹여서 배가 부르니까 유모차에 태우고 밖으로 나가자. | ⓐ |
| 선화는 아기인형에게 우유를 주고 있구나. | ⓑ |
| 전화기를 유아의 귀에 잘 대주면서 아기가 아프다고 병원에 전화하라고 말함 | ⓒ |
| 아기에게 우유를 먹이려면 이렇게 앉고 먹여야지. 선생님이 해볼게. | ⓓ |
| 이제 아기에게 우유를 먹였으니 다음에는 어떻게 할 계획이니? | ⓔ |

**30** Johnson, Christie와 Yawkey의 교사 개입 유형 중 다음이 설명하는 알맞은 유형을 쓰시오.

| 내용 | 개입 유형 |
|---|---|
| 이 개입 방법으로 놀이에 개입할 경우 놀이를 활성화시키고 발전시킬 수 있을 뿐 아니라 교사와 유아 간에 친밀감이 형성될 수 있다. 유아의 놀이에 파트너로 함께 참여하는 개입방법이다. 단, 적극적으로 참여를 하지만 유아가 놀이를 주도하고 교사는 이에 따른다. | ① |
| 이 개입 방법은 유아 스스로 역할놀이에 참여하지 못할 때, 다른 유아와 함께 놀이를 하는 데 어려움이 있을 때, 놀이가 반복되거나 중단될 위험이 있을 때 사용하면 효과적이다. 교사가 놀이에 참여하여 주도권을 가지고 놀이를 이끌어 나가는 적극적인 개입방법이다. | ② |
| 교사가 놀이하는 유아를 가까운 거리에서 지켜보면서 머리를 끄덕이거나 미소를 지으며 때로는 '재미있게 놀고 있구나.' 등 말을 걸어 관심을 표현한다. | ③ |
| 교사가 유아의 놀이 준비와 진행을 도와주고 조언해 주는 개입 방법으로 이 개입 유형을 적용한 예로는 놀이 내용, 아이디어를 확장시켜서 발전된 놀이를 할 수 있도록 적절한 질문을 하는 경우를 들 수 있다. | ④ |

**31** 다음의 설명에 해당하는 놀잇감의 유형을 쓰시오.

| 내용 | 놀잇감 유형 |
|---|---|
| 형태가 몇 가지 유형으로 고정되어 있으면서 크기는 기준 단위를 중심으로 배수가 되도록 만들어진 놀잇감이다. 용도는 무제한으로 자유로운 놀이를 격려한다. | ① |
| 찰흙, 헌 상자, 성냥 곽 등 형태나 크기가 사전에 결정되어 있지 않은 놀잇감으로 용도가 정해져 있지 않다. | ② |
| 나무못과 못 판, 퍼즐 맞추기, 미로 찾기, 숫자 막대기 등이 이에 속하며 대부분 용도가 정해져 있어서 고정된 방법으로만 사용해야 한다. | ③ |

**32** 교사의 놀이 개입을 저해하는 요인을 Kagan의 이론에 근거하여 쓰시오.

| 내용 | 요인 |
|---|---|
| 놀이의 내용을 결정하는 교육과정과 시간, 공간 및 자료가 어떠한가는 교사의 놀이 개입에 영향을 미친다. | ① |
| 교사 개인이 갖고 있는 교사의 놀이 개입에 대한 신념은 놀이 실제에 영향을 미친다. | ② |
| 놀이가 전개되는 유아교육기관의 놀이환경 특성은 교사의 놀이 개입에 영향을 미치는 요인으로, 이는 이론과 현장 실제 간의 조율의 문제로도 볼 수 있다. | ③ |

**33** Prescott이 제시한 바람직한 놀이 환경의 조건 중 다음 설명에 해당하는 요소를 쓰시오.

| 내용 | 요소 |
|---|---|
| 놀이 시설물이나 놀잇감은 유아가 적극적으로 조작하고 변경시킬 수 있는 가능성의 정도에 따라 모든 유형을 모두 포함하도록 배려해야 한다. | ① |
| 뛰기, 자전거 타기와 같이 대근육을 많이 움직이는 놀이와 퍼즐 맞추기, 구슬꿰기와 같이 소근육만 움직이는 놀이를 모두 고려해야 한다. | ② |
| 놀이 환경은 유아의 안전을 보장하도록 구성되어야 한다. 그런데 안전한 공간은 자칫 유아에게 많은 제한을 가해서 도전 및 탐색욕구를 억제하게 만드는 경우도 생긴다. | ③ |
| 놀이 환경은 극놀이처럼 유아 간에 상호 작용을 많이 할 수 있는 환경과 책상 밑이나 구석진 장소 등에 자신만의 놀이 세계에 몰입하는 할 수 있는 환경이 포함되어야 한다. | ④ |

chapter
**04**

**34** 다음이 설명하는 놀잇감의 유형을 쓰시오.

- 용도가 다양하기 때문에 놀잇감의 옳고 그른 사용법이 없어 자발적인 탐색을 유도하고 스스로 의사결정을 할 수 있다.
- 자발적인 탐색을 유도하여 스스로의 도전을 통해 지식을 발견하게 해준다.
- 모험도가 높은 놀이를 해볼 수 있는 기회를 제공하며 많은 문제 해결 과정을 경험하도록 해준다.
- 놀잇감을 어떻게 사용할 것인가에 대해 유아 스스로 의사결정을 하게 해준다.

놀잇감 유형 _____

**35** 다음은 놀잇감의 구비조건을 제시한 글이다. 괄호에 들어갈 적절한 말을 쓰시오.

| ㉠ (      ) | 교육적 조건 | ㉤ (      ) |
|---|---|---|
| ㉡ (      )<br>• 가족의 놀이 참여 자극<br><br>㉢ (      )<br>• 다문화 가정 친구 수용<br><br>㉣ (      )<br>• 성 역할, 외모, 직업, 장애에 대한 반 편견<br><br>**건전한 놀이 문화 조성**<br>• 전자게임 몰입 억제<br>• 자연친화적 놀이 장려 | **신체 발달 증진**<br>• 대소근육 운동 및 협응력 증진<br>• 다양한 감각 경험 제공<br><br>**언어적·지적 발달 증진**<br>• 언어 능력 촉진<br>• 탐색 활동 자극<br>• 확산적 사고력, 해결력 증진<br><br>**정서·사회성 발달 증진**<br>• 정서적 안정감 유지<br>• 자유로운 정서 표현 장려<br>• 사회적 상호작용 촉진<br><br>**창의성 발달 증진**<br>• 상상력과 창의력 고취 | ㉥ (      )<br>• 재질 및 구조의 견고성<br>• 간편한 보관 및 관리<br><br>㉦ (      )<br>• 발달 및 흥미, 요구에 적합<br><br>㉧ (      )<br>• 재질 및 페인트 안전<br>• 구조와 부품의 안전<br>• 안전한 크기 및 무게<br>• 안전한 형태 및 끝마무리<br><br>**경제성**<br>• 저렴한 가격 및 다용도 |

㉠ _____   ㉡ _____   ㉢ _____

㉣ _____   ㉤ _____   ㉥ _____

㉦ _____   ㉧ _____

**36** 상품화된 놀잇감의 문제점을 3가지 쓰시오.

1) _____

2) _____

3) _____

**37** 다음은 실외 놀이 시설물 재료에 대한 설명이다. 설명에 알맞은 재료를 쓰시오.

| | |
|---|---|
| 이 재료는 가격이 싸거나 거의 무료이고 부모나 지역 사회의 어른들이 제작할 수 있는 장점이 있다. 하지만 제작이 잘못될 수도 있으며, 부상위험률이 높다. | ① |
| 이 재료는 감촉이 따뜻하고 주변 환경에 잘 어울리며 쉽게 바꿀 수 있고 부딪쳐도 충격이 적은 장점이 있으나 갈라지기 쉬우며 불에 약하고 흠집이 쉽게 생긴다는 단점이 있다. | ② |
| 이 재료는 투명하며 충격이 적은 편이고 곡선이나 둥근 테두리의 제작이 가능하다는 장점이 있으나, 시설물 제작에 많은 준비가 필요하고 가격이 비싸다는 단점이 있다. | ③ |

**38** Frost가 제시한 실외 놀이터의 유형 중 다음이 설명하는 놀이터 유형을 쓰시오.

| 내용 | 놀이터 유형 |
|---|---|
| 이 놀이터는 전문 건축가나 디자이너가 나무, 값비싼 돌, 콘크리트나 기타 건축 재료를 사용해서 미적으로 조성해 놓은 놀이터이다. | ① |
| 이 놀이터는 반형식적인 놀이터로 고정놀이 시설물과 타이어, 목재, PVC 파이프 등을 제공하여 유아가 스스로 놀이기구를 창조해 보도록 계획된 놀이터이다. | ② |
| 이 놀이터는 완성된 놀이터가 아니라 이용자들이 창조하여 완성하는 놀이터이다. 이 놀이터에서는 건축자재로 집을 짓거나 웅덩이 파기, 모닥불 놀이, 물·모래놀이, 동·식물 키우기 등의 다양한 놀이를 자유롭게 할 수 있다. | ③ |

**39** 다음이 설명하는 놀이의 유형을 쓰시오.

Saltz와 Johnson이 처음 사용한 용어로, 유아가 동화 속의 등장인물이 되어서 이야기 내용을 창의적으로 가작화하는 과정 중심의 놀이다.

놀이 유형 _____

# 박수민

## 유아임용의 정석 - 유아교육개론

CHAPTER
# 04 | 기출문제로 감각 익히기

정답_p.616

01  (가)는 사자춤 동영상을 감상한 후 김 교사와 유아들이 역할놀이 영역에서 진행한
놀이 장면이다. 물음에 답하시오.

2013학년도-B

(가)

> 김 교사는 역할놀이 영역에서 정민, 진영, 민우의 놀이를 바라보고 있다.
> (다음 놀이는 15분 이상 진행되었다.)
> 민우 : (정민, 진영을 보며) 얘들아, 우리 아까 본 사자 춤 놀이해 볼래?
> 진영 : 재미있겠다. 그런데 어떻게 해?
> 민우 : 사자 옷이 필요해. (보자기를 꺼내 어깨에 두른다.) 사자 털도 있으면 좋겠다.
>
> (교사는 사자 갈기처럼 생긴 수술이 달린 인디언 치마를 소품통에 비치한다.)
>
> … (중략) …
>
> 정민 : 선생님, 둥둥둥 북소리 내주세요. 우리가 춤출게요.
> 진영 : (인디언 치마를 머리에 쓰고 덩실거리며) 어흥~ 나는 사자다.
> 민우 : (가만히 서서) 무서워, 살려줘!
> 진영 : ㉠ 그런데 민우야, 사자는 춤을 춰야지, 우리가 춤추기로 했잖아.
> 민우 : (진영이와 함께 어깨를 덩실거리며 몸을 흔든다.)
> 정민 : 선생님, 이번에는 내가 북을 치고 싶어요.
>    선생님이 사자하세요.
> (교사는 정민이와 역할을 바꾸고 정민이의 북소리에 맞춰
> 민우, 진영이와 함께 사자춤을 춘다.)
>
> … (하략) …

1) 다음은 스밀란스키(S.Smillansky)가 제시한 사회극놀이 구성요소의 일부를 (가)와 관
련지은 표이다. 가작화의 설명 ①과 지속성의 사례 ②에 적절한 내용을 각각 쓰시오.

| 사회극놀이<br>구성요소 | 설명 | (가)의 사례 |
|---|---|---|
| (생략) | 최소한 2명 이상의 놀이자가 놀이 주제와<br>관련하여 직접적인 상호작용을 하는 것 | 진영, 민우, 정민 3명의 놀이<br>자가 상호작용하고 있음 |
| 가작화 | ① | (생략) |
| 지속성 | (생략) | ② |

• ① : _____

• ② : _____

2) (가)와 같은 놀이에서 유아들은 2가지 유형의 언어적 의사소통을 사용한다. 1가지는 가작화 의사소통이고, 다른 1가지는 ( ① )이다. ①을 쓰고, ㉠이 ①에 해당하는 이유를 1가지 쓰시오.

- ① : _____

- 이유 : _____

_____

02 다음은 만 3세반 자유선택활동 시간의 놀이 상황이다. 물음에 답하시오.

2013학년도-B

> ㉠ 민수와 영희는 쌓기놀이 영역에서 블록으로 탑을 만들고 있다. 가까이에서 놀이하지만, 서로 대화는 하지 않는다. 잠시 후, 영희가 만들어 놓은 탑에서 민수가 블록 한 개를 빼내자 탑이 무너지면서 시끄러운 소리가 난다.
>
> 영희 : 내 거야, 이리 줘.
> 민수 : 나도 이거 필요해!
> (교사는 유아들의 놀이 상황을 주의 깊게 관찰하며, 스스로 갈등을 해결할 수 있도록 기다린다.)
> 영희 : 싫어. 내 거야. 줘!
> 교사 : (민수에게 블록을 가져다주며) 민수는 이 블록을 가지고 다시 만들도록 하자.
> 민수 : (불만스런 표정으로 블록을 영희 앞에 떨어뜨리며)
>        여기 있어.
> 영희 : 선생님, 민수가 내 탑 무너뜨렸어요.
> 교사 : 민수 때문에 영희가 만든 탑이 무너졌구나.
> 영희 : 네
> 교사 : 민수야! 영희가 만든 탑이 무너졌는데, 어떻게 하면 좋을까?
> 민수 : 몰라요.
> 영희 : 또 만들려면 힘들어.
> 교사 : (영희에게) 그럼, 민수랑 같이 만들어 보자.

1) ㉠에 해당하는 파튼(M.Parten)의 사회적 놀이 유형 1가지를 쓰시오.

- _____

2) ①, ②에 해당하는 교사의 말 또는 행동을 위 사례에서 찾아 각각 1가지씩 쓰고, ③에 들어갈 용어 1가지를 쓰시오.

```
        개방적                                        구조적
        ◀───────────────────────────────────────▶

         ①        ②
        응시    비지시적    ( ③ )    지시적    모델링    물리적
                 진술                진술               개입

        [교사 지도 연속 모형(TBC : Teacher Behavior Continuum)]
```

• ①의 말(행동) : _____

• ②의 말(행동) : _____

• ③ : _____

---

**03** (가)는 놀이에 대한 이론이고, (나)는 놀이 장면의 일부이다. 물음에 답하시오.

2014학년도-A

**(가)**

  비고츠키(L. Vygotsky) 이론에 의하면, 놀이는 유아의 근접발달지대를 창출하며, 이때 성인의 비계설정은 매우 중요하다. 상징놀이에 관해서는 사물로부터 의미의 분리를 도와줌으로써 추상적 사고의 발달에 필수불가결한 준비의 역할을 한다고 보았다.

  피아제(J. Piaget)는 인지가 발달함에 따라 놀이는 3단계로 발달해간다고 보았다. 스밀란스키(S. Smilansky)가 기능놀이와 극놀이의 중간 단계에 나타난다고 보았던 ( ㉠ )을(를) 피아제는 하나의 독립된 놀이 단계로 인정하지 않았다.

  프로이트(S. Freud)에 의하면, 놀이는 부정적인 감정을 감소시켜주는 감정의 ( ㉡ ) 효과를 갖는다. 놀이가 갖는 이러한 효과는 공격 에너지를 발산하면서 공격성이 감소된다는 것을 가정하는 ( ㉢ )이론과 유사한 것으로, 유아는 놀이 속에서 대리 사물이나 사람에게 자신의 부정적인 감정을 전이시켜 부정적 감정을 감소시킬 수 있게 된다.

**(나)**

  유아들이 역할놀이 영역에서 소꿉놀이를 하고 있다.
㉣ ┌ 소연 : (빈 컵을 입에 갖다 대며 마시는 시늉을 하며) 아, 시원하다.
   │ 민채 : 아기도 목 말라. (인형의 입에 빈 컵을 갖다 대며 먹이는 시늉을 하며) 아가
   └       야, 이제 됐어?

                    … (중략) …

㉤ ┌ 진우 : (인형과 수건을 가지고 교사에게 다가가며) 선생님, 아기 업을래요.
   │ 민지 : 나도 아기 업을래. 어? 인형이 없네. (쌓기 놀이 영역에 가서 종이벽돌블록과
   └       보자기를 가져오며) 선생님, 나도 아기 업을래요. 이거 묶어 주세요.

1) ㉠과 ㉡에 들어갈 용어를 각각 1가지씩 쓰시오.

   • ㉠ : _____

   • ㉡ : _____

2) 다음은 상징놀이의 구성요소 및 내용이다. ㉢에 비추어 A에 들어갈 내용 1가지를 쓰고, ㉣에 비추어 B에 들어갈 구성요소 1가지를 쓰시오.

| 구성요소 | 내용 |
|---|---|
| 탈중심화 | A |
| B | 유사한 사물이나 상황 대체에서, 유사하지 않은 사물이나 상황 대체로 변화하는 것 |
| 통합 | 단일한 상징행동에서, 주제나 줄거리가 있는 복잡한 상징행동으로 조직화되는 것 |

   • A의 내용 : _____

   _____

   • B 구성요소 : _____

04 다음은 유아들이 방송국 놀이를 하는 장면의 일부이다. 물음에 답하시오.

2014학년도-B

> 다은이는 아나운서, 정호는 기자, 형주는 카메라맨을 하기로 하였다. ㉠ 다은이는 아나운서 테이블 앞에 앉아서 길쭉한 연필꽂이를 앞에 세워 놓고, 후~후~ 불며 마이크테스트를 하는 시늉을 한다.
> 다은 : "준비~시……작."해 줘. 그럼 시작할게.
> 형주 : (카메라를 잡고 큰 소리로) 준비~시……작.
> 다은 : ㉡ 뉴스를 시작하겠습니다. 옆 동네에는 지금 비가 너무 많이 와서 홍수가 났다고 합니다.
> ……(하략)……

1) 스밀란스키(S. Smilansky)에 의하면, ㉠은 사회극놀이의 요소 중 ( ① )에 해당되며, ㉡은 사회극놀이 요소의 하나인 언어적 의사소통 유형 중 ( ② )에 해당된다. ①, ②에 들어갈 용어를 각각 1가지 쓰시오.

   • ① : _____

   • ② : _____

**05** 다음은 5세반 쌓기 놀이 상황의 일부이다. 물음에 답하시오.

(유아들은 블록으로 놀이를 하고, 교사는 유아의 놀이를 지켜보고 있다.)

승연 : 우리 제일 높은 주차 빌딩을 만들자!

민희 : 내가 아빠랑 갔는데, 거기에는 엘리베이터도 있어.

주영 : 우리도 엘리베이터 만들자. 그런데 뭐로 엘리베이터를 만들지?

민희 : 빈 상자로 만들면 좋겠어.

(지켜보던 교사는 미술 영역에 있는 재활용 상자를 가져다준다.)

주영 : (주차 빌딩 옆에 상자를 놓아 보면서) 이걸로 만들면 좋겠다.

··· (중략) ···

민희 : 와! 완성이다. 이제 주차장 놀이하자.

(교사와 유아들은 함께 주차장 놀이를 하려고 역할을 정하였다. 유아들은 역할을 정한 후에도 주차장 놀이를 시작하지 못하고 자동차만 굴리고 있다.)

교사 : (주인을 맡은 주영이와 승연이를 보면서) 아저씨, 어디에 세워야 하는지 자세하게 알려주세요!

주영 : 아! 손님, 여기로 오세요.

(승연이는 자동차가 들어와도 보고만 있다.)

영채 : ㉠ 야! 무슨 주인이 그래? '어서 오세요.' 인사하고 안내를 해 줘야지!

승연 : 아, 어서 오세요! 손님!

민희 : 내 차가 제일 먼저 왔어요. 들어갈게요.

교사 : 이제 내 차가 들어갈 차례지요. 들어갑니다.

··· (중략) ···

승연 : 안녕하세요? (엘리베이터 쪽을 가리키며) 여기로 오세요.

영채 : 네. (가장 위층인 10층을 가리키며) 내 차는 여기에 세울래요.

주영 : 손님, 아래부터 세워야 해요.

민희 : 나도 제일 위에 세우고 싶어요. ⌉ [A]

주영 : 승연아, 주차 빌딩에 차가 가득 차서 10층만 남았다고 하자.

영채 : 그럼, 내 차 먼저 10층에 세워주세요.

주영 : 손님, 이제 10층에 자리가 얼마 안 남았어요.

1) ① 다음의 (    )에 들어갈 용어를 쓰고, ② 위 놀이 상황을 에피소드 수준으로 볼 수 있는 이유를 ①의 이론에 근거하여 쓰시오.

> (    ) 이론에서는 유아가 자신의 경험에 근거하여 사건을 구성할 수 있게 되고, 경험한 것에 대한 해석이 놀이 내용으로 표현된다고 본다.

• ① : _____

• ② : _____

_____

2) 베이트슨(G. Bateson)의 이론에 근거하여, ㉠에 나타난 유아의 의사소통 유형에 해당하는 말을 [A]에서 찾아 쓰시오.

• _____

_____

3) 다음은 존슨(J. Johnson), 크리스티(J. Christie)와 야키(T. Yawkey)가 제안한 교사의 놀이 지도 방법이다.

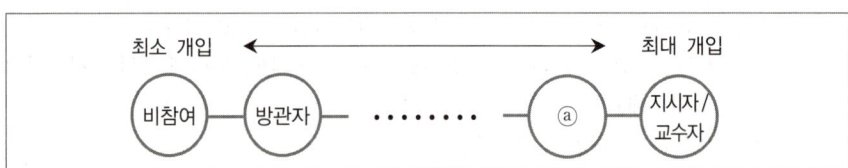

① ⓐ에 해당하는 용어를 쓰고, ② 위 놀이 상황에서 ⓐ역할이 나타난 예를 찾아 쓰시오.

• ① : _____

• ② : _____

**06** 다음은 ○○유치원 5세반 역할놀이 영역에서 일어난 놀이의 한 일화기록이다. 물음에 답하시오.

2017학년도-A

---

관찰대상 : 권임규 (남)　　　　　　　관찰자 : ○○○

… (생략) …

관찰일시 : 2016년 ○월 ○일 09:45~09:55

---

　　임규는 혜미, 민호, 지수가 놀고 있는 역할놀이 영역에 와서 두리번거린다. 혜미가 민호에게 "야, 우리 과일가게 놀이하자! 여기가 과일가게야."라고 말한다. 민호가 "그래, 좋아. 난 배달할래."라고 말하자 혜미가 "배달? 그래. 너 배달해."라고 말한다. 옆에 있던 임규가 "나도 가게 놀이하고 싶다. 배달하면 재밌을 것 같은데……."라고 중얼거린다. 이 말을 듣고 지수가 임규에게 "너 우리랑 놀고 싶구나. 그럼 함께 놀자. 네가 손님해." 라고 말한다. 임규는 "남자는 힘이 세니까 배달을 잘할 수 있어."라고 지수에게 말한다. 그러자 지수가 "민호가 배달하고 있는데 어떡하지……."라고 말한다. 임규는 "알았어. 손님할게. 여기 사과 있나요? 얼마예요?"라고 말하자 지수가 "천 원입니다. 아주 맛있어요."라고 말한다. 임규가 주머니에서 놀이카드를 꺼내며 "여기 천 원 있어요."라고 말한다. 갑자기 혜미가 "손님이 한 명밖에 없어서 가게 놀이 재미없다. 우리 미용실 놀이하자."라고 말한다. 지수가 "그거 재밌겠다. ㉠ 난 미용사할래."라고 말한다. 그러자 민호는 "난 미용실놀이 재미없어."라고 말하자 임규도 "나도!"라고 하면서 함께 과학영역으로 간다. 그러자 혜미가 지수에게 "우리 다른 놀이 하자."라고 하면서 둘은 미술영역으로 간다.

---

〈분석〉

… (생략) …

---

1) 스밀란스키(S. Smilansky)가 제시한 사회극놀이의 준거 중 ① ㉠에 해당하는 것을 쓰고, ② 일화기록 내용에 드러나지 <u>않은</u> 준거 1가지와 그 이유를 쓰시오.

　• ① : _____

　• ② : _____

　　　_____

**07** (가)는 ○○유치원 4세반 역할놀이 영역에서의 놀이 상황이고, (나)는 조작놀이 영역에서의 놀이 상황과 루빈(K. Rubin) 등이 개발한 '사회/인지적 놀이 기록양식'이며, (다)는 박 교사가 작성한 관찰기록이다. 물음에 답하시오. 2017학년도-B

**(가)**

역할놀이 영역에서 수진, 병규, 성진이가 병원놀이를 하고 있다.

수진 : 의사 선생님, 다리가 아파요.

병규 : 다쳤나요?

수진 : 계단에서 넘어졌어요.

병규 : (청진기를 다리에 대면서) 여기가 아픈가요? 약을 먹으면 나을 것 같습니다. (초콜릿 2알을 준다.)

수진 : (㉠ 초콜릿을 받은 후, 손에 컵을 쥔 시늉을 하며 약을 먹는 척한다.)

성진 : 나도 초콜릿 먹고 싶어. 나도 먹을래.

병규 : ㉡ 안 돼! 약은 의사 선생님만 줄 수 있어.

수진 : 약은 의사 선생님만 주는 걸로 했잖아.

병규 : 그래. 넌 그것도 모르냐?

수진 : 초콜릿 먹고 싶으면 아픈 사람 해야 하는 거야.

성진 : 싫어, 먹을 거야. (그릇에 담겨 있는 초콜릿을 한 주먹 얼른 움켜쥐고 다른 영역으로 간다.)

**(나)**

조작놀이 영역에서 영준, 석민이는 끼우기 블록으로 로봇을 만들고 있다.

영준 : (로봇을 다 만든 후) 슝, 날아라!

석민 : (영준이를 흘깃 쳐다본 후, 다시 로봇 만들기를 계속한다.)

[A]

| 관찰 유아 : | 관찰 일시 : | | | |
|---|---|---|---|---|
| | 인지적 수준 | | | |
| | 기능 놀이 | 구성 놀이 | ( ㉢ ) | 규칙있는 게임 |
| 사회적수준 혼자 놀이 | | | | |
| 병행 놀이 | | | | |
| 집단 놀이 | | | | |

··· (하략) ···

[B]

**(다)**

··· (상략) ···

　주로 놀잇감만 가지고 놀던 은정이가 혜진, 진서와 함께 역할놀이를 한다. 은정이는 놀이를 통해 자아를 조절하면서 주변 세계를 익혀 가고 있다. 은정이는 에릭슨(E. Erikson)의 놀이발달 단계 중 ( ㉣ ) 단계에 속한다고 할 수 있다.

··· (하략) ···

1) (가)의 ㉠에 해당하는 피아제(J. Piaget)의 놀이 유형을 쓰시오.

   • _____

2) 다음의 ⓐ에 들어갈 말을 비고츠키(L. Vygotsky)의 놀이 관점에 근거하여 쓰시오.

   > 병규가 ㉡과 같은 반응을 보일 수 있는 이유는 ( ⓐ )을(를) 알고 있기 때문이다.

   • _____

3) (나)의 ① ㉢에 들어갈 명칭을 쓰고, ② [A]의 놀이가 [B]의 '사회/인지적 놀이 기록양식'에서 해당하는 수준을 쓰시오.

   • ① : _____

   • ② : _____

4) (다)의 ① ㉣에 들어갈 말을 쓰고, ② 그렇게 생각하는 이유 1가지를 쓰시오.

   • ① : _____

   • ② : _____

chapter
**04**

**08** 다음은 만 5세반 자유선택활동 시간에 유아들이 놀이하는 장면이다. 물음에 답하시오.

2018학년도-B

---

전날 다양한 재료(소금, 쇠 구슬, 쌀, 콩)로 마라카스 만들기 활동을 한 후 오늘 자유 선택활동 시간에 유아들이 함께 놀이하고 있고, 교사는 이를 관찰하고 있다.

희영 : (민수와 진호를 향하여) 애들아, 우리 비 오는 놀이 할래?

진호 : 어 그래! 우리 서로 어떤 비가 될지 정해 보자.

민수 : 재미있겠다.

진호 : 어 근데… 뭘 가지고 빗소리를 낼까?

희영 : 어제 우리가 만든 마라카스로 하면 되잖아.
(유아들은 미술 영역에서 각자 자신들이 만든 마라카스를 가지고 온다.)

희영 : 나는 가랑비 할래. (팔을 위아래로 살짝 움직여 마라카스를 흔든다.)

진호 : 난 폭우 할래. (마라카스를 높이 들고 세게 흔들며) 우르르 쾅! 내 소리가 너보다 더 크지?

민수 : (희영, 진호를 보고 웃기만 한다.)

희영 : 민수야, 웃지만 말고… 무슨 비가 될 거야? 네가 만든 거 한 번 흔들어 봐.

민수 : (마라카스를 한 번 흔든다.)

희영 : 음… 소리가 나보다 더 작네. 그럼… 너는 아침에 내리는 이슬비 해.

민수 : (머뭇거리며 친구들을 쳐다보다가 왔다 갔다 한다.)

교사 : ㉠ 우와, 작은 이슬비가 왔다 갔다 하네. (우두둑, 우두둑, 우두둑 소리를 내며 민수에게 다가가서) 이슬비야, 나는 소나기란다. 너는 어떤 소리가 나니?

민수 : (잠시 머뭇거리다가 마라카스를 천천히 한 번씩 손으로 치며) 난 톡, 톡, 톡 아주 천천히 내리는 이슬비야.

… (하략) …

---

1) 스밀란스키(S. Smilansky)의 이론에 기초하여 밑줄 친 ㉠에서 교사가 사용한 놀이 개입의 유형을 쓰시오.

• _____

**09** (가)는 유아들의 쌓기놀이 상황이고, (나)는 유아들의 역할놀이 상황이다. 물음에 답하시오.

2019학년도-B

(가)

---

(쌓기놀이 영역에서 진수와 호영이가 단위 블록을 가지고 놀고 있다.)

진수 : (단위 블록을 돌리면서 자동차 운전사 흉내를 내고 있다.) 웅…… 웅. 쉬…… 윙.

호영 : (진수를 잠시 쳐다보더니 단위 블록을 한 개 들어 올리며 혼잣말로) 비행기 출발!

---

(나)

---

지호 : 여기는 초록 주유소야.

창민 : (단위 블록과 큰 공간 블록으로 만들어 놓은 주유대를 가리키면서) 여기에 기름이 들어 있는 거야.

민수 : 내가 손님 할게.

창민 : 나도 손님 할게. 지호야, 그럼 너는 주인 하면 되겠다(운전하는 흉내를 내면서 주유대 앞에 멈춰 서자).

지호 : 어서 오세요! 기름을 얼마나 넣을까요?

창민 : 가득 넣어주세요.

민수 : 차가 많아서 기다려야겠네요.

지호 : 손님, 여기서 차 마시면서 기다리세요. (지호는 모형 냉장고의 문을 열더니 그 안에 있는 과일 모형을 꺼내어 탁자 위에 올려놓으면서) 과일도 드세요.

민수 : 고맙습니다.

지호 : (주유대로 다시 가서) 다 넣었습니다.

창민 : 얼마에요?

지호 : 5천 원입니다.

… (중략) …

민수 : 기름 넣는 것만 계속 하니까 재미없다. 우리 세차장도 만들자. 지난번 아빠 ┐
차 타고 주유소에 갔는데, 세차하는 곳도 있었어. 자동차가 혼자서 막 움직
여. 엄청 신기해.                                                              │ [A]

지호 : 나도 알아. 차 밖에서 깨끗하게 닦아줘.                                       │

창민 : (엄지손가락을 치켜세우면서) 좋아! 세차장 만들자. 자동 세차장 만들면 진짜 ┘
신나겠다.

… (하략) …

---

1) 루빈(K. Rubin)의 사회인지 놀이 범주에 근거하여, ① (가)에서 나타난 호영이의 놀이 유형 1가지와 ② 그 놀이 유형이 갖는 특징을 쓰고, ③ (나)에서 나타난 유아들의 놀이 유형 1가지를 쓰시오.

   • ① : _____

   • ② : _____

   _____

   • ③ : _____


2) (나)의 놀이에서 사용된 놀잇감 중 구조성이 낮은 놀잇감 1가지를 찾아 쓰시오.

   • _____


3) [A]와 관련하여, (  ) 안에 공통으로 들어갈 용어를 쓰시오.

   ┌─────────────────────────────────────────────┐
   │ (      )조절이론은 놀이와 자극과의 관계를 다룬 이론이다. 유아는 놀이를 통해 │
   │ (      )을/를 최적의 상태로 유지하려 하고 자극이 결핍되었을 때에는 놀이를 통해 │
   │ 다양한 형태의 자극을 제공받는다. │
   └─────────────────────────────────────────────┘

   • _____

**10** 다음은 ○○유치원 홈페이지에 있는 4세반 '부모를 위한 질문하고 답하기' 자료의 일부이다. 물음에 답하시오.

2019학년도 추시-B

(가)

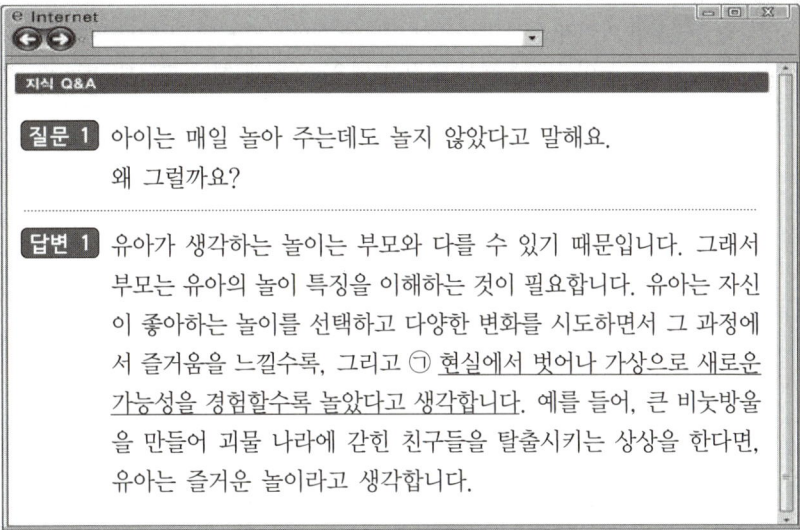

> **지식 Q&A**
>
> **질문 1** 아이는 매일 놀아 주는데도 놀지 않았다고 말해요. 왜 그럴까요?
>
> **답변 1** 유아가 생각하는 놀이는 부모와 다를 수 있기 때문입니다. 그래서 부모는 유아의 놀이 특징을 이해하는 것이 필요합니다. 유아는 자신이 좋아하는 놀이를 선택하고 다양한 변화를 시도하면서 그 과정에서 즐거움을 느낄수록, 그리고 ⊙ 현실에서 벗어나 가상으로 새로운 가능성을 경험할수록 놀았다고 생각합니다. 예를 들어, 큰 비눗방울을 만들어 괴물 나라에 갇힌 친구들을 탈출시키는 상상을 한다면, 유아는 즐거운 놀이라고 생각합니다.

(나)

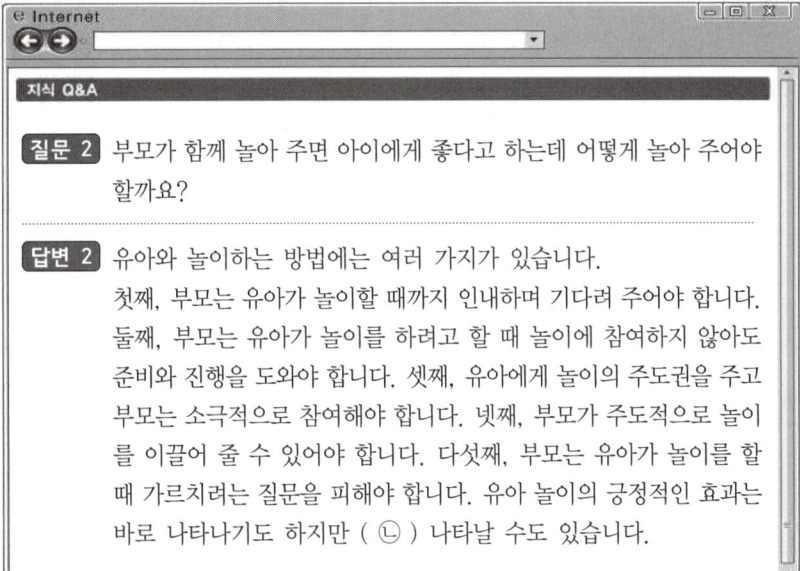

> **지식 Q&A**
>
> **질문 2** 부모가 함께 놀아 주면 아이에게 좋다고 하는데 어떻게 놀아 주어야 할까요?
>
> **답변 2** 유아와 놀이하는 방법에는 여러 가지가 있습니다.
> 첫째, 부모는 유아가 놀이할 때까지 인내하며 기다려 주어야 합니다. 둘째, 부모는 유아가 놀이를 하려고 할 때 놀이에 참여하지 않아도 준비와 진행을 도와야 합니다. 셋째, 유아에게 놀이의 주도권을 주고 부모는 소극적으로 참여해야 합니다. 넷째, 부모가 주도적으로 놀이를 이끌어 줄 수 있어야 합니다. 다섯째, 부모는 유아가 놀이를 할 때 가르치려는 질문을 피해야 합니다. 유아 놀이의 긍정적인 효과는 바로 나타나기도 하지만 ( ⓒ ) 나타날 수도 있습니다.

(다)

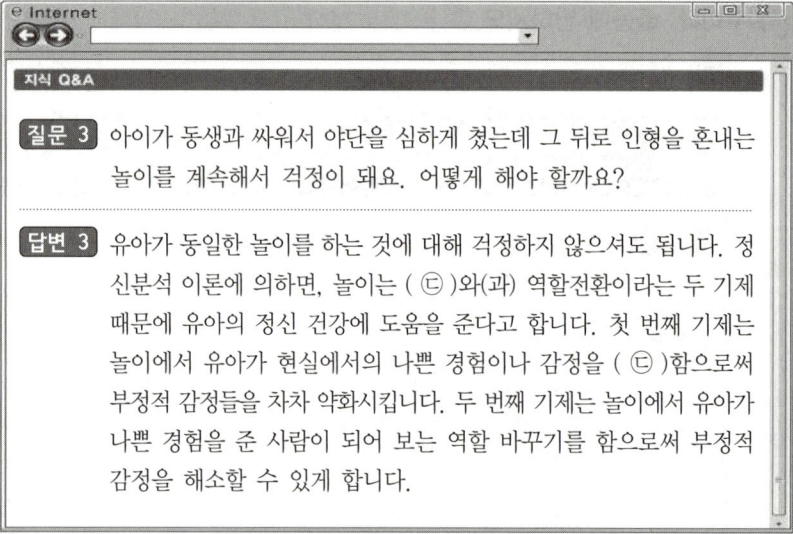

질문 3 아이가 동생과 싸워서 야단을 심하게 쳤는데 그 뒤로 인형을 혼내는 놀이를 계속해서 걱정이 돼요. 어떻게 해야 할까요?

답변 3 유아가 동일한 놀이를 하는 것에 대해 걱정하지 않으셔도 됩니다. 정신분석 이론에 의하면, 놀이는 ( ㉢ )와(과) 역할전환이라는 두 기제 때문에 유아의 정신 건강에 도움을 준다고 합니다. 첫 번째 기제는 놀이에서 유아가 현실에서의 나쁜 경험이나 감정을 ( ㉢ )함으로써 부정적 감정들을 차차 약화시킵니다. 두 번째 기제는 놀이에서 유아가 나쁜 경험을 준 사람이 되어 보는 역할 바꾸기를 함으로써 부정적 감정을 해소할 수 있게 합니다.

1) (가)의 밑줄 친 ㉠과 관련된 놀이의 일반적인 특징 1가지를 쓰시오.

   • _____

2) (나)에서 ① 유아가 오랫동안 스스로 놀이를 시작하지 못할 때 부모의 적절한 놀이 지도 방법을 찾아 쓰고, ② 놀이의 잠재적 효과를 설명하도록 ㉡에 들어갈 적당한 말을 쓰시오.

   • ① : _____

   • ② : _____

3) (다)의 ① ㉢에 공통으로 들어갈 단어를 쓰고, ② 답변 3 에 나타난 놀이 효과의 명칭을 쓰시오.

   • ① : _____

   • ② : _____

# 11 다음은 5세반 자유선택활동 상황의 일부이다. 물음에 답하시오. 2020학년도-B

(지수와 연서가 쌓기영역에서 놀이하고 있다.)

지수 : 눈이 온다. 하얀 눈.

연서 : 곰돌이가 눈 속에 묻혀 있어. 빨리 구해주지 않으면 얼어 죽을 거야.

지수 : (구조대원 옷을 입고 모자를 쓴다.) 저는 구조대원 김지수입니다. 연서 대원, 어서 출동해요. 곰돌이를 빨리 구해야 해요.

연서 : 지수 대원, 지금은 밤이니까 손전등이 필요해요.

지수 : (손전등을 건네며) 손전등 여기 있어요. 그런데, 곰돌이에게 줄 물도 가져가야 해요. 연서야, 내가 역할영역에서 물을 가져올 테니까 구조 가방 준비해줘. ⎤ [A]

(지수는 역할영역으로 이동한다.)

연서 : ㉠ (손전등을 살펴보며) 어떻게 켜지? 어, 여기 스위치가 있네? 왜 안 켜지지? 건전지 넣는 곳은 어디지?

지수 : (쌓기영역으로 돌아와) 연서 대원, 이제 출동합니다.

··· (중략) ···

(연서와 지수는 구조한 곰돌이를 수건으로 닦은 후 침대에 눕힌다.)

지수 : (곰돌이 머리에 손을 얹으며) 어, 곰돌이가 열이 많이 나네. 곰돌아, 많이 아프지?

연서 : (주사를 놓으며) 주사를 맞아야 겠다.

지수 : 빨리 나아야 하니까 아파도 조금만 참아. ⎤ [B]

연서 : 빨리 나으려면 음식도 먹어야 해.

지수 : 여기 우유 있어. 곰돌아, 우유 먹자. 내가 먹여 줄게.

(지수는 곰돌이에게 이불을 잘 덮어 준다.)

연서 : 우리 이제 곰돌이에게 먹일 음식을 만들자.

(연서와 지수는 역할영역으로 이동하여 음식을 준비하기 시작한다.)

1) ① 하위스(C. Howes)의 또래놀이 척도에서 [A]의 지수에게 해당되는 수준의 명칭을 쓰고, ② 그 수준의 대표적인 특성 2가지를 쓰시오.

• ① : _____

• ② : _____

2) [A]에서 유아들의 놀이틀(play frame) 변화가 나타나는 말을 찾아 쓰시오.

• _____

3) 허트(C. Hutt)의 관점에 의거하여, ⓐ에 들어갈 말을 쓰시오.

> 연서가 보이는 ㉠과 같은 행동은 놀이보다는 ( ⓐ )에 가까운 행동이다.

• ⓐ : _____

4) 다음은 [B]의 놀이에 대한 분석이다. ⓑ에 들어갈 말을 쓰시오.

> 울프와 그롤만(D. Wolf & S.Grollman)에 의하면,
> ( ⓑ )은(는) 기억에 의해 활성화되는 지식 구조이고, 유아들의 경험에 근거한 놀이 내용 및 이야기 구조 수준에 반영된다. 연서와 지수의 이야기 전개 내용과 구조는 도식, 사건, 에피소드 가운데 에피소드 수준에 해당된다.

• ⓑ : _____

**12** 다음은 실습 교사들과 지도 교사들이 나눈 대화의 일부이다. 물음에 답하시오.

2020학년도-B

실습 교사 A : 선생님, 쌓기놀이가 활발하게 잘 진행되려면 어떻게 하는 것이 좋을까요?
홍 교사    : 유아들의 쌓기놀이를 관찰해 보시는 것이 좋은데, 오늘 자유선택활동 시간에 유아들과 쌓기놀이 같이 하셨지요? 유아들 놀이가 어땠나요?
실습 교사 A : 네, 유아들은 여러 개의 블록으로 떨어지지 않게 연결하여 동그란 공간을 만들었어요. 무엇을 만든 건지 물어보면, 구조물 이름을 말하지 [A] 못하는 유아들이 있었어요.
홍 교사    : 잘 관찰하셨어요.
실습 교사 A : 그리고 여자 아이들보다 남자 아이들의 참여가 훨씬 많았구요. 비슷한 주제의 놀이를 많이 하는 것 같았습니다.
윤 교사    : 쌓기영역의 ( ㉠ )이(가) 높아지면 그런 모습이 나타날 수도 있지요.
홍 교사    : 이번 주에 역할영역의 공간을 넓혀 줬더니, 옆에 있는 쌓기 영역의 공간이 좁아졌어요. 그러면 같은 주제의 놀이를 하거나, 공격적인 놀이가 나타나기도 해요.
실습 교사 A : 쌓기영역 공간을 다시 넓혀야 할까요? [B]
홍 교사    : 그것보다는 쌓기영역의 놀잇감이 역할놀이의 소품으로도 활용될 수 있고, 쌓기놀이에 여자 아이들도 많이 참여할 수 있도록 공간을 재배치하는 것이 더 좋을 것 같습니다.

… (중략) …

실습 교사 B : 선생님, 오늘 준우가 놀이하는 것을 봤습니다. 준우는 달리기를 잘하 ⌐
　　　　　　고, 협동해서 놀아요. 게임할 때 다른 방식으로도 놀고, 즐거워해요.
　　　　　　특히 이야기를 재미있게 해서 친구들이 좋아하고, 친구들과 익살스럽
　　　　　　게 이야기해요.　　　　　　　　　　　　　　　　　　　　　　　　[C]
윤 교사　　 : 그렇죠? 제가 준우의 놀이성을 측정했을 때, 놀이성 척도의 하위 요 ⌐
　　　　　　소 중에서 신체적 자발성, 사회적 자발성, 인지적 자발성, 즐거움의
　　　　　　표현보다 (　　ⓒ　　)이(가) 높게 나왔어요.

1) 존슨(H. Johnson)의 블록 쌓기놀이 발달 단계에 근거하여, [A]에 해당하는 단계의
   명칭을 쓰시오.

　　• _____

2) ① ㉠에 들어갈 용어를 쓰고, ② [B]의 내용을 고려하여, 역할영역과 쌓기영역의 문제
   점을 해결하기 위해 공간을 재구성하는 방법 1가지를 쓰시오.

　　• ① : _____

　　• ② : _____

3) 바넷(L. Barnett)의 놀이성(playfulness) 척도에 근거하여, ① ⓒ에 들어갈 용어를
   쓰고, ② [C]에서 ⓒ에 해당하는 준우의 특성 1가지를 찾아 쓰시오.

　　• ① : _____

　　• ② : _____

　　　_____

**13** 다음은 5세반 놀이 상황 일부이다. 물음에 답하시오.

(동우와 지현이가 판을 놓고 윷놀이를 하고 있다.)

동우 : (윷을 던지고) 어, 걸이다. 세 칸.

지현 : (윷을 던지고) 윷이다. 한 번 더!

동우 : 맞아. 너 한 번 더 해.

지현 : (윷을 한 번 더 던지고) 이번에는 도야, 한 칸.

[A]

··· (중략) ···

(서연이와 민호가 한 팀으로 윷놀이에 참여한다.)

지현 : 윷이 판 밖으로 나갔네. 그럼 이제 우리 차례야.

서연 : 아니야. 밖으로 나가도 돼.

민호 : 맞아. 나가도 돼.

동우 : 안 돼. 윷이 나가면 말을 옮기지 못해.

서연 : (큰 소리로) 그런 게 어딨어? 나 안 해!

(서연이가 울먹거리며 윷을 던지고 자리를 떠난다.
지현이가 서연이에게 다가가 안으며 토닥거린다.)

··· (중략) ···

(지현, 민호, 동우가 윷놀이를 다시 시작한다.)

동우 : 서연이가 없는데 이제 어떻게 하지?

민호 : 셋이서 하자. 윷이 판 밖으로 나가도 되고···.

동우 : 원래 안 되는데···. 그렇게 해 보자.

지현 : 나도 좋아.

민호 : 그리고 다른 사람 말 잡는 것도 하지 말자.

지현 : 그래.

동우 : 그럼, 그러자. 나부터 할게.

(동우가 던진 윷이 판 밖으로 나간다.)

[B]

지현 : (윷을 주우러 가는 동우를 보며) 내가 네 말 옮겨 줄까?

동우 : 고마워. 두 칸 옮겨줘.

1) 스밀란스키(S. Smilansky)의 인지적 놀이 수준에 근거하여, ① [A]와 [B]에 해당하는 놀이 유형을 쓰고, ② 그 유형으로 놀이하는 과정에서 나타난 [A]와 [B]의 차이점을 쓰시오.

• ① : _____

• ② : _____

**14** 다음은 유아들의 놀이 상황의 일부이다. 물음에 답하시오.

---

유아들이 여러 가지 블록을 가지고 놀이를 하고 있다.

민성 : 우와! 정말 높다. 이게 뭐야?

지후 : 에펠탑이야.

민성 : 나도 진짜 높게 만들어야지.

　(민성이와 지후가 만든 것을 보고 다른 놀이를 하던 연희와 수아도 관심을 보이기 시작한다.)

연희 : (지후를 보며) 탑이야? 진짜 높다.

수아 : (연희에게) 우리도 만들자.

　(연희가 실수로 지후가 만든 것을 무너뜨린다.)

지후 : 야, 그렇게 하면 어떻게 해? 이거 만드느라고 얼마나 힘들었는데.

연희 : 미안해. 일부러 그런 거 아니야.

지후 : ㉠ 일부러 그런 거 아니어도 네가 무너뜨렸으니까 네 잘못이야.

민성 : 맞아, ㉡ 선생님이 친구가 만든 건 망가뜨리면 안 된다고 했어. 선생님한테 말할 거야.

[A]

… (중략) …

연희 : 우리 여기를 빵가게라고 하자.

수아 : 좋아. 빵가게인지 알 수 있게 종이에 써 붙이자.

연희 : 내가 빵 만들게.

수아 : 그럼 나는 가게 주인.

연희 : (수아에게) 손님이 없어. 어떻게 하지?

수아 : (교사를 보며) 선생님이 손님 해 주세요.

교사 : (쟁반을 들고) 여기는 맛있는 빵이 많네요.

　　(빵을 고르고) 계산해 주세요.

수아 : 삼천 원입니다.

[B]

… (하략) …

---

1) [A]의 인지적 놀이 유형이 갖는 특징을 설명하시오.

　• _____

　　　_____

2) 존슨, 크리스티와 야키(J. Johnson, J. Christie, & T. Yawkey)의 교사 개입 방법에 근거하여 ① [B]에 나타난 교사 역할의 유형을 쓰고, ② 그 유형으로 놀이에 개입할 때 교사가 유의해야 할 점 1가지를 쓰시오.

　• ① : _____

　• ② : _____

**15** 다음은 지도 교사와 실습생들이 유아 놀이를 관찰하고 나눈 대화의 일부이다. 물음에 답하시오.

2024학년도-B

지도 교사 : 오늘 놀이를 관찰하셨지요. 놀이에 영향을 미치는 요인에 대해서 이야기해 볼까요?

실습생 1 : 모둠별 인원에 따라 팥빙수 만드는 공간의 크기를 다르게 제공했어요. 그런데 팥빙수 재료를 교실 앞 한 곳에만 두었더니 유아들이 몰리면서 서로 밀치기도 했어요.　[A]

지도 교사 : 그러면 다음에는 재료를 나누어 두면 좋겠어요.

실습생 2 : 사자 모둠은 각자 떨어져서 팥빙수를 만들었는데, 토끼 모둠은 구석에 다 같이 모여 협동해서 팥빙수를 만들었어요

지도 교사 : 네. 유아들의 놀이에서 ( ㉠ ) 밀도와 ( ㉡ ) 밀도, 모두 놀이에 영향을 미치는 것을 알 수 있어요.

실습생 1 : 저는 실습이 시작된 이후 3주 동안 관찰하면서 우리 반 유아들이 선호하는 놀이를 기록해 보았어요. 지연이는 친구들과 역할놀이를 가장 오래 하고 즐겁게 했어요. 라희는 혼자 퍼즐 맞추기를 제일 좋아하더라고요. 민성이는 친구들이랑 집단 게임을 하는 것을 좋아했고, 가은이는 술래잡기가 제일 재미있다고 했어요. 그리고 예람이는 혼자 하는 블록 놀이를 가장 좋아한다고 했어요.　[B]

지도 교사 : 유아의 인지 양식도 놀이에 영향을 미칠 수 있어요. ㉢ 장독립적인 유아와 ㉣ 장의존적인 유아가 있지요.

… (중략) …

실습생 1 : 유아들의 놀이를 관찰하는 것이 재미있었어요.

실습생 2 : 저는 유아 놀이에서 관찰자의 역할이 가장 중요하다고 생각해요.　[C]

실습생 3 : 저도 그렇게 생각해요. 팥빙수 재료가 떨어졌을때도 유아들이 어떻게 하는지 궁금해서 관찰만했어요.

1) [A]를 참고하여 ㉠과 ㉡에 들어갈 용어를 각각 쓰시오.

　• _____

　• _____

2) 사라초(O. Saracho)의 연구에 근거하여, ① [B]에서 ㉢이 선호하는 경향의 놀이 2가지를 찾아 쓰고, ② ㉣이 선호하는 경향의 놀이 특징 1가지를 쓰시오.

　• ① : • _____

　　　　• _____

　• ② : _____

3) [C]에 나타난 놀이 개입 유형에 대한 인식이 적절하지 <u>않은</u> 이유를 쓰시오.

　• _____

# 박수민

## 유아임용의 정석 - 유아교육개론

CHAPTER

# 05

# 유아교사론

# 01 유아교사의 전문성

## 01 전문직으로서의 유아교사 – 유아교사가 전문직인 근거(이은화, 1991)

① 유아교사는 고도의 지적 능력을 필요로 한다.
② 유아교육은 사회봉사 기능이 있다.
③ 유아교사에게는 자율성이 있다.
④ 유아교사는 전문단체에 참여하며 직업에 대한 윤리강령이 있다.
⑤ 유아교사에 대한 사회경제적 지위 수준이다.

### PLUS+

**교직관(교직의 본질)**

1. **성직관**
   교사를 성직으로 보는 관점은 교사가 하나의 독립적인 직업이 되기 이전에는 종교기관의 성직자들이 주로 교육을 담당했던 것에서 유래한다. 성직관은 교사가 학생들에게 한없는 사랑, 희생, 봉사를 베풀 것을 요구한다.

2. **노동직관**
   가르치는 일을 노동으로 보고, 가르치는 사람을 근로자로 보는 관점이다. 이 관점에 따르면 교사는 미리 정해진 교육과정을 정해진 절차에 따라 수행하는 사람이다. 교육과정은 교사가 아닌 전문가에 의해 구성되며, 그 교육과정을 어떻게 효율적으로 전달할 것인지도 미리 명시되어 있다. 따라서 교사는 교육과정을 구성하거나 운영함에 있어 자율성을 보장받지 못하며, 교사의 능력은 주어진 교육과정을 얼마나 충실하게 전달하였는가에 따라 평가받는다. 이 관점에 의하면 교사는 근무조건과 보수 향상을 위해 단체결성권, 단체교섭권, 단체행동권이라는 노동 3권을 갖춘 노동조합을 결성하고 단체 활동을 할 권리가 있다고 주장한다.

3. **전문직관**
   가르치는 일을 전문적인 지식과 기술이 요구되는 일로 보고 교사를 가르치는 일의 전문가로 보는 관점이다. 이 관점에 따르면 교사는 이론적인 지식에 기반하여 교실 상황에 벌어지는 수많은 문제 상황을 자율적으로 해결해 가는 의사결정자로 본다. 교사가 전문직으로서의 교사 역할을 다 하기 위해서는 전문성 확보를 위해 장기간의 교육과 훈련을 받아야 할 뿐만 아니라 새로운 지식의 습득과 변화하는 사회에 대처하기 위해 계속적인 연구를 통해 자기 발전을 해야 하며, 사회적인 책임성도 지녀야 한다.

chapter
05

### 4. 기타 교직관

그 외에도 교사를 장인으로 보는 관점과 예술인으로 보는 관점이 있다. 장인으로 보는 관점은 가르치는 일을 기술로 보고, 가르치는 사람을 장인(匠人)으로 본다. 이 관점에 의하면 교사들의 능력은 얼마나 능숙하게 학급을 운영하며 학습자가 학습에 참여하도록 하는가에 달렸다. 또한, 교사를 예술인으로 보는 관점은 가르치는 일을 예술로 보는 관점이다. 이 관점에 따르면 가르치는 일은 개인화되어 있어 창의성이나 교사의 직관 등을 필요로 한다. 교사는 오케스트라의 연주자로서 전체 반 아이들의 개성을 잘 살려 좋은 음악을 만들어 내는 지휘자에 곧잘 비유된다.

이에 반해 고전(1997)은 교직의 전문성, 근로성, 공공성에 인격성을 첨가하여 교직의 특성을 다음과 같이 제시하였다.

| 교직관 | 교사의 지위 유형 | 교직의 본질 | 교사의 지위 명칭 | 교사의 지위 기능 |
|---|---|---|---|---|
| 성직 | 인격자 | 인격성(윤리성) | 스승(선생) | 본질적 지위 |
| 전문직 | 전문가 | 전문성(자율성) | 교육자(교사) | |
| 공직 | 공직자 | 공공성 | 교원(교육공무원) | 수단적 지위 |
| 노동직 | 근로자 | 근로성 | 교육근로자 (교육노동자) | |

---

## 02  유아교사의 전문성을 위한 조건

### 🎓 들어가며

유아교육은 독자성을 지닌 교육 영역이므로 유아교육 수행에 필요한 지식의 기초가 설정되어야만 유아교육의 전문성이 확립될 수 있고, 유아교사교육이 제대로 이루어질 수 있다. 그러나 유아교육이 갖는 특성들, 즉 유아교육기관의 유형이 다양하며, 유아교육 대상연령의 범위가 넓고, 이에 따른 유아교사의 역할이 다양한 점들 때문에 지식의 기초를 규명하는 것은 쉽지 않다.

### 1. 유아교사가 갖추어야 할 전문 지식의 내용

① 유아교육의 이론적 기초
② 아동 발달에 대한 이해
③ 유아를 위한 교수·학습에 대한 지식 및 능력
④ 유아교육과정에 대한 이해
⑤ 유아교육과정의 각 교과지도에 관계되는 이론이나 연구능력
⑥ 유아교육에 대한 사회·정서적 분석능력
⑦ 문화적 지식
⑧ 도덕·윤리적 지식

⑨ 부모교육 및 부모 참여에 대한 지식 및 능력

⑩ 부모 및 사회와 관계를 맺을 수 있는 능력

⑪ 동료끼리 서로 돕고 지식을 교류할 수 있는 능력

**PLUS⁺**

1. 교사가 필수적으로 알아야 할 지식의 기초에 포함될 내용 : 슐만(Shulman, 1987)
   교육내용, 교육과정, 교육학에 관한 지식과 학습자, 교육환경, 교육목표 및 가치에 대한 지식

2. 유아교사가 사회적으로나 자기 스스로 전문가로서 인정받기 위한 조건 : 프리니(Freeny, 1983)
   유아 발달과 학습이론의 기초를 확고히 하여 유아들과의 일상생활에 적용시킬 능력

3. 유아교사가 갖추어야 할 전문적 자질 : 이은화 · 배소연 · 조부경(1995)
   일반교양, 유치원 교육과정, 교수방법 및 평가, 유아에 대한 지식, 교과목에 대한 지식

## 2. 실천적 지식

 **들어가며**

유능한 교사가 지녀야 할 특징 중의 하나는 교수에 필요한 이론적 지식, 기술, 방법에서 요구하는 일반적인 지식 기반을 바탕으로 결정을 내리며 교실의 특수한 문제상황에 적용할 수 있는 지식을 갖추어 이를 행동으로 옮길 수 있는 능력을 갖추는 것이다.
유아교육 분야에서만 독특하게 있는 전문적 지식과 함께 실천적 지식을 가진 사람을 유능한 교사라고 할 수 있다.

### (1) 기본 개념

① 정의 : 교사가 자신의 교실상황에서 직면하는 문제를 해결하기 위해 교수에 필요한 많은 지식, 기술, 방법들을 근거로 하여 그때 그때 유아의 상황적 · 개인적 조건들을 고려한 적절한 교수방법을 선택하여 최선의 효과를 가져올 수 있게 하는 지식으로, 실천 행위 중의 사고(reflective-in-action)를 강조한다.

② 실천적 지식은 전문가 개인의 역사에 의해 형성되는 개인적 지식이며, 그의 인생 경험의 누적적 효과뿐 아니라 의도와 목적을 포함한다(이은화 외, 1995).

③ 습득과정 : 실천적 지식의 형성은 교수상황에서 주로 일어날 수 있는 일이기 때문에 현장에서의 교수 경험이 실천적 지식 형성에 중요하다.

④ 교과목들을 통해 배운 이론들이 실천적 지식으로 변형되기 위해서는 예비 교사들이 사전 실습을 통해 가능한 한 자주 유아교육의 상황을 접함으로써 유아교육 현장에서 일어날 수 있는 일, 교사가 자주 접하게 되는 문제들을 이해할 수 있게 해주어야 한다.

### (2) 엘바즈(Elbaz, 1981)의 실천적 지식(practical knowledge)

① 일반적으로 교사들은 전문적인 지식을 가지고 있지 않은 것으로 인식되어 있으나, 이는 잘못된 것으로 '교사는 복합적이고 실제적인 전문적 지식을 소유하고 있으며

이는 무엇을 어떻게 가르쳐야 한다는 교육의 방향과 교수방법을 설정해주는 역할을 한다.'라는 사실을 발견하였다.

② 실천적 지식이란 '교사 개개인이 그가 가지고 있는 지식을 그가 관계하고 있는 실제상 황에 맞도록 그 자신의 가치관이나 신념을 바탕으로 종합하고 재구성한 지식'이다.

③ 교사가 의사결정자로서의 역할을 수행할 때 그가 가지고 있거나 새롭게 형성되는 다양한 실천적 지식이 나타난다.

④ 실천적 지식의 구분 : '실제의 지식'과 '실제와 이론의 중간에 위치한 지식'

| 구분 | 내용 |
|---|---|
| 실제의 지식 | 교실에서 일어나는 교수활동과 직접 관계되는 지식<br>• 교사가 가르치는 내용에 관한 지식<br>• 교육 프로그램의 계획과 구성에 관계된 지식<br>• 교수와 학습의 방법 및 유아들에 관한 지식 |
| 실제와 이론의 중간에 위치한 지식 | 교수활동에는 직접적으로 관계되어 있지 않으나 교사의 역할 수행에는 반드시 필요한 지식<br>• 교사의 역할 및 전문인으로서의 자질에 관한 지식<br>• 학교, 사회 또는 인간관계 등과 같이 교사직 수행에 필요한 기타의 지식 |

### (3) 실천적 지식을 형성하거나 효과적으로 사용할 수 있는 근거 영역

| 근거 영역 | 내용 |
|---|---|
| 상황적 근거 | • 교사는 교사가 처한 교실 환경의 상황적 근거에 따라 최선의 교육 효과를 가져 올 수 있는 방향으로 지식을 재구성·재조직하여 그 상황에 적절한 '실천적 지식'을 형성한다.<br>• 이때의 '실천적 지식'은 그 상황에서만 최대의 교육 효과를 발휘할 수 있게 된다. |
| 개인적 근거 | • 이미 가지고 있는 지식이나 이론들 외에 영향을 끼칠 수 있는 교사 자신이 가지고 있는 느낌, 목적의식, 관점 등을 의미한다.<br>• 교사는 교사의 개인적 근거에 의해 교육을 하게 되며 어느 누구도 이러한 교사의 권한을 빼앗을 수 없다.<br>• 실천적 지식은 교사의 권위에 의한 산물이며 동시에 교사의 권위를 위한 도구가 될 수 있다. |
| 사회적 근거 | • 교사가 실천적인 지식을 형성할 때 사회적으로 바람직하다고 인정되는 여러 가지 요인이 영향을 끼친다는 것이다.<br>• 실천적 지식은 바람직한 사회를 형성하기 위한 교육에 활용되며 사회적 근거가 존재하는 맥락 속에서 최대의 교육 효과를 가져 올 수 있다. |
| 경험적 근거 | • 교사가 실천적 지식을 형성할 때 영향을 끼치는 교사의 경험을 의미한다.<br>• 교사의 실천적 지식은 교사의 교수 경험에 의해서 형성·변화될 수 있다. |
| 이론적 근거 | • 교사의 실천적 지식에 영향을 주는 이론이나 지식을 의미한다.<br>• 교사가 어떠한 교사 양성 과정을 거쳤는지가 실천적 지식에 영향을 끼치는 이론과 지식의 깊이를 좌우할 수 있다. |

**(4) 실천적 지식 형성의 의미**

　　문제에 관계된 유아와 상황을 바르게 이해하고, 문제와 관계되는 이론과 지식, 교수 기술 등을 참고하며, 교사 자신과 사회의 가치관을 고려하고, 교사 자신의 직접·간접적인 현장 경험을 참고로 하여 그 문제 해결에 가장 적절한 방안을 새로이 만들어내는 것을 의미한다.

**(5) 실천적 지식과 교사교육의 방향**(이은화 외 2명, 1995)

　① **교양 과목 강좌의 중요성** : 실천적 지식을 형성하는 능력을 길러주기 위하여 교양과정은 중요한 요인으로 인식되어야 하며, 교양과정을 통하여 이에 필요한 능력이 길러질 수 있도록 교사교육의 맥락 속에서 교양 과목의 종류가 결정되고 다루어져야 한다.

　② **전공과 연계된 교직 교육학의 중요성** : 교직 과목이라 불리는 교육학의 기초 과목들을 통한 교육으로 실천적 지식을 형성하는 능력이 길러질 수 있도록 이들 과목들은 교육과 유아교육의 관계를 고려한 입장에서 필요한 과목이 설정되고 다루어져야 한다.

　③ **아동 발달에 대한 이해** : 실천적 지식을 형성할 수 있으려면 유아들의 발달 및 행동 특성에 관하여 광범위한 지식을 가지고 있어야 하고, 이를 파악할 수 있는 능력도 가지고 있어야 한다. 따라서 아동 발달에 관한 적절한 교과목들이 포함되도록 하여야 한다.

　④ **교수·학습방법에 대한 과목의 수강** : 실천적 지식을 형성하는 능력을 길러준다는 측면에서 볼 때 교수방법에 대한 과목들에서 배운 이론이나 지식, 교수 기술 등은 실천적 지식 그 자체는 아니지만 가장 실제적인 근원을 제공해 준다는 점에서 그 중요성이 인정되어야 하며 교사교육자들은 이들 과목에서 기대되는 효과가 무엇인지를 바르게 인식하여야 한다.

　⑤ **문제해결능력** : 예비 교사들이 아동 발달이나 교수방법에 대한 과목들을 통해서 어떤 이론이나 지식 및 기술을 알고 있어야 한다는 것을 이해하여 예비 교사들이 이들 과목을 효과적으로 학습하는 것을 도와주기 위하여 가상적인 상황을 설정하고 이에 대한 문제를 해결하게 하는 것도 좋은 방법이 될 수 있다. 이는 또 교사가 된 이후에 다양한 변인을 가진 실제 상황을 바르게 파악하는 능력을 기르는 데도 도움을 줄 것이다.

　⑥ **사전 실습**

　　㉠ 예비 교사들로 하여금 사전 실습을 통하여 가능한 자주 유아교육의 상황에 접하게 함으로써 왜 그러한 지식이나 이론들을 배워두어야 하는지를 인식하도록 해야 한다.

　　㉡ 적절한 실습 지도가 반드시 수반되어 예비 교사들로 하여금 실습을 통해 실습 지도 교사가 형성한 실천적 지식을 그대로 배우기보다는 실천적 지식을 형성하는 과정을 배우게 해야 한다.

## 3. 반성적 사고

 **들어가며**

반성적 사고(reflective thinking)는 새로운 통찰력과 이해를 위해 문제를 내적으로 점검해 보고 탐색해 보는 과정으로 reflection, reflectivity의 용어와 함께 사용되고 있다. 듀이(Dewey)는 '자신의 신념이나 실천 행위에 대해 그것의 원인이나 궁극적인 결과를 적극적이고, 끈기 있게, 그리고 주의 깊게 고려하는 것'을 문제해결과정으로 본다.

### (1) 반성적 사고의 정의

반성적 사고란 현재에 일어나고 있는 실천적 행위에 대한 사려 깊고 분석적인 사고로부터 미래의 행위에 대한 방향을 결정하는 사고의 자연스러운 과정이다.

### (2) 반성적 사고의 과정과 내용

반성적 사고의 과정은 교사가 어떻게 최종 결정을 내리는가의 순서를 강조하는 반면, 반성적 사고의 내용은 그 사고를 이끌어낸 실체를 강조한다.

| 반성적 사고의 과정(Ross, 1998) | 반성적 사고의 내용(Surbeck & Han, 1993) |
|---|---|
| • 교육적 문제나 딜레마를 인지하고,<br>• 다른 상황과 유사한 점과 다른 점을 인지하는 것으로 문제에 대해 반응하고,<br>• 분석된 상황에 비추어 문제를 다시 정의하고,<br>• 여러 가지 문제의 해결책을 시도해 보고,<br>• 나타난 결과를 검토해 보는 것 | • 유아<br>• 유아교육의 실제<br>• 교사로서의 자아<br>• 사회에서 보는 유아교육의 위치 |

### (3) 반성적 사고의 형태(Killion & Todnem, 1991)

반성적 사고의 형태 중 가장 대표적인 것이 숀(Schon)의 개념을 확장시킨 킬리온과 토드넴(Killion & Todnem)의 정의이다.

| 실천 행위에 대한 반성적 사고<br>(reflection-on-practice) | 반성적 사고가<br>일어나는 시기의<br>문제 | 이미 일어난 상황에 대하여 나중에 반성적 사고를 하게 되는 경우를 말한다. |
|---|---|---|
| 실천 행위 중의 반성적 사고<br>(reflection-in-practice) | | • 교사가 가르치는 중에 일어나는 것<br>• 교사가 수업을 하다가 유아의 반응을 보고 판단하여 교수내용이나 방법을 변경할 때 실천 행위 중의 반성적 사고가 일어났다고 할 수 있다. |
| 실천 행위를 위한 반성적 사고<br>(reflection-for-practice) | 다른 2가지 반성적 사고의 결과가 바람직하게 나타나도록 하는 조금 더 적극적인 개념이라고 볼 수 있다. | |

## (4) 반성적 사고의 수준(Van Manen, 1977)

| | |
|---|---|
| 기술적<br>수준 | • 주된 관심사는 주어진 목적을 달성하기 위해 교육적 지식을 기술적으로 적용하는 것에 있다.<br>• 목표 그 자체가 의문시되는 경우는 거의 없으며 당연히 추구해야 하는 것으로 여겨진다.<br>• 실천 행위에 대한 반성적 사고는 단지 경제성이나 효율성 같은 기술적인 측면에 의해서만 정의된다. |
| 전문가적<br>수준 | • 두 번째 수준으로 교사는 문제상황에 직면하거나 어떤 결정을 내려야 할 때 그 문제나 상황의 기저에 깔려 있는 가정이나 경향성에 대하여 분석해 보고 교사가 취한 행동이 미칠 장기적인 교육의 효과까지 검토한 후에 행동을 하게 된다.<br>• 모든 교육적인 행위는 특정한 가치관과 연결되어 있다고 보며 여러 가지 교육적 목표들 가운데 어떤 것이 더 교육적으로 추구할 만한 가치가 있는지에 대한 논의도 이루어진다.<br>• 반성적 사고의 두 번째 수준에서 교사는 아주 기술적이고 도구적인 교수활동에서 벗어나지만 아직도 모든 결정이 교육학적 원리에만 기초를 두고 있다. |
| 도덕적·윤리적<br>수준 | • 반성적 사고의 마지막 단계로 교사들은 학급에서 일어나는 여러 가지 상황과 그에 영향을 미치는 교육적·사회적·정치적, 그리고 경제적 조건들을 연관시켜 볼 수 있는 능력이 생기게 된다.<br>• 이 단계에서 논의의 대상은 어떤 교육적인 경험이나 활동이 공평하고, 평등하며, 행복한 삶으로 이끌어 줄 것인가에 초점이 맞추어지게 된다.<br>• 교사들은 유아들의 장기적인 발달에 혜택을 줄 수 있는 결정을 내릴 뿐만 아니라 자신의 학급을 넘어서서 교육정책에도 공헌을 하게 된다.<br>• 밴 매년(Van Manen)이 세 번째 단계를 중시하는 것은 교사가 교육목표를 어떻게 하면 효과적으로 달성할 수 있을까를 염려하는 것이 잘못된 것은 아니지만 이러한 기술적인 관점이 교사들로 하여금 사회의 불평등한 현상을 만들어 내고 유지하는데 교육이 차지하는 역할에 대한 논의에 장애가 된다고 믿기 때문이다. |

### (5) 반성적 사고의 요소(Sparks-Langer & Colton, 1991)

스팍스 랭거와 콜튼(Sparks-Langer & Colton)은 미래사회의 교사는 반성적 사고를 하는 의사결정자이어야 한다는 확신으로 반성적 사고를 인지적 요소와 비판적 요소, 서술적 요소의 3가지로 개념화했다.

| | |
|---|---|
| 인지적 요소<br>(cognitive element) | 반성적 사고과정에서 교사가 어떻게 정보를 진행하고 의사결정을 하는지를 규정하는 요소<br>• 교사가 올바른 결정을 내리기 위해 필요한 지식(Shulman, 1987)<br>• 교과 내용에 대한 지식(content knowledge)<br>• 일반적인 교육학적 지식(general pedagogical)<br>• 교육과정에 대한 지식<br>• 전공 지식(pedagogical content knowledge)<br>• 학습자의 특성에 대한 지식<br>• 교육적인 맥락에 대한 지식<br>• 교육의 목표, 가치와 그들의 철학적·역사적 배경에 대한 지식 |
| 비판적 요소<br>(critical element) | 경험과 가치, 사회적으로 내포된 의미를 이끄는 본질에 초점을 두는 요소<br>• 사회 정의에 대한 도덕적·윤리적 측면을 고려하는 것이다. |
| 서술적 요소<br>(narrative element) | 교사 자신의 특별한 일 속에서 발생된 사건에 대한 자신의 해석을 언급한 요소<br>• 인간이란 본질적으로 이야기하기를 즐긴다는 특성에 근거를 둔다.<br>• 서술적 요소가 중요한 이유는 교실에서 일어나는 모든 경험을 맥락화하여, 교실에서 일어나는 일들을 훨씬 더 생생하게 이해할 수 있다는 점에 있다.<br>• 저널 쓰기, 교육과정 이야기 만들기, 교사의 이야기를 기초로 한 사례 이용하기 등을 통해 교사교육에 널리 적용되고 있다. |

### (6) 교사교육에 있어서 반성적 사고의 필요성

① 교사의 사고과정 및 신념체계는 실천 행위에 영향을 미친다.

② 예비 교사들이 교수활동의 불확실성을 극복할 수 있는 능력을 기르기 위해서는 현장교육에 대한 경험을 재구성할 수 있는 반성적 사고가 요구된다.

③ 교사들의 자율적인 의사결정능력을 향상하기 위해서이다.

④ 교사교육 프로그램의 체제 순응적 교육과정을 극복하고 변혁 지향적 교사가 되기 위해서이다.

**PLUS⁺**

최근 미국에서는 진보적인 교육 사회학자들에 의해 변형 지향적인 지성인으로서의 교사(Teacher & Transformative Intellectual) 또는 비판적 지성인으로서의 교사(Teacher as Critical Intellectual)가 이상적인 교사상으로 제시되고 있다(이규환, 1995). 변형 지향적 교사란 학교와 지역사회 또는 사회에 현존하는 문제를 사회의 질적 변화의 시각에서 제기하고 지도할 수 있는 능력과 의지를 갖고 있는 교사를 의미한다. 이들은 정치적으로 급진적인 성향을 가진 교사를 뜻하는 것이 아니며 지역공동체의 삶의 질을 높이기 위하여 노력하는 교사를 의미한다.

## (7) 반성적 사고를 준비하는 태도(Dewey, 1933)

듀이(Dewey, 1933)는 반성적 사고를 하는 사람은 열린 마음가짐, 책임감, 성심성의를 다하는 태도를 가져야 한다고 하였다.

| 열린 마음가짐<br>(open-mindedness) | • 여러 가지 가능성을 적극적으로 고려하는 태도이다. 상황이나 문제가 생긴 이유를 여러 가지 각도에서 살펴보고 가능한 모든 대안에 대하여 충분히 검토하며 자신이 가장 확실하게 믿었던 신념들조차도 틀린 것일 수 있다는 가능성을 인정하는 것이다.<br>• 반성적인 사고가 일어나기 위해서는 학교 문화가 가지고 있는 공식적인 의미에 대한 비판이 우선되어야 한다.<br>• 열린 마음을 가지고 있는 교사들은 지금까지 당연하고 옳다고 믿어 왔던 교육적 활동에 깔려 있는 신념들을 끊임없이 검토하게 된다. |
|---|---|
| 책임감<br>(responsibility) | • 책임감은 어떤 행위를 함으로써 생기게 되는 결과에 대하여 충분한 검토를 하는 것을 의미한다.<br>• 책임감을 가진 교사에게는 가르친다는 행위 그 자체가 중요한 것이 아니라 그것과 연결된 가치 혹은 교육의 목표와 관련되어 왜 하는지에 대한 질문이 더욱 중요하게 되는 것이다. |
| 성심성의를 다하는 태도<br>(wholeheartedness) | 열린 마음과 책임감이 반성적인 사고를 하는 교사의 삶에 있어서 중심이 되는 요소가 되어야 한다고 믿는 것이다. |

## 4. 유아교사의 효능감

### (1) 반두라의 사회인지이론에 기초한 자아 효능감 개념(Riggs & Enochs, 1990)

① 자아 효능감이란 일정한 성취를 이루는 데 필요한 행위를 조직하고 수행할 수 있는 자신의 능력에 대한 믿음을 말한다.

② 자아 효능감은 능력이 어느 정도냐의 문제가 아니라 자신의 능력에 대해 기대하는 미래지향적인 신념이다.

**● 효능감을 구성하는 요소**

| 구분 | 내용 |
|---|---|
| 효능감 기대 | 자신이 주어진 과제를 수행하는 데 필요한 행위를 할 수 있다는 개인적 확신이다. |
| 결과 기대 | 요구되는 특정 수준의 과제를 수행해서 얻을 수 있는 결과에 대한 개인의 기대 정도를 말한다. |

## (2) 교사 효능감의 정의

한 교사 개인이 학생의 성취에 긍정적인 영향을 갖고 있다고 믿는 정도와 자신의 교수 행위가 학생의 성취에 긍정적인 영향을 줄 것이라고 기대하는 정도를 의미한다.

> **PLUS⁺**
>
> ### 교사 효능감(Teacher's sense of efficacy)
>
> **1. 한국심리학회 교사 효능감 정의**
>
> 교사변인이 학생들의 학업성취에 얼마나 영향을 미칠 수 있을 것인지에 대한 교사의 지각을 의미한다. 교사 효능감은 교수 효능감(teaching efficacy)과 개인적 교사 효능감(personal teacher efficacy)의 두 차원으로 구분되며, 이 양자가 상호작용하여 교사의 동기, 정서, 행동을 결정한다.
>
> | 개인적 교사 효능감 | 자기 자신의 교수능력에 대한 개인적 평가 |
> |---|---|
> | 교수 효능감 | 교수행위가 학생들의 학습에 영향을 미칠 수 있다는 교사의 기대 |
>
> 출처 : 한국교육심리학회, 교육심리학용어사전, 학지사, 2000
>
> **2. 깁슨(Gibson)과 뎀보(Dembo) (1984)**
>
> 반두라의 자아 효능감에 기초하여 교사 효능감 척도를 개발한 학자로, 그들이 개발한 교사 효능감 척도는 개인적 교수 효능감과 일반적 교수 효능감의 2가지 유형으로 구분되어 있다.
>
> | 개인적 교수 효능감 | 자신이 교사로서의 능력에 대한 자신감 |
> |---|---|
> | 일반적 교수 효능감 | 학생들의 행동이 교육으로 인하여 어느 정도 변화 가능한 것인지에 대한 믿음 |

## (3) 교사 효능감의 중요성

교사 효능감은 학생의 학습과정에 직접적으로 드러나는 것은 아니지만 교사의 외현적인 교수 행동을 매개하는 사고과정으로서, 결과적으로 학생의 성취에 중요한 영향을 준다.

## (4) 효능감이 높은 교사의 특징

① 학생들과 생활하는 것을 의미 있고 중요한 일이라고 인식하고 교사 자신이 학생의 학습에 영향력을 미칠 수 있다고 생각한다.

② 학생들의 학업 성취와 행동에 대해 긍정적인 기대감을 갖고 있다.

③ 학생의 학습에 대해 책임감을 갖고 있어서, 자신의 교수 행위에 대한 반성적인 사고 기회를 갖는다.

④ 학생의 학습을 효율적으로 도와주려는 목표를 세우고, 이를 위해 필요한 지식과 기술을 이해하고 습득하기 위해 노력한다.

⑤ 전반적으로 자신이나 학생에 대해 긍정적인 인식을 갖고 있다.

⑥ 효능감이 높은 교사는 학생과 함께 목표를 설정하고 이를 위해 적극적으로 행동한다.

⑦ 교실 내에서 어떤 의사결정이 필요한 경우 학생들과 적극적으로 협력한다.

**(5) 교사 효능감 형성에 영향을 미치는 요인**

| 교사교육 | 교사교육을 통해 교사는 실제 교수방법을 개선하고 이를 통해 지식과 기술에 대한 자신감을 갖게 됨으로써 교수 효능감을 형성하게 된다. |
|---|---|
| 교육 경험 | 성공적이거나 실패한 교육 경험에 대한 자기 평가가 교사의 효능감 수준에 차이를 가져온다. |
| 사회적 환경 | 근무하고 있는 기관 내의 진급체계라든지, 의사결정과정에의 참여 정도, 행정가의 후원 정도, 동료의 지원 등과 같은 사회적 환경 변인이 교사의 효능감 형성에 영향을 준다. |
| 개인적 배경 | 교사가 갖고 있는 자아 개념, 성취 동기, 성별 등과 같은 개인적 변인에 의해서 효능감에 차이가 나타날 수 있다. |

# 유아교사의 역할, 자질 및 핵심역량

19오.  유아교사의 역할

## 01 유아교사의 역할

 **들어가며**

교사의 역할이란 교사라는 지위에 부여되는 기대에 따라 교사가 수행하는 행동을 말한다. 유아
교사의 역할은 다른 상급학교 교사와는 달리 모성적 역할, 교수적 역할과 치료적 역할을 동시에
겸비해야 한다.

### 1. 양육자로서의 역할

유아들의 건강, 보호나 안전은 주변 성인들에게 의존하게 되므로 유아교육에서 바람직한
유아교사들의 역할로는 보호 및 양육적 역할이 요구되는데, 이것은 모성적 역할과 유사하다.

### 2. 상호작용자로서의 역할

① 유아는 자기 주변에 있는 여러 사람들과 계속적인 상호작용을 가지면서 자신의 경험의
폭을 넓혀 간다. 따라서 바람직한 유아교사는 상호작용을 통해 신뢰감을 심어 주고,
사물에 대해 효과적으로 반응하며 환경에 잘 적응할 수 있도록 하여야 한다.

② 바람직한 유아교사는 유아들에게 보다 자세한 방법과 이유를 제시하고 안내하는 안내
자의 역할과 그런 안내를 통해 유아의 언어와 사고력이 보다 더 증진되도록 자극하고
촉진하는 촉진자로서의 역할을 다함으로써 상호작용자로서의 구체적 역할을 다해야
한다.

③ 바람직한 유아교사는 놀이상황에서 유아에게 활동을 소개하고 응용하는 방법을 제시
해 주며 놀이에 개입함으로써, 유아를 안내하고 자극하며 촉진하는 역할을 유아와의
상호작용을 통해 행하여야 한다.

### 3. 학습지도자로서의 역할

① 유아교사는 가장 핵심적인 학습지도과정에서 학습을 촉진하기 위하여 환경이나 조건을
정비하여 활동을 계획 · 전개 · 정리하고 필요한 것을 도와주는 역할을 담당하게 된다.

② 학습지도자로서 교사의 역할은 교육철학에 따라 달라지는데, 교수·학습자료를 마련하여 유아가 배울 수 있고 반응할 수 있도록 학습환경을 조성해 주는 역할을 담당하여야 한다.

③ 이 과정에서 목표하는 바에 대하여 변화 정도를 관찰하는 관찰자와 평가자의 역할도 함께 수행하여야 한다.

## 4. 부모교육자로서의 역할

유아교육의 효과는 부모의 역할에 따라 달라진다. 부모교육자로서 유아교사는 피교육자의 역할을 부모에게 강조하기보다 파트너로서 부모와 교사의 공동 노력이 효율적인 교사로서의 역할을 온전하게 수행하게 해준다는 것을 유념하여야 한다.

## 5. 의사결정자로서의 역할

① 학습지도과정이나 자유 놀이 상황 등의 여러 상황에서 유아교사는 의사결정자로서의 역할이 요구된다.

② 유아에게 보다 분명한 학습내용과 가치를 전달하며, 의사결정의 역할 모델로서 유아가 스스로 의사결정을 해보게 하는데 도움을 주는 중요한 역할을 수행한다.

---

**02** | **캐츠(Katz, 1985)의 교사 역할 분류**

chapter **05**

| 구분 | 내용 |
|------|------|
| 모친모형 | 유아들을 안전하고 편안하고 행복하도록 해주는 교사의 역할모형이다. |
| 치료모형 | 유아들에게 감정을 순화하고 긴장을 완화시킬 수 있는 기회를 제공해 주는 교사의 역할모형이다. |
| 교수모형 | 유아들에게 교육내용을 전달하고 가르치는 교사의 역할모형이다. |

## 03 사라초(Saracho, 1984)의 교사의 역할

### 1. 진단자

유아교육 프로그램 계획에 사용하기 위해 유아들의 정보를 수집하는 데 부모, 심리학자, 학습 전문가의 도움을 구하거나, 유아 행동 관찰 또는 작품 분석, 표준화 검사 또는 교사가 고안한 검사 등을 통해 계속적으로 정보를 수집하고 체계적으로 기록하는 유아교사의 역할이다.

### 2. 교육과정 설계자

지역사회에서 중요시하는 학습은 물론, 유아교육의 이론과 실제에 기초하여 유아들의 능력에 맞는 교육과정을 개발하는 역할을 의미한다.

### 3. 교수활동 조직자

교육과정 설계를 한 후 유아교사는 교수활동 조직자의 역할을 하게 된다. 교수활동 조직자로서 유아교사의 역할은 교육과정의 장·단기 계획의 결과를 토대로 교육목적에 도달할 수 있도록 교육활동을 조직하며, 유용한 자원을 탐색하고 최대한 활용하는 역할이다.

### 4. 학습활동 지도자

흥미 있고 관련된 학습 경험을 유아에게 제공하고 학습환경을 만들어 줌으로써 학습을 촉진시키는 역할이다.

### 5. 상담자 및 조언자

교사가 끊임없이 유아와 상호작용하며 가르치는 일과 함께 정서적인 지지를 하고 보호하는 역할을 의미한다.

### 6. 의사결정자

유아, 자료, 활동, 목표 등 다양한 일에 대해 의사결정을 내리는 역할이다.

> **PLUS⁺**
>
> 사라초(Saracho)는 1988년 연구에서 유아교사의 역할을 교육과정 설계자, 교수 조직자, 진단자, 상담자 및 조언자 등 4가지 역할 차원으로 재분류하였다. 의사결정자는 원래 독립된 역할로서 고려되었지만, 1988년 연구에서 다른 모든 역할 속으로 통합되어야 함을 밝혔으며, 학습지도자와 교수 조직자의 역할이 실제로 분리되어 수행되지 않기 때문에 교수 조직자로 통합되는 것이 바람직하다고 밝혔다.

## 04 스포덱(Spodek, 1985)의 교사의 역할

| 구분 | 내용 |
|---|---|
| 양육 역할 | 유아기의 특성상 그들의 건강, 보호, 안전에 특히 주의를 해야 하는 측면으로, 교사는 유아들에게 사랑과 편안함을 제공해야 한다. 그러나 양육 역할에 몰두하다 보면 다른 교육적 요구들이 무시될 수 있으므로 주의해야 한다. |
| 교수 역할 | 교사에 대한 전통적인 관점인 지식 전달이라는 직접적인 형태뿐만 아니라 학습 상황을 만들어주고, 교육자원을 접하게 하며, 유아들로 하여금 현실세계에 대해 지각하게 하고, 평가하는 등 교수의 간접적인 형태까지를 포함한다. 또한, 교수 역할에는 교육과정 설계자, 진단자, 교수 조직자의 역할이 포함된다. |
| 관련적 역할 | 유아와의 상호작용을 통해 안내하고 도움을 제공한다. |

## 05 시케단츠 등(Schickedanz, York, Stewart and White, 1990)의 교사의 역할

### 1. 지식전달자

교사는 유아가 지식을 구성할 수 있도록 특별한 주의를 기울여 언어·비언어적으로 도움을 주어야 한다.

### 2. 계획자, 조직자, 평가자

교사는 교수의 가장 중요한 측면인 계획·조직·평가를 수행한다. 가장 효과적인 계획은 이전의 계획으로부터 나온 경험에 대한 평가를 토대로 해야 한다.

### 3. 훈육자

교사는 유아가 자아 존중감을 갖고 다른 유아들과 협력할 수 있도록 하며, 활동을 잘 계획하고 조직함으로써 문제행동 발생을 예방하며, 기대되는 행동에 대한 모델이 되고자 한다.

### 4. 의사결정자

의사결정자의 역할은 교사가 항상 유아를 관찰함으로써 기본적인 프로그램이 설정되면 이를 프로그램 수정에 반영하고 언제, 어디서, 어떻게 상호작용할 것인지를 결정하는 역할을 의미하는 것으로 교사의 역할 중 가장 중요한 것이라고 보았다.

## 06 조부경과 사라초(Cho & Saracho, 1997)의 유아교사의 역할 수행

### 1. 교육과정 설계자로서

① 기관철학에 근거한 교육목적을 기초로 교육활동 전개에 필요한 교육계획을 세울 수 있어야 한다.

② 유아의 흥미와 경험에 기초한 발달적으로 적합한 학습과 지역사회의 특성, 초등학교와의 연계성을 고려하여 융통성 있고 통합적으로 교육내용을 선정·조직하여야 한다.

### 2. 일과활동 계획 및 수행자로서

① 일과활동을 계획할 때 활동의 융통성과 다양성을 고려하고, 유아의 흥미와 개인차에 따라 전개하며, 전개한 후 하루의 일과를 평가하여야 한다.

② 효과적인 교수·학습방법을 촉진하여야 하므로 이를 위해 교사는 필요한 교재와 교구를 계획하고 활용하여야 한다.

### 3. 상담자 및 조언자로서

① 유아와의 끊임없는 상호작용을 통하여 유아가 신뢰감을 가질 수 있도록 하여야 하며, 유아에게 관심과 애정을 표현하고 유아의 개별성을 인정하여야 한다.

② 항상 유아의 정서상태를 파악하며 문제 발생 시 조언 및 중재하여야 하고 특별한 요구를 지닌 유아에 대해 지원해 줄 수 있어야 하며 또한 부모협의회를 운영하여야 한다.

### 4. 연구자로서

① 유아의 성장과 발달에 대한 이해를 증진하며 문제 행동의 원인을 분석할 수 있어야 한다.

② 프로그램 평가에 대한 계획을 세우고 이를 시행하며, 적절하고 다양한 평가 기술을 습득하여 유아의 학습 정도를 파악하고 유아에 대한 평가결과를 차후 교육과정에 반영할 수 있어야 한다.

③ 교수 향상을 위한 노력과 현장을 기초로 한 연구를 수행함으로써 현장 개선을 위한 노력을 하여야 한다.

④ 연구자로서의 역할은 전문가로 인정되기 위한 중요한 관건이 될 수 있으며, 이론적인 지식과 기술에 대한 소극적인 수행자로서의 교사보다 반성적인 실천가로서의 교사에 초점을 맞추고 있다.

## 5. 행정업무 및 관리자로서

① 교육 행사를 준비하고 실시하며, 원아모집에 대한 계획과 실행을 하여 학급편성을 하고, 유아에 대한 각종 기록 및 교직원에 대한 문서의 기록, 보관을 위한 지식을 갖추는 것이다.

② 영양 및 건강에 대한 지식을 갖추고, 유아에게 교육을 실시하여야 하며, 영양의 균형과 다양성을 고려하여 식단을 구성하고, 유아의 건강상태에 대한 일일점검을 하여야 한다.

③ 행정업무자로서 교사는 원장과 원만한 인간관계, 장학사 및 인근학교 교사와의 유대관계, 학부모와 상호협조 관계를 원만하게 맺을 수 있어야 하며, 필요시 활용할 수 있도록 부모와의 긴밀한 연락체계도 수립하여야 한다.

### ● 학자들이 제시한 유아교사 역할의 유형

| 학자 | 역할 유형 | 비고 |
|---|---|---|
| 캐츠<br>(Katz, 1970) | • 모친모형<br>• 치료모형<br>• 교수모형 | |
| 스포덱<br>(Spodek, 1985) | • 양육 역할<br>• 교수 역할<br>• 관련적 역할 | 의사결정자의 역할 포함 |
| 시케단츠 등<br>(Schickedanz, et al., 1990) | • 지식 전달자<br>• 계획자, 조직자, 평가자<br>• 훈육자<br>• 의사결정자 | 의사결정자의 역할 강조 |
| 조부경과 사라초<br>(Cho & Saracho, 1997) | • 교육과정 설계자<br>• 일과활동 계획 및 수행자<br>• 상담자 및 조언자<br>• 연구자<br>• 행정업무 및 관리자 | |
| 엘리스 외<br>(Ellis & Others, 1982) | • 계획자<br>• 학습조력자 및 감독자<br>• 안내자 및 상담자<br>• 문화의 설명자 및 중재자<br>• 지역사회 연결자<br>• 교직의 일원으로서 역할 수행자<br>• 학교사회의 일원으로서 역할 수행자 | 아동과의 상호작용 이상의 범위를 포함 |

chapter
**05**

## 07 유아교사의 자질

### 1. 교사 자질의 개념

① 교사의 자질은 교사가 갖추어야 할 영속적인 개인적 특성 및 전문적 특성을 의미한다.

② 주로 교사의 인지적·정서적·사회적·신체적 특성과 교직에 대한 태도를 의미한다.

③ 타고난 소질과는 구별되며, 후천적으로 형성 가능하다.

| 구분 | 내용 |
|---|---|
| 우수한 교사의<br>자질 | • 침착하고 여러 개의 활동을 동시에 지도할 수 있어야 한다.<br>• 유아와의 관계에 있어서 친절해야 한다.<br>• 유아와의 관계에 있어서 대화가 잘 통해야 하고 우호적이어야 한다.<br>• 목소리나 행동에 독창성이 있고, 흥미를 집중시킬 수 있어야 한다.<br>• 유아의 활동에 흥미를 가지고 참여하고, 유아를 돕고 유아 스스로가 자기<br>일을 해결하도록 도울 수 있어야 한다. |
| 열등한 교사의<br>자질 | • 예기치 않은 문제나 요구에 부딪쳤을 때 혼란을 일으킨다.<br>• 교사의 의도대로 따르게 한다.<br>• 유아에게 필요 이상으로 엄격하게 대하거나 목소리나 태도가 지루하고 개<br>성이 없다. |

### 2. 유아교사의 자질의 구분

① 유아교사의 역할을 성공적으로 수행하려면 적절한 자질을 갖추고 있어야 한다. 유아교사
로서 갖추고 있어야 할 자질은 크게 개인적인 자질과 전문적인 자질로 구분될 수 있다.

② 전문가적인 자질 중 교수와 관련된 많은 지식은 교원양성과정에서 대부분 습득되고
훈련되지만, 개인적인 자질의 경우 이미 형성되어 있는 경우가 많으며 교원양성과정
에서의 습득에도 한계가 있다. 따라서 유아교사로서의 개인적 자질을 양성하기 위해
서는 교사 개개인의 부단한 성찰과 노력이 필요하다.

| 개인적 자질 | | 전문적 자질 | | |
|---|---|---|---|---|
| 인성 | 건강 | 지식 | 교수기술 | 교육관 |
| 1. 유아에 대한<br>사랑<br>2. 인간에 대한<br>사랑<br>3. 성실성<br>4. 봉사성<br>5. 사려성<br>6. 자발성<br>7. 도덕성<br>8. 원만한<br>인간관계 | 1. 신체적 건강<br>2. 정신적 건강<br>① 긍정적<br>자아관<br>② 타인에<br>대한<br>긍정적<br>사고<br>③ 건전한<br>인생관<br>④ 정서적<br>안정 | 1. 일반교양 지식<br>2. 유아교육과정에<br>대한 지식<br>3. 교육방법 및<br>평가에 대한<br>지식<br>4. 유아에 대한<br>지식 | 1. 교육과정 구성<br>기술<br>2. 프로그램 실천<br>및 평가 기술<br>3. 의사소통 기술<br>4. 부모 및 전문가<br>참여 기술<br>5. 창의성<br>6. 융통성<br>7. 교재, 교구의<br>제작 및 활용<br>기술 | 1. 교육에 대한<br>소명감<br>2. 직업윤리<br>3. 전문성<br>함양 노력 |

## (1) 개인적인 자질 : 교사로서의 역할을 수행하는 데 필요한 인성적인 특징

| 구분 | 내용 |
|---|---|
| 심신의 건강 | 교사로서의 기본 역할수행을 할 수 있는 체력과 정신력, 밝고 활기찬 에너지, 명랑함, 풍부한 유머감각이 필요하다. |
| 온정적 성품과 수용하는 태도 | • 유아들이 정서적으로 안정감을 가질 수 있도록 관용적 태도를 지니고 있어야 하며, 유아의 감정을 수용하는 성품을 지녀야 한다.<br>• 하지만 이와 함께 바람직하지 못한 행동을 보일 때는 엄격히 제한할 줄 아는 단호함도 함께 지녀야 한다. |
| 유아에 대한 사랑과 존중 | • 유아에 대한 사랑과 존중은 교직 생활에 필수적이다. 교사에게 유아는 교직 생활의 만족과 보람의 원천이다. 그러므로 유아교사는 유아에 대한 사랑과 더불어 유아가 진정으로 필요로 하는 관심과 요구가 무엇인지 헤아릴 줄 알아야 한다.<br>• 교사의 사랑과 관심은 모든 유아에게 보편적이고 공정하게 적용되어야 한다. 즉, 모든 유아에게 공평한 관심을 보이는 것과 있는 그대로 수용하는 것이 중요하다. 교사의 사랑이 유아를 성장시킬 수 있는 힘이 될 수 있는 반면, 교사의 편애는 유아에게 큰 상처를 줄 수 있다.<br><br><table><tr><td>차이의 존중</td><td>모든 유아는 독특한 개성과 학습 스타일로 학교에 온다. 교사는 각 유아에게 도달하고 효과적으로 가르치기 위해 이런 차이들을 존중해야만 하고 다른 스타일을 적용하도록 유아를 강요하기보다는 오히려 각 유아들의 스타일을 수용하는 태도로 차이를 존중하는 자세가 필요하다.</td></tr><tr><td>유아와 가족에 대한 사랑과 존중</td><td>교사는 유아들의 가족이 가지고 있는 배경을 있는 그대로 받아들여 주고 존중할 줄 아는 태도가 필요하다. 현대사회의 다양한 가족형태의 변화 등 시대적 상황을 바르게 인식하고 어떠한 가정 배경을 가지고 있더라도 모든 유아가 충분히 사랑받을 수 있도록 교사들은 유아와 가족에 대한 사랑과 존중의 자세를 갖춰야 한다.</td></tr></table> |
| 열정 / 열성적 태도 | • 교사는 정력적이어야 한다. 부지런하고, 열심히 교직에 봉사하는 태도를 지녀야 하며 최선을 다해 가르치는 일에 몰두할 수 있는 의욕이 있어야 한다.<br>• 자신을 학습자로 보고, 성장하려고 하며 실제로 성장하는 자세를 보여야 하고 끊임없는 자기 연찬을 통해 효과적인 교육방법을 모색하려는 등의 교육연구에서의 열성적인 태도가 요구된다. |
| 성실함 | • 교사는 유아를 대함에 있어 정성스럽고 참되게 대하는 자세를 갖춰야 하고 교직에 대한 맡은 바 임무에 최선을 다하는 성실한 태도가 요구된다.<br>• 성실함은 교사로서의 전문성 신장을 위해 노력하는 자세에서도 요구된다고 볼 수 있다. |
| 인내심 | • 유능한 교사들은 모든 유아가 단시간에 쉽게 변화한다고 생각하지 않으며 이들을 위해 기다려줄 줄 안다.<br>• 또한 요구가 많은 부모나 행정가와의 대화에서도 서두르지 않고 충분히 설득할 시간을 가진다.<br>• 유능한 교사들은 분노, 좌절, 억울함 등의 부정적인 감정이 생기는 상황에서도 이를 인내하여 조절하는 능력을 가지고 있다. |

chapter
05

| 지구력 /<br>교사로서의<br>신념 | • 이 자질은 단지 잘 참는다는 의미를 넘어서 자신이 가진 신념에 근거하여 흔들리지 않고 교육을 하는 것을 의미한다.<br>• 특히 이 사회에서 약자로 여겨지는 유아들의 권리를 보호하고 가정과 유아의 삶이 좀 더 나아지도록 하는 역할을 기꺼이 담당하고자 하는 신념은 유아교사에게 매우 중요한 자질 가운데 하나이다. |
|---|---|
| 책임감 | • 유아교사는 자신의 자질과 능력을 발휘하여 직무를 수행하고, 그 과정과 결과에 대하여 책임을 지거나 과오를 개선하려는 의욕 및 능력이 필요하다.<br>• 책임감 있는 교사는 '해야 할 일이라 생각하면 즉시 실천에 옮긴다.' '다른 사람에게 책임을 전가하거나 비난하지 않는다.' ' 행동의 결과가 어떠할 것이라고 예측하고 행동한다.' 등의 행동특성을 보인다. |
| 유연성과<br>창의성 | • 유아교사에게 유연성과 창의성 없다면 유아의 행동을 격려하거나 변화에 적응할 수 없다.<br>• 유아교육기관의 교실 환경은 변화무쌍하기 때문에, 교사는 다양한 문제들과 함께 새로운 도전들에 대처할 능력을 배워야 한다.<br>• 창의성은 교사가 교실환경에 다양한 교수·학습스타일을 통합하는 데 도움이 된다. |
| 융통성 | • 유아를 가르치는 일은 불확실한 사건의 연속이다. 바깥놀이를 계획한 날, 비가 올 수도 있고, 예상보다 많은 유아들이 쌓기놀이에 참여하여 자유선택활동 시간이 더 길어질 수도 있다. 바깥놀이터에서 놀던 유아들이 발견한 개미집이 전체 학습의 관심사가 될 수도 있다.<br>• 유능한 교사는 어떤 상황에서도 유아들의 흥미와 학습을 위해 자신의 계획을 수정하고 유아들이 학습에 몰입할 수 있도록 한다. |
| 미래에<br>대응하는<br>자세 | 유아교사는 꿈을 가지고 미래를 내다 볼 수 있는 통찰력을 지니고 있어야 하며, 이러한 통찰력을 바탕으로 급변하는 사회가 될 미래를 살아갈 유아들을 지혜롭게 도와줄 수 있는 자세를 지녀야 한다. |
| 협동심과<br>공동체<br>의식 | • 유아교사는 실제로 동료교사와 선후배교사, 원감 및 원장으로부터 다양한 지원과 도움을 받으며 업무를 수행한다. 그러므로 교사는 유아교육기관에서 함께 일하는 다른 교사들과 개방적인 상호작용을 하고 공동체적인 생활을 성공적으로 수행할 수 있어야 한다.<br>• 유아교사는 동료교사와 원만한 관계를 맺고 상호 협력하는 분위기를 조성하는 것이 중요하다. 동료 관계가 원만할 때는 유아와의 관계나 교육에 집중할 수 있지만, 관계가 원만하지 못할 때는 근무 만족도가 떨어지며, 이직의 원인이 되기도 한다. |
| 효율적인<br>의사소통능력 | • 유아들은 부모, 가족, 사회 그리고 다른 유아를 둘러싼 인적 환경에 의해 영향을 받는 존재이므로 유아교사는 이들과 긴밀한 협력관계를 지녀야 한다. 즉, 유아교사는 학부모와 유아와의 의사소통은 물론 원장과 동료교사, 나아가 지역사회 인사들과도 밀접한 관계를 형성함으로써 교육의 효과를 높이고 기관의 분위기를 활기차게 만들어 나가야 한다.<br>• 특히, 학부모와 지속적으로 교류하며 원만한 관계를 형성하는 의사소통능력을 갖추는 것이 필요한데, 학부모는 자녀가 하루를 어떻게 보냈는지 기관에서 무엇을 배웠는지, 특별한 문제는 없는지 등에 대한 정보를 알고 싶어 한다. 이때 교사는 전화, 쪽지, 면담 등의 다양한 방법을 통하여 학부모와 효율적으로 의사소통할 수 있어야 한다. |

유아교사가 갖추어야 할 개인적 자질

| 구분 | 내용 |
|---|---|
| 이병래 외<br>(2004) | 영유아에 대한 사랑, 원만한 인간관계, 자제력, 적극성(자발성), 융통성, 도덕성(정직성), 공정성, 성실성, 봉사성, 협동심, 신체적 건강, 건전한 자아존중감, 긍정적인 인간관, 정서적 안정 |
| 고든과 브라운<br>(Gordon & Browne, 1996) | 헌신, 동정심, 통찰력, 융통성, 인내심, 열정, 자기 확신 |
| 카트라이트<br>(Cartwright, 1999) | 친절함, 용기, 성실함, 심리적 안정감, 자기 확신, 정직, 공정성 |

(2) **전문적 자질 : 교사로서의 역할을 다하기 위해 갖추고 있어야 할 전문적인 능력**

| 구분 | 내용 |
|---|---|
| 지적 전문성 | • 유아교육에 대한 전문적 이해(발달심리, 교육과정, 행정연구 등)<br>• 유아교육의 궁극적 목적은 전인교육이라는 것을 인지하고, 유아교육의 이론적 탐구에 몰두하고자 하는 지적 능력 |
| 프로그램을 계획하고, 실천하는 능력 | • 유아교육 프로그램을 계획하고, 실천하는 능력<br>• 유아중심의 교육철학에 의거하여 계획, 실천하고자 노력하는 전문가적 태도 |
| 부모, 전문가 및 여러 관계자를 참여시키는 능력 | • 유아를 위한 교육에 관련되는 인적자원을 충분히 활용할 수 있는 능력<br>• 부모들과의 의사소통을 원활하게 하여 부모가 교육적 동반자로서의 역할을 수행할 수 있도록 돕는 능력 |
| 직업윤리 | 교직이 개인의 성장과 사회 국가 발전의 원동력임을 알고, 유아에게 공정하게 대하며, 개성을 존중하여 사랑과 신뢰의 윤리를 실현할 줄 아는 자세 |

chapter
**05**

## 08 유아교사의 핵심역량

### 들어가며

유아교사의 자질과 유사한 개념이나 최근 선진국을 중심으로 가속적으로 변화하는 미래 사회에 대비한 교육의 방향을 설정하기 위한 기초 작업으로, 미래 인재로서 개인적 삶의 질을 보장하고 사회에 공헌할 수 있는 사람으로서의 능력을 핵심역량이라는 개념으로 규정하려는 노력이 활발히 이루어지고 있다.

① 핵심역량이란 조직 환경 속에서 탁월하고 효과적으로 업무를 수행할 수 있는 조직이나 개인의 행동특성으로 정의되는 역량 중에서도 더욱 강조되는 개인의 특성을 의미한다 (이경진, 최진영, 장신호, 2009).

② OECD(2002)에서는 개인적 행복과 사회발전을 위해 요구되는 행동특성을 핵심역량
으로 정의하고, DeSeCo 프로젝트를 통해 3가지로 개인의 핵심역량을 규정하였다.

| 구분 | 내용 |
|---|---|
| '이질적인 집단에서 상호작용하는 능력' | 다문화 사회, 개인 간 개성이 뚜렷해지는 사회에서 주변 사람들과 조화를 이루며 소통할 수 있는 능력 |
| '자율적으로 행동하는 능력' | 가치관의 변화가 빠른 다원화 사회에서 개인 스스로 주도적이고 독립적으로 자신의 의사를 결정하고 가치 판단하여 행동하는 능력 |
| '여러 도구를 상호작용적으로 활용하는 능력' | 자신의 아이디어나 감성을 문자, 그림 등의 도구와 급속도로 발달하는 IT 기기, 그 외 창의적인 도구 활용을 통해 소통할 수 있는 능력 |

③ 이러한 개인의 핵심역량은 교육을 통해 함양되는 것이므로 교육계에서는 이러한 인재
를 양성하기 위해 교사가 가져야 할 교사의 핵심역량을 도입하였다. 이경진 등(2009)
은 교사의 핵심역량을 학교라는 환경 속에서 탁월하고 효과적으로 업무를 실행하기
위한 교사의 행동특성으로 지식, 수행, 태도로 구성된다고 보았다.

④ 이에 기초하여 성병창, 부재율, 한경임, 이경화(2009)는 유치원교사의 핵심역량을
유치원교사로서 갖추어야 할 전문성, 유치원교사로서의 자질 등을 포함하는 일종의
핵심적인 직무수행능력이라고 보았다.

⑤ 즉, 유치원교사의 핵심역량은 유치원이라는 조직에서 유아에 대한 교육, 부모와 동료
등의 사회관계, 기타 행정적 직무를 포함하여 요구되는 직무를 잘 수행할 수 있는
능력 가운데에서도 핵심적인 지식, 태도, 기술을 의미하는 것이라 하겠다.

⑥ 이러한 정의와 필요에 기초하여 2010년 당시 교육과학기술부(현 교육부)는 육아정책
연구소에 위탁하여 연구, 발간한 '유아교육 선진화 기반 조성 사업'을 통해 '유치원
교원 핵심역량'을 개발하였다.

#### ◐ 유치원 교원 핵심역량

| 핵심역량 | 요소 | 내용 |
|---|---|---|
| 교직인성 및 전문성 개발 | 교직에 대한 열정 | • 좋은 교육을 위한 헌신<br>• 교육 개선을 위한 지속적 탐구 |
| | 창의성 | • 다양한 상황과 조건 수용<br>• 새로운 가치와 아이디어 창출 |
| | 반성적 자기 개발 | • 반성적 사고 개발<br>• 전문적 발달을 위한 노력 |
| | 교직윤리 | • 유치원 교사 윤리 강령 실천<br>• 유치원 교사로서 바른 근무자세 유지 |

| | | |
|---|---|---|
| 학습자에<br>대한 이해 | 유아의 보편적 발달<br>특성 이해 | • 유아 발달의 개념 및 발달이론 이해<br>• 유아의 신체, 언어, 인지, 사회, 정서 영역의 발달 특성 이해 |
| | 유아의 개인적,<br>사회 문화적<br>발달 특성 이해 | • 유아의 발달에 관련된 개인적, 사회문화적 요인 이해<br>• 유아의 개별적 발달 특성 이해 |
| 교육과정<br>운영 | 유아교육과정에<br>대한 이해 및 실행 | • 유아교육과정에 대한 이론 이해<br>• 유아핵심역량에 대한 이해<br>• 국가 수준 유치원 교육과정에 대한 이해 |
| | 교과내용지식 이해 | • 유아 언어, 수학, 과학, 사회, 예술, 체육교과 내용 지식 이해<br>• 유아 건강 및 안전 교과내용 지식 이해<br>• 유아 놀이 교과내용 지식 이해 |
| | 다학문적 지식<br>이해 및 활용 | • 인문학, 과학, 기술, 사회학, 예술 등의 폭넓은 교양지식<br>  이해 및 탐구<br>• 다학문지식의 교육과정 적용 |
| | 교수·학습과정에<br>대한 이해 및 실행 | • 유아 교수·학습방법에 대한 지식<br>• 개별화 교수·학습방법의 적용<br>• 효율적 교수·학습을 위한 환경구성<br>• 적합한 교수 자료의 발굴, 개발 및 활용 |
| | 평가의<br>이해 및 실행 | • 유아의 개인적 특성에 대한 평가 방법 이해 및 실행<br>• 교육과정 평가 이해 및 실행<br>• 평가 결과의 활용 |
| 대인관계 및<br>의사소통 | 공동체 의식 및<br>태도 형성 | • 교육 공동체 필요성 이해<br>• 교육 공동체 존중 |
| | 공동체 형성 및<br>지원 | • 부모와의 협력<br>• 동료교사와의 협력<br>• 지역사회와의 협력<br>• 유아와 가족의 교육 복지 지원을 위한 정책 이해 및 전달 |
| | 의사소통기술 형성 | • 대상에 따른 의사소통기술에 대한 관심<br>• 언어적/비언어적 의사소통기술 형성 |
| 정보화 소양 | 정보화 기술 이해 | • 새로운 정보화 기술에 대한 관심<br>• 교육, 행정, 재정 업무 처리를 위한 정보화 기술 이해 |
| | 정보화 기술 활용 | • 폭넓은 정보 교류<br>• 유용한 정보의 조직 및 활용<br>• 교수매체로서 정보화 기술의 비판적 활용 |
| 학급운영 | 교실문화 조성 | • 유아와 긍정적인 관계 형성<br>• 교실 운영과 관리<br>• 유아 행동지도 |
| | 문서 작성 및 관리 | • 학급 운영관련 문서 작성 및 관리<br>• 대외 관련 공문서 작성 및 관리 |

출처 : 육아정책연구소(2010), 유치원 교원 향상 및 임용 체제 개선 방안,
유아교육선진화기반 조성사업 보고서(pp.60~61), 한화출판사

chapter
05

### 교사신념의 유형

유아교사는 모든 유아에게 어떤 내용을 어떤 방법으로 가르칠 것인가에 관해 결정을 내리는 교육의 주체이다. 또한, 교사가 가지고 있는 교육신념은 여러 형태로 교육행위에 가장 큰 영향을 준다고 할 수 있다. 유아교사들이 가지는 교육신념은 유아들의 학습방법과 내용에 따라 교사가 가지는 교육적 입장을 의미하는데, 이러한 교육신념은 크게 3가지로 분류할 수 있다.

### 1. 성숙주의 교육신념

성숙주의이론은 유아의 타고난 유전적 요인에 의해 인간의 성장과 발달이 결정된다고 보는 이론으로, 인간의 천성을 강조하며 인간의 발달이 선천적이고 유전적인 요인에 의하여 자연스럽게 이루어진다고 생각한다. 성숙주의 입장에서 발달은 인간의 고유한 생득적 성향의 자연적 계발로 본다. 따라서 행동의 차이는 경험이나 환경의 차이가 아니라 유전적인 요인의 차이로 학습에서 어떤 특별한 방법을 적용하지 않더라도 유아가 학습할 유전적 준비도가 성숙되었을 때 학습하는 방법도 스스로 터득하리라는 가정을 두고 있다. 즉, 발달에 있어 환경의 영향력은 거의 없다고 보기 때문에 유아가 성숙될 때까지 학습제시 시기를 기다리는 것이다.

성숙주의의 교육목적은 유아의 준비도 수준에 적합한 활동이 포함된 양육적인 분위기에서 개별 유아들의 자연스러운 환경을 통해 잠재력을 계발시키는 것으로 본다.

성숙주의에서 교사의 역할은 유아의 발달 단계에 맞는 학습을 준비해주는 조력자, 학습 안내자, 보호자, 관찰자 등이라고 할 수 있다.

성숙주의에 근거한 활동의 종류는 유아의 개별적인 의도에 따라 자유롭게 선택하는 자유선택활동을 강조한다. 활동의 형태는 유아 스스로 목적을 정하고 나름대로의 방법으로 교구를 사용하는 발산적 활동을 강조하는데, 개인의 자발적인 흥미와 요구 혹은 개인의 준비도, 속도에 의해 활동을 전개한다.

학습과정의 주도권은 유아에게 있으며, 유아-교사 상호작용보다 유아-유아, 유아-교구 상호작용이 더 많다. 교사는 개별적으로 상호작용하여 긍정적인 자아개념을 형성하도록 하며 즉흥적인 대화, 이야기 들려주기를 강조하고 다양한 활동들을 생각과 감정으로 표현하도록 자극한다.

유아가 틀린 반응을 하였을 때는 신체적, 정신적 미성숙으로 간주하고 지시하고 수정하지 않으며 준비를 기다린다. 폭넓은 균형적 발달을 기대하며 유아들을 재촉하지 않는다.

성숙주의자들은 발달이 지식처럼 가르쳐지거나 인지적인 성장에 의해 이루어지는 것이 아닌 자연스러운 환경을 통해 자연스럽게 이루어지는 과정으로 본다. 성숙주의에서는 아동의 흥미와 발달 수준에 따라 활동 자료를 제공해주며, 평가는 교육의 목적이 인성 발달에 있기 때문에 구체적인 행동이나 기술이 습득되었는지보다는 교육의 과정 자체가 얼마나 아동의 흥미와 요구를 만족시키는지를 근거한다.

성숙주의 교육신념을 가진 교사는 유아의 행동을 교사가 직접적으로 변화시켜 주는 것이 아니라 유아들의 요구를 수용하고 따르기 때문에 유아의 성숙 수준을 넘어선 성취를 강요하지 않고 유아의 내적 가능성에 따른 전인적 발달을 도모한다.

### 2. 행동주의 교육신념

행동주의이론의 기본철학은 모든 지식의 근원이 외적 환경에 의존한다는 환경 결정론적 입장을 가지고 있다. 또한, 인간의 성장발달에 있어서 유전적인 영향보다는 환경 요소의 중요성을 강조하며 교육을 지식, 기능, 가치 그리고 사회 도덕적 규칙을 한 세대에서 다른 세대로 전달하는 것으로 보는 입장이다.

행동주의는 1900년대 초기 성숙주의의 유전론에 반대하여 발달과 학습에 있어서 환경을 중요시한다. 학습을 자극에 대한 반응의 과정으로 보며, 교육의 목적을 자극에 의해 일어나는 행동의 변화로 보고, 구체적이고 단순하며 순서화되어 있는 교재를 이용한 직접 교수를 통한 지식 습득으로 본다.

유아는 기계와 같이 자극하고 반응하는 수동적인 학습자로 성인의 사고와 동일하다고 간주하여 모든 연령의 유아에게 똑같은 원리를 적용한다.

행동주의 관점에서 발달이란 학습과 동일한 것으로 간주하여 학습의 축적 또는 일련의 행동 반응을 유도하는 자극 강화의 조합으로 본다. 때문에 동기유발이 되지 않는 유아는 신체적 준비가 결여되어서가 아니라, 유아의 행동에 대한 적절한 재강화의 기회가 없었기 때문이라고 본다. 따라서 외부 환경에 의해 복잡한 개념이 유아에게 조금씩 전달되기 때문에 학습은 작은 단계로, 연속적으로, 체계적으로 이루어져야 한다고 본다.

활동의 종류는 교사주도적인 단일 활동을 강조한다. 활동의 형태는 교사가 활동의 목적을 정하고 제시한 대로 따르는 수렴적인 활동을 강조하며, 교사의 의도에 따라 모델을 모방하면서 좋은 결과가 있을 때까지 반복하여 활동을 전개한다. 학습과정의 주도권은 교사에게 있으며, 유아-교사 상호작용이 주가 되고, 유아-유아 상호작용이 적다. 교사는 학습활동을 주도하여 교재, 지식, 규칙들을 적극적으로 지시·설명하는 학습지시자, 지식전달자, 강화자, 모델제공자로서 권위적인 역할을 한다.

유아가 틀린 반응을 했을 때에는 자극이 부적절하게 제시되었다고 간주하고 직접 수정하거나 그 능력이 성취될 때까지 더 쉬운 상태로 돌아간다.

행동주의는 교사의 직접적인 교수에 의해 유아가 사실이나 정보를 습득해감으로써 후기 학교나 사회에서의 적응을 지향한다. 이 입장을 아동을 수동적인 존재로 간주하고, 학습에 있어서 교사가 주도권을 가지며, 교수방법으로는 직접적으로 가르치는 방식, 또는 설명이나 시범 등의 언어적인 것이 대표적이다.

## 3. 상호작용주의 교육신념

상호작용주의는 성숙주의와 행동주의의 2가지 입장을 보완하면서 나름의 독자적인 이론적 근거를 지니고 있다. 다시 말하면 상호작용주의는 인간의 성장발달에 있어서 생득적인 측면과 환경적인 측면을 동시에 강조함으로써 인간이 주변 환경과의 능동적인 상호작용을 통하여 전인적, 통합적으로 발달해 간다는 입장이라고 할 수 있다.

상호작용주의는 유아의 발달을 유전적인 요인과 환경과의 상호작용의 결과라고 보고 있다는 측면에서 상호작용이론이라고 하며, 또한 유아들이 지식을 어떻게 학습하거나 구성하는가를 밝힌 피아제의 이론을 근거로 하고 있다는 측면에서 구성주의라고도 한다.

인간의 발달 속도와 시간은 개인에 따라 다르며 다양하다고 본다. 지식이란 어느 곳에도 존재하지 않으며 인간이 주위 환경과의 상호작용을 통해 구성해 간다고 본다.

상호작용주의의 교육 목적은 개체와 그것을 둘러싸고 있는 주변 환경과의 상호작용을 통한 인지발달에 있으며, 이는 곧 아동과 주변 환경과의 상호작용을 중시한다고 할 수 있다. 상호작용주의의 교사는 계획된 순서에 의하여 하루 일과를 운영하고, 활동의 주도권은 교사와 아동 모두에게 있으며, 유아-유아, 유아-교사, 유아-교구 간의 상호작용을 강조한다. 교사의 역할은 학습 조정자 및 안내자, 촉진자 역할을 하여 유아 스스로 해답을 발견하도록 안내하면서 실험과 탐구를 위한 폭넓은 기회를 제공한다. 유아가 틀린 반응을 보였을 때는 지식을 계속 구성할 수 있도록 경험을 제공하게 된다.

활동의 종류는 유아의 개별적인 의도에 따라 자유롭게 선택한 자유선택활동을 강조한다. 활동의 형태는 유아 스스로 목적을 정하고 나름대로의 방법으로 교구를 사용하는 발산적 활동을 강조하며, 개인의 자발적 흥미와 요구, 혹은 교사의 제안에 의해서 선정한 활동을 개인의 속도에 맞추어 전개한다.

상호작용주의 교육신념을 가진 교사는 유아를 주변세계를 탐구하여 스스로 문제를 해결하도록 유도하고 검증해보는 학습의 능동자로 보며, 교사는 학습 조정자, 안내자 및 촉진자의 역할을 하여 유아 스스로 지식을 재구성하며 조직하도록 돕는 데 초점을 둔다.

**➡ 3가지 교육신념 특징에 대한 비교**

| 구분 | 성숙주의 | 행동주의 | 상호작용주의 |
|---|---|---|---|
| 교육목적 | 사회정서 발달과 인성 발달 | 학문적 기초 형성 | 인지적 발달 |
| 아동관 | 유전적 시간표에 따라 정해진 순서대로 발달하는 수동적인 존재로 봄 | 환경에 의해 영향을 받는 수동적인 존재로 봄 | 환경과 자발적인 상호작용을 통해 발달하는 능동적인 존재로 봄 |
| 발달관 | 인간 본유의 생득적 성향의 자연적 계발로 봄 | 외재적 환경의 조작 및 반응을 통한 경험으로 봄 | 통합적인 과정으로 봄 |
| 동기화 | 유전적 성숙에 의한 내적 자극에 의함 | 환경의 외적 자극에 의함 | 환경과 유아의 내적 자극에 의함 |
| 학습관 | 성숙 준비도와 학습동기와의 조화 | 환경에 의한 동기화 | 개인과 외적 환경과의 상호작용 |
| 교수방법 | 풍부한 학습 환경의 조성 | 직접적인 교수 | 풍부한 학습 환경의 조성 |
| 교사의 역할 | • 간접적 안내자<br>• 격려자<br>• 발달에 대한 지식자 | • 교수·학습활동 준비자<br>• 지식전달자<br>• 강화자 | • 교수활동계획자<br>• 관찰자<br>• 모델링 |
| 학습제시 방법 | 성숙수준에 도달할 때 제시 | 가장 단순한 내용부터 순차적으로 제시 | 경험을 통한 지식 구성 유도 |
| 실수를 보는 관점 | 정신적, 신체적 미성숙에 의함 | 자극이 부적절하게 제시되었다고 봄 | 성인의 지식과 질적으로 다른 지식의 초기 단계 |
| 학습 획득 방법 | 제시되지 않음 | 반복, 모방 및 연습 | 실수를 통한 내적 지식의 구성 |

# 유아교사의 교권과 교직윤리

## 01 교사의 권리

| | | 조성적 권리(교원이 전문적 교육활동에 전념할 수 있는 여건 조성에 관련된 권리) | |
|---|---|---|
| 적극적 권리 | 자율성 신장 | • 「교육기본법」 제14조 제1항 : 학교 교육에서 교원의 전문성은 존중된다.<br>• 교사가 전문적 능력을 자율적으로 발휘하도록 제반 여건 조성이 필요하다. |
| | 생활 보장 | • 「교육기본법」 제14조 제1항 : 교원의 경제적·사회적 지위는 우대되어야 한다.<br>• 안정된 생활 기반 위에서 가르치는 일에 몰두할 수 있는 여건을 마련해 주어야 한다. |
| | 근무 조건 개선 | 교육의 효과와 능률을 높이기 위해서 과중한 잡무, 학생 부담, 수업 부담을 덜어주어야 한다. |
| | 복지 후생 제도 확충 | 생활 안정과 가족 부양에 대한 책임을 덜어주어 교육활동에 전념토록 해야 한다. |
| 소극적 권리 | 법규적 권리(법으로 규정된 권리) | |
| | 신분 보장 | 「교육공무원법」 제43조 : 전문적 지위나 신분에 영향을 미치는 부당한 간섭을 받지 않는다. |
| | 쟁송 제기권 | 법에 어긋나는 부당한 처분을 받았을 경우 재심을 청구하거나 행정소송을 제기할 수 있다. |
| | 불체포 특권 | 현행범인인 경우를 제외하고는 소속 학교의 장의 동의 없이 학원 안에서 체포되지 않는다. |
| | 교직단체 활동권 | 교원은 협동하여 교육의 진흥과 문화의 창달에 노력하며, 교원의 경제·사회적 지위를 향상시키기 위해 지방자치단체 및 중앙에 교원단체를 조직할 수 있다. |
| | 교원의 노동조합 설립 및 참여권 | 교원은 특별시, 광역시, 도 단위 또는 전국 단위에 한하여 노동조합을 설립할 수 있다. |

## 02 교사의 의무

| | | |
|---|---|---|
| 적극적 의무 | 교육연구 및 연구활동의 의무 | • 교사의 임무 중 가장 본질적인 것이다.<br>• 교육 전문가로서의 자질 향상을 위해 노력해야 한다. |
| | 선서, 성실, 복종의 의무 | • 「국가공무원법」에 규정된 공무원의 의무에 충실해야 한다.<br>• 교원은 취임 전 선서, 법령을 준수하여 성실하게 직무를 수행하고 직무상 명령에 복종해야 한다. |
| | 교원으로서의 품위 유지의 의무 | 품위를 손상하는 행위는 해서는 안 되며, 사표가 되는 품성을 도야해야 한다. |
| | 비밀 엄수의 의무 | 재직 중, 퇴직 후 직무상 알게 된 비밀을 엄수해야 한다. |
| 소극적 의무 | 정치활동의 금지 | • 정치적, 파당적 편견의 선전을 위해 교육을 이용해서는 안 된다.<br>• 특정 정당을 지지하거나 배격하기 위해 학생을 지도 혹은 선동할 수 없다. |
| | 집단 행위의 제한 | • 「국가공무원법」 제66조 제1항 : 공무원은 노동 운동, 기타 공무 이외의 일을 위한 집단 행위를 하는 것이 금지된다.<br>• 「교원 노조 설립 및 운영에 관한 법률」 : 단체 행동권은 금지하지만 단결권, 단체 교섭권은 허용한다. |
| | 영리 업무 및 겸직 금지 | • 「국가공무원법」 제64조 : 공무원은 공무 외 영리를 목적으로 하는 사업에 종사하지 못하며 소속 기관장의 허가 없이 다른 직무를 겸할 수 없다.<br>• 「교육기본법」 제14조 제5항 : 법률이 정하는 바에 의하여 다른 공직에 취임할 수 있다(공직에서의 취임 허용). |

## 03 유아교사의 윤리

### 1. 교직 윤리의 개념

① 윤리란 사람으로서 마땅히 행하거나 지켜야 할 도리로서 도덕성에 관한 비판적 숙고를 포함하고 있다.

② 윤리는 강제력을 수반하는 법률과 달리 인간의 자율적 판단에 근거하며, 사람들의 양심이나 사회의 관습을 기본으로 하여 사회적 규범이 합치되는 것이다.

③ 인간이 사회생활 속에서 지켜야 하는 규범을 윤리라고 한다면, 교직 윤리라 함은 교사가 교직 생활에서 지켜야 하는 실천의 규범이며, 유아교직 윤리는 유아교사들이 교직을 수행하면서 스스로 실천하기를 기대하는 규범을 의미하는 것이다.

④ 전문적인 윤리강령은 전문적인 구성원이 집단적·조직적으로 수행하는 과업에 관한 비판적 숙고에 기초하고 있으며, 전문직 종사자들이 과제를 수행하는 도중에 상충된 의무나 책임에 직면하게 될 때 무엇을 해야 하는지에 대한 지침을 제공한다.

## 2. 교직 윤리의 중요성

① 가르치는 일은 필연적으로 수없이 많은 딜레마에 직면하게 되는데, 딜레마란 같은 비중의 가치가 서로 충돌하여 어느 한쪽으로 의사결정을 내리기 어려운 상태를 의미한다.

② 윤리강령은 교사들이 이런 딜레마에 직면했을 때 가장 적절한 의사결정을 내릴 수 있도록 이끌어 주는 지침이다.

## 3. 유아교육에서 특히 윤리강령이 필요한 이유(Katz, 1989)

### (1) 유아교사의 힘과 지위

① 유아교사들은 대개 유아들의 인격을 존중하고 그들의 요구를 들어주기 위해 노력하며 학급의 모든 유아들을 공평하게 대하기 위해 노력한다. 그러나 경우에 따라서 유아들을 함부로 대하기도 하고 공평하지 못하게 일을 처리하는 경우도 있으며, 유아의 의사를 무시하기도 하고 유아의 마음에 상처를 주기도 한다.

② 물론 유아들이 이와 같은 상황에 대해 불만을 제기하거나 이를 적절하게 수정하도록 요구할 수 있다면 문제가 없겠지만 유아들은 스스로를 방어할 수 있는 능력이 부족하다.

③ 반면, 교사는 유아들에게는 상대적으로 높은 지위를 가질 수 있지만 부모들과의 관계에서는 반드시 그렇지 않은데, 이는 부모들이 의뢰인이기 때문이다.

④ 만일 부모의 요구와 유아의 요구가 충돌한다면 교사는 어떻게 해야 하는가? 교사는 부모들의 요구를 물리치기 어렵지만 유아들에게는 특별한 양해를 구하지 않고도 교사가 원하는 행동을 할 수도 있다.

⑤ 유아교사를 위한 윤리강령은 이러한 상황에서 유아들의 안녕을 위하여 옳은 판단을 내릴 수 있도록 도와준다.

### (2) 유아의 다양성

① 교사는 학급 전체의 유아들에게 관심을 기울여야 하지만 상황에 따라서 교사 개인의 관심을 필요로 하는 유아가 있을 수도 있다. 이때 교사는 개인과 집단의 요구 가운데 어떠한 것을 받아들여야 하는가?

② 윤리강령은 서로 다양한 요구를 가진 유아나 부모로 인하여 발생하는 문제들을 해결하는 데 도움을 준다.

### (3) 경험적 기초의 애매성

① 유아교육과정은 다른 각급 학교의 교육과정과는 달리 유아의 경험과 과정을 중요시한다. 이는 다시 말해서 반드시 가르쳐야 하는 유아교육의 내용이 미리 결정되어 있는 것이 아니라 끊임없이 변할 수 있다는 것이다.

② 유아교사는 다른 어떤 학년의 교사보다도 교사 개인의 가치에 따라 교육과정과 내용 및 방법을 정할 가능성이 높다.

③ 윤리강령은 이렇게 불확실성이 높은 상태에서 철학적인 기초를 제공해 줌으로써 교사의 결정에 방향을 잡아주는 역할을 할 수 있다.

### (4) 역할의 애매성

① 최근 유아교육기관에 맡겨지는 유아들의 연령은 점점 낮아지고, 시간은 더욱 길어지며, 그 숫자는 점점 더 많아지면서 교사들의 역할이 한 없이 넓어지고 있다.

② 역할이 넓어지다 보면 부모의 역할과 구분이 어려워지는 문제가 생긴다.

③ 문제에 있어 부모와 의견이 일치하지 않는 경우, 교사는 자신과 부모, 그리고 유아 사이에서 판단을 내리기 어려운 딜레마에 빠지게 되기 쉽다.

④ 윤리강령은 이러한 딜레마 상황에서 교사가 옳은 판단을 내릴 수 있도록 도와준다.

## 4. 유치원 교사의 윤리강령

우리나라는 1950년대 후반 대한교육연합회에 의해 처음으로 교원 윤리강령이 제정되었으며, 1982년 개정을 거쳤다. 2005년, 한국교원단체총연합회에서 '교직윤리 헌장과 우리의 다짐'을 선포한 후 현재까지 사용되고 있다. 그러나 이는 유치원 교사에게 적합하지 않은 점들이 있어 그동안 유치원 교사를 위한 윤리강령 제정의 필요성이 제기되어 왔다. 이에 2010년 유치원 교사 헌장 및 강령이 제정되었다(2010 유아교육선진화위원회와 관련 단체가 공동으로 입안하여 발표함).

---

**유치원 교사 헌장**

유아교육은 유아의 삶에 초석이 되며, 우리 사회와 국가의 미래를 결정한다. 우리는 국민의 생애 초기 교육을 책임지며 사회로부터 존중받는 교사로서 자신을 연마하고 소명의식을 가지고 유아교육자로서 가야 할 길을 밝힌다.

1. 우리는 유아를 사랑하고 개성을 존중하며 전인 발달을 지원하고 평화로운 교실 문화를 조성한다.
2. 우리는 미래지향적이며 질 높은 교육을 계획하고 실천하여 교육자로서의 책임을 다한다.
3. 우리는 가정에 대한 이해와 연대를 강화하여 교육복지사회 구축에 공헌한다.
4. 우리는 사회의 변화와 요구에 적극 부응하여 유아교육의 혁신과 발전을 위해 노력한다.
5. 우리는 교육자로서의 품위를 유지하고 부단한 자기 개발을 통해 유아교육 전문가로서의 위상을 갖춘다.

## 유치원 교사 강령

### 1. 유치원 교사와 유아

☑ **핵심 개념** : 사랑, 평등, 개성 존중, 전인교육, 안전과 보호

① 우리는 유아를 사랑하며 유아의 인격을 존중한다.

② 우리는 유아의 개인적·가정적 배경에 관계없이 모든 유아를 평등하게 대한다.

③ 우리는 유아의 개성을 존중하며 개인의 흥미와 잠재력에 적합한 교육을 제공한다.

④ 우리는 유아의 전인 발달을 지원하는 교육과 환경을 제공한다.

⑤ 우리는 유아의 안녕을 위협하는 가정적·사회문화적·경제적 상황을 적극적으로 파악하고 유아를 보호하기 위해 노력한다.

### 2. 유치원 교사와 가정

☑ **핵심 개념** : 가족에 대한 이해, 권리 보호, 협력, 지원

① 우리는 유아를 교육하고 지원하기 위해 가정과 연계하고 협력관계를 구축한다.

② 우리는 교육적 목적으로 수집한 가족 정보에 대해 기밀을 유지하고 가족의 사생활을 보장한다.

③ 우리는 유치원에서 일어난 안전사고나 위험상황에 대해 가족에게 충분히 설명한다.

④ 우리는 가족에게 유치원을 개방하며 필요한 정보를 제공한다.

⑤ 우리는 유치원 운영에 관련된 중요한 의사결정과정에 부모를 참여시킨다.

⑥ 우리는 가족에게 필요한 지역사회 자원에 대한 정보를 구축하고 이를 가족에게 적극 제공한다.

### 3. 유치원 교사와 사회

☑ **핵심 개념** : 사회에 대한 이해, 교원의 지위 향상, 유아교육 위상 강화, 교직 문화, 지역사회와의 협력

① 우리는 사회의 흐름을 파악하고 이를 교육에 반영하고자 노력한다.

② 우리는 유아에 관련된 법률과 정책을 이해하고, 이를 개선하기 위한 활동에 적극 참여한다.

③ 우리는 교직 관련 단체와 전문가협회를 통해 교권 확립을 위한 활동에 참여한다.

④ 우리는 유치원 교육을 사회에 널리 알려 유아교육의 위상을 높인다.

⑤ 우리는 교직원 간의 상호 존중과 협력을 통해 건전한 교직문화를 형성한다.

⑥ 우리는 유치원과 연계하여 지역사회의 생활과 문화 향상에 기여한다.

### 4. 유치원 교사의 책무

☑ **핵심 개념** : 직업의식과 긍지, 인성(열정, 개방성, 창의성, 자율성), 교사로서의 품위, 연구와 자기 개발

① 우리는 교육 전문가로서의 직업의식을 갖는다.

② 우리는 건전한 국가관과 확고한 교육관을 가지고 교직에 종사한다.

③ 우리는 유아에게 최적의 교육을 제공하기 위해 열과 성을 다한다.

④ 우리는 건전한 언행과 생활 태도로 유아에게 모범이 되도록 한다.

⑤ 우리는 열린 사고와 개방적 태도를 가지고 전문성 향상에 매진한다.

⑥ 우리는 다양한 분야의 전문가와 교류하고 새로운 지식과 정책을 비판적으로 수용한다.

### 유아교사를 위한 윤리강령(NAEYC)
### – NAEYC의 윤리강령 : 1989년 채택, 1997년 수정(일부 발췌)

1. 서문(Preamble)

   NAEYC는 유아교육 종사자에게 매일 요구되는 수많은 의사결정들이 도덕적, 윤리적 특성을 지닌다는 사실을 인식한다. NAEYC의 '윤리강령'은 책임 있는 행동에 대한 지침들을 제시하고, 유아들을 교육하고 보육하는 과정에서 직면하게 되는 중대한 윤리적 딜레마들을 해결하기 위한 보편적인 기준을 제공한다. 출생에서 8세에 이르는 유아들을 위한 프로그램들의 최우선적인 핵심 가치는 영유아와 그 부모에 관련된 일상생활에서의 실제에 초점을 맞춘다. 그러한 프로그램들로는 영아 프로그램, 취학 전 교육기관, 보육기관, 가정보육, 유치원, 초등학교 저학년 학급 등이 있다. 이 윤리강령은 유아들을 직접 상대하지 않는 전문가들(행정가, 부모, 교육 이론가, 대학교수)에게도 적용될 수 있다.

2. 핵심 가치

   영유아들을 보육하고 교육하는 과정에서 윤리적 행동의 기준은 우리 분야의 역사 속에 깊이 뿌리 박혀 있는 핵심 가치들에 근거한 것이다. 우리는 다음과 같은 가치에 동의한다.

   (1) 유아기를 인생주기에서 독특하고 가치 있는 한 단계로 이해한다.

   (2) 유아발달에 관한 지식에 근거하여 직무를 수행한다.

   (3) 유아와 가정간의 밀접한 유대관계를 이해하고 지원한다.

   (4) 가족, 문화, 집단, 사회의 맥락 속에서만이 유아들을 가장 잘 이해할 수 있고 지원할 수 있다는 사실을 인식한다.

   (5) 각 개인(유아, 가족 구성원, 동료)의 존엄성, 가치, 개성을 존중한다.

   (6) 유아와 성인이 신뢰, 존경, 긍정적인 인식 등을 기초로 한 관계 속에서 유아들의 모든 잠재력을 발휘하도록 도와준다.

3. 개념적 체계

   이 윤리강령은 (1) 유아, (2) 가족, (3) 동료, (4) 지역사회와 공동체의 4장으로 구분하여 교사의 전문적 책임에 관한 개념을 나타낸다. 각 장은 과제를 수행하는 활동영역을 나타내며 ① 각 영역에서 유아들을 담당한 교사들의 중대한 책임에 대한 개념 도입, ② 모범적인 직업적 실천을 지향하는 일련의 이상들, ③ 어떤 실천이 요구되고, 금지되고, 허용되는지 정의하는 일련의 원칙들을 포함하고 있다.

   #### 제1장 유아들에 대한 윤리적 책임

   유아기는 인생주기에 있어서 독특하고 중요한 하나의 단계이다. 유아들에게 안전하고 건전하고 반응적인 환경을 제공하는 것은 우리의 중대한 책임이다. 우리는 첫째, 유아들의 발달을 지원하고 둘째, 개인 간의 차이를 존중하며 셋째, 협동적으로 생활하고 일하는 방법을 배울 수 있도록 도와주고, 넷째, 건강, 자기인식, 능력, 자기 존중감, 쾌활성을 증진시켜주는 데 전념해야 한다.

   #### 제2장 가정에 대한 윤리적 책임

   가정은 유아들의 발달에 있어서 커다란 의미를 지닌다. 가정이라는 용어는 부모뿐만 아니라 유아에 관하여 책임을 담당하는 모든 사람들을 포함하는 개념이다. 가정과 유아들을 담당하는 전문가들은 유아의 복지에 관하여 공통적인 이해관계를 가지고 있기 때문에 우리는 가정과 기관이 유아의 발달을 강화하는 방향으로 서로 협조해야 할 책임이 있음을 인정해야 한다.

### 제3장 동료에 대한 윤리적 책임

유아교육기관이라는 직무환경에서 인간의 존엄성은 존중되고, 직업에 관한 만족도는 향상되어야 하며, 긍정적인 관계가 형성되어야 한다. 우리의 핵심 가치에 근거해볼 때, 이 활동영역에서의 우리의 중요한 책임은 생산적인 직무수행을 지원하고 직업적 요구사항들을 충족시킬 수 있는 환경과 관계를 형성하고 유지하는 것이다. 유아에게 적용되는 것과 같은 이상들이 성인들에 대한 우리들의 책임에도 내재되어 있다.

### 제4장 지역사회와 공동체에 대한 윤리적 책임

유아들에 관한 프로그램들은 가정들과 유아의 복지를 담당하는 기타 기관들로 구성된 근접 지역 내에서 운영된다. 지역사회에 대한 우리의 책임은 지역사회의 요구조건을 만족시키는 프로그램을 제공하고, 유아들에 대한 책임을 나누는 기관들 및 전문가들과 협조하며, 현재 실시되고 있지는 않지만 필요한 프로그램들을 개발하는 것이다. 더 큰 사회는 유아들의 복지와 보호에 관해 그만큼의 책임을 요구한다. 유아의 발달에 관한 우리의 전문화된 지식 때문에 우리는 어떠한 경우에든지 유아들을 위한 대변인으로서의 역할을 수행할 의무를 받아들여야 한다.

### 4. 선서문(Statement of Commitment)

유아들을 담당하는 교사로서 나는 NAEYC의 윤리강령에 반영되어 있는 대로 유아들의 교육에 대한 가치를 향상시키는 데 전념하겠습니다.

---

**선언문**

내 능력을 최대한 발휘해서 나는,

유아교육프로그램이 유아발달과 유아교육의 최신 이론에 기초하도록 하겠습니다.

유아들을 양육하는 가정의 임무를 존중하고 지원하겠습니다.

유아들을 교육하는 동료들을 존중하고 그들이 NAEYC의 윤리강령을 준수할 수 있도록 지원하겠습니다.

지역사회와 공동체 내에서 유아, 가정, 교사의 대변자로서 역할을 다하겠습니다.

직업적 행동의 높은 기준을 유지하겠습니다.

개인의 가치, 의견, 편견이 전문적 판단에 얼마나 영향을 미칠 수 있는지 인식하겠습니다.

새로운 사상에 개방적인 자세를 취하고 다른 사람들의 주장으로부터 배울 것은 기꺼이 배우겠습니다.

전문가로서 끊임없이 배우고, 성장하며, 기여하겠습니다.

NAEYC 윤리강령의 이상들과 원칙들을 존중하겠습니다.

---

chapter
**05**

# 유아교사의 발달과 장학

## 01 교사 발달의 개념

① 교사 발달이란 유아와 마찬가지로 성인인 교사도 끊임없이 성장하고 변화한다는 기본
관점을 토대로 한다.
② 예비 교사 시절부터 퇴임까지의 교직생활 전 과정을 거쳐 교사의 교직 관련 지식,
기능, 태도 및 가치관, 관심, 신념 및 행동이 변화한다는 것을 의미한다.
③ 교사가 교직 경험을 쌓아가면서 교수 지식과 기술 측면에서 뿐만 아니라 교사의 개인
및 환경 측면을 포함한 교직 전반에 걸쳐 변화해 간다는 것이다.

## 02 교사 발달의 세 측면 – 하그리브스와 풀란(Hargreaves & Fullan, 1992)

### 1. 지식과 기술 측면에서의 교사 발달

① 교사에게 바람직한 교수 기술과 지식을 요구하고 이를 학습할 수 있는 기회를 주어야
한다는 관점이다.
② 깊이 있는 지식과 기술을 갖춘 교사는 학습자의 다양한 요구를 수렴하여 적절하게
가르칠 수 있다고 보아 교사에게 이러한 능력을 갖추도록 요구하는 것이다.

### 2. 자기 이해 측면에서의 교사 발달

① 교사의 교수 행동과 신념은 밀접하게 관련되어 있기 때문에 전문적인 교사가 되기
위해서는 무엇보다 교사의 자신에 대한 이해와 개인적 자질을 개발할 수 있는 기회가
수반되어야 한다.
② 교사의 신념과 태도에 대한 기본적인 이해 없이 겉으로 드러나는 행동이나 기술에만
초점을 두는 것은 의미가 없다.
③ 교사 자신과 교수의 실천적 지식에 대한 반성을 통한 자기 이해가 필요하며, 이러한
자기 이해를 토대로 결과적으로 교수 행동이 이루어질 수 있다.

## 3. 생태학적 측면에서의 교사 발달

① 교사에게 좀 더 잘 가르치기 위한 교수 기회와 전문적인 학습을 지원하는 직무환경 조성의 중요성을 강조하고 있다. 교사의 발달은 교사 스스로의 힘으로만 이루어질 수 없으며 이를 지원해 주는 주변의 생태학적인 상황요인에 따라 좌우되는 것이다.

② 적절한 자원과 긍정적인 지도력, 지지적인 근무환경이 조성되지 않는다면 교사의 발달과 나아가 교육의 변화를 가져올 수 없다.

③ 교사의 발달을 이룰 수 있는 중요한 요인 중의 하나는 전문성 발달을 계속적으로 지지해 주는 교수 문화를 창조하는 것이다.

---

### PLUS[+]

1. 교사 발달의 생태학적 상황의 중요성
   ① 교사의 근무환경이 교사 발달의 성공과 실패의 시발점이 된다.
   ② 교수상황 그 자체가 교사 발달의 초점이 될 수 있다는 것이다.
2. 협력적인 교수 문화의 형성
   ① 위에서 아래로 부과된 협력이 아닌 자발적인 협력
   ② 강요하기보다는 촉진하는 문화
   ③ 형식적이고 계획적이기보다는 비형식적이고 변화 있는 문화
   ④ 행정가의 관심보다는 교사의 관심을 우선하는 문화
   ⑤ 예견된 결과보다는 예견할 수 없는 결과를 우선하는 방향으로 형성된 문화

---

## 03 교사 발달 이론

 **들어가며**

교사가 교직생활을 통하여 성장과 변화의 과정을 거치게 된다는 것이다. 교사의 발달이란 교사가 교직생활의 시작점부터 전체 교직생활을 통하여 교직과 관련된 제반 영역에서의 가치관, 신념, 태도, 지식, 기능, 행동에 있어 지속적으로 진행하는 양적·질적인 변화를 의미한다. 교사 발달이 시작되는 시점은 개념적으로 보면 초임 교사로서 교직생활을 시작하는 순간부터라고 할 수 있으나, 넓게 보아 교사 양성교육을 받는 대학생활에서부터라고 할 수 있다.

## 1. 인지적인 측면을 강조하는 이론

### (1) 교사의 개념 수준에 따른 발달 단계 : Hunt(1971)의 연구

① 개념 수준이란 상호작용과정에서 일어나는 여러 가지 문제를 해결할 때 개인이 가장 선호하는 양식을 의미한다(박은혜·이현옥·임승렬 역, 1999).

② 개념 수준이 높은 교사들은 교수방법에 더 잘 적응하고 융통성이 있으며 모호한 상황을 편안하게 받아들이고, 개념 수준이 낮은 교사들은 구체적으로 사고하여 학생들에게 반응적이지 못하고 1가지 확실한 교수방법만을 선택적으로 사용한다.

③ 헌트(Hunt)는 기능상 보다 복잡한 교사에게서 볼 수 있는 행동들을 새로운 3가지 R로 제시했는데, 이는 반응성(Responsiveness), 상호 교환성(Reciprocality), 반성적 사고능력(Reflexivity)이다.

④ 3가지 R을 가지고 있는 교사들은 학생의 요구를 잘 이해하고 적절하게 반응할 수 있다.

⑤ 교사의 개념 수준은 구체적 개념 수준, 구체적·추상적 개념 수준, 추상적 개념 수준의 3수준으로 나뉜다.

| 구분 | | 내용 |
|---|---|---|
| 1단계 | 구체적 개념 수준 | • 이 단계의 교사들은 사고가 구체적인 경향을 띠어, 규칙이 고정되어 있고 변화되지 않는 것으로 생각한다.<br>• 가르치는 데 있어서 단 하나의 확실하고 구조화 정도가 높은 방법을 선호한다. |
| 2단계 | 구체적·추상적 개념 수준 | • 이 수준의 교사들은 감정의 중요성뿐만 아니라 문제 해결을 위한 대안적 전략의 중요성을 인식한다.<br>• 이들은 새로운 아이디어에 대해 개방적이며, 다소 모호한 상황을 편안하게 받아들인다. |
| 3단계 | 추상적 개념 수준 | • 이 수준의 교사들은 대안을 중요시하고 균형을 잡을 수 있으며 위험을 감수하려 하고 협력을 가치 있게 여긴다.<br>• 복잡한 지적 기능과 대인관계 기능에 있어서 통합능력이 있으며 자신이 한 행동의 결과를 전적으로 수용한다.<br>• 학생들의 요구를 잘 이해하고 적절하게 반응할 수 있으며 다양한 교수전략을 사용한다. |

## (2) 교사의 사고 수준에 따른 발달 단계 : Glickman의 구체적·추상적 사고 연구

글릭먼(Glickman, 2001)은 사고의 구체성과 추상성을 중심으로 교사의 사고 수준을 구체적으로 저·중·고의 3가지로 구분하고 있다.

| 구분 | | 내용 |
|---|---|---|
| 저 | 추상적 사고 수준이 낮은 교사 | 학급의 여러 가지 문제를 판단하여 결정하지 못한다. |
| 중 | 추상적 사고 수준이 중간인 교사 | 문제를 바람직한 방향으로 해결하기 위해서는 어떤 행동을 해야 하는지 어려워한다. |
| 고 | 추상적 사고 수준이 높은 교사 | 몇 가지 정보원을 통합하고 자신의 지식과 경험을 적용하여 합리적으로 문제를 해결해 간다. |

## 2. 연령 및 경력별 변화과정을 강조하는 이론

### (1) 풀러와 보온(Fuller & Bown, 1975)의 관심사 발달 단계

| 구분 | | 내용 |
|---|---|---|
| 1단계 | 교직 이전 관심사 단계<br>(pre-teaching concerns) | 경험이 없는 예비 교사들이 교사보다는 학생에게 관심을 보이고 교사에 대한 환상을 가진다. |
| 2단계 | 생존에 대한 초기 관심사 단계<br>(early concerns about survival) | 학급 통제, 교수 내용에 대한 숙달, 장학사의 평가 등에 관심을 가진다. |
| 3단계 | 교수상황 관심사 단계<br>(teaching situation concerns) | 많은 학생, 수업 과다, 과중한 업무, 시간의 부족, 교수자료의 부족, 교사 자신의 교수 행위 등에 대해 관심을 가진다. |
| 4단계 | 학생에 대한 관심사 단계<br>(concerns about pupils) | 학생들의 학습, 사회·정서적 요구, 학생에 대한 개인적인 관계 등에 관심을 가진다. |

### (2) 캐츠(Katz)의 교사 발달 이론

① 풀러의 교사 관심사 이론을 확장하여 발달 단계를 4단계로 구분하였다.

② 각 단계별 특성, 훈련 요구, 적절한 훈련 시간과 장소 등을 제안하였다.

③ 교사 경력에 따라 구분하고 있으나 교사 개인의 특성, 상황 변인 등에 따라 다르게 나타날 수 있다.

➡ 캐츠(Katz)의 교사 발달 단계

| 구분 | | 내용 |
|---|---|---|
| 1단계 | 생존 단계<br>(survival stage) | • 최초 교직생활 1년간의 시기<br>• 교육 현장에서 부딪치는 여러 가지 문제를 원활하게 처리해 나갈 수 있을지에 대해 많은 관심과 우려를 표한다.<br>• 교사들은 지원, 이해, 격려, 확신, 위로 등 심리적 안정과 교실 현장에서 즉각적으로 활용할 수 있는 통찰력이 필요하다.<br>• 교수상황을 잘 파악하고 있는 원장이나 선배 교사 혹은 프로그램 보조자 등의 즉각적이고 지속적인 도움이 중요하다. |
| 2단계 | 강화 단계<br>(consolidation stage) | • 교직 경력 1년 말쯤 되는 때부터 3년 정도의 시기<br>• 어느 정도 안정감과 자신감을 갖게 되며, 지금까지 배운 것들을 확고히 한다.<br>• 다른 업무나 기술을 숙달하고 개별적인 문제 유아와 상황에 초점을 두기 시작한다.<br>• 현장에서의 즉각적인 지원과 특정 유아 및 문제 유아에 대한 정보를 제공해 줄 수 있는 경험이 많은 동료 교사나 전문가와의 정보 교환과 감정 교환이 필요하다. |
| 3단계 | 갱신 단계<br>(renewal stage) | • 교직 경력이 약 2년에서 5년쯤 되었을 때의 시기<br>• 종래의 일을 반복하기보다는 무언가 새로운 것을 시도해 보고자 하여 다양한 프로그램에 관한 정보와 도움을 얻고자 한다.<br>• 다른 프로그램을 운영하는 교사와의 만남, 협회의 참여, 자료연구, 타 학급이나 기관의 방문이 필요하고 여러 분야의 전문가와 상담하는 것이 많은 도움이 된다. |

chapter
**05**

| 4단계 | 성숙 단계<br>(maturity stage) | • 교직 경력 3년 내에 도달하기도 하나 보통은 5년에서 그 이상이<br>되었을 때 도달하는 시기<br>• 교사가 교사로서의 완전한 자신감과 경험을 갖추게 되는 시기<br>• 교사로서 자신을 인정하고, 자아 갱신을 위한 전략과 관습을 개<br>발하며, 철학, 성장과 학습의 본질, 학교와 사회의 관계, 교직 등<br>에 대해 나름의 안목과 관점을 가지게 된다.<br>• 세미나, 단체, 학위 프로그램, 협의회, 학술지, 폭넓은 독서, 여<br>러 분야 전문가와의 만남 등이 필요하다. |
|------|------|------|

(3) **버크, 크리스텐슨, 훼슬러(Burke, Christensen, Fessler)의 교사 발달 순환 모형**

① 버크, 크리스텐슨, 훼슬러(1984)는 교사의 발달을 순환적·역동적 관점으로 보고, 교사 발달 순환 모형을 제시하였다.

② 아래의 8단계는 교사의 개인적 환경과 학교의 조직적 환경의 영향으로 순환된다고 보았다. 교사가 경험하는 개인적 환경으로 가정, 긍정적 사건, 위기적 사건, 종래의 경험, 직업 외 관심사, 개인적 성향 등의 요소가 포함되며 조직적 환경으로는 학교의 규칙, 학교경영방식, 사회적 신뢰, 사회적 기대, 전문단체, 교원 노조 등의 요소가 포함된다.

③ 이 순환모델은 교사의 발달 단계가 반드시 교직 이전의 단계에서 시작하여 다음 단계로 순차적으로 옮겨가는 것이 아니며, 상위단계가 하위단계보다 바람직하거나 가치롭다고 가정하지 않는다.

④ 다른 모델들과 비교해 볼 때, 이 모델은 개인적 차원과 조직적 차원의 환경적 영향과 관련하여 교사들의 변화·발달이 반드시 일직선적인 것만이 아니라 역동적이고 불규칙적일 수 있음을 상정하고 있다.

| 단계 | 내용 |
|------|------|
| 교직 이전<br>단계 | • 특정한 직업적 역할을 준비하는 시기로 대학에서 교사교육을 받는 기간에 해당됨<br>• 이 단계에서는 고등교육기관에 다니거나 근무 상황 중 교사 발달의 부분으로서<br>새로운 역할이나 업무를 재훈련받기도 함 |
| 교직 입문<br>단계 | • 교직 입문 초기로 몇 해 동안 일상적인 활동에 익숙해져 가는 기간임<br>• 학생, 동료교사, 장학사로부터 인정을 받으려고 하거나 근무학교나 교육구를<br>바꾸면서 교사로서 생존하고자 노력함 |
| 능력 구축<br>단계 | • 이 단계의 교사들은 교수 기술과 능력을 향상시키기 위해 새로운 교수 자료, 방<br>법, 전략들을 탐색함<br>• 또한 새로운 관점을 수용하고 워크숍이나 회의에 적극적으로 참여하고 자기 주<br>도적으로 대학원에 등록하기도 하며 일련의 교수 기술을 개선하는 등 능력 향<br>상을 추구하는 시기임 |
| 열중·성장<br>단계 | • 이 단계 교사들은 직무상 높은 수준의 능력을 갖추며 전문가로서 계속적인 발<br>전을 추구함<br>• 또한 자신의 일을 사랑하며 학생과의 상호작용을 기대하고 교수법을 풍부히 할<br>수 있는 새로운 방법을 추구하고자 노력함 |
| 교직 좌절<br>단계 | 이 단계의 교사들은 자신의 일에 좌절과 회의를 느끼며 직무만족감이 낮아지고,<br>교직 이직률이 높아짐 |

| 안정·침체 단계 | 이 단계의 교사들은 안정적이지만 침체되어 있어 교사 자신의 성장과 발전을 추구하기보다는 주어진 일과 대가에 따른 업무만을 수행하면서 현실안주나 현상유지에 머무르려고 함 |
|---|---|
| 직업적 쇠퇴 단계 | 교직을 떠날 준비를 하는데 교사에 따라 은퇴를 즐겁게 긍정적으로 받아들이기도 하고 교직을 그만두도록 강요받는다고 느껴 분개하거나 괴로워하기도 함 |
| 교직 퇴직 단계 | 교직을 사임, 퇴직 또는 육아를 위해 일시적으로 탈출하는 시기임 |

## (4) 휴버만(Huberman)의 복합주기이론

| 단계 | 내용 |
|---|---|
| 생존 및 발견 단계 | • 교직 입문 단계로, 교직경험이 없던 교사들이 교수 활동의 복잡성과 우연성에 직면하면서 발생하는 현실에 대한 충격을 경험함<br>• 자신에 대한 염려(내가 과연 교사로서 잘할 수 있을까?), 교직에 대한 이상과 실제와의 괴리 등을 발견하고 여러 가지 갈등을 느낌<br>• 처음 교직을 맡게 됨으로써 열정적으로 무언가를 추구하고자 노력하는 양상을 보임 |
| 안정화 단계 | • 헌신, 안정감, 책임 수행 등의 특징이 나타남<br>• 교사로서의 자아상을 갖추면서 역할혼란이나 역할 불확실성을 극복하고 자신의 직업에 헌신하여 맡겨지는 일에 책임을 다하게 됨 |
| 실험 및 활동주의 단계 | • 수업에 대한 지식을 점차적으로 통합하기 위해 동료교사, 장학사 등의 영향을 증대시키려고 노력함. 또한 수업에 관한 능력을 향상시키기 위해 다양한 교재를 준비하고 다양한 학습 집단을 구성하여 실천하려고 노력함<br>• 자신들의 교수능력을 향상시키기 위해 노력할 때 새로운 압력 또는 제한점이 되는 제도적인 장애를 인식하게 되며 이를 극복하기 위한 새로운 도전과 자극을 준비해야 할 필요성을 느낌<br>• 학교, 교육청의 정책에 문제점을 지적하고 해결할 수 있는 방안을 제시하려고 노력함 |
| 회의 및 자기 의심 단계 | • 교직에 대한 다양한 의식을 하면서 중견 교사로서 직업적 위기의식을 느낌<br>• 교육개혁의지에 환멸을 느끼기도 하며 자신의 교직 생활에 대해 재평가하는 시기임 |
| 평온 단계 | • 45~50세 정도 연령의 교사들이 해당되며, 이 시기에는 교사들이 기계적으로 교직에 임하기도 하지만 학급에서 보다 유연하고 자기 수용적으로 변해감<br>• 힘과 열정의 감소는 자신감과 자기 수용감으로 보상됨 |
| 보수주의 단계 | • 50~60대 교사들에 해당되며, 학생들의 성적 불량, 동기 부족, 교육자에 대한 헌신감의 부족을 개탄함<br>• 문제에 대한 분별력은 커지지만 개혁에 대해서는 저항감을 느낌 |
| 이탈 단계 | • 61세 이상의 교사들로, 직업생활의 끝에서 외적인 관심보다는 자신의 내적 성찰에 관심을 가짐<br>• 사고가 긍정적이며 반성적으로 변해감<br>• 점차적으로 직무로부터 벗어나 다른 일을 추구하려 함 |

## 04 유아교사의 발달을 돕는 장학의 유형

### 들어가며

교사 발달을 돕는 장학의 궁극적인 목적은 교사가 스스로 자신을 전문가라고 인식하고 자신의 전문성 향상을 위하여 끊임없이 노력해 가도록 이끌어 주는 것이다. 교사의 경력 등 다양한 조건에 따라 장학의 유형과 기법이 달라질 수 있다.

### 1. 직접적 장학(임상장학)

유아교육에 대한 이론적인 기초가 완전하지 않거나 교직 경험이 없는 예비 교사나 초임 교사, 또는 경력 교사 중에서도 특정한 교수 기술을 향상시키고자 하는 경우에 효과적이다. '직접적'이란 '지시적'이라는 의미와 다르다. '직접적'이란 장학사가 교사의 요구를 수렴하여 교사가 원하는 도움을 구체적으로 제시해준다는 의미이다.

### (1) 임상장학의 개념

임상장학이란 교사 자신의 교수 개선에 직접적인 도움을 주고자 고안된 수업 지원 체계이다.

① 임상장학은 지시적이기보다는 상호작용적이고, 독재적이기보다는 민주적이며, 장학사 중심이라기보다는 교사 중심적인 장학의 대안적 모형이라고 할 수 있다.

② 단순한 교사 평가가 아니라 교수 향상을 위한 것이며, 일반적인 느낌이나 간접적인 증거라기보다는 교실 내의 활동 속에서 개별 교사를 직접 관찰하는 것이다.

③ 교사와 장학사 간에 직접적이고 상호적인 관계를 형성하여 합리적으로 수업을 계획하고 참관하며, 이에 대하여 집중적이고 객관적인 분석을 하는 체계적인 순환방식이라 할 수 있다.

### (2) 임상장학의 기본 가정(조부경, 1989)

① 교수 개선이란 단기간에 이루어지는 것이 아니라 계속되어야 하는 어려운 과업으로서, 교사의 실제 행동에 초점을 두어야 한다.

② 임상장학의 초점은 형성평가에 두어야 한다. 장학사는 무엇보다 교수 개선과 교사의 개인적인 발달을 이루도록 하는 데에 관심을 기울여야 한다. 장학사가 일방적으로 교사를 평가하고 변화시키고자 하는 것이 아니라 교사가 장학과정에 참여하고 계속해서 자신의 교수법을 향상시켜가는 과정을 중요시해야 한다.

③ 장학이 효과적이기 위해서는 장학사와 교사의 관점이 일치되어야 한다. 따라서 장학사는 교사가 가치를 두고 있는 교육목표와 절차, 그리고 교사의 요구에 대하여 이해하고 있어야 하며 이를 기초로 객관적으로 관찰해야 한다.

④ 장학사와 교사는 상호적이며 동료와 같은 관계를 이루어 함께 계획·협의하고 활동해야 임상장학의 효과를 거둘 수 있다. 교사는 장학사가 평가자로 학급에 들어오거나 구체적인 참관의 목적을 알지 못할 때 불안해진다. 따라서 장학사와 교사의 신뢰로운 관계가 전제되어야 한다.

⑤ 임상장학 모형의 여러 단계는 독립적이 아니며 상호 연결되고 의존되었을 때 효과를 거둘 수 있다. 한 번의 협의회나 관찰로 끝나는 것이 아니라 이전의 과정에 기초를 두고 반복해가는 과정 속에서 이루어진다.

## ⑶ 임상장학의 구체적인 방법

① 임상장학은 수업의 세밀한 부분까지 구체적으로 개입하는 것이므로 외부 장학사가 1~2번 기관을 방문하여 이 방법을 사용하는 것은 자칫 역효과를 거둘 수 있다.

② 유치원의 경우 원장이나 원감 또는 자질 있는 교사들이 협력하여 원내 자율장학의 방식으로 실천하는 것이 바람직하다.

③ 원내 자율장학의 한 형태로 임상장학을 실시할 때 전제되어야 할 또 다른 주요한 점은 원내의 교사 모두에게 이 방법을 사용해서는 안 된다는 것이다. 교사의 발달을 돕기 위한 장학에서 '교사의 요구' 수렴과정은 어떠한 장학방법을 사용하든지 중요한 점이지만, 임상장학에서는 특히 중요하다.

④ 원내 임상장학 실시 단계 : 원내에서 임상장학을 실시하기 위한 3단계

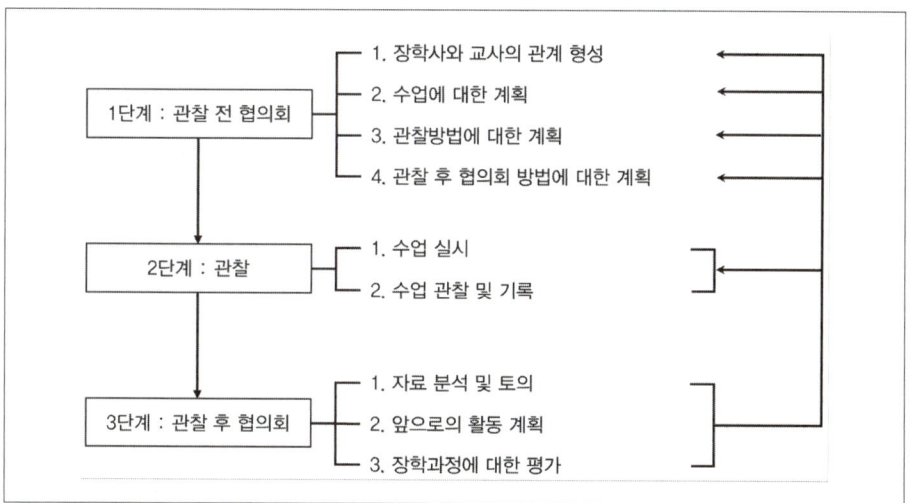

임상장학 모형의 3단계

---

**PLUS⁺**

**임상장학 시 민주적인 협의회 운영 방안**

임상장학에서의 핵심적인 역할은 협의회 운영에 있다. 협의회는 피상적이거나 의식적인 행사가 되어서는 안 되며 행동 변화를 위한 진정한 사고와 반성 등을 역동적으로 교환하고 나누는 시간이 되어야 한다.

협의회의 성공은 장학사와 교사 간에 형성된 기존 관계의 본질과 그들의 조직풍토에 의하여 결정된다. 협의회의 풍토·상황·분위기는 두 사람이 서로 가졌던 이전 경험, 자신과 상대, 그리고 상대의 역할에 대해 가지고 있는 가정, 믿음, 기대 및 지각에 의해 영향을 받는데, 특히 장학사의 의사소통 기술이 협의회의 성공에 결정적 영향을 미친다. 협의회 운영시 장학사가 적절히 사용해야 할 의사소통 기술은 적극적 경청, 침묵, 질문, 칭찬, 정보 제공이다.

**컨설팅 장학**

**1. 컨설팅 장학의 정의**

유치원의 요청에 따라 유치원 교육의 개선을 위해 유치원 경영문제와 교육현안을 진단하고, 대안 마련과 문제해결과정을 지원하는 교육청의 장학활동을 말한다.

**2. 컨설팅 장학의 목적**

① 단위 유치원의 당면과제에 대한 해결방안을 모색한다.

② 현안 해결을 위한 지원을 통해 신뢰받는 교육풍토를 조성한다.

③ 교사들의 수업 전문성 향상을 통해 교실 수업을 개선한다.

④ 교육부와 교육청이 추진하는 각종 교육정책의 효율적인 추진을 지원한다.

⑤ 단위 유치원 평가결과를 통하여 나타난 문제를 해결할 수 있도록 지원한다.

**3. 컨설팅 장학의 원리**

① **자발성의 원리** : 의뢰인의 자발적인 요청으로 이루어질 때 실질적인 변화를 이끌어낸다.

② **전문성의 원리** : 전문성을 갖춘 컨설턴트들의 전문적인 지도와 조언활동이 이루어져야 한다.

③ **자문성의 원리** : 과제를 해결하기 위한 과정에서 자문적 활동을 한다는 의미로, 결정권과 책임은 의뢰인에게 있다.

④ **학습성의 원리** : 의뢰인과 컨설턴트 모두 서로 성장하고 학습하는 과정을 의미한다.

⑤ **독립성의 원리** : 의뢰인과 컨설턴트의 관계가 독립적이고 수평적임을 의미한다.

⑥ **한시성의 원리** : 의뢰인의 과제가 해결되면 종료한다.

**4. 컨설팅 영역의 주요 내용**

① **교육과정** : 유치원 교육과정 편성·운영 컨설팅 실시, 현장학습 및 체험활동 프로그램 지원, 유치원 교육과정 실태 분석 등

② **교수·학습** : 통합교육과정의 교수·학습전략 및 수업 컨설팅, 학습방법 전환을 통한 인성교육 중심 수업, 교과연구회 및 수업 동아리 운영, 평가도구 개발 및 활용, 특수교사와 일반교사의 협력방안 지원, 과정 중심 평가방법으로의 개선, 수업 전문성 향상 등

③ **유치원 경영** : 교원자질, 전문성 향상, 학급 경영 연수, 유치원 경영 협의 및 교직원 조직 관리, 회계 및 시설관리, 학부모 연수 및 학부모 동아리 지원, 학부모의 유치원 교육 참여방법, 지역사회 연계 협력 지원 등

④ **교육시책** : 창의인성교육, 진로지도 협의 및 정보 교류, 교사 및 유아와 학부모에 대한 상담기법, 교원능력 개발평가 등

⑤ **기타** : 교육정책 전반(역점과제, 특색과제 포함), 교육지원청에서 필요한 내용 등

## 2. 상호협력적 장학(동료장학)

### (1) 개념

① 상호협력적 장학이란 2~3명의 교사가 자신의 전문성 발달을 위해 함께 협력하고자 하는 비교적 형식화된 과정이다.

② 구체적으로 교사들이 서로 상대방의 수업을 관찰하여 피드백을 주거나 공동 관심사에 대해 토의하는 방법 등을 활용하여(Glatthorn, 1997) 상호협력적으로 전문성 발달을 이루어가는 것이다.

③ 조이스(Joyce)와 샤워(Showers)(1982)가 동료 간의 발전을 위해 상호협력하는 형태를 코칭(coaching)이라는 용어로 소개한 후로 동료장학(peer supervision)과 동료 코칭 (peer coaching)이라는 용어는 문헌에서 구별되지 않고 같은 의미로 쓰이게 되었다.

## ⑵ 상호협력적 장학의 형태

① **동료 간 협의** : 상호 신뢰할 수 있는 동료끼리 교육 계획안을 함께 작성한 뒤 서로 분석해 보거나 구체적 교수방법을 협의할 수 있는 기회는 교사의 교수법 향상에 도움이 된다.
   ㉠ 초임 교사의 경우, 경력 2~3년 된 교사와의 협의 기회를 갖게 됨으로써 교사 역할 에 대한 구체적인 도움은 물론, 심리적인 지지를 얻을 수 있다.
   ㉡ 동료 간의 원만한 인간관계 형성은 교사 개개인에게 소속감이나 직무 만족도를 높이는 주요 요인이 되므로 획일적이거나 지나친 동료협의회로 관계 형성을 악화 시키는 것은 지양되어야 한다.

② **멘토링**
   ㉠ 멘토링은 경력 있고 능숙한 교사(멘토)가 초임이나 기술이 서툰 교사(멘티)를 위해 전문적이고 개인적인 발달을 증진하기 위한 시범적인 모델의 역할을 하는 것으로 충고, 격려, 상담하는 방법을 사용할 수 있다.
   ㉡ 멘토는 경력 교사들 중에서 선발되어 교사와 함께 현재의 전문적 목표를 성취하기 위해 계획하고, 지원하며, 자문해 주는 역할을 한다.

③ **동료지원집단** : 동료지원집단이란 교사 자신의 전문적 성장을 위해 함께 일하는 교사 들의 작은 집단이다.
   ㉠ 동료지원집단의 교사들은 서로 도움을 주고받으면서 교수 실제와 대안적인 전략들 에 관심을 가지게 된다.
   ㉡ 동료지원집단은 전문적인 발달을 위한 포트폴리오를 작성하고 구성원들 모두가 전문적 발달을 이룰 수 있도록 구체적인 계획을 세운다.
   ㉢ 동료지원집단의 구성은 장학 요원과 교사들에 의해 결정된다. 이들은 정기 모임의 원칙을 마련하기 위해 장학 요원의 도움(예 일하는 시간 면제해 주기, 보상금 지급, 전문적 발달을 위한 시간 내주기)을 필요로 한다.

④ **동료 코칭** : 동료 코칭은 교수과정을 되돌아보고 검토할 목적으로 교사에게 제공하는 두 동료 간의 신뢰로운 배치이다.
   ㉠ 동료 코칭은 교사들이 바라는 자기 분석, 반성, 그리고 성장을 위한 기회를 주는 데 매우 유용하다.
   ㉡ 동료 코칭 팀은 전문성 발달의 목표 성취 방법이나 포트폴리오 안에 포함할 자료 및 전문성 발달 계획 방법을 함께 고안한다.
   ㉢ 동료 코칭은 안전하고 질적인 환경과 권한의 평등함 속에서 함께 나누고 서로를 배려한다.
   ㉣ 동료지원집단처럼 동료 코칭 팀은 장학 요원의 관찰, 모임, 그리고 정보 공유의 지원을 필요로 한다.

chapter
**05**

PLUS<sup>+</sup>

**동료 코칭의 일반적인 양식 3가지**

1. 있는 그대로의 반영
   지적할 것을 기록하지만 교수 행동에 간섭하지는 않는 것
2. 협력적인 코칭
   원하는 도움을 주지만 교수 행동에 간섭하지는 않는 것
3. 전문가적인 코칭
   관찰자가 교사의 학습 또는 특정 기술이 향상되는 데 도움이 되는 피드백을 주는 것

## 3. 자기 주도적 장학

### (1) 개념

자기 주도적 장학은 교사가 외적 자극에 의하여 타율적으로 지도받는 것이 아니라 스스로 자신을 개발하려는 내적 동기에 의해 이행되는 자율적 장학의 한 형태이다.

### (2) 교사의 자세

① 평생학습사회에 몸담고 있는 교사가 꾸준히 자기 연찬을 하는 것은 교육전문가로서 필수적인 임무이다.

② 교사는 변화하는 사회의 요구를 충족시킬 수 있도록 자신의 전문적 지식과 기술을 발달시키는 데 부단히 노력해야 하며, 이러한 전문성 신장은 교사로서의 전 생애를 통해 꾸준히 이루어져야 한다.

③ 유아교사에게 자기 주도적 장학이 활성화되어야 하는 이유로 유아교육기관의 상황적인 특성을 들 수 있다(대부분 1학급 병설유치원 등 소규모 유치원이라는 점).

### (3) 자기 주도적 장학의 주요 특징

① 교사 자신의 자율성과 자기 발전의 의지 및 능력을 기초로 한 교사 자신의 평가와 사정으로부터 시작한다.

② 전문적인 제반 영역에서 교사 자신의 성장과 발달을 도모할 수 있다.

③ 원칙적으로 교사 자신이 스스로 계획을 세우고 이를 실천하여 그 결과에 대하여 자기 반성을 하는 활동이다.

### (4) 자기 주도적 장학의 적용 대상

① 자기 발전을 하고자 하는 모든 교사

② 어느 정도의 전문 지식과 경력을 갖추어 자기 스스로 문제를 해결해 갈 수 있는 교사

③ 초임 교사의 경우에도 스스로 문제를 해결하는 방법을 선호하는 교사

**(5) 자기 주도적 장학의 영역**

자기 주도적 장학을 통해 교사가 자신의 전문적 발달을 이룰 수 있는 영역에는 교수와 관련된 모든 영역이 포함된다.

**(6) 자기 주도적 장학의 방법**

① 비디오 녹화 : 자신이 수업을 스스로 녹음 또는 녹화하고 이를 분석하여 자기 반성의 자료로 삼는 방법이다.

② 자기 평가 도구 사용 : 교사 자체 평가 체크리스트를 이용하여 자신의 교육활동을 분석하는 방법이다.

③ 현장 연구 : 교실 현장에서의 문제를 중심으로 이를 해결하기 위한 다양한 교수법을 적용해 보고 실험하는 방법이다.

④ 전문 서적 읽기 : 교직활동 전반에 관련된 전문 서적이나 전문 자료를 읽고 이를 통해 자신의 모습을 반성하고 발전의 기초로 삼는 방법이다.

⑤ 대학원 진학 : 자신의 전공 교과 또는 교육학 관련 영역에서의 학사 또는 석사과정(4년제 대학과정, 방송대 과정 등 포함)을 이수함으로써 자기 발전을 도모하는 방법이다.

⑥ 전문단체 가입 : 교직 전문단체, 연구기관, 학술단체, 대학 또는 관련 사회기관이나 단체 등에 가입하여 전문적인 활동에 참여하는 방법이다.

⑦ 연수 참여 : 각종 연수회, 교과 연구회, 학술 발표회, 강연회, 시범 수업 공개회 등에 참석하거나 학교 상호 방문 프로그램에 참여하는 방법이다.

⑧ 방송 매체 활용 : TV나 라디오 등의 방송 매체가 제공하는 교원 연수 프로그램이나 관련 분야에 대한 자료를 시청함으로써 자기 발전을 도모하는 방법이다.

⑨ 유아 관찰 : 유아의 행동을 비디오 녹화 또는 체크리스트 방법을 사용하여 관찰한 후 이를 분석하여 특정 문제의 원인을 분석하고 해결하려는 노력이다.

**● 자기 주도적 장학의 단계**

| 단계 | | 내용 |
|---|---|---|
| 1단계 | 자기 발전 계획서 만들기 | 교사의 전문적 성장을 위한 교사 계획에는 체계적인 구조가 필요하며 이를 위한 간단한 계획서를 만드는 과정은 적절한 목표 설정과 방향 제시에 도움을 준다. 또한 자기 주도적 장학 계획을 세우는 현재의 상황적인 여건과 제한점을 점검하여 적절한 방법 선택을 할 반성적 기회를 제공한다. |
| 2단계 | 자신에게 맞는 자기 주도적 장학 실시하기 | 다양한 장학의 방법 중 자신의 적성과 요구에 맞는 방법을 선택하여 시도해 보는 과정이다. |
| 3단계 | 변화 경험하기 | 자기 주도적 장학의 방법을 실시하여 자신의 발전이 이루어졌는지를 자기 평가 및 분석을 통해 확인하는 과정이 필요하다. 이 과정은 교사의 자신감을 향상시킴으로써 또 다른 발전의 원동력이 될 수 있는데, 이를 위해 자신의 변화과정에 대한 체계적인 누가 기록이 요구된다. |

## ➔ 다양한 장학방법

| 구분 | 내용 |
|---|---|
| 약식장학 | 원장 및 원감이 간헐적이며 짧은 시간 동안 학급 순시나 수업 참관을 통하여 교사의 수업활동 및 학급경영을 관찰하고 이에 대해 교사에게 지도 및 조언을 제공하는 활동을 의미한다(원장 및 원감의 계획과 주도하에 전개되는 비공식적인 성격이 강하다.). |
| 수업장학 | • 교사에게 새로운 교수기술과 전략을 연구하고 배울 수 있는 장을 마련하기 위한 지원체계이다(원장 혹은 원감이 교육청의 장학사와 연계하여 주도하는 체계적인 지도 및 조언 과정으로 교사의 교수행위에 직접적으로 영향을 준다.).<br>• 장학의 범위를 교실로 좁히며, 특히 수업에서 진단된 문제점을 개선하기 위해 구체적인 목표를 설정해 두고 교사의 수업전문성을 향상시키기 위한 활동이다(지구별 자율장학, 수업개선 연구 등 다양한 형태로 이루어지며, 사전협의회, 수업관찰, 사후협의회 과정으로 진행된다.). |
| 수업사례분석 | • 교사에게 자신의 수업을 객관적으로 분석하고 반성할 수 있는 기회를 제공함으로써 교사의 수업능력을 향상시키기 위한 방법이다.<br>• 교사는 자신의 수업이 녹화된 자료를 관찰하거나 혹은 자신의 수업 녹화 전사자료를 통해 동료교사들과 함께 비판적으로 읽고 의견을 나누며 동료교사로부터 수업개선과 문제해결에 대한 조언을 얻을 수 있다.<br>• 수업사례분석은 수업장학, 동료장학, 자기장학 등에서 공통적으로 사용되는 방법이다. |
| 사이버장학 | 온라인 공간을 활용한 장학으로, 교육활동 관련 정보제공, 학습자료 공유, 전문가와의 상담 등을 지원하는 장학방법이다. |

PLUS ✛

### 유아교사의 발달 단계와 자기 주도적 장학의 방법

캐츠(Katz, 1985)가 제시한 유아교사 발달 단계에 풀러(Fuller, 1969)의 관심사 이론을 적용하여 교사 발달 단계에 따른 적절한 자기 주도적 장학의 방법을 제시하였다.

| 구분 | 자기 주도적 장학방법 |
|---|---|
| 생존기 | 지원, 이해, 격려, 위로, 지도 등을 받고자 하며 수업 현장에서 즉각적으로 사용할 수 있는 도움을 원한다. 이를 위해 선배 교사 또는 동료 교사의 조언을 구할 수도 있으며, 자신의 수업을 비디오로 녹화하고 분석하여 반성적 사고의 기회를 갖는다. |
| 강화기 | 전 단계의 경험을 강화하고 개별적인 문제와 아동의 문제상황에 관심을 갖기 시작하므로, 이 시기에는 전문가와의 접촉으로 조언을 구하거나, 각종 연수에 참여함으로써 자신의 교수 기술을 향상시켜 나갈 수 있다. |
| 갱신기 | 새로운 아이디어, 자료, 기술, 접근법 등을 시도하므로, 다른 프로그램을 운영하는 교사들과의 만남, 전문협회 참석, 전문 서적 탐독, 타 기관 방문이나 수업 참관의 기회를 갖는 방법 등이 도움이 된다. 또한 시범 연구를 맡거나 자신에게 맞는 현장 연구를 실시함으로써 자신의 문제해결능력을 기른다. |
| 성숙기 | 교사로서 완전한 자신감과 경험을 갖추게 되는 시기이므로 교육철학, 성장과 학습의 본질, 학교와 사회와의 관계, 교직 등에 관해 나름대로의 안목과 관점을 갖게 된다. 그러므로 이 시기의 교사들에게는 전문가와의 협의나 세미나 참석, 학위 프로그램이나 과정, 폭넓은 독서, 다양한 분야의 전문가들과의 상호 접촉이 필요하다. |

## 05 유아교사의 발달을 돕는 장학의 기법

### 🕐 들어가며

유아교사의 발달을 돕기 위해서는 교사의 발달 수준을 고려하여 장학의 유형을 결정해야 할 뿐 아니라 각 교사에게 적절한 장학의 방법을 사용하는 것이 중요하다.

### 1. 반성적 저널 쓰기

① 교사들은 교사 양성교육 프로그램에 입문하기 이전부터 교수·학습에 대한 각자 자신의 신념체계를 가지고 있다.

② 반성적 사고는 바로 이렇게 감추어진 신념들을 드러내어 검토하고 분석할 수 있는 기회를 제공해 주는 것이다.

③ 교사는 자신의 교수 행동에 대해 끊임없이 반성적인 사고를 함으로써 사고와 실천 사이의 간격을 좁혀갈 수 있다. 반성적 사고의 기회를 제공해주는 방법으로 저널 쓰기가 효과적이다.

④ 반성적 저널 쓰기는 유아교육기관과 학급에서 일어나는 실천 행위를 스스로 관찰·분석·평가할 수 있는 수단이 되어 교사 자신이 자율적 의사결정자가 되도록 도와준다.

⑤ 유아교사들로 하여금 신념을 가지게 하고 지식을 겉으로 분명히 드러나게 하며, 감정과 사고 사이의 내적인 대화를 가능하게 해주기 때문에 그 자체만으로 전문성을 향상시키는 방법이 될 수 있다.

### 2. 교사 이야기 쓰기

① 교사의 이야기에는 직접적인 교수를 통해 전달할 수 없는 교사로서의 삶과 관련된 종합적인 요소가 담겨 있기 때문에 교사 개인에게도 의미가 있을 뿐만 아니라 장학요원에게도 교사의 발달을 도울 수 있는 방법과 연구자료로 활용될 수 있다.

② 교사의 이야기 쓰기에 나타난 내용들을 통해, 교사의 관점에서 교수에 관한 지식을 이해할 수 있고, 교육 실제를 개선함에 있어 교사를 참여자로 끌어들일 수 있으며, 그 이야기 내용 가운데에서 교육이론을 찾아낼 수도 있다.

> **PLUS⁺**
>
> **교사 이야기 쓰기에 포함될 수 있는 내용**
> 1. 사회에 대해 비판적인 시각으로 바라본 문제점들
> 2. 실습생이나 초임 교사가 직면하는 문제나 좌절에 대한 내용
> 3. 수업 실제에 대한 반성
> 4. 교사의 과거에 대한 회상과 미래에 대한 예상이 담겨 있는 교사의 자전적 내용을 바탕으로 한 자아 인식의 과정
> 5. 교육의 의미와 목적을 재발견하여 바람직한 교육을 기대하도록 하는 교사로서의 희망

### 3. 관찰하기

① 교사의 발달을 돕기 위해 실시하는 관찰에는 교사의 유아에 대한 관찰, 동료 교사에 대한 관찰, 그리고 교사 자신에 대한 교사의 관찰이나 장학 요원으로부터의 관찰이 있을 수 있다.

② 관찰의 방법

　　㉠ 특정 시간이나 사건에 제한 없이 관찰자에게 흥미가 있다고 생각되는 것을 기록하는 일화기록법

　　㉡ 정해진 시간 내에서 행동을 표집하는 시간표집법, 특정 행동이 일어날 때에 그에 대해 관찰과 기록을 하는 사건표집법

　　㉢ 관찰에 대한 기록을 서술식으로 할 수도 있지만 일정한 기록 양식을 사전에 준비하여 이에 따라 표기하는 행동목록법과 평정척도법 등

③ 교사는 자신에게 어려운 특정 교수에 초점을 두고, 이에 보다 유능하다고 판단되는 동료 교사의 관찰을 통해 많은 것을 배울 수 있다.

④ 예비 교사의 경우 실습 시에 지도 교사로부터 자신의 수업에 대한 조언을 얻을 수도 있겠지만 역할을 바꾸어 지도 교사의 수업을 관찰하고, 나아가 지도 교사의 수업에 대한 의견이나 평가를 자기 나름대로 해볼 수도 있다.

⑤ 다른 교사의 수업을 관찰하고 분석해 보는 기회를 통해 교사는 자신의 교수활동을 발전시켜 나갈 수 있다.

⑥ 교사가 자신에 대한 관찰을 해볼 수도 있다. 교사는 녹화된 필름을 통해 자신의 수업을 보면서 스스로 분석해 보는 방법과 동료 교사를 포함한 장학 요원으로부터 관찰되어 적절한 안내와 조언을 받는 방법이 있다.

### 4. 연수에 참여하기

① 유아교사들은 교직에 입문한 뒤에도 계속해서 인성적인 자질과 전문적인 자질을 연마하고 발전시켜 훌륭한 교사로서의 면모를 갖추어 가는데, 현직 교사의 성장과 발전에 도움을 주고자 하는 것이 바로 현직 교육이다.

② 현직 교육은 1가지의 주제를 중심으로 단기간에 실시하는 연수가 일반적인데, 먼저 교사들의 요구를 충분히 반영하여, 그들이 필요로 하는 특정 내용을 집중적으로 다루면서 일정 기간을 할애하여 단계적으로 실시한 경우에 매우 효과적일 수 있다.

### 5. 전문 서적 읽기

① 교사들에게 2주에 하루 정도 책을 읽을 수 있는 시간을 정하여 읽도록 하거나, 정기적인 교사 모임 시간 중에 보조 인력이 있는 다소 여유 있는 시간을 활용하여 독서 시간을 가지게 하는 방법이다.

② 책이나 잡지를 교사들이 여가 시간에 볼 수 있도록 전시해 두고 정기적으로 교체해 줌으로써 전문 서적을 접할 수 있게 해줄 수도 있다.

③ 교사의 필요성에 의해 그에 적절한 전문 서적을 선택한다면, 교사가 지닌 기존의 교육에 대한 관점까지도 변화시킬 수 있는 영향력을 행사할 수도 있다.

④ 전문 서적 읽기를 장학의 방법에서 사용할 때에는 각 교사들의 읽기능력의 차이를 인정하고 적절한 자료를 제공하여 지속적으로 격려함으로써 편안함을 느끼고 전문 서적 읽기의 필요성을 인식할 수 있도록 해주는 것이 중요하다.

## 6. 현장 연구

현장 연구는 일반적으로 교사가 자신의 수업을 향상시키기 위하여 자신이 배운 것을 사용해 보고, 자신들의 일을 체계적으로 검증해보는 것으로, 교실 내에서 이루어지는 연구라고 할 수 있다. 현장 연구는 개인적으로 혹은 그룹으로도 할 수 있다.

## 7. 멘토링

① 멘토링은 경력 있고, 능숙한 교사들이 초임 교사나 기술적 측면에서 지원이 필요한 교사들을 위해 전문적이고 개인적인 발달 증진을 위한 시범적인 역할을 보여주고 격려하는 장학의 방법이다.

② 멘토를 제공받는 입장에서는 자신들을 도와주는 유용한 인적 자원이 있어서 좋은 것이고, 멘토의 입장에서는 멘토를 함으로써 자신의 전문적 성장을 꾀할 수 있다는 점에서 상호 유익하다고 하겠다.

③ 멘토의 입장에서 피드백을 줄 때에는 특정 교수 행위에 초점을 두고 구체적으로 언급해 주며, 멘토를 받는 교사의 변화되어야 할 행위에 대해 말해 주어야 한다. 일반적인 칭찬이나 비난은 피하고, 피드백 그 자체여야 하며 즉각적인 반응이 바람직하고, 제공된 피드백이 이해되었는지 확인할 필요가 있다.

④ 멘토를 제공받는 입장에서는 멘토로부터의 피드백을 경청하며 바로 방어하는 태도를 취하지 않도록 하고, 피드백이 유용한지의 여부를 판단하고 결정해야 하며, 지적된 내용을 반영하는 반응적 태도를 취하여야 한다. 아울러 피드백 방법에 불만이 있다면 이를 표현하여 서로가 함께 나아가는 장학이 되도록 힘써야만 한다.

**PLUS⁺**

1. 멘토의 역할은 2가지 점에서 장학 요원과 다르다.
   ① 멘토들은 주로 동료 교사로서 안내와 지원을 하며 피드백을 주고 상담을 한다.
   ② 멘토는 공식적인 평가를 하지 않는다.
2. 멘토의 자질
   ① 많은 지식과 기술을 가진 숙련된 교사여야 한다.
   ② 유아뿐 아니라 성인이 배우고 성장하는 일에 도움을 주는 것에 기본적으로 흥미를 가지고, 자신을 학습자로 생각해야 한다.
   ③ 창의적이고 융통성이 있으며, 반성적이고 성인들과의 대인관계 기술이 좋고 다양성을 존중하는 사람이어야 한다.

PLUS+

## 교사 발달에 따른 장학

최근 교사의 발달을 고려하여 장학협의를 이끌어야 한다는 학자들의 주장에 따라 교사의 발달에 초점을 두고 어떠한 장학의 유형이 바람직한지에 대한 연구가 진행되고 있다.

### 1. 글릭만(Glickman)의 발달적 장학 모형

(1) 기본 전제

① 각 개인의 경험과 배경이 다르기 때문에 교사의 전문성 발달 수준이 각기 다르며, 같은 교사라 할지라도 수업 주제나 인생주기 발달 등에 따라 요구 및 능력 또한 각기 다르다.

② 교사들의 사고와 능력 수준이 다르기 때문에 장학에 대한 요구가 각기 다르다.

③ 장학의 장기 목적은 모든 교사들의 사고 수준을 보다 높은 단계로 발전시키는 것이 되어야 한다.

(2) 교사의 직무수행수준과 추상적 사고능력에 따른 적합한 장학방법

① 직무수행능력과 추상적 사고능력이 높은 교사의 경우, 비지시적 장학

② 직무수행능력과 추상적 사고능력이 낮은 교사의 경우, 지시적 장학

③ 직무수행에 열의는 있으나 문제에 초점을 두고 생각하지 못하는 교사(직무수행수준은 높으나, 추상적 사고능력이 낮음)나 문제해결책을 가지고는 있으나 실제에 적용시키지 못하는 교사(추상적 사고능력은 높으나, 직무수행수준이 낮음)의 경우, 협동적 장학

| | 강화, 표준, 시범 | 협동, 문제해결, 제시 | | 격려, 명료화, 경청 |
|---|---|---|---|---|
| 통제력 | • 교사 : 낮음<br>• 장학사 : 높음 | | | • 교사 : 높음<br>• 장학사 : 낮음 |
| 지향성 | 지시적 | 협동적 | | 비지시적 |
| 교사 유형 | 교사 낙오자 | 분석적 관찰자 | 목적 없는 근무자 | 전문가 |
| 교사 수준 | • 추상적 사고수준↓<br>• 직무수행능력↓ | • 추상적 사고수준↑<br>• 직무수행능력↓ | • 추상적 사고수준↓<br>• 직무수행능력↑ | • 추상적 사고수준↑<br>• 직무수행능력↑ |

(3) 글릭만(Glickman)의 발달적 장학의 단계

| 단계 | | 내용 |
|---|---|---|
| 1단계 | 진단적 단계 | 진단적 단계에서 장학사는 교사의 수업을 관찰하거나 질문함으로써 교사의 추상수준을 파악해야 함 |
| 2단계 | 기술적 단계 | • 교사의 추상수준(상, 중, 하)에 맞게 지시적 장학방법, 협동적 장학방법, 비지시적 장학방법을 선택하여 적용함<br>• 교사의 추상수준과 장학 기법을 일치시키는 것이 초기에는 가장 만족스러운 결과를 얻을 수 있음 |
| 3단계 | 전략적 단계 | • 전략적 단계에서는 교사의 추상 수준을 높이는데 초점을 맞춤<br>• 장학에 대한 의존성을 감소하고 교사의 책임감을 증가시키는 방법 사용<br>• 점진적으로 교사들에게 새로운 것을 제시하고, 협의회 과정에서 교사들의 의존성을 줄여가며, 마지막으로 장학 대상 교사보다 추상성 수준이 약간 높은 교사와 함께 협의회를 갖게 함 |

### 2. 글래트혼(Glatthorn)의 선택적 장학 모형

(1) 기본 전제

① 글래트혼은 선택적 장학이라는 용어를 사용하여 교사발달을 고려한 장학의 모형을 제시하였는데, 선택적 장학이란 교사의 경험과 능력에 따라 직접적 장학, 상호협력적 장학, 자기 주도적 장학의 방법을 선택적으로 사용해야 함을 의미한다.

② 선택적 장학은 개별교사의 요구와 경력에 가장 적합하며, 교사에게 자기평가, 자기 향상의 기회를 제공하고 교사가 개별적으로 교수목표를 세우고 반성하며 개발할 기회를 제공해 주는 장학이 될 수 있다.

(2) 글래트혼의 선택적 장학 모형

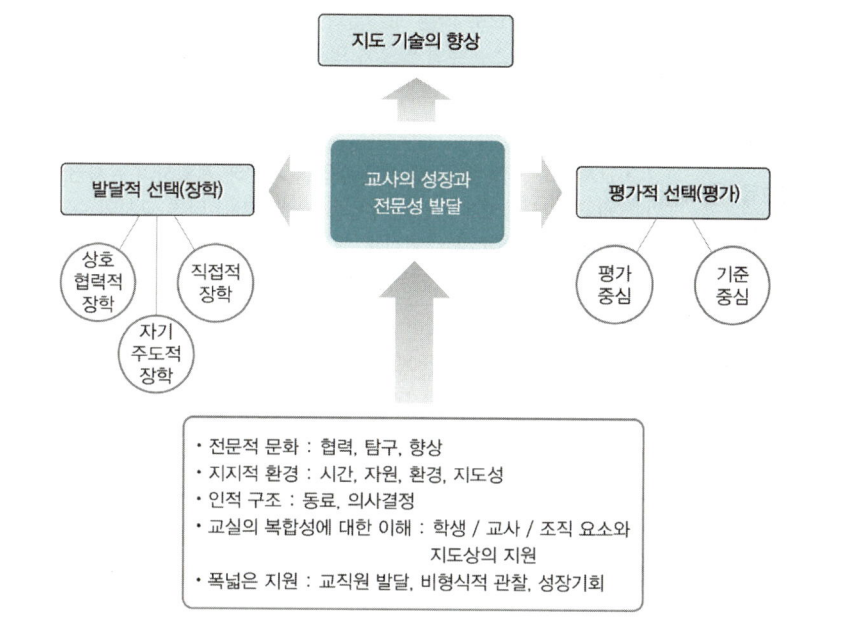

chapter
**05**

---

06 **유아교사의 현직 교육**

### 1. 현직 교육의 목적

① 교사들이 담당하는 모든 직무에서의 지식과 교육능력을 유지·확대·발전시킨다.

② 장차 다가올 사회에서의 새로운 경제적·사회적·문화적 도전을 이해할 수 있고 제때에 대응할 수 있도록 한다.

③ 상위 자격을 취득하고 교사들의 특수한 재능과 성향을 개발한다.

④ 전체적으로 전문성을 신장시키고 혁신성과 창의성을 강화하도록 해준다.

### 2. 현직 교육의 유형(이은화, 1995)

① 교사 개인이 주도하는 현직 교육

② 유아교육기관에서 주도하는 현직 교육

③ 정부에서 주도하는 현직 교육

| 구분 | 내용 |
|---|---|
| 교사 개인이 주도하는 현직 교육 | • 유아교사가 스스로의 필요에 의해 유아교육과 관계되는 책 혹은 정기 간행물을 읽거나 인터넷 사이트에서 정보를 찾는 것<br>• 유아교사가 스스로의 필요에 의해 교사들끼리 토의 모임을 갖거나 적극적이고 정기적으로 다른 교사들과 유아교육에 대한 토론의 기회를 갖는 것<br>• 유아교사가 스스로의 필요에 의해 전문단체에 가입하여 이들 단체에서 제공하는 여러 가지 형태의 현직 교육 혜택을 받는 것<br>• 유아교사가 스스로의 필요에 의해 상급학교 과정인 대학원에 진학하는 것 |
| 유아교육기관에서 주도하는 현직 교육 | • 교사들이 공개 수업 및 연구 수업을 사전에 계획하여 유치원 내 또는 유치원 간 교사들에게 자신의 수업을 공개하거나 다른 교사의 수업을 관찰하고 이에 대해 토론하는 기회를 갖는 것<br>• 교사들의 관심사에 맞는 강사를 초빙하여 강의를 듣는 것 |
| 정부에서 주도하는 현직 교육 | • 교육청 및 교육부의 장학 지도 : 교육부는 매년 전국의 교육 기관에 장학 지침을 보내고, 전국의 교육청에서는 이를 기반으로 장학의 방향을 정하게 된다. 각 지역 교육청에 장학을 담당하는 장학사의 절대 수가 부족한 관계로 장학의 본질이라고 할 수 있는 수업장학은 1년에 1~2회 이루어지는 것에 그치고 있다.<br>• 교육부에서 주관하여 교육연수원이나 위탁기관에서 실시하는 각종 연수교육 |

## 3. 현직 연수의 종류

연수기관의 종류는 교육연수원, 교육행정연수원, 종합교육연수원 및 원격교육연수원이 있다.

| 구분 | 내용 |
|---|---|
| 자격연수 | • 자격연수란 상급 자격이나 새로운 자격을 취득하기 위한 연수이다.<br>• 자격연수의 연수과정은 정교사(1급)과정, 정교사(2급)과정, 수석교사과정, 원감과정, 원장과정으로 구분하고, 연수할 사람의 선발에 관한 사항 및 연수의 내용은 교육부령으로 정한다.<br>• 1, 2급 자격연수와 원감 자격연수의 대상은 법에서 규정하고 있는 기본 요건이 갖추어진 교사 가운데 관할 교육장 또는 학교의 장의 추천을 받아 관할 교육감이 지명하도록 되어 있고, 원장과정의 연수 대상자는 교육부장관이 정하는 기준에 따라 관할 교육감이 지명한다.<br>• 국립 유치원 교사의 경우 원감·원장과정은 그 소속 기관장이 지명하되, 교육부장관이 정하는 기준 및 인원의 범위에서 지명하도록 되어 있다. |
| 직무연수 | • 직무연수는 직무수행과 직장 적응에 필요한 능력과 자질 배양을 위한 연수이다.<br>• 교원능력개발평가 결과 직무수행능력 향상이 필요하다고 인정되는 교원을 대상으로 실시하는 직무연수와 그 밖에 교육의 이론·방법 연구 및 직무수행에 필요한 능력 배양을 위한 직무연수로 구분할 수 있다.<br>• 「교육공무원법」 제45조 제3항의 규정에 의하여 2년 이상 휴직한 교원은 복직하려면 대통령령으로 정하는 바에 따라 연수를 받아야 한다.<br>• 직무연수의 연수과정과 내용은 연수원장(위탁연수를 실시하는 경우에는 위탁받은 기관의 장을 말한다)이 정한다. |
| 특별연수 | 국가나 지방자치단체의 계획에 따른 국내·외 교육기관 또는 연구기관에서의 연수를 의미한다. |

# 교사론 부록

유아교사론 - 교직논술
기출문제로 심화하기

# 박수민

## 유아임용의 정석 - 유아교육개론

# 2011 논술 기출문제 [멘토링 장학]

## 문제

다음은 어느 유치원에서 효율적인 멘토링을 위해 멘토-멘티 사전 협의회를 하는 장면이다. 1) 멘토링에서 멘토-멘티 사전 협의회가 필요한 이유 2가지를 사례와 관련지어 논하고, 2) 멘토링이 효율적으로 이루어질 수 있는 조건 2가지를 멘토의 자질과 멘티의 자세 측면에서 각각 1가지씩 사례에서 찾아 논하시오. 그리고 3) 김 교사가 겪고 있는 어려움을 교사 발달의 측면 중 ① 지식과 기술 ② 자기 이해 ③ 인간관계에서 찾고, 각각에 대해 박 교사가 멘토링 과정에서 지원할 수 있는 방법을 서로 중복되지 않도록 논하시오. (총 20점)

멘토-멘티 사전 협의회에서 박 교사(유치원 교사 경력 10년, 멘토 경력 6년)와 김 교사(유치원 교사 경력 3개월)가 대화를 나누고 있다.

박 교사 : 김 선생님이 늘 열심히 해서 도움을 주고 싶었는데, 제가 선생님의 멘토가 되어서 참 좋아요. 멘토링을 통해 좋은 교사로 성장했으면 좋겠어요.

김 교사 : 평소에도 선생님께서 편하게 대해 주셨는데 이렇게 제 멘토가 되어 주셔서 정말 감사해요. 꼭 선생님하고 멘토링을 하고 싶었어요. 선생님을 보면서 저도 선생님처럼 좋은 교사가 되고 싶었거든요.

박 교사 : 그래요……. 어려운 점이 많지요?

김 교사 : 열심히 하려고 하는데, 생각보다 잘 안 돼요.

박 교사 : 어떤 점이 힘들지요?

김 교사 : 대학에서 이론도 배우고 실습도 해서, 교사가 되면 수업만큼은 잘할 수 있을 줄 알았어요. 그런데 아무리 수업 준비를 많이 해도 계획대로 잘 안 돼요.

박 교사 : 그렇군요. 또 다른 어려운 점은 없나요?

김 교사 : 우리반 유아들 부모님께서 전화하셔서 유아 문제로 불만을 이야기하실 때 어떻게 해야 할지 잘 모르겠어요. 어떤 부모님은 저를 교사로 여기지 않으시는지 반말을 하실 때도 있어요. 그런 때는 좀 위축되기도 해요.

박 교사 : 그런 일도 있었군요.

김 교사 : 또, 제가 정말 교사로서 자질이 있는지 모르겠어요. 끝까지 교사를 할 수 있을지도 불안하고 걱정이 돼요.

박 교사 : 그래요……. 여러 가지 어려움이 있군요. 멘토링을 통해 하나씩 해결해 갑시다. 그럼 지금 어떤 도움이 가장 필요하죠?

김 교사 : 아무래도 유아들 부모님들과의 관계가 가장 어려워요. 그 부분에서 도움이 절실해요.

박 교사 : 오늘 사전 협의회가 잘 됐네요. 그럼, 다음 주에 멘토링을 본격적으로 시작할 때, 부모 관련 문제부터 다뤄 볼까요?

| 답안 작성 시 유의 사항 | 배 점 |
|---|---|
| • 주어진 답안지 면수(2매 이내)에 맞게 서술하시오.<br><br>• 글의 체계를 논리적으로 짜임새 있게 구성하시오.<br><br>• 글의 명료성, 타당성, 일관성을 고려하여 서술하시오. | • 논술의 체계 [총 10점]<br>  − 글의 논리적 체계성<br>  − 맞춤법 및 어휘·문장의 적절성<br><br>• 논술의 내용 [총 10점]<br>  − 멘토-멘티 사전 협의회 필요성 2가지 [2점]<br>  − 효율적인 멘토링을 위한 멘토의 자질과 멘티의 자세 각각 1가지 [2점]<br>  − 김 교사의 어려움 3가지와 각각에 대한 지원 방법 [6점] |

# 2011 논술 기출문제 [멘토링 장학] 논술 개요도

## 〈본론〉

### 1) 멘토링 진행 시 사전 협의회가 필요한 이유 (2점) / 사례와 관련지어 논하기

| ① | 멘토와 멘티 간의 친밀하고 신뢰로운 관계를 형성하기 위해서<br>→ 박 교사 : 도움을 주고 싶었는데 멘토가 되어서 좋다. + 김 교사 : 제 멘토가 되어 주셔서 감사하다. 선생님과 같은 좋은 교사가 되고 싶다. |
|---|---|
| ② | 멘티가 도움을 원하는 분야 파악 + 적절한 지원 순서를 결정하기 위해서<br>→ 어려운 점을 묻고 답하며, 어떤 도움이 가장 필요한지에 대해 이야기 나눔 |

### 2) 효율적인 멘토링을 위한 멘토의 자질과 멘티의 자세 (2점) / 사례에서 찾아 논하기

| 멘토의 자질<br>측면 | 멘티의 말을 경청하는 자세 + 적극 도와주려는 열정 (+ 풍부한 경력)<br>➜ 김 교사의 어려움을 수용하며 들어줌 + 멘토링을 통해 하나씩 해결해 나가자고 함 |
|---|---|
| 멘티의 자세<br>측면 | 멘토에게 감사와 존경 표현 + 자신의 상황을 솔직하게 이야기하는 자세<br>➜ 제 멘토가 되어 주셔서 감사하다. 선생님과 같은 좋은 교사가 되고 싶다. + 자신이 겪고 있는 어려운 점을 모두 이야기함 |

### 3) 김 교사가 겪고 있는 어려움과 지원 방법 (6점) / 어려움은 김 교사의 말에서 찾고, 지원 방법은 제시해야 함

| ① | | |
|---|---|---|
| | 어려움 | 수업만큼은 잘할 줄 알았는데, 아무리 준비를 많이 해도 계획대로 잘 되지 않음<br>(수업 실행이 잘 되지 않음) |
| 지식과 기술<br>측면 | 원인 | 유아들의 다양한 반응을 반영하여 수업을 전개하는 능력 부족으로 인해 발생한 문제임(실천적 지식이 부족하여 발생한 문제) |
| | 지원 방법 | 수업 상황에서 즉각적 활용할 수 있는 교수 기술 알려주기 / 수업 참관의 기회 제공 |
| ② | 어려움 | 자신이 교사로서 자질이 있는지 의심이 들고 교사를 끝까지 할 수 있을지 불안하고 걱정됨<br>(교사로서 자신의 자질 의문 + 교직 유지에 대한 불안감) |
| 자기 이해<br>측면 | 원인 | 초임교사로서 예상치 못한 여러 상황에 직면하면서 좌절감을 느껴 발생한 문제임 |
| | 지원 방법 | 자신의 초임시절 이야기를 들려주며 김 교사의 마음 공감 / 지지 보내기 |
| ③ | 어려움 | 유아 문제로 불만을 토로하거나, 반말을 하는 학부모와의 관계에서 위축됨<br>(대하기 어려운 학부모와의 관계에서 어려움 겪음) |
| 인간관계 측면 | 원인 | 부모를 대하는 기술 (혹은) 학부모와의 의사소통 기술이 부족하여 발생한 문제임 |
| | 지원 방법 | 부모상담 참관, 모의연습 → 상황별 부모 상담 기술 구체적으로 알려 주기 |

## 〈서론〉

1. 멘토링은 경력 교사가 초임교사의 발달을 지원하기 위한 장학 기법임
2. 효율적인 멘토링 운영 → 사전협의와 같은 계획적인 진행 + 멘토, 멘티의 자질과 태도가 갖춰졌을 때 가능함
3. 이에 본론에서는 ~~~ 에 대해 논하고자 함

## 〈결론〉

1. 멘토링은 도움을 받는 멘티의 성장뿐 아니라, 도움을 주는 멘토의 전문성 증진을 가능케 함
2. 교사들은 바람직한 자세를 갖추고 멘토링 운영에 참여함으로써 전문성 신장을 위해 노력해야 함

## 2011 논술 기출문제 [멘토링 장학] 모범 답안

### 서론

멘토링은 유능한 경력 교사가 기술이 부족한 초임 교사의 발달을 지원하기 위한 장학 방법이다. 숙련된 기술을 가진 멘토의 지원은 초임 교사가 당장에 직면한 문제를 해결하는 방법을 배우는 데 유용할 뿐 아니라 장기적으로는 교육 전문가로 성장하는 데에 기반이 된다. 이러한 멘토링 장학의 효과를 높이기 위해서는 체계적인 진행은 물론 멘토, 멘티가 바람직한 자질과 자세를 갖추는 것이 중요하다. 이에 본론에서는 멘토링 장학 시 사전 협의회가 필요한 이유와 멘토, 멘티가 갖춰야 할 자질 및 자세를 제시하고, 사례의 초임 교사가 겪는 어려움에 대한 지원 방법을 논하고자 한다.

### 본론

1) 멘토링 장학의 진행에 있어 사전 협의회는 반드시 필요한 절차이다. 그 이유를 사례와 관련하여 제시하면, 첫째, 사례의 박 교사와 김 교사가 '멘토가 되어서 좋다.' '멘토가 되어 주어서 감사하다.', '선생님과 같은 좋은 교사가 되고 싶다.' 와 같이 서로에게 호감과 기대를 표현하는 것과 같이, 멘토와 멘티 간에 친밀하고 신뢰로운 관계를 형성하기 위해서이다. 멘토와 멘티 둘 사이의 상호 신뢰는 멘토링 장학의 성공을 위한 기초가 된다. 둘째, 사례에서 멘토인 박 교사가 멘티인 김 교사에게 어려운 점이 무엇인지 물어보고, 가장 시급히 필요한 도움을 파악하여 멘토링 진행 순서를 정한 것과 같이, 사전 협의회는 멘티가 도움을 받고 싶어 하는 영역을 파악하고, 적절한 지원 순서 및 방향을 결정하기 위해 필요하다. 이처럼 멘티의 요구에 근거한 장학 내용 선정은 실질적인 문제 해결을 가능하게 하고, 멘티의 교직 생활 적응을 앞당긴다.

2) 효율적인 멘토링 운영을 위해서 멘토는 충분한 자질을, 멘티는 바람직한 자세를 갖춰야 한다. 먼저, 멘토는 멘티의 어려움을 경청하고 수용하려는 자세와 적극적으로 도와주려는 열정을 지녀야 한다. 사례에서 멘토인 박 교사는 김 교사가 겪고 있는 힘든 점을 들어주고 함께 해결하자고 말하고 있다. 또한, 박 교사의 경력에서 알 수 있듯 멘토는 멘티에게 도움과 조언을 제공할 수 있는 전문성을 갖춰야 한다. 다음으로, 멘티에게 필요한 자세는 멘토에게 감사와 존경을 표현하며 성장하려는 자세이다. 사례의 멘티인 김 교사가 박 교사에게 자신의 멘토가 되어 주어서 감사하다고 말하며 선생님과 같은 교사가 되고 싶다고 표현하였는데, 이러한 자세는 멘티 자신의 성장을 위한 초석이 된다. 또한, 김 교사가 현재 겪고 있는 어려운 점을 있는 그대로 멘토인 박 교사에게 말하는 것과 같이 멘티는 자신의 상황을 솔직하게 이야기하는 자세를 갖춰야 한다.

3) 멘토링 과정에서 사례의 김 교사가 겪고 있는 어려움을 지원하기 위한 방법은 다음과 같다. ① 지식과 이해 측면에서, 김 교사는 수업 준비를 많이 하지만 수업이 계획대로 진행되지 않아 어려움을 겪고 있다. 이는 유아들의 다양한 반응을 즉시 반영하여 수업을 전개하는 능력이 부족해서 나타나는 문제이다. 따라서 박 교사는 김 교사가 수업에서 즉각 활용할 수 있는 실제적인 교수 기술을 알려 줄 수 있다. 또한, 김 교사의 수업을 참관한 후, 개선점을 함께 논의하며 해결을 위한 구체적인 대안을 제공해 주어야 한다. ② 자기 이해 측면에서, 김 교사는 자신의 자질에 대한 의문과 교직 생활을 유지해 나갈 수 있을지에 대한 불안감을 보이고 있다. 초임교사는 교직 생활에서 예상치

못한 상황을 직면하면서 능력의 한계를 느끼고 좌절감을 경험하게 된다. 이에 박 교사는 자신의 초임 시절 이야기를 들려주며 김 교사의 마음을 공감해 주는 것이 필요하다. 또한, 초임교사이기에 가질 수 있는 장점을 인정해주고, 정서적인 지지를 제공해야 한다. ③ 인간관계 측면에서, 김 교사는 불만을 표현하거나, 반말을 하며 무례한 태도를 보이는 학부모와의 관계에서 적절하게 대처하는 데에 어려움을 겪고 있다. 이는 부모를 대하는 기술이 부족하여 발생한 문제이다. 따라서 박 교사는 김 교사가 직면할 수 있는 다양한 유형별 상황에 따른 부모 상담 기술을 구체적으로 알려 주는 것이 필요하다. 또한, 모의 상황을 설정하여 실제적인 연습을 할 기회를 마련하여 부모 상담 기술의 증진에 도움을 줄 수 있다.

### 결론

  멘토링은 멘티인 초임교사를 지원하는 효과적인 교사 지원 전략 중 하나이다. 자질을 갖춘 멘토와 성장하고자 노력하는 멘티의 상호 신뢰 속에서 진행되는 멘토링은 도움을 받는 멘티뿐 아니라 도움을 제공하는 멘토의 성장도 가능케 한다. 이러한 교사 개개인의 성장이 곧 교육의 발전으로 이어지므로 교사들은 멘토링 장학을 통한 동반성장 과정에 적극적으로 참여해야 할 것이다.

# 2012 논술 기출문제 [성숙주의 교사 신념]

## 문제

교사의 신념은 교육적 실천의 토대이며 교육 현장에 중요한 영향을 미친다. 1) (가)에서 박 교사가 성숙주의 교사 신념을 형성하는 데 영향을 준 요인 2가지를 찾아 논하고, 2) (나)에서 박 교사가 성숙주의 교사 신념을 실천하고 있다고 판단되는 이유 4가지를 박 교사의 수업 활동에서 찾아 논하시오. 그리고 3) (다)에서 박 교사가 성숙주의 교사 신념을 실천하기 어려운 요인 2가지를 찾고, 각각에 대한 해결 방안을 1가지씩 논하시오. (총 20점)

---

**(가) 박 교사의 배경**
박 교사는 자녀의 의견을 존중하고 스스로 문제를 해결하게 하는 가정 환경에서 자랐다. 그리고 대학에서 유아교육을 전공하면서 유전적 요인이 유아의 성장 발달에 중요한 영향을 미친다는 것을 배웠다. 박 교사는 유치원에 다니는 2명의 자녀를 키우면서 예전에 이해하지 못했던 유아들의 다양한 행동을 이해하게 되었다. 그리고 현재는 ○○유치원에 재직 중이다.

**(나) 혼합 연령반 자유선택 놀이활동 장면 (민희·수철 만 4세, 영수 만 5세)**
수　　철 : 선생님, 저는 블록 영역으로 가서 성을 쌓을 거예요.
박 교사 : 그래, 네가 생각한 대로 블록 영역에 가서 해 보렴.
민　　희 : 선생님, 저는 뭘 해야 할지 모르겠어요.
박 교사 : 그러니? 민희야, 좀 더 생각해 볼래?
영　　수 : 선생님, 저는 미술 영역에 갈래요.
박 교사 : 그래, 오늘 미술 영역에는 여러 가지 재료들이 준비되어 있단다.
민　　희 : (밝은 표정으로) 아, 저도 미술 영역에 갈래요.
박 교사 : 민희와 영수는 미술 영역에 가고 싶구나. 그래, 우리 같이 가 보자.(미술 영역에는 색종이, 깡통, 종이 상자, 휴지 속대, 병뚜껑, 풀, 가위 등 다양한 활동 재료들이 준비되어 있다.)
영　　수 : 우와, 여기 여러 가지가 있네. (종이 상자를 잡으며) 나는 이것으로 자동차를 만들어야지.
민　　희 : 오빠는 자동차 만들어? (잠시 고민하더니) 선생님, 저는 자동차는 못 만들겠어요.
박 교사 : 민희야, 네가 만들고 싶은 것을 만들면 돼.
민　　희 : 음, 난 너무 어려울 것 같은데…. (잠시 후 밝은 목소리로) 선생님, 저는 소꿉놀이 하러 갈래요.
박 교사 : 그래, 소꿉놀이 영역에도 재미있는 놀잇감이 많이 있단다.

**(다) 박 교사와 어머니의 대화**
어머니 : 우리 영수가 내년에 초등학교에 가야 하는데 숫자를 몰라서 걱정이에요. 무슨 방법이 없을까요?
박교사 : 글쎄요. 직접 가르치기보다는 영수가 궁금해 하면 도와줄 수는 있어요.
어머니 : 선생님, 그래도 내년에 학교 가야 하니까 숫자를 빨리 가르쳐 주세요.
박교사 : 얼마 전에도 영수가 수 영역에서 숫자 세기 게임을 하고 있기에 옆에서 관찰해 보았지요. 12개를 13개로 잘못 세고 있었어요. 그래서 제가 12개라고 정확하게 알려주었어요.

---

| 답안 작성 시 유의 사항 | 배　　점 |
|---|---|
| • 주어진 답안지 면수(2매 이내)에 맞게 서술하시오.<br><br>• 글의 체계를 논리적으로 짜임새 있게 구성하시오.<br><br>• 글의 명료성, 타당성, 일관성을 고려하여 서술하시오. | • 논술의 체계(총 10점)<br>　－ 글의 논리적 체계성<br>　－ 맞춤법 및 어휘·문장의 적절성<br>• 논술의 내용(총 10점)<br>　－ 성숙주의 교사 신념을 형성하는 데 영향을 준 요인 2가지(2점)<br>　－ 성숙주의 교사 신념을 실천하고 있다고 판단되는 이유 4가지(4점)<br>　－ 성숙주의 교사 신념을 실천하기 어려운 요인 2가지와 각각의 해결 방안 1가지씩(4점) |

chapter
**05**

# 2012 논술 기출문제 [성숙주의 교사 신념] 논술 개요도

**〈본론〉**

## 1) 박 교사의 성숙주의 교사신념 형성에 영향을 준 요인 (2점)

| ① | 성장 배경 → 자녀의 의견을 존중하고 스스로 문제를 해결하게 하는 가정에서 자람<br>양육 경험 → 2명의 자녀를 키우며 유아들의 다양한 행동을 이해하게 됨 |
|---|---|
| ② | 직전 교육 경험 → 대학에서 유아교육을 전공하면서 유전적 요인이 유아의 발달에 중요한 영향을 미친다고 배움 |

## 2) 박 교사가 성숙주의 신념을 실천하고 있다고 판단되는 이유 (4점)

| ① | 유아들이 놀고 싶어하는 블록, 미술 영역에서 놀 수 있도록 지도한 점<br>→ 교육의 주도권이 유아에게 있어야 한다고 보는 성숙주의 교사 신념과 일치함 |
|---|---|
| ② | 무슨 놀이를 해야 할지 모르는 유아에게 좀 더 생각할 시간을 제공한 점<br>→ 유아가 성숙하게 되면 학습 방법도 터득한다는 성숙주의 교사신념이 행위로 드러난 것임 |
| ③ | 미술 영역에 색종이, 깡통, 종이 상자 등 다양한 활동 자료를 준비하고 안내한 점<br>→ 유아가 스스로 자신의 발달 수준과 흥미에 따라 활동하도록 풍부한 환경을 마련하는 것은 성숙주의에서 강조하는 환경 구성 방법임 |
| ④ | 자동차 만들기 활동을 어려워하는 유아에게 하고 싶은 것을 하면 된다고 허용한 점<br>→ 개개 유아의 학습 준비도에 따른 활동 전개를 강조하는 성숙주의에 기반한 행위임 |

## 3) 박 교사가 성숙주의 신념을 실천하기 어려운 요인과 해결 방안 (4점)

| ① | 어려운 요인 | 교사의 신념과 일치하지 않는 부모의 요구 |
|---|---|---|
| | 근거 | 초등학교 준비 학습을 위해 숫자를 빨리 가르쳐 달라는 부모의 요구는 교사의 성숙주의 신념에 위배됨 |
| | 해결 방안 | 교사는 부모교육을 통해 성숙 스케줄에 따른(발달에 적합한) 교육의 중요성을 부모에게 안내하고, 일관된 교육을 해야 함 |

| ② | 어려운 요인 | 교사 신념과 교수 행위의 불일치 |
|---|---|---|
| | 근거 | 교사는 12를 13으로 세고 있는 유아의 실수를 자신의 신념과 다르게 즉각적으로 수정함 |
| | 해결 방안 | 수업분석이나 저널쓰기 등을 통해 교수 행위를 돌아보고, 자신의 신념에 따른 교육을 하고자 노력해야 함 |

**〈서론〉**

1. 교사는 여러 가지 요인에 의해 형성한 교육 신념을 가지고 있음
2. 교사의 신념은 교육 행위를 결정하므로 교육에 있어 매우 중요한 요인임
3. 이에 본론에서는 ~~~ 에 대해 논하고자 함

**〈결론〉**

1. 교사 신념은 교육과정 전반에 중요한 영향을 미침
2. 교사는 지속적으로 자신의 교육신념을 바르게 정립하기 위한 기회를 가져야 함
3. 올바른 교사 신념 형성 및 실천으로 유아의 전인 발달을 위해 노력해야 함

# 성숙주의 교사 신념 모범 답안

## 2012 논술 기출문제 [성숙주의 교사 신념] 모범 답안

**서론**

　교사는 저마다의 교육 신념을 갖고 있다. 교사의 교육 신념은 교실에서의 모든 의사결정과 교수 행동에 근간이 되므로, 교사가 자신의 교육 신념을 인식하고, 지속적으로 검토해 나가고자 노력하는 것은 중요하다. 이에 본론에서는 박 교사의 사례를 분석하여 교육 신념 형성에 영향을 미치는 요인을 살펴보고, 박 교사가 성숙주의 교육 신념을 실천하고 있다고 판단되는 이유를 제시하고자 한다. 또한, 교육 신념을 실천하기 어려운 요인과 그에 따른 해결방안을 논하고자 한다.

**본론**

　1) 사례의 박 교사는 성숙주의 교사 신념을 갖고 있다. 이러한 신념을 형성하는 데 영향을 준 요인은 첫째, 성장 배경과 자녀를 키워 본 양육 경험이다. 박 교사는 자녀의 의견을 존중하며 자녀가 스스로 문제를 해결하게 하는 가정에서 자랐으며, 자신의 자녀를 키우면서 유아들이 보이는 다양한 행동을 이해하는 경험을 하였다. 이러한 개인적 경험으로 인해 인간이 타고나는 생득적인 성향을 중시하는 성숙주의 신념을 갖게 되었다. 둘째, 직전 교육 경험이 영향을 미쳤다. 박 교사는 대학에서 유아교육을 전공하면서 유전이 발달에 중요한 영향을 미친다고 배운 것에 영향을 받아 발달의 성숙 요인을 강조하는 교육 신념을 갖게 되었다.

　2) 박 교사가 이러한 성숙주의 교사 신념을 실천하고 있다고 판단할 수 있는 이유는 첫째, 유아들의 의견을 전적으로 존중하고 원하는 놀이를 하도록 허용하였기 때문이다. 박 교사는 블록 영역에서 성을 쌓고 싶다고 말하는 수철이와 미술 영역에서 놀이하고 싶다는 영수의 놀이 선택을 적극 지지하며 인정해주는 모습을 보인다. 이는 교육의 주도권이 유아에게 있어야 한다는 성숙주의 관점에 따른 행동이다. 둘째, 놀이 결정을 하지 못하는 유아에게 시간을 더 주며 기다려 주었기 때문이다. 박 교사는 무엇을 해야 할지 모르겠다는 민희에게 스스로 생각할 시간을 주었다. 이러한 교수 행동은 유아가 성숙하게 되면 학습방법도 스스로 터득하므로 재촉하기보다는 기다려야 한다는 성숙주의 교육 신념에 따른 교수 행동이라 볼 수 있다. 셋째, 흥미 영역에 다양한 활동 자료를 준비하고, 이를 유아들에게 안내하였기 때문이다. 사례를 통해 박 교사의 교실이 색종이, 종이 상자와 같은 재료가 풍부한 미술 영역과 재미있는 놀잇감이 많은 소꿉 영역 등 다양한 환경으로 구성되어 있음을 알 수 있다. 유아가 자신의 발달 수준과 흥미에 따른 활동을 할 수 있도록 풍부한 환경을 제공하는 것은 성숙주의에서 강조하는 환경구성 방법이다. 넷째, 특정 활동을 어려워하는 유아에게 발달에 맞는 것을 하도록 안내하였기 때문이다. 박 교사는 자동차 만들기를 어려워하는 민희에게 그 활동이 어렵다면 만들고 싶은 것을 하면 된다고 지도하였다. 이는 유아마다 학습 준비도가 다르며, 준비도에 따라 활동이 전개되어야 한다는 성숙주의 신념이 행위로 드러난 것이다.

　3) 박 교사가 교사 신념을 실천하기 어려운 요인은 첫째, 교사의 성숙주의 교육 신념과 학부모의 요구가 상충한 점이다. 사례에서 영수 어머니는 박 교사의 성숙주의 교육 신념과는 다르게 초등학교 준비 교육을 요구하고 있다. 이와 같이 교사의 신념과는 다른 부모의 요구는 신념의 실천을 어렵게 한다. 이를 해결하기 위해 박 교사는 부모교육을

통해 자신의 성숙주의 교육 신념에 근거하여 자녀의 발달에 적합한 교육이 왜 중요한지에 대해 설명하고 부모를 이해시킬 수 있어야 한다. 둘째, 박 교사 스스로 의식하지 못한 채 자신의 신념과는 다른 교수 행동을 하게 된 점이다. 박 교사는 자신의 성숙주의 교육 신념과 다르게 유아의 실수를 즉각적으로 수정하는 지도를 하였다. 이처럼, 교사의 신념과 행위의 불일치는 신념의 실천을 어렵게 하는 요인이 된다. 이에 교사는 수업분석이나 반성적 저널쓰기 등을 통해 자신의 교수 행위를 돌아보고 교육 신념에 위배된 교육 행위를 하지 않았는지 지속적으로 반성해 나가야 한다.

### 결론

교사가 지닌 교육 신념은 교육과정 전반에 큰 영향을 미치는 중요한 요인이다. 이에 교사는 지속적으로 자신의 교육 신념을 점검하여 올바른 교육 신념을 형성하고자 노력해야 한다. 또한 올곧은 교육 신념을 토대로 바람직한 교육을 실천하여 유아의 전인 성장을 이끌어야 할 것이다.

# 2013 추시 논술 기출문제 [유치원 조직문화]

문제

(가)와 (나)는 A초등학교 병설유치원과 B초등학교 병설유치원에서 원감과 전체교사가 회의하는 각각의 장면이다. 1) (가)의 사례에 나타난 A초등학교 병설유치원 조직문화의 긍정적 측면 2가지를 논하시오. 2) (나)의 사례에 나타난 B초등학교 병설유치원 조직문화의 문제점 4가지를 밝히고, 3) 각 문제점에 대한 해결 방안을 구체적으로 논하시오. (총 20점)

(가) A초등학교 병설유치원

유 원감 : 박 선생님, 오늘 얼굴이 아주 밝으신데 무슨 기분 좋은 일이라도 있어요?
박 교사 : 네, 우리 반 아이들이 너무 멋지게 협동 작업을 했거든요. 최 선생님이 주신 아이디어로 활동한 거였는데 아이들의 반응이 기대 이상이었어요.
최 교사 : 어제 저와 얘기 나눈 인성교육 활동을 적용하셨군요. 아이들이 어떻게 했는지 한 번 보고 싶네요.
박 교사 : 제가 홈페이지에 수업 동영상을 올려놓았으니까 회의 끝나고 같이 한 번 봐요.
유 원감 : 올해 우리 유치원에서 제일 강조하는 목표가 유아들의 인성교육이잖아요. 앞으로도 모든 활동에서 그 점을 최우선으로 고려해 주세요.
강 교사 : 네, 저도 요즘 인성교육 활동을 계획해서 실천하고 있어요. 박 선생님 반에서는 어떻게 하셨는지 궁금하네요.
최 교사 : 그럼 강 선생님, 저와 같이 박 선생님 반 수업 동영상 보고 이야기해 봐요.

(나) B초등학교 병설유치원

정 원감 : 오늘 회의에서는 행사 준비 상황을 점검해 보죠. 먼저, 부모면담 일정은 확정되었나요?
서 교사 : 우리 반은 이제 다 확정되었어요.
황 교사 : 저는 면담 일정 안내문을 내보냈는데, 아직 몇 분이 답을 안 주셨어요.
정 원감 : 김 선생님 반은요?
김 교사 : 저도 안내문은 보냈어요. 그런데 제가 부모면담이 처음이라 그러는데요, 면담 자료는 어떻게 준비해야 하나요?
정 원감 : 김 선생님! 부모교육 책 찾아서 준비해 보세요. 자, 부모면담 끝나면 가족의 날 행사가 이어서 있는데, 서 선생님, 행사 담당은 선생님이시죠?
서 교사 : 행사 담당은 제가 맞지만 가족의 날 행사는 반별로 준비해야 되는 거 아니에요?
황 교사 : 반별로 준비하더라도 전체가 함께 하는 프로그램도 있는데, 그건 누가 담당하는 거죠?
정 원감 : 행사가 얼마 안 남았는데, 지금 그런 질문을 서로 하고 있으면 어떻게 해요!

······ (중략)······

황 교사 : 이번 어린이 날 행사는 작년과는 좀 다르게 하면 어떨까요?
서 교사 : 작년에 했던 것도 괜찮은데 그냥 그대로 해요.
황 교사 : 작년에 다녔던 아이들도 많은데 너무 똑같으면 재미없지 않을까요?
정 원감 : 별 문제 없었는데 뭘 굳이 바꿔요.
황 교사 : 그럼 어린이 날 행사는 그대로 하고요, 이번 봄 소풍 장소에 대해 의논해 보면 좋겠어요.
정 원감 : 의논할 필요는 없고, 올해는 행복동산으로 가죠. 서 선생님은 바로 차량 섭외하세요.

| 답안 작성 시 유의 사항 | 배 점 |
|---|---|
| • 주어진 답안지 면수(2매 이내)에 맞게 서술하시오.<br><br>• 글의 체계를 논리적으로 짜임새 있게 구성하시오.<br><br>• 글의 명료성, 타당성, 일관성을 고려하여 서술하시오. | •논술의 체계(총 10점)<br> - 글의 논리적 체계성<br> - 맞춤법 및 어휘·문장의 적절성<br>•논술의 내용(총 10점)<br> - (가)의 사례에 나타난 A초등학교 병설유치원 조직문화의 긍정적 측면 2가지(2점)<br> - (나)의 사례에 나타난 B초등학교 병설유치원 조직문화의 문제점 4가지(4점)<br> - 문제점에 대한 해결 방안 4가지(4점) |

# 2013 추시 논술 기출문제 [유치원 조직문화] 논술 개요도

〈본론〉

**1) (가) A초등학교 병설유치원 조직문화의 긍정적 측면 2가지 / 사례와 관련지어 논하기**

| | | |
|---|---|---|
| ① | 논지 | 교사들 간에 활발한 정보 교류 / 전문성을 신장시키고자 노력하는 자발적인 문화가 형성되어 있음 |
| | 논거 | 사례 : 수업 아이디어를 자발적으로 주고받고, 활동 동영상을 공유하며 상호 간의 발전을 꾀하고 있음 |
| ② | 논지 | 구성원 모두가 공동의 목표를 인식하고, 이를 달성하기 위해 노력하는 협력적인 조직문화를 갖고 있음 |
| | 논거 | 사례 : 인성교육이라는 유치원 목표를 성공적으로 이루기 위해 교사 모두 관련 활동을 계획하여 실천하며 상호 협력함 |

**2) ~ 3) (나) B초등학교 병설유치원 조직문화의 문제점 4가지(사례에서 찾기) 및 해결방안(타당하게 제시하기)**

| | | |
|---|---|---|
| ① | 문제점 | 어려움을 겪고 있는 동료 교사에 대해 무관심한 구성원들의 태도. 부모 면담을 잘 하기 위해 도움을 요청하는 김 교사에게 책을 찾아서 개인적으로 해결하라고 함 |
| | 이유 | 문제에 봉착한 구성원의 성장뿐 아니라 유치원의 발전을 저해하는 결과를 초래함 |
| | 방안 | 교사에게 필요한 도움을 제공할 수 있는 원내 지원체계의 구성 + 구성원 모두가 함께 성장하기 위해 노력해야 함 |
| ② | 문제점 | 업무에 대한 책임을 서로에게 전가하는 점. 가족의 날 행사에 대해, 업무 담당자는 반별로 준비할 일이라며 학급 담임들에게 책임을 떠넘기고, 담임 교사는 전체 프로그램은 누가 담당할 것이냐며 되묻고 있음 |
| | 이유 | 행사 담당자의 책임감 부족과 구성원들의 비협조적인 태도는 원 운영을 어렵게 만듦 |
| | 방안 | 구체적이고 명확한 업무 분장 + 담당자를 중심으로 한 협조체계 마련. 더불어, 의미 있는 교육 행사를 만들어가기 위해 힘을 합치려는 구성원들의 인식 변화가 필요함 |
| ③ | 문제점 | 교사들의 구태의연한 근무태도. 어린이날 행사를 새로운 방법으로 진행해 보자는 황 교사의 의견에 대해 대부분의 구성원들은 굳이 바꿀 필요가 있냐며 그대로 하자는 반응을 보임 |
| | 이유 | 변화를 거부하고 기존 방식을 고수하려는 교사들의 태도는 교육에 대한 의지를 가진 교사마저 주저앉게 만들며, 창의적인 원 운영을 방해하는 요인이 됨 |
| | 방안 | 건설적인 의견이 수용되고 활발히 논의되어 새로운 시도를 통해 교육의 발전을 꾀하려는 교사들의 태도 변화가 필요함 |
| ④ | 문제점 | 관리자의 일방적인 업무 진행 방식. 사례의 정 원감은 소풍 장소에 대해 의논해 보자는 황 교사의 말에 의논할 필요는 없고, 행복동산으로 가면 된다며 바로 차량을 알아보라는 업무 지시를 함 |
| | 이유 | 관리자의 독단적인 의사결정 방식은 교사들의 사기를 저하시키고 수동적인 근무 태도를 갖게 함 |
| | 방안 | 관리자는 연수를 통해 의사소통 능력을 기르고 민주적인 리더십을 갖춰 합리적인 의사결정이 이루어지는 수평적인 조직문화를 형성하기 위해 노력해야 함 |

〈서론〉

1. 유치원은 구성원들에 의해 형성된 각기 다른, 독특한 문화를 가지고 있음
2. 긍정적인 조직문화가 있는가 하면, 부정적인 조직문화를 가진 유치원도 있음. 조직문화는 교사들의 능력 향상 및 사기 진작에 많은 영향을 미치므로 부정적일 경우 이를 개선하기 위한 구성원들의 노력이 필요함
3. 이에 본론에서는 ~~~ 에 대해 논하고자 함

〈결론〉

1. 유치원의 조직문화는 구성원들의 근무 태도 및 행동, 그리고 교육에까지 지대한 영향을 미침. 조직문화의 변화는 교사들에 의해 가능함
2. 교사들은 자발적인 변화 의지를 갖고 민주적인 관계 속에서 상호 협력하여 긍정적인 유치원 조직문화를 형성하기 위해 노력해야 함

# 유치원 조직문화 모범 답안

## 2013 추시 논술 기출문제 [유치원 조직문화] 모범 답안

서론

　유치원은 구성원들에 의해 형성된 각기 다른, 독특한 문화를 가지고 있다. 긍정적인 조직문화를 이루며 구성원들이 함께 성장해 가는 유치원이 있는가 하면, 부정적인 조직문화를 가진 유치원도 있다. 조직문화가 교사들의 능력 향상 및 사기 진작에 많은 영향을 미친다는 점을 생각해 볼 때 부정적인 조직문화를 가진 유치원의 경우 이를 개선하기 위한 구성원들의 노력이 필요하다. 이에 본론에서는 사례에 제시된 유치원들의 회의 장면을 분석하여 A유치원 조직문화의 긍정적인 점을 제시하고, B유치원 조직문화의 문제점 및 해결방안을 논하고자 한다.

본론

　1) A유치원 조직문화의 긍정적인 점은 첫째, 교사들 간에 활발한 정보 교류를 통해 서로를 지원하며 전문성 향상을 위해 노력하는 자발적인 문화가 형성되어 있다는 점이다. A유치원의 회의 상황을 보면 교사들은 수업에 대한 아이디어를 자발적으로 주고받을 뿐 아니라 수업 동영상을 공유하며 상호 간의 발전을 꾀하고 있다. 이와 같은 자발적인 상호 지원 속에서 교사들은 더 나은 교수 기술을 갖춘 교육 전문가로 성장할 수 있다. 둘째, A유치원은 구성원 모두가 공동의 목표를 인식하고, 이를 달성하기 위해 노력하는 협력적인 조직문화를 갖고 있다. 사례의 교사들은 인성 교육이라는 유치원의 목표를 성공적으로 이루기 위하여 인성 교육 활동을 계획하고 실천하며 협력하는 모습을 보인다. 이러한 협력적인 조직문화는 교사의 교육에 대한 헌신과 열정을 더욱 촉진시키고, 교육의 질을 높이는 데 기여한다.

　2~3) 반면, B유치원의 조직 문화에는 여러 가지 문제점이 나타나므로 이를 개선하기 위해 노력해야 한다. 우선, 어려움을 겪고 있는 동료 교사에 대해 무관심한 구성원들의 태도는 개선되어야 할 점이다. 부모 면담을 잘 하기 위해 도움을 요청하는 김 교사에게 책을 찾아서 개인적으로 해결하라는 것은 문제에 봉착한 구성원의 성장뿐 아니라 유치원의 발전을 저해하는 결과를 초래한다. 따라서 B유치원은 교사에게 필요한 도움을 제공할 수 있는 원내 지원체계를 구성하고 구성원 모두가 함께 성장하기 위해 노력하는 조직문화를 형성해 나가야 한다. 둘째, 교사들이 업무에 대한 책임을 서로에게 전가하고 있는 점이 문제이다. B유치원 교사들은 가족의 날 행사에 대한 회의 진행 시, 업무 담당자는 반별로 준비할 일이라며 학급 담임들에게 책임을 떠넘기고, 담임 교사는 전체 프로그램은 누가 담당할 것이냐며 되묻고 있다. 이와 같이 행사 담당자의 책임감 부족과 구성원들의 비협조적인 태도는 원 운영을 어렵게 한다. 이에 B유치원에서는 구체적이고 명확한 업무 분장과 함께 담당자를 중심으로 한 협조체계가 마련되어야 한다. 더불어 의미 있는 교육 행사를 만들어가기 위해 힘을 합치려는 구성원들의 인식 변화가 시급하다. 셋째, 교사들의 구태의연한 근무태도가 문제이다. 어린이날 행사를 협의하는 과정에서 새로운 방법으로 진행해 보자는 황 교사의 의견에 대해 대부분의 구성원들은 굳이 바꿀 필요가 있냐며 그대로 하자는 반응을 보이고 있다. 이와 같이 변화를 거부하고 작년과 같은 방식을 고수하려는 교사들의 태도는 교육에 대한 의지를 가진 교사마저 주저앉게 만들며, 창의적인 원 운영을 방해하는 요인이 된다. 따라서 건설적인 의견이 수용되고 활발히 논의되어 새로운 시도를 통해 교육의 발전을 꾀하려는 교사들의 태도 변화가 필요하다. 넷째, 관리자의 일방적인 업무 진행 방식이 문제이다.

사례의 정 원감은 소풍 장소에 대해 의논해 보자는 황 교사의 말에 의논할 필요는 없고, 행복동산으로 가면 된다며 바로 차량을 알아보라는 업무 지시를 하였다. 이러한 관리자의 독단적인 의사결정 방식은 교사들의 사기를 저하시키고 수동적인 근무 태도를 갖게 만든다. 이에 관리자는 연수를 통해 의사소통능력을 기르고 민주적인 리더십을 갖춰 합리적인 의사결정이 이루어지는 수평적인 조직문화를 형성하기 위해 노력해야 한다.

### 결론

두 유치원의 사례는 유치원의 조직문화가 구성원들의 근무 태도 및 행동, 그리고 교육에까지 지대한 영향을 미침을 보여준다. 조직문화가 변화하기 위해서는 조직 구성원인 교사가 변해야 한다. 이에 교사들은 자발적인 변화 의지를 갖고 민주적인 관계 속에서 상호 협력하여 긍정적인 유치원 조직문화를 형성하기 위해 노력해야 할 것이다.

# 2014 논술 기출문제 [직무스트레스]

## 문제

오늘날 유치원 교사들은 교육 현장에서 다양한 직무 스트레스를 겪고 있다. 다음에서 1) 초임 교사인 정 교사가 겪고 있는 직무스트레스 유발 요인을 인간관계 측면과 직무여건 측면에서 각각 논하고, 2) 정 교사의 직무 스트레스가 교사 자신과 유치원에 미치는 부정적 영향을 대화 속의 사례와 관련지어 각각 2가지씩 논하시오. 그리고 3) 정 교사가 직무 스트레스에 적절히 대처할 수 있는 방안을 교사의 자기 관리 능력 개발과 문제 해결 능력 개발의 차원에서 각각 2가지씩 논하시오. [총 20점]

<행복유치원(단설)의 초임 교사인 정 교사와 경력 교사인 안 교사의 대화>

정 교사 : 안 선생님! 아이들 봐주셔서 고마워요. 배가 아팠는데 아이들만 두고 화장실에 갈 순 없었어요. 며칠 전에는 잠깐 화장실 갔다 온 사이에 한 아이가 다쳤었거든요. 정말 속상했었어요. 교실 안의 화장실은 유아용인데다 개방형이어서 사용하기가 곤란해요.

안 교사 : 앞으로 급할 때는 이야기해요. 나도 경험해 봤으니까요. 그때는 원감 선생님께 도움을 청했었어요.

정 교사 : 그런데 원감 선생님께 매번 부탁드릴 수도 없잖아요. 저는 화장실을 자주 가는 편이라 교사회의 때 이 문제를 건의해 봐야 할 것 같아요.

안 교사 : 네, 그것도 좋은 생각이네요. 그런데 정 선생님! 오늘따라 많이 피곤해 보여요.

정 교사 : 아, 그래요? 요즘 부모 면담 준비하느라 늦게까지 일하고 집에 가거든요. 그래서 그런가 봐요. 처음 하는 면담이라 그런지 부담이 많이 되네요. 실은 우리 반 학부모 한 분이 거의 매일 전화해서 이것저것 간섭하고, 요구사항도 많으세요. 어떤 때에는 꼭 저를 가르치려는 것 같아요. 전화 받고 나면 가슴이 쿵쾅거려 일을 제대로 못하겠어요.

안 교사 : 어머! 정말 힘들겠네요.

정 교사 : 네, 그래도 아이들을 보면 힘이 나요. 정말 예뻐요. 그런데 아직 업무가 버거워요. 학급 운영계획서도 못 냈어요. 학부모 공개 수업에 부모 면담까지 준비하다 보니 도저히 작성할 시간이 없었어요. 게다가 박 선생님이 생활주제가 같다며 자료 준비를 자주 부탁하세요. 아무리 같은 자료라지만, 부담돼요. 너무 본인 생각만 하시는 것 같아요. 거절하자니 관계가 나빠질 것 같아 말도 못했어요. 어떤 땐 우리 반 자료 준비도 하기 싫어져요. 불편한 마음 때문에 아이들한테 짜증내기도 하고요. 그럴 땐 많이 미안하죠.

안 교사 : 아, 그런 일이 있었군요. 다과 모임 때 박 선생님께 솔직히 이야기하지 그랬어요?

정 교사 : 지난 모임엔 박 선생님과 얼굴 마주치기 싫어 안 갔어요. 이번엔 가서 이야기해 볼까 생각 중이에요.

안 교사 : 그러세요. 어쨌든 이번 주면 힘든 일들이 어느 정도 끝나겠네요. 기분 전환도 할 겸 같이 등산이나 갈까요?

정 교사 : 저는 방과 후 교사 교육이 있어 못 가요. 초임인데, 제가 왜 이 일을 해야 하는지 모르겠어요. 아프다는 핑계로 병가라도 내고 싶어요. 요즘에는 밤에 잠도 안 와요.

안 교사 : 많이 힘들겠지만, 그래도 힘내요. 다음에 원감 선생님과 한번 상담해 봐요. 지난번에 다른 일로 상담을 했는데 도움이 많이 되었거든요.

| 답안 작성 시 유의 사항 | 배 점 |
|---|---|
| • 주어진 답안지 면수(2매 이내)에 맞게 서술하시오.<br><br>• 글의 체계를 논리적으로 짜임새 있게 구성하시오.<br><br>• 글의 명료성, 타당성, 일관성을 고려하여 서술하시오. | • 논술의 체계(총 10점)<br>　- 글의 논리적 체계성<br>　- 맞춤법 및 어휘·문장의 적절성<br>• 논술의 내용(총 10점)<br>　- 직무 스트레스의 유발 요인(2점)<br>　- 직무 스트레스가 교사와 유치원에 미치는 부정적 영향(4점)<br>　- 자기 관리 능력 개발과 문제 해결 능력 개발 차원에서의 직무 스트레스 대처 방안(4점) |

chapter
05

# 2014 논술 기출 문제 [직무스트레스] 논술 개요도

**〈본론〉**

**1) 정 교사가 겪고 있는 직무스트레스 유발 요인 2가지 / 사례에서 찾아 논하기**

| 인간<br>관계 | 논지 | 부모 및 동료 교사와의 관계 |
|---|---|---|
| | 논거 | 정 교사 : 지나친 간섭과 요구를 하는 부모, 잦은 자료 준비를 부탁하는 동료 교사 |

| 직무<br>여건 | 논지 | 근무 환경 및 업무 |
|---|---|---|
| | 논거 | 정 교사 : 화장실 이용과 같은 생리적인 문제 해결이 어려운 근무 환경, 감당하기 힘든 과도한 업무 |

**2) 정 교사의 직무 스트레스가 미치는 부정적 영향, 교사 자신과 유치원 측면 각각 2가지씩 / 사례와 관련지어 논하기**

| 교사<br>자신 | ① | 정신적·신체적 건강을 해침 → 정 교사 : 부모와 통화 후 심장이 쿵쾅거리고 근무시간 외에도 이어지는 과도한 업무로 밤에 잠을 자지 못한다고 호소 → 신체적·심리적 고통을 줌 |
|---|---|---|
| | ② | 인간관계 단절을 야기 → 정 교사 : 스트레스를 주는 동료 교사를 피하기 위해 일부러 모임에 빠짐 → 지속된 경우 고립될 수 있음 |

| 유<br>치<br>원 | ① | 교육의 질 저하 → 정 교사 : 수업 자료를 준비하기도 싫고, 유아들에게 짜증을 낼 때도 있다고 말함. → 교사의 스트레스는 유아와의 상호작용의 질에 좋지 않은 영향을 주고, 교사의 교육 활동 준비에 대한 열의를 감소시켜 궁극적으로 교육의 질을 떨어뜨릴 수 있음 |
|---|---|---|
| | ② | 유치원 업무 진행에 타격 → 정 교사 : 과도한 업무로 인해 업무처리 기일을 놓치고, 업무를 처리해야 하는 날 병가를 내고 싶다고 말함 → 교사의 스트레스는 사기 저하와 함께 유치원 업무가 원활하게 진행되는 데 걸림돌이 될 수 있음 |

**3) 정 교사가 직무 스트레스에 대처할 수 있는 방안, 자기 관리 능력 개발과 문제 해결 능력 개발의 차원 각각 2가지 / 지식에 기반하여 타당하게 기술**

| 자기<br>관리<br>능력 | ① | 건강 관리하기 → 요가나 음악 감상과 같은 취미 활동이나 등산과 같은 규칙적인 운동 |
|---|---|---|
| | ② | 시간관리 능력 키우기 → 제한된 시간 내에 많은 업무를 처리해야 할 경우, 업무의 우선 순위와 업무별 마감 시점을 정하여 업무 효율성 높이기 |

| 문제<br>해결<br>능력 | ① | 동료와 협의 → 교사 회의 시간을 이용하여 문제가 되는 사안을 건의하고, 동료들과 협의를 통해 해결 방법 찾기 |
|---|---|---|
| | ② | 관리자와의 상담 → 교육 경력이 풍부한 원감 선생님과 상담을 통해 대안을 찾으려는 노력 |

**〈서론〉**

1. 직무스트레스란, ~을 말함. 모든 교사는 교직 생활을 하면서 적정한 수준의 스트레스를 경험함. 하지만 과도할 경우, ~문제가 발생하게 됨
2. 따라서 교사는 직무스트레스의 유발 요인을 알고, 적절하게 대처할 수 있어야 함
3. 이에 본론에서는 ~~~에 대해 논하겠음

**〈결론〉**

1. 과도한 직무스트레스는 교육의 질을 저하시키므로 이를 해소하기 위한 교사 개인의 노력과 교육 관계자들의 공동 노력이 필요함
2. 조직 차원의 노력이 있을 때, 교사의 교육에 대한 몰입과 헌신을 기대할 수 있음

# 직무스트레스 모범 답안

## 2014 논술 기출문제 [직무스트레스] 모범 답안

### 서론

직무스트레스란, 교사가 직무와 관련하여 경험하는 부정적인 정서 상태를 의미한다. 이러한 교사의 직무스트레스는 다양한 원인에 의해 발생하며, 많은 교사들이 어느 정도의 스트레스를 경험한다. 문제는 직무 스트레스가 과도할 경우 교사 개인과 교육에 악영향을 미친다는 점이다. 따라서 교사는 이러한 스트레스에 적절하게 대처할 수 있어야 한다. 이에 본론에서는 사례를 분석하여 유아 교사의 직무스트레스 유발 요인을 알아보고, 이로 인한 부정적인 영향에 대해 논하고자 한다. 또한, 교사가 직무스트레스에 대처할 수 있는 방안을 제시하겠다.

### 본론

1) 교사의 직무스트레스를 일으키는 유발 요인을 먼저, 인간관계 측면에서 살펴보면, 부모 및 동료 교사와의 관계를 들 수 있다. 사례의 정 교사는 지나친 간섭과 요구를 하는 부모와, 잦은 자료 준비를 부탁하는 동료 교사로 인하여 스트레스를 받고 있다. 이처럼 교사가 대응하기 어려운 대인 관계는 교사의 직무스트레스를 유발한다. 다음으로, 직무 여건 측면에서는 근무 환경 및 업무에서 스트레스원을 찾을 수 있다. 정 교사가 겪고 있는 것과 같이, 화장실의 이용과 같은 생리적인 문제를 해결하는 것조차 어려운 열악한 근무 환경과 감당해내기 힘든 과도한 업무는 스트레스를 일으키는 요인이 된다.

2) 이러한 직무스트레스가 미치는 부정적인 영향을 제시하면, 먼저, 교사 측면에서, 첫째, 직무 스트레스는 교사의 정신적·신체적 건강을 해친다. 정 교사가 부모와 통화 후 심장이 쿵쾅거리고 근무시간 외에도 이어지는 과도한 업무로 밤에 잠을 자지 못한다고 호소하는 것과 같이, 직무스트레스로 인해 교사는 심리적·신체적 고통을 겪을 수 있다. 둘째, 직무스트레스는 교직 생활에서의 인간관계 단절을 야기한다. 스트레스를 주는 동료 교사를 피하기 위해 일부러 모임에 빠진 정 교사의 사례는 교사가 조직 내에서 고립의 문제를 겪을 수 있음을 말해 준다. 다음으로, 유치원 측면에서 보면, 교사의 직무스트레스는 첫째, 교육의 질을 저하시킨다. 정 교사가 수업 자료를 준비하기도 싫고, 유아들에게 짜증을 낼 때도 있다고 말한 것과 같이, 교사의 스트레스가 유아들과의 관계에서 표출될 경우 유아와의 상호작용의 질이 떨어지게 되고, 교사의 교육 활동 준비에 대한 열의를 감소시켜 궁극적으로 교육의 질을 떨어뜨리는 결과를 낳는다. 둘째, 유치원 업무 진행에 타격을 준다. 정 교사가 과도한 업무로 인해 업무처리 기일을 놓치고, 업무를 처리해야 하는 날 병가를 내고 싶다고 말하는 것과 같이, 교사의 스트레스는 사기 저하와 함께 유치원 업무가 원활하게 진행되는 데 걸림돌이 될 수 있다.

3) 교사는 직무스트레스에 대처하기 위한 능력을 개발해야 한다. 먼저, 자기관리능력 개발 측면에서, 첫째, 요가나 음악 감상과 같은 취미 활동이나 등산과 같은 규칙적인 운동을 꾸준히 할 수 있다. 둘째, 제한된 시간 내에 많은 업무를 처리해야 할 경우, 업무의 우선 순위와 업무별 마감 시점을 정하여 업무 효율성을 높여야 한다. 이러한 노력으로 교사는 신체적 건강과 정서적 안정을 도모하고, 시간 관리 능력을 신장시켜 스트레스를 해소해 나갈 수 있다. 다음으로, 문제해결능력을 개발하는 것도 직무스트레스에 대처하는 방법이 된다. 이를 위해 교사는 첫째, 교사 회의

시간을 이용하여 문제가 되는 사안을 건의하고, 동료들과 협의를 함으로써 해결 방법을 찾아 나갈 수 있다. 둘째, 교육 경력이 풍부한 원감 선생님과 상담을 통해 대안을 찾으려는 노력을 할 수 있다. 이와 같이 다양한 측면에서 해결책을 찾아보려는 적극적인 노력은 문제 대응 능력을 신장시켜 직무스트레스에 유연하게 대처하도록 도울 것이다.

### 결론

　지금까지 논한 것과 같이 과도한 직무스트레스는 교사 개인과 유치원에 부정적인 영향을 미치며 결과적으로 교육의 질을 저하시킨다. 이에 교사의 직무스트레스 해소를 위한 교사 개인의 노력과 함께 교육 관계자들의 공동의 노력이 필요하다. 교사가 겪고 있는 직무스트레스에 관심을 갖고 도움을 주기 위한 조직 차원의 노력이 있을 때, 교사의 교육에 대한 몰입과 헌신을 기대할 수 있을 것이다.

# 2015 논술 기출문제 [반성적 사고]

## 문제

초임 교사인 안 교사와 경력 교사인 김 교사의 다음 대화에 근거하여 1) 반성적 사고가 교사의 전문성 신장에 미치는 긍정적 효과를 2가지 논하고, 2) 반성적 사고를 통해 안 교사가 개선해야 할 교수행동과 대안을 각각 3가지씩 제시하시오. 그리고 3) 안 교사가 활용할 수 있는 반성적 사고 증진 방안을 2가지 논하시오. (총 20점)

> 김 교사 : 선생님, 오늘 수업은 어떠셨어요?
>
> 안 교사 : 오늘은 여러 가지 일들로 고민이 많네요.
>
> 김 교사 : 무슨 문제가 있었어요?
>
> 안 교사 : 오늘 자유선택활동 시간에 몇몇 유아들이 역할 놀이 영역에서만 너무 오래 놀고 있기에 의도적으로 다른 영역에 가서 놀도록 했어요. 대학에서 배운 대로 유아들에게 여러 영역의 활동을 고루 경험시키는 것이 중요하다고 생각했거든요. 그런데 유아들의 불평이 많았어요.
>
> 김 교사 : 나도 그런 경우가 종종 있었어요. 실제로 유아들을 지도해 보니 꼭 배운 대로 되는 것은 아니더라고요. 오히려 유아들을 가르치며 계속 진지하게 고민하면서 조금씩 새로 깨달아 가는 것이 많았던 것 같아요. 그런데 또 다른 일도 있었던 거예요?
>
> 안 교사 : 요즘 원장 선생님이 종종 교실 관찰을 하시잖아요? 우리 반 아이들이 쌓기 놀이 영역에서 매번 똑같은 것만 만드는 것 같다고 하시면서 그 이유가 무엇인지 고민해 보라고 하시네요. 사실 저는 유아들이 잘 노는 것 같아 크게 관심을 갖지 않았거든요.
>
> 김 교사 : 원장 선생님께서 그런 말씀을 하셨다면 무슨 이유가 있었을 텐데……
>
> 안 교사 : 그런데 저는 도무지 모르겠어요.
>
> 김 교사 : 그래도 더 고민해 보세요. 나도 그런 문제에 부딪쳤을 때 제 자신의 행동을 곰곰이 되돌아보곤 하는데, 그게 문제를 풀어가는 데 도움이 많이 되더라고요.
>
> 안 교사 : 네. 그렇군요. 그리고 보니 한 가지 고민이 더 있어요. 오늘 미술 영역에서 유아들이 그린 해바라기를 벽면에 전시해 놓았는데, 제가 보여 준 해바라기와 똑같이 잎사귀는 초록, 꽃은 노랑으로 그린 거예요. 모두 똑같이 그린 것을 보니 제 지도방법에 문제가 있는 것이 아닌가 하는 생각이 들었어요.
>
> 김 교사 : 나도 유아들을 가르치면서 그런 문제로 고민한 적이 많아요.
>
> 안 교사 : 선생님은 그럴 때 어떻게 하셨어요?
>
> 김 교사 : 나는 막연하게 생각만 하기 보다는 하루를 되돌아보며 꼼꼼하게 정리해 보곤 했어요.
>
> 안 교사 : 저도 그 방법을 써 봐야겠네요.
>
> 김 교사 : 다른 선생님과 내가 처한 상황에 대해 이야기하는 것도 도움이 되었어요.
>
> 안 교사 : 아, 그것도 좋은 방법이겠네요.

<table>
<tr><td colspan="2">답안 작성 시 유의 사항</td><td colspan="2">배　　점</td></tr>
<tr><td colspan="2">

• 주어진 답안지 면수(2매 이내)에 맞게 서술하시오.

• 글의 체계를 논리적으로 짜임새 있게 구성하시오.

• 글의 명료성, 타당성, 일관성을 고려하여 서술하시오.

</td><td colspan="2">

• 논술의 체계(총 10점)
　- 글의 논리적 체계성
　- 맞춤법 및 어휘·문장의 적절성
• 논술의 내용(총 10점)
　- 반성적 사고가 교사의 전문성 신장에 미치는 긍정적 효과(2점)
　- 반성적 사고를 통해 안 교사가 개선해야 할 교수행동과 대안(6점)
　- 반성적 사고 증진 방안(2점)

</td></tr>
</table>

# 2015 논술 기출문제 [반성적 사고] 논술 개요도

## 〈본론〉

### 1) 반성적 사고가 교사의 전문성 신장에 미치는 긍정적 효과 2가지 / 대화에 근거하여 논하기

| | | |
|---|---|---|
| ① | 논지 | 실천적 지식 형성에 기여함 |
| | 논거 | 배운 것과 다르게 유아들을 가르치며 진지하게 고민하면서 새로 깨달은 것이 많다는 김 교사의 말 |
| ② | 논지 | 교사의 문제해결력 증진에 긍정적인 영향을 미침 |
| | 논거 | 교육 활동 시 부딪히는 문제들을 해결하기 위해 자신의 행동을 곰곰이 되돌아보았는데 이것이 문제 해결에 도움이 되었다는 김 교사의 말 |

### 2) 반성적 사고를 통해 안 교사가 개선해야 할 교수행동과 대안 각각 3가지씩 / 대화에서 찾아 논하기

| | | |
|---|---|---|
| ① | 개선할 점 | 역할 놀이 영역에서 오래 놀고 있는 유아들을 의도적으로 다른 영역으로 가서 놀도록 지도한 점 |
| | 이유 | 유아의 흥미와 주도성을 무시한 것으로, 놀이를 통한 배움을 기대하기 어려움 |
| | 해결 방안 | 유아들의 놀이 주도권 존중, 놀이 선택 인정 + 다른 영역에도 다양한 놀이 자료를 풍부하게 제공하여 유아들이 자발적으로 놀이하도록 지원 |
| ② | 개선할 점 | 유아들의 놀이에 관심을 갖지 않은 점 & 쌓기 놀이 영역에서 매번 같은 것만 만드는 유아들의 놀이에 대해 이유를 고민해 보라는 원장 선생님의 조언이 있었지만 무엇을 고민해야 하는지 모르겠다는 점 |
| | 이유 | 유아의 놀이에 관심을 갖지 않는 것은 교사의 역할을 다하지 않은 것이 되고 이는 유아의 성장에 걸림돌이 되므로 문제가 됨 |
| | 해결 방안 | 유아의 놀이에 관심을 갖고 관찰하여 놀이 속에 녹아 있는 배움을 읽어 내고, 이를 바탕으로 적절한 지원을 할 수 있어야 함. 필요하다면 놀이를 촉진하기 위한 발문, 새로운 아이디어와 다양한 놀이 자료를 제공해야 함. |
| ① | 개선할 점 | 해바라기 그리기 활동을 할 때 한 가지 본을 제시함 점 |
| | 이유 | 유아들의 다양한 표현과 창의성을 저해하는 문제로 이어질 수 있음 |
| | 해결 방안 | 유아들의 창의적인 표현을 돕기 위한 지도 방안에 대해 고민해야 함. 해바라기 실물 제공 혹은 다양한 기법으로 표현된 해바라기 작품을 여러 편 제공하는 등 폭넓은 감상 기회와 자유로운 표현 격려 |

### 3) 안 교사가 활용할 수 있는 반성적 사고 증진 방안 2가지 / 대화에 근거하여 논하기

| | | |
|---|---|---|
| ① | 논지 | 반성적 저널 쓰기 활동. 교수 행동이나 행동의 토대가 되는 교육 신념을 기록하는 것 |
| | 논거 | 행위를 하게 된 원인 및 행위로 인해 나타난 결과 등을 상세히 기록하는 과정에서 반성적 사고 능력이 신장됨 |
| ② | 논지 | 동료 교사와의 협의 |
| | 논거 | 문제를 바라보는 다양한 관점을 취할 수 있음. 이는 자신의 교수 행위를 다각적인 측면에서 반성하는 능력을 기르는데 도움이 됨 |

## 〈서론〉

1. 교사가 자신의 교수 행위를 돌아보며 깊이 있게 이해하려는 노력은 더 나은 교수 행위의 실천 가능성을 높인다.
2. 때문에 반성적 사고는 교사의 전문성 신장을 위한 필수적인 과정이다.
3. 이에 본론에서는 ~~~에 대해 논하고자 함

## 〈결론〉

1. 반성적 사고는 교육 현장에서 발생하는 문제를 명료히 하고, 교사가 최선의 결정을 내릴 수 있도록 돕는다.
2. 교사는 자기 성장과 더 나은 교육 행위의 실천을 위해 반성적 사고 능력을 함양하기 위해 노력해야 할 것이다.

# 반성적 사고 모범 답안

## 2015 논술 기출문제 [반성적 사고] 모범 답안

**서론**

　교사가 자신의 교수 행위를 돌아보고 깊이 있게 이해하려는 노력은 더 나은 교수 행위의 실천 가능성을 높인다. 때문에 반성적 사고는 교사의 전문성 신장을 위해 반드시 필요한 요인이다. 이에 본론에서는 반성적 사고의 긍정적 효과를 제시하고, 사례의 교사가 반성적 사고를 통해 개선해야 할 교수행동 및 반성적 사고 증진 방안에 대해 논하고자 한다.

**본론**

　1) 반성적 사고는 교사의 실천적 지식 형성을 돕는다. 실천적 지식은 교사가 가진 이론적 지식이 현장의 상황에 맞게 변형된 것으로, 교사가 올바른 판단을 하는 데 바탕이 되는 지식이다. 사례의 김 교사는 유아들을 지도해 보니 배운대로 되는 것이 아니었다고 말하며, 유아들을 가르치며 진지하게 고민하면서 새로 깨달은 것이 많다고 하였다. 이는 반성적 사고가 실천적 지식을 형성하는 데 영향을 미쳤음을 보여준다. 또한, 반성적 사고는 교사의 문제해결력 증진에 긍정적인 영향을 미친다. 교육 현장은 교사가 예측하지 못한 여러 가지 문제들이 동시다발적으로 발생하기도 한다. 김 교사는 교육 활동을 하며 부딪힌 문제들을 해결하기 위해 자신의 행동을 곰곰이 되돌아보았고, 이를 통해 문제를 해결하는 데 도움을 받았다고 하였는데, 이처럼 반성적 사고는 문제의 원인을 찾도록 도와주고, 바람직한 방안을 찾는 데 기여한다.

　2) 반성적 사고를 통해 사례의 안 교사가 개선해야 할 교수 행동은 다음과 같다. 첫째, 역할 놀이 영역에서 오래 놀고 있는 유아들을 의도적으로 다른 영역으로 가서 놀도록 지도한 점이다. 이러한 안 교사의 교수 행동은 유아의 흥미와 주도성을 무시한 것으로, 놀이를 통한 배움을 기대하기 어렵게 한다. 놀이는 유아들의 내적 동기와 자발적인 참여, 자유로움, 몰입 등의 특성에 기반하여 전개될 때 참된 가치가 나타난다. 따라서 교사는 유아의 놀이 주도권을 존중하고, 놀이 선택을 인정해 주어야 한다. 나아가 유아들의 다양한 놀이 경험을 격려하고자 한다면, 역할 놀이 영역 외의 영역에도 풍부한 놀이 자료를 제공하여 유아들이 자발적으로 다른 놀이에 흥미를 갖도록 지원할 수 있다. 둘째, 유아들의 놀이에 관심을 갖지 않은 점과 쌓기 놀이 영역에서 매번 같은 것만 만드는 유아들의 놀이에 대해 이유를 고민해 보라는 원장 선생님의 조언에도 불구하고 무엇을 고민해야 하는지 모르겠다는 점이다. 놀이를 통한 유아의 배움을 지원하기 위해 놀이를 관찰하는 것은 교사의 책무이다. 유아의 놀이에 관심을 갖지 않는 것은 교사의 역할을 다하지 않는 것이 되고 이는 유아의 성장에 걸림돌이 된다. 따라서 교사는 유아의 놀이에 관심을 갖고 관찰하여 놀이 속에 녹아 있는 배움을 읽어 내고, 이를 바탕으로 적절한 지원이 무엇인지를 결정할 수 있어야 한다. 놀이의 확장이 필요하다고 판단된다면, 놀이를 촉진하기 위한 발문 및 새로운 아이디어와 다양한 놀이 자료를 제공해야 한다. 셋째, 해바라기 그리기 활동을 할 때 한 가지 본을 제시하여 유아들이 똑같은 해바라기 그림을 그리도록 지도한 교수 방법을 개선해야 한다. 교사가 한 가지 본을 제시할 경우 유아들은 이를 그대로 모방하려고 하기 마련이고, 결과적으로 유아들의 자발적 표현과 창의성을 저해하게 된다. 따라서 교사는 유아들의 창의적인 표현을 돕기 위한

지도 방안에 대해 고민해야 한다. 해바라기의 실물을 제공할 수도 있고, 여러 가지 기법으로 표현된 해바라기 작품의 예시를 다양하게 제공할 수도 있다. 유아들에게 폭넓은 감상의 기회를 주고 유아들의 자유로운 표현을 격려해야 한다.

3) 반성적 사고를 증진시키기 위해 안 교사는 반성적 저널 쓰기 활동을 할 수 있다. 반성적 저널 쓰기는 교사가 자신의 교수 행동이나 행동의 토대가 되는 교육 신념을 기록하는 것으로, 행위를 하게 된 원인 및 행위로 인해 나타난 결과 등을 상세히 기록하는 과정에서 반성적 사고 능력이 신장되기 때문이다. 또한, 동료 교사와의 협의를 지속적으로 진행하는 것도 반성적 사고 능력을 신장시키기 위한 방법이다. 동료와의 협의를 통해 상황을 바라보는 다양한 관점을 취할 수 있고 이를 바탕으로 좀 더 다각적인 측면에서 자신의 교수 행위를 반성하는 능력을 갖출 수 있기 때문이다.

### 결론

반성적 사고는 교육 현장에서 발생하는 문제를 명료히 하고, 교사가 최선의 판단을 할 수 있도록 돕는다. 이에 교사는 자기 성장과 더 나은 교육 행위의 실천을 위해 반성적 사고를 지속하려는 적극적인 태도를 갖춰야 할 것이다.

# 2017 논술 기출문제 [역할 갈등]

## 문제

다음은 교사 학습공동체에서 나눈 교사들 간 대화이다. 1) 유아교사의 역할 4가지를 대화에 근거하여 제시하시오. 2) 김 교사의 대화를 바탕으로 역할갈등의 개념을 설명하고, 이에 근거하여 최 교사와 박 교사의 역할갈등 내용을 각각 1가지씩 제시하시오. 그리고 3) 최 교사와 박 교사 각각의 역할갈등 해결 방안을 개인 차원에서 2가지씩 논하고, 4) 이러한 역할갈등 해결을 지원하기 위한 조직 차원의 방안 2가지를 논하시오. [총 20점]

> 정 교사 : 선생님들께서 고민하시는 부분에 대해 이야기를 나누어 볼까요?
>
> 김 교사 : 요즘 저는 유아교사의 역할에 대해 고민하고 있어요. 저는 아이들을 잘 가르치는 것이 가장 중요하다고 생각하는데, 학부모님이나 원장님이 저에게 바라는 것은 조금 다른 것 같아요. 제 일은 아닌 것 같은데 해야 하기도 하고, 그러다 보면 정말 해야 할 일은 못 하게 될 때도 있어요. 그런데 주위에서 바라는 것은 너무 많고…… 정말 힘드네요.
>
> 최 교사 : 저도 비슷한 고민을 하고 있어요. 저희 반에 최근 발달 장애 진단을 받은 아이가 한 명 있는데 오늘 그 아이 어머니와 이야기를 나누고 나니 마음이 좀 복잡해요. 전에도 아이의 학급 내 생활과 관련해서 조언을 여러 번 해 드렸는데, 오늘은 그것 말고 문제행동 중재방법에 대해 물어보시네요.
>
> 정 교사 : 그 부분은 특수교육 전문가에게 도움을 받아야 하지 않을까요?
>
> 최 교사 : 네, 저도 그렇게 생각해요. 그래서 저보다는 우리 유치원의 특수교사와 상담하시는 것이 좋겠다고 말씀드렸더니 표정이 조금 안 좋아지시더라고요.
>
> 박 교사 : 제가 현재 근무하고 있는 곳은 3학급으로 구성된 병설 유치원이잖아요. 이번에 저희 유치원에 부임한 선생님들이 모두 초임이에요. 저도 이제 경력이 2년 밖에 안 되었는데 제가 선임교사이다 보니 교장 선생님께서 유치원에 관련된 대부분의 업무들에 제가 관여하기를 원하세요. 물론 저도 제가 해야 할 일이라고 생각하지만 부담이 많이 돼요.
>
> 정 교사 : 정말 힘드시겠네요.
>
> 박 교사 : 네. 제가 맡은 학급과 관련한 행정 업무도 해야 하고, 원내 장학에도 참여해야 하고요. 또 전담 원감선생님이 안 계시다 보니 유치원의 업무도 총괄하면서 교육지원청과 업무 협조도 자주 해야 하거든요. 챙겨야 할 일이 너무 많아서 오히려 무엇 하나도 제대로 못 하고 있는 것 같아 속상해요.

### 답안 작성 시 유의 사항

- 주어진 답안지 면수(2매 이내)에 맞게 서술하시오.

- 글의 체계를 논리적으로 짜임새 있게 구성하시오.

- 글의 명료성, 타당성, 일관성을 고려하여 서술하시오.

### 배 점

- **논술의 체계(총 5점)**
  - 글의 논리적 체계성
  - 맞춤법 및 어휘·문장의 적절성
- **논술의 내용(총 15점)**
  - 유아교사의 역할 [4점]
  - 역할갈등의 개념(3점)과 내용(2점) [5점]
  - 개인 차원의 역할갈등 해결방안 [4점]
  - 조직 차원의 지원방안 [2점]

# 2017 논술 기출문제 [역할 갈등] 논술 개요도

〈본론〉

## 1) 유아 교사의 역할 (4점) / 대화에 근거하여 제시하기

| | |
|---|---|
| ① | 교수자 |
| | 김 교사 : 아이들을 잘 가르치는 것이 중요하다 / 교사는 교육을 통해 유아의 발달을 촉진하는 역할을 해야 함 |
| ② | 상담자 및 조언자 |
| | 최 교사 : 학부모에게 유아 생활에 대한 조언을 함 / 교사는 부모와 상호작용하며 조언과 지지를 제공하는 역할을 해야 함 |
| ③ | 동료와의 협력자 |
| | 정 교사 : 특수교육 전문가의 도움을 받을 것을 제안 + 박 교사 : 원내 장학에 참여해야 해요 / 교육 전문성을 갖춘 동료들과 함께 협력해야 함 |
| ④ | 행정업무 및 관리자 |
| | 박 교사 : 행정업무, 유치원 업무 총괄, 교육지원청과 업무 협조도 함 / 교육 활동을 위한 제반 업무를 수행해야 함 |

## 2) 역할 갈등 개념과 사례에 나타난 역할 갈등의 내용 (5점) / 사례에서 찾아 논하기

| 역할 갈등<br>개념 | 교사가 자신의 역할이라 인식하는 것과 다른 사람들이 교사에게 기대하는 것이 불일치하여 역할 수행에 혼란을 겪는 것<br>→ 김 교사 : 역할에 대한 자신의 생각과 원장 및 학부모의 바람이 달라 무엇을 해야 할지 힘들어 함 | |
|---|---|---|
| 역할 갈등<br>내용 | 최 교사 | 장애유아에 대한 상담이 자신의 역할이라 지각하지 않으나, 부모의 역할기대로 인하여 역할수행에 혼란을 겪고 있음 |
| | 박 교사 | 유치원 업무가 자신의 역할이라 인식하지만, 지나친 기대로 인하여 역할을 다하는 것에 부담을 느끼고 있음 |

## 3) 역할 갈등 해결 방안 – 개인차원 (4점) / 자신의 의견 논하기

| 개인 차원 | 최 교사 | ① | 장애 유아 지도에 대한 연수 참여 → 장애 유아 지원 및 교육에 대한 역할을 인식하고, 연수를 통해 특수교육에 대한 전문적 능력을 갖추기 |
|---|---|---|---|
| | | ② | 반성적 저널 쓰기 → 상담 시 보인 자신의 자세를 돌아보고, 교사 역할에 대한 인식을 재정립하기 |
| | 박 교사 | ① | 교사 간 협의 → 관리자 및 동료와의 협의를 통해 합리적인 업무 분장하기 |
| | | ② | 멘토링 → 인근 유치원의 고경력 교사에게 멘토링을 요청하여 업무 지원받기<br>(또는) 컨설팅 장학을 요청하여 업무처리기술에 대한 지도·조언 받기 |

## 4) 역할 갈등 해결 방안 – 조직차원 (2점) / 자신의 의견 논하기

| 조직 차원 | ① | 교육청과 유치원은 장애통합교육 운영에 대한 연수 및 특수 교육 전문가 지원 |
|---|---|---|
| | ② | 업무 간소화 및 행정 업무 지원 인력 배치 |

〈서론〉

| 1. 오늘날, 유아 교사에게 기대하는 역할이 다양해짐에 따라 교사들은 역할 갈등을 겪게 됨<br>2. 역할 갈등은 교육의 질 저하로 이어지므로 이를 해결하기 위한 노력이 중요함<br>3. 이에 본론에서는 ~~~논하고자 함 |
|---|

〈결론〉

| 1. 유아 교사의 역할 갈등은 우수한 교육의 질을 확보하는 데 걸림돌이 됨<br>2. 이에 교사들은 사회에서 기대하는 역할을 이해하고, 수행 능력을 키워 역할 갈등을 최소화하기 위해 노력해야 함 |
|---|

# 역할 갈등 모범 답안

## 2017 논술 기출문제 [역할 갈등] 모범 답안

### 서론

급변하는 사회 속에서 교사들은 적지 않은 갈등을 겪는다. 이러한 교사의 역할 갈등은 교육의 질 저하로 이어지므로 이를 원만히 해결하는 것은 중요하다. 이에 본론에서는 제시문을 분석하여 유아 교사의 역할을 제시하고, 사례의 교사들이 겪고 있는 역할 갈등 및 해결 방안에 대해 논하고자 한다.

### 본론

1) 유아 교사는 다양한 역할을 수행해야 한다. 이를 제시하면, 첫째, 사례의 김 교사가 아이들을 잘 가르치는 것이 교사의 중요한 역할이라고 했듯 교사는 유아의 발달을 촉진하고 지원하기 위한 교수자의 역할을 한다. 둘째, 최 교사가 학부모에게 유아의 학급 내 생활에 대해 조언을 한 것처럼 교사에게는 부모와 상호작용하며 조언과 지지를 제공하는 상담자 및 조언자의 역할이 있다. 셋째, 정 교사가 특수 교육 전문가와의 협력을 제안하고, 박 교사가 원내 장학에 참여한다고 한 것과 같이, 유아 교사는 동료 교사와 연계하여 교육의 발전을 도모하기 위해 노력하는 동료와의 협력자 역할을 수행한다. 넷째, 박 교사가 학급 관련 행정업무와 유치원 업무 총괄 및 교육지원청의 업무 협조를 해야 한다고 말한 것과 같이 유아 교사는 교육활동을 위한 제반 업무를 수행하는 행정업무 및 관리자의 역할을 한다.

2) 교사들이 경험하는 역할 갈등이란, 교사가 자신의 역할이라 인식하는 것과 다른 사람들이 교사에게 기대하는 것이 불일치하여 역할수행에 어려움을 겪는 것을 말한다. 사례의 김 교사는 자신이 중요하다고 생각하는 역할과 원장 및 학부모의 바람이 달라, 자신의 일이 아닌 것 같은데 해야 할 때도 있고, 그러다 보면 정말 해야 할 일을 못할 때가 있다고 느낀다. 이와 같은 상황이 바로 역할 갈등 상황이다. 이에 근거하여 사례의 최 교사와 박 교사가 겪는 역할 갈등 내용을 제시하면 먼저, 최 교사는 장애 유아에 대한 상담이 자신의 역할이라 지각하지 않으나, 이 역할을 기대하는 부모로 인해 역할수행에 혼란을 느끼고 있다. 다음으로, 박 교사는 유치원 전반의 업무가 자신이 해야 할 역할이라 인식은 하나, 자신의 경력에 비해 과도하게 부과되는 관리자의 역할 기대로 인하여 역할을 수행하는 데 부담을 느끼고 있다.

3) 최 교사와 박 교사가 역할 갈등을 해결하기 위한 개인 차원의 방안은 다음과 같다. 우선 최 교사는 첫째, 반성적 저널쓰기를 통하여 상담 시 자신의 자세를 돌아보고 자신의 역할에 대한 인식을 재정립할 필요가 있다. 통합학급 교사는 장애 유아의 발달을 지원하기 위해 부모와의 상담을 비롯한 교육에 최선의 노력을 다해야 한다. 둘째, 특수교육 및 통합교육 실행 능력 향상을 위한 직무 연수를 받는 것이다. 연수를 통해 통합교육 활동 및 유아의 행동 지도에 대한 전문적 지식과 기술을 갖추게 된다면 역할 수행에 어려움을 극복하고, 역할 갈등을 해소할 수 있다. 다음으로, 박 교사는 첫째, 교사 협의회를 통해 관리자 및 동료 교사와 협의하여 합리적으로 업무를 다시 분장하는 방법이 있다. 저경력 교사들로 구성된 유치원일지라도 서로 협의하여 업무를 분담해 처리한다면 역할 갈등을 극복할 수 있을 뿐 아니라 원 운영의 효율성도 높일 수 있다. 둘째, 지역구의 선배 교사에게 도움을 요청하는 방법이 있다.

인근 유치원의 고 경력 교사와 멘토링을 진행하며 업무를 효율적으로 수행할 수 있는 방법을 배우고, 업무 지원을 받을 수 있다.

4) 조직 차원에서의 해결 방안은 다음과 같다. 첫째, 교육청과 유치원은 통합교육 운영에 대한 연수를 강화하고 특수 교육 전문가와의 협력 체계를 마련하여 일반 유아 교사가 장애 유아의 지도에 따른 역할을 잘 수행해 나갈 수 있도록 도와야 한다. 둘째, 업무 간소화를 위한 시스템을 마련하거나 행정 인력을 배치하여 교사에게 과도하게 집중되는 업무에 대한 부담을 줄여주어야 한다.

### 결론

유아 교사가 겪는 역할 갈등은 교육의 질 향상에 걸림돌이 된다. 이에 교사들은 사회에서 기대하는 역할을 이해하고 수용할 수 있어야 하며, 역할 수행에 필요한 역량을 키워 역할 갈등을 최소화하기 위해 노력해야 한다. 더불어 조직 차원에서도 교사의 역할 갈등에 관심을 갖고 함께 해결해 나가고자 노력해야 할 것이다.

# CHAPTER 05 | 확인학습 문제로 **내용 다지기**

정답_p.608

**01** 유아교사가 전문직인 근거를 5가지 쓰시오.

1) _____

2) _____

3) _____

4) _____

5) _____

**02** 다음의 괄호에 들어갈 알맞은 내용을 쓰시오.

| 교직관 | 교사의 지위 유형 | 교사의 본질 | 교사의 지위 명칭 | 교사의 지위 기능 |
|---|---|---|---|---|
| ( ㉠ ) | 인격자 | ( ㉡ ) | 스승(선생) | 본질적 지위 |
| ( ㉢ ) | ( ㉣ ) | 전문성(자율성) | 교육자(교사) | |
| 공직 | 공직자 | 공공성 | 교원(교육공무원) | 수단적 지위 |
| 노동직 | 근로자 | 근로성 | 교육근로자 (교육노동자) | |

㉠ _____    ㉡ _____

㉢ _____    ㉣ _____

**03** Elbaz의 실천적 지식에 대해 정의하고 실천적 지식을 두 종류로 구분하여 각각을 설명하시오.

1) 정의

2) 실천적 지식의 구분

| 구분 | 설명 |
|---|---|
| ① |  |
| ② |  |

**04** 1) ㉠과 ㉢에 들어갈 알맞은 용어를 순서대로 쓰고, 2) Dewey가 제시한 것으로 ㉡을 준비하는 사람의 3가지 태도를 모두 쓰시오.

① ( ㉠ )이/가 높은 교사의 특징은 학생들과 생활하는 것을 의미 있고 중요한 일이라고 인식하고 교사 자신이 학생의 학습에 영향력을 미칠 수 있다고 생각한다. 또한, ( ㉠ )이/가 높은 교사는 학생들의 학업 성취와 행동에 대해 긍정적인 기대감을 갖고 있다.

② ( ㉡ )은/는 자신의 신념이나 실천행위의 원인이나 결과를 적극적으로 고려하는 사고를 의미하며, 예비 교사들이 교수활동의 불확실성을 극복할 수 있는 능력을 기르기 위해서는 현장 교육에 대한 경험을 재구성할 수 있는 ( ㉡ )의 과정이 필요하다. 또한 ( ㉡ )은/는 교사들의 자율적인 의사 결정 능력을 향상시키는 데 중요한 역할을 한다.

③ 유능한 교사의 특징 중 하나는 교수에 필요한 이론적 지식, 기술, 방법에서 요구하는 일반적인 지식 기반을 바탕으로 결정을 내리며 교실의 특수한 문제 상황에 적용할 수 있는 지식을 갖추어 이를 행동으로 옮길 수 있는 능력을 갖춘 것이다. 즉, 유아교육 분야만이 독특하게 가지고 있는 전문적 지식과 함께 개인의 역사에 의해 형성된 개인적 지식인 ( ㉢ )을/를 가진 사람을 유능한 교사라고 할 수 있다.

1) _____

2) _____

05  문항 4의 ㉠을 형성하는 데 영향을 미치는 요인 4가지를 쓰고, 각각에 해당되는 내용을 쓰시오.

1) _____

2) _____

3) _____

4) _____

06  반성적 사고에 대한 설명이다. ㉠과 ㉡이 설명하는 반성적 사고의 형태가 무엇인지 쓰고, ㉢에 들어갈 말을 하시오.

> 킬리온과 토드넴(Killion & Todnem)은 교사가 반성적 사고를 하는 시기에 따라 ㉠ 이미 일어난 상황에 대하여 나중에 반성적 사고를 하게 되는 경우와 ㉡ 교사가 수업을 하다가 유아의 반응을 보고 판단하여 교수내용이나 방법을 변경할 때 일어나는 반성적 사고를 구분하였다. 또한, 이 두 가지의 반성적 사고의 결과가 바람직하게 나타나도록 하는 조금 더 적극적인 개념으로, ( ㉢ )을/를 제시하였다.

㉠ _____       ㉡ _____

㉢ _____

chapter
05

**07** 다음은 실천적 지식을 형성하거나 효과적으로 사용할 수 있는 근거 영역에 대한 설명이다. 각각에 알맞은 내용을 쓰시오.

| 의미 | 근거 영역 |
|---|---|
| 교사가 어떠한 교사 양성 과정을 거쳤는가는 실천적 지식의 영향을 끼치는 이론과 지식의 깊이를 좌우할 수 있다. | ① |
| 교사가 실천적 지식을 형성할 때 영향을 끼치는 ( ㉠ )을/를 의미한다. | 경험적 근거 |
| 교사는 자신이 처한 교실 환경의 ( ② )에 따라 최선의 교육의 효과를 가져올 수 있는 방향으로 지식을 재구성·재조직하여 가장 적절한 실천적 지식을 형성한다. | ② |
| 이미 가지고 있는 지식이나 이론들 외에 영향을 끼칠 수 있는 교사 자신이 가지고 있는 ( ㉡ ) 등을 의미한다. 실천적 지식은 교사의 권위에 의한 산물이며 동시에 교사의 권위를 위한 도구가 될 수 있다. | ③ |
| 교사가 실천적인 지식을 형성할 때 ( ㉢ )이/가 영향을 끼친다. 실천적 지식은 바람직한 사회를 형성하기 위한 교육에 활용되며 그 맥락 속에서 최대의 교육 효과를 가져올 수 있다는 의미이기도 하다. | ④ |

① _____   ㉠ _____

② _____   ㉡ _____

③ _____   ㉢ _____

④ _____

**08** 다음은 Saracho가 제시한 교사의 역할 유형이다. 각각에 들어갈 알맞은 내용을 쓰시오.

| 내용 | 교사의 역할 |
|---|---|
| 지역사회에서 중요시하는 학습은 물론 유아교육의 이론과 실제에 기초하여 유아들의 능력에 맞는 교육과정을 개발하는 역할을 의미한다. | ① |
| 끊임없이 유아와 상호작용하며 가르치는 일과 함께 정서적인 지지와 보호하는 교사의 역할을 의미한다. | ② |
| ③ | 진단자 |
| ④ | 교수조직자 |

**09** 반성적 사고에 대해 정의하고, 반매논(Van Manen)이 제시한 반성적 사고의 수준과 관련하여 괄호에 적절한 내용을 제시하시오.

1) 정의

_____

_____

2) 반성적 사고의 수준

| 의미 | 수준 |
|---|---|
| • 이 수준의 주된 관심사는 주어진 목적을 달성하기 위해 교육적 지식을 기술적으로 적용하는 것에 있다.<br>• 목표 그 자체가 의문시되는 경우는 거의 없으며 당연히 추구해야 하는 것으로 여겨진다. | ① |
| • 문제 상황에 직면하거나 어떤 결정을 내려야 할 때 그 문제나 상황의 기저에 깔려있는 가정이나 경향성에 대하여 분석해 보고, 교사가 취한 행동이 미칠 ( ㉠ ) 까지 검토한 후에 행동을 하게 된다.<br>• 모든 교육적인 행위는 특정한 가치관과 연결되어 있다고 보며 여러 가지 교육적 목표들 가운데 ( ㉡ ) 에 대한 논의가 이루어진다.<br>• 이 수준의 교사는 아주 기술적이고 도구적인 교수 활동에서 벗어나지만 아직도 모든 결정이 ( ㉢ )에만 기초를 두고 있다. | ② |
| • 반성적 사고의 마지막 단계로 교사들은 학급에서 일어나는 여러 가지 상황과 그에 영향을 미치는 ( ㉣ ) 조건들을 연관시켜 볼 수 있는 능력이 생기게 된다.<br>• 이 단계에서 논의의 대상은 ( ㉤ )에 초점이 맞추어지게 된다.<br>• 밴 매논이 세 번째 단계를 중시하는 것은 교육목표를 어떻게 하면 효과적으로 달성할 수 있을까를 염려하는 것이 잘못된 것은 아니지만 이러한 기술적인 관점이 교사들로 하여금 ( ㉥ )을/를 만들어 내고 유지하는데 교육이 차지하는 역할에 대한 논의에 장애가 된다고 믿기 때문이다. | ③ |

① _____  ② _____  ③ _____

㉠ _____

㉡ _____

㉢ _____

㉣ _____

㉤ _____

㉥ _____

**10** 다음은 Sparks-Langer & Colton이 제시한 반성적 사고의 요소에 대한 설명이다. 알맞은 내용을 쓰시오.

| ㉠ | • 반성적 사고과정에서 교사가 어떻게 정보를 진행하고 의사결정을 하는지를 규정하는 요소<br>• 교사가 올바른 결정을 내리기 위해 필요한 지식<br>• 교과 내용에 대한 지식, 일반적인 교육학적 지식 |
|---|---|
| ㉡ | • 경험과 가치, 사회적으로 내포된 의미를 이끄는 본질에 초점을 두는 요소<br>• 사회 정의에 대한 도덕적·윤리적 측면을 고려하는 것이다. |
| 서술적 요소 | • 교사 자신의 특별한 일 속에서 발생된 사건에 대한 ( ㉢ )을/를 언급한 요소 |

㉠ _____

㉡ _____

㉢ _____

**11** Katz가 제시한 유아교사의 역할에 대한 설명이다. 알맞은 교사 역할의 명칭을 쓰시오.

| ㉠ | 모친 모형 |
|---|---|
| 유아들에게 교육내용을 전달하고 가르치는 역할 | ㉡ |
| ㉢ | 치료 모형 |

**12** 다음이 설명하는 교사의 역할 명칭을 쓰시오.

> 교육 행사를 준비하고 실시하며, 원아모집에 대한 계획과 실행을 하여 학급편성을 하고, 유아에 대한 각종 기록 및 교직원에 대한 문서의 기록, 보관을 위한 지식을 갖추는 것이다. 영양 및 건강에 대한 지식을 갖추고, 유아에게 교육을 실시하여야 하며, 영양의 균형과 다양성을 고려하여 식단을 구성하고, 유아의 건강상태에 대한 일일점검을 하여야 한다.

유아교사의 역할 _____

> 유치원 조직의 일원으로서 동료 구성원들과 협력적인 관계를 형성하여 경험을 공유하며, 공동의 책임감과 목적을 갖고 유치원 교육의 질을 높이는 데 참여하는 것을 의미한다. 이 역할을 수행하기 위해 교사는 비교적 형식화된 과정인 수업 관찰 및 피드백 제공뿐 아니라 공동의 관심사나 경험 등에 대해 공유함으로써 상호 협력적으로 전문성 발달을 이루어 가는 것이 바람직하다.

유아교사의 역할 _____

**13** Spodek이 제시한 유아교사의 역할에 대한 설명이다. 알맞은 교사 역할의 명칭을 쓰시오.

| 내용 | 교사의 역할 |
|---|---|
| ㉠ | 관련적 역할 |
| 유아기의 특성상 그들의 건강, 보호, 안전에 특히 주의를 해야 하는 측면으로, 교사는 유아들에게 사랑과 편안함을 제공해야 한다. | ㉡ |
| 교사에 대한 전통적인 관점인 지식 전달이라는 직접적인 형태뿐만 아니라 학습 상황을 만들어 주고, 교육자원을 접하게 하며, 유아들로 하여금 현실세계에 대해 지각하게 하고, 평가하는 등 교수의 간접적인 형태까지를 포함한다. | ㉢ |

**14** 유아교사의 자질에 대한 설명이다. 알맞은 용어를 쓰시오.

1) 유아교사의 ( ㉠ )
   ㉠은 교사로서의 역할을 다하기 위해 갖추어야 할 교사의 전문적인 능력을 말한다.
   ㉠의 종류로는 (      ,      ,      ,      ) 등을 들 수 있다.
2) 유아교사의 ( ㉡ )
   ㉡은 교사의 개인적 인성에 중점을 두고 있다.
   ㉡의 종류로는 (      ,      ,      ,      ,      ) 등을 들 수 있다.

1) ㉠ _____

　㉠의 종류 _____

2) ㉡ _____

　㉡의 종류 _____


**15** 다음은 교사가 교육활동에 전념할 수 있도록 보장받을 수 있는 적극적 권리에 대한 설명이다. 설명에 알맞은 권리를 쓰시오.

| | |
|---|---|
| 교육의 효과와 능률을 높이기 위해서 과중한 잡무, 학생 부담, 수업 부담을 덜어주어야 한다. | ㉠ |
| 생활 안정과 가족 부양에 대한 책임을 덜어주어 교육활동에 전념토록 해야 한다. | ㉡ |
| 교육기본법 제14조 : 학교 교육에서 교원의 전문성은 존중된다. / 교사가 전문적 능력을 자율적으로 발휘하도록 제반 여건 조성이 필요하다. | ㉢ |
| 교육기본법 제14조 : 교원의 경제적·사회적 지위는 우대되어야 한다. / 안정된 생활 기반위에서 가르치는 일에 몰두할 수 있는 여건을 마련해 주어야 한다. | ㉣ |

**16** 다음은 교사의 권리와 의무에 대한 설명이다. 1) 설명에 알맞은 권리 또는 의무의
명칭을 쓰고, 2) 아래 표에 제시된 기준에 따라 구분하시오.

| 설명 | 명칭 |
|---|---|
| • 정치적, 파당적, 편견의 선전을 위해 교육을 이용해서는 안 된다.<br>• 특정 정당을 지지하거나 배격하기 위해 학생을 지도 혹은 선동할 수 없다. | 정치 활동의<br>금지 |
| • 교육공무원법 제43조 : 전문적 지위나 신분에 영향을 미치는 부당한 간섭을 받지 않는다. | ㉠ |
| • 재직 중, 퇴직 후 직무상 알게 된 비밀을 엄수해야 한다. | 비밀 엄수의<br>의무 |
| • 법에 어긋나는 부당한 처분을 받았을 경우 재심을 청구하거나 행정 소송을 제기할 수 있다. | 쟁송 제기권 |
| • 국가공무원법 제66조 제1항 : 공무원은 노동 운동, 기타 공무 이외의 일을 위한 집단 행위를 금지한다.<br>• 교원의 노동조합설립 및 운영 등에 관한 법률 : 단체 행동권은 금지하지만, 단결권, 단체 교섭권은 허용한다. | ㉡ |
| • 국가공무원법에 규정된 공무원의 의무에 충실해야 한다.<br>• 교원은 취임 전 선서, 법령을 준수하여 성실하게 직무 수행, 직무상 명령에 복종해야 한다. | 선서, 성실,<br>복종의 의무 |
| • 품위를 손상하는 행위를 해서는 안 되며, 사표가 되는 품성을 도야해야 한다. | ㉢ |
| • 교원은 특별시, 광역시, 도 단위 또는 전국 단위에 한하여 노동조합을 설립할 수 있다. | 교원의 노동<br>조합 설립 및<br>참여권 |
| • 국가공무원법 제64조 : 공무원은 공무 외 영리를 목적으로 하는 사업에 종사하지 못하며 소속 기관장의 허가 없이 다른 직무를 겸할 수 없다.<br>• 교육기본법 제14조 제5항 : 교원은 법률로 정하는 바에 따라 다른 공직에 취임할 수 있다. | ㉣ |

소극적 의무 _____

소극적 권리 _____

적극적 의무 _____

적극적 권리 _____

chapter
**05**

**17** 다음이 설명하는 것이 무엇인지 쓰시오.

> 가르치는 일은 필연적으로 수없이 많은 딜레마에 직면하게 된다. 딜레마란 같은 비중의 가치가 서로 충돌하여 어느 한쪽으로 의사 결정을 내리기 어려운 상태를 의미한다. 이것은 교사들이 이런 딜레마에 직면했을 때 가장 적절한 의사 결정을 내릴 수 있도록 이끌어 주는 지침이 된다.

용어 _____


**18** 유아교사에게 윤리강령이 필요한 이유 4가지를 유아 교직의 특수성과 관련하여 설명하시오.

1) _____

_____

2) _____

_____

3) _____

_____

4) _____

_____

19 Hunt는 교사의 발달을 인지적 측면에서 연구하였는데, 개념 수준이 높은 교사들은 교수 방법에 더 잘 적응하고 융통성이 있으며 모호한 상황을 편안하게 받아들인다는 점과 함께 3가지를 갖추고 있다고 제시하였다. 1) 이것이 무엇인지 쓰고, 2) 그가 구분한 3단계 교사 발달을 아래를 참고하여 정리하시오.

1) 개념 수준이 높은 교사들에게서 나타나는 행동 (3R)

① _____  ② _____  ③ _____

2) 교사발달 단계

| | |
|---|---|
| 이 단계의 교사들은 사고가 ( ㉠ )을/를 띠어, 규칙이 고정되어 있고 변화되지 않는 것으로 생각한다. 가르치는 데 있어서 ( ㉡ )방법을 선호한다. | ① |
| 이 수준의 교사들은 감정의 중요성뿐만 아니라 문제해결을 위한 대안적 전략의 중요성을 인식한다. 이들은 새로운 아이디어에 대해 개방적이며 다소 모호한 상황을 편안하게 받아들인다. | ② |
| 이 수준의 교사들은 ( ㉢ )특징이 있다. 또한, 복잡한 지적 기능과 대인관계 기능에 있어서 통합 능력이 있으며 자신이 한 행동의 결과를 전적으로 수용한다. 학생들의 요구를 잘 이해하고 적절하게 반응할 수 있으며, 교수법에 있어서 ( ㉣ )을/를 사용한다. | ③ |

① _____  ② _____  ③ _____

㉠ _____

㉡ _____

㉢ _____

㉣ _____

20 Hargreaves와 Fullan이 제시하는 교사 발달의 세 측면 중 아래가 설명하는 것이 무엇인지 쓰시오.

| | |
|---|---|
| 교사의 교수 행동과 신념은 밀접하게 관련되어 있기 때문에 교사의 신념과 태도에 대한 기본적인 이해 없이 겉으로 드러나는 행동이나 기술에만 초점을 두는 것은 의미가 없다. | ㉠ |
| 교사에게 좀 더 잘 가르치기 위한 교수 기회와 전문적인 학습을 지원하는 직무환경 조성의 중요성을 강조하고 있다. | ㉡ |

**21** 다음은 교사의 사고수준에 따른 발달 단계를 분류한 학자 중 Glickman에 대한 설명이다. 적절한 내용을 쓰시오.

1) Glickman은 사고의 ㉠(                              )을/를 중심으로 교사의 사고수준을 저·중·고의 세 가지로 구분하고 있다.

2) Glickman이 구분한 교사의 발달 단계에 따른 단계별 특징을 쓰시오.

| 추상적 사고 수준이 낮은 교사 | ㉡ |
|---|---|
| 추상적 사고 수준이 중간인 교사 | ㉢ |
| 추상적 사고 수준이 높은 교사 | ㉣ |

**22** Fuller& Bown의 관심사 발달에 대한 내용을 읽고, 해당되는 발달 단계의 명칭을 쓰시오.

| 내용 | 단계 명칭 |
|---|---|
| 경험이 없는 예비 교사들이 교사보다는 학생에게 관심을 보임, 교사에 대한 환상을 가짐 | ㉠ |
| 많은 학생, 수업 과다, 과중한 업무, 시간의 부족, 교수 자료의 부족, 교사 자신의 교수 행위 등에 대한 관심을 가짐 | ㉡ |
| 학급 통제, 교수 내용에 대한 숙달, 장학사의 평가 등에 관심을 가짐 | ㉢ |
| 학생들의 학습, 사회 정서적 요구, 학생에 대한 개인적인 관계 등에 관심을 가짐 | ㉣ |

◎ 발달 순서대로 제시 : (          →          →          →          )

**23** Katz의 교사 발달 이론에 대한 내용을 읽고 해당되는 단계의 명칭을 쓰시오.

| 내용 | 단계 명칭 |
|---|---|
| 어느 정도 안정감과 자신감을 갖게 되며, 지금까지 배운 것들을 확고히 한다. 다른 업무나 기술을 숙달하고 개별적인 문제 유아와 상황에 초점을 두기 시작한다. | ㉠ |
| 교사가 교사로서의 완전한 자신감과 경험을 갖추게 되는 시기, 교사로서 자신을 인정하고, 자아 갱신을 위한 전략과 관습을 개발하며, 철학, 성장과 학습의 본질, 학교와 사회의 관계, 교직 등에 대해 나름의 안목과 관점을 가지게 된다. | ㉡ |
| 교직 경력이 약 2년에서 5년쯤 되었을 때의 시기, 종래의 일을 반복하기 보다는 무언가 새로운 것을 시도해 보고자 하여 다양한 프로그램에 관한 정보와 도움을 얻고자 한다. | ㉢ |
| 교육 현장에서 부딪치는 여러 가지 문제를 원활하게 처리해 나갈 수 있을지에 많은 관심과 우려를 표한다. 이 단계의 교사들에게는 지원과 이해, 격려, 확신, 위로 등 심리적 안정과 교실 현장에서 즉각적으로 활용할 수 있는 통찰력이 필요하다. | ㉣ |

◎ 발달 순서대로 제시 : (          →          →          →          )

**24** 휴버만(Huberman)의 복합주기이론에 대한 설명이다. 설명에 해당되는 교사 발달 단계의 명칭을 쓰시오.

chapter<br>**05**

| 내용 | 단계 명칭 |
|---|---|
| • 교직 입문 단계로, 교직 경험이 없던 교사들이 교수활동의 복잡성과 우연성에 직면하면서 발생하는 현실에 대한 충격을 경험함<br>• 처음 교직을 맡게 됨으로써 열정적으로 무언가를 추구하고자 노력하는 양상을 보임 | ㉠ |
| • 수업에 대한 지식을 점차적으로 통합하기 위해 동료교사, 장학사 등의 영향을 증대시키려고 노력함. 또한 수업에 관한 능력을 향상시키기 위해 다양한 교재를 준비하고 다양한 학습 집단을 구성하여 실천하려고 노력함<br>• 학교, 교육청의 정책에 문제점을 지적하고 해결할 수 있는 방안을 제시하려고 노력함 | ㉡ |
| • 교직에 대한 다양한 의식을 하면서 중견 교사로서 직업적 위기의식을 느낌<br>• 교육개혁의지에 환멸을 느끼기도 하며, 자신의 교직 생활에 대해 재평가하는 시기임 | ㉢ |
| • 헌신, 안정감, 책임 수행 등의 특징이 나타남. 교사로서의 자아상을 갖추면서 역할혼란이나 역할 불확실성을 극복하고 자신의 직업에 헌신하여 맡겨지는 일에 책임을 다하게 됨 | ㉣ |

◎ 제시된 것을 발달 순서대로 제시 : (          →          →          →          )

**25** 버크, 크리스텐슨, 훼슬러(Burke, Christensen, Fessler)의 교사발달순환모형에 대한 설명이다. 다음에 설명하고 있는 교사 발단 단계의 명칭을 쓰시오.

| 내용 | 단계 명칭 |
|---|---|
| • 특정한 직업적 역할을 준비하는 시기로 대학에서 교사교육을 받는 기간에 해당됨<br>• 이 단계에서는 고등교육기관에 다니거나 근무 상황 중 교사 발달의 부분으로서 새로운 역할이나 업무를 재훈련받기도 함 | ㉠ |
| • 이 단계 교사들은 직무상 높은 수준의 능력을 갖추며 전문가로서 계속적인 발전을 추구함<br>• 또한 자신의 일을 사랑하며 학생과의 상호작용을 기대하고 교수법을 풍부히 할 수 있는 새로운 방법을 추구하고자 노력함 | ㉡ |
| • 이 단계의 교사들은 교수기술과 능력을 향상시키기 위해 새로운 교수 자료, 방법, 전략들을 탐색함<br>• 또한 새로운 관점을 수용하고 워크숍이나 회의에 적극적으로 참여하고 자기 주도적으로 대학원에 등록하기도 하며 일련의 교수 기술을 개선하는 등 능력 향상을 추구하는 시기임 | ㉢ |

**26** 교사의 발달을 돕기 위한 장학에 대한 설명이다. 각각에 해당되는 장학의 명칭을 쓰시오.

( ㉠ )은/는 교사와 장학사 간에 직접적이고 상호적인 관계를 형성하여 합리적으로 수업을 계획하고 참관하며, 이에 대하여 집중적이고 객관적인 분석을 하는 체계적인 순환 방식의 장학 유형이다. ( ㉡ )은/는 2~3명 이상의 교사가 자신의 전문성 발달을 위해 함께 협력하고자 하는 비교적 형식화된 과정의 장학을 총체적으로 일컫는 말이다.
( ㉢ )은/는 교사가 외적 자극에 의하여 타율적으로 지도받는 것이 아니라 스스로 자신을 개발하려는 내적 동기에 의해 이행되는 장학을 말한다. ( ㉣ )은/는 교육청의 장학 활동으로, 의뢰인의 자발적인 요청으로 시작되어 전문성을 갖춘 컨설턴트들의 지도와 조언활동으로 진행된다. ( ㉤ )은/는 원장 및 원감이 간헐적이며 짧은 시간 동안 학급 순시나 수업 참관을 통하여 교사의 수업활동 및 학급경영을 관찰하고 이에 대해 교사에게 지도 및 조언을 제공하는 활동을 의미한다. ( ㉥ )은/는 온라인 공간에서 교육활동 관련 정보제공, 학습자료 공유, 전문가와의 상담 등을 지원하는 장학 방법이다.

㉠ _____  ㉡ _____  ㉢ _____

㉣ _____  ㉤ _____  ㉥ _____

**27** 임상장학 운영 시 각 단계에서 진행될 내용을 쓰시오.

| 1단계 | 관찰 전 협의회 | 1) |
|---|---|---|
| 2단계 | 관찰 | 2) |
| 3단계 | 관찰 후 협의회 | 3) |

**28** 다음이 설명하는 장학의 방법이 무엇인지 쓰시오.

이 방법은 교사의 신념을 드러내어 검토하고 분석할 수 있는 기회를 제공해 준다. 교사 자신의 교수 행동에 대해 끊임없이 반성적인 사고를 함으로써 사고와 실천 사이의 간격을 좁혀갈 수 있고, 유아교육기관과 학급에서 일어나는 실천 행위를 스스로 관찰, 분석, 평가할 수 있는 수단이 되어 교사 자신이 자율적 의사 결정자가 되도록 도와준다. 유아 교사들로 하여금 신념을 가지게 하고 지식을 겉으로 분명히 드러나게 하며, 감정과 사고 사이의 내적인 대화를 가능하게 해주기 때문에 그 자체만으로 전문성을 향상시키는 방법이 될 수 있다.

장학 방법 _____

**29** 다음은 컨설팅 장학의 원리에 대한 설명이다. 알맞은 내용을 쓰시오.

| 의뢰인과 컨설턴트 모두 서로 성장하고 학습하는 과정을 의미한다. | ㉠ |
|---|---|
| 의뢰인의 과제가 해결되면 종료한다. | ㉡ |
| 과제를 해결하기 위한 과정에서 결정권과 책임은 의뢰인에게 있다. | ㉢ |

**30** 멘토링은 경력 있고, 능숙한 교사들이 초임 교사나 기술적 측면에서 지원이 필요한 교사들을 위해 시범적인 역할을 보여주고 격려하는 장학의 방법이다. 이때 멘토의 자질 3가지와 멘토와 멘티의 자세에 대해 각각 2가지씩 쓰시오.

| 멘토의 자질 | ① |
|---|---|
| | ② |
| | ③ |
| 멘토의 자세 (피드백 제공 시 유의점) | ① |
| | ② |
| 멘티의 자세 | ① |
| | ② |

# 박수민

## 유아임용의 정석 - 유아교육개론

# CHAPTER
# 05 | 기출문제로 **감각 익히기**

정답_p.618

**01** 다음은 다사랑 유치원의 만 5세 햇님반 사례이다. 물음에 답하시오. 2013학년도–A

> 햇님반에는 지연이를 포함한 20명의 유아들이 있다. 이반에는 홍 교사와 함께 한 명의 하모니 선생님이 배치되어 있다. 웃어른을 공경하는 우리나라 문화의 영향으로 지연이를 비롯한 유아들은 하모니 선생님께도 공손하고 잘 따른다.
>
> 이 반의 담임인 경력 1년차 홍 교사는 지연이 어머니 때문에 마음이 몇 번 불편한 적이 있었다. 며칠 전에는 유치원 홈페이지에 올려놓은 지연이 생일 사진이 마음에 들지 않는다고 지연이 어머니로부터 전화를 받았는데, 당황하여 제대로 답변조차 하지 못했다. 홍 교사는 수업과 관련해서도 자신이 누리과정에 대하여 충분한 이해를 하고 있는지 염려스럽다. 또한, 경력 5년차 유 교사로부터 수업 개선에 대한 몇 가지 의견을 들었음에도 불구하고 여전히 적용 방법에 대해서도 확신이 서지 않아 초조할 때가 종종 있다. 그런데 지연이 어머니 전화까지 받고 나니 앞으로 교사로서 잘 해나갈 수 있을 것인지 더욱 자신이 없어지면서 지연이를 대하는 것도 부자연스러울 때가 있다. 며칠 전부터는 지연이의 하원시간이 어머니의 직장 일 때문에 이전보다 1시간 정도 늦어진 저녁 7시가 되었다.

1) 위 사례에서 홍 교사는 캐츠(L. G. Katz)가 제시한 4단계의 유아교사 발달단계 중 어느 단계에 속하는지 그 단계의 명칭을 쓰시오.

- _____

**02** 다음 (가)와 (나)는 초록유치원 만 3세반 김 교사와 만 5세반 박 교사가 작성한 활동계획안의 일부이다. 물음에 답하시오.

2013학년도-A

| | (가) | (나) |
|---|---|---|
| 활동명 | 북소리에 맞춰 걷기 | 북소리에 맞춰 걷기 |
| 활동<br>목표 | • 소리의 셈여림에 관심을 갖는다.<br>• 북소리를 들으며 걸어 본다. | • 소리의 셈여림에 관심을 갖는다.<br>• 북소리의 장단과 강약에 맞춰 걸어 본다. |
| 활동<br>방법 | • 셈여림의 차이가 있는 북소리를 들어 본다.<br>• 북소리를 들으며 자유롭게 걸어 본다.<br>• 북소리를 들으면서 홉핑, 스키핑을 하다가 교사가 멈춤 신호를 주면 그 자리에 바로 멈춘다.<br>• 활동을 마친 후 다 같이 앉아서 활동한 것을 평가한다. | • 북소리를 듣고 셈여림 등 소리의 차이를 탐색한다.<br>• 북소리(느리고 크게, 빠르고 작게)에 맞춰 걸어 본다.<br>• 북소리를 들으면서 홉핑, 스키핑, 말 뛰기를 하다가 교사가 멈춤 신호를 주면 그 자리에 바로 멈춘다.<br>• 활동을 마친 후 다같이 앉아서 활동한 것을 평가한다. |

1) 김 교사와 박 교사는 위 사례의 계획안 활동을 실행하면서 비디오로 촬영한 후, 서로의 교수 행위에 대해 객관적으로 분석하였다. 교사들의 반성적 사고를 기르는 데 도움이 되는 이러한 동료장학의 방법을 쓰시오.

• _____

**03** 다음은 유치원 교사와 원장 간 대화의 일부이다. 물음에 답하시오. 2014학년도-A

> 박 교사 : 아이들과 하고 싶은 활동은 많은데, 어떻게 하면 효율적으로 할 수 있을
> 지 고민이 많아요. 어떻게 하면 수업에서 보다 효과적으로 발문을 할 수
> 있을지, 새로운 교수법을 활동 유형에 따라 어떻게 적절하게 적용할 수
> 있을지에 대해서도 관심이 많아요. ⎤ ㉠
>
> 윤 교사 : 저도 그런 과정을 거쳤어요. 선생님이 자신의 문제를 진단한 후 자기발전
> 계획서를 작성하거나, 자신의 수업을 분석·평가하거나, 개선이 필요한
> 학급 문제에 대해 연구하거나, 전문 서적을 읽고, 대학원에 진학하는 등
> 스스로 자기발전을 위해 노력하면 좋은 성과가 있을 거예요. ⎤ ㉡
>
> 최 원장 : 선생님들이 여러 가지로 관심을 갖고 노력하시니 잘해 나가실 거라 믿어요. 필
> 요하다면 연수나 세미나 참석에 따른 시간과 비용에 대한 지원을 해드릴게요.
> 그리고 박 선생님은 유치원 정교사 1급 자격 연수를 받을 수 있는 교육경력을
> 갖추었기 때문에 이번에 연수를 신청하실 수 있겠네요.

1) ㉠의 박 교사는 풀러(F. Fuller)와 보온(O. Bown)의 교사 관심사 4단계 중 ( ① )
단계에 해당한다. ①에 들어갈 용어 1가지를 쓰고, ①의 다음 단계에서 교사가 갖는
관심사 1가지를 쓰시오.

　　• ① _____

　　• ①의 다음 단계 관심사 _____

2) ㉡의 윤 교사가 지칭하는 장학의 유형 1가지를 쓰시오.

　　• _____

chapter **05**

**04** 다음은 유치원 내의 자율 장학 협의회 장면이다. 물음에 답하시오.  2015학년도-A

> 원감과 김 교사는 동극 수업을 각자 분석한 후, 함께 수업 동영상을 보면서 체계적으로 수업에 대해 협의하고 있다.
>
> 원감 : 어제 했던 동극 수업에 대해 선생님이 먼저 평가해 보세요.
>
> 김 교사 : 우선, 동화를 들려줄 때, 목소리 변화가 좀 적었고, 전체적으로 말이 빨랐던 것 같아요. 긴장해서 그랬는지…….
>
> 원감 : 선생님이 잘 알고 계시네요. 제가 보기에도 동화를 들려줄 때 목소리 변화와 내용 숙지에 조금 아쉬움이 있었어요. 동극하기 전에 약속 정하기도 필요하지만 동극을 하고 난 후, 동극을 한 유아들의 목소리 크기나 동작 그리고 관람자의 태도도 함께 평가해 보면 좋겠어요. 그렇게 하면 다음 번엔 더 신나고 재미있는 동극을 지도할 수 있을 것 같아요.
>
> 김 교사 : 원감 선생님 말씀을 들어보니, 작년에 했던 방식 그대로 하려고만 했지, 새롭게 바꾸어서 해 보려는 생각은 미처 못 했어요.
>
> 원감 : 그래도 선생님은 경력에 비하면 아주 잘하는 거예요. 저도 선생님 같은 시기가 있었어요. 그렇지만 지금은 내 나름의 방법으로 변형도 시켜보고 새로운 시도도 해 보면서 유아들에게 더 효과적인 방법을 찾아가는 재미를 느끼고 있어요. 이론적으로 배웠던 지식을 유아 교육 현장의 상황과 맥락에 맞게 적용하고 재구성하면서 ( ㉠ )이(가) 형성되거든요. ( ㉠ )은(는) 교사가 교직 생활의 경험을 통해 능동적으로 구성하는 것이에요.
>
> … (중략) …
>
> 원감 : 다음번에는 어떤 수업 주제를 가지고 할지 논의해 볼까요?
>
> 김 교사 : 원감 선생님, 이번에 동극을 했으니, 다음에는 미술 감상을 했으면 좋겠어요. 감상이 어렵더라고요.
>
> 원 감 : 그것보다 제가 보기에는 '이야기나누기'가 잘 이루어지지 않는 것 같아요. 다음 번에 '이야기나누기'를 준비해 주세요.
>
> 김 교사 : 알겠습니다.

1) 캐츠(L. Katz)의 교사 발달 단계에 근거하여 ① 김 교사에게 해당되는 단계의 명칭을 쓰고, ② 위 사례를 근거로 이 단계의 특징을 설명하시오.

　•① _____

　•② _____

　_____

2) 엘바즈(F. Elbaz)에 의하면 ㉠은 교사에게 요구되는 지식 중의 하나이다. ㉠에 해당하는 용어를 쓰시오.

　•㉠ _____

3) 위의 사례에서 ① 장학의 절차와 방법으로 바람직하지 <u>않은</u> 내용 1가지와 ② 그 이유를 쓰시오.

- ① _____

_____

- ② _____

_____

05 다음은 ○○유치원 5세반 황 교사의 반성적 저널이다. 물음에 답하시오.

2016학년도-A

---

**황 교사의 반성적 저널**

오늘 우리 반은 '여름에 볼 수 있는 곤충'이라는 주제로 바쁜 하루를 보냈다. 하루 일과는 자유선택 활동, 오전 간식, 이야기 나누기, 바깥놀이, 소집단 활동(미술활동), 새 노래, 점심 및 휴식, 동화 듣기 순으로 이루어졌다. 바깥놀이를 계획대로 30분 정도 실시하였다. 유아들이 바깥놀이를 무척 즐거워하였다.

… (중략) …

일일계획안을 충실히 따라 하는 것이 교사의 의무라고 생각해 왔다. 오늘 승우가 매미의 허물을 가져왔고, 유아들은 개미보다 일일계획안에 포함되지 않았던 매미에 더 관심을 보였다. 하지만 나는 계획된 수업을 진행했다.

나의 수업을 평가해 보니, 유아들에게 '매미의 허물'에 대해 탐구하는 기회를 제공하지 못했다는 생각이 들어 반성하게 되었다. 오늘 잠깐의 시간을 내어 승우가 가져온 '매미의 허물'을 소개했다면, 유아들은 개미뿐만 아니라 매미도 탐구하는 기회를 가졌을 것이다. 계획한 수업을 고집하는 것보다 유아의 관심에 귀 기울이는 융통성 [A] 을 발휘할 때, 유아들이 주도하는 수업이 되어 교육적 가치가 더 클 것이라는 생각이 들었다. 내일은 반드시 승우의 매미 허물을 소개하는 시간을 가져 교사의 계획과 유아의 흥미가 균형을 이루는 수업을 펼쳐나가야겠다.

---

1) 반 매논(M. van Manen)이 제시한 반성적 사고의 3가지 수준 중 ① [A]에 해당하는 수준은 무엇인지 쓰고, ② 그 수준에 해당하는 특징을 쓰시오.

- ① _____

- ② _____

_____

**06** 다음은 ○○유치원 교사들이 나눈 대화의 일부이다. 물음에 답하시오. 2016학년도-A

---

김 교사 : 저는 유아교사의 다양한 역할 중에서 ⊙ 단기, 중기 등 시기별로 세웠던 계획을 반영하여 교육목표를 달성할 수 있도록 교육활동을 적절히 구성하는 역할이 가장 중요하다고 생각해요. 그 역할에는 교육 활동에 필요한 자원을 찾고 활용하는 것도 포함되고요. 선생님은 어떠셨어요?

… (중략) …

최 교사 : 선생님, 초임교사라 적응이 힘드시죠?

김 교사 : 네, 조금 힘들어요.

최 교사 : 저도 초임교사 시절에 힘들었던 것 같아요.

김 교사 : 선생님도 그러셨군요.

최 교사 : 그런데 저는 어느 정도 교사 생활에 적응했을 때 ⓒ 계속 발전하고 싶어 전문서적을 읽고, 연수도 다녔어요. 배운 것을 활용해서 수업을 계획하고 실행, 평가하면서 혼자 열심히 노력했어요.　[A]

김 교사 : 정말 열심히 하셨네요.

최 교사 : 주임 교사 때는 대학원도 다녔고, 저의 능력을 향상시키기 위해 노력을 많이 했던 것 같아요.

김 교사 : 저도 선생님처럼 열심히 해야겠어요. 요즘은 어떠세요?

최 교사 : 만족스럽지만은 않아요. 경력이 있어도 올해는 많이 힘드네요. 지도하기 어려운 유아가 있거든요. 컨설팅 장학을 통해서 이 어려움을 극복할 수 있지 않을까 생각해요.

… (중략) …

김 교사 : 컨설팅 장학은 원장님께서 시키신 거에요?

최 교사 : 그렇지 않아요. ⓒ 제가 원해서 신청한 거예요.

김 교사 : 어떠세요?

최 교사 : 많은 도움이 되는 것 같아요. 컨설턴트가 처음 만날 때부터 저를 동등하게 대해 주었어요. ② 컨설팅 과정에서 저는 지식과 기술을 배우고, 그 분도 저랑 만나면서 계속 배우고 성장할 수 있어서 좋다고 하시더라고요.

… (하략) …

---

1) ⊙은 사라초(O. Saracho)의 교사 역할 중 무엇에 해당하는지 쓰시오.

- _____

2) ⓒ에 해당하는 장학의 명칭을 쓰시오.

- _____

3) ©과 @에 해당하는 컨설팅 장학의 원리를 각각 쓰시오.

- © _____

- @ _____

4) 버크(P. Burke), 훼슬러(R. Fessler)와 크리스텐슨(J. Christensen)이 제안한 교직 발달 모델에 근거하여, ① 최 교사의 사례에서 나타난 특징을 쓰고, ② [A]에 해당하는 최 교사의 교직 발달 단계의 명칭을 쓰시오.

- ① _____

  _____

- ② _____

**07** 다음은 교사 협의 장면의 일부이다. 물음에 답하시오. 2018학년도-A

---

임 교사 : 요즘 우리 반 유아들은 역할놀이를 할 때, 남자 여자를 너무 구분해서 놀고 있더라고요. 유아들이 성별에 관계없이 함께 놀이할 수 있도록 돕는 교수 방법이 무엇이 있을까 고민하면서 그동안 제가 알고 있는 방법으로 지도를 했었는데요, 잘 안 되네요. 유아에게 새로운 방법을 적용하고 싶은데 교수방법에 대한 정보나 교수 자료가 부족한 것 같아요.

최 교사 : 저는 민수 같은 유아들이 아직은 눈에 들어오지 않아요. 학교에서 배운 이론과 현장의 실제가 다르다는 것을 정말 실감하고 있어요. 일단 배운 것을 적용하는 일이나 업무도 아직은 익숙하지 않아서 매일 바쁘게 지내고 있어요.

송 교사 : 민수 같은 유아들이 성역할 고정관념을 갖는 것은 나름대로 이유가 있다고 생각해요. 특히 민수는 로봇 놀이를 할 때, 여자 유아들과는 전혀 놀이하려고 하지 않아요. 작년에도 저도 민수 담임으로서 민수와 긍정적인 관계를 맺으면서 민수의 개별적인 특성이나 요구 등을 파악하려고 노력했어요. 무엇보다 유아들 개인에게 관심을 갖는 것이 중요하다는 걸 깨달았어요.

---

1) 위의 대화를 바탕으로 풀러와 브라운(F. Fuller & F. Brown)의 교사 관심사 발달 단계 중 ① 최 교사의 단계명, ② 송 교사의 단계명을 쓰시오.

- ① _____

- ② _____

08 **다음은 교사들의 대화이다. 물음에 답하시오.**

홍 교사 : 교사는 ㉠ 교육현장에서 일어나는 모든 일에 대해 전문적으로 판단하고 그때 그때 상황에 적합한 최선의 방안을 찾아내어 결정을 내리는 역할을 즉각적이면서도 신중하게 해야 하는데…… 가르친다는 것은 불확실하면서도 역동적이고 복잡한 과정이라 아직은 어려워요.

안 교사 : 저도 무엇부터 해야 할지 고민이 많아요. ㉡ 개별 유아들의 정서에 관심을 가지고 지원하는 것도 수업 못지 않게 중요하고 이를 위해 자녀의 발달이나 또래 관계에 대해 부모님과 이야기 나누는 것도 중요하게 여겨져요. 이런 부분에 대해 장학을 한번 받아보고 싶어요.

신 교사 : 그런 부분은 교육지원청 사이트를 통해 도움 받을 수 있어요. 교육지원청 홈페이지에는 부모교육 자료도 있고 유치원 운영에 관한 내용도 있어요. 제 수업 내용을 업로드 했었는데 다음 날 바로 피드백을 보내 주더라구요. 현장의 애로사항이 있을 경우 이메일을 통해 신속한 처방과 지원을 받을 수 있어 편리해요. 온라인으로 운영되니 시공간적 제한이 없고 비공개 상담도 가능해서 저는 자주 이용하고 있어요.

박 교사 : 맞아요. 필요시 교사가 적절한 지원을 받는 건 정말 중요한 것 같아요. 다행히 ㉢ 저희 유치원은 원장 선생님이 교사들의 근무 환경 개선에 관심이 많으세요. 동료 교사뿐 아니라 학부모와도 협력적 문화가 잘 형성되어 있어서 너무 좋아요. 교사 혼자의 노력만으로 발달해 나가기는 어렵잖아요. 주변에서 도와줘야 해요.

안 교사 : 주변에서 도움을 줄 때는 교사의 개인적 상황과 특성을 고려할 필요가 있는 것 같아요. 특히, ㉣ 교사 스스로 자신의 신념이나 교육활동을 반성하면서 지속적으로 교수행동의 변화를 이루어 나가는 것이 교사 발달에 중요한 것 같아요.

1) 다음은 사라초(O. Saracho)가 제시한 유아교사의 역할이다. ㉠과 관련된 ⓐ, ㉡과 관련된 ⓑ에 들어갈 교사 역할을 각각 쓰시오.

> 진단자, 교육과정 계획자, 교육 조직자, 학습 관리자, ( ⓐ ), ( ⓑ )

- ⓐ _____

- ⓑ _____

2) 신 교사가 설명하는 장학의 유형을 쓰시오.

- _____

3) 하그리브스와 풀란(A. Hargreaves & M. Fullan)은 교사 교육과 관련하여 교사 발달을 3가지 측면에서 강조하였다. ㉢과 ㉣에 나타난 측면을 각각 쓰시오.

- ㉢ _____

- ㉣ _____

**09** [A]에서 나타난 교육 실습생의 과학 수업에 대한 신념을 의미하는 개념 1가지를 쓰고, 그 개념을 설명하시오.

2019학년도 추시-B

>  **[A]**
> 교수님, 저는 다른 영역의 활동을 계획하고 수업하는 것은 어려움이 없어요. 그런데 과학 영역은 잘 못해서 유아들이 재미없어 해요. 그래서 과학 활동 계획하는 게 너무 어려워요. 교수님 수업에서 반두라(A. Bandura) 이론과 관련한 과학 수업 신념을 조사했을 때도 저는 점수가 낮았어요.

• _____

_____

**10** 다음은 놀이 지원에 대한 교사의 반성적 저널이다. 물음에 답하시오.    2021학년도-A

> 2주 동안 유아들은 다양한 길을 만드는 놀이를 하였다. 지도를 활용하여 유치원에서 공원까지 갈 수 있는 가장 빠른 길을 찾아보자고 찬희가 요청했다. 나는 유아들의 의견을 반영해 ㉠ '가장 빨리 갈 수 있는 길'을 알아볼 수 있도록 인터넷 지도를 활용할 수 있게 도왔는데, 유용하게 사용되었던 것 같다.
> 유아들은 종이에 직접 지도를 그려 보기를 원하였고 점점 더 큰 종이를 사용하게 되면서 그리기 장소가 좁다고 하였다. 그래서 복도까지 나가서 그릴 수 있도록 허용해 주었다. 지도 그리기에서 시작되어 길 만들기로 확장된 놀이에 유아들은 더욱 몰입하게 되었다. 놀이 흐름이 끊기지 않고 지속적으로 놀이가 확장될 수 있도록 지원할 필요가 있었다. 유아들이 만든 구성물을 치우지 않고 며칠 동안 그대로 두어 유아들의 계속 놀이할 수 있도록 하였다. 몇몇 유아들은 길 위에 건물까지 만들고 싶어 해서 재활용품을 내어 주고 다양한 모양의 건물을 만들도록 도왔다. 길 위에 건물까지 완성한 유아들은 자신들이 만든 길을 보고 기뻐하였다. 나도 박수를 치며 유아들의 노력을 칭찬하였다.
> 놀이가 진행되면서 공동의 공간 사용, 안전의 문제 등이 염려되었다. 그리고 언제, 어디까지 진행할지, 어떻게 마무리할지를 결정할 필요가 있었다. 이러한 결정을 하기 위해서는 놀이에서 의사 결정의 주체는 누가 되어야 하는지, 교사인 내가 유아들과 평등한 관계를 맺고 있는지를 되돌아보아야 했다. ㉡ 놀이의 주체인 유아들과 의논하여 결정하는 것이 중요하며 놀이를 통한 민주적 관계 형성 경험이 유아들을 행복한 미래의 삶으로 이끌어 줄 수 있는 주요한 요인이라고 생각하게 되었다.

1) 반 매넨(V. Manen)의 이론에 근거하여, ① ㉠과 ㉡에 해당하는 반성적 사고 수준의 명칭을 각각 쓰고, ② ㉠과 ㉡ 중 반성적 사고 수준이 더 높은 것을 찾아 그 개념을 설명하시오.

    • ① _____

    • ② _____

**11** (가)는 ○○유치원 교사들이 교사협의회에서 나눈 대화의 일부이고, (나)는 △△유
치원 교사들이 교사협의회에서 나눈 대화의 일부이다. 물음에 답하시오.

2023학년도-A

(가)

| |
|---|
| 원감 : 2019 개정 유치원 교육과정에는 ㉠ <u>추구하는 인간상</u>이 있어요.<br>박 교사 : 추구하는 인간상이 5가지예요.<br>송 교사 : 목적에 민주 시민의 기초를 형성하는 것이 추가되었어요.<br>신 교사 : 그리고 5개 영역의 내용을 간략화하고, 유아가 배워야 할 내용을 연령별<br>　　　　로 제시했죠.<br>이 교사 : 유아의 특성 및 변화 정도와 누리과정의 운영에 대한 평가도 요구하고 있<br>　　　　어요.<br>안 교사 : 평가 목적에 따라 적절한 방법을 사용해서 평가해야 해요.<br>장 교사 : 그리고 평가 결과는 유아 이해와 누리과정 운영 개선을 위한 자료로 활용<br>　　　　할 수 있어요.<br>김 교사 : 그래서 교사는 유아들에게 다양한 놀이와 활동을 경험할 수 있도록 실내<br>　　　　외 환경을 구성해야 합니다.<br>오 교사 : 맞아요. ㉡ <u>유아들은 능동적으로 주변을 탐구하며 스스로 지식을 형성하잖아요.</u> |

[A]

(나)

| |
|---|
| 지 교사 : 교육 실행에 영향을 미치는 우리의 교사 신념을 살펴보면 좋겠네요.<br>홍 교사 : 유아는 타고난 소질에 따라 성장하니 유아가 준비가 되었을 때 배움의 기회를<br>　　　　주려고 해요.<br>최 교사 : 무한한 능력을 가진 유아가 세상을 배워 가는 장(場)인 놀이에서 다양한 경험<br>　　　　을 할 수 있도록 지원하려고 해요.<br>우 교사 : 칭찬이 중요하니까 유아들이 바람직한 행동을 할 때마다 적극적으로 칭찬하려<br>　　　　고 해요.<br>차 교사 : 저는 교사가 좋은 본보기가 되어야 하므로 바른 언행을 하려고 노력할 겁니다.<br>표 교사 : 유아들은 저마다의 발달 시간표를 갖고 태어나기 때문에 개입하지 않고 기다<br>　　　　려 주려고 해요. |

1) ① (가)의 ㉡에 해당하는 교육 신념을 쓰고, ② (나)에서 그 교육 신념과 가장 가까운
실천을 하고자 하는 교사가 누구인지 찾아 쓰시오.

　•① _____

　•② _____

**12** 다음은 ○○유치원 교사들이 전문성 개발에 대해 나눈 대화의 일부이다. 물음에 답하시오.

2024학년도-A

---

박 교사 : 선생님은 유치원 교사로서 전문성 개발을 위해 무엇을 하고 계세요?

최 교사 : 저는 2019 개정 유치원 교육과정을 운영하면서 제 스스로 선택하고 결정해야 할 일이 많아 부담이 컸어요. 그런데 ⊙ 원내에서 같은 연령의 원아들을 맡고 있는 강 선생님, 손 선생님도 저와 비슷한 고민을 하고 계시더군요. 그래서 수업 공개와 관찰을 통해 서로 피드백을 주고받으며 유아들의 놀이 지원과 관련된 문제를 함께 해결해 가고 있어요.

임 교사 : 저는 ⓒ 요즘 제 교육 철학이나 목표, 교수 학습 방법이 적절한지 돌아보면서 세미나에도 참석하고, 관련 서적도 읽고, 반성적 저널을 써 보기도 했어요.

---

1) ① ⊙과 ⓒ의 장학 형태를 순서대로 쓰고, ② ⊙이 성공적으로 이루어지기 위해 필요한 참여자의 자세를 2가지 쓰시오.

• ① _____

• ② • _____

　　• _____

# 박수민

## 유아임용의 정석 – 유아교육개론

CHAPTER

# 06

# 부모교육론

# 부모교육의 개념

## 들어가며

- **1960년대 이전** : 교사나 전문가들이 부모를 교육시킨다는 입장에서 소극적인 의미의 '교육'받는다는 의미가 함축되어 있다.
- **1960년대 이후** : 교사 및 전문가와 가정의 부모가 동반자로서, 동등한 입장에서 상호작용이 이루어질 때 바람직한 부모교육이 이루어진다는 방향으로 전환되었다.

## 1. 부모교육의 기원 – 코메니우스(Comenius)의 '어머니 학교(Mother's School)'

가정을 교육의 장으로 인식하여 어머니가 교육자가 되어 유아의 능력과 성질에 맞는 교육이 이루어져야 한다고 주장하였다.

## 2. 부모교육과 유사한 의미로 사용되고 있는 용어

### (1) 부모교육

부모로서의 역할기능을 원활히 수행할 수 있도록 부모에게 정보나 지식을 전달하거나 기술을 가르치는 것을 말한다. 따라서 부모교육 프로그램의 목적은 부모가 기관의 도움 없이 혼자 힘으로 자녀교육을 위한 정보 및 서비스를 활용하는 능력 배양에 있다.

### (2) 부모 개입

부모 개입이란 부모가 유아교육기관과의 긴밀한 유대를 통하여 아동을 바르게 이해하고 교육의 질을 높이기 위하여 부모 자신이 아동의 학습 현장에 직접 개입한다는 것을 뜻한다.

### (3) 부모 지지

부모 지지란 친지로부터의 도움을 위시하여 교회, 지역사회 내의 각종 학부모회, 지방단체, 아동복지시설, 병원, 교육기관, 기업, 기타 사회사업기관 지원을 포함하는 것이다.

### (4) 부모 참여

부모 참여란 유아교육 현장 또는 유아교육 프로그램에 부모가 참여하는 것을 말한다. 이는 부모가 자녀교육에 대해서 수동적이고 소극적인 수준에서 벗어나 부모가 교사 및 교육행정가와 대등한 입장에서 서로 상호작용하고 교육에 관련된 의사결정에 참여하는 적극적인 방법이다(한국유아교육학회 편, 1996).

### (5) 부모역할 하기

부모로서 하는 상태나 과정으로 정의된다. 부모역할 하기는 자녀를 양육하고 보호하며 지도하는 과정으로서, 이 과정은 부모와 자녀 사이의 계속적인 상호작용이자 부모와 자녀를 변화시키는 것이기도 하다.

# Section 02 부모교육의 필요성

## 들어가며

코메니우스(Comenius)가 모성교육의 필요성을 주장한 이래 자녀양육에 대한 어머니 역할의 중요성은 꾸준히 강조되어 왔다. 1960년 이후 각국 정부에서 유아교육에 적극적인 관심을 기울이면서 아동 발달, 부모와 자녀관계에 대한 많은 연구들이 이루어졌으며, 유아교육에서 부모가 차지하는 비중이 얼마나 중요한지를 깨닫게 되었고, 또 부모교육의 필요성이 크게 인식되어, 유아교육에서 빼놓을 수 없는 중요한 영역 중의 하나가 되었다.

## 01 유아, 부모, 사회적 측면에서의 부모교육 필요성

### 1. 유아의 입장

① 부모의 양육 태도와 방법은 유아의 신체 발달과 인지 발달 및 사회·정서 발달에 크게 영향을 준다.
② 부모의 지적 능력과 인성, 가치관, 언어 행동 등은 유아의 발달에 미치는 영향이 크다. "부모는 유아들의 최초의 교사이다."라는 말은 초기 유아들에게 미치는 부모의 영향이 크고 중요함을 시사하고 있다.

### 2. 부모의 입장

① 미성숙된 인성을 가진 인간으로서 부모교육이 필요하다.
② 확대가족제도의 붕괴로 현대의 젊은 부모들이 참고할 양육에 대한 모델을 잃어가므로 부모교육이 필요하다.
③ 현대사회가 점차 도시화, 문명화, 산업화됨으로 인하여 개인 또는 가정 단위로 사회 이동이 증가되었고, 국내뿐만 아니라 국외로의 이동도 증가함으로써 다른 문화 속에서의 자녀양육에 대한 모델을 갖는 데 어려움이 있으므로 부모교육 프로그램이 필요하다.

chapter 06

④ 남녀의 성 역할 개념의 변화와 여성의 자아실현 욕구의 증대로 인하여 결혼 및 자녀양육 문제에 대한 갈등이 생겨나게 되었다. 따라서 부모교육을 통하여 자녀양육의 부부 공동 참여 및 가정의 중요성에 대한 인식 및 지원 프로그램이 요구된다.

### 3. 사회의 입장

① 인적 자원의 효율적인 개발을 위하여 부모교육이 필요하다. 즉, 오늘의 유아는 미래 국가경제 발전의 원동력이 되므로 유아기에 지적인 발달과 인성 발달의 대부분이 이루어진다고 볼 때 이에 대한 장기적인 계획이 요구된다.
② 사회 균등의 정책 실현을 위하여 부모교육이 필요하다. 경제기회 균등과 빈곤 퇴치, 빈곤의 악순환을 타파하기 위한 사회복지의 장기적인 계획으로서의 부모교육이 요구된다.
③ 교육의 경제성을 높이기 위하여 부모교육이 필요하다. 미국의 High / Scope 교육연구센터의 장기적인 연구에서도 유아기에 질 높은 교육을 받은 아동은 성장 후 사회적인 범죄를 일으킬 수 있는 비율이 극히 낮다는 연구결과가 나왔다(장혜순, 1997).

---

**02** **부모교육의 효과**

① 부모 자신들이 자녀교육에 대한 신념과 안정감을 갖게 된다.
② 유아의 성장·발육에 관한 원리나 유아의 특성 및 유아의 요구를 이해하고 학습할 수 있는 기회를 갖게 된다.
③ 유아교육에 따른 충분한 지식과 방법을 터득하게 된다.
④ 부모 간 유아교육의 지도 방향이 일치되어 일관성 있는 교육을 할 수 있게 된다.
⑤ 부모교육을 통해 얻은 지식과 능력을 실제 유아교육 분야에 활용할 수 있는 기회를 갖게 된다.
⑥ 부모교육을 통해 실제적으로 가정생활의 향상에 도움이 된다.
⑦ 가정과 유아교육기관이 원만한 관계를 갖고 부모와 교사가 일치단결하여 각 유아를 바람직하게 지도하는 데 도움이 된다.

## PLUS⁺

### 부모기의 단계 - 갈린스키(Galinsky, 1987)

| | |
|---|---|
| 제1단계 : 부모상 정립단계 (image making stage) | • 임신기간 동안 자신의 신체, 심리 변화에 적응하며 부모기를 준비하는 시기이다.<br>• 태아와 애착관계를 형성하기 시작하며 출산을 준비한다.<br>• 자신의 부모와의 관계를 평가하고 동일시하는 과정을 보내며 배우자와의 관계 및 미래의 역할에 대한 이미지도 가진다. |
| 제2단계 : 양육단계 (nurturing stage) | • 자녀의 출생에서부터 생후 2년까지의 시기로, 이 단계의 주요 과업은 자녀와 애착을 형성하는 것이다.<br>• 아기의 출생으로 가족의 균형이 깨지면서 부모는 자녀와 가족들 간의 관계를 재정립해야 한다. 양육단계의 부모는 시행착오를 거듭하는데 일관성 있는 양육이 중요하다. |
| 제3단계 : 권위단계 (authority stage) | • 자녀가 만 2세에서 4~5세에 해당되는 시기로, 자녀는 의사소통 능력과 사회적 능력이 함양된다. 권위단계의 부모는 새로운 차원의 책임감을 느끼며 부모의 권위가 무엇이며, 왜 필요한지, 어떻게 세워야 하는지 등에 대한 기준을 결정해야 한다. 부모의 권위를 형성하는 과정은 실수와 수정을 통해 이루어지며, 특히 자녀를 이해하는 기술이 필요하다. 권위를 형성하는 단계에서 성공하기 위해서는 조부모 등 주변 사람의 지지가 필요하며, 자녀의 변화에 따라 부모가 변할 줄 알아야 한다.<br>• 이 단계의 마지막 부분에서 부모는 완벽한 부모가 되겠다는 이미지를 재평가하면서 자신과 주변 사람들 모두에게 결함이 있음을 이해하게 된다. 부모는 완벽할 수 없으므로 자녀가 더 이상 자신의 부속물이 아니라 하나의 독립된 개체임을 인정하게 된다. 이 시기의 주요 과업은 자녀가 올바른 성역할 개념과 성정체감을 가지도록 하는 것이다. |
| 제4단계 : 설명단계 (interpretive stage) | 자녀가 5세경부터 12~13세까지인 초등학생에 해당되는 시기로, 아동기의 마지막이자 청소년기의 새로운 기대에 대한 접근을 의미하기도 한다. 이 시기 부모의 주요 과업은 자녀에게 세상을 설명해 주는 것이다. 자녀의 질문에 답하고 필요로 하는 기술과 정보에 접근할 수 있는 기회를 제공한다. |
| 제5단계 : 상호의존단계 (interdependent stage) | • 자녀가 청소년기에 들어서는 시기로 부모는 권위형성기에 부딪혔던 자녀의 행동에 대한 새로운 해결책을 모색한다.<br>• 부모는 자녀의 기존 이미지를 버리고 새로운 권위 관계를 정립하고 이에 적응해야 한다. 자녀의 성에 대한 이해, 자녀의 정체감 수용하기, 성장한 자녀와의 새로운 유대감 형성 등이 이 시기의 주요 과업이다. |
| 제6단계 : 떠나보내는 단계 (departure stage) | 자녀가 청년기에 해당되는 시기로, 이 시기의 부모의 주요 과업은 자녀의 독립에 대해 준비하는 것이다. 부모는 성장한 자녀의 정체감을 수용하며, 성인이 된 자녀와의 관계에서 부모로서의 이미지를 재정립한다. |

chapter
**06**

Section

# 03 부모교육이론

## 01 민주적 부모교육이론 – 드라이커스(Dreikurs)

 **들어가며**

민주적 부모교육이론은 아들러(Adler)의 개인심리학 이론을 드라이커스(Dreikurs)가 부모교육에 적용시킨 이론이다. 그는 부모 – 자녀관계의 평등성을 강조하여 과거의 권위적인 방법이 아닌 민주적인 방식을 사용해야 한다고 주장하였다.

### 1. 민주적 부모교육이론의 가정

① 사회적 존재인 인간은 출생한 직후부터 가족을 비롯한 다양한 사회적 집단에 소속하고자 하며 이러한 소속감에 대한 욕구를 충족시킬 수 있는 방법을 끊임없이 추구한다.

② 인간은 선천적으로 목적을 이루기 위하여 행동하는 존재이므로 모든 인간의 행동은 우연히 일어나는 것이 아니라 목적과 원인이 있다.

③ 모든 인간은 평등하므로 부모와 자녀관계도 평등하다고 보아야 한다. 평등한 부모– 자녀관계에서는 자녀에게 자유를 주는데, 동시에 그 자유에는 책임이 따른다.

④ 유아는 시행착오를 통하여 상황을 파악하고 그 상황에 적합한 행동양식을 학습한다.

### 2. 민주적 부모교육이론의 목표

민주적 부모교육이론에 근거한 부모교육 프로그램의 목표는 부모와 자녀관계를 평등성에 기초하여 보다 바람직한 방향으로 발전시키고자 하는 것이다.

### 3. 민주적 부모교육이론의 원리

#### (1) 생활양식

① 생활양식이란 사회화 과정을 통하여 형성되는 인성, 태도, 신념, 능력 등을 의미한다.

② 유아기에 형성된 생활양식은 이후 그 사람의 행동을 통제하고 목표를 달성하는 방법이 되므로 유아기는 한 인간의 생활양식의 형성에 있어서 중요한 시기라고 할 수 있다.

③ 유아기에 자녀는 부모에게 가지게 되는 상대적 열등감을 가상의 목표를 세워 보상하고
자 한다. 그런데 이 과정에서 바람직하지 못한 행동을 통하여 목표를 달성하게 되면
이러한 바람직하지 못한 행동이 생활양식이 되어 버린다.

④ 부모는 자녀가 달성하려는 행동의 목표가 무엇인지 파악하여 바람직한 행동으로 그
목표를 달성할 수 있도록 해야 한다.

## (2) 심리적 목표

① 유아는 부모에게 상대적 열등감을 느낄 뿐 아니라 스스로에게 기본적으로 부정적
개념을 지니고 있다. 유아가 지니는 부정적 개념에는 부적절한 느낌(예 나는 무기력하
다.), 환경에 대한 부정적 생각(예 세상은 위험하다.), 자신에 대한 부정적인 사고(예
나는 가치 없는 사람이다.), 타인에 대한 편견이나 오해(예 사람을 믿지 못하겠다.),
자신을 특별한 존재로 여긴다(예 나는 가장 대단한 사람이다.) 등이 있다. 이러한
열등감을 보상하기 위해 유아는 가상목표를 세우게 된다.

② 그리고 가상목표를 달성하기 위해 유아는 특정 행동을 하게 되는데 이러한 행동이
반복되어 생활양식이 된다. 만일 유아가 가상목표를 잘못 세우면 바람직하지 못한
생활양식이 형성될 수 있다.

③ 따라서 부모는 자녀의 목표를 파악하여 자녀가 바람직한 방법으로 목표를 달성해
나갈 수 있도록 배려해 주어야 한다.

> **PLUS+**
>
> **자녀가 갖는 심리적 목표**
> 자녀가 갖는 심리적 목표를 파악하여 잘못된 목표는 바로잡도록 도움으로써 민주적 관계를 유지
> 해야 한다. 아동은 발달 특성상 단기적 안목으로 즉각적 상황에 반응하기 때문에 특히 직접적 목
> 표를 적용한다고 한다.
> 심리적 목표는 자신의 위치를 발견하고자 하는 시도로 크게 3가지로 나눈다.
> ① **직접적 목표(immediate goals)** : 그 즉시 상황이 일어날 때마다 설정하는 것이다.
> ② **중간적 목표(intermediate goals)** : 심리적·신체적 편안함, 다른 사람을 기쁘게 하기, 다른
>   사람을 조정하기, 다른 사람보다 우세하게 느끼기, 삶의 의미 찾기 등을 추구하는 것이다.
> ③ **장기적 목표(long range goals or final fictional goals)** : 모든 상황에서 주의집중을 받아
>   중심이 될 수 있도록 목표를 설정하는 것이다.
> 예 • 그것을 위해 조정하려고 노력하며 항상 좋은 사람이 되려고 하는 것이다.
>   • 또한 장래에 타인으로부터 굴욕을 받지 않으려고 강구하는 것도 이 목표에 속한다.

## (3) 창조성

① 유아는 사회생활을 하면서 능동적으로 자신을 창조해 나간다. 욕구를 충족시키기
위하여 가상적 목표를 창조하고 그 목표를 달성하기 위하여 다양한 행동양식을 창
조한다.

② 이러한 과정에서 잘못된 행동을 창조하는 것으로 행동의 목표를 달성하는 경험을 많이 한 유아는 그것이 생활양식이 되어 성인이 되어서도 바람직한 방법보다는 잘못된 방법으로 자신의 목표를 달성하고자 한다.

③ 따라서 부모는 자녀의 잘못된 행동을 변화시키기 위하여 부모 자신의 태도를 먼저 변화시키고 다음으로 자녀의 긍정적인 행동을 격려해줌으로써 자녀가 바람직한 방법으로 자신을 창조해나가는 것을 격려해 주어야 한다.

### (4) 행동 통제

① 가상적 목표를 세운 유아는 부모를 비롯한 주위 환경의 영향을 받아 수집된 정보를 기초로 목표를 달성하기 위하여 어떠한 행동을 해야 할지를 결정하게 된다.

② 즉, 유아는 사회적 상호작용의 영향을 받아 가상적 목표를 달성하기 위한 자신의 행동을 결정하게 되는 것이다.

③ 따라서 부모는 자녀가 설정한 목표를 긍정적인 행동을 통하여 성취할 수 있도록 적절한 방법으로 자녀의 행동 통제를 도와주어야 한다.

④ 민주적 부모교육이론에서 제안되는 가장 대표적이고 바람직한 자녀 행동의 통제 방법은 자연적 귀결과 논리적 귀결의 사용이다.

## 4. 잘못된 행동목표 설정 이유

① 드라이커스(Dreikurs) 및 아들러(Adler) 학파의 이론에 의하면 어려서부터 자신이 가치 있는 사람이고, 가정에서 중요한 위치를 차지하고 있다는 확신을 가지고 있는 아동은 위와 같이 잘못된 행동목표를 설정하여 자신의 위치를 찾으려고 노력하지 않는다.

② 집단 내에서 소속감, 안정감, 수용된다는 느낌을 받는 아동은 상황이 요구하는 데에 따라 자연스럽게 행동한다.

③ 주위 사람의 태도에 실망하고 자신의 위치가 불안하다고 느끼며 자신이 해낼 능력이 모자라다고 생각되면 4가지 행동목표 중 1가지 또는 2가지 이상의 전략을 사용한다.

④ 4가지 행동목표가 순서대로 나타나는 것은 아니며, 어떤 행동이라도 먼저 나타날 수 있다.

## 5. 아동의 잘못된 행동목표

잘못된 행동목표란 미래에 실제로 실현될 것이라고 생각하기보다는 심리적으로 현재 자녀의 행동에 영향을 주는 생각으로 여기-지금에 해당되는 것이다.

| 자녀의 잘못된 생각 | 행동목표 | 부모의 느낌과 반응 | 부모의 행동에 대한 아동의 반응 | 부모를 위한 대안 |
|---|---|---|---|---|
| 내가 관심을 끌 때에만 소속감을 느낀다. | 관심 끌기 | • 느낌 : 귀찮다.<br>• 반응 : 관심을 보이고 달려려 한다. | 일시적으로 잘못된 행동을 중단한다. 후에 같은 행동을 다시 재개하거나 다른 방법으로 방해한다. | • 가능한 한 잘못된 행동을 무시한다. 고의적으로 관심을 얻으려 하지 않을 때 긍정적 행동에 대해 관심을 보인다.<br>• 공연히 시중을 들어주지 않는다(부모가 벌을 주거나 보상하거나 달래고 시중드는 것은 지나친 관심이다.). |
| 내가 모든 것을 마음대로 할 수 있고 누구도 나를 지배하지 못할 때만 소속감을 느낀다. | 힘 행사하기 | • 느낌 : 흥분한다(마치 자신의 권위가 위협된 것과 같이).<br>• 반응 : 싸우거나 포기한다. | 적극적이거나 수동적이며, 공격적이고, 그 행동이 심해진다. 또는 반항적 순종을 한다. | 갈등에서 한 걸음 물러선다. 아동에게 도움을 청하거나 협동하게 함으로써 힘을 건설적으로 어떻게 사용하는지 가르쳐 준다(부모가 자녀와 싸우거나 양보하면 자녀는 더욱 힘을 행사하고 싶어한다.). |
| 내가 상처받은 만큼 다른 사람도 아프게 해야 소속감을 느낀다. 나는 사랑받지 못하고 있다. | 앙갚음 | • 느낌 : 깊이 상처받는다.<br>• 반응 : 보복하려는 경향을 보인다. | 더욱 심하게 잘못된 행동을 함으로써 복수심을 나타내거나, 다른 무기를 선택한다. | 감정을 상하게 하지 말아야 한다. 벌을 주지 말고 보복을 하지 않는다. 신뢰적 관계를 세운다. 사랑받고 있다는 것을 확신시킨다. |
| 다른 사람이 아무것도 기대하지 않게 함으로써 소속감을 느낀다. 나는 무능력하고 무기력하다. | 부적절성 혹은 무능함 보이기 | • 느낌 : 절망, 포기, 무기력해진다.<br>• 반응 : 어떤 일도 할 수 없다고 인정하는 경향을 보인다. | 어떤 것에든지 수동적으로 반응하거나 거의 반응하지 않는다. 어떠한 향상도 보이지 않는다. | 절대 아동을 비난하지 않는다. 어떠한 긍정적 시도라도 격려해야 하며 조그만 일일지라도 관심을 보인다. 무엇보다도 동정하거나 포기하지 않아야 한다. |

chapter
06

## 6. 자녀 행동 지도 방법

### (1) 인식반응 유도하기

① 인식반응이란 자녀가 자신이 선택한 잘못된 행동목표를 깨달았다는 신호로서, 미소를 짓거나 눈을 깜빡거리는 것, 자신이 왜 그런 행동을 했는지를 이해하기 시작하는 것을 의미한다.

② 인식반응이 일어나기 위해서는 부모가 비난하거나 꾸짖는 어조가 아닌 부드러운 어조로 대해야 하며, 심각한 갈등 상황에서는 유도하지 않는 것이 좋다.

### (2) 자연적·논리적 귀결

① 자녀의 행동을 통제하는 전통적인 방법 가운데 하나는 순종할 때 상을 주는 것과 순종하지 않을 때 벌을 주는 것이다. 그러나 이러한 방법은 다음과 같은 몇 가지 단점이 있다.

첫째, 자녀의 행동에 대해 자녀보다는 부모가 책임을 지게 된다.

둘째, 자녀 스스로 결정을 내리는 기회를 제한하게 되고, 결과적으로 자녀는 효과적인 행동규칙을 습득할 수 없게 된다.

셋째, 부모가 권위주의적인 모습을 보일 때에만 자녀는 바람직한 행동을 하게 된다.

넷째, 자녀로 하여금 강제로 순종하게 함으로써 반항심을 갖게 할 수 있다.

② 자녀의 잘못된 행동목표를 이해하고, 자녀가 기대하는 대로 행동을 하지 않기 위해서는 이에 대응하는 보다 구체적인 지침이 필요한데, 드라이커스(Dreikurs, 1967)는 이러한 단점을 지닌 상벌의 훈육방법 대신 효과적인 자연적·논리적 귀결(natural and logical consequences)의 방법을 권장하였다. 이는 부모 대신 아동 자신이 행동을 결정하고 이에 대한 책임을 지며, 부모의 요구에 강요당하지 않고 자연적·사회적 질서로부터 스스로 배운다는 이점을 가지고 있다.

⊙ 자연적 귀결

- 자연적 귀결은 자연 상황에서 자연의 흐름에 따라 아동 자신이 보상이나 벌을 받음으로써 스스로 배우는 방법이다. 이는 자녀가 행동 결과를 경험하는 것을 부모가 방해하지만 않는다면 시간의 흐름을 통해 자연스럽게 나타나는 행동의 결과로부터 배우는 방법이다.

- 이 방법은 시간의 흐름에 따라 자기 스스로 깨닫고 느끼는 방법이기 때문에 부모-자녀 간의 힘 겨루기를 미연에 방지할 수 있다. 자기 자신 이외에 누구도 그러한 결과를 초래하는데 개입한 적이 없으며 오로지 자신의 경험을 통해 학습이 이루어지는 것이다.

- 자연적 결과는 한 개인의 경험 자체가 그 무엇보다도 훌륭한 스승이 된다는 신념에 근거한 것으로 이를 통해 일단 학습된 행동은 그 효과가 지속적이다.

  예 식사를 하지 않은 아이는 시간이 흐름에 따라 배고픔의 자연적 결과를 경험하게 될 것이며, 추운 날씨에 외투를 입지 않은 아이는 추위에 떨어야 하는 자연적 결과를 경험하게 될 것이다.

ⓛ 논리적 귀결
- 자연적 법칙을 무시하고 행동을 하면 부정적인 결과를 경험하게 되는 것이 자연적 귀결이라면, 논리적 귀결은 사회적 규칙을 위반하고 행동하는 경우에 체득하게 되는 부정적인 결과를 의미한다.
- 자연적 결과를 적용할 수 없거나(아동의 행동이 타인에게 피해를 줄 때) 이를 적용하기 어려운 경우에 사용한다. 논리적 귀결은 행동과 관련한 결과를 부모와 자녀가 합의하여 결정하는 것이다.
- 논리적 귀결의 목적은 아동에게 부모나 성인의 명령에 복종하도록 강요하지 않고 스스로 책임 있는 결정을 하도록 격려하는 것이다.
- 규칙을 설정할 때 자녀에게 상황에 따른 결과를 선택할 수 있는 권리를 주고, 자녀의 결정을 수용하는 것이 매우 중요하다. 규칙을 어길 경우 받게 되는 불편함을 체험하고 그릇된 행동과 관련되어 나타나는 결과에 대해 논리적으로 수반되는 대가를 받도록 하여 아동의 결정을 변화시킬 수 있는 기회가 있다는 것을 알려줘야 한다.
- 예 부모는 자녀가 저녁 식사시간에 늦게 들어오면 설거지 당번을 해야 한다는 규칙을 자녀와 함께 상의하여 정할 수 있다. 그리고 이를 통하여 자녀는 자신의 그릇된 행동결과로부터 오는 불편함을 체험하고 그릇된 행동목표를 수정할 기회를 갖게 된다.

> 드라이커스 이론에서는 아동이 자신의 행동에 대해 권위적 힘의 상징인 '벌'을 경험하기보다는 자연적·논리적 귀결을 경험하도록 하는 것이 바람직한 행동 형성에 효과적이라고 주장한다.

**벌과 논리적 귀결의 구분**

| 벌 | 논리적 귀결 |
|---|---|
| 권위의 강조 | 사회적 질서의 강조 |
| 잘못된 행동과 논리적으로 무관 | 잘못된 행동과 논리적으로 관련 |
| 도덕적 판단 내포 | 도덕적 판단 배제 |
| 과거 행동에 관심 | 현재나 미래 행동에 관심 |
| 분노의 표현 | 분노의 최소화 |
| 외재적 동기에 의존 | 내재적 동기에 의존 |
| 종종 굴복이나 모욕감을 수반 | 굴복이나 모욕감이 없음 |
| 대안이나 선택의 여지가 없음 | 일정한 한계 내에서 선택의 여지가 있음 |
| 종종 충동적 | 사려깊고 신중함 |
| 자신을 하찮게 여김 | 자신을 소중하게 느낌 |
| 복종 요구 | 선택권 부여 |

출처 : Dreikurs, R. & Grey, L. Logical consequences. New York : Hawthorn Books, 1968.

### (3) 격려

상벌의 방법이 가지고 있는 함정을 극복하고 상호존중과 평등에 근거한 민주적인 부모-자녀관계를 형성하기 위한 중요한 기술 가운데 하나는 격려이다. 드라이커스(1967)는 격려가 아동양육에서 너무나 중요한 요소이기 때문에 격려의 부족이 잘못된 행동의 근본 원인이 될 수 있다고 하였다. 식물이 물을 필요로 하듯이 아동의 성장과정에서는 지속적인 격려가 필요하며, 격려가 없으면 소속감을 발전시켜 나가기 어렵다고 하였다.

① 격려의 방법은 자녀의 장점과 성취에 초점을 맞춤으로써 자녀에게 자신감과 자아존중감을 갖게 하는 과정이다.

② 격려는 상황이나 결과에 무관하게 긍정적인 측면을 강조함으로써 궁극적으로는 자녀가 문제를 극복할 수 있음을 믿게 해주는 것이다.

③ 실패에 직면해서도 절망감이나 패배감에 빠지지 않고 이후에는 성공할 수 있다는 믿음을 길러주는 것이다. 이처럼 존중과 신뢰에 바탕을 둔 격려는 자신의 시도가 언젠가는 성공할 것이라는 자신감을 심어준다는 점에서 중요한 의미가 있다.

④ 개인의 생활경험은 자신이 통제할 수 없는 다수의 요인으로 이루어져 있으며, 격려의 본질은 개인이 통제할 수 없는 요인의 영향을 최소화하고 통제할 수 있는 요인을 최대한으로 이용하도록 돕는 것이다(Sweeney, 1998).

---

PLUS+

**격려하는 태도(Dinkmeyer & Mckay, 1976)**

1. 아무런 조건이나 전제 없이 자녀를 있는 그대로 수용하고 믿는다. 부모가 자녀를 믿지 않는데 자기 자신을 신뢰할 수 있는 아동은 없다. 자신이 향상될 수 있다고 믿기 위해서는 먼저 자신의 능력에 대해 긍정적으로 느끼는 것이 필요하며, 이는 부모의 수용이나 인정을 전제로 한다.

2. 자녀가 주어진 상황이나 과제를 충분히 극복할 수 있을 것이라고 기대하고, 이러한 부모의 기대를 행동으로 직접 표현해주도록 한다.

3. 자녀가 잘못된 행동을 했을 때, 자녀의 행동과 그러한 행동을 한 자녀를 구분하는 것이 필요하다. 행동에는 적절한 제재가 필요하지만 어떠한 행동을 하였든 자녀는 한 인간으로서 존중받고 수용되어야 한다.

4. 고자질은 무시한다. 아동은 착하게 보이거나 앙갚음을 하기 위해 고자질을 하며, 이는 부모를 이용하여 자신이 원하는 목적을 달성하는 가장 손쉬운 방법이다. 고자질을 다루는 가장 좋은 방법은 이를 무시하는 것이며, 동시에 긍정적 행동에 관심을 보이는 것이다.

5. 장점, 잘한 점, 기여한 점에 초점을 맞춘다. 자녀의 재능을 인정해주고 이러한 재능이 가족에게 기여한 점에 초점을 맞춤으로써 자녀는 자신이 유익한 존재임을 느낄 수 있다. 단순히 "착하다"고 칭찬해주는 것보다 "네가 장난감을 빨리 치워주어서 엄마의 일을 덜어 주었다" 등과 같이 기여한 점에 초점을 맞추어 언급해주는 것이 효과적이다.

6. 노력과 성취를 인정한다. 자녀의 행동을 결과만으로 평가하지 말고, 과정이나 노력을 인정해주도록 한다.

7. 자녀를 다른 사람과 비교하지 말고, 자녀의 행동에서 다른 아동과의 차이를 인정해주도록 한다.

8. 칭찬하기보다는 격려를 한다. 칭찬과 격려는 모두 긍정적인 행동에 중점을 두고 있기 때문에 부모는 자녀를 칭찬하면서 격려하고 있다고 잘못 생각한다. 그러나 칭찬은 보상의 한 형태이며, 벌과 마찬가지로 사회적 통제의 한 방법이다. 그러므로 자녀를 통제하기 위하여 칭찬하기를 좋아하는 부모는 벌도 자주 사용한다. 그 결과, 아동은 타인의 생각을 근거로 자신의 가치를 평가하게 된다. 이에 비해 격려는 비록 작은 것이라도 향상되고 노력한 것에 대해 주어지는 것이며, 실패한 경우에도 주어지는 것이다. 이는 다른 사람과 비교해서 주어지는 것이 아니라 스스로를 가치 있게 느끼도록 돕거나 동기화하는 데 목적이 있다.

### ● 칭찬과 격려의 비교

| 차이 | 칭찬 | 격려 |
|---|---|---|
| 통제방법 | 외적 통제(네가 내 말을 들을 때에만 가치가 있다.) | 내적 통제(나는 네가 책임감 있고 독립적인 존재임을 믿는다.) |
| 향상기준 | 절대적 기준(네가 내 기준을 충족시킬 때에만 너는 가치가 있다.) | 노력과 향상(노력과 향상이 중요하다.) |
| 평가 | 외적 평가(타인이 어떻게 보는가가 중요하다.) | 내적 평가(자신이 어떻게 느끼는지가 중요하다.) |
| 기여 | 개인적 이익이 우선(너는 최고다. 항상 너는 남보다 우위에 있어야 가치가 있다.) | 기여한 점의 가치 인정(너의 공헌은 가치있다. 네가 있으면 도움이 된다.) |

출처 : Dinkmeyer, D. & Mckay, G. D. Systematic Training for Effective Parenting. Circle Pines, MN : American Guidance Service, 1982.

## 02 인본주의 부모교육이론 – 기노트(Ginott)

 **들어가며**

인본주의 부모교육이론은 인본주의 심리학을 부모교육에 적용시킨 이론으로 부모 – 자녀 간의 의사소통을 향상시킬 수 있는 기법을 제안하고 있다.

## 1. 인본주의 부모교육이론의 기본 가정

① 유아를 있는 그대로 받아들이는 것의 중요성을 인식하는 것이다.

② 부모가 유아의 인성이나 신체적 특성과 관계없이 있는 그대로의 유아를 수용할 때 자녀를 올바로 양육할 수 있다.

③ 부모가 유아에게 적절히 반응해 주기 위해서는 상담자로서의 기술을 배워 유아를 부모에게 종속된 존재로서가 아니라 부모와 동등한 인격체로 인정하고 유아의 입장에서 생각할 수 있도록 해야 한다.

## 2. 인본주의 부모교육의 목적

① 기노트의 인본주의 부모교육의 목적은 부모가 자녀와 효과적으로 상호작용할 수 있는 기술을 익히도록 하는 것이다.

② 부모-자녀 간에 긍정적인 인간관계가 먼저 형성되어야 하고 이를 위해서 효과적인 상호작용 기술을 익힐 필요가 있다는 것이다.

## 3. 인본주의 부모교육의 원리

### (1) 부모와 자녀 간의 의사소통

① 부모가 자녀에게 민주적 태도와 관심을 보이고 부드럽게 대해줄 때 자녀는 부모의 사랑과 관심을 신뢰하고 진정한 의사소통을 할 수 있게 된다.

② 자녀의 행동 자체에 집중하기보다는 그 행동에 관한 자녀의 감정에 집중하여 반응을 보여야 한다.

③ 부모는 자녀의 행동이나 감정의 옳고 그름의 여부를 판단하고 비판하기보다는 기본적으로 이해하려는 태도를 가지고 있어야 한다.

### (2) 유아의 행동 지도

① 지나친 칭찬과 보상은 오히려 부정적인 상황을 야기할 수 있으므로 주의해야 한다(칭찬이나 보상은 유아의 행동에 대한 객관적인 평가에 근거한 것이어야 하며 자녀의 인격에 대한 칭찬이 아니라 행동에 대한 칭찬이나 보상이어야 한다.).

② 자녀의 실수에 대하여 훈계나 설교는 오히려 역효과를 낼 수 있으므로 훈계나 설교보다는 자녀의 말을 진정으로 들어주고 함께 해결책을 도출해낼 수 있어야 한다.

③ 부모는 어려서부터 자녀가 자신의 일은 자신이 끝까지 책임지고 완수할 수 있도록 믿어주고 기다려 주어야 한다. 이러한 부모의 행동은 자녀에게 자신의 능력에 대한 자신감과 자부심을 길러주어 모든 문제에 적극적으로 대처할 수 있는 능력을 기를 수 있는 바탕이 된다.

④ 부모가 아무리 화가 난다고 해도 자녀의 자존심에 상처를 주고 오랫동안 분노할 수 있게 하는 바보, 멍청이 등의 과격한 표현은 하지 않아야 한다.

⑤ 부모는 자녀 앞에서 지나친 분노를 억누를 수 있어야 하는 동시에 적절한 분노는 표현할 수 있어야 한다.

### (3) 부모의 잘못된 태도

① 부모가 자녀와의 관계에서 패배감을 느끼게 되는 경우 자녀를 위협하고 빈정대거나 훈계하고 억압하고 뇌물을 주면서 자녀를 부모에게 복종시키고자 한다. 그러나 이러한 부모의 태도는 자녀를 순종시키기보다는 오히려 자녀의 반항을 야기한다.

② 부모는 자녀가 자신의 있는 그대로를 드러내놓고 생각을 표현할 수 있도록 개방적인 의사소통 분위기를 만들어 주고 자녀의 말을 이해하려고 노력하여야 한다.

### (4) 훈육방법(행동의 한계 설정)

① 부모는 자녀에 대하여 기본적인 신뢰를 기초로 자녀의 능력에 대한 확신을 가지고 분명한 훈육을 하여야 한다.

② 부모가 자녀를 훈육할 때는 자녀가 이해할 수 있는 한도 내에서 분명하고 간결한 언어를 사용해야 한다.

③ 자녀에게 수용할 수 있는 행동과 수용할 수 없는 행동을 분명히 알려주어야 한다(자녀는 자신의 행동의 한계를 알게 되면 안도감을 갖고 보다 편안하게 행동할 수 있게 된다.).

④ 분명한 행동의 한계를 설정하되 자녀를 인격적으로 존중하여 마음에 상처를 남기는 일이 없도록 한다.

## 4. 인본주의 부모교육 프로그램의 적용 단계

### (1) 1단계 : 경험과 불평 늘어놓기 단계

① 1단계에서 부모들은 자녀와의 관계에서 경험하고 있는 문제와 고민거리들을 털어놓는다.

② 부모들이 자녀들에 대한 불평, 좌절감, 포기하고 싶은 마음, 절망감 등을 털어놓으면 부모교육자는 이들을 이해하고 있음을 나타내고 수용하는 반응을 보인다.

③ 부모교육자가 자신들을 진정으로 수용해 주고 이해하고 있다는 것을 느끼고 부모교육자를 신뢰하게 된다.

④ 자신의 어려움이나 문제를 털어놓는 과정을 통하여 부모들은 자신이 경험하고 있는 자녀와의 사이에서의 문제가 자신만이 가진 문제가 아니라는 것을 깨닫고 안심하게 되고 프로그램에 참여하는 부모들끼리 상호 연민의 정을 가지고 공감대를 형성할 수 있게 된다.

### (2) 2단계 : 감수성 증진 단계

① 감수성 증진 단계는 부모들이 유아 중심으로 문제를 생각해 보고 유아 입장에서 문제를 해결할 수 있도록 하는 단계이다.

② 부모 역할을 잘못하는 것이 자녀의 감정을 수용하지 않고 부모로서 자녀의 행동에 대하여 잘못 반응하기 때문이라는 기본 가정에 근거한다.

③ 부모교육자는 자녀의 잘못된 행동이 부모가 자녀를 나쁘게 보고 잘못 이해하기 때문이라는 것을 부모에게 인식시키고자 한다. 따라서 부모들이 자녀의 행동과 의사소통과정에 숨겨진 뜻을 이해할 수 있어야 함을 알려준다.

④ 부모교육자는 부모들이 겪고 있는 여러 가지 문제들을 서로 이야기하고 충고를 나눔으로써 부모가 자녀에 대한 감수성을 향상시킬 수 있도록 안내한다.

⑤ 이 단계에 참여하면서 부모는 자녀의 감정에 대한 감수성을 향상시키게 되고 그런 후에 자신의 잘못된 행동을 인식하게 되며, 변화시키려는 의욕을 갖게 되는 것이다.

chapter
06

### (3) 3단계 : 개념 형성 단계

① 자녀에 대한 감수성이 향상된 상태의 부모들은 점차 자신들이 자녀의 문제 행동을 다루는 데 실패한 원인들을 찾아보게 된다.

② 부모들은 자신이 자녀와의 관계에서 잘못 행동했다는 것을 인정하고 스스로 자녀의 행동을 이해하고자 노력하게 된다. 이때 부모교육자는 부모가 자녀의 행동을 이해하는 능력을 개발하는 데 도움을 주며 질문을 통하여 부모들이 스스로 자신이 실패한 원인을 찾도록 한다.

③ 부모교육자는 자녀에 대한 자신의 잘못된 행동을 인식한 부모들에게 인간 행동의 양면성을 이해할 수 있도록 도움을 준다. 즉, 누구나 분노와 좌절의 감정을 경험할 수 있고 표현할 수 있다는 것과 그러한 감정을 보다 건설적인 방법으로 표현할 수 있도록 부모로서 도움을 줄 수 있어야 한다는 것을 알려준다.

④ 이 과정에서 어떤 문제를 특별한 방법으로 해결한 사례가 있으면 서로 발표하고 토론함으로써 서로 문제해결의 방법을 공유할 수 있도록 한다. 그리고 모든 문제에 공통적으로 적용할 수 있는 보편적인 방법보다는 특별한 경우에 적용할 수 있는 방법이나 기술을 개발할 수 있도록 격려한다.

### (4) 4단계 : 기술 익히기 단계

① 개념 형성 단계를 거친 부모들은 기술 익히기 단계에서 각각의 상황에 맞는 적합한 양육 기술을 실제 문제해결상황에 적용해 보는 경험을 하게 된다.

② 이 단계에 들어선 부모들은 실제 가정에서 자녀와의 관계에서 마주치는 문제상황에 이제까지 배운 기술들을 적용해 보면서 토론을 통하여 다른 부모들과 그 경험을 나누고 함께 더 나은 해결방안을 모색하는 과정을 갖는다.

③ 많은 부모들이 자기 자신의 경우에는 해결하지 못할 일들을 다른 부모들의 경우를 듣고는 보다 객관적인 의견을 제시해 줄 수 있다.

④ 4단계를 거치는 동안에 부모들은 자신의 의사소통방법을 직접 변화시키고 적절한 방법으로 감정을 표현하고 자녀의 행동에 반응해 보는 과정을 직접 훈련을 통하여 익히는데, 이러한 부모의 변화는 자녀에게도 영향을 주어 자녀의 태도와 행동을 바람직한 방향으로 변화시키는 역할을 하게 된다.

**PLUS⁺**

## 인본주의 부모교육이론 - 로저스(Rogers)의 상담이론 기본원칙

치료적 변화를 촉진시키는 필요충분조건으로 로저스는 다음과 같은 3가지 조건을 들고 있다.

| | |
|---|---|
| **진실성**<br>**(genuineness)** | • 치료자가 자신의 역할을 가장하지 않고 있는 그대로 모습을 드러내는 것을 의미한다.<br>• 아동은 자신의 감정이나 세계를 보다 편안하게 표현할 수 있다.<br>• 진실성은 치료자가 높은 수준의 자기이해와 자기수용을 지니고 있을 때 가능한 태도다. |
| | 아동은 치료자에 대해 매우 민감하다. 치료자가 어떤 거짓된 태도를 보이면 아동은 이를 쉽게 알아차리고 결과적으로 관계형성에 방해를 받게 된다. 치료자는 사실적이고 진실해야 하며 아동에게 진실한 한 인간으로 느껴져야 한다. 예를 들어, 아동이 그린 그림에 대해 부모는 칭찬의 의미로 무조건 "잘 그렸구나."라는 반응을 보일 수 있다. 그러나 자녀는 자신이 그림을 잘 그리지 못한다고 생각했을 때, 어머니의 반응은 진실된 것으로 볼 수 없으며, 이러한 태도는 오히려 관계형성에 방해가 된다. 그러므로 그러한 표현보다는 오히려 "소방차를 그렸네. 빨간 색으로 그렸구나."와 같이 있는 그대로의 진실을 말해주는 것이 효과적이다. |
| **수용**<br>**(acceptance)** | 치료자가 내담자의 느낌이나 생각을 평가하거나 판단하지 않고 있는 그대로의 소중한 한 인간으로 받아들이는 무조건적이고 긍정적인 존중을 하는 것을 의미한다. |
| | 치료자는 내담자의 긍정적인 느낌이나 생각뿐만 아니라 부정적인 느낌이나 생각까지도 모두 수용해야 함을 의미한다. 이것은 내담자가 하는 말을 의심 없이 그대로 받아들이는 것을 의미한다. 이는 내담자에게 속으라는 의미가 아니라 이러한 무조건적인 수용의 분위기를 통해 아동은 안정감을 느끼고 자신의 사고와 감정을 탐색하고 자유롭게 환경을 탐색하고 어려움을 극복해 나간다. |
| **감정 이입**<br>**(empathy)** | • 내담자의 내면에서 일어나고 있는 감정에 대해 민감하게 주의를 기울이되 이를 판단하거나 들춰내지 않고 아동이 경험한 세계를 인식하고 정서적으로 온전히 접촉하는 것을 의미한다.<br>• 치료적 변화를 촉진시키는 3가지 태도 가운데 가장 훈련 가능성이 높은 조건이며, 감정이입만으로도 상당한 치료효과를 거둘 수 있다. |
| | 치료자 자신의 경험이나 기대를 배제하고 아동의 경험보다 앞서 생각하지 않고 아동이 자신의 감정을 스스로 경험하고 해결할 수 있도록 도와주는 것이다. 그러므로 감정이입은 내담자로 하여금 자신의 감정에 대한 자유로운 탐색을 가능하게 하며 이를 통해 자신이 이해받고 있다는 느낌을 주기 때문에 내담자에게 자유로움과 안정감을 주게 된다. 대부분의 부모들은 자녀의 행동에 대한 민감한 이해보다는 자녀의 문제에 자신이 개입하여 이를 해결해주려 하거나 안심을 시키려 한다. 이러한 부모의 태도는 결과적으로 자녀의 감정을 거부하는 태도이며, 이로 인해 자녀는 자신의 감정을 드러낼 수 있는 기회를 상실하게 된다. |

chapter
**06**

## 03 부모 효율성 훈련(PET) – 고든(Gordon)

 **들어가며**

부모 효율성 훈련(Parent Effectiveness Training : PET)은 고든(Gordon)이 부모 – 자녀 간의 문제는 부모 – 자녀 간의 인간관계에서 발생한 것이며 부모 – 자녀 간의 효율적인 인간관계를 형성하기 위해서는 효율적인 수용능력을 개발해야 하며 이러한 효율적인 수용능력은 언어 사용능력을 향상시킴으로써 개발될 수 있다는 입장에서 개발한 부모교육 방법이다. 부모는 수용을 나타내는 언어 사용뿐만 아니라 자녀의 행동을 긍정적으로 받아들이는 비언어적 메시지를 필요에 따라 효과적으로 활용하는 기법을 훈련받게 된다.

### 1. 부모 효율성 훈련의 목적

① 부모는 신이 아니라 한 인간이기 때문에 완벽한 부모 노릇을 할 수는 없다는 것을 인식한다.

② 부모는 부모–자녀 간의 인간관계에서 자녀 행동의 의미를 올바로 파악하고 부모 자신의 감정을 솔직하게 표현할 수 있는 기술을 습득한다.

③ 부모는 부모–자녀 간에 발생하는 문제를 효과적으로 해결하기 위하여 의사소통기술을 터득한다.

### 2. 부모 효율성 훈련의 내용

### (1) 수용성의 수준 파악하기

자녀의 행동이 어떻다고 판단하기 전에 부모는 자신의 수용성 수준이 어느 정도인지를 파악할 필요가 있다. 수용성의 정도는 부모의 기분, 집안 사정, 주위 사정, 사회 분위기에 따라서 변하며 자녀의 출생 순위에 따라서도 달라진다.

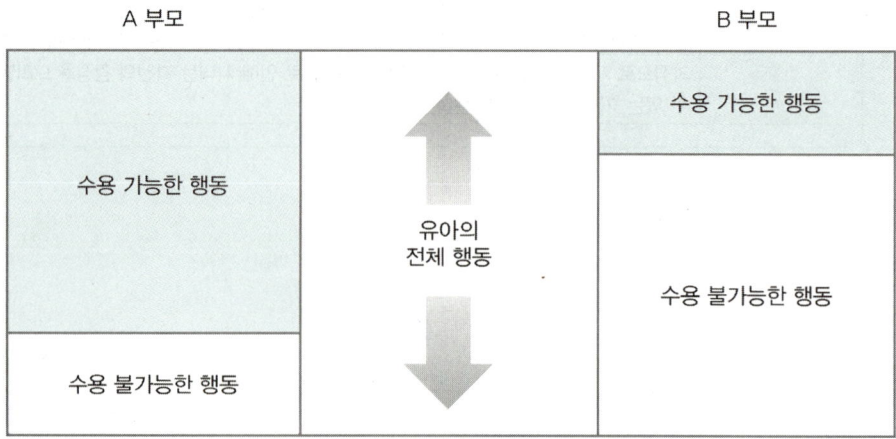

유아의 행동에 대한 부모의 수용성 수준

**→ 수용성 부모와 비수용성 부모의 특징**

| 수용성 부모 | 비수용성 부모 |
|---|---|
| • 정서적으로 안정되어 있고 개방적이며 허용 수준이 높다.<br>• 자기 자신에 대한 만족감도 비교적 높은 편이고 스스로 감정 통제를 잘하며 주위의 영향에 따라 쉽게 감정에 영향을 받지 않는다. | • 정서적으로 안정되어 있지 않은 경향이 많고 성격이 까다롭기 때문에 옳고 그른 것에 대한 기준이 정확히 세워져 있고 융통성이 없다.<br>• 자녀와의 관계에서도 자신의 견해를 강요하며 자녀의 자율성을 인정하기보다는 자녀의 일거수 일투족에 일일이 간섭하는 경향이 많다. |

⑵ **문제의 소지자 파악하기**

첫 번째 단계에서 부모의 수용성 정도를 파악한 후에는 부모와 자녀 중에서 누구에게 문제가 있는지를 파악해야 한다. 고든은 자녀가 문제를 소지한 경우에는 자녀 자신이 스스로 문제를 해결하는 것이 가장 바람직하다고 제안한다. 부모는 유아로 하여금 자신의 문제를 스스로 해결해 볼 수 있는 기회를 부여하여 현명하게 스스로의 문제를 해결할 수 있는 능력을 길러주어야 한다.

| 유아가 문제의 소지자인 경우 | 부모가 문제의 소지자인 경우 | 문제의 소지자가 부모도 자녀도 아닌 경우 |
|---|---|---|
| • 유아가 자신의 문제 때문에 화를 내거나 좌절감을 느끼고 불행하다고 생각하는 경우이다.<br>• 친구가 같이 안 놀아 준다든지, 열심히 만들기를 했는데도 한 번도 잘 만들지 못해서 속상하다든지, 열심히 공부했는데도 시험을 잘 볼 수 없다고 생각하는 경우이다. | • 유아의 행동이 부모의 권리나 행동을 방해하는 경우이다.<br>• 엄마가 전화 통화를 하고 있는데 아이가 옆에서 칭얼거린다든지 손님이 있는데 떼를 쓰는 경우이다. | 부모가 자녀로 인하여 어떠한 방해도 받지 않고, 자녀도 자신의 욕구를 충족시키는 데 별 어려움이 없는 경우이다. |

⑶ **반영적 경청**

① 의미 : 자녀가 문제를 소지하고 그 문제에 관하여 부모에게 이야기할 때 부모가 사용하는 기술

② 방법

　㉠ 부모는 자녀가 문제상황에 대하여 이야기할 때 비판하거나 판단하려 하지 말고 문제상황에 대한 자녀의 감정을 있는 그대로 수용하고자 노력해야 한다(상호 존중을 바탕으로 서로 마음을 터놓고 의사소통할 수 있는 분위기를 조성).

　㉡ 자녀의 이야기를 경청한 후, 부모가 이해한 내용을 다시 유아에게 전달하여 적극적으로 의사소통에 참여한다.

　㉢ 부모 자신의 감정을 일시 중단하고 자녀의 수준에서 자녀의 문제를 이해하고자 노력할 필요가 있고 자녀가 스스로 문제에 책임을 지고 해결방안을 찾도록 도움을 줄 수 있어야 한다.

③ 장점

㉠ 문제가 되는 감정의 정화 작용을 촉진한다.

㉡ 부정적인 감정을 두려워하지 않도록 해준다.

㉢ 부모와 자녀 사이의 온정적인 관계를 증진시킨다.

㉣ 자녀도 부모의 생각과 견해를 더 잘 경청하게 된다.

㉤ 자녀 스스로 자신의 문제를 분석하고 해결책을 찾도록 격려하여 독립심을 길러준다.

**PLUS⁺**

반영적 경청은 침묵하며 들어주는 것에서부터 시작하여 소극적 경청과 개방적 반응의 과정을 포함한다(Gordon, 1970).

1. **침묵**

부모가 자녀의 문제에 반응을 보이는 가장 효과적인 방법은 부모가 자녀의 문제를 해결해주는 것이 아니라 자녀가 마음의 문을 열고 문제에 대해 말하도록 이를 경청하는 것이다.

2. **소극적 경청**

경청의 기술은 단지 집중해서 듣는 것에서 한걸음 더 나아가 언어적·비언어적 반응을 첨가하는 방법도 있다. 고개를 끄덕인다거나 미소를 지으며 "으음" "그랬구나" 등과 같은 언어적 반응을 통해 자녀는 부모가 자신의 문제를 진지하게 생각하고 듣고 있다고 느끼게 되어 더욱 더 마음의 문을 열게 된다.

3. **개방적 반응**

나아가 부모는 자녀가 자신의 문제를 더욱 더 구체적으로 말하게 하기 위해 개방적인 반응을 보일 수도 있다. "그 문제에 대해 더 말하고 싶니?" "너의 생각에 나는 관심이 있단다" "그 문제에 대해 뭔가 느끼는 게 있는 것 같구나" 등의 개방적 질문을 통해 대화의 숨은 의미를 끄집어내게 해줄 수 있다.

4. **반영적 경청**

자녀의 말을 경청하는 가장 효율적인 방법은 자녀가 말한 내용을 그대로 반영해주거나 자녀의 말을 확인하는 종류의 언어적 반응이라고 할 수 있으며, 이를 반영적 경청이라고 한다. 이는 단지 자녀가 보낸 메시지를 경청하고 있음을 보여주는 소극적 경청과는 차이가 있다. 부모의 역할은 자녀로 하여금 더 많은 말을 하도록 유도하는 것이므로 자녀의 말에 적절한 반응을 보이는 반영적 경청은 중요하다.

반영적 경청은 아래와 같이 세 단계로 구성되어 있다.

이러한 과정에서 자녀의 말이나 감정을 확인하기 위한 적절한 피드백은 필요하지만 자녀가 말한 내용을 그대로 반영해주는 것이 바람직하며 부모의 의견이나 판단을 제시하거나 질문을 하는 것은 자제하도록 한다. 반영적 경청의 방법은 언어이해 능력이 결여된 유아에게도 사용이 가능하다.

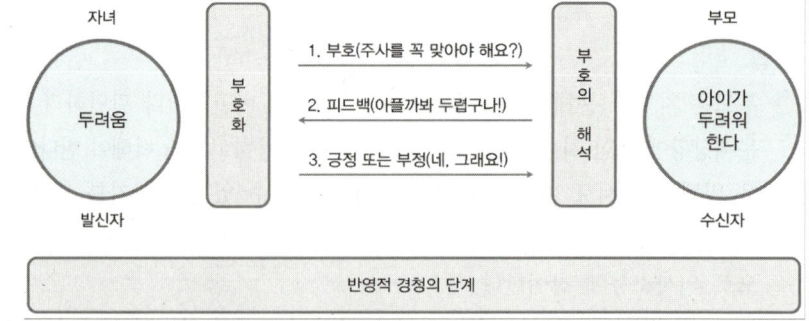

반영적 경청의 단계

- 1단계 : 자녀가 말이나 얼굴표정, 신체적 표현을 통해 자신에게 문제가 있음을 전달한다.
- 2단계 : 부모는 자녀가 표현한 단서를 해독하여 자녀의 느낌이나 생각을 피드백 해준다.
- 3단계 : 자녀는 부모의 피드백에 따라 계속 자신의 문제를 표현하거나 보다 확실한 신호를 보내고자 한다.

## (4) 나-전달법(I-Message)

① 의미 : 부모에게 문제가 있는 경우 부모의 생각이나 감정을 효과적으로 자녀에게 전달하기 위하여 사용하는 방법

② 방법 : 1가지 상황에 대하여 행동, 느낌, 결과의 3가지 요소를 말한다.

> ★ 네가~하면(행동 서술) ★ 나는~라고 느낀다(느낌 서술) ★ 왜냐하면(결과 서술)
>
> 예 네가 유치원이 끝나고 바로 집으로 돌아오지 않아서 엄마는 무척 걱정을 많이 했어. 왜냐하면 네가 어디서 무엇을 하고 있는지 알 수 없었기 때문이야.

### ➔ 나-전달법과 너-전달법의 비교

| 부모 ↕ 자녀 | 나-전달법 | 너-전달법 |
|---|---|---|
| | 네가 연락도 없이 늦어서 엄마가 걱정을 많이 했어. | 너는 왜 늦는다고 전화도 못하니? 너는 꼭 생각 없이 엄마를 걱정시키는구나. |
| | ⇩ 해독과정 | ⇩ 해독과정 |
| | 엄마가 걱정을 많이 하셨구나. | 나는 생각 없이 엄마를 걱정시키는구나. |

③ 장점 : 자녀의 행동을 판단하지 않으면서도 부모 자신의 감정을 전달할 수 있기 때문에 부모-자녀관계를 원만하게 이끌고 부모가 수용할 수 없는 자녀의 행동을 변화시키는 데 유용하다.

## (5) 무승부법(No-lose Method)

① 의미 : 적극적 경청이나 나-전달법을 활용하고도 문제가 해결되지 않고 자녀가 자신의 방식대로 행동하려고 할 때 활용할 수 있는 방법으로 부모-자녀 간에 어느 한 편이 지고 다른 한 편이 이기는 이러한 문제해결방법보다는 양편이 함께 타협하거나 논의해서 문제를 해결할 수 있는 방안을 강구하는 방법

② 방법 : 무승부법의 6단계

ㄱ 1단계 : 갈등 확인 단계

갈등이 되는 문제를 확인한 후에는 명확하게 정리하여 표현하는 단계이다. 부모와 자녀가 모두 문제를 같은 의미로 이해하고 있는지를 확인해야 한다.

ㄴ 2단계 : 해결책 탐색 단계

문제를 해결할 수 있는 방안을 탐색하는 단계이다. 부모와 자녀가 동등한 입장에서 의견을 제기할 수 있는 분위기를 형성해야 한다. 가능하면 먼저 자녀의 입장에서 제안하는 해결방안을 비판이나 판단 없이 들어본 후 부모의 해결책을 제시하는 것이 좋다.

ⓒ 3단계 : 해결책 평가 단계

부모와 자녀가 함께 제시한 다양한 해결방안들을 검토하고 수용 가능한 해결방안을 찾는 단계이다. 부모나 자녀의 입장에서 절대로 수용할 수 없는 해결방안들을 제거하고 양쪽에서 모두 수용 가능한 해결방안들을 찾아낸다(부모의 입장에서 수용적 분위기 조성 필요).

ⓔ 4단계 : 최상의 해결책 결정 단계

부모-자녀 간의 갈등상태를 해결할 수 있는 최상의 해결책을 결정하는 단계이다. 서로 합의하에 선택한 해결책에 대해서는 부모와 자녀가 모두 반드시 지켜야 할 책임이 있음을 인식해야 한다.

ⓜ 5단계 : 결정된 해결책 수행방법 결정 단계

부모와 자녀가 합의하에 결정한 해결책을 어떻게 수행할 것인지에 대한 방법을 결정하는 단계이다. 부모는 자녀의 수행능력에 대하여 믿음을 가지고 자녀가 결정된 사항을 충실히 수행할 것이라고 믿어줘야 한다(만약, 자녀가 약속한 것을 수행하지 못하는 경우, 나-전달법을 사용).

ⓗ 6단계 : 평가 단계

결정된 방법을 수행한 후에, 결정한 해결방안과 수행방법이 최선의 것이었는지를 평가하는 단계이다. 최선의 것이 아닌 것으로 평가되었다면 다시 합의하에 결정하는 과정을 되풀이한다.

③ 장점

㉠ 부모와 자녀는 상대방의 자존감을 인정하고 서로 동등한 입장에서 상호작용을 하면서 문제를 해결할 수 있다.

㉡ 자녀와 함께 문제해결방안을 모색하는 과정에서 자녀의 인지 발달과 자율성을 촉진시킬 수 있다.

㉢ 자녀에게 갈등상황을 해결할 수 있는 선택권과 책임을 부여한다.

㉣ 부모로서의 권위에 의존하려는 욕구를 억제할 수 있다.

㉤ 대화를 통한 문제해결과정은 부모나 자녀의 심리적 상처를 배제할 수 있다.

1. 의사소통에 걸림돌이 되는 12가지 장애 요인적 언어 표현과 예

   ① **명령, 지시, 요구하기** : '말대꾸하는 거 아니야.', '밖으로 나가 있어.', '그만 좀 시끄럽게 해라.'

   ② **주의, 위협, 경고하기** : '한 번만 더 하면 가만두지 않을 거야.', '성적만 나빠 봐라. 용돈을 주지 않겠다.'

   ③ **훈계, 설교하기** : '여자답게 행동해라.', '사람이 이야기하고 있을 때 방해해선 안 돼.'

   ④ **강의, 교수, 논리적 논쟁의 전개** : '내가 너만 할 때 너의 두 배만큼 일을 했단다.'

   ⑤ **충고, 해결책 제안** : '숙제를 혼자 할 수 있도록 계획을 세우지 못하니.'

   ⑥ **비판, 비난, 판단** : '조그만 녀석이 뭘 안다고', '너는 항상 그 모양이야.', '너는 항상 부주의하구나.'

   ⑦ **해석, 진단, 심리 분석하기** : '공부에 자신이 없으니까 그런 생각을 하는 모양이지.'

   ⑧ **욕설, 조소, 수치감** : '말썽꾸러기야.', '넌 돌대가리야.'

   ⑨ **칭찬, 부추기기** : '너는 영리하니까 무엇이든 다 할 수 있어.'

   ⑩ **퇴행하기, 주의 돌리기, 화제 바꾸기** : '잊어버리자.', '그건 있을 수 있는 일이야.'

   ⑪ **질문, 탐문, 심문** : '네가 왜 엄마를 싫어하는지 말해 봐.', '누가 너에게 그런 짓을 가르쳐 주었니?'

   ⑫ **격려, 동정, 위로, 지원, 안심시키기** : 자녀의 기분을 맞추려고 애쓴다. '염려마. 잘 될 거야.', '별 것 아니야. 누구나 다 그런 경우가 있어.'

2. 장애 요인적 언어 표현을 하는 원인

   ① **역할 개념의 혼동** : 부모 – 자녀관계를 유지함에 있어 개인으로서의 역할과 부모로서의 역할 개념을 가지고 한 개인으로서는 부족함이 많다고 느끼고 있으면서도 부모로서의 역할 개념 속에는 완벽한 부모가 되어야 한다는 무의식적인 기대를 갖고 있기 때문

   ② **과거의 자녀 양육방법 사용** : 새로운 양육방법이 많이 개발되었지만 대부분의 부모들은 전통적인 양육방법을 그대로 대물림하고 있기 때문

   ③ **성인 중심적 인간관** : 부모들이 친척이나 친구를 대할 때와 자녀(유아)를 대할 때 차이를 보이기 때문

chapter
**06**

## 04 상호교류 분석이론 – 에릭 번(Eric Berne)

### 들어가며

상호교류 분석이론(Transactional Analysis : TA)은 부모 – 자녀 간의 의사소통과 상호교류 방법을 개선하기 위한 목적에서 1950년대에 미국의 정신의학자인 에릭 번(Eric Berne)이 개발한 이론이다.

## 1. 상호교류 분석이론의 기본 가정

① 에릭 번에 의하면 모든 인간은 자극을 받고자 하는 욕구를 가지고 태어난다.
② 자극에 대한 허기(stimulus hunger)는 연령에 따라 다르게 나타난다. 예를 들면, 갓난아기는 토닥거려 주거나 안아주는 등 신체적인 친밀감을 통해서 자극 허기를 채우려 하고 나이가 들면 사회적 상호작용을 하며 인정을 받고자 하는 욕구, 즉 인정에 대한 허기로 바뀌게 된다.
③ 자극 허기나 인정 허기를 가진 사람들이 서로 만나면 자연스럽게 상호작용이 일어나는데, 이때 쓰다듬기(stroking)를 이용하게 된다.
④ 쓰다듬기는 상대방의 존재를 인정하는 데 사용되는 모든 행동, 즉 신체적 접촉, 언어적 · 비언어적 표현이 포함되며 사회적 상호작용의 기본 단위가 된다.

### PLUS+

**스트로크(쓰다듬기)**

출생 직후 영아의 성장에서 만지고 쓰다듬어 주는 것과 신체적 감각적 자극이 필수적이며, 이러한 자극의 욕구를 만족시켜주는 기본단위를 스트로크라 한다. 한 개인으로 하여금 자신의 존재를 인식하게 해주는 '인간 인식의 기본단위'가 되며 이러한 욕구는 성장하면서 인정을 받고자 하는 욕구로 변하게 된다. 인간은 평생을 스트로크를 추구하면서 살아가며 부모를 위시한 양육자로부터 어떠한 스트로크를 받았는가에 따라 기본적인 인생태도를 형성하게 된다.

| 신체적/언어적 스트로크 | • 안아주거나 두드려주거나 때리는 신체적 스트로크<br>• 칭찬하거나 모욕을 주는 언어적 스트로크 |
|---|---|
| 긍정적/부정적 스트로크 | • 어떤 사람을 기분 좋게 만들거나 '내가 괜찮아'라고 느끼게 하는 긍정적 스트로크<br>• 기분을 나쁘게 만들거나 '내가 시원치 않다.'라고 느끼게 하는 부정적 스트로크 |
| 조건적/무조건적 스트로크 | • 어떤 조건을 만족시킬 때 대가로 얻게 되는 조건적 스트로크<br>• 개인의 성취나 행위에 기초하여 인정해 주는 것이 아니라 그 개인이 존재한다는 자체에 근거하여 인정해 주는 무조건적 스트로크 |

## 2. 상호교류 분석이론의 내용

### (1) 자아상태(구조분석)

① **아동 자아상태**: 인성의 가장 중요한 부분으로 매력 있고 유쾌하며 창의적인 자아상태를 말한다. 어린 시절 실제로 느끼고 행동했던 것과 같은 감정이나 행동이 내면화된 것이다. 자신이 누구인지를 알게 하므로 인간 심리의 가장 핵심이라고 할 수 있다. 아동 자아상태에는 2가지 종류가 있다.

   ⓐ 천성적 아동 자아상태는 좋은 감정과 나쁜 감정을 모두 자발적으로 표현할 수 있는 상태이다.

   ⓑ 개작된 아동 자아상태는 부모가 원하는 것에 맞추어 표현하고자 하여 자연스럽지 못한 자아상태이다. 개작된 자아상태를 가진 사람은 부모의 영향에서 벗어나 자발적으로 자신을 표현함으로써 즐거움과 자유를 누릴 수 있어야 한다.

② **성인 자아상태**: 자료를 처리하고 외부 세상을 효과적으로 다루는 데 필요한 가능성을 계산해 냄으로써 부모 자아와 아동 자아의 활동을 조절하고 객관적으로 중재하는 생존에 필수적인 자아상태이다. 아동 자아상태와 부모 자아상태의 영향을 받아 아동의 사회적 역량이 누적되면서 형성된다.

③ **부모 자아상태**: 부모 자아상태의 인성은 인생 초기에 부모와의 관계에서 경험한 격려, 명령, 훈계, 벌 등의 영향을 받아서 형성되는데, 부모 자아상태에는 2가지 종류가 있다.

   ⓐ 양육적 부모 자아는 친절하게 도와주고 보살펴 주는 특징을 가진 인성을 의미한다.

   ⓑ 비판적 부모 자아는 다른 사람에 대하여 비판하고 통제하고 처벌하는 경향을 많이 나타내는 인성을 의미한다.

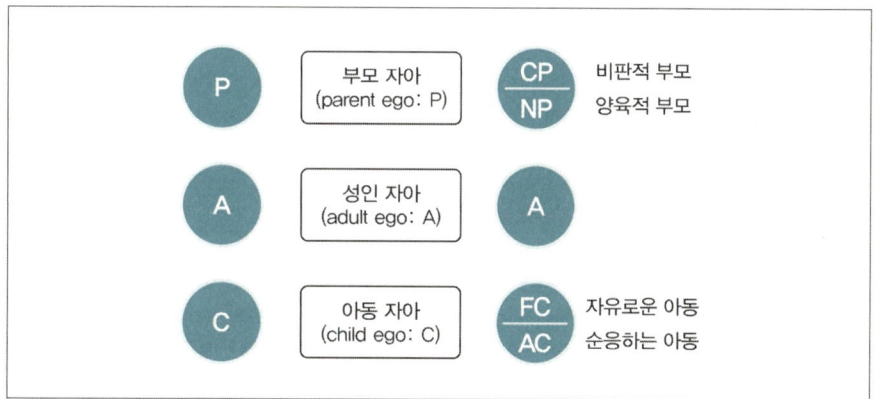

자아상태 P-A-C 모델

**◯ 자아상태를 나타내는 언어적 행동적 단서**

| 자아상태 | | 언어적 단서 | 행동적 단서 |
|---|---|---|---|
| 부모 자아<br>(parent ego) | 비판적<br>(critical<br>parent : CP) | "안 돼, ○○하지 않으면 안 된다."<br>⇨ 설교조, 비판적·강압적·단정적 말투 | 시비조, 손가락질, 지시 |
| | 양육적<br>(nurturing<br>parent : NP) | "그래, □□해 줄게."<br>⇨ 동정적, 부드럽고 순한 말투 | 안아줌, 어깨 두드림 |
| 성인 자아<br>(adult ego) | | "△△라고 생각한다, 내 견해로는……."<br>⇨ 육하원칙의 논리, 침착하고 냉정하고<br>기계적이며 낮은 말투, 객관적 말투 | 눈 마주침, 바른 자세<br>로 경청, 신중하게 생<br>각, 진지한 표정 |
| 아동 자아<br>(child ego) | 자유로운<br>(free<br>child : FC) | "야아 신난다, 멋지다, □□하고 싶다."<br>⇨ 밝고 명랑하고 개방적이며 자유로운<br>말투, 어린애 말투, '바라다, 원하다' 등 | 잘 웃음, 활발함,<br>풍부한 유머, 씩씩함 |
| | 순응하는<br>(adapted<br>child : AC) | "○○해도 되나요?, 괜찮습니다."<br>⇨ 자신감 없이 중얼거리는 말투 | 타인의 표정을 살핌,<br>한숨, 불안해함,<br>두려워함 |

---

PLUS⁺

**자아상태의 경계**

개인은 부모 자아, 아동 자아, 성인 자아를 가지고 있으며 건강한 개인은 이 세 자아를 자유롭게 선택할 수 있으나, 자아상태의 기능적인 장애로 인하여 경계가 파손되거나 경직된 경우 이러한 선택에 문제가 생기게 된다. 대표적인 형태는 오염과 배제이다.

| | |
|---|---|
| 오염<br>(contamination) | 부모 자아, 아동 자아, 성인 자아가 적절하게 분리되어 있으면, 이상적인 자아상태이다. 그러나 경계가 지나치게 이완되어 있어서 하나의 자아상태가 다른 자아상태를 침범하여 경계가 파손된 것을 오염이라고 한다.<br>부모 자아가 성인 자아를 침범한 경우에는 부모 자아가 논리적 판단기능을 저해함으로써 강한 편견을 형성하게 된다. 아동 자아가 성인 자아를 침범한 경우에는 아동 자아가 성인 자아의 논리적 기능을 저해하여 지나치게 감정에 충실하거나 망상이나 환상에 사로잡히게 된다. 또한 부모 자아와 아동 자아 모두가 성인 자아를 침범하는 경우에는 정신병리적인 성격을 보이게 된다. |
| 배제<br>(exclusion) | 자아상태의 경계가 두꺼운 벽처럼 지나치게 경직되어 자아상태 간의 교류가 차단된 것을 배제라고 한다. 아동 자아와 성인 자아의 영향을 배제하고 부모 자아에 고착된 사람은 비판적이고 지시적이며 권위주의적인 태도를 보이는 반면, 부모 자아와 성인 자아의 영향이 배제되어 아동 자아에 고착된 사람은 놀기를 좋아하고 자기가 하고 싶은 대로 행동하는 경향을 보인다. 또한 아동 자아와 부모 자아의 영향이 배제되어 성인 자아상태에 고착된 사람들은 지나치게 논리적이고 객관적이며 감정표현이 없는 컴퓨터와 같은 특성을 보인다. |

### (2) 교류 분석

교류란 사회적 의사소통의 기본 단위로, 자아상태의 교류가 원만하게 이루어지도록 함으로써 개인의 적응능력을 향상시키고 상호간의 갈등을 감소시킬 수 있다고 본다.

① 보완적 상호교류(complementary transaction)

    ㉠ 상호간의 의사소통에서 동일한 2가지 자아상태가 개입이 되어 자극과 반응이 평행을 이루는 형태를 의미한다(원만한 의사소통이 이루어진다.).

    ㉡ 상보적 교류는 동일한 자아상태 간의 교류만을 의미하는 것이 아니라, 성인 자아상태와 부모 자아상태, 아동 자아상태와 부모 자아상태 간에 상보적 교류가 이루어지는 경우도 있다.

    ㉢ 상보적 교류가 이루어지면 자극과 반응이 평행상태를 이루면서 자신이 기대한 반응을 얻게 된다.

---

**보완적 교류 상호작용**

1. 성인 자아–성인 자아

    어머니 : 중간고사가 언제니?
    자　녀 : 4월 7일이요.

2. 부모 자아–부모 자아

    어머니 1 : 요즘 애들은 왜 그렇게 예의가 없는지 모르겠어요.
    어머니 2 : 우리가 클 때에는 그렇지 않았는데요.

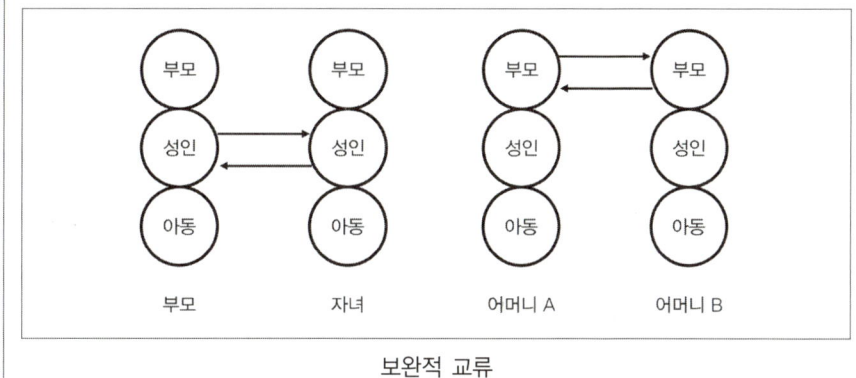

보완적 교류

---

② 교차적 교류(crossed transaction)

    ㉠ 상호간의 의사소통에서 기대하지 않은 자아상태가 개입이 되어 자극과 반응이 교차를 이루는 형태를 의미한다.

    ㉡ 발신자가 성인 자아상태로의 반응을 기대하고 문제를 원만하게 해결하려고 자극을 보냈으나 상대방으로부터 부모 자아상태나 아동 자아상태로 반응이 있게 되면 예상 외의 반응이므로 발신자는 무시당한다는 기분이 들 수 있으므로 의견 충돌이 불가피하다.

**교차적 교류 상호작용**

어머니 : 중간고사가 언제니? (성인 자아)

자  녀 : 생활계획표에 있잖아요. (부모 자아)

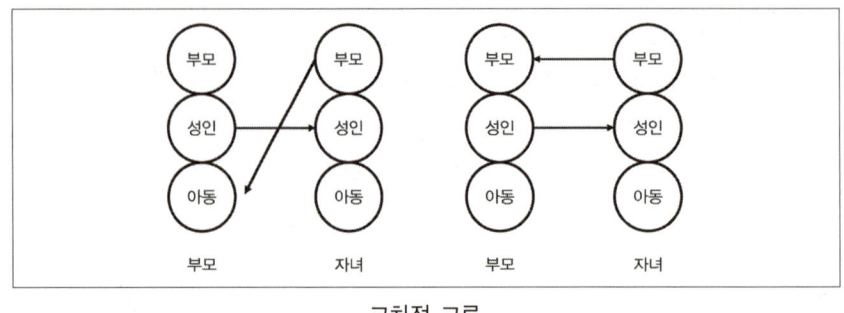

교차적 교류

③ **잠재적 교류(ulterior transaction) / 암시적 교류/이면적 교류**

ㄱ 표면상으로 이루어지는 교류와는 달리 두 사람 이상의 사람들 내부에서 일어나는 심리적 상호 교류의 상태를 말한다.

ㄴ 이면적 거래가 있는 대화로 표면상으로 말한 이외의 뜻이 숨겨져 전달되는 교류이다.

ㄷ 이때 외부로부터 표현되는 자극과 반응을 사회적 메시지라고 하며 내부에서 이루어지는 자극과 반응을 심리적 메시지라고 한다.

ㄹ 표출된 메시지가 실제로 작용하는 내용이 다르고 엉큼한 성격, 속임수 개입, 위장된 의사소통이다.

ㅁ 하지만 이러한 잠재적 이면 교류를 전적으로 위선적인 것으로만 볼 수는 없으며, 원만한 인간관계가 이루어지기 위해서는 때로 필요하기도 하다.

**잠재적 교류 상호작용**

어머니 : 중간고사가 언제니? (표면상의 성인 자아)

　　　　 "시험이 얼마 남지 않은 것 같은데 왜 이렇게 공부를 안 하니?" (내부는 부모 자아)

자  녀 : 내일부터 시작이에요.

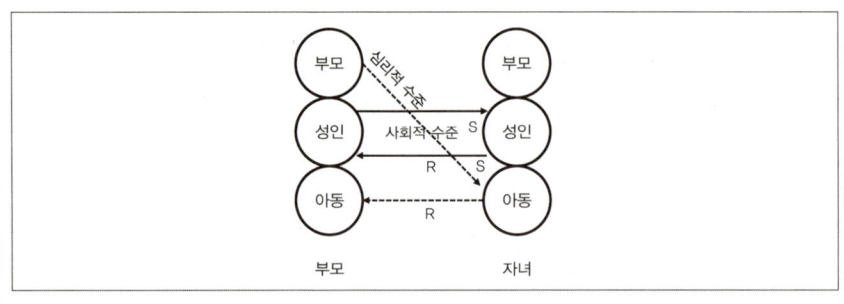

잠재적 교류

**PLUS⁺**

번(Berne)은 의사소통에는 늘 숨겨진 함정이 있기 마련이며, 이는 이면적 교류에 의해 발생한다고 하였다. 이것을 게임이라고 하는데 게임은 의식적으로도 일어나지만 무의식적으로도 일어난다. 두 사람 간의 악화된 관계를 개선하기 위해서는 의사소통 과정에서 나타나는 게임인 이면적 교류의 근원을 파악하는 것이 중요하다.

### (3) 생활 태도

유아는 사회 환경에서 교류를 통하여 자신과 외부 세계에 대한 생활 자세를 형성하게 되는데, 유아가 형성하는 생활 태도는 주로 부모의 양육 태도에 의하여 형성된다.

① 자기 긍정-타인 긍정(I'm OK, You're OK) : 이상적인 생활 태도로, 자신과 다른 사람과의 관계를 편안하게 느끼고 만족한다. 자신의 가치와 타인의 가치를 인정하고 존중한다.

② 자기 부정-타인 긍정(I'm not OK, You're OK) : 다른 사람과 비교해서 자신은 열등하고 다른 사람은 모두 자신보다 잘났다고 생각한다. 이러한 생활 자세를 가진 사람은 쉽게 낙심하고 생기가 없으며 우울증에 걸리기 쉽다.

③ 자기 긍정-타인 부정(I'm OK, You're not OK) : 타인 위에 군림하고자 하는 생활 자세로 지배적이고 의심이 많으며 자신의 마음에 들지 않으면 다른 사람을 배척한다. 다른 사람들을 무시하고 결점을 끌어내고자 한다.

④ 자기 부정-타인 부정(I'm not OK, You're not OK) : 삶을 무가치하게 여기는 상태로 절망적이고 허무적인 인생관을 가진 사람의 생활 태도이다. 타인이 주고자 하는 애정이나 관심을 거부하며 자기 속에 침잠해 있다.

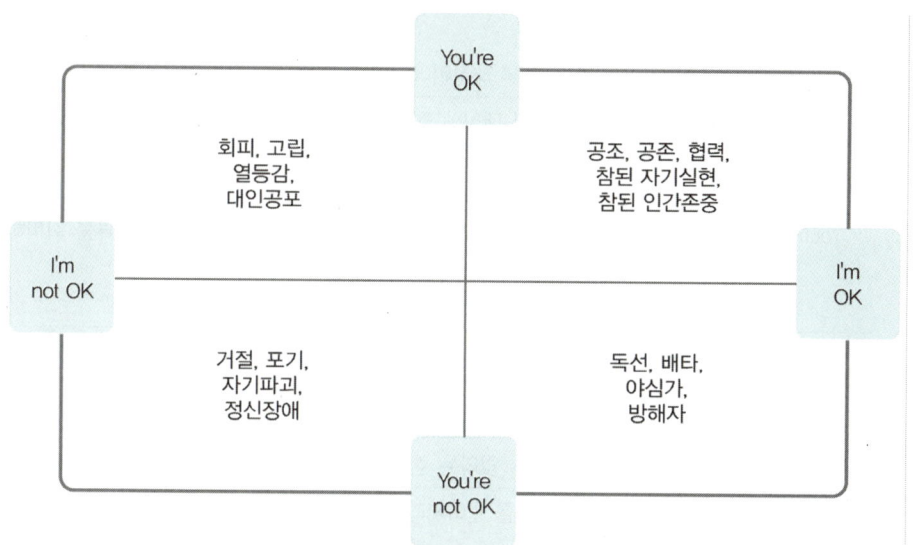

생활 태도와 교류 양식의 관계

**(4) 시간의 구조화 : 철회, 관습, 활동, 잡담, 게임, 친교**

교류분석 이론에서 볼 때, 인간이 사회생활을 영위하는 최대의 동기는 다른 사람들과의 교류에서 될 수 있는 한 많은 만족이나 이익을 얻으려고 하는 데 있다. 대인관계 교류에서 얻는 이익으로는 긴장의 해소, 스트레스가 되는 상황 회피, 인정자아의 획득, 획득된 항상성 유지 등이 있다. 시간을 유효하게 활용한다는 것은 자기의 인생을 보람 있고 값지게 하는 것과 깊이 관련되어 있다. 그러므로 시간을 구조화하는 것은 인정자아 욕구를 충족하는 데 중요한 역할을 한다.

시간을 구조화하는 방법(시간을 사용하는 방법)은 철회, 관습, 활동, 잡담, 게임, 친교의 6가지로 분류할 수 있다.

**● 시간을 구조화하는 방식**

| | |
|---|---|
| 철회<br>(withdrawal) | • 스트로크를 교환하는 것에 대해 불안감을 가지고 있는 경우 상대방과의 상호 교류를 중단하고 자신만의 생각에 잠기는 방법<br>예 은둔형 외톨이<br>• 이 방법을 사용하면 주고받는 자극이 없기 때문에 그만큼 자신이 받게 되는 보상도 적다. |
| 관습<br>(ritual) | • 타인을 만나면 의례적인 이야기를 하는 것과 같이 누구에게나 통용되는 안전한 시간구조화 방법<br>• 철회와의 차이는 외부 대상이나 관습적 행동을 통해 스트로크를 추구한다는 점 |
| 활동<br>(activity) | • 자기 스스로 외부의 대상에 접근하여 구체적인 형태로 스트로크를 교환하는 생산적이고 창조적인 시간구조화 방법<br>• 그러나 사무실에서 밤을 새워 일하는 것과 같이 지속적인 활동만으로 자신의 시간을 구조화하는 경우에는 철회나 관습처럼 타인과의 상호교류를 회피하게 되므로 받게 되는 자극의 수준도 한계가 있다.<br>예 일 중독증(workaholic) 환자 |
| 잡담<br>(pastime) | • 큰 부담이 없는 주제에 대한 정보를 상호교환하며 스트로크를 추구하는 시간구조화의 한 방법<br>• 감정이 개입되지 않고 단순한 정보교환이 주를 이루므로 이후의 공허함이나 권태감을 배제할 수 없다는 점에서 한계가 있다. |
| 게임<br>(game) | • 타인이 자신의 욕구를 알아차리지 못하도록 이중적인 교류로 시간을 구조화하는 방법<br>• 잡담 이상의 스트로크를 추구하기를 원할 때 사용하는 방법으로 일종의 필요악이라 볼 수 있다. 게임의 방법은 자신이 실제로 생각하거나 느끼는 바를 표현하지 않는다는 점에서 진실한 교류가 이루어지지 않고 속임수를 내포하고 있으며, 이러한 속임수는 자신을 보호하기 위한 심리에서 비롯된다고 볼 수 있다. |
| 친교<br>(intimacy) | • 상호간에 신뢰하며 배려하는 관계에서 이루어지는, 스트로크를 극대화시킬 수 있는 시간구조화의 한 방법<br>• 상호교류분석에서 추구하는 가장 이상적인 시간의 구조화 방법으로 상호간의 감정교환이 자유롭게 이루어지며, 상호 간에 방어적 자세가 아니라 수용적 자세를 나타낸다. |

## 3. 상호교류 분석에 기초한 부모교육 프로그램의 목적

① 각 개인 성격의 기본이 되는 자아상태를 파악함으로써 한 개인을 변화시키는 것이 가능하다고 봄. 자아상태에는 아동 자아, 성인 자아, 부모 자아의 3가지 형태가 존재하며, 이들 3가지 자아상태가 균형을 이루고 있을 때에 가장 적응적인 행동을 보이게 된다는 것. 자신의 자아상태의 구조를 파악하고 3가지 자아상태가 균형을 이루도록 하는 것

② 의사소통과정에서 인간은 스트로크를 최대한으로 얻기 위하여 시간을 구조화하려는 욕구를 가지고 있으므로, 의사소통유형을 분석하여 원만한 교류가 이루어지도록 하는 것

③ 상호간의 교류를 통해 형성된 기본적 인생태도와 이를 근거로 형성된 인생각본에 대해 분석하는 것. 인간은 어린 시절부터 부모의 언어적·비언어적 메시지를 통해 자신이 어떻게 살아야 할 것인가에 대한 각본을 형성하며 그 각본에 맞추어 자신의 각본을 정당화하려는 시도를 하게 된다고 보며, 잘못된 각본인 경우 재결정을 통해 성공적인 각본을 형성함으로써 충분히 자신이 가진 잠재력을 발휘할 수 있는 자율적인 인간으로 살아갈 수 있도록 도와주는 것

### 교류분석의 상담 진행과정

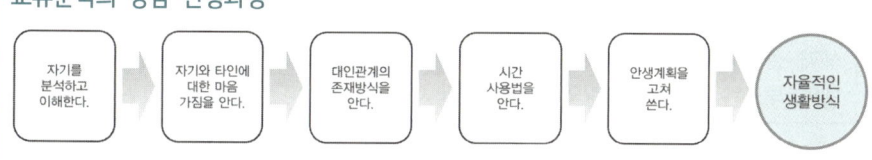

1. 자기를 분석하고 이해한다. ⇨ 구조분석
2. 자기와 타인에 대한 마음가짐을 안다. ⇨ 인생태도
3. 대인관계의 존재방식을 안다. ⇨ 교류분석, 인정자극, 게임분석
4. 시간의 사용방법을 안다. ⇨ 시간의 구조화
5. 인생계획을 고쳐 쓴다. ⇨ 각본분석
6. TA의 목표 성취 ⇨ 자율적인 생활방식

chapter
06

## 05 STEP 프로그램 – 딩크메이어와 맥케이(Dinkmeyer & Mckay)

 **들어가며**

STEP(Systematic Training for Effective Parent) 프로그램은 딩크메이어와 맥케이가 개발한 종합적이고 체계적인 부모 훈련 프로그램이다. 드라이커스의 민주적 양육이론과 고든의 부모 효율성 훈련이론 중 장점을 체계화하여 드라이커스의 행동목표 파악, 논리적 귀결, 인식 반응을 주어 격려하기 등과 고든의 적극적 경청, 나–메시지 사용을 적절하게 혼합하였다.

### 1. STEP 프로그램의 자녀 양육의 원리

① 부모와 자녀는 사회적으로 평등한 사이이다. 민주사회에서 모든 사람은 책임 있게 행동해야 한다.

② 자녀의 행동을 이해해야 한다. 자녀의 행동을 이해하기 위해서는 여러 가지 측면에서 고려해야 한다.

③ 자녀의 잘못된 행동에는 그 이유(목표)가 있음을 알아야 한다.

④ 부모–자녀를 위한 긍정적 관계의 기본 요소를 알아야 한다.

> 첫째, 상호 존중의 태도를 유지하라.
> 둘째, 부모는 자녀에게 격려와 용기를 주어라.
> 셋째, 즐거운 시간을 가져라.
> 넷째, 부모는 자녀에게 사랑의 표시를 하라.

### 2. STEP 프로그램의 내용

① 드라이커스가 제안한 잘못된 행동의 목표를 파악한다(관심 끌기, 힘 행사하기, 보복하기, 부적절함 나타내기).

② 반영적 경청을 통하여 자녀의 감정에 대한 메시지를 접하고 감정을 확인하는 단어를 사용하여 반응한다.

③ 문제의 소유자를 파악하여 나–전달법을 사용하여 부모–자녀 간의 의사소통을 촉진한다.

④ **자연적 · 논리적 귀결의 사용** : 선택의 자유를 제안하고 유아의 결정을 수용한다. ⇨ 유아에게 시행 중간에 결정을 변경할 수 있음을 확인시킨다. ⇨ 자녀가 잘못된 행동을 되풀이하면 자녀가 다시 시도하기 전에 충분한 시간을 갖는다.

PLUS+

## 적극적 부모역할 훈련(Active Parenting)

### 1. 프로그램의 정의

적극적 부모역할 훈련 프로그램은 아들러(Adler)의 개인 심리학 이론에 근거를 두고, 드라이커스 (Dreikurs)의 민주적 자녀 양육 이론과 고든(Gordon)의 부모효율성훈련 프로그램을 중심으로 폽킨(Popkin, 1983)이 개발한 부모교육 프로그램이다(Boccella, 1988). 그는 교육공학적인 방법을 부모교육 분야에 적응시키고자 하였는데, 비디오를 활용한 훈련법이 효과적인 것에 포착하여 2~12세 아동의 부모를 대상으로 한 적극적 부모역할 훈련(Active Parenting Today : A.P.T.)을 개발하였다. 이후 청소년 부모를 위한 10대의 적극적 부모역할 훈련(Active Parenting of Teens : A.P./Teens)을 제작하였다.

### 2. 프로그램의 목적

부모 역할은 자녀들이 그들이 살고 있는 사회 안에서 생존하고 번영하도록 보호하고 준비해 주는 것을 목적으로 한다. 즉, 독립적인 인간이 되도록 준비해 주는 것이다.

또한, 그들이 민주사회에서 잘 자라기 위하여 필요한 자질을 길러 주기 위한 기술과 지식을 부모에게 제공함으로써 가족구조를 통하여 인간의 무궁한 잠재력을 개발시키고자 하는 데 에 있다.

### 3. 프로그램의 교육내용

(1) **적극적 부모**

자녀에 대한 목표를 정확히 하여 지도적인 역할을 하도록 도움을 준다. 부모와 자녀를 동 등한 입장에서 보고 서로를 존중해 주고 민주적인 지도 방법으로 자녀와 상호작용한다.

(2) **자녀 이해하기**

자녀가 부정적 접근방식을 취했을 때, 부모가 느끼는 감정과 부모의 지도에 대한 자녀의 반응을 단서로 하여 자녀의 행동 목적을 이해할 수 있다고 가르치고 있다.

(3) **용기 북돋우기**

자기존중감과 용기 있는 자녀는 긍정적인 행동을 보이지만, 그렇지 않은 자녀는 부정적 인 행동을 보이기 쉽다. 따라서 부모는 자녀가 스스로를 능력 있는 존재로 여기도록 장려 하여야 한다.

(4) **책임감 기르기**

정중한 요청, 나－전달법, 논리적 귀결을 통해 책임감을 기르도록 한다.

(5) **의사소통을 통한 협동심 구하기**

가정에서 부모가 자녀와 정기적으로 가족회의를 열어서 가정의 의사결정과정에 자녀를 참여시키고, 이를 통하여 민주적인 리더십과 발표력이 신장되도록 돕는다. 아울러 가족 화목활동을 권유하여 가족의 응집력과 부모－자녀 간의 애정을 돈독히 하는 방법을 가르 쳐 준다.

(6) **10대를 위한 부모역할**

부모에게 알코올과 약물이 미치는 신체적·심리적·사회적 영향에 대한 정보를 제공해 준다. 이어서 이런 유혹에 빠져 있는 자녀들에게 사실을 맞닥뜨리고 대화하며 적극적으 로 개입하여 지도하는 요령을 자세하게 가르쳐 준다. 또한 10대 자녀들이 알코올과 약물 을 탐닉하는 데는 어떤 심리적 욕구가 개입되어 있는지를 이해시킨다.

### 4. 프로그램의 운영 및 구성

한국 본부인 한국 심리교육센터에서 지도자 자격 연수과정을 받은 지도자가 전국 어디에서 든지 부모 등을 대상으로 실시하고 있다. 이들은 적극적 부모역할 훈련 프로그램의 학습체 계에 따라 매회 2시간 30분 정도 8주에 걸쳐서 강의·토론, 비디오 실습, 함께 나누기 등을 통해 훈련하며 한 집단은 10~20명으로 구성된다.

chapter
**06**

5. 프로그램의 효과
   ① 부모와 자녀 간의 유대관계를 돈독히 하도록 돕는다.
   ② 민주사회에서 꼭 필요한 자존감, 용기, 책임감, 협동심 등의 기본 자질들을 부모가 자녀에게 심어줄 수 있도록 돕는다.
   ③ 청소년을 둔 부모의 경우 특히 담배, 술, 약물의 위험을 자각하고 자녀에게 어떻게 말할 것인가의 예방활동과정에서 부모가 할 수 있는 역할을 알려준다.

## 자녀가 경청하도록 이야기하기 프로그램

1. 프로그램의 정의
   기노트(Ginott)의 주도하에 운영된 부모상담집단에서의 10년간의 경험을 바탕으로, 1980년 Faber와 Mazlish가 개발한 인본주의적 관점의 부모교육 프로그램이다.

2. 프로그램의 목적
   자녀가 경청하는 대화하기 프로그램에서는 부모 – 자녀 간 문제의 상당부분은 의사소통에서 비롯된다고 전제하고, 올바른 대화방법을 습득케 함으로써 부모 – 자녀 관계를 향상시키고자 하였다.

3. 프로그램의 교육내용
   ① 자녀가 자신의 감정을 통제할 수 있도록 도움을 준다.
   ② 부모와 자녀가 협동한다.
   ③ 벌에 대한 대안을 제공한다.
   ④ 자율성을 갖도록 격려한다.
   ⑤ 칭찬을 효과적으로 활용한다.
   ⑥ 자녀를 인위적으로 규격화하는 것에서 벗어난다.

4. 프로그램의 운영 및 구성
   부모가 스스로 실시할 수 있도록 개발된 독특한 프로그램이다. 자신이 부모로서 참여도 가능하고 원한다면 교육자의 역할도 가능하다. 6~12명을 한 팀으로 하여 부모들은 7회기에 걸쳐 가족의 일상적인 문제에 대해 논의하게 된다.

## 06 감정 코칭 – 가트맨(Gottman)

 **들어가며**

감정 코칭은 감정을 있는 그대로 자연스럽게 이해하고 받아들이되, 감정을 표현하는 방식인 행동에는 명확한 한계를 두고, 그 안에서 좀 더 바람직한 방향으로 이끌어 주는 것이 핵심이다. 존 가트맨(John Mordecai Gottman) 박사가 제시하는 부모의 자녀교육 유형과 감정 코칭 단계는 다음과 같다.

## 1. 자녀교육 유형

| | |
|---|---|
| 축소 전환형 부모 | 자녀의 부정적 감정에 무관심하거나 혹은 무시하거나, 대수롭지 않게 여기므로 자녀가 느끼는 분노, 두려움, 슬픔 같은 감정들을 무시하는 경향이 있다. 이런 부모들은 아이가 슬퍼하거나 화가 나 있으면 당장 풀어 주려고 노력하기 때문에 겉으로 보기에는 자상한 부모 같지만 그 이면에는 자녀가 느끼는 감정을 제대로 인지하지 못하는 경우가 많다.<br>자녀의 감정을 축소하고 전환하려는 부모의 문제점은 다음과 같다.<br>① 자녀의 존재를 축소시키거나 거부할 우려가 있다.<br>② 자녀에게 감정은 신뢰할 만한 것이 아니라고 암시한다.<br>③ 슬픔의 경험은 중요하지 않거나 일어나서는 안 된다는 것을 암시한다.<br>④ 감정을 무시하는 행동 양식을 자녀가 배우고 모방하게 된다.<br>⑤ 자녀가 슬프거나 화가 났을 때 부모에게 그 문제를 꺼내지 못하도록 만든다. |
| 억압형 부모 | 자녀가 슬퍼하거나 화내면 비난하거나 벌을 주는 부모이다. 자녀가 부정적 감정을 드러내는 것을 비판하고, 감정 표현을 했다는 이유로 꾸짖고 벌을 주기도 한다. 이러한 유형의 부모들은 자녀의 부정적인 감정을 전환시키려 할 뿐만 아니라 그것을 잘못이라며 비난하기까지 한다. 어린 자녀들이 슬픔, 두려움, 분노와 같은 감정을 감당하기에 힘든 것이지만 부모들은 이를 이해하기보다는 어른의 기준으로 억누르려고 한다.<br>이러한 부모가 양육한 자녀들이 갖는 문제점은 다음과 같다.<br>① 자기 자신의 판단을 신뢰하는 데 많은 어려움을 겪는다.<br>② 자기 자신에게 무엇인가 문제가 있다는 감정을 키울 수 있다.<br>③ 자존감의 결핍을 겪을 가능성이 더 높다.<br>④ 자신의 감정을 조절하는 것이 어렵다.<br>⑤ 자신의 문제를 해결하는 것에 곤란을 겪는다.<br>⑥ 다른 아이들에 비해 집중이 어려워 학습이나 또래와 어울려 지내는 것에 더 많은 어려움을 느낀다. |

chapter **06**

| | |
|---|---|
| 자유방임형<br>부모 | 자유방임형 부모들은 자녀의 모든 종류의 감정을 인정하고 공감하지만, 자녀의 행동을 좋은 방향으로 이끌거나 한계를 제시하지 않기 때문에 자녀는 자신이 느끼는 감정들을 모두 표현하는 것을 당연하게 생각한다. 그러나 자녀들은 자기감정을 제대로 이해하거나 어떻게 다뤄야 하는지는 잘 모른다.<br>방임형 부모의 문제는 자녀에게 무엇이 적절한 행동인지, 화나거나 슬프거나 무서울 때는 어떻게 마음을 가라앉혀야 하는지 가르치지 않을 뿐 아니라 해야 할 행동과 하지 말아야 할 행동에 선을 그어 주지 않는다는 데 있다. 이렇게 자기감정에만 관심이 있는 아이는 다른 아이들과 함께 하는 사회성이 저하되어 친구를 사귀기 어렵고, 친구 관계를 유지하기도 힘들어진다.<br>이렇게 양육된 아이들의 문제점은 다음과 같다.<br>① 화가 나거나, 슬프거나, 혼란에 빠졌을 때 마음을 가라앉힐 능력이 부족한 경우가 많다.<br>② 집중하거나 새로운 기술을 배우는 데 어려움을 느낀다.<br>③ 사회성이 부족해 친구를 사귀거나 교우관계를 유지하는 데 힘들 수 있다. |
| 감정 코칭형<br>부모 | 감정 코칭형 부모는 자녀의 불만이나 감정에 공감하는 것으로 그치지 않고 자녀가 자신의 불편한 감정을 어떻게 다스려야 하는지 방법을 일러준다. 감정 코칭형 부모나 축소 전환형 부모는 자녀의 생각을 받아주되 그 감정을 다른 것으로 돌리게 한다는 점에서 상당히 비슷해 보이지만 중요한 차이점이 있다. 감정 코칭형 부모는 자녀의 불만을 인정하고, 자기감정에 이름을 붙이도록 도와주고, 감정을 그대로 느끼도록 하며 자녀가 울거나 떼를 쓰는 동안 곁에 함께 있지만 슬퍼하는 아이의 관심을 딴 데로 돌리려고 노력하지는 않는다. 특히 감정 코칭형 부모는 부정적인 감정을 표현하는 아이를 혼내는 억압형 부모와 달리 혼내지 않으면서 자녀를 코치하는데 이것이 아이의 감정 발달을 돕는다. |

## 2. 감정 코칭의 5단계

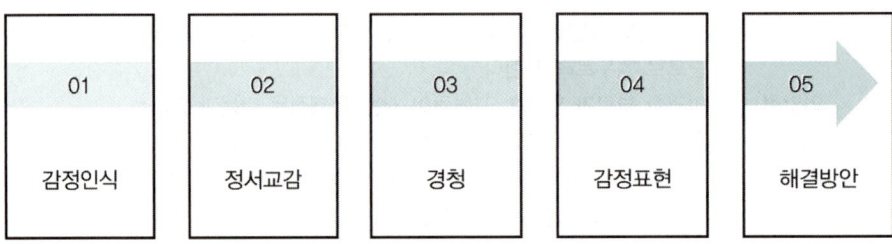

| 01 | 02 | 03 | 04 | 05 |
|---|---|---|---|---|
| 감정인식 | 정서교감 | 경청 | 감정표현 | 해결방안 |

감정 자체는 자연스러운 현상이지만 그런 감정이나 기분을 느낀다고 해서 아무렇게나 행동해도 되는 것은 아니다. 감정 코칭에서는 욕을 하거나 대들거나 폭력을 쓰거나 하는 행동에 대해서는 한계를 지어 주고, 그 한계 안에서 좀 더 바람직한 행동으로 선도한다. 감정을 코치하는 것은 아이들의 행동을 지도하면서 그들의 감정을 소중히 여기는 양육 방법이다.

| 1단계<br>감정 인식하기 단계<br>(Emotional awareness) | 부모는 자녀의 작은 감정을 놓치지 말고 알아차려 대처하는 노력을 해야 한다. 아니면 직접 자녀에게 "지금 기분이 어때?"라고 묻는 것도 좋다. 아이들은 부모가 감정을 어떻게 다루는지 지켜봄으로써 감정에 대해 처리하는 방식을 모델링하는 경우가 많다. |
|---|---|
| 2단계<br>친밀감 조성과 교육<br>기회로 활용하기 단계<br>(connecting) | 부모는 아이가 보이는 감정적인 순간들을 아이에게 더 가깝게 다가가는 기회로 삼는다. 자녀의 감정이 격할수록 감정 코칭하기에 좋은 기회가 될 수 있다. 자녀로 하여금 그 감정은 괜찮다는 것을 알려 주고, 감정을 정리하는 길잡이 역할을 해준다. |
| 3단계<br>공감하며 경청하기<br>단계<br>(listening) | 부모는 자녀의 말을 귀 기울여 듣고 긍정적 감정이든 부정적 감정이든 공감해 주고 아이가 느끼는 것을 함께 나누면서 부모가 자신을 진지하게 받아들이고 있다는 것을 충분히 알 수 있도록 한다. 그리고 아이가 느끼는 감정을 성급하게 판단하거나 비난하지 않고 들어주고 받아들여 준다는 것이 중요하다. 특히 아이의 말을 그대로 따라 해주는 거울식 반영법을 사용해서 진지하게 듣고 있음을 확인시켜 준다. 감정을 공감만 해주어도 자녀와 가까워질 수 있다. |
| 4단계<br>자기감정을 표현하는<br>단계<br>(Naming emotions) | 부모는 자녀가 어떻게 느껴야 하는지 말할 필요가 없다. 자녀가 스스로 자기감정을 표현하도록 할 뿐 아니라 감정에 이름을 붙여 주고 자녀가 느끼는 감정을 인식하려고 노력해야 한다. 그리고 부모 자신의 감정에 이름을 붙이고 이야기함으로써 좋은 본보기가 될 수 있다. |
| 5단계<br>좋은 해결책 찾기 단계<br>(Finding good solutions) | 감정을 코치하는 일에는 자녀의 감정에 공감해 주고 나서 행동의 한계를 정해 주는 노력과 인내가 필요하다. 예를 들어 "아까 속상해서 울었지? 그런데 무엇 때문에 눈물이 났는지 이야기해 줄 수 있니? 그 문제를 해결하는 데 엄마가 한 가지 좋은 방법이 있는데 이야기해도 될까?"와 같이 이야기를 주고받으면서 자녀가 해결책을 찾을 수 있도록 하는 것이 좋다. |

chapter
06

## 07 행동수정이론

 **들어가며**

> 행동주의 심리학자인 스키너(Skinner)가 1948년에 발표한 심리학적 이상사회에 관한 저서에서 유아 발달, 부모-자녀관계의 발달, 부모의 역할을 기능적으로 훈련시키는 기술의 개발에 관하여 언급한 이후로 행동수정이론이 부모교육에 광범위하게 적용되기 시작하였다.

### 1. 부모교육의 기본 가정

① 인간의 학습은 개인과 환경과의 상호작용 결과라는 것이다.
② 인간의 행동은 환경과의 상호작용 결과이므로 인간의 행동을 변화시키기 위해서는 우선 환경을 변화시켜야 한다.
③ 유아의 행동을 변화시키기 위해서는 유아가 상호작용하는 주위 환경을 먼저 고려해야 한다.

### 2. 부모교육의 목적

① 행동수정이론의 기본적인 원리를 배우고 훈련한다.
② 자녀의 행동을 관찰하는 기술과 평가하는 원리를 습득한다.
③ 자녀의 행동에 행동 수정의 원리를 적용하여 행동의 변화를 이루도록 한다.

### 3. 부모교육의 원리

① 자녀는 부모의 행동을 모방하여 학습한다. 부모가 모범을 보이는 것이 자녀에게 바른 행동을 심어주는 데 중요하다는 것이다.
② 인위적으로 자극과 반응을 조절하여 유아의 행동을 변화시킬 수 있다. 보상이나 격려를 통해 자녀의 바람직한 행동을 강화시키고 바람직하지 못한 행동은 불쾌한 경험이나 회피 행동을 통하여 소거시킬 수 있다.
③ 자극과 반응을 짝지어 반복적으로 제공함으로써 바람직한 행동은 조건형성을 통하여 행동화시키고 부정적인 행동은 소거시키는 고전적인 조건형성이론을 적용한다.

### 4. 행동을 증가시키는 방법

① 정적 강화(positive reinforcement) : 유아의 어떤 행동을 더 자주 강하게 일어나도록 하기 위하여 물건이나 미소, 칭찬 등의 자극을 사용하는 것
② 부적 강화(negative reinforcement) : 유아의 바람직한 행동을 증가시키기 위하여 유아가 싫어하는 어떤 자극을 제거해 주는 것

**강화 활용 시 유의할 점**
1. 바람직한 행동이 발생한 즉시 강화가 이루어져야 한다. 한참 시간이 흐른 뒤 강화가 이루어 지면 유아가 어떤 행동에 대하여 강화를 받았는지를 혼동할 수 있다.
2. 목표한 결과를 성취할 때까지 계속 강화를 하고 목표를 성취하였으면 강화를 점차 감소시켜 궁극적으로는 강화가 없이도 긍정적인 행동을 할 수 있도록 하여야 한다.
3. 바람직한 행동을 강화할 때는 바람직하지 않은 행동을 소거하는 방법과 동시에 이루어지는 것이 높은 효과를 얻을 수 있다.

③ **행동 형성(shaping)** : 행동 형성은 어떤 목표행동을 설정해 놓고 계획적인 강화 기법을 사용하여 그 목표행동을 습득하게 하는 방법이다.

④ **행동 계약(behavior contract)/프리맥 원리(Premack principle)** : 프리맥 원리라고도 하는 행동 계약은 빈도가 높은 행동이 빈도가 낮은 행동을 강화시킨다는 것이다.
예 밥 먹기를 싫어하는 아이에게 '밥을 다 먹으면 놀게 해 줄게.'라고 제안

## 5. 행동을 감소시키는 방법

① **벌(punishment)** : 벌은 일반적으로 강화의 기법을 사용하여 행동 수정이 되지 않거나 효과가 없을 경우에 사용한다. 벌은 잘 사용된다면 바람직하지 못한 행동을 감소시키는 데 가장 **빠른** 효과를 기대할 수 있으나 주의하여 사용하지 않을 경우 부작용이 수반될 가능성이 많다.

**벌을 사용할 때의 문제점(고려할 점)**
1. 바람직하지 못한 행동을 벌준다고 해서 바람직한 행동이 학습되는 것은 아니다.
2. 벌을 주는 부모나 교사 그리고 벌을 받는 유아 모두에게 바람직하지 못한 정서 반응이 일어 날 가능성이 높다.
3. 벌을 사용하는 경우 유아가 가지고 있던 좋은 행동까지 감소시킬 수도 있고 오히려 바람직 하지 못한 행동을 학습하게 될 우려도 있다.
4. 벌을 받는 행동을 줄이는 대신 벌 받는 상황에서 도피하는 경우도 있다.
5. 유아가 벌을 받게 되면 그 벌로 인해 벌을 주는 부모나 교사, 벌 받는 상황과 장소까지도 2차적 벌로 조건화될 수 있다.

② **소멸(extinction)** : 유아의 부정적인 행동을 감소시키고 싶을 때 그 행동을 강화시켜준 자극을 제거시키는 것을 소멸이라고 한다. 소멸은 단독으로 사용하는 것보다는 정적 강화와 함께 사용하는 것이 더 효과적이다.

③ **상반 행동의 강화** : 바람직하지 못한 행동을 직접 고치려고 하는 대신에 그 행동과 상반되는 행동을 강화시킴으로써 바람직하지 못한 행동을 감소시킬 수 있다.

## 6. 행동 수정의 절차(4단계)

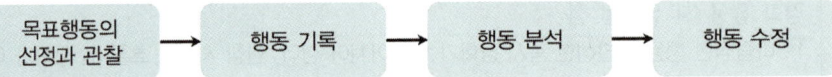

목표행동의 선정과 관찰 → 행동 기록 → 행동 분석 → 행동 수정

### (1) 목표행동의 선정과 관찰

자녀에게 문제가 되는 행동을 수정하고 싶은 경우 문제가 되는 행동을 보다 구체적으로 정의할 필요가 있다.

📝 '남을 괴롭히는 행동'(✕) ⇨ '남을 때리는 행동', '남을 미는 행동', 혹은 '다른 아이를 깨무는 행동' 등(○)

### (2) 행동 기록

목표행동을 정확히 관찰하여 기록하는 단계로 다양한 방법을 사용할 수 있으나, 부모들이 비교적 쉽게 사용할 수 있는 방법은 사건 중심 기록법이다. 유아의 목표행동을 관찰하고 그 행동을 수정하기 위한 계획을 세우기 위해서는 목표행동의 빈도, 지속성, 강도 등을 정확히 기록할 필요가 있다.

### (3) 행동 분석

목표행동을 변화시키기 위하여 어떤 원리와 방법을 사용할 것인지를 정하는 과정이다. 유아의 부정적인 행동을 소거시키는 것이 목적이라면 벌과 소멸, 그리고 정적 강화 등의 방법을 사용할 수 있다.

📝 계획한 것을 실천하지 않은 행동을 고치고 싶다면 완성하지 않았을 때 어떤 벌을 줄지, 완성했을 때는 어떤 보상을 해줄지를 구체적으로 결정한다.

### (4) 행동 수정

목표행동을 수정하기 위해서는 계획한 대로 철저히 시행해야 한다. 실천의 과정에서도 계속적으로 관찰을 할 필요가 있다. 관찰의 결과는 기초 자료와 비교하여 사용한 방법이 효과가 있었는지를 평가하는 데 중요한 자료가 된다.

## 7. 행동 변화의 측정

행동 수정에서 목표행동을 설정하고 표적행동이 어느 정도의 빈도나 비율로 나타나는지를 확인하고 나면 행동 수정을 통해 이러한 행동에 변화가 나타났는지를 점검해보는 것이 필요하다. 관찰한 행동이 실제로 변화하였는지를 살펴보기 위해 일반적으로 그래프 그리는 방법을 쓴다. 행동 수정에서 그래프의 구성은 시간은 X축에, 행동수준은 Y축에 표시함으로써 행동 수정을 통해 행동이 어떻게 변화했는지를 한눈에 쉽게 알아볼 수 있다. 행동 수정을 통해 표적행동이 어떻게 변화했는지 살펴보는 방법에는 반전설계와 복식기초선설계의 방법이 있다.

## (1) 반전설계

반전설계는 기초선 기간과 실험 기간이 각각 두 번씩 나타나도록 설계된 방법으로 첫 번째 실험 기간 후에 다시 기초선 기간으로 되돌아가서 행동 수정의 효과를 검증해본다는 의미에서 반전설계라고 한다. 반전설계는 기초선과 실험 기간이 각각 두 번씩 실행되기 때문에 행동 수정으로 인한 표적행동의 변화를 정확하게 규명할 수 있다. 여기서 기초선 기간이란 행동 수정 방법을 실행하기 이전의 일상적인 행동수준을 관찰·기록한 것이며, 실험 기간은 행동 수정 방법을 실행한 이후의 행동수준을 관찰·기록한 것이다.

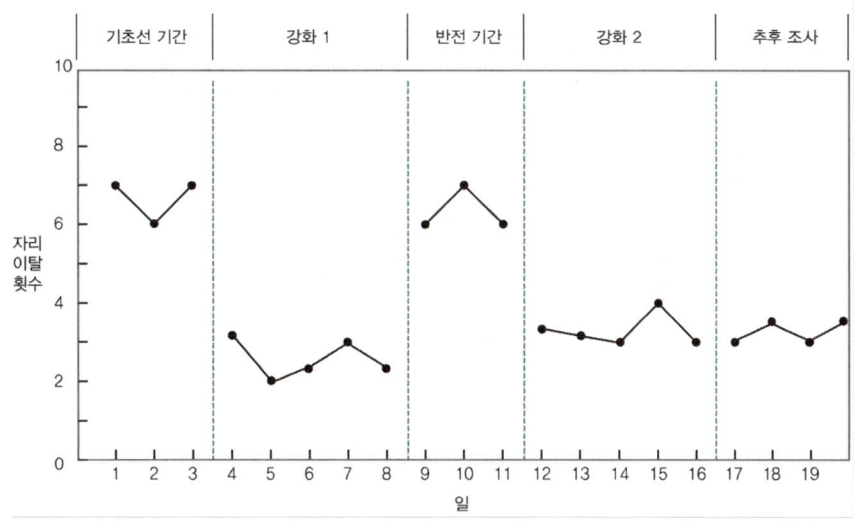

반전설계법의 모형

그래프에서 기초선 기간 동안 아동이 자리를 이탈하는 횟수는 평균 7~8회로 나타났다. 그러나 행동 수정의 방법을 시행한 이후 실험 기간 동안 아동이 자리를 이탈하는 횟수는 현저하게 감소하였다. 이처럼 자리를 이탈하는 횟수가 감소한 것이 행동 수정으로 인한 변화인지 혹은 시간의 흐름에 따른 자연스러운 변화인지를 확인하는 것이 불가능하다. 그러므로 이를 확인하기 위하여 강화를 실시하기 이전인 기초선 상태로 다시 돌아갔더니 자리를 이탈하는 횟수가 현저하게 증가하였다. 이러한 사실은 자리를 이탈하는 횟수가 감소한 것이 시간의 경과에 따른 자연스러운 현상이 아니라 강화로 인한 행동 수정의 효과로 볼 수 있다. 그러므로 다시 강화의 방법을 실행함으로써 자리를 이탈하는 행동을 감소시켜줄 수 있다.

## (2) 복식기초선설계

복식기초선설계는 반전설계로는 행동 수정의 효과를 확인하기 어려운 경우에 사용하는 방법이다. 즉, 일단 행동이 수정되고 나면 다시 처음 상태로 돌아가기에는 너무 위험한 행동이거나 독서능력 등과 같이 일단 수정된 이후에는 다시 원상태로 돌아갈 수 없는 행동인 경우에 둘 이상의 대상이나 상황, 행동을 대상으로 행동 수정의 효과를 확인하는 방법이다.

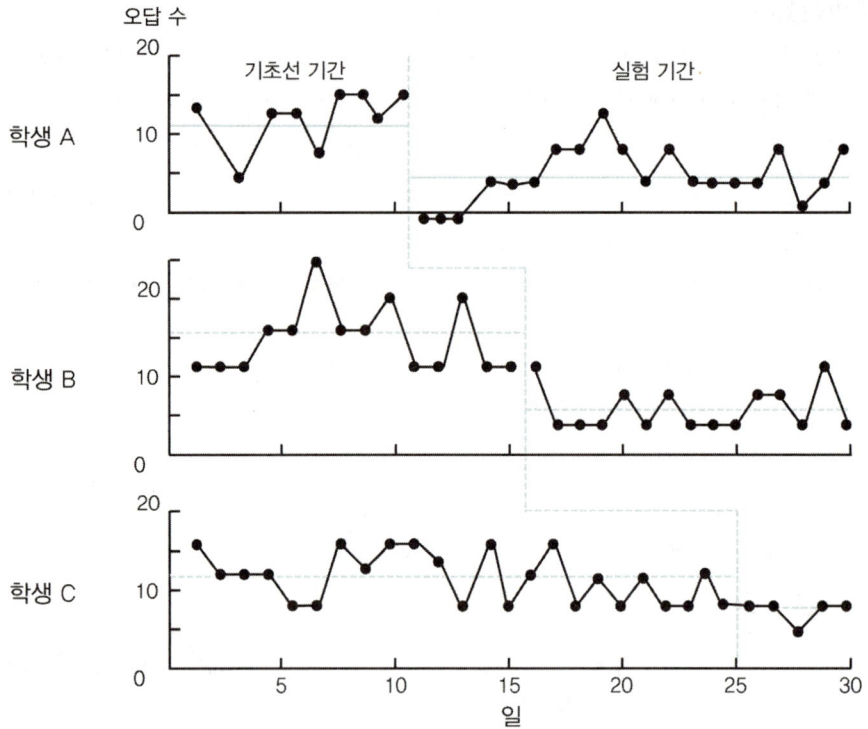

복식기초선설계법의 모형

그래프를 통해 교사가 학생 A에게 행동 수정을 실시한 결과 기초선 기간에 비해 실험 기간에 오답 수가 현저하게 감소하였음을 발견할 수 있다. 그러나 이러한 상황에서 오답 수가 감소한 것이 우연인지 혹은 행동 수정의 결과인지를 확인하기 위해 반전법을 사용하는 것이 불가능하다. 일단 향상된 계산능력이 강화를 하지 않는다고 해서 다시 퇴보하기는 어렵기 때문이다. 이러한 경우 여러 명의 학생을 대상으로 동일한 행동 수정 방법을 실시했을 때 모든 학생에게서 효과가 있다면 이는 행동 수정의 효과라고 볼 수 있다.

## 01 가정의 의미와 기능

① 가정은 가족을 중심으로 한 인간 생활의 기본적인 단위로 인간이 안주할 수 있는 공간적 장소만이 아니라, 그 안에서 의식주를 공동으로 영위하는 온정이나 사랑을 기반으로 하여 정서적 유대와 소속감을 느끼는 연대 의식을 가진 공동체이다. 이러한 가정은 결혼에 의해 성립되며 흔히 가족과 동의어로 사용되고 있다(숙명여자대학교, 1996).

② 가족은 하나의 체계이다(system). 체계는 서로에게 영향을 주고받는 부분들의 합이고, 더 큰 체계의 일부분이다. 이를 가족에게 적용해 보면 가족 체계는 체계의 부분들(예 부모, 자녀, 부부 등의 하위 체계)의 합이고 더 큰 체계(예 확대가족, 지역사회 등)의 부분인 것이다. 각 부분들은 서로 상호작용하여 일련의 규칙을 가지고 서로의 행동에 영향을 주고받는다(서미경, 2000). 또한 사회와 가족, 개인은 상호 보완적인 관계이다. 그러므로 가족은 사회가 존속하고 발전하기 위한 조건을 만족시켜 주어야 하며, 사회는 개인이나 가족의 욕구 충족을 위한 적절한 기능을 수행해야 한다.

③ 현대사회로 오면서 전통적인 가정의 기능이 분화되어 가정의 역할은 상당 부분 축소되고, 학교나 사회교육기관이 그 일부를 책임지게 되었다. 그러나 인간의 애정과 인정을 추구하는 욕구는 가정 이외에서는 충족되기 어렵고 가정이라는 울타리를 통해서만 이루어지는 부분이 따로 있기 때문에 가정은 과거와 마찬가지로 여전히 어린 세대를 돌보는 중요한 곳임에 틀림이 없다.

chapter

**06**

## 02 현대사회 부모 역할의 변화

① 현대사회는 부모가 되는 일이 선택의 대상이 되었다.
② 현대사회에서는 애정이 부모—자녀관계의 핵심으로 중시된다.
③ 현대사회의 핵가족 속에서 부모는 자녀 양육이나 교육에 있어 과거보다 커다란 영향력을 행사하고 있지만 과거처럼 친족이나 이웃, 공동체의 도움을 받지 못하고 있다.
④ 현대사회에서도 부모는 자녀의 지위 획득 기반을 마련해주기 위해 많은 노력을 하며 경제적으로 부담을 느낀다.
⑤ 현대의 부모들은 그 어느 때보다 자녀의 심리적·정신적 적응과 발달에 커다란 책임과 부담을 느낀다.

## 03 현대사회 가족 형태의 다양화

### 1. 확대가족

**(1) 개념**

전통적인 가족 형태로서 확대가족(대가족)은 직계의 부자 중심 가족, 즉 아버지와 결혼한 아들 및 그의 자녀들로 구성된다.

**(2) 장단점**

① 조부모, 부모, 자식의 3세대가 각자의 위치에서 활동하면서 서로 밀도 있는 관계를 유지한다.
② 위로는 웃어른들과의 관계를 배우고 아래로는 아랫사람과의 적절한 관계를 배우며, 또래들과의 상호작용도 가정생활 속에서 자연스럽게 익힐 수 있다.
③ 부모 이외의 성인이 육아에 영향을 미침으로써 일관된 가치 세계를 형성하지 못하고, 의존적인 성격을 발달하게 할 수도 있다.

### 2. 핵가족

**(1) 개념**

부부와 혈연관계로 맺어진 그들의 미혼 자녀로 구성된 가족이다.

**(2) 장·단점**

① 자녀 양육이 전적으로 부모의 손에만 의존하게 되어 부모가 역할 수행에 어려움을 겪지만, 일관성 있는 태도로 자녀를 양육할 수 있다.

② 부모−자녀 관계는 과거와 같이 절대 복종의 수직적 관계가 아니라, 마치 평생 친구와 인생의 동반자와 같은 수평적 관계를 유지한다.

● **확대가족과 핵가족 환경의 비교**

| 확대가족 | 핵가족 |
|---|---|
| • 폭넓은 사랑을 줄 수 있다. | • 경제적 이득을 많이 갖게 된다. |
| • 아동은 생활의 현실을 보다 빨리 수용한다. | • 부모의 관심이 아동에게 집중된다. |
| • 개인보다 집단을 강조한다. | • 아동의 사회적 경험이 소집단에서 이루어진다. |
| • 조직과 지도력이 강조된다. | • 부모가 아동에게 과도한 압력을 가한다. |
| • 가정의 질서를 유지하기 위해 아동이 집단 (가정생활)에 적응하도록 강요한다. | • 동년배 집단과 친밀한 관계를 충분히 갖지 못한다. |
| • 아동의 행동에 제약을 많이 준다. | • 아동과 함께 생활하는 성인이 적다. |

## 3. 한부모가족

### (1) 개념

양친 중의 일방과 그 자녀로 이루어진 가족을 말한다.

### (2) 원인

① 한부모가족은 결손의 원인에 따라 부, 모의 사망에 의한 한부모가족, 이혼 또는 별거에 의한 한부모가족, 유실 및 유기에 의한 한부모가족 등으로 구분된다.

　　㉠ 유실 : 부 또는 모가 실종되어 생사를 알 수 없는 경우이다.

　　㉡ 유기 : 배우자를 고의로 유기한 경우로서, 기혼뿐 아니라 미혼모 가족도 포함된다.

② 한부모가족이 되는 원인은 이혼, 사망, 별거, 유기 등 다양하지만 주원인은 젊은 층 사이에 이혼이 증가한 탓이라 할 수 있다.

### (3) 한부모가족이 겪는 문제

① 자녀 양육, 가정의 경제적 문제, 배우자와의 분리에 따른 심리적 문제, 양쪽 부모의 역할을 동시에 수행해야 하는 역할 조정의 문제, 친족이나 친구들과 소원해지는 것에 따른 고독감 등이다.

② 이 중 심리적인 문제는 한부모가족이 된 사유에 따라 차이가 있다. 즉, 배우자의 사망은 일반적으로 상실감으로 나타나지만, 이혼은 배반감, 증오감, 후회스러움, 자책감 등으로 나타난다.

③ 한부모가족 모두가 각자의 어려움을 극복하고 그 나름대로 건강한 가족 구성과 가정을 유지할 수 있도록 그들에 대한 사회적 편견을 없애고, 사회적 차원의 지원체계가 마련 되는 것이 바람직하겠다.

## 4. 혼합(재구성)가족

### (1) 개념

혼합가족(blended family)은 재혼하는 성인 중 한편 혹은 양편이 그들이 이전 배우자와의 사이에서 출생한 자녀를 데리고 결혼 생활을 시작하기 때문에 생물학적인 부모−자녀 관계가 아닌 가족 구성원을 포함하는 가족 형태이다. 계부모 가족(step family)이라는 말이 주는 부정적인 의미를 없애기 위해 이러한 가족 형태를 재구성, 혼합, 재혼, 재결합 가족 등으로 부르고 있다(이재연·김경희, 1981).

### (2) 혼합가족이 갖는 어려움

① 새로운 가족 구성원들이 점차적으로 첨가되는 것이 아니라 즉시적으로 형성된다.
② 결합되는 구성원들 사이의 발달과업이 서로 불일치한다.
③ 모든 구성원들이 새로운 관계 속에서 새로운 역할들을 맡아야 하므로 어려움이 야기된다.
④ 새로운 가족에 포함되기를 거부하는 자녀들이 있을 수 있고 그들의 반항적 행동이 어려움을 가중시킨다.
⑤ 이전의 배우자들이나 조부모들이 새로운 가족에게 계속적인 영향을 미칠 수 있다.

## 5. 맞벌이 가족

### (1) 개념

맞벌이 가족(two earner family)이란 부부가 모두 직업을 가지고 가정을 위한 경제 활동에 참여하는 가족을 말한다.

### (2) 맞벌이 가족의 4가지 형태(기능적인 관점)

① 생계 유지형 맞벌이 가족
② 내조형 맞벌이 가족
③ 자아 실현형 맞벌이 가족
④ 여가 활용형 맞벌이 가족

### (3) 맞벌이 가족의 어려움

맞벌이 가족의 경우 가족원들은 특수한 긴장과 스트레스에 시달리며, 부부 간의 가사와 육아 분담이 제대로 되지 않아 부인이 직장일과 집안일을 동시에 해야 하는 대다수의 가정에서 자녀에 대한 부모 역할 수행에 많은 어려움이 따른다.

### (4) 유익한 점

맞벌이 가정에서 성장한 유아들에게 가장 유익한 점은 전통적인 가정에서 성장한 유아들보다 독립적이고, 융통성 있고, 폭넓은 역할 모델을 가질 수 있다.

(5) **영향**

① 자녀에게 미치는 취업모의 영향은 직업의 특성, 가족 환경, 사회 계층, 유아의 연령과 성, 유아를 양육하는 방법 등에 의해 좌우되는데, 가장 중요하게 영향을 미치는 요인은 일에 대한 어머니의 태도이다.

② 맞벌이 부부는 유아와의 관계에 있어 질(質)에 많은 관심을 갖고 가정이나 학교에서 유아의 환경을 향상시켜 주려고 노력해야 한다.

PLUS+

1. **조손 가족**

   부모가 부재하거나 부모가 존재하더라도 부모 기능을 수행하지 못하는 경우, 즉 조부모가 18세 이하의 손자녀와 동거하면서 손자녀의 기본적인 생활 욕구에 일차적 책임을 지는 경우로, 1세대 조부모와 3세대 아동만으로 구성된 기능적 핵가족을 말한다.

   조손 가족의 자녀 양육 문제로는 조손 가족 아동은 우울, 불안 등의 심리·정서적 문제와 문제 행동 같은 사회적 부적응이 높게 나타나며 낮은 학업성취도와 대인관계상의 문제를 보이는 것으로 보고되고 있다. 조손 가족의 부모 역할로는 조부모가 손자녀를 잘 돌보기 위해서 자신의 건강에 관심을 가져야 한다. 예전과는 달라진 양육방식이나 교육관에 대한 안내가 필요하며 손자녀와 개방형 의사소통을 하도록 노력해야 한다. 조손 가족에 대한 사회적 지원으로는 조손 가족의 특수성을 반영한 별도의 지원체계 및 독자적인 법령이 설치되어야 한다.

2. **다문화 가족**

   부부 중 한 사람이 외국 출신으로 국제결혼에 의하여 가족관계가 형성된 가족 형태이며, 가족 내에 다양한 문화가 공존하고 있다는 의미를 내포한다.

   다문화 가족의 자녀 양육 문제로는 다문화 가족 자녀의 기초학습능력이 낮은 경향이 있으며 언어발달 지체 현상과 문화부적응의 어려움을 겪는 경우가 있다. 또한 정체성 혼란과 사회의 편견으로 인해 집단따돌림을 당할 우려가 있다. 의사소통의 문제로 부모 자녀 상호작용의 어려움도 나타난다. 다문화 가족의 부모 역할로는 부와 모 간의 문화적인 균형감을 자녀에게 보여 주고 자녀가 자아정체감과 긍정적인 자아개념을 형성할 수 있도록 도와야 한다. 또한, 적절한 언어 능력과 사회적 기술, 학업능력을 습득할 수 있도록 도와주어야 한다. 다문화 가족을 위한 사회적 지원으로는 정부 부서 간 협력체계를 이루어 구체적인 사업 및 지원 프로그램이 필요하다.

chapter
**06**

## 04 부모의 양육 태도

### 1. 개념

부모 또는 양육자가 아동을 양육함에 있어서 일반적·보편적으로 나타내는 태도 및 행동을 말한다.

### 2. 부모 양육 태도 분류

#### (1) 쉐퍼(Schaefer, 1959)의 양육 태도 분류

쉐퍼(1959)는 정상적인 부모가 보이는 양육 태도를 30년 동안 연구하였다. 쉐퍼의 '부모 양육 태도 모형'은 오늘날 널리 쓰이고 있다.

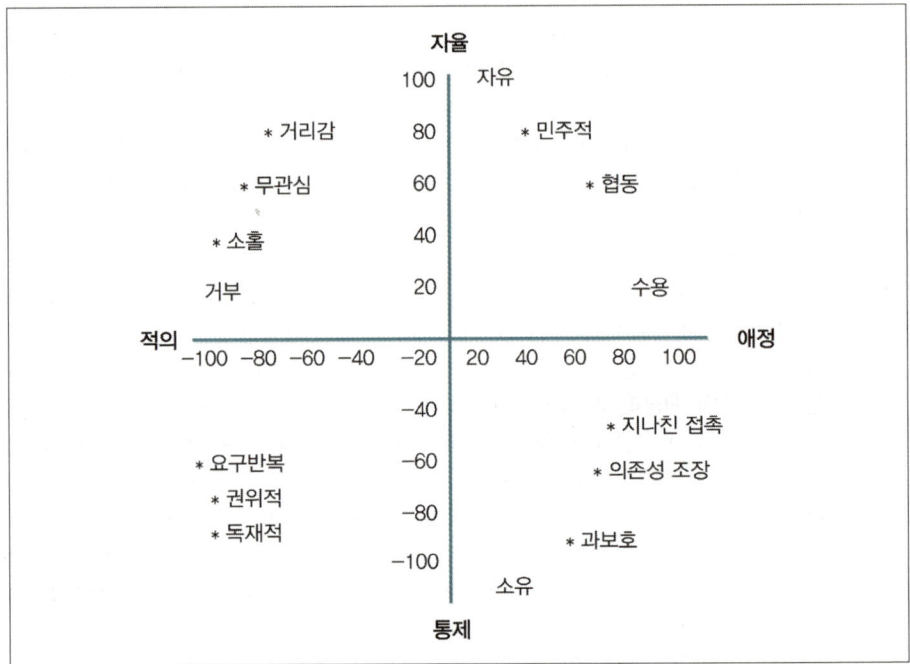

애정-거부의 축과 자율-통제의 축으로 분류한 쉐퍼(Schaefer)의 모형

① 애정적-자율적 태도

　㉠ 애정적-자율적 양육 태도는 가장 이상적인 부모의 양육 태도로, 부모가 자녀에게 애정을 갖고 자녀를 인격체로 존중하는 태도이다.

　㉡ 부모는 자유롭고 수용적인 태도로 자녀에게 자신의 행동에 대한 자율성을 인정하는 동시에 그에 따른 책임감과 의무를 갖게 한다.

　㉢ 자녀의 권리, 개성을 존중하여 자녀 스스로 생각하고 책임지는 태도를 기르게 하며 자녀를 가정의 의사결정에 참여시켜 자녀의 의견도 존중해 준다.

　㉣ 자녀는 능동적·외향적이고 독립적이며 사회 적응을 자신 있게 하고, 사교적·창의적이며 자신이나 타인에 대해 적대감이 없다.

② 애정적-통제적 태도

　　㉠ 애정적-통제적 양육 태도의 부모들은 자녀를 사랑하고 애정을 갖고 있지만, 그에
　　　　따른 행동의 제약과 통제를 많이 한다.

　　㉡ 부모가 지나치게 애정을 갖기 때문에 자녀를 보호하거나 통제가 많아 과잉보호를
　　　　한다.

　　㉢ 자녀에게 체벌을 수반한 통제는 아니더라도 심리적 통제를 쓸 수 있으므로 아동은
　　　　의존적이고 사교성, 창의성이 적으며, 내성적인 성격을 가지고 상상적인 적대 감
　　　　정을 품는다.

③ 거부적-자율적 태도

　　㉠ 자녀를 수용하고 받아들이지 못하는 동시에 자녀 마음대로 행동하게끔 방임하는
　　　　부모의 태도이다.

　　㉡ 자녀에게 관심을 보이기보다는 소홀히 여기며 냉담하거나 무시하는 경향이 있다.

　　㉢ 자녀는 자신을 무시하면서도 방임하는 부모들의 태도로 인해 불안정하거나 공격적
　　　　이고 반항적·반사회적이며 자신의 행동 조절을 못하게 되어 사회에서 고립되는
　　　　경향이 있으며 정서적으로 미성숙한 행동이 나타나게 된다.

④ 거부적-통제적 태도

　　㉠ 애정적-자율적 태도와 정반대이며, 독재적이고 권위주의적인 양육 태도이다.

　　㉡ 자녀의 행동에 대해 체벌이나 심리적 통제를 사용하여 엄격하고 거부적으로 규제
　　　　한다.

　　㉢ 자녀는 자아에 대한 분노가 발생하여 내면화된 갈등과 고통이 많으며, 자학적·퇴
　　　　행적이 되기도 하며 수줍음이 많아 사회성이 부족하고, 정상적인 친구관계를 유지
　　　　하기가 어렵다.

## (2) 바움린드(Baumrind, 1967)의 부모 양육행동 유형

① 독재적 또는 권위주의적 양육행동(authoritarian parenting)

　　㉠ 절대적 기준이나 규칙에 따라 자녀의 행동을 통제하고 권위지향적인 훈육을 하는
　　　　양육 태도이다.

　　㉡ 자녀에게 무조건 복종하도록 요구하면서 자녀에 대한 반응은 거의 하지 않는다.

　　㉢ 자녀를 복종시키기 위하여 신체적 처벌도 사용하며, 부모가 정한 규칙에 대한 설명
　　　　은 하지 않는다. 자녀에게 명령하고 힘을 사용한다.

　　㉣ 자녀는 부모의 지시와 명령을 거역할 수 없다.

② 허용적 양육행동(permissive parenting)

　　㉠ 자녀를 하나의 인격체로 대하고 자녀의 자율성을 전적으로 존중하는 것이다. 자
　　　　녀의 행동에 대해 수용적이고 긍정적으로 반응하며, 부모란 권위를 지닌 존재가
　　　　아니라고 생각하기 때문에 통제나 처벌을 거의 사용하지 않으며, 아동의 고집에
　　　　굴복한다.

　　㉡ 자녀에게 독립적이며 성숙한 행동을 요구하지 않는다.

③ 민주적 또는 권위 있는 양육행동(authoritative parenting)

　㉠ 자녀의 요구에 민감하게 반응하고 자녀의 관점에서 사물을 이해하며 자녀의 발달 수준에 관심이 있다.

　㉡ 부모로서의 권위가 있으며 애정적으로 자녀를 대하고 규칙준수에서 일관된 태도를 보인다. 단, 자녀의 의견을 존중하여 부모 자신의 행동이나 규칙을 융통성 있게 수정하기도 한다.

　㉢ 한편, 부모가 요구한 규칙을 준수하지 않았을 경우, 엄격한 통제방식을 사용하며 벌을 주기도 한다.

　㉣ 자녀가 책임감 있는 성숙된 행동을 하길 기대하며, 부모의 명령이나 규칙을 왜 따라야 하는지를 설명한다.

**PLUS⁺**

### 부모의 유형(Baumrind)

바움린드(1991)는 애정과 통제라는 두 차원에 의해 부모의 유형을 4가지로 나누어 설명하고 있다. 애정차원과 통제차원 둘 다 높은 경우는 '권위 있는(authoritative)' 부모, 통제차원은 높지만 애정차원이 낮은 경우는 '권위주의적(authoritarian)' 부모, 애정차원은 높은데 통제차원이 낮은 경우는 '허용적(indulgent)' 부모, 그리고 마지막으로 애정차원과 통제차원이 모두 낮은 경우는 '무관심한(neglectful)' 부모로 명명하였다.

### 부모의 유형과 아동의 사회적 행동

| 부모의 유형 | 특성 | 아동의 사회적 행동 |
| --- | --- | --- |
| 권위 있는 부모 | 애정적·반응적이고 자녀와 항상 대화를 갖는다. 자녀의 독립심을 격려하고 훈육 시 논리적 설명을 이용한다. | 책임감, 자신감, 사회성이 높다. |
| 권위주의적 부모 | 엄격한 통제와 설정해 놓은 규칙을 따르도록 강요한다. 훈육 시 체벌을 사용하고 논리적 설명을 하지 않는다. | 비효율적 대인관계, 사회성 부족, 의존적, 복종적, 반항적 성격 |
| 허용적 부모 | 애정적·반응적이나 자녀에 대한 통제가 거의 없다. 일관성 없는 훈육을 한다. | 자신감 있고 적응을 잘하는 편이나, 규율을 무시하고 제멋대로 행동한다. |
| 무관심한 부모 | 애정이 없고, 냉담하며, 엄격하지도 않고, 무관심하다. | 독립심이 없고 자기통제력이 부족하다. 문제행동을 많이 보인다. |

### 번스타인(Bernstein)의 언어통제 유형

1. 번스타인은 언어사회학적 이론을 토대로 사회계층에 따라 어머니가 자녀의 행동을 통제할 때 사용하는 언어통제 유형에 차이가 있다고 보았다.

2. 어머니의 언어통제란 자녀의 행동을 통제할 때 나타나는 것으로, 자녀에 대한 부모의 양육태도를 구체적으로 드러낸 지표라고 할 수 있다.

3. 어머니의 언어표현에서 자녀에게 역할재량권을 얼마나 주는가에 따라 명령적(아동의 역할재량권 무시, 신체적·언어적 강제나 명령만 사용), 지위지향적(성/연령 등 아동의 지위에 근거한 규범에 따라 통제), 인성적(아동의 특성에 따라 역할재량권 부여, 개인의 특성, 의도, 동기를 중시) 언어통제 유형으로 구분하였다.

| 유형 | 내용 |
|---|---|
| 명령적 언어통제 유형 | 제한된 어법을 사용하며, 자녀에게 역할재량권을 거의 주지 않는다. 부모의 지시에 대한 복종만 허용하며, 자녀의 행동을 체벌이나 위협 등으로 관리하려 한다. |
| 지위지향적 언어통제 유형 | 사회의 보편적 지위에 따라 자녀의 행동을 통제하고자 한다. 여기에서 행동 통제의 기준은 부모나 아동의 심리적 특성이 아니라 가족, 사회의 규범이나 자녀의 지위규범이다. |
| 인성적 언어통제 유형 | 개인의 동기, 의도, 성향 등의 심리적 특성을 고려하여 자녀의 행동을 통제하는 것으로, 부모는 자녀에게 재량권을 주어 행동을 선택하게 한다. 자녀가 부모의 명령에 의문을 제기할 경우 적절한 설명을 해 준다. 아동은 자신의 행동에 대한 결과를 인지할 수 있으며, 행동에 대해 판단하고 책임질 수 있게 된다. |

chapter
06

# 유아교육기관과 가정의 협력

 **들어가며**

가정, 교육기관, 그리고 지역사회는 모두 유아의 발달과 교육에 지대한 영향을 미치는 중요한 요소이다. 가정과 유아교육기관, 그리고 지역사회가 진정한 동반자 관계로 엮일 때 '유아를 위한 지역사회'가 이루어질 수 있다.

## 01 유아교육기관, 가정, 지역사회의 동반자적 관계(Epstein, 1995)

① **가정 같은 학교** : 유아의 개성을 존중하고 모든 가족을 환영한다.
② **학교 같은 가정** : 자녀(유아)를 학습자로서 인정하며 그들의 성공을 격려한다.
③ **지역사회와 함께 하는 가정** : 이웃을 다양한 방법으로 돕는다.
④ **가정과 같은 우호적인 학교와 지역사회** : 현대사회의 가족의 요구와 실제를 고려한다.

## 02 성공적인 유아교육기관, 가정, 지역사회의 동반자 관계 형성을 위한 6가지 부모 참여 유형(Epstein, 1997)

① **부모 역할하기** : 부모가 유아의 학습에 적합한 가정환경을 준비하고 부모 역할 기술을 획득할 수 있도록 부모에게 도움을 주고, 교육기관이 유아의 가정을 이해할 수 있도록 도움을 준다.
② **의사소통하기** : 유아교육기관의 프로그램과 유아의 진보상황에 대하여 유아교육기관에서 가정으로, 가정에서 유아교육기관으로의 효과적인 의사소통을 가능하게 한다.
③ **자원봉사하기** : 유아교육기관과 유아들을 지원할 수 있는 자원봉사자들을 조직한다.
④ **가정에서 학습하기** : 가정에서의 학습과 다양한 활동들에 부모가 유아들과 함께 참여할 수 있도록 한다.
⑤ **의사결정하기** : 유아교육기관의 의사결정과정에 부모를 참여시키고 부모 지도자를 훈련한다.

⑥ 지역사회와 협동하기 : 가정, 유아, 유아교육기관을 위하여 지역사회의 자원과 서비스를 활용하고, 지역사회에 서비스를 제공한다.

PLUS+

### 스티븐스(Stevens) & 킹(King) (1979) : 부모 개입의 다섯 단계

| 단계 | | 참여 내용 |
|---|---|---|
| 1단계 | 청중의 역할 | 정보를 받아들이는 청중 입장에서의 최소한의 참여 |
| 2단계 | 교사의 역할 | 공식적 교육 환경 이외에 가정에서 자녀의 교사로서 참여 (긍정적인 학습을 위해 교육적으로 지도하는 것) |
| 3단계 | 자원봉사자의 역할 | 부모 참여 활동을 돕거나 조직하는 자원봉사자로서의 참여 (특별한 능력이 요구되지 않음) |
| 4단계 | 훈련된 봉사자의 역할 | 훈련받은 요원으로서의 참여 (정규적으로 훈련받은 준교사의 입장) |
| 5단계 | 정책 결정자의 역할 | 프로그램 방향 설정에 참여 |

## 03 가정과 유아교육기관 간 협력의 필요성

부모 참여에 관한 많은 연구들을 종합해 보면, 부모가 자녀의 학교생활에 참여할 때 자녀들이 더 많은 성취를 한다고 시사하고 있다.
① 유아에게 최초로 교육환경을 제공하는 곳은 유치원이 아니고 가정이다.
② 자녀들의 형식교육에 부모를 참여시키면 유아의 성취를 증진시킬 수 있다.
③ 부모 참여는 종합적이고, 잘 계획되고, 장기적으로 지속될 때 가장 효과적이다.
④ 자녀들이 어렸을 때 부모를 참여시킨다 할지라도 유아의 유아교육기관에서의 생활 내내 그 효과가 지속된다.
⑤ 자녀를 위해 가정과 유아교육기관이 협력할 때 교육적 효과가 높아진다.

## 04 유아교육기관의 부모교육

### 1. 시대 변화에 따른 부모교육

#### (1) 교육 형태의 변화

전통적으로는 가정 통신문, 대집단 강의, 부모 면담, 부모 참관, 참여 수업, 행사 초대 등의 부모교육이 이루어져 왔으나, 최근에는 홈페이지를 이용한 교육 홍보, 전자우편(e-mail) 활용, 네트워킹 카메라 등 실시간 유아 관찰 시스템도 활용되고 있다.

### (2) 동반자적 관계로의 변화

과거의 부모교육이 전문가가 일방적으로 부모를 지도하는 상하적인 방식이었다면 최근에는 자녀교육을 위해 서로 협력하는 동반자적인 관계로 변화하고 있으며(이은화, 1997), 부모교육도 상당히 구체화·전문화되고 있다.

## 2. 부모교육 운영 시 고려할 점

### (1) 개별화되는 부모교육

1가지 형태의 부모교육으로는 현대사회 부모들의 다양한 상황과 요구를 수용하기 어려워졌다. 학기 초에 기관에서 운영하고자 하는 부모교육을 몇 가지 제시하고 부모들이 그 중에서 선택하게 하는 등 학부모의 개별적 요구를 반영해야 한다.

### (2) 유아, 교사, 부모에게 의미 있는 부모교육

① 부모교육은 유아, 교사, 부모 모두에게 부담을 주지 않도록 계획하는 것이 중요하다.
② 반복적으로 연습시킨 재롱잔치, 특정한 내용을 암기한 발표회, 보여주기식 작품 전시회 등은 지양되어야 한다.
③ 보여주기식 행사는 일상적인 교육활동을 어렵게 하고 부모들로 하여금 유아들의 작위적인 모습을 일상활동으로 오해하게끔 만들 수 있다.
④ 직장에 다니는 부모들에게 지나치게 많은 시간을 요구하거나 경제적인 부담을 주는 부모교육도 피해야 할 것이다.

### (3) 교육과정과 통합된 부모교육

① 부모교육을 교육 프로그램과는 분리된 행사로 계획하기보다는 기관의 교육활동과 통합하여 계획하는 것이 필요하다.
② 교육활동을 완성된 형태로 보여주려고 하기보다는 유아들의 활동과정에 부모들이 참여하고 같이 구성해 나갈 수 있는 기회를 공유하는 것이 필요하다.
③ 활동과정에서 생겨난 자연스러운 기록을 전시하여 부모들이 언제든지 자녀들의 활동과정을 볼 수 있도록 배려하는 부모교육이 중요하다.

## 05 유아교육기관에서의 부모교육 유형

### 1. 유아교육기관과의 첫 만남

#### (1) 기관 방문

자녀들이 유아교육기관에 입학할 시기가 되면 부모들은 직접 유아교육기관을 방문하여 유치원의 교육 프로그램, 일과에 대해 설명을 듣고 상담을 하게 된다. 이때 유아교육기관에서는 소개하는 책자를 준비하여 부모들에게 나누어 주기도 하고 유아들의 활동을 모은 기록물이나 사진 등을 전시하여 이해를 돕기도 한다.

#### (2) 홈페이지를 통한 만남

컴퓨터를 통한 정보 활용에 익숙한 학부모들은 원하는 유치원의 홈페이지를 찾아서 궁금한 사항을 알아보고 직접 질문을 남겨서 대답을 들을 수 있다.

### 2. 유아교육기관의 부모교육 유형

#### (1) 가정 통신문

기관의 여러 가지 사항을 알리기 위해 가장 많이 사용하고 있는 부모교육의 형태이다. 일반적으로 1주일에 한 번씩 규칙적으로 보내기도 하고 특별한 행사나 알려야 할 내용이 있을 때 보내기도 한다.

> **가정 통신문에서 다룰 수 있는 내용**
> 교육 프로그램 안내, 행사 안내, 가정의 협조 요청, 부모에게 유익한 정보 제공 등

chapter
06

#### (2) 컴퓨터 통신망

기관의 홈페이지 및 교사, 부모의 개인 메일을 통한 상담, 홍보 등 실행 이전에 부모들의 컴퓨터 보유 정도와 사용 가능성 등에 대해 확인하고, 만약 부모들의 사용능력에 문제가 있다면 기관에서 특강을 마련하여 교육의 기회를 주는 것이 좋다.

#### (3) 대집단 강의(학부모 강연회)

대집단 강의는 부모에게 자녀교육에 도움이 되는 지식이나 정보를 제공하는 모임으로, 많은 부모들에게 동일한 내용을 동시에 전달할 수 있는 장점이 있으나, 현대사회의 부모들의 개별적 요구를 반영하기에 어려움이 있다는 단점이 있다.

> **성공적인 강연회를 위해 고려할 점**
> 1. 부모들이 관심을 갖는 주제를 선정한다(부모들로부터 관심 있는 주제를 조사).
> 2. 강사가 집단 강의에 대한 능력이 있어야 하며 긴 시간 계획은 피한다.
> 3. 강의 안내장은 2~3주 전에 발송하여 미리 계획을 잡을 수 있도록 배려한다.

4. 학부모 안내장 아래에 절단선을 넣어서 참석 여부를 확인하는 것이 필요하다.
5. 안내장에는 강의 주제와 강사 소개, 일자와 시간, 장소와 함께 소요 예정 시간을 기록하여 부모들이 일정을 예상할 수 있도록 배려한다.
6. 강의 2~3일 전, 잊지 않도록 안내문 혹은 SMS 등의 방법으로 다시 한 번 상기시키고 강의 시작 전에 장소에 도착하도록 당부한다.
7. 대집단 강의가 끝난 뒤 소집단으로 나누어 부모들이 직접 참여하도록 연결시키는 것도 좋다.

### ⑷ 학부모 교육과정 설명회(오리엔테이션)

① 신입 원아의 학부모에게 유아교육기관의 교육 방침과 운영을 소개하는 시간이다.
② 기관의 장을 강사로 하여 대집단 모임을 갖고 각 반에서 교사와 부모가 인사를 나누는 시간을 마련하기도 한다.
③ 일반적으로 다루어지는 내용은 기관의 교육 프로그램, 교육 방침, 일과 및 행사에 대한 안내와 교직원 인사, 반 편성 안내가 있으며 비디오나 슬라이드 등을 통해 유아들의 구체적인 활동을 관람하기도 한다.
④ 신입생 학부모와 재원생 학부모에 대한 차이를 두어 진행하는 것도 효과적이다.

### ⑸ 소집단 모임

① STEP(Systematic Training for Effective Parenting), PET(Parent Effectiveness Training), PAT(Parents Are Teachers) 등의 부모교육 프로그램은 10~20명 사이의 소집단 부모를 대상으로 이루어진다. 이러한 전문 부모교육 프로그램은 교육목표, 교육내용, 교육방법 등이 하나의 패키지 형태로 이루어져 있는 것이 특징이다.
② 부모들이 모임을 만들어 자녀교육에 관련된 책을 읽고 발표·토의하는 모임으로 소집단 모임 독서회가 있다.

### ⑹ 부모 면담

부모 면담은 교사와 부모의 가장 적극적인 의사소통이라고 할 수 있다. 교사는 유아의 가정환경을 알 수 있고 부모는 기관에서의 유아의 모습들을 이해할 수 있다. 특히, 유아가 문제 행동을 보일 때 교사와 부모의 의사소통은 필수적이라고 할 수 있다.
유아교육기관에서의 부모 면담은 유아가 문제 행동을 보일 때뿐만 아니라 유아를 좀 더 잘 이해하고 보다 나은 교육을 하기 위해 모든 학부모를 대상으로 계획된다.

① 목적
　㉠ 교사와 가족구성원들이 유아의 성장에 관한 지원과 관심을 공유하기 위함
　　부모상담은 교사와 부모의 가장 적극적인 의사소통이라고 할 수 있다. 대화를 통해 교사는 유아의 가정환경을 알 수 있고 부모는 유아교육기관에서 유아의 모습들을 이해할 수 있다.

ⓛ 구체적인 문제가 생겼을 때 해결책을 찾기 위함

특히, 유아가 문제행동을 보일 때 교사와 부모의 의사소통은 필수적이다. 유아의 문제행동을 해결하기 위해서는 부모와 교사의 협동적인 대화가 가장 중요한 출발점이 된다.

② 유형

㉠ **개별 면담** : 부모와 교사의 면담은 다양한 상황에서 이루어질 수 있다. 의도적으로 약속된 면담일 수도 있고 등·하원을 지도하면서 우연히 만날 수도 있다. 또한 전화나 컴퓨터 통신을 통한 면담도 가능하다.

---

**PLUS⁺**

### 대면상담과 통신상담

대면상담은 전통적으로 실시해오는 방식으로, 교사와 학부모가 직접 대면하여 어떤 문제를 다루는 것이다. 개별상담, 집단상담, 그리고 가족상담 등을 예로 들 수 있다. 또한 놀이치료, 음악치료, 미술치료 등은 각각 놀이, 음악, 미술을 매개로 하는 대면상담 방법이다. 대면상담은 라포(rapport)를 형성하여 진행되는 가운데 심층적인 내용까지 다룸으로써 상담의 효과를 기대할 수 있고, 특히 개별상담의 경우 일대일의 관계에서 상담하면서 유아에 대해 집중적이고 깊은 의견을 나눌 수 있다는 장점이 있다. 하지만 대면상담에서 오는 심리적 부담감을 느낄 수 있다는 점과 맞벌이 부부에게는 시·공간적 제약으로 인해 참여가 어려울 수 있다는 단점이다.

통신상담은 과학기술이 점차로 발전함에 따라 의사소통과정에 서신, 전화, 팩스 그리고 컴퓨터를 활용하게 됨으로써 발전하게 되었다. 최근 컴퓨터를 통한 '사이버 상담'도 가능하게 되었는데, 사이버 상담은 컴퓨터 통신이 단순한 정보교환이나 의사소통의 수준을 넘어서서 인간의 내면세계까지 다루게 된 결과, 학부모의 문제를 해결하고 성장을 촉진하는 것을 돕는 과정까지 가능해졌다. 사이버 상담은 전화상담과 마찬가지로 편리성, 경제성, 신속성, 시공의 제약 극복 등의 특징을 지닌다. 그러나 실제적인 관계를 통한 상담이 아니라는 것과 단회적인 상담으로 흐르게 되는 점, 그리고 기계라는 한계 등 다양한 문제점을 가지고 있다.

---

### 효율적인 개별 면담을 위한 제안

1. 면담을 위한 준비를 한다(면담 신청서를 미리 받아 면담을 원하는 내용 등의 학부모 의견을 조사한다.).
2. 부모를 완벽한 인간으로 보지 않는다.
3. 같은 말이라도 긍정적으로 표현한다.
4. 부모가 이야기하도록 분위기를 조성한다(말하는 것 자체만으로도 정화의 가치가 있다.).
5. 부모의 이야기를 요약해 준다(느낌을 반영해 준다.).
6. 부모가 과장할 수도 있음을 기억한다.
7. 부모가 문제를 다양한 각도에서 볼 수 있도록 도와준다.
8. 중요한 결단을 대신 내려주지 않는다.
9. 면담 시간을 너무 길게 하지 않는다.

chapter
**06**

ⓒ 집단 면담
　ⓐ **장점** : 시간을 절약할 수 있고 부모들 간의 교류를 통해 자녀의 문제를 폭 넓게 볼 수 있으며 부모와 교사 둘만의 긴장된 관계를 해소할 수 있다.
　ⓑ **단점** : 개별 면담에 비해 면담의 깊이를 갖기 어렵다.
　ⓒ 집단 면담도 그룹의 크기에 따라 대집단 면담과 소집단 면담으로 나눌 수 있는데, 대집단 면담은 면담이라기보다는 부모 모임이라고 보는 것이 옳을 것이다.
　ⓓ 집단 면담은 같은 문제로 고민하는 부모들 간의 소모임이 더 의미를 가질 수 있다.
　　예 유아가 지나치게 소극적인 것이 고민되는 부모들이나 빈번히 폭력을 사용하는 것 때문에 걱정이 많은 부모들끼리 집단 면담을 운영 ⇨ 쉽게 공감대를 형성하여 상담의 효과를 극대화할 수 있다.

> **집단 면담 운영 시 주의할 점**
> 1. 모든 부모들이 이야기할 기회를 골고루 갖는 것이 중요하다(특정 부모에 의해 이야기가 독점되어서는 안 된다.).
> 2. 편중된 방향으로 화제가 흘러가지 않도록 교사가 조정해주는 것이 필요하다.
> 3. 서로가 원만한 대화를 이루기 위해서는 집단의 크기가 너무 커서는 안 되며 4~10명 이내가 바람직하다.
> 4. 면담 시간도 1시간에서 1시간 30분 정도로 계획하여 너무 지루하지 않도록 배려한다.
> 5. 소요 시간을 미리 알려주어 부모들이 스스로 시간을 조절할 수 있도록 하는 것이 좋다.

③ 면담과정의 여러 요소들
　㉠ **래포(rapport)** : 서로 간에 조화를 이루는 관계를 말한다. 바람직한 면담의 분위기로 발전시키는 데 있어 가장 근본적인 것으로, 교사와 부모가 서로를 신뢰하고 편안한 감정으로 대화를 나눌 수 있는 분위기의 형성이라고 할 수 있다.
　㉡ **공감(empathy)** : 자신이 직접 경험하지 않고도 다른 사람의 감정을 거의 같은 내용과 수준으로 이해하는 것이다.
　㉢ **수용적 존중** : 부모의 입장을 이해하고 그의 생각을 존중하는 것을 말한다.
　㉣ **전문적 능력** : 부모는 교사에게 도움을 구하러 온다. 따라서 부모는 교사가 자기를 도와줄 수 있는 전문가임을 인식하는 것이 중요하다.
　㉤ **의사소통** : 훌륭한 의사소통은 성공적인 면담을 위해 매우 중요하다. 고든(Gordon)은 이에 대한 대안으로 '적극적 경청(active listening)'을 제안하고 있다. 즉, 부모가 하는 말을 열심히 들으면서 이해하고 있다는 느낌을 전달하는 것이 필요하다는 것이다.

### 전화상담, 인터넷 상담, 가정방문 상담

| 전화상담 | | 개인상담이나 집단상담은 일회적이어서 부모의 다양한 요구를 충족시키기 어려울 때가 있다. 이러한 한계점을 보완하기 위해 유아교육기관에서는 전화상담이 이용되고 있다. 전화는 교육기관과 부모가 가장 쉽게 의사소통할 수 있는 수단이다. 최근에는 많은 부모들이 맞벌이를 하기 때문에 기관에 와서 상담에 참여하기 힘든 경우가 있으므로 이때 전화를 이용한 개별상담을 선택하기도 한다. |
|---|---|---|
| | 장점 | ① 면대면 상담에서 오는 심리적 부담감을 낮출 수 있음<br>② 부모와 교사가 만날 시간적 여유가 없을 때 수시로 활용이 가능함 |
| 인터넷 상담 | | 최근의 정보화 사회에서는 이전의 사회와는 다른 부모-자녀 문제가 발생됨을 예상할 수 있으며, 동시에 이러한 사회와 가족 및 부모-자녀 관계의 변화에 걸맞은 상담 방법이 필요하다는 요구가 높아지고 있다. 컴퓨터, 정보통신기술의 발달에 따라 전통적인 상담 방법의 제한점을 극복한 인터넷 상담을 실시할 수 있다. |
| | 장점 | ① 시간과 공간을 초월하여 상담이 가능함<br>② 인터넷을 이용한 온라인 상담의 경우, 시간과 노력을 최소화하면서도 부모의 관심사에 대해 일대일 답변이 가능함<br>③ 비공개 또는 공개로 내용을 선택하여 부모의 입장에서는 부담 없이 궁금한 점을 해소할 수 있음 |
| 가정방문 상담 | | 유아에게 문제가 있을 때 가정을 방문하여 상담할 수 있다. 가정방문은 교사가 유아의 가정을 방문하여 부모와 상담하고, 유아의 가정생활 환경을 파악하여 교육에 도움을 주고자 하는 데 목적이 있다. |
| | 주의점 | ① 방문 시간 및 날짜를 미리 정하여 사전 연락 후 가능 여부를 알아볼 것<br>② 방문 시간은 20~30분 정도로, 너무 길지 않도록 유의할 것<br>③ 예의를 갖추고 겸손하고 교양있는 태도로 임할 것<br>④ 질문 사항을 미리 정하여 그 영역을 벗어나지 않도록 할 것<br>⑤ 방문하는 가정에 심리적·물질적으로 부담이 되지 않도록 할 것 |

## 06 유아교육기관의 부모 참여 유형

### 1. 학부모 수업 참관을 통한 참여

#### (1) 개념

유아가 유아교육기관에서 어떻게 생활하고 있는지를 관찰함으로써 부모가 자녀를 좀 더 잘 이해하며, 교사와 함께 유아의 전인 발달을 도울 수 있는 활동이다.

#### (2) 계획 시 고려할 점

① 부모들에게 참관 시 유의점을 사전에 구체적으로 안내해 준다.
② 사전 교육 형태는 상황에 따라 통신문, 집단 혹은 개별 만남, 전화, 이메일 등을 통해 할 수 있다.

③ 참관 일정은 기관에서 정하기보다 각 부모가 편리한 시간과 원하는 시간에 자유롭게 참관할 수 있도록 개방하는 것이 바람직하며, 같은 날 많은 부모가 참관하게 될 경우 수업에 지장을 초래할 수 있으므로 적절하게 사전에 배정하는 것이 좋다.

### (3) 참관 시 유의점

① 부모가 수업 참관을 할 경우에는 몇 가지 주의사항을 안내할 필요가 있다.
② 교실에서 직접 참관을 하는 경우 부모가 자녀의 활동에 간섭하거나 이리 저리 돌아다니는 것을 삼가야 하며 다른 부모와 소곤소곤 이야기를 나누는 것도 수업에 방해가 될 수 있음을 주지시켜야 한다(참관실에서 관찰하는 경우도 소음이 나지 않도록 주의).

## 2. 학부모 참여 수업을 통한 참여

부모 참여 수업은 자녀와 함께 유아교육기관의 생활을 직접 경험해 보는 활동이다. 부모들은 이러한 경험의 공유를 통하여 교육 프로그램을 이해하고 자녀의 생활을 새로운 시각에서 이해하는 기회를 가질 수 있다.

## 3. 학부모 자원봉사자로 참여

### (1) 교육자료의 제작

학기 초에 도움이 필요함을 알리고 자발적인 지원을 받은 후, 기관에서 장소와 재료를 제공하고 제작방법을 안내하는 것이 좋다. 특히, 자료를 제작한 부모들이 학급의 수업에 보조로 참여할 수 있게 한다면 자신의 도움이 직접적으로 어떻게 쓰이는지를 알게 되어 보람이 배가 될 수 있을 것이다.

### (2) 전문 지식을 활용한 봉사

특정 전문 지식이나 기능을 가진 부모들이 교육기관을 방문하여 유아들을 지도하거나 부모의 직장을 방문하여 직접 경험을 하도록 기회를 제공할 수 있다.

예 • 부모 초빙 : 악기를 연주하는 부모 초빙(유아들을 위해 작은 음악회 개최), 치과 의사인 부모 초빙(유아들에게 치아건강교실 운영)
• 부모의 직장 방문 : 자동차 정비 공장, 제과점, 중국음식점, 화실, 병원, 약국 등 각 학급의 여건에 따라서 방문(어떻게 진행할 것인지를 부모와 미리 의논하는 것이 좋다.)

### (3) 수업 보조 교사

유아교육에 대해 일정한 훈련을 받고 부모가 교사를 도와 직접 수업에 참여하는 것이다. 처음에는 간식을 준비하거나 동화책을 읽어주는 정도의 일에서 시작하여 점차 자유놀이의 한 영역을 지도하고 부분적으로 프로그램에 관여하는 역할까지 할 수 있다.

## 4. 의사결정자로 참여

### (1) 개념

의사결정자로서의 참여는 부모가 유치원의 새로운 교육 프로그램 계획에 참여하거나, 부모교육의 주제 선정에 참여하는 등 보다 적극적인 동반자로서 유치원의 운영에 참여하는 것을 의미한다.

### (2) 방법

① 부모의 의견이 필요할 경우 가정 통신문이나 부모 모임을 통해 부모 전체의 의견을 묻고, 수렴된 의견을 반영할 수 있다. 예를 들면, 현장학습을 계획할 때, 가정 통신문을 통해 부모들이 원하는 체험 학습 장소나 일시, 목적 등에 대한 의견을 묻고 이를 반영할 수 있다.

② 부모자문위원회나 운영위원회와 같은 정기적인 기구를 구성하여 부모를 의사결정자로 참여하게 할 수도 있다.

    ㉠ 부모자문위원회나 운영위원회는 부모 전체의 의사를 반영하여 대표자의 역할을 할 수 있는 부모로 구성하는 것이 바람직하다.

    ㉡ 이 기구는 가정과 유치원 관계를 원활하게 만들고, 기관의 정책을 세울 때 부모와 여러 가정의 입장이 반영되게 하며, 기관과 가정이 서로 협력하도록 돕는 역할을 해야 한다.

    ㉢ 이를 위해서는 위원회가 압력 집단의 성격을 띠기보다는 자문 집단의 성격이어야 하며, 위원회의 결정이 교육 프로그램에 영향을 미치는 경우에는 결정에 참여하는 부모가 전문적 지식과 정보를 가지고 있어야 한다(권기옥, 2004).

chapter
06

# 박수민

## 유아임용의 정석 – 유아교육개론

# CHAPTER 06 │ 확인학습 문제로 **내용 다지기**

정답_p.612

**01** 다음은 부모교육이론에 대한 설명이다. 괄호 안에 들어갈 알맞은 용어를 쓰시오.

> ① 민주적 부모교육이론은 ( ㉠ )을/를 Dreikurs가 부모교육에 적용시킨 이론이다. 부모
> –자녀 관계의 ( ㉡ )을/를 강조하여 과거의 권위적인 방법이 아닌 민주적인 방식을
> 사용해야 한다고 주장하였다.
> ② Ginott의 인본주의 부모교육이론은 ( ㉢ )을/를 부모교육에 적용시킨 이론으로 부모
> –자녀 간의 ( ㉣ )을/를 향상시킬 수 있는 기법을 제안하고 있다.
> ③ ( ㉤ )은/는 Gordon이 부모–자녀 간의 문제는 부모–자녀 간의 인간관계에서 발생한
> 것으로, 부모–자녀 간의 효율적인 인간관계를 형성하기 위해서는 효율적인 수용 능
> 력을 개발해야 하며 이러한 효율적인 수용 능력은 ( ㉥ )을/를 향상시킴으로써 신장
> 될 수 있다는 입장에서 개발한 부모교육 방법이다.
> ④ ( ㉦ )은/는 부모–자녀 간의 의사소통과 상호교류 방법을 개선시키기 위한 목적에서
> 1950년대에 미국의 정신의학자인 ( ㉧ )이/가 개발한 이론이다.

㉠ _____     ㉡ _____

㉢ _____     ㉣ _____

㉤ _____     ㉥ _____

㉦ _____     ㉧ _____

**02** 다음은 여러 부모교육이론에서 제시하고 있는 자녀행동에 대한 지도 방법이다. 각
각의 설명에 해당하는 방법의 명칭을 쓰시오.

| | |
|---|---|
| 자녀가 문제를 소지하고 그 문제에 관하여 부모에게 이야기할 때 부모가 사용하는 기술 | ① |
| 부모에게 문제가 있는 경우 부모의 생각이나 감정을 효과적으로 자녀에게 전달하기 위하여 사용하는 방법 | ② |
| 자녀가 자신이 선택한 잘못된 행동목표를 깨달았다는 신호로서 미소를 짓거나 눈을 깜빡거리는 것, 자신이 왜 그런 행동을 했는지를 이해하기 시작하게끔 유도하는 방법 | ③ |
| ①이나 ②의 방법을 활용하고도 문제가 해결되지 않고 자녀가 자신의 방식대로 행동하려고 할 때 활용할 수 있는 방법으로 부모–자녀 간의 양편이 함께 타협하거나 논의해서 문제를 해결할 수 있는 방안을 강구하는 방법 | ④ |
| 자녀가 어떠한 행동을 했을 때 부모의 개입 없이 자연적으로 일어나는 결과를 경험하는 것 | ⑤ |

**03** Ginott의 인본주의 부모교육 프로그램의 적용 단계와 그 단계에서 이루어져야 할 내용에 대해 적절한 용어를 쓰시오.

| 설명 | 단계 |
|---|---|
| 이 단계에서 부모들은 자녀와의 관계에서 경험하고 있는 문제와 고민거리들을 털어놓는다. 부모들이 자녀들에 대한 불평, 좌절감, 포기하고 싶은 마음, 절망감 등을 털어놓으면 모 교육자는 이들을 이해하고 있음을 나타내고 ( ㉠ )을/를 보인다. | ① |
| 이 단계에서는 부모들이 유아 중심으로 문제를 생각해 보고 유아 입장에서 문제를 해결할 수 있도록 하는 단계이다. 이 단계에 참여하면서 부모는 ( ㉡ )에 대한 ( ㉢ )을/를 향상시키게 되고, 그런 후에 자신의 잘못된 행동을 인식하게 되고 변화시키려는 의욕을 갖게 되는 것이다. | ② |
| 이 단계에서 부모들은 점차 자신들이 자녀의 문제 행동을 다루는 데 실패한 ( ㉣ )을/를 찾아보게 된다.<br>부모들은 자신이 자녀와의 관계에서 잘못 행동했다는 것은 인정하고 스스로 자녀의 행동을 이해하고자 노력하게 된다.<br>어떤 문제를 특별한 방법으로 해결한 사례가 있으며 서로 발표하고 토론함으로써 문제해결의 방법을 공유할 수 있도록 한다. | ③ |
| 이 단계에서는 각각의 상황에 맞는 적합한 양육 기술을 실제 문제해결 상황에 적용해 보는 경험을 하게 된다. | ④ |

㉠ _____   ① _____

㉡ _____   ② _____

㉢ _____   ③ _____

㉣ _____   ④ _____

**04** 다음은 Gordon의 부모 효율성 훈련 프로그램의 절차와 관련된 설명이다. 1) 다음의 설명에 해당되는 단계를 쓰고, 2) 이 프로그램에서 제시하는 1)의 다음 단계가 무엇인지 쓰시오.

> 부모 효율성 훈련 프로그램의 첫 번째 단계로, 자녀의 행동이 어떻다고 판단하기 전에 부모가 파악해야 하는 것이다. 이것은 부모의 기분, 집안 사정, 주위 사정, 사회 분위기에 따라서 변하며 자녀의 출생 순위에 따라서도 달라진다.

1) _____

2) _____

**05** 다음은 민주적 부모교육이론에서 제시한 자녀의 행동지도 방법 중 하나에 관한 설명이다. 다음이 설명하는 행동지도 방법을 쓰시오.

> 상황이나 결과와 무관하게 긍정적인 측면을 강조함으로써 궁극적으로는 자녀가 이를 극복할 수 있음을 믿게 해 주는 것으로 Dreikurs는 자녀의 잘못된 행동의 근본 원인은 이것의 부족으로 보았다.

행동지도 방법 _____

**06** 민주적 부모교육이론에서는 아동이 자신의 행동에 대해 권위적인 힘의 상징인 '벌'을 경험하기보다는 자연적, 논리적 결과를 경험하도록 하는 것이 바람직한 행동의 형성에 효과적이라고 주장한다. 다음의 논리적 결과와 벌의 비교표에 적절한 용어를 쓰시오.

| 벌 | 논리적 귀결 |
|---|---|
| 권위의 강조 | ㉠ |
| 잘못된 행동과 논리적으로 무관 | 잘못된 행동과 논리적으로 관련 |
| 도덕적 판단 내포 | ㉡ |
| 과거 행동에 관심 | ㉢ ( )에 관심 |
| 분노의 표현 | 분노의 최소화 |
| 외재적 동기에 의존 | ㉣ |
| 종종 굴복이나 모욕감을 수반 | 굴복이나 모욕감이 없음 |
| ㉤ | 일정한 한계 내에서 선택의 여지가 있음 |
| 종종 충동적 | 사려 깊고 신중함 |
| 자신을 하찮게 여김 | 자신을 소중하게 느낌 |
| 복종 요구 | ㉥ |

**07** Dreikurs 및 Adler 학파의 이론에 의하면 어려서부터 자신을 가치 있는 사람이고, 가정에서 중요한 위치를 차지하고 있다는 확신을 가지고 있는 아동은 잘못된 행동목표를 설정하고 자신의 위치를 찾으려고 노력하지 않지만, 주위 사람의 태도에 실망하고 자신의 위치가 불안하다고 느끼며 자신이 해낼 능력이 모자란다고 생각되면 잘못된 행동 목표를 세우고 그 중 한 가지 또는 두 가지 이상의 전략을 사용한다고 하였다. 유아기에 세울 수 있는 잘못된 행동 목표 4가지를 쓰시오.

① _____  ② _____

③ _____  ④ _____

chapter
**06**

**08** 다음은 인본주의 부모교육이론의 배경이 된 Rogers의 내담자 중심(비지시적) 상담 이론에서 제시하는 상담의 기본 원칙 3가지에 대한 내용이다. ㉠ ~ ㉢에 들어갈 말을 각각 쓰시오.

| 의미 | 용어 |
|---|---|
| 치료자가 내담자의 느낌이나 생각을 평가하거나 판단하지 않고 있는 그대로를 받아들이는 것을 의미함 | ㉠ |
| ㉡ | (생략) |
| 내담자의 내면에서 일어나고 있는 감정에 대해 민감하게 주의를 기울이며 정서적으로 온전히 접촉하는 것 | ㉢ |

**09** 다음은 Dreikurs가 제시한 민주적 부모교육이론의 원리에 대한 설명이다. 각각이 설명하는 용어를 쓰시오.

| | |
|---|---|
| 사회화 과정을 통하여 형성되는 인성, 태도, 신념, 능력 등을 의미한다. 유아기에 형성된 이것은 이후 그 사람의 행동을 통제하고 목표를 달성하는 방법이 되므로 유아기는 이것의 형성에 있어서 중요한 시기라고 할 수 있다. | ㉠ |
| 유아는 실현 가능성에는 상관없이 이것을 달성하기 위하여 행동하므로 부모가 부모 역할을 제대로 수행하여 긍정적인 부모—자녀 관계를 형성하기 위해서 부모는 자녀 행동의 이것을 파악하고 이해하여야 한다. 유아들은 발달 특징상 단기적 안목으로 즉각적 상황에 반응하기 때문에 이것의 유형 중 특히 직접적 목표를 적용한다고 한다. | ㉡ |
| 유아는 사회적 상호 작용의 영향을 받아 ㉡를 달성하기 위한 자신의 행동을 결정한다. 이 과정에서 부모는 자녀가 설정한 ㉡를 긍정적인 행동을 통하여 성취할 수 있도록 적절한 방법으로 자녀의 이것을 도와주어야 한다. | ㉢ |
| 이것은 유아가 사회생활을 하면서 능동적으로 자신을 만들어감을 의미하는 것으로, 욕구를 충족시키기 위하여 가상적 목표를 세우고 그 목표를 달성하기 위하여 다양한 행동 양식을 스스로 만든다는 것을 의미하는 개념이다. | ㉣ |

10  Gordon의 부모 효율성 훈련 프로그램에 근거하여 1) '적극적 경청'의 방법을 사용해야 하는 경우를 쓰고, 2) 이 방법의 특징 1가지와 3) 장점 3가지를 각각 쓰시오.

1) _____

2) _____

3) _____

_____

11  다음 글을 읽고 적절한 용어를 쓰시오.

① 인본주의 부모교육에서는 자녀를 훈육할 때 부모가 취해야 할 태도로 자녀가 이해할 수 있는 한도 내에서 간결한 언어를 사용할 것과 자녀의 행동에 ( ㉠ )을/를 분명히 알려주어야 함을 제시하고 있다. 자녀가 이것을 알게 되면 안도감을 갖고 보다 편안하게 행동할 수 있게 된다.

② 인본주의 부모교육에서 부모와 자녀간의 의사소통 시 자녀의 행동 자체에 집중하기보다는 그 행동에 관한 자녀의 ( ㉡ )에 집중하여 반응을 보여야 함을 제안한다.

㉠ _____     ㉡ _____

12  다음 글을 읽고 적절한 내용이 무엇인지 제시하시오.

부모 효율성 훈련 프로그램에서 제안하고 있는 나―전달법(I-Message)은 문제의 소지자가 ( ㉠ )에게 있을 경우, ( ㉠ )의 생각이나 감정을 효과적으로 전달하기 위하여 사용하는 방법이다. 나 –전달법의 바른 사용에는 한 가지 상황에 대하여 ㉡ 세 가지 요소가 포함되어야 한다.

㉠ _____     ㉡ _____

**13** 상호교류 분석이론을 제시한 에릭 번은 모든 인간은 자극을 받고자 하는 허기를 가지고 태어나며, 허기는 연령에 따라 다르게 나타난다고 주장하였다. 이러한 허기를 가진 사람들은 서로 만나면 자연스럽게 상호작용을 하는데, 이때 이것을 이용하게 된다. 아래는 이것의 유형이다. 이것이 무엇인지 적절한 용어를 쓰시오.

| | | |
|---|---|---|
| 신체적/언어적 | 긍정적/부정적 | 조건적/무조건적 |

---

**14** 교류분석에서 제시되고 있는 교류의 형태에 대한 설명이다. 적절한 용어를 쓰시오.

| 의미 | 용어 |
|---|---|
| 이 교류는 상호간의 의사소통에서 동일한 두 가지 자아상태가 개입이 되어 자극과 반응이 평행을 이루는 형태를 의미한다. 두 사람의 사회의 자극에 대한 요구가 서로 바라는 방향으로 충족되기 때문에 서로 간의 충돌이 최소한으로 줄어들고 원만한 의사소통이 이루어지는 형태이다. | ㉠ |
| 이 교류는 표면상으로 이루어지는 교류와는 달리 대화하는 사람들의 내부에서 일어나는 심리적 상호교류의 상태를 말한다. 표면상으로 말한 것 이외의 뜻이 숨겨져 전달되는 교류이다. | ㉡ |
| 이 교류는 의사소통과정에서 발신자가 성인 자아상태로의 반응을 기대하고 문제를 원만하게 해결하려고 자극을 보냈으나 상대방으로부터 부모 자아상태나 아동 자아로 반응이 있게 되면 예상 외의 반응이므로 발신자는 무시당한다는 기분이 들 수 있으므로 의견충돌이 불가피하다. | ㉢ |

**15** Berne은 의사소통에 늘 숨겨진 함정이 있기 마련이며, 이는 ( ㉠ )에 의해 발생한다고 하였다. 이것을 ( ㉡ )(이)라고 하는데 ( ㉡ )은/는 의식적으로도 일어나지만 무의식적으로도 일어난다. 두 사람 간의 악화된 관계를 개선하기 위해서는 의사소통 과정에서 나타나는 ( ㉡ )인 ( ㉠ )의 근원을 파악하는 것이 중요하다. ㉠과 ㉡에 들어갈 말을 쓰시오.

㉠ _____

㉡ _____

**16** 다음은 부모 효율성 훈련 프로그램에서 제안하고 있는 무승부법(No-lose Method)의 진행 단계에 대한 설명이다. 각각의 설명에 해당되는 단계의 명칭을 쓰시오.

| 설명 | 단계 |
|---|---|
| 이 단계에서는 부모와 자녀가 모두 문제를 같은 의미로 이해하고 있는지를 확인해야 한다. | ① |
| 이 단계는 부모와 자녀가 함께 제시한 다양한 해결 방안들을 검토하고 수용 가능한 해결 방안을 찾는 단계이다. | ② |
| 이 단계에서는 가능하면 먼저 자녀의 입장에서 제안하는 해결 방안을 비판이나 판단 없이 들어본 후, 부모의 해결책을 제시하는 것이 좋다. | ③ |
| 이 단계에서는 서로간의 합의하에 선택한 해결책에 대해서는 부모와 자녀가 모두 반드시 지켜야 할 책임이 있음을 인식해야 한다. | ④ |
| 이 단계에서 부모는 자녀의 수행 능력에 대하여 믿음을 가지고 자녀가 결정된 사항을 충실히 수행할 것을 믿어줘야 한다. | ⑤ |
| 이 단계는 결정된 방법을 수행한 후에, 결정한 해결 방안과 수행 방법이 최선의 것이었는지를 평가하는 단계이다. | ⑥ |

**17** 교류분석 이론에서 제시하고 있는 자아상태 중 무엇에 대한 설명인지 쓰시오.

| | |
|---|---|
| 인성의 가장 중요한 부분으로 매력 있고 유쾌하며 창의적인 자아상태를 말하는데, 자신이 누구인지를 알게 하므로 인간 심리의 가장 핵심이라고 할 수 있다. | ㉠ |
| 인생 초기에 부모와의 관계에서 경험한 격려, 명령, 훈계, 벌 등의 영향을 받아서 형성된다. | ㉡ |
| 자료를 처리하고 외부 세상을 효과적으로 다루는 데 필요한 가능성을 계산해 냄으로써 부모 자아와 아동 자아의 활동을 조절하고 객관적으로 중재하는 생존에 필수적인 자아상태이다. | ㉢ |

chapter
**06**

**18** 교류분석에서는 유아가 사회 환경과의 교류를 통하여 자신과 외부 세계에 대한 생활 자세를 형성하게 된다고 보며, 유아가 형성하는 생활 자세는 주로 부모의 양육 태도에 의하여 형성된다고 하였다. 다음이 설명하는 생활 자세가 무엇인지 쓰시오.

| | |
|---|---|
| 다른 사람과 비교해서 자신은 열등하고 다른 사람은 모두 자신보다 잘났다고 생각한다. 이러한 생활 자세를 가진 사람은 쉽게 낙심하고 생기가 없으며 우울증에 걸리기 쉽다. | ㉠ |
| 타인 위에 군림하고자 하는 생활 자세로 지배적이고 의심이 많으며 자신의 마음에 들지 않으면 다른 사람을 배척한다. 다른 사람들을 무시하고 결점을 끌어내고자 한다. | ㉡ |
| 이상적인 생활 자세로 자신과 다른 사람과의 관계를 편안하게 느끼고 만족한다. 자신의 가치와 타인의 가치를 인정하고 존중한다. | ㉢ |

**19** 다음은 행동수정이론에 근거하여 자녀의 행동을 수정하기 위한 4단계 절차이다. 1) ㉠과 ㉡에 들어갈 말을 순서대로 쓰고, 2) 행동수정을 통해 표적행동이 어떻게 변화했는가를 살펴보는 방법 중 반전설계에 대해 설명하시오.

| ( ㉠ ) | ⇨ | 행동 기록 | ⇨ | ( ㉡ ) | ⇨ | 행동 수정 |
|---|---|---|---|---|---|---|

1) _____

2) _____

   _____

**20** 다음은 가트맨(Gottman)이 제안하는 감정 코칭 5단계에 대한 설명이다. 알맞은 단계의 명칭을 쓰시오.

| ㉠ | 부모는 자녀의 작은 감정을 놓치지 말고 알아차려 대처하는 노력을 해야 한다. |
|---|---|
| ㉡ | 자녀의 말을 귀 기울여 듣고 긍정적 감정이든 부정적 감정이든 공감해 주고 아이가 느끼는 것을 함께 나누면서 부모가 자신을 진지하게 받아들이고 있다는 것을 충분히 알 수 있도록 한다. <br> 예 거울식 반영법(적극적 경청) 사용 |
| ㉢ | 자녀가 스스로 자기감정을 표현하도록 할 뿐 아니라 감정에 이름을 붙여 주고 자녀가 느끼는 감정을 인식하려고 노력해야 한다. |
| ㉣ | 자녀로 하여금 그 감정은 괜찮다는 것을 알려 주고, 감정을 정리하는 길잡이 역할을 해준다. |
| 5단계<br>좋은 해결책 찾기 단계 | 감정을 코치하는 일에는 자녀의 감정에 공감해 주고 나서 행동의 한계를 정해 주는 노력과 인내가 필요하다. |

◎ 발달 순서대로 제시 : (　　　　　→　　　　　→　　　　　→　　　　　)

**21** 다음은 가트맨(Gottman)이 제시하는 부모의 자녀교육 유형이다. 알맞은 내용을 쓰시오.

| | |
|---|---|
| 자녀의 부정적 감정에 무관심하거나 혹은 무시하거나, 대수롭지 않게 여기므로 자녀가 느끼는 분노, 두려움, 슬픔 같은 감정들을 무시하는 경향이 있다. | ㉠ |
| 자녀의 불만이나 감정에 공감하는 것으로 그치지 않고 자녀가 자신의 불편한 감정을 어떻게 다스려야 하는지 방법을 알려준다. | ㉡ |
| 자녀가 슬퍼하거나 화내면 비난하거나 벌을 주는 부모이다. | ㉢ |
| 자녀의 모든 종류의 감정을 인정하고 공감하지만, 자녀의 행동을 좋은 방향으로 이끌거나 한계를 제시하지 않는다. | ㉣ |

**22** Schaefer가 제시하는 부모 양육 태도의 유형에 근거하여 다음의 특징에 해당되는 양육 태도 유형을 쓰시오.

| 부모가 보이는 특징 | 양육 태도의 유형 |
|---|---|
| 부모들은 자녀를 사랑하고 애정을 갖고 있지만, 그에 따른 행동의 제약과 통제를 많이 한다. (과잉보호함) | ㉠ |
| 자녀를 수용하고 받아들이지 못하는 동시에 자녀 마음대로 행동하게끔 방임한다. (소홀이 여기며 무시하는 경향을 보임) | ㉡ |
| 부모가 자녀에게 애정을 갖고 자녀를 인격체로 존중하는 태도를 보이며, 자녀의 자율성을 인정하는 동시에 그에 따른 책임감과 의무를 갖게 한다. | ㉢ |
| 자녀의 행동에 대해 체벌이나 심리적 통제를 사용하여 엄격하고, 거부적으로 규제한다. | ㉣ |

**23** 다음은 Baumrind가 제시한 부모의 유형을 제시한 것이다. 각각에 알맞은 말을 쓰시오.

| 특성 | 아동의 사회적 행동 | 부모의 유형 |
|---|---|---|
| ㉠ | 책임감, 자신감, 사회성이 높다. | 권위있는 부모 |
| 엄격한 통제와 설정해 놓은 규칙을 따르도록 강요한다. 훈육 시 체벌을 사용하고 논리적 설명을 하지 않는다. | 비효율적 대인관계, 사회성 부족, 의존적, 복종적, 반항적 성격을 갖게 된다. | ㉡ |
| 애정적이고 반응적이나 자녀에 대한 ㉢ (       )이/가 거의 없다. 일관성 없는 훈육을 한다. | 자신감 있고 적응을 잘하는 편이나, 규율을 무시하고 제멋대로 행동한다. | ㉣ |
| 애정이 없고, 냉담하며, 엄격하지도 않고, 무관심하다. | 독립심이 없고 자기통제력이 부족하다. 문제행동을 많이 보인다. | ㉤ |

**24** 다음은 Stevens과 King이 제안하는 부모 개입 단계를 나타낸 것이다. 설명에 해당되는 단계의 명칭을 쓰시오.

| 참여 내용 | 단계 |
|---|---|
| 정보를 받아들이는 ( ㉠ ) 입장에서의 최소한의 참여 | ㉠ ( )의 역할 |
| 공식적 교육 환경 이외에 가정에서 자녀의 교사로서 참여 (긍정적인 학습을 위해 교육적으로 지도하는 것) | (생략) |
| 부모 참여 활동을 돕거나 조직하는 자원봉사자로서의 참여(특별한 능력이 요구되지 않음) | ㉡ |
| 훈련받는 요원으로서의 참여(정규적으로 훈련받은 준교사의 입장) | ㉢ |
| 프로그램 방향 설정에 참여 | ㉣ |

**25** Epstein이 제안하는 성공적인 유아교육기관, 가정, 지역사회의 동반자적 관계형성을 위한 부모 참여 유형과 내용을 제시하시오.

| 내용 | 참여 유형 |
|---|---|
| 유아교육기관의 의사결정과정에 부모를 참여시키고 부모지도자를 훈련한다. | ㉠ |
| 가정, 유아, 유아교육기관을 위하여 지역사회의 자원과 서비스를 활용하고, 지역사회에 서비스를 제공한다. | ㉡ |
| 유아교육기관의 프로그램과 유아의 진보 상황에 대하여 유아교육기관에서 가정으로, 가정에서 유아교육기관으로의 효과적인 의사소통을 가능하게 한다. | ㉢ |
| 가정에서의 학습과 다양한 활동들에 부모가 유아들과 함께 참여할 수 있도록 한다. | ㉣ |
| 부모가 유아의 학습에 적합한 가정환경을 준비하고 부모 역할 기술을 획득할 수 있도록 부모에게 도움을 주고, 교육기관이 유아의 가정을 이해할 수 있도록 도움을 준다. | ㉤ |
| 유아교육기관과 유아들을 지원할 수 있도록 구성원을 조직한다. | ㉥ |

chapter
**06**

**26** 다음은 유아교육기관에서 실시하는 대면 면담에 대한 설명이다. 다음이 설명하는 면담의 명칭을 쓰고, 운영 시 주의할 점 3가지를 쓰시오.

> 이 면담 방법은 시간을 절약할 수 있고, 부모들 간의 교류를 통해 자녀의 문제를 폭넓게 볼 수 있으며, 부모와 교사 둘만의 긴장된 관계를 해소할 수 있다는 장점이 있다.

1) 면담의 형태 _____

2) 운영 시 주의할 점

　　① _____

　　② _____

　　③ _____

**CHAPTER**
# 06 | 기출문제로 감각 익히기

정답_p.619

01 다음은 드라이커스(R.Dreikurs)의 부모교육이론에 대한 설명이다. 물음에 답하시오.

2013학년도-A

(가)

드라이커스는 부모-자녀 간의 대등한 관계를 강조하는 '( ㉠ ) 부모교육이론'을 수립하였다. 그는 영유아의 인성을 형성하는데 있어 부모들이 큰 영향을 미친다고 하면서 다음과 같이 밝히고 있다. "삶의 형태는 일련의 행동으로 구성되는데 이 행동들은 아이들이 삶의 목표를 세울 때 사용된다. 유아기 아이들이 세우는 삶의 목표는 대개 '나는 인정받고 싶다.', '난 이 집에서 중요한 사람이다.'와 같은 감정을 느낄 수 있기를 바라는 것이다."

(나)

드라이커스는 아이들의 잘못된 행동이 잘못된 행동 목표에서 비롯된다고 본다. 그에 따르면 유아들의 잘못된 행동 목표는 '( ㉡ )', '힘 행사하기', '보복하기', '부적절성 나타내기'이다. ( ㉡ )을(를) 나타내는 사례를 들면, 평소 착하던 아이가 동생이 태어난 후 엄마가 동생에게만 애정을 보이고 자신에게는 소홀하게 대한다고 생각하여 동생을 자꾸 꼬집고 울리곤 하는 것이다.

(다)

드라이커스가 제시한 자녀양육방법인 ( ㉢ )은(는) 자녀의 행동 결과에 대해 부모와 자녀가 합의하여 결정한 것을 자녀가 따르도록 함으로써 자신의 잘못된 행동에 대해 책임을 수용하는 법을 배울 수 있도록 도와주는 방법이다. 벌은 과거 시점의 행동에 초점을 두는 반면, ( ㉢ )은(는) ( ㉣ )시점의 행동에 초점을 둔다.

1) 드라이커스 부모교육이론의 특성을 나타내 주는 말인 ㉠이 무엇인지 쓰시오.

• ㉠ _____

2) 유아들의 잘못된 행동목표 중 하나인 ㉡이 무엇인지 쓰시오.

• ㉡ _____

3) 유아들이 ㉡과 같은 잘못된 행동목표를 설정함으로써 얻고자 하는 것이 무엇인지 (가)에서 찾아 1가지 쓰시오.

• _____

4) ©과 ©이 무엇인지 쓰시오.

- © _____

- © _____

02 (가)는 번(E. Berne)의 교류분석이론에 대한 설명이고, (나)는 유치원에서 실시하는 교육과 관련된 설명이다. 물음에 답하시오.

2013학년도  추시-A

> (가) 번(E. Berne)의 교류분석에 의하면 교류(transaction)는 자극에의 욕구, 구조화에 의 욕구, 태도에의 욕구를 충족시키기 위해 이루어진다. 사람들 간의 상호대화는 교류로 이루어지며, 교류는 3가지 자아상태(ego state)가 어떻게 관여하는지에 따라 3가지 교류유형으로 분류된다.
>
> (나) 브라운리(C. Brownlee, 부래운), 하워드(C. Howard, 허길래) 등은 1900년대 초반 부터 우리나라의 유치원과 교회에 자모회를 조직하여 어머니들을 계몽하였다. 특히 하워드는 아버지 교육에도 관심을 가지고 어머니와 아버지가 함께 월례회에 참석하 도록 지도하였다. 이러한 역사적 배경을 바탕으로 오늘날 유치원에서는 가정통신 문, 워크숍, 강연회, 대·소집단 모임, 면담 등의 다양한 방법을 활용하여 누리과정 운영이 가능한 범위 내에서 하루 일과, 교사 구성 등을 고려하여 ( ㉠ )을(를) 실시 하고 있다.

1) (가)에 근거하여, 다음 대화에서 드러난 교류유형 1가지를 쓰고, 민호와 엄마의 자아상 태 1가지를 각각 쓰시오.

> 민호 : 엄마, 친구들과 뛰어놀았더니 배고파요.
> 엄마 : 배가 몹시 고픈가 보구나. 엄마가 금방 샌드위치 만들어 줄게.

- 교류유형 _____

- 민호의 자아상태 _____

- 엄마의 자아상태 _____

2) ㉠에 들어갈 말 1가지를 쓰시오.

- ㉠ _____

**03** (가)는 부모교육 이론이고, (나)는 부모 면담 내용의 일부이다. 물음에 답하시오.

2014학년도-A

---

(가)

　고든(T. Gordon)의 부모효율성훈련(PET)에서는 부모의 성격이나 자녀의 특성, 혹은 자녀의 행동이 발생하는 시간이나 장소와 같은 상황적 요인이 부모의 ( ㉠ ) 수준에 영향을 미친다고 보았다. 또한 ㉡ 문제가 되는 사람이 누구인가에 따라 그 해결 방식이 상이하므로 문제가 되는 사람이 누구인지를 파악하는 것이 중요하다고 보았다.

(나)

교사 : 준이가 집에서는 어떻게 지내나요?

준이 어머니 : 얼마 전부터 ㉢ 준이가 유치원에 가는 걸 싫어해요. 어제는 유치원에서 함께 놀 친구가 없다고 울었어요. 제가 어떻게 해야 좋을지 모르겠어요.

교사 : 안 그래도 요즘 준이가 유치원에서 친구들과의 관계에 조금 어려움을 겪고 있어요. 그래서 집안에 무슨 일이 있는지 궁금했어요.

준이 어머니 : 집에서도 동생과 자주 싸우는데, 그때마다 자기는 잘못한 게 없다고 우겨요. 그럴 때는 어떻게 하면 좋을까요?

교사 : 음……, 우선 아이 입장에서 이해해 주는 게 필요해요. ㉣ 어머니께서 준이 입장이 되어 준이의 마음을 이해하고 정서적으로 함께하는 것이 필요하지 않을까요?

준이 어머니 : 네, 제가 준이에게 좀 더 관심을 가져야겠네요. 그런데요 선생님, 한 가지 생각나는 건데 ㉤ 제가 전화 통화할 때마다 옆에 와서 말을 걸거나 소리를 질러서 꼭 해야 하는 통화를 못해요. 그럴 때는 정말 화가 나고 속상해요.

… (중략) …

교사 : 준이가 집에서는 음식은 골고루 잘 먹나요?

준이 어머니 : 자기가 먹고 싶은 것만 먹어서 걱정이에요. 그래서 ㉥ 준이가 음식을 골고루 잘 먹을 때마다 준이가 좋아하는 동화책을 읽어주기로 했어요.

---

1) ㉠에 들어갈 용어 1가지를 쓰시오.

　• ㉠ _____

2) ㉡에 비추어 ㉢과 ㉤의 상황에 적절한 부모의 의사소통 기술을 각각 1가지씩 쓰시오.

　• ㉢ _____

　• ㉤ _____

3) 로저스(C. Rogers)의 상담이론에서 제시한 상담 태도 중 ㉣에 해당하는 용어 1가지를 쓰시오.

　• ㉣ _____

**04** (가)는 4세반 민수 어머니와 담임인 김 교사의 개별 면담 내용이고, (나)는 김 교사
와 원장의 대화이다. 물음에 답하시오.

2016학년도–B

---

(가) 민수 어머니와 김 교사의 대화

어머니 : 민수가 처음 동생이 생겼을 때는 안 그랬는데, 요즘 동생만 보면 밀고 때리고
그래요. 동생이 너무 밉고 싫어서 그런대요. 그럴 때는 제가 어떻게 해야 할지
모르겠어요.

교　사 : 민수가 집에서 그랬군요. 제 생각에는 민수 입장에서 민수의 마음을 이해해 주
시면 좋을 것 같은데, 혹시 ( ㉠ )(이)라는 방법 들어 보신 적 있으세요?

어머니 : 그게 뭐예요?

교　사 : 우선 민수가 하는 말을 잘 들어주고, 마음을 읽어 주세요. 이때 비판이나 판단
없이 진심으로 이해하려는 태도가 중요해요. 그리고 민수의 속마음을 파악하셔
서 민수를 이해하고 있다는 것을 알려주시면 돼요.

어머니 : 아, 그렇군요.

교　사 : ㉡ 지난번에 승연이 어머니도 비슷한 일로 고민하시길래 이 방법을 알려드렸더
니, 나중에 하시는 말씀이 효과적이었다고 하시더라고요.

(나) 김 교사와 원장의 대화

원　장 : 민수 어머니께서 오래 계시다 가신 것 같은데, 민수에게 무슨 일이 있었나요?

교　사 : 민수가 집에서 동생을 자꾸 때리고 미워하고 그러나 봐요. 민수 문제로 면담을
요청하셔서, ( ㉠ ) 방법을 집에서 해 보시라고 자세히 알려드렸어요.

원　장 : 네, 그것도 적절한 방법이죠. 그런데 ㉢ 민수 어머니께서 동생이 태어나기 전에
는 민수가 어리광을 부려도 받아줬는데, 동생이 생기면서 민수가 더 의젓하게
행동하기를 바라는 것 같아요. 민수 어머니에게 그 부분을 확인해 보도록 안내
하는 것이 필요할 것 같아요.

교　사 : 아, 그렇군요. 제가 부모님과 이야기를 더 해 봐야겠어요.

원　장 : 그럼, ㉣ 다음 달에 해야 하는 부모 교육은 부모님들께서 관심을 갖는 주제를
미리 조사해서 강연회나 워크숍으로 계획해 보면 어떨까요?

---

1) 고든(T. Gordon)의 부모효율성 훈련 이론에 근거하여, ① ㉠에 공통으로 들어갈 용어,
② 교사가 민수 어머니에게 ㉠을 권유할 때 고려했던 기준, ③ ㉢이 가리키는 단계를
쓰시오.

　• ① _____

　• ② _____

　• ③ _____

2) ⓒ에서 제시된 부모 상담 과정에서 김 교사가 개선해야 할 점을 쓰시오.

- _____
- _____

**05** 다음은 김 교사와 박 원감의 대화이다. 물음에 답하시오. 2018학년도-A

> ··· (전략) ···
>
> 김 교사 : 네. 경수뿐 아니라 다른 유아들도 아직 다른 사람을 이해하고 ( ◎ )하는 것이
> 어려운가 봐요. 현정이도 친구들을 걱정하고 도와주려 하면서도 지시하고 평
> 가하는 말투를 자주 사용하네요. 이런 유아들을 어떻게 도와주어야 할지 모르
> 겠어요.
> 박 원감 : 자신의 생각이나 기분을 그대로 표현하는 방법을 알려 주면 어떨까요? 주 ⎤
> 로 부모들에게 소개되었던 방법이어서 유아들에게는 좀 어려울 수도 있지 ⎟
> 만 시도해 볼 만한 것 같아요. ⎟ [A]
> 김 교사 : 네. 자신의 감정이나 생각에 대한 책임을 상대방에게 전가하지 않아 상대 ⎟
> 방의 감정도 상하지 않게 하는 방법이라고 배웠어요. 문제가 생긴 상황과 ⎟
> 그 결과에 대한 자신의 느낌을 표현하는 방법이지요. ⎦
>
> ··· (하략) ···

1) [A]에서 설명하는 대화 기법으로 고든(T. Gordon)이 제안한 방법 1가지를 쓰시오.

- _____

**06** (가)는 기노트(H. Ginott)의 부모교육 프로그램에 대한 설명이고, (나)는 서하 어머
니와 김 교사의 대화이다. 물음에 답하시오. 2019학년도-B

(가)

> ㉠ 부모가 자녀를 양육할 때 겪었던 어려움과 좌절 경험을 말하도록 한다.
> ㉡ 부모가 자녀의 입장에서 생각하고 느끼도록 하여 자녀를 이해하도록 돕는다.
> ㉢ 부모가 왜 자신의 양육 방식이 실패했는지 평가해 보고, 보다 나은 부모 역할이 무엇
> 인지에 대해 알도록 한다.
> ㉣ 부모가 자녀와의 관계에서 생긴 문제를 해결하기 위해 모색한 양육 기술을 실생활에
> 적용해 보도록 한다.

(나)

김 교사 : 지금까지 참여하신 부모교육이 도움이 되셨나요?

어머니 : 아이 입장에서 생각하면서 아이의 감정을 이해하게 됐어요.

김 교사 : 그러셨군요.

어머니 : 좋은 부모가 되려면 대화할 때 아이의 말을 적극적으로 경청해야 한다는 걸 알았어요.

김 교사 : 프로그램이 도움이 되는 것 같아 기쁘네요.

어머니 : 다른 부모들과 아이를 키울 때 겪었던 고충을 나눈 점이 도움이 됐어요.

김 교사 : 다행이에요.

어머니 : 이제부터는 프로그램에서 배웠던 양육 기술을 실행해 보려고 해요.

[A]

…(중략)…

어머니 : 예전에 서하가 던진 장난감에 동생이 맞을 뻔했어요.

김 교사 : 정말 놀라셨겠어요.

어머니 : 장난감은 던지는 게 아니라 갖고 노는 거니까 던져서는 안 된다고 했어요.

김 교사 : 서하는 잘 받아들였나요?

어머니 : 네. 서하가 "저번에 내가 던진 장난감이 부서져서 갖고 놀 수 없었어."라고 하더군요. 그러면서 이젠 안 던진다기에 왜 동생에게 장난감을 던졌는지 물어봤어요.

김 교사 : 서하가 뭐라고 대답하던가요?

어머니 : "동생이 장난감을 뺏어가서 속상했어."라고 말하기에, "속상한 마음을 몰라줘서 미안해." 라며 안아 줬어요.

[B]

…(하략)…

1) (가)의 ① ⓒ 단계와 ② ⓔ 단계의 명칭을 각각 쓰고, ③ ㉠ 단계에 해당하는 가장 적절한 예를 [A]에서 1가지 찾아 쓰시오.

• ① _____

• ② _____

• ③ _____

2) [B]에서 기노트(H. Ginott)의 부모교육 이론에 근거하여, 행동의 한계 설정에 해당하는 가장 적절한 예를 1가지 찾아 쓰시오.

• _____

3) [B]에서 드라이커스(R. Dreikurs)의 부모교육 이론에 근거하여, 자연적 귀결에 해당하는 가장 적절한 예를 1가지 찾아 쓰시오.

• _____

**07** 다음은 부모교육 이론과 관련된 내용이다. 물음에 답하시오.　2019학년도 추시-A

> 고든(T. Gordon)은 다양한 발달 및 임상 심리 이론을 종합하여 부모의 의사소통 기술 증진을 위한 부모 효율성 훈련 프로그램을 개발하였고, ㉠ 문제 소유자에 따른 의사소통 기술들을 제시하였다. 이후 이 프로그램을 기초로 교사 효율성 훈련 프로그램을 개발하였다.

1) 다음의 상황에서 서 교사는 밑줄 친 ㉠ 중 하나를 적용하여 윤상이에게 말하고자 한다. 해당하는 의사소통 기술의 구성요소 3가지가 드러나도록 괄호 안의 ⓐ에 들어갈 문장을 쓰시오.

> 정리정돈과 화장실 다녀오기를 끝낸 유아들이 대집단 활동을 위해 모였다. 모인 유아들을 확인한 서 교사는 윤상이가 없는 것을 확인하고 걱정이 되었다. 서 교사는 먼저 교실을 둘러보았으나 윤상이가 보이지 않자 당황하여 화장실로 갔고, 세면대에서 물장난을 치고 있는 윤상이를 보았다. 서 교사가 윤상이에게 다가가자 윤상이는 웃으면서 "선생님 이거 완전 재미있어요!"라고 소리쳤다. 윤상이를 보며 서 교사는 "( ⓐ )"라고 말하였다.

- ⓐ _____

**08** 다음은 박 교사와 학부모 간 자녀의 스마트폰 과의존 문제와 관련하여 나눈 대화이다. 물음에 답하시오.　2022학년도-A

> 박 교사 : 우리 반의 몇몇 부모님께서 자녀의 스마트폰 사용과 관련한 문제에 대해 걱정을 많이 하세요. 그래서 이번 달에 ㉠ 관심 있는 몇 분의 부모님들이 저와 함께 1시간 정도 자녀의 스마트폰 사용과 관련한 문제에 대해 의견을 교환하면서 해결방법을 모색해보려고 해요. 준재 부모님도 꼭 참석하시면 좋겠어요.

1) ㉠에 해당하는 부모교육 방법을 쓰시오.

- _____

09  (가)와 (나)는 ○○유치원 학부모 연수 자료의 일부이다. 물음에 답하시오.

2020학년도-B

(가)

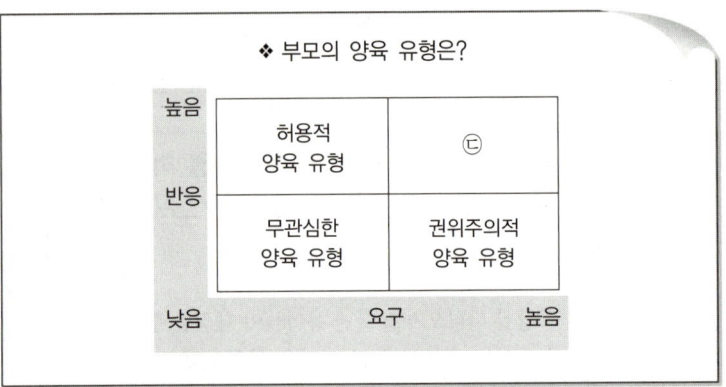

(나)

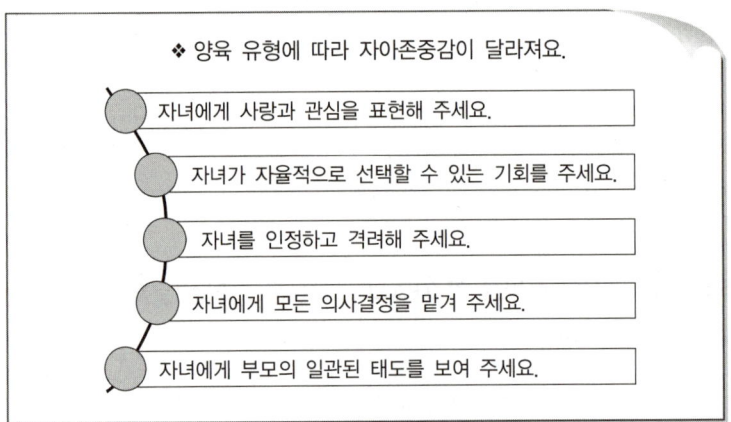

1) 바움린드(D. Baumrind), 맥코비와 마틴(E. Maccoby & A. Martin)의 양육 유형에
근거하여, ① (가)의 ㉠에 들어갈 명칭을 쓰고, ② (나)에서 ㉠에 적절하지 않은 1가지를
찾아 고쳐 쓰시오.

• ① _____

• ② _____

_____

**10** 다음은 ○○유치원 4세 반 김 교사가 민호 어머니와 나눈 대화의 일부이다.

2023학년도-A

---

민호 어머니 : 민호가 유치원 친구들과 잘 못 지내는 것처럼 이야기를 하더라고요.

김 교사　　 : 뭐라고 하던가요?

민호 어머니 : 민호가 같은 반 지현이가 함께 안 놀아 준다고 말하기에 "무슨 일이 있었니?"라고 물어보았어요.

김 교사　　 : 무슨 일이 있었는지 이야기하던가요?

민호 어머니 : 네, "지현이는 우영이하고만 놀아."라고 해서 "아, 그랬구나." 하며 고개를 끄덕였지요.

김 교사　　 : 그러셨군요.

민호 어머니 : 그런데 며칠 뒤 시무룩한 표정으로 "서진이도 나랑 안 놀아."라고 또 말하더라고요.　[A]

김 교사　　 : 그래서 어떻게 하셨어요?

민호 어머니 : 민호에게 "서진이가 안 놀아 줘서 속상했겠구나."라고 말하며 안아 주었어요.

… (중략) …

민호 어머니 : 민호가 유치원에서 정말 친구들과 잘 못 지내는지 궁금해요.

김 교사　　 : 그럼, 어머니께서 ㉠ 유치원 교실에 직접 오셔서 수업도 보시고 민호가 친구들과 어떻게 지내는지 보시면 어떨까요?

---

1) ① 고든(T. Gordon)의 부모 효율성 훈련 이론에 근거하여 [A]에 나타난 방법의 특징 1가지를 설명하고, ② [A]의 내용을 근거로 그 방법을 사용할 때 주의할 점 2가지를 쓰시오.

　•①　_____

　•②　•_____

　　　•_____

2) ① ㉠에 나타난 부모교육 유형 1가지를 쓰고, ② [A]를 반영하여 그 유형의 장점 1가지를 쓰시오.

　•①　_____

　•②　_____

chapter
**06**

**11** 다음은 ○○유치원 교사들이 전문성 개발에 대해 나눈 대화의 일부이다. 물음에 답하시오.

2024학년도-A

> 박 교사 : 선생님은 유치원 교사로서 전문성 개발을 위해 무엇을 하고 계세요?
>
> … (중략) …
>
> 신 교사 : 그러셨군요. 저는 요즘 부모교육 및 상담 관련 컨설팅을 받고 있는데 도움이 많이 돼요.
>
> 김 교사 : 저도 부모교육 관련 연수를 받았는데, 인간에 대한 긍정적 견해를 가지고 부모 자녀 간의 원만한 상호작용을 강조하는 부모교육 이론이 마음에 와닿았어요. 특히 그 부모교육 이론의 핵심 개념인 ㉠ 스트로크(stroke)는 부모와 자녀 간의 관계에서 굉장히 중요하다는 걸 알게 됐어요.

1) 김 교사가 말한 ① 부모교육 이론의 명칭을 쓰고, ② 부모 자녀 관계에서 ㉠의 긍정적 기능을 1가지 쓰시오.

- ① _____

- ② _____

# Appendix

## 부록

# 유엔아동권리협약

**박수민**

유아임용의 정석 - 유아교육개론

# 유엔아동권리협약(Convention on the Rights of the Child)

1989년 11월 20일 유엔총회에서 채택, 1990년 10월 2일부터 국제법으로서 효력 발생

## 아동의 권리에 관한 협약

채택일 1989. 11. 20/발효일 1990. 9. 2/당사국 수 193/

대한민국 적용일 1991. 12. 20 단, 제43조제2항 개정(채택일 1995.12.12/발효일 2002.11.18)1)

이 협약의 당사국은, 국제연합헌장에 선언된 원칙에 따라, 인류사회의 모든 구성원의 고유의 존엄성 및 평등하고 양도할 수 없는 권리를 인정하는 것이 세계의 자유·정의 및 평화의 기초가 됨을 고려하고, 국제연합체제하의 모든 국민들은 기본적인 인권과 인간의 존엄성 및 가치에 대한 신념을 헌장에서 재확인하였고, 확대된 자유속에서 사회진보와 생활수준의 향상을 촉진하기로 결의 하였음에 유념하며, 국제연합이 세계인권선언과 국제인권규약에서 모든 사람은 인종, 피부색, 성별, 언어, 종교, 정치적 또는 기타의 의견, 민족적 또는 사회적 출신, 재산, 출생 또는 기타의 신분 등 어떠한 종류 구분에 의한 차별없이 동 선언 및 규약에 규정된 모든 권리와 자유를 누릴 자격이 있음을 선언하고 동의하였음을 인정하고, 국제연합이 세계인권선언에서 아동기에는 특별한 보호와 원조를 받을 권리가 있다고 선언하였음을 상기하며, 사회의 기초집단이며 모든 구성원 특히 아동의 성장과 복지를 위한 자연적 환경으로서 가족에게는 공동체안에서 그 책임을 충분히 감당할 수있도록 필요한 보호와 원조가 부여되어야 함을 확신하며, 아동은 완전하고 조화로운 인격 발달을 위하여 가족적 환경과 행복, 사랑 및 이해의 분위기 속에서 성장하여야 함을 인정하고, 아동은 사회에서 한 개인으로서의 삶을 영위할 수 있도록 충분히 준비되어져야 하며, 국제연합헌장에 선언된 이상의 정신과 특히 평화·존엄·관용·자유·평등·연대의 정신 속에서 양육되어야 함을 고려하고, 아동에게 특별한 보호를 제공하여야 할 필요성은 1924년 아동권리에 관한 제네바선언과 1959년 11월 20일 총회에 의하여 채택된 아동권리선언에 명시되어 있으며, 세계인권선언, 시민적 및 정치적권리에 관한 국제규약 (특히 제23조 및 제24조), 경제적·사회적 및 문화적 권리에 관한 국제 규약(특히 제10조) 및 아동의 복지와 관련된 전문기구와 국제기구의 규정 및 관련문서에서 인정되었음을 유념하고, 아동권리선언에 나타나 있는 바와 같이, “아동은 신체적·정신적 미성숙으로 인하여 출생전후를 막론하고 적절한 법적 보호를 포함한 특별한 보호와 배려를 필요로 한다”는 점에 유념하고, “국내적 또는 국제적 양육위탁과 입양을 별도로 규정하는 아동의 보호와 복지에 관한 사회적 및 법적 원칙에 관한 선언”의 제규정, “소년법 운영을 위한 국제연합 최소 표준규칙”(베이징규칙) 및 “비상시 및 무력 충돌시 부녀자와 아동의 보호에 관한 선언”을 상기하고, 세계 모든 국가에 예외적으로 어려운 여건하에 생활하고 있는 아동들이 있으며, 이 아동들은 특별한 배려를 필요로함을 인정하고, 아동의 보호와 조화로운 발전을 위하여 각 민족의 전통과 문화적 가치의 중요성을 충분히 고려하고, 모든

부록

국가, 특히 개발도상국가 아동의 생활여건을 향상시키기 위한 국제 협력의 중요성을 인정하면서, 다음과 같이 합의하였다.

### 제1부

제1조  이 협약의 목적상, "아동"이라함은 아동에게 적용되는 법에 의하여 보다 조기에 성인연령에 달하지 아니하는 한 18세미만의 모든 사람을 말한다.

제2조  1. 당사국은 자국의 관할권안에서 아동 또는 그의 부모나 후견인의 인종, 피부색, 성별, 언어, 종교, 정치적 또는 기타의 의견, 민족적, 인종적 또는 사회적 출신, 재산, 무능력, 출생 또는 기타의 신분에 관계없이 그리고 어떠한 종류의 차별을 함이 없이 이 협약에 규정된 권리를 존중하고, 각 아동에게 보장하여야 한다.

2. 당사국은 아동이 그의 부모나 후견인 또는 가족 구성원의 신분, 활동, 표명된 의견 또는 신념을 이유로 하는 모든 형태의 차별이나 처벌로부터 보호되도록 보장하는 모든 적절한 조치를 취하여야 한다.

제3조  1. 공공 또는 민간 사회복지기관, 법원, 행정당국, 또는 입법기관등에 의하여 실시되는 아동에 관한 모든 활동에 있어서 아동의 최선의 이익이 최우선적으로 고려되어야 한다.

2. 당사국은 아동의 부모, 후견인, 기타 아동에 대하여 법적 책임이 있는 자의 권리와 의무를 고려하여, 아동복지에 필요한 보호와 배려를 아동에게 보장하고, 이를 위하여 모든 적절한 입법적·행정적 조치를 취하여야 한다.

3. 당사국은 아동에 대한 배려와 보호에 책임있는 기관, 편의 및 시설이 관계당국이 설정한 기준, 특히 안전과 위생분야 그리고 직원의 수 및 적격성은 물론 충분한 감독면에서 기준에 따를 것을 보장하여야 한다.

제4조  당사국은 이 협약에서 인정된 권리를 실현하기 위하여 모든 적절한 입법적·행정적 및 여타의 조치를 취하여야 한다. 경제적·사회적 및 문화적 권리에 관하여 당사국은 가용자원의 최대한도까지 그리고 필요한 경우에는 국제협력의 테두리안에서 이러한 조치를 취하여야 한다.

제5조  아동이 이 협약에서 인정된 권리를 행사함에 있어서 당사국은 부모 또는 적용가능한 경우 현지 관습에 의하여 인정되는 확대가족이나 공동체의 구성원, 후견인 기타 아동에 대한 법적 책임자들이 아동의 능력발달에 상응하는 방법으로 적절한 감독과 지도를 행할 책임과 권리 및 의무를 가지고 있음을 존중하여야 한다.

제6조  1. 당사국은 모든 아동이 생명에 관한 고유의 권리를 가지고 있음을 인정한다.

2. 당사국은 가능한 한 최대한도로 아동의 생존과 발전을 보장하여야 한다.

제7조  1. 아동은 출생 후 즉시 등록되어야 하며, 출생시부터 성명권과 국적취득권을 가지며, 가능한 한 자신의 부모를 알고 부모에 의하여 양육받을 권리를 가진다.

2. 당사국은 이 분야의 국내법 및 관련국제문서상의 의무에 따라 이러한 권리가 실행되도록 보장하여야 하며, 권리가 실행되지 아니하여 아동이 무국적으로 되는 경우에는 특히 그러하다.

제8조  1. 당사국은 위법한 간섭을 받지 아니하고, 국적, 성명 및 가족관계를 포함하여 법률에 의하여 인정된 신분을 보존할 수 있는 아동의 권리를 존중한다.

2. 아동이 그의 신분요소 중 일부 또는 전부를 불법적으로 박탈당한 경우, 당사국은 그의 신분을 신속하게 회복하기 위하여 적절한 원조와 보호를 제공하여야 한다.

제9조  1. 당사국은 사법적 심사의 구속을 받는 관계당국이 적용가능한 법률 및 절차에 따라서 분리가 아동의 최상의 이익을 위하여 필요하다고 결정 하는 경우 외에는, 아동이 그의 의사에 반하여 부모로부터 분리되지 아니 하도록 보장하여야 한다. 위의 결정은 부모에 의한 아동 학대 또는 유기의 경우나 부모의 별거로 인하여 아동의 거소에 관한 결정이 내려져야 하는 등 특별한 경우에 필요할 수 있다.

2. 제1항의 규정에 의한 어떠한 절차에서도 모든 이해당사자는 그 절차에 참가하여 자신의 견해를 표시할 기회가 부여되어야 한다.

3. 당사국은 아동의 최선의 이익에 반하는 경우외에는, 부모의 일방 또는 쌍방으로부터 분리된 아동이 정기적으로 부모와 개인적 관계 및 직접적인 면접교섭을 유지할 권리를 가짐을 존중하여야 한다.

4. 그러한 분리가 부모의 일방이나 쌍방 또는 아동의 감금, 투옥, 망명, 강제퇴거 또는 사망(국가가 억류하고 있는 동안 어떠한 원인에 기인한 사망을 포함한다) 등과 같이 당사국에 의하여 취하여진 어떠한 조치의 결과인 경우에는, 당사국은 그 정보의 제공이 아동의 복지에 해롭지 아니하는 한, 요청이 있는 경우, 부모, 아동 또는 적절한 경우 다른 가족구성원에게 부재중인 가족구성원의 소재에 관한 필수적인 정보를 제공하여야 한다. 또한 당사국은 그러한 요청의 제출이 그 자체로 관계인에게 불리한 결과를 초래하지 아니하도록 보장하여야 한다.

제10조  1. 제9조 제1항에 규정된 당사국의 의무에 따라서, 가족의 재결합을 위하여 아동 또는 그 부모가 당사국에 입국하거나 출국하기 위한 신청은 당사국에 의하여 긍정적이며 인도적인 방법으로 그리고 신속하게 취급 되어야 한다. 또한 당사국은 이러하 요청의 제출이 신청자와 그의 가족 구성원들에게 불리한 결과를 수반하지 아니하도록 보장하여야 한다.

2. 부모가 타국에 거주하는 아동은 예외적 상황외에는 정기적으로 부모와 개인적 관계 및 직접적인 면접교섭을 유지할 권리를 가진다. 이러한 목적에 비추어 그리고 제9조 제2항에 규정된 당사국의 의무에 따라서, 당사국은 아동과 그의 부모가 본국을 포함하여 어떠한 국가로부터 출국할 수 있고 또한 본국으로 입국할 수 있는 권리를 존중하여야 한다. 어떠한 국가로부터 출국할 수 있는 권리는 법률에 의하여 규정되고, 국가안보, 공공질서, 공중보건이나 도덕 또는 타인의 권리와 자유를 보호하기 위하여 필요하며 이 협약에서 인정된 그밖의 권리에 부합되는 제한에 의하여만 구속된다.

제11조 1. 당사국은 아동의 불법 해외이송 및 미귀환을 퇴치하기 위한 조치를 취하여야 한다.

2. 이 목적을 위하여 당사국은 양자 또는 다자협정의 체결이나 기존 협정에의 가입을 촉진하여야 한다.

제12조 1. 당사국은 자신의 견해를 형성할 능력이 있는 아동에 대하여 본인에게 영향을 미치는 모든 문제에 있어서 자신의 견해를 자유스럽게 표시할 권리를 보장하며, 아동의 견해에 대하여는 아동의 연령과 성숙도에 따라 정당한 비중이 부여되어야 한다.

2. 이러한 목적을 위하여, 아동에게는 특히 아동에게 영향을 미치는 어떠한 사법적·행정적 절차에 있어서도 직접 또는 대표자나 적절한 기관을 통하여 진술할 기회가 국내법적 절차에 합치되는 방법으로 주어져야 한다.

제13조 1. 아동은 표현에 대한 자유권을 가진다. 이 권리는 구두, 필기 또는 인쇄, 예술의 형태 또는 아동이 선택하는 기타의 매체를 통하여 모든 종류의 정보와 사상을 국경에 관계없이 추구하고 접수하며 전달하는 자유를 포함한다.

2. 이 권리의 행사는 일정한 제한을 받을 수 있다. 다만 이 제한은 오직 법률에 의하여 규정되고 또한 다음 사항을 위하여 필요한 것이어야 한다.

   가. 타인의 권리 또는 신망의 존중

   나. 국가안보, 공공질서, 공중보건 또는 도덕의 보호

제14조 1. 당사국은 아동의 사상·양심 및 종교의 자유에 대한 권리를 존중하여야 한다.

2. 당사국은 아동이 권리를 행사함에 있어 부모 및 경우에 따라서는, 후견인이 아동의 능력발달에 부합하는 방식으로 그를 감독할 수 있는 권리와 의무를 존중하여야 한다.

3. 종교와 신념을 표현하는 자유는 오직 법률에 의하여 규정되고 공공의 안전, 질서, 보건이나 도덕 또는 타인의 기본권적 권리와 자유를 보호하기 위하여 필요한 경우에만 제한될 수 있다.

제15조 1. 당사국은 아동의 결사의 자유와 평화적 집회의 자유에 대한 권리를 인정한다.

2. 이 권리의 행사에 대하여는 법률에 따라 부과되고 국가안보 또는 공공의 안전, 공공질서, 공중보건이나 도덕의 보호 또는 타인의 권리와 자유의 보호를 위하여 민주사회에서 필요한 것외의 어떠한 제한도 과하여져서는 아니된다.

제16조 1. 어떠한 아동도 사생활, 가족, 가정 또는 통신에 대하여 자의적 이거나 위법적인 간섭을 받지 아니하며 또한 명예나 신망에 대한 위법적인 공격을 받지 아니한다.

2. 아동은 이러한 간섭 또는 비난으로부터 법의 보호를 받을 권리를 가진다.

제17조 당사국은 대중매체가 수행하는 중요한 기능을 인정하며, 아동이 다양한 국내적 및 국제적 정보원으로부터의 정보와 자료, 특히 아동의 사회적· 정신적·도덕적 복지와 신체적·정신적 건강의 향상을 목적으로 하는 정보와 자료에 대한 접근권을 가짐을 보장하여야 한다. 이 목적을 위하여 당사국은,

가. 대중매체가 아동에게 사회적·문화적으로 유익하고 제29조의 정신에 부합되는 정보와 자료를 보급하도록 장려하여야 한다.

나. 다양한 문화적·국내적 및 국제적 정보원으로부터의 정보와 자료를 제작·교환 및 보급하는데 있어서의 국제협력을 장려하여야 한다.

다. 아동도서의 제작과 보급을 장려하여야 한다.

라. 대중매체로 하여금 소수집단에 속하거나 원주민인 아동의 언어상의 곤란에 특별한 관심을 기울이도록 장려하여야 한다.

마. 제13조와 제18조의 규정을 유념하며 아동 복지에 해로운 정보와 자료로부터 아동을 보호하기 위한 적절한 지침의 개발을 장려 하여야 한다.

제18조 1. 당사국은 부모 쌍방이 아동의 양육과 발전에 공동책임을 진다는 원칙이 인정받을 수 있도록 최선의 노력을 기울여야 한다. 부모 또는 경우에 따라서 후견인은 아동의 양육과 발달에 일차적 책임을 진다. 아동의 최선의 이익이 그들의 기본적 관심이 된다.

2. 이 협약에 규정된 권리를 보장하고 촉진시키기 위하여, 당사국은 아동의 양육책임 이행에 있어서 부모와 후견인에게 적절한 지원을 제공하여야 하며, 아동 보호를 위한 기관·시설 및 편의의 개발을 보장하여야 한다.

3. 당사국은 취업부모의 아동들이 이용할 자격이 있는 아동보호를 위한 편의 및 시설로부터 이익을 향유할 수 있는 권리가 있음을 보장하기 위하여 모든 적절한 조치를 취하여야 한다.

제19조 1. 당사국은 아동이 부모·후견인 기타 아동양육자의 양육을 받고 있는 동안 모든 형태의 신체적·정신적 폭력, 상해나 학대, 유기나 유기적 대우, 성적 학대를 포함한 혹사나 착취로부터 아동을 보호하기 위하여 모든 적절한 입법적·행정적·사회적 및 교육적 조치를 취하여야 한다.

2. 이러한 보호조치는 아동 및 아동양육자에게 필요한 지원을 제공 하기 위한 사회계획의 수립은 물론, 제1항에 규정된 바와 같은 아동학대 사례를 다른 형태로 방지하거나 확인·보고·조회·조사·처리 및 추적 하고 또한 적절한 경우에는 사법적 개입을 가능하게 하는 효과적 절차를 적절히 포함하여야 한다.

제20조 1. 일시적 또는 항구적으로 가정환경을 박탈당하거나 가정환경에 있는 것이 스스로의 최선의 이익을 위하여 허용될 수 없는 아동은 국가로부터 특별한 보호와 원조를 부여받을 권리가 있다.

2. 당사국은 자국의 국내법에 따라 이러한 아동을 위한 보호의 대안을 확보하여야 한다.

3. 이러한 보호는 특히 양육위탁, 회교법의 카팔라, 입양, 또는 필요한 경우 적절한 아동 양육기관에 두는 것을 포함한다. 해결책을 모색하는 경우에는 아동 양육에 있어 계속성의 보장이 바람직하다는 점과 아동의 인종적·종교적·문화적 및 언어적 배경에 대하여 정당한 고려가 베풀어져야 한다.

제21조 입양제도를 인정하거나 허용하는 당사국은 아동의 최선의 이익이 최우선적으로 고려되도록 보장하여야 하며, 또한 당사국은

가. 아동의 입양은, 적용가능한 법률과 절차에 따라서 그리고 적절 하고 신빙성 있는 모든 정보에 기초하여, 입양이 부모·친척 및 후견인에 대한 아동의 신분에 비추어 허용될

부록

수 있음을, 그리고 요구되는 경우 관계자들이 필요한 협의에 의하여 입양에 대한 분별있는 승낙을 하였음을 결정하는 관계당국에 의하여만 허가되도록 보장하여야 한다.

나. 국제입양은, 아동이 위탁양육자나 입양가족에 두어질 수 없거나 또는 어떠한 적절한 방법으로도 출신국에서 양육되어질 수 없는 경우, 아동 양육의 대체수단으로서 고려될 수 있음을 인정하여야 한다.

다. 국제입양에 관계되는 아동이 국내입양의 경우와 대등한 보호와 기준을 향유하도록 보장하여야 한다.

라. 국제입양에 있어서 양육지정이 관계자들에게 부당한 재정적 이익을 주는 결과가 되지 아니하도록 모든 적절한 조치를 취하여야 한다.

마. 적절한 경우에는 양자 또는 다자약정이나 협정을 체결함으로써 이 조의 목적을 촉진시키며, 이러한 테두리안에서 아동의 타국내 양육지정이 관계당국이나 기관에 의하여 실시되는 것을 확보하기 위하여 노력하여야 한다.

제22조 1. 당사국은 난민으로서의 지위를 구하거나 또는 적용가능한 국제법 및 국내법과 절차에 따라 난민으로 취급되는 아동이, 부모나 기타 다른 사람과의 동반 여부에 관계없이, 이 협약 및 당해 국가가 당사국인 다른 국제 인권 또는 인도주의 관련 문서에 규정된 적용가능한 권리를 향유함에 있어서 적절한 보호와 인도적 지원을 받을 수 있도록 하기 위하여 적절한 조치를 취하여야 한다.

2. 이 목적을 위하여, 당사국은 국제연합 및 국제연합과 협력하는 그밖의 권한 있는 정부간 또는 비정부간 기구들이 그러한 아동을 보호, 원조하고 가족재결합에 필요한 정보를 얻기 위하여 난민 아동의 부모나 다른 가족 구성원을 추적하는데 기울이는 모든 노력에 대하여도 적절하다고 판단되는 협조를 제공하여야 한다. 부모나 다른 가족구성원을 발견할 수 없는 경우, 그 아동은 어떠한 이유로 인하여 영구적 또는 일시적으로 가정 환경을 박탈당한 다른 아동과 마찬가지로 이 협약에 규정된 바와 같은 보호를 부여받아야 한다.

제23조 1. 당사국은 정신적 또는 신체적 장애아동이 존엄성이 보장되고 자립이 촉진되며 적극적 사회참여가 조장되는 여건 속에서 충분히 품위있는 생활을 누려야 함을 인정한다.

2. 당사국은 장애아동의 특별한 보호를 받을 권리를 인정하며, 신청에 의하여 그리고 아동의 여건과 부모나 다른 아동양육자의 사정에 적합한 지원이, 활용가능한 재원의 범위안에서, 이를 받을만한 아동과 그의 양육 책임자에게 제공될 것을 장려하고 보장하여야 한다.

3. 장애아동의 특별한 어려움을 인식하며, 제2항에 따라 제공된 지원은 부모나 다른 아동양육자의 재산을 고려하여 가능한 한 무상으로 제공되어야 하며, 장애아동의 가능한 한 전면적인 사회참여와 문화적 · 정신적 발전을 포함한 개인적 발전의 달성에 이바지하는 방법으로 그 아동이 교육, 훈련, 건강관리지원, 재활지원, 취업준비 및 오락기회를 효과적으로 이용하고 제공받을 수 있도록 계획되어야 한다.

4. 당사국은 국제협력의 정신에 입각하여, 그리고 당해 분야에서의 능력과 기술을 향상시키고 경험을 확대하기 위하여 재활, 교육 및 직업보도 방법에 관한 정보의 보급 및 이용을 포함하여, 예방의학분야 및 장애아동에 대한 의학적 · 심리적 · 기능적 처치분야에 있어서의 적절한 정보의 교환을 촉진하여야 한다. 이 문제에 있어서 개발도상국의 필요에 대하여 특별한 고려가 베풀어져야 한다.

제24조  1. 당사국은 도달가능한 최상의 건강수준을 향유하고, 질병의 치료와 건강의 회복을 위한 시설을 사용할 수 있는 아동의 권리를 인정한다. 당사국은 건강관리지원의 이용에 관한 아동의 권리가 박탈되지 아니하도록 노력하여야 한다.

2. 당사국은 이 권리의 완전한 이행을 추구하여야 하며, 특히 다음과 같은 적절한 조치를 취하여야 한다.

가. 유아와 아동의 사망율을 감소시키기 위한 조치

나. 기초건강관리의 발전에 중점을 두면서 모든 아동에게 필요한 의료지원과 건강관리의 제공을 보장하는 조치

다. 환경오염의 위험과 손해를 감안하면서, 기초건강관리 체계 안에서 무엇보다도 쉽게 이용가능한 기술의 적 용과 충분한 영양식 및 깨끗한 음료수의 제공 등을 통하여 질병과 영양실조를 퇴치하기 위한 조치

라. 산모를 위하여 출산 전후의 적절한 건강관리를 보장하는 조치

마. 모든 사회구성원 특히 부모와 아동은 아동의 건강과 영양, 모유·수유의 이익, 위생 및 환경정화 그리고 사 고예방에 관한 기초 지식의 활용에 있어서 정보를 제공받고 교육을 받으며 지원을 받을 것을 확보하는 조치

바. 예방적 건강관리, 부모를 위한 지도 및 가족계획에 관한 교육과 편의를 발전시키는 조치

3. 당사국은 아동의 건강을 해치는 전통관습을 폐지하기 위하여 모든 효과적이고 적절한 조치를 취하여야 한다.

4. 당사국은 이 조에서 인정된 권리의 완전한 실현을 점진적으로 달성하기 위하여 국제협력을 촉진하고 장려하여야 한다. 이 문제에 있어서 개발도상국의 필요에 대하여 특별한 고려가 베풀어져야 한다.

제25조  당사국은 신체적·정신적 건강의 관리, 보호 또는 치료의 목적으로 관계당국에 의하여 양육지정 조치된 아동이, 제공되는 치료 및 양육지정과 관련된 그밖의 모든 사정을 정기적으로 심사받을 권리를 가짐을 인정한다.

제26조  1. 당사국은 모든 아동이 사회보험을 포함한 사회보장제도의 혜택을 받을 권리를 가짐을 인정하며, 자국의 국내법에 따라 이 권리의 완전한 실현을 달성하기 위하여 필요한 조치를 취하여야 한다.

2. 이러한 혜택은 아동 및 아동에 대한 부양책임자의 자력과 주변 사정은 물론 아동에 의하여 직접 행하여지거나 또는 아동을 대신하여 행하여지는 혜택의 신청과 관련된 그밖의 사정을 참작하여 적절한 경우에 부여되어야 한다.

제27조  1. 당사국은 모든 아동이 신체적·지적·정신적·도덕적 및 사회적 발달에 적합한 생활수준을 누릴 권리를 가짐을 인정한다.

2. 부모 또는 기타 아동에 대하여 책임이 있는 자는 능력과 재산의 범위안에서 아동 발달에 필요한 생활여건을 확보할 일차적 책임을 진다.

3. 당사국은 국내 여건과 재정의 범위안에서 부모 또는 기타 아동에 대하여 책임있는 자가 이 권리를 실현하는 것을 지원하기 위한 적절한 조치를 취하여야 하며, 필요한 경우에는 특히 영양, 의복 및 주거에 대하여 물질적 보조 및 지원계획을 제공하여야 한다.

4. 당사국은 국내외에 거주하는 부모 또는 기타 아동에 대하여 재정적으로 책임있는 자로부터 아동양육비의 회부를 확보하기 위한 모든 적절한 조치를 취하여야 한다. 특히 아동에 대하여 재정적으로 책임있는 자가 아동이 거주하는 국가와 다른 국가에 거주하는 경우, 당사국은 국제협약의 가입이나 그러한 협약의 체결은 물론 다른 적절한 조치의 강구를 촉진하여야 한다.

제28조 1. 당사국은 아동의 교육에 대한 권리를 인정하며, 점진적으로 그리고 기회 균등의 기초 위에서 이 권리를 달성하기 위하여 특히 다음의 조치를 취하여야 한다.

가. 초등교육은 의무적이며, 모든 사람에게 무료로 제공되어야 한다.

나. 일반교육 및 직업교육을 포함한 여러 형태의 중등교육의 발전을 장려하고, 이에 대한 모든 아동의 이용 및 접근이 가능하도록 하며, 무료교육의 도입 및 필요한 경우 재정적 지원을 제공하는 등의 적절한 조치를 취하여야 한다.

다. 고등교육의 기회가 모든 사람에게 능력에 입각하여 개방될 수 있도록 모든 적절한 조치를 취하여야 한다.

라. 교육 및 직업에 관한 정보와 지도를 모든 아동이 이용하고 접근할 수 있도록 조치하여야 한다.

마. 학교에의 정기적 출석과 탈락율 감소를 장려하기 위한 조치를 취하여야 한다.

2. 당사국은 학교 규율이 아동의 인간적 존엄성과 합치하고 이 협약에 부합하도록 운영되는 것을 보장하기 위한 모든 적절한 조치를 취하여야 한다.

3. 당사국은, 특히 전세계의 무지와 문맹의 퇴치에 이바지하고, 과학적·기술적 지식과 현대적 교육방법에의 접근을 쉽게 하기 위하여, 교육에 관련되는 사항에 있어서 국제협력을 촉진하고 장려하여야 한다. 이 문제에 있어서 개발도상국의 필요에 대하여 특별한 고려가 베풀어져야 한다.

제29조 1. 당사국은 아동교육이 다음의 목표를 지향하여야 한다는데 동의한다.

가. 아동의 인격, 재능 및 정신적·신체적 능력의 최대한의 계발

나. 인권과 기본적 자유 및 국제연합헌장에 규정된 원칙에 대한 존중의 진전

다. 자신의 부모, 문화적 주체성, 언어 및 가치 그리고 현거주국과 출신국의 국가적 가치 및 이질문명에 대한 존중의 진전

라. 아동이 인종적·민족적·종교적 집단 및 원주민 등 모든 사람과의 관계에 있어서 이해, 평화, 관용, 성(性)의 평등 및 우정의 정신에 입각하여 자유사회에서 책임있는 삶을 영위하도록 하는 준비

마. 자연환경에 대한 존중의 진전

2. 이 조 또는 제28조의 어떠한 부분도 개인 및 단체가, 언제나 제1항에 규정된 원칙들을 준수하고 당해교육기관에서 실시되는 교육이 국가에 의하여 설정된 최소한의 기준에 부합하여야 한다는 조건하에, 교육기관을 설립하여 운영할 수 있는 자유를 침해하는 것으로 해석되어서는 아니된다.

제30조  인종적·종교적 또는 언어적 소수자나 원주민이 존재하는 국가에서 이러한 소수자에 속하거나 원주민인 아동은 자기 집단의 다른 구성원과 함께 고유 문화를 향유하고, 고유의 종교를 신앙하고 실천하며, 고유의 언어를 사용할 권리를 부인당하지 아니한다.

제31조  1. 당사국은 휴식과 여가를 즐기고, 자신의 연령에 적합한 놀이와 오락활동에 참여하며, 문화생활과 예술에 자유롭게 참여할 수 있는 아동의 권리를 인정한다.

2. 당사국은 문화적·예술적 생활에 완전하게 참여할 수 있는 아동의 권리를 존중하고 촉진하며, 문화, 예술, 오락 및 여가활동을 위한 적절하고 균등한 기회의 제공을 장려하여야 한다.

제32조  1. 당사국은 경제적 착취 및 위험하거나, 아동의 교육에 방해되거나, 아동의 건강이나 신체적·지적·정신적·도덕적 또는 사회적 발전에 유해한 여하한 노동의 수행으로부터 보호받을 아동의 권리를 인정한다.

2. 당사국은 이 조의 이행을 보장하기 위한 입법적·행정적·사회적 및 교육적 조치를 강구하여야 한다. 이 목적을 위하여 그리고 그밖의 국제 문서의 관련 규정을 고려하여 당사국은 특히 다음의 조치를 취하여야 한다.

가. 단일 또는 복수의 최저 고용연령의 규정

나. 고용시간 및 조건에 관한 적절한 규정의 마련

다. 이 조의 효과적인 실시를 확보하기 위한 적절한 처벌 또는 기타 제재수단의 규정

제33조  당사국은 관련 국제조약에서 규정하고 있는 마약과 향정신성 물질의 불법적 사용으로부터 아동을 보호하고 이러한 물질의 불법적 생산과 거래에 아동이 이용되는 것을 방지하기 위하여 입법적·행정적·사회적·교육적 조치를 포함한 모든 적절한 조치를 취하여야 한다.

제34조  당사국은 모든 형태의 성적 착취와 성적 학대로부터 아동을 보호할 의무를 진다. 이 목적을 달성하기 위하여 당사국은 특히 다음의 사항을 방지하기 위한 모든 적절한 국내적·양국간·다국간 조치를 취하여야 한다.

가. 아동을 모든 위법한 성적 활동에 종사하도록 유인하거나 강제하는 행위

나. 아동을 매음이나 기타 위법한 성적 활동에 착취적으로 이용하는 행위

다. 아동을 외설스러운 공연 및 자료에 착취적으로 이용하는 행위

제35조  당사국은 모든 목적과 형태의 아동의 약취유인이나 매매 또는 거래를 방지하기 위한 모든 적절한 국내적, 양국간, 다국간 조치를 취하여야 한다.

제36조  당사국은 아동복지의 어떠한 측면에 대하여라도 해로운 기타 모든 형태의 착취로부터 아동을 보호하여야 한다.

제37조  당사국은 다음의 사항을 보장하여야 한다.

가. 어떠한 아동도 고문 또는 기타 잔혹하거나 비인간적이거나 굴욕적인 대우나 처벌을 받지 아니한다. 사형 또는 석방의 가능성이 없는 종신형은 18세미만의 사람이 범한 범죄에 대하여 과하여져서는 아니된다.

나. 어떠한 아동도 위법적 또는 자의적으로 자유를 박탈당하지 아니 한다. 아동의 체포, 억류 또는 구금은 법률에 따라 행하여져야 하며, 오직 최후의 수단으로서 또한 적절한 최단기간 동안만 사용되어야 한다.

부록

다. 자유를 박탈당한 모든 아동은 인도주의와 인간 고유의 존엄성에 대한 존중에 입각하여 그리고 그들의 연령상의 필요를 고려하여 처우되어야 한다. 특히 자유를 박탈당한 모든 아동은, 성인으로 부터 격리되지 아니하는 것이 아동의 최선의 이익에 합치된다고 생각되는 경우를 제외하고는 성인으로부터 격리되어야 하며, 예외적인 경우를 제외하고는 서신과 방문을 통하여 자기 가족 과의 접촉을 유지할 권리를 가진다.

라. 자유를 박탈당한 모든 아동은 법률적 및 기타 적절한 구조에 신속하게 접근할 권리를 가짐은 물론 법원이나 기타 권한있고 독립적이며 공정한 당국 악에서 자신에 대한 자유박탈의 합법성 에 이의를 제기하고 이러한 소송에 대하여 신속한 결정을 받을 권리를 가진다.

제38조 1. 당사국은 아동과 관련이 있는 무력분쟁에 있어서, 당사국에 적용 가능한 국제인도법의 규칙을 존중하고 동 존중을 보장할 의무를 진다.

2. 당사국은 15세에 달하지 아니한 자가 적대행위에 직접 참여하지 아니할 것을 보장하기 위하여 실행가능한 모든 조치를 취하여야 한다.

3. 당사국은 15세에 달하지 아니한 자의 징병을 삼가야 한다. 15세에 달하였으나 18세에 달하지 아니한 자 중에서 징병하는 경우, 당사국은 최연장자에게 우선순위를 두도록 노력하여야 한다.

4. 무력분쟁에 있어서 민간인 보호를 위한 국제인도법상의 의무에 따라서, 당사국은 무력분쟁의 영향을 받는 아동의 보호 및 배려를 확보하기 위하여 실행가능한 모든 조치를 취하여야 한다.

제39조 당사국은 모든 형태의 유기, 착취, 학대, 또는 고문이나 기타 모든 형태의 잔혹하거나 비인간적이거나 굴욕적인 대우나 처벌, 또는 무력분쟁 으로 인하여 희생이 된 아동의 신체적·심리적 회복 및 사회복귀를 촉진 시키기 위한 모든 적절한 조치를 취하여야 한다.

제40조 1. 당사국은 형사피의자나 형사피고인 또는 유죄로 인정받은 모든 아동에 대하여, 아동의 연령 그리고 아동의 사회복귀 및 사회에서의 건설적 역할 담당을 촉진하는 것이 바람직스럽다는 점을 고려하고, 인권과 타인의 기본적 자유에 대한 아동의 존중심을 강화시키며, 존엄과 가치에 대한 아동의 지각을 촉진시키는데 부합하도록 처우받을 권리를 가짐을 인정한다.

2. 이 목적을 위하여 그리고 국제문서의 관련규정을 고려하며, 당사국은 특히 다음 사항을 보장하여야 한다.

가. 모든 아동은 행위시의 국내법 또는 국제법에 의하여 금지되지 아니한 작위 또는 부작위를 이유로 하여 형사피의자가 되거나 형사기소되거나 유죄로 인정받지 아니한다.

나. 형사피의자 또는 형사피고인인 모든 아동은 최소한 다음 사항을 보장받는다.

(1) 법률에 따라 유죄가 입증될 때까지는 무죄로 추정받는다.

(2) 피의사실을 신속하게 그리고 직접 또는, 적절한 경우, 부모나 후견인을 통하여 통지받으며, 변론의 준비 및 제출시 법률적 또는 기타 적절한 지원을 받는다.

(3) 권한있고 독립적이며 공평한 기관 또는 사법기관에 의하여 법률적 또는 기타 적당한 지원하에 법률에 따른 공정한 심리를 받아 지체없이 사건이 판결되어야 하며, 아동의 최선의 이익에 반한다고 판단되지 아니하는 경우, 특히 그의 연령이나 주변환경, 부모 또는 후견인 등을 고려하여야 한다.

(4) 증언이나 유죄의 자백을 강요당하지 아니하며, 자신에게 불리한 증인을 신문하거나 또는 신문받도록 하며, 대등한 조건하에 자신을 위한 증인의 출석과 신문을 확보한다.

(5) 형법위반으로 간주되는 경우, 그 판결 및 그에 따라 부과된 여하한 조치는 법률에 따라 권한있고 독립적이며 공정한 상급당국이나 사법기관에 의하여 심사되어야 한다.

(6) 아동이 사용되는 언어를 이해하지 못하거나 말하지 못하는 경우, 무료로 통역원의 지원을 받는다.

(7) 사법절차의 모든 단계에서 아동의 사생활은 충분히 존중되어야 한다.

3. 당사국은 형사피의자, 형사피고인 또는 유죄로 인정받은 아동에게 특별히 적용될 수 있는 법률, 절차, 기관 및 기구의 설립을 촉진하도록 노력하며, 특히 다음 사항에 노력하여야 한다.

가. 형법위반능력이 없다고 추정되는 최저 연령의 설정

나. 적절하고 바람직스러운 경우, 인권과 법적 보장이 완전히 존중 된다는 조건하에 이러한 아동을 사법절차에 의하지 아니하고 다루기 위한 조치

4. 아동이 그들의 복지에 적절하고 그들의 여건 및 범행에 비례하여 취급될 것을 보장하기 위하여 보호, 지도 및 감독명령, 상담, 보호관찰, 보호양육, 교육과 직업훈련계획 및 제도적 보호에 대한 그밖의 대체방안 등 여러 가지 처분이 이용가능하여야 한다.

제41조  이 협약의 규정은 다음 사항에 포함되어 있는 아동권리의 실현에 보다 공헌할 수 있는 어떠한 규정에도 영향을 미치지 아니한다.

가. 당사국의 법

나. 당사국에 대하여 효력을 가지는 국제법

## 제2부

제42조  당사국은 이 협약의 원칙과 규정을 적절하고 적극적인 수단을 통하여 성인과 아동 모두에게 널리 알릴 의무를 진다.

제43조  1. 이 협약상의 의무이행을 달성함에 있어서 당사국이 이룩한 진전 상황을 심사하기 위하여 이하에 규정된 기능을 수행하는 아동권리위원회 를 설립한다.

2. 위원회는 고매한 인격을 가지고 이 협약이 대상으로 하는 분야에서 능력이 인정된 10명의 전문가로 구성된다. 위원회의 위원은 형평한 지리적 배분과 주요 법체계를 고려하여 당사국의 국민중에서 선출되며, 개인적 자격으로 임무를 수행한다.

3. 위원회의 위원은 당사국에 의하여 지명된 자의 명단중에서 비밀투표에 의하여 선출된다. 각 당사국은 자국민중에서 1인을 지명할 수 있다.

4. 위원회의 최초의 선거는 이 협약의 발효일부터 6월이내에 실시 되며, 그 이후는 매 2년마다 실시된다. 각 선거일의 최소 4월이전에 국제 연합 사무총장은 당사국에 대하여 2월이내에 후보자 지명을 제출하라는 서한을 발송하여야 한다. 사무총장은 지명한 당사국의 표시

부록

와 함께 알파벳 순으로 지명된 후보들의 명단을 작성하여, 이를 이 협약의 당사국에게 제시하여야 한다.

5. 선거는 국제연합 본부에서 사무총장에 의하여 소집된 당사국 회의에서 실시된다. 이 회의는 당사국의 3분의 2를 의사정족수로 하고, 출석하고 투표한 당사국 대표의 최대다수표 및 절대다수표를 얻는 자가 위원으로 선출된다.

6. 위원회의 위원은 4년 임기로 선출된다. 위원은 재지명된 경우에는 재선될 수 있다. 최초의 선거에서 선출된 위원 중 5인의 임기는 2년후에 종료된다. 이들 5인 위원의 명단은 최초선거후 즉시 동 회의의 의장에 의하여 추첨으로 선정된다.

7. 위원회 위원이 사망, 사퇴 또는 본인이 어떠한 이유로 인하여 위원회의 임무를 더 이상 수행할 수 없다고 선언하는 경우, 그 위원을 지명한 당사국은 위원회의 승인을 조건으로 자국민중에서 잔여 임기를 수행할 다른 전문가를 임명한다.

8. 위원회는 자체의 절차규정을 제정한다.

9. 위원회는 2년 임기의 임원을 선출한다.

10. 위원회의 회의는 통상 국제연합 본부나 위원회가 결정하는 그밖의 편리한 장소에서 개최된다. 위원회는 통상 매년 회의를 한다. 위원회의 회의기간은 필요한 경우 총회의 승인을 조건으로 이 협약 당사국 회의에 의하여 결정되고 재검토된다.

11. 국제연합 사무총장은 이 협약에 의하여 설립된 위원회의 효과적인 기능수행을 위하여 필요한 직원과 편의를 제공한다.

12. 이 협약에 의하여 설립된 위원회의 위원은 총회의 승인을 얻고 총회가 결정하는 기간과 조건에 따라 국제연합의 재원으로부터 보수를 받는다.

제44조 1. 당사국은 이 협약에서 인정된 권리를 실행하기 위하여 그들이 채택한 조치와 동 권리의 향유와 관련하여 이룩한 진전상황에 관한 보고서를 다음과 같이 국제연합 사무총장을 통하여 위원회에 제출한다.

  가. 관계 당사국에 대하여 이 협약이 발효한 후 2년이내

  나. 그 후 5년마다

2. 이 조에 따라 제출되는 보고서는 이 협약상 의무의 이행정도에 영향을 미치는 요소와 장애가 있을 경우 이를 적시하여야 한다. 보고서는 또한 관계국에서의 협약이행에 관한 포괄적인 이해를 위원회에 제공하기 위한 충분한 정보를 포함하여야 한다.

3. 위원회에 포괄적인 최초의 보고서를 제출한 당사국은, 제1항 나호에 의하여 제출하는 후속보고서에 이미 제출된 기초적 정보를 반복할 필요는 없다.

4. 위원회는 당사국으로부터 이 협약의 이행과 관련이 있는 추가정보를 요청할 수 있다.

5. 위원회는 위원회의 활동에 관한 보고서를 2년마다 경제사회 이사회를 통하여 총회에 제출한다.

6. 당사국은 자국의 활동에 관한 보고서를 자국내 일반에게 널리 활용가능하도록 하여야 한다.

제45조 이 협약의 효과적인 이행을 촉진하고 이 협약이 대상으로 하는 분야에서의 국제협력을 장려하기 위하여

가. 전문기구, 국제연합아동기금 및 국제연합의 그밖의 기관은 이 협약 중 그들의 권한 범위
　　안에 속하는 규정의 이행에 관한 논의에 대표를 파견할 권리를 가진다. 위원회는 전문기
　　구, 국제연합 아동기금 및 위원회가 적절하다고 판단하는 그밖의 권한있는 기구에 대하
　　여 각 기구의 권한 범위에 속하는 분야에 있어서 이 협약의 이행에 관한 전문적인 자문을
　　제공하여 줄 것을 요청할 수 있다. 위원회는 전문기구, 국제연합아동기금 및 국제연합의
　　그밖의 기관에게 그들의 활동범위에 속하는 분야에서의 이 협약의 이행에 관한 보고서를
　　제출할 것을 요청할 수 있다.

나. 위원회는 적절하다고 판단되는 경우 기술적 자문이나 지원을 요청하거나 그 필요성을
　　지적하고 있는 당사국의 모든 보고서를 그러한 요청이나 지적에 대한 위원회의 의견이나
　　제안이 있으면 동 의견이나 제안과 함께 전문기구, 국제연합아동기금 및 그밖의 권한있
　　는 기구에 전달하여야 한다.

다. 위원회는 사무총장이 위원회를 대신하여 아동권리와 관련이 있는 특정 문제를 조사하도
　　록 요청할 것을 총회에 대하여 권고할 수 있다.

라. 위원회는 이 협약 제44조 및 제45조에 의하여 접수한 정보에 기초하여 제안과 일반적
　　권고를 할 수 있다. 이러한 제안과 일반적 권고는 당사국의 논평이 있으면 그 논평과
　　함께 모든 관계 당사국에 전달되고 총회에 보고되어야 한다.

## 제3부

제46조  이 협약은 모든 국가에 의한 서명을 위하여 개방된다.

제47조  이 협약은 비준되어야 한다. 비준서는 국제연합 사무총장에게 기탁되어야 한다.

제48조  이 협약은 모든 국가에 의한 가입을 위하여 개방된다. 가입서는 국제연합 사무총장에
　　게 기탁되어야 한다.

제49조  1. 이 협약은 20번째의 비준서 또는 가입서가 국제연합 사무총장에게 기탁되는 날부터
　　30일째 되는 날 발효한다.

2. 20번째의 비준서 또는 가입서의 기탁 이후에 이 협약을 비준하거나 가입하는 각 국가에
　　대하여, 이 협약은 그 국가의 비준서 또는 가입서 기탁 후 30일째 되는 날 발효한다.

제50조  1. 모든 당사국은 개정안을 제안하고 이를 국제연합 사무총장에게 제출할 수 있다.
　　동 제출에 의하여 사무총장은 당사국에게 동 제안을 심의하고 표결에 붙이기 위한 당사국
　　회의 개최에 대한 찬성 여부에 관한 의견을 표시하여 줄 것을 요청하는 것과 함께 개정안을
　　당사국에게 송부 하여야 한다. 이러한 통보일부터 4월이내에 당사국중 최소 3분의 1이
　　회의 개최에 찬성하는 경우 사무총장은 국제연합 주관하에 동 회의를 소집하여야 한다.
　　동 회의에 출석하고 표결한 당사국의 과반수에 의하여 채택된 개정안 은 그 승인을 위하여
　　국제연합 총회에 제출된다.

2. 제1항에 따라서 채택된 개정안은 국제연합 총회에 의하여 승인되고, 당사국의 3분의 2이
　　상의 다수가 수락하는 때에 발효한다.

3. 개정안은 발효한 때에 이를 수락한 당사국을 구속하며, 그밖의 당사국은 계속하여 이 협약의 규정 및 이미 수락한 그 이전의 모든 개정에 구속된다.

제51조  1. 국제연합 사무총장은 비준 또는 가입시 각국이 행한 유보문을 접수하고 모든 국가에게 이를 배포하여야 한다.

2. 이 협약의 대상 및 목적과 양립할 수 없는 유보는 허용되지 아니한다.

3. 유보는 국제연합 사무총장에게 발송된 통고를 통하여 언제든지 철회될 수 있으며, 사무총장은 이를 모든 국가에게 통보하여야 한다. 그러한 통고는 사무총장에게 접수된 날부터 발효한다.

제52조  당사국은 국제연합 사무총장에 대한 서면통고를 통하여 이 협약을 폐기할 수 있다. 폐기는 사무총장이 통고를 접수한 날부터 1년 후에 발효한다.

제53조  국제연합 사무총장은 이 협약의 수탁자로 지명된다.

제54조  아랍어·중국어·영어·불어·러시아어 및 서반아어본이 동등하게 정본인 이 협약의 원본은 국제연합 사무총장에게 기탁된다.

이상의 증거로 아래의 서명 전권대표들은 각국 정부에 의하여 정당하게 권한을 위임받아 이 협약에 서명하였다.

출처 : 법제처

# Answer
# 모범 답안

- 확인학습 문제 답안
- 기출문제 모범 답안

# 박수민

## 유아임용의 정석 – 유아교육개론

## Chapter 1. 유아교육의 성격
본문 p.57~61

### 01
① 보육적인 기능의 수행으로 보는 입장
② 조기재능교육으로 보는 입장
③ 초등학교 준비과정으로 보는 입장
④ 보상교육으로 보는 입장
⑤ 가정기능의 대행으로 보는 입장

### 02
1) 신체발달 측면에서 보면, 인간의 골격 발달은 인생 중 두 번의 급등기를 보이는데, 그 중 한 시기가 영유아기이다. 또한 출생 때는 드문드문 존재하던 뇌세포가 신경초의 발달에 의해 서로 연결이 되는데, 이 과정은 생후 2년 동안 가장 활발히 이루어지며, 6세 이후 상당히 약화된다. 마지막으로 유아기에 다양한 운동능력의 기초를 형성하지 않으면 기초체력이 형성되기 어렵다. 따라서 유아기 신체 발달은 매우 중요하다.
2) 성격 및 사회·정서 발달 측면에서는 프로이트와 에릭슨의 이론에서 그 중요성을 찾을 수 있다. 프로이트는 인간의 성격 형성 기초가 6세 이전에 확립된다고 하였고, 에릭슨은 유아기에 '세상에 대한 신뢰', '자신의 행동에 대한 통제', '부모와는 독립된 존재임을 인식하는 것' 등은 이후 발달에 매우 중요한 영향을 미친다고 주장하며 유아기 발달의 중요성을 설명하고 있다.
3) 인지발달 측면에서 아동의 지적인 능력이 유전적으로 결정되는 것이 아니라 환경과의 상호작용에 의해 이루어진다는 피아제의 관점과, 0~8세 사이의 유아기 동안 지능의 약 80%가 이루어진다는 블룸의 연구결과는 유아기 발달의 중요성을 말해준다.
4) 언어발달 측면에서 만 2세를 전후하여 세계의 모든 어린이들은 그 문화가 제공하는 언어를 배운다는 점에 착안하여 유아기 발달의 중요성을 찾을 수 있다. 언어는 사고와 개념발달에 밀접하게 연관이 되어 있으며, 정보를 저장·활용하고 문제를 해결하는데 매우 효율적인 수단이므로 언어 발달을 이루는 유아기 발달은 매우 중요하다.

### 03
• UN아동권리협약

### 04
㉠ 교육
㉡ 보육

㉢ 비형식적이고 잠재적 교육과정
㉣ 흥미
㉤ 욕구
㉥ 놀이
㉦ 과정
㉧ 유아와 유아 간
㉨ 유아와 교사 간
㉩ 유아와 교구·교재 간
㉺ 유아와 환경 간
㉽ 유아의 이전 경험과 현재 경험 간

### 05
① 1923년. 소년운동협회 – 소년운동의 기초조항 제정·선언
② 1957년. 보건사회부 – 어린이헌장 제정
③ 1988년. 보건사회부 – 어린이헌장 개정
④ 1991년. 유엔 아동권리협약 비준
⑤ 2015년. 전국시·도교육감협의회 – 어린이놀이헌장 선포
⑥ 2016년. 보건복지부 – 아동권리헌장 선포

### 06
1) 4대 기본원칙
　① 아동의 무차별의 원칙
　② 아동 이익 최우선의 원칙
　③ 아동의 생존·보호 및 발달 보장의 원칙
　④ 아동의 의사 존중 및 참여의 원칙
2) 4대 기본권
　① **생존권** : 안전한 주거지에서 살아갈 권리, 충분한 영양을 섭취하고 기본적인 보건 서비스를 받을 권리
　② **보호권** : 신체적·정신적 폭력으로부터 보호받을 권리, 과도한 노동으로부터 보호받을 권리
　③ **발달권** : 교육받을 권리, 놀 권리
　④ **참여권** : 표현의 자유, 평화로운 방법으로 모임을 자유롭게 열 수 있는 권리

확인학습
문제답안

### 07
**아동복지법 제3조(정의)**
"아동복지"란 아동이 행복한 삶을 누릴 수 있는 기본적인 여건을 조성하고 조화롭게 성장·발달할 수 있도록 하기 위한 경제적·사회적·정서적 지원을 말한다.

## 08
㉠ 18세 미만인 사람
㉡ 부모
㉢ 가정
㉣ 일반아동
㉤ 요보호아동(보호대상아동)

## 09
㉠ 전체 아동을 대상으로 복지가 전개되어야 한다는 원칙으로, 총괄적이고 기회균등적인 개념에 기반을 둔 것이다
㉡ 선별성의 원칙
㉢ 개발적 기능의 원칙
㉣ 문제가 일어나기 전에 미리 예방하는 차원에서 복지가 전개되어야 한다는 원칙이다.
㉤ 아동복지 실시의 전 과정에 이르기까지 개인적 특성을 고려해야 한다는 원칙이다.
㉥ 아동 문제에 대처할 때 여러 가지 유형의 서비스를 함께 고려해야 그 효과를 거둘 수 있다는 것이다.

## 10
① 지지적 서비스
부모와 아동이 스스로의 책임을 효율적으로 수행할 수 있도록 그들의 능력을 지원하고 강화시켜 주는 서비스
예 가족 상담 및 가족 치료, 지역사회 프로그램, 개별지도 서비스, 집단 서비스 등
② 보충적 서비스
가정 및 가족의 형태는 그대로 있으나 부모의 역할이 부적절하여 부모의 역할 일부를 대행하거나 도와주는 서비스
예 소득보완사업, 가정조성사업, 학대 및 방임 아동의 보호사업, 보육사업 등
③ 대리적 서비스
아동이 가정을 이탈하여 다른 체계에 의해서 보호받는 서비스
예 입양, 위탁가정보호, 시설보호 등

## 11
① 드림스타트 운동
② 교육복지우선지원사업

## 12
① 제1차 방어선 가정지원 서비스
상담 및 교육 서비스, 보육서비스, 소득보완사업 등
② 제2차 방어선 대리가정 서비스
입양서비스, 가정위탁사업 등
③ 제3차 방어선 입소시설 서비스
그룹 홈, 시설보호 등

## 13

교육기본법

유아교육법　　초·중등교육법　　고등교육법　　평생교육법

## 14
이화유치원

## 15
• 1960년대 : ㉗
• 1970년대 : 없음
• 1980년대 : ㉡, ㉤
• 1990년대 : ㉠, ㉢, ◎, ㉝
• 2000년대 : ㉣
• 2010년대 : ㉥, ㉯

---

### Chapter 2. 유아교육사상　　본문 p.145~160

## 01
㉠ 선을 알아서 이를 행하는 도덕적 성품을 기르는 것
㉡ 대화법
㉢ 산파술

## 02
㉠ 이데아　　　　㉡ 이성
㉢ 의지　　　　　㉣ 욕망
㉤ 절제　　　　　㉥ 정의
㉦ 정치가　　　　◎ 실재주의자
㉧ 질료　　　　　㉨ 형상
• ㉧의 의미 : 특수형태로 배열될 수 있게 하는 원리이며, 어떠한 것도 될 수 있어서 비결정적임
• ㉨의 의미 : 각 사물의 재료 속성이 구체적으로 실현된 것

## 03

㉠ 중세  ㉡ 전성

## 04

㉠ 감각적  ㉡ 직관
㉢ 합자연

## 05

① 어학입문  ② 범교육론
③ 대교수학  ④ 세계도회
⑤ 유아학교

## 06

㉠ 유아기  ㉡ 모친학교(어머니 무릎학교)
㉢ 아동기  ㉣ 모국어 학교
㉤ 라틴어 학교  ㉥ 대학 및 외국여행
• 저서 : 대교수학

## 07

㉠ 백지  ㉡ 신사양성
㉢ 조기교육  ㉣ 체육론
㉤ 덕육론  ㉥ 지육론

## 08

① 합자연의 원리  ② 소극적 교육
③ 직관 중심 교육방법  ④ 생활 중심 교육방법

## 09

㉠ 자연성 또는 (자연)  ㉡ 개인차
㉢ 자연  ㉣ 사물
㉤ 인간

## 10

• 설립자 : 오베르랑  • 기관명 : 편물학교

## 11

㉠ 성격형성학원  ㉡ 오웬
㉢ 성격형성

## 12

㉠ 지능력  ㉡ 심정력
㉢ 기능력

## 13

㉠ 동물적 상태  ㉡ 사회적 상태
㉢ 도덕적 상태

## 14

| 교육의 원리 | 설명 |
|---|---|
| ① 자발성의 원리 또는 자기활동의 원리 | 유아를 교육의 주체적인 위치에 두는 것으로, 교육은 유아가 지닌 선천적인 능력을 스스로의 힘으로 계발할 수 있도록 전개되어야 한다는 원리이다. |
| ② 조화의 원리 | 인간 정신이 지니고 있는 지능력, 심정력, 기능력이 서로 조화를 이루어 발달하도록 교육해야 한다는 원리이다. |
| ③ 기초 도야의 원리 또는 (단계적) 방법의 원리 | 자연의 법칙에 따르는 방법으로, 교육이 쉬운 것에서 어려운 것으로, 먼저 배운 내용을 완전하게 익히고 다음 단계로 나아가도록 전개되어야 한다는 것이다. |
| ④ 직관의 원리 | 교육은 유아가 감각을 이용하여 사물을 직접 관찰하면서 얻게 되는 인상을 스스로 내면화하도록 도와야 한다는 것이다. |
| ⑤ 생활공동체의 원리 | 생활공동체로서 가정을 중요시하며, 특히 어머니의 역할, 가족 간 상호작용을 강조하였다. 가정을 도덕교육, 종교교육의 기저로 보며, 가정 생활과 학교 생활을 중요시하는 교육 원리이다. |
| ⑥ 노작의 원리 | 손을 사용하여 구체적인 행동을 하면서 정신적인 교양이 형성된다고 보고, 교육이 근면한 노동을 통해 협동과 도덕성을 기를 수 있도록 전개되어야 함을 강조하는 원리이다. |

## 15

가정교육

## 16

㉠ 신성  ㉡ 활동 충동
㉢ 놀이

## 17

① 통일의 원리
② 학습자가 자신의 내면의 힘에 의해 스스로 활동해 나가는 것이다.
③ 연속적 발달의 원리
④ 행동의 원리 / 노작의 원리 / 작업의 원리

## 18

㉠ 은물
㉡ 입체, 면, 선, 점
㉢ 점, 선, 면, 형체

## 19

1) 맥밀란 자매
2) • 상상놀이, 동화 금지
   • 상상놀이와 동화를 금지한 것은 몬테소리와 관련된 내용으로, 맥밀란 자매는 몬테소리가 상상놀이나 동화를 금지한 것에 대해 비판하며, 상상력과 창의력은 다양한 분야의 직종에 잘 적응할 수 있게 도와준다고 보며 높은 가치를 두었기 때문에 이 내용은 관련이 없다.

## 20

㉠ 흥미          ㉡ 성장
㉢ 미성숙성      ㉣ 계속성
㉤ 상호작용

## 21

① 관찰자의 역할
② 유아가 직면하는 대상과 사건을 유아의 인지구조와 연결하여 새로운 사고를 이끌어 내는 매개체 역할
③ 평가자의 역할

## 22

① 민감기        ② 준비된 환경
③ 흡수정신      ④ 자유개념
⑤ 정상화

## 23

㉠ 몬테소리 교구      ㉡ 정상화

## 24

① 자동 교육      ② 개별화 교육

## 25

㉠ 시범          ㉡ 도와주는 것을
㉢ 정정

## 26

㉠ 행복          ㉡ 자유

## 27

① 담즙질        ② 점액질
③ 다혈질

## 28

㉠ 물질체        ㉡ 에테르체
㉢ 아스트랄체    ㉣ 자아체

## 29

㉠ 진보주의      ㉡ 본질주의
㉢ 항존주의      ㉣ 재건주의
㉤ 삶의 경험 (또는) 일상생활 경험, 문제해결
㉥ 아동중심

## 30

포스트모더니즘

## 31

㉠ 동학          ㉡ 인내천
㉢ 한울님

## 32

㉠ 표현의 원리    ㉡ 흥미의 원리

## 33

㉠ 칭찬

**34**
㉠ 예술 문화 운동
㉡ 출판 운동(문학활동)
㉢ 소년운동단체
Ⓐ 사랑의 선물

---

## Chapter 3. 유아교육과 발달 본문 p.243~258

**01**
1) 성장
2) 발달의 불가역성
3) 발달
4) 성숙
5) 결정적 시기
6) 학습
7) 준비도
8) 발달의 기초성

**02**
1) 인간의 성장과 변화는 질서정연하며, 발달은 일정한 발달과 순서에 의해 진행된다.
2) 발달은 연속적(계속적)인 변화의 과정이지만 그 발달의 속도는 일정하지 않다.
3) 모든 발달은 반드시 발달 단계를 거친다.
4) 발달은 성숙과 학습에 의존한다.
5) 유전과 환경의 복잡한 상호작용이 인간 발달의 과정을 조절한다.
6) 발달의 각 측면은 서로 밀접히 상호 관련되어 있다.
7) 발달에는 개인차가 있다.
8) 발달은 분화와 통합의 과정이다.
9) 발달에는 결정적 시기가 있다.

**03**
변화에 대한 역량으로, 경험에 의해서 만들어지는 잠재력을 갖는 발달상태를 말한다.

**04**
한 단계에서의 발달은 그 다음 단계의 발달에도 지속적으로 영향을 미친다.
(이전 단계의 발달이 잘못되면 그 영향이 그 다음 발달 단계에도 지속된다.)

**05**
㉠ 자기 규제의 원리
㉡ 발달적 방향성의 원리
㉢ 상호적 교류의 원리

**06**
㉠ 고착화 현상
㉡ 자아
㉢ 불안
㉣ 방어기제

**07**
㉠ 무의식
㉡ 원초아
㉢ 현실 원리
㉣ 초자아
㉤ 리비도
㉥ 구강기
Ⓐ 자아이상
◎ 양심

**08**
㉠ 투사
㉡ 고착
㉢ 보상
㉣ 합리화
㉤ 전위
㉥ 동일시
Ⓐ 반동형성
◎ 승화

**09**
**원초아**
㉠ 쾌락의 원리
**자아**
㉡ 현실의 원리
**초자아**
㉢ 사회의 원리

**10**
1) 유아의 능력에 맞는 적절한 규칙을 부여한다(귀납적 훈육).
2) 사회·도덕적으로 바람직한 행동의 모델링을 제시한다.

**11**
① 주의집중 ⇨ ② 파지단계 ⇨ ③ 운동재생 단계 ⇨ ④ 강화·동기화 단계

## 12
㉠ 심리사회적 위기(발달적 위기)
㉡ 자아
㉢ 기본적 신뢰감 대 불신감
㉣ 주도성 대 죄의식

## 13
행동을 예행해 볼 기회가 없거나 모방에 대한 강화가 없음에도 불구하고 관찰자가 학습을 하는 것이다.

## 14
1) **모델링 효과** : 관찰에 의한 새로운 행동의 학습
2) **유도 효과** : 이미 학습한 행동의 촉진
3) **억제/비억제 효과** : 모델의 관찰이 행동을 비억제(격려) 또는 억제(좌절)하도록 작용)

## 15
㉠ 중립자극　　㉡ 연계
㉢ 강화　　㉣ 칭찬
㉤ 점진적　　㉥ 일관
㉦ 즉시 강화　　㉧ 소거
㉨ 프리맥 원리 (또는) 프리맥 강화
㉩ 토큰강화 프로그램
㉪ 관찰　　㉫ 모방

## 16
1) ① 벌 자체만으로는 바람직한 행동을 학습시킬 수 없다.
　② 벌의 강도가 지나칠 경우 공포 반응의 학습과 같은 부작용이 나타날 수 있다.
2) ① 자극의 강도가 적절해야 한다.
　② 일관성이 있어야 한다.
　③ 처벌 뒤에 보상이 제공되면 안 된다.
　④ 잘못된 행동 후 즉시 처벌해야 한다.
　⑤ 긍정적인 행동의 대안을 함께 제공해야 한다.

## 17
㉠ 반응의 결과가 만족스러울수록 자극-반응 간의 결합이 잘 일어나 학습이 잘 된다.
㉡ 연습의 법칙
㉢ 학습자가 학습할 준비가 되어 있을 때 학습한다면 효과를 얻을 수 있다.

## 18
㉠ 용암법　　㉡ 홍수법
㉢ 행동계약　　㉣ 체계적 둔감법
㉤ 타임아웃

## 19
㉠ 개별 영유아 및 그 가족이 지닌 가치, 신념, 전통, 문화 등에 적합해야 한다는 것
㉡ 개인적 적합성
㉢ 교육과정 운영 시 영유아의 개인차, 다양성을 수용하고 민감하게 반응해 주는 것
㉣ 연령 적합성

## 20
① 개인, 행동, 환경　　② 상호 결정론

## 21
• **용어** : 자기효능감

## 22
㉠ 평형
㉡ 기존의 도식에 근거하여 새로운 경험을 해석함으로써 그것에 적응하려는 시도
㉢ 조절
㉣ 생소한 경험을 더 잘 설명하고자 기존의 도식을 수정
㉤ 기존의 도식을 새롭고 더욱 복잡한 구조로 재정리

## 23
1) 도식　　2) 조직화
3) 평형화　　4) 조절
5) 행동 도식　　6) 2차 도식의 협응 단계
7) 대상 영속성　　8) 지연 모방

## 24
㉠ 감각운동기　　㉡ 전조작기
㉢ 구체적 조작기　　㉣ 형식적 조작기
㉤ 불변　　㉥ 개인차

## 25

① 문제해결능력　　② 모방
③ 대상영속성 개념

## 26

㉠ 서열 조작 능력　　㉡ 이행성 조작
㉢ 다중서열 조작

## 27

㉠ 내적으로 형성한 표상을 여러 가지 형태의 상징으로 나타내는 사고 능력
㉡ 무생물에 대해 생명 및 생명체적인 특징을 부여하려는 사고
㉢ 자아 중심성
㉣ 직관적 사고
㉤ 조작을 가하여 변화된 대상의 2가지 특성을 비교하고 그 관계를 통합하는 조작
㉥ 서로 관련이 없는 두 개의 사건을 원인과 결과의 관계로 연결시키는 비약적 도출과 같은 현상
㉦ 보존 개념
㉧ 정신적인 것과 물리적인 것이 미분화된 상태로 존재하여 정신적인 현상에 물리적인 속성을 부여하는 현상
㉨ 목적론

## 28

1) 학습자가 독립적으로 성취할 수 있는 실제적 발달 수준과 보다 능숙한 사람의 조언과 격려를 받아 성취할 수 있는 잠재적 발달 수준 간의 차이
2) 학습자가 문제를 해결할 수 있도록 성인 또는 유능한 또래로부터 제공되는 도움
3) 어떤 과제를 시작할 때는 서로 다르게 이해하고 있던 두 참여자가 공유된 이해에 도달하는 것
4) 자기 자신을 향해 하는 말로, 사고를 조절하고 안내하는 문제해결 도구의 기능을 갖는다.

## 29

• 이론 : 생태학적 체계이론
• 학자 : 브론펜브레너

## 30

㉠ 외체계
㉡ 시간체계

## (우측)

㉢ 아동이 적극적으로 참여하는 미시체계들 간의 상호관계를 의미한다.
아동의 경우, 가정과 학교의 관계, 또래 간의 관계, 형제 간의 관계 등이 해당됨
㉣ 미시체계
㉤ 거시체계

## 31

㉠ 대인관계 지능　　㉡ 개인 이해 지능
㉢ 신체·운동적 지능　　㉣ 언어적 지능
㉤ 공간적 지능
• 논리·수학적 지능, 음악적 지능, 자연탐구 지능

## 32

프로젝트 스펙트럼

## 33

1) 로렌츠
2) 각인

## 34

욕구 위계 이론

## 35

㉠ 성장욕구　　㉡ 결핍욕구
㉢ 자아실현의 욕구　　㉣ 소속감과 애정의 욕구

## 36

1) 스스로 환경을 통제할 수 있는 능력이 있는 자율적인 존재 (또는) 자아실현을 이루려는 잠재력을 지닌 존재
2) 개인이 지각하는 주관적 세계 (또는) 유기체로서 개인이 경험한 것 전체

## 37

㉠ 보편적　　㉡ 다양하게
㉢ 독립적인 탐색　　㉣ 사회적 상호작용
㉤ 개인적 과정　　㉥ 개인적인 심리적 과정
㉦ 또래집단　　㉧ 어른

확인학습
문제답안

## 38

㉠ 자아 개념      ㉡ 현실적 자아
㉢ 이상적 자아      ㉣ 긍정적 존중
㉤ 무조건적 긍정적 존중      ㉥ 실현화 경향성

## 39

㉠ 감각 기억      ㉡ 장기 기억
㉢ 5개~9개      ㉣ 20초~30초
㉤ 무제한      ㉥ 영구적
㉦ 의미기억(명제와 명제망, 심상, 도식), 일화기억, 절차기억

## 40

1) 결집 (또는) 청킹    2) 망각

## 41

㉠ 맥락      ㉡ 지각
㉢ 반복 시연 (시연)      ㉣ 조직화
㉤ 선택적 주의      ㉥ 상위인지

---

### Chapter 4. 유아교육과 놀이     본문 p.349~363

## 01

① 능동적      ② 자발적
③ 목표없음      ④ 스스로 시작함

## 02

① 현실의 유보
② 내적 동기화
③ 놀이를 하는 유아는 놀이에 대하여 자기 자신이 얼마간의 책임과 통제권을 갖고 있다고 믿는다.

## 03

① 자유놀이      ② 안내된 놀이

## 04

① 휴식이론      ② 반복이론
③ 연습이론      ④ 잉여 에너지 이론

## 05

① 역할전환      ② 반복

## 06

| 1단계<br>자기 세계의<br>놀이 단계 | 자신의 신체를 가지고 감각적 지각이나 근육 운동 및 발성을 반복하여 시도해 보는 놀이를 한다. |
|---|---|
| 2단계<br>미시영역 놀이<br>단계 | 이 시기에는 놀잇감이나 사물을 놀이 대상으로 하는데, 사물을 가지고 놀면서 사물에 대한 숙달 뿐 아니라 자아를 향상시킨다. |
| 3단계<br>거시영역 놀이<br>단계 | 다른 사람과 함께 놀이하면서 사회적 상호작용이 숙달된다. 점차 문화와 사회적 역할을 이해할 수 있게 된다. |

## 07

① **놀이이론** : 각성조절이론
② **학자** : 벌린(Berlyne), 엘리스(Ellis)

## 08

① 사물과 의미를 분리      ② 가상놀이
③ 추상적 사고      ④ 비계

## 09

① 상상의 상황      ② 역할
③ 규칙

## 10

놀이의 여러 가지 상황, 행동, 사물 등을 놀이 친구에게 이해시키고 설명해 주기 위한 의사소통이다.

## 11

유아의 개인적 경험에 대해 지식이 나타나는 것이다. (또는) 개인적 경험에 대한 유아의 해석이 놀이 내용으로 표현된 것이다.

## 12

① 쉐마 수준      ② 사건 각본 수준
③ 에피소드 수준

**13**

① 상호 보완적 놀이  ② 복합적 사회 가상 놀이

**14**

① 병행놀이　　　　② 협동놀이
③ 단독놀이　　　　④ 연합놀이
⑤ 방관자적 행동

**15**

① 기능놀이　　　　② 구성놀이
③ 상징놀이　　　　④ 사회극놀이
⑤ 규칙 있는 게임

**16**

1) 다양한 놀잇감을 활용하여 무엇인가를 창조하는 놀이
2) 눈에 보이지 않는 대상을 표상하거나 사물이나 상황을 실제
　와 다르게 변형시켜 표상하는 놀이
3) 상징놀이가 더욱 발전된 놀이형태로, 한 명 이상의 친구와 함
　께 참여하는 극놀이

**17**

㉠ 다리 만들기 단계
㉡ 패턴과 균형 단계
㉢ 표상이 활발한 단계
• **6단계 특징**: 구성물에 이름을 붙이기 시작하며, 구조물의 형태
　나 기능이 명칭에 적합하지 못한 경우도 있다.

**18**

① 통합
② 자기 활동에 대한 상징
③ 타인 또는 대상물에 대한 상징
④ 탈중심화
⑤ 추상적인 표상
⑥ 탈맥락화

**19**

① 자기 가작화 단계
② 타인 가작화 단계
③ 위계적 가작화 단계

**20**

① 대체
② 상상적인 사물이나 존재
③ 능동적 대행

**21**

① 지속성
② 사물의 용도를 다양하게 가상해서 언어나 행동으로 표현
③ 행동과 상황의 가작화
④ 역할의 가작화
⑤ 가상적인 역할을 언어나 행동으로 표현하는 것
⑥ 상호작용(사회적 상호작용)
⑦ 놀이 주제에 대해 놀이자 간에 언어적 의사소통을 하는 것

**22**

① 가작화 의사소통
② 상위 의사소통

**23**

㉠ 혼자놀이　　　　㉡ 병행놀이
㉢ 집단놀이　　　　㉣ 기능놀이
㉤ 구성놀이　　　　㉥ 극화놀이
㉦ 학문적 활동　　　㉧ 비참여적 행동
㉨ 방관자적 행동

**24**

① 즐거움의 표현　　② 사회적 자발성

**25**

① 놀이 방해　　　　② 놀이 단절
③ 놀이 상호작용

**26**

① 병행놀이
② 교사가 옆에 있다는 사실이 유아에게 위안(편안함)을 주며 유
　아의 놀이가 가치 있는 것임을 느끼게 함

**27**

• **개입 전략 방법**: 유도적 발견

## 28

1) **외적 중재** : 놀이상황 밖에서 유아에게 사회극놀이 행동을 사용하도록 제안하며, 교사는 질문을 하거나 새로운 소품을 제공함으로써 역할놀이의 외부에서 개입할 수 있다.
2) **내적 중재** : 하나의 역할을 맡아 역할 놀이 주제의 내부자로 참여하고, 사회극 행동의 구체적 모델을 제공한다.
3) **주제-상상훈련** : 동화를 이용하여 이야기 내용을 행동으로 표현해보도록 한다.

## 29

① ⓐ 교사 개입 연속 모형
　ⓑ 개방적인
　ⓒ 구조화
② ⓐ 지시적 진술
　ⓑ 비지시적 진술
　ⓒ 물리적 개입
　ⓓ 모델링
　ⓔ 질문

## 30

① 공동놀이자　　② 놀이리더
③ 방관자　　　　④ 무대 감독자

## 31

① 기준 치수 놀잇감　　　② 자유형 놀잇감
③ 특수목적용 놀잇감

## 32

① 구조적 요인　　② 태도적 요인
③ 기능적 요인

## 33

① 단순성과 복합성　② 활동성과 비활동성
③ 도전과 안전　　　④ 접촉과 은둔

## 34

**놀잇감 유형** : 개방식 놀잇감

## 35

㉠ 사회・문화적 조건
㉡ 가족의 결속, 유대감 강화
㉢ 인종의 다양성 수용
㉣ 반 편견 인식 고취
㉤ 기능적 조건
㉥ 내구성
㉦ 적합성
㉧ 안전성

## 36

1) 호전적・공격적 내용을 주제로 한다.
2) 고정관념에 따라 천편일률적으로 제작되었다.
3) 문화적・직업적 편견을 반영한다.
4) 고정된 성 역할 개념을 반영한다.

## 37

① 재생 재료　　　② 목재
③ 플라스틱

## 38

① 현대식 놀이터　　② 창조적 놀이터
③ 모험 놀이터

## 39

• **놀이 유형** : 주제극놀이 (Thematic fantasy play)

## Chapter 5. 유아교사론　　본문 p.467~481

## 01

1) 고도의 지적 능력을 필요로 하는 직업이기 때문이다.
2) 유아교육은 다른 전문직과 마찬가지로 사회봉사 기능을 갖고 있기 때문이다.
3) 교사의 자율성(자율적 의사결정권)이 보장되기 때문이다.
4) 유아교사는 전문단체에 참여하고 있으며, 직업에 대한 윤리강령을 가지고 있기 때문이다.
5) 전문직에 해당되는 사회적 지위와 경제적 보상이 있기 때문이다.

## 02

㉠ 성직　　　　㉡ 인격성(윤리성)

㉢ 전문직　　　㉣ 전문가

## 03

1) **정의** : 교사 개개인이 그가 가지고 있는 지식을 그가 관계하고 있는 실제상황에 맞도록 그 자신의 가치관이나 신념을 바탕으로 종합하고 재구성한 지식

2)

| 구분 | 설명 |
|---|---|
| ① 실제의 지식 | 교실에서 일어나는 교수활동과 직접 관계되는 지식 |
| ② 실제와 이론의 중간에 위치한 지식 | 교수활동에는 직접적으로 관계되어 있지 않으나, 교사의 역할 수행에는 반드시 필요한 지식 |

## 04

1) 교사효능감, 실천적 지식

2) 열린 마음가짐, 책임감, 성심성의를 다하는 태도

## 05

1) **교사 교육** : 교사 교육을 통해 얻게 되는 지식과 기술

2) **교육 경험** : 성공적이거나 실패한 교육 경험

3) **사회적 환경** : 근무하고 있는 기관 내의 진급체계라든지, 의사결정과정에서의 참여 정도, 행정가의 후원 정도, 동료의 지원 등

4) **개인적 배경** : 교사 개인의 자아 개념, 성취동기, 성별 등

## 06

㉠ 실천행위에 대한 반성적 사고

㉡ 실천행위 중의 반성적 사고

㉢ 실천행위를 위한 반성적 사고

## 07

① 이론적 근거

② 상황적 근거

③ 개인적 근거

④ 사회적 근거

㉠ 교사의 경험

㉡ 느낌, 목적의식, 관점

㉢ 사회적으로 바람직하다고 인정되는 여러 가지 요인들

## 08

① 교육과정 설계자

② 상담자 및 조언자

③ 유아교육 프로그램 계획에 사용하기 위해 유아에 대한 정보를 수집하고 체계적으로 기록하는 역할이다.

④ 교육과정의 장단기 계획의 결과를 토대로 교육목적에 도달할 수 있도록 교육활동을 조직하며, 유용한 자원을 탐색하고 최대한 활용하는 역할이다.

## 09

1) **정의** : 자신의 실천 행위에 대한 사려 깊고 분석적인 사고로부터 미래의 행위에 대한 방향을 결정하는 사고 과정

2) ① 기술적 수준

　② 전문가적 수준

　③ 도덕적 · 윤리적 수준

　㉠ 장기적인 교육의 효과

　㉡ 어떤 것이 더 교육적으로 추구할 만한 가치가 있는지

　㉢ 교육학적 원리

　㉣ 교육적, 사회적, 정치적, 경제적

　㉤ 어떤 교육적인 경험이나 활동이 공평하고, 평등하며, 유아를 행복한 삶으로 이끌어 줄 것인가

　㉥ 사회의 불평등한 현상

## 10

㉠ 인지적 요소

㉡ 비판적 요소

㉢ 해석 (또는) 자신의 해석

## 11

㉠ 유아들을 안전하고 편안하고 행복하도록 해주는 교사의 역할

㉡ 교수 모형

㉢ 유아들에게 감정을 순화하고 긴장을 완화시킬 수 있는 기회를 제공해 주는 교사의 역할

## 12

• **유아교사의 역할** : 행정업무 및 관리자

• **유아교사의 역할** : 동료와의 협력자

## 13

㉠ 유아와의 상호작용을 통해 안내하고 도움을 제공한다.

㉡ 양육 역할

㉢ 교수 역할

## 14

1)

| ㉠ | 전문적 자질 |
|---|---|
| ㉠의 종류<br>(제시된 것 중<br>4가지) | 일반교양 지식, 유아교육과정에 대한 지식, 교육방법 및 평가에 대한 지식, 유아에 대한 지식 |
| | 교육과정 구성기술, 프로그램 실천 및 평가 기술, 의사소통 기술, 부모 및 전문가 참여 기술, 창의성, 융통성, 교재·교구의 제작 및 활용 기술 |
| | 교육에 대한 소명감, 직업윤리, 전문성 함양 노력 |

2)

| ㉡ | 개인적 자질 (또는) 인성적 자질 |
|---|---|
| ㉡의 종류<br>(제시된 것 중<br>5가지) | 유아에 대한 사랑, 인간에 대한 사랑, 성실성, 봉사성, 사려성, 자발성, 도덕성, 원만한 인간관계 |
| | 신체적 건강, 정신적 건강(긍정적 자아관, 타인에 대한 긍정적 사고, 건전한 인생관, 정서적 안정) |

## 15

㉠ 근무 조건 개선　㉡ 복지 후생 제도 확충

㉢ 자율성 신장　㉣ 생활 보장

## 16

㉠ 신분 보장

㉡ 집단 행위의 제한

㉢ 교원으로서의 품위 유지의 의무

㉣ 영리 업무 및 겸직금지

| 소극적 의무 | 정치활동의 금지, 집단 행위의 제한, 영리 업무 및 겸직금지 |
|---|---|
| 소극적 권리 | 신분 보장, 쟁송 제기권, 불체포 특권, 교직단체 활동권, 교원의 노동조합설립 및 참여권 |
| 적극적 의무 | 교육연구 및 연구활동의 의무, 선서·성실·복종의 의무, 교원으로서의 품위유지의 의무, 비밀 엄수의 의무 |
| 적극적 권리 | 자율성 신장, 생활보장, 근무 조건 개선, 복지 후생 제도 확충 |

## 17

• 용어 : 교직윤리강령

## 18

1) 교사는 유아와의 관계에서 상대적으로 많은 힘과 지위를 가지고 있어서 유아들에게는 특별한 양해를 구하지 않고도 교사가 원하는 행동을 할 수 있다. 한편, 부모와의 관계에서는 반드시 그렇지 않는데, 부모의 요구와 유아의 요구가 충돌할 경우, 어떤 결정을 내려야 할지 딜레마에 빠질 수 있다. 이러한 상황에서 윤리강령은 유아들의 안녕을 위한 옳은 판단을 내릴 수 있도록 도와준다.

2) 교사는 학급 전체의 유아들에게 관심을 기울여야 하지만 상황에 따라서 교사 개인의 관심을 필요로 하는 유아가 있을 수도 있다. 이처럼 다양한 요구를 가진 유아나 부모로 인하여 발생하는 문제들을 해결하는 데 도움을 준다.

3) 유아교육과정은 다른 각급 학교의 교육과정과는 달리 유아의 경험과 과정 그 자체를 중요시하기 때문에 교사 개인의 가치에 따라 교육과정이 정해질 가능성이 높다. 이처럼 교육과정의 불확실성이 높은 상황에서 윤리강령은 교육의 철학적인 기초를 제공해 줌으로써 교사의 결정에 방향을 잡아주는 역할을 할 수 있다.

4) 현대에 유아교사의 역할이 넓어짐에 따라 부모의 역할과 구분이 어려워지는 문제가 발생하고 있다. 역할 문제에 있어 부모와 의견이 일치하지 않는 경우 교사는 자신과 부모, 그리고 유아 사이에서 판단을 내리기 어려운 딜레마에 빠지기 쉽다. 이에 윤리강령은 역할에 대한 딜레마 상황에서 교사가 옳은 판단을 내릴 수 있도록 도와준다.

## 19

1) ① 반응성

　② 상호 교환성

　③ 반성적 사고능력

2) ① 구체적 개념 수준

　② 구체적·추상적 개념 수준

　③ 추상적 개념 수준

　㉠ 구체적인 경향

　㉡ 단 하나의 확실하고 구조화 정도가 높은

　㉢ 대안을 중요시하고 균형을 잡을 수 있으며 위험을 감수하려 하고 협력을 가치 있게 여기는

　㉣ 다양한 교수전략

## 20

㉠ 자기 이해 측면

㉡ 생태학적 측면

## 21

1) ㉠ 구체성과 추상성

2) ㉡ 학급의 여러 가지 문제를 판단하여 결정하지 못한다.

 ㉢ 문제를 바람직한 방향으로 해결하기 위해서는 어떤 행동을 해야 하는지 어려워 한다.

 ㉣ 몇 가지 정보원을 통합하고 자신의 지식과 경험을 적용하여 합리적으로 문제를 해결해 간다.

## 22

㉠ 교직 이전 관심사 단계

㉡ 교수 상황 관심사 단계

㉢ 생존에 대한 초기 관심사 단계

㉣ 학생에 대한 관심사 단계

**발달 순서대로 제시** : ㉠ → ㉢ → ㉡ → ㉣

## 23

㉠ 강화 단계 ㉡ 성숙 단계

㉢ 갱신 단계 ㉣ 생존 단계

**발달 순서대로 제시** : ㉣ → ㉠ → ㉢ → ㉡

## 24

㉠ 생존 및 발견 단계

㉡ 실험 및 활동주의 단계

㉢ 회의 및 자기 의심 단계

㉣ 안정화 단계

**발달 순서대로 제시** : ㉠ → ㉣ → ㉡ → ㉢

## 25

㉠ 교직 이전 단계

㉡ 열중 · 성장 단계

㉢ 능력구축 단계

## 26

㉠ 임상 장학

㉡ 상호 협력적 장학

㉢ 자기 주도적 장학

㉣ 컨설팅 장학

㉤ 약식 장학

㉥ 사이버 장학

## 27

1) 1. 장학사와 교사의 관계 형성

 3. 관찰방법에 대한 계획

 2. 수업에 대한 계획

 4. 관찰 후 협의회 방법에 대한 계획

2) 1. 수업 실시

 2. 수업 관찰 및 기록

3) 1. 자료 분석 및 토의

 3. 장학과정에 대한 평가

 2. 앞으로의 활동 계획

## 28

• **장학 방법** : 반성적 저널 쓰기

## 29

㉠ 학습성의 원리

㉡ 한시성의 원리

㉢ 자문성의 원리

## 30

**멘토의 자질**

① 많은 지식과 기술을 가진 숙련된 교사여야 한다.

② 유아뿐 아니라 성인이 배우고 성장하는 일에 도움을 주는 것에 기본적으로 흥미를 가지고 있으며, 자신을 학습자로 생각해야 한다.

③ 창의적이고 융통성이 있으며, 반성적이고 성인들과의 대인관계 기술이 좋고 다양성을 존중하는 사람이어야 한다.

**멘토의 자세(피드백 제공 시 유의점)**

① 조언 시 특정 교수 행위에 초점을 두고 구체적으로 언급해 주며, 멘티의 변화되어야 할 '행위'에 대해 말해 주어야 한다.

② 일반적인 칭찬이나 비난은 피하고, 피드백 그 자체여야 하며, 즉각적인 반응이 바람직하고, 제공된 피드백이 이해되었는지 확인할 필요가 있다.

확인학습
문제답안

# 확인학습 문제 답안

멘티의 자세
① 멘토로부터의 피드백을 경청하며 방어하는 태도를 취하지 않도록 한다.
② 피드백이 유용한지의 여부를 판단하고 결정해야 하며, 지적된 내용을 반영하는 반응적 태도를 취해야 한다.

---

## Chapter 6. 부모교육론   본문 p.559~570

### 01
㉠ Adler의 개인심리학 　 ㉡ 평등성
㉢ 로저스의 인본심리학 　 ㉣ 의사소통
㉤ 부모 효율성 훈련 　 ㉥ 언어 사용 능력
㉦ 상호교류 분석이론 　 ㉧ 에릭 번

### 02
① 반영적 경청 　 ② 나–전달법
③ 인식반응 유도하기 　 ④ 무승부법
⑤ 자연적 귀결

### 03
㉠ 수용하는 반응 　 ① 경험과 불평 늘어놓기
㉡ 자녀의 감정 　 ② 감수성 증진
㉢ 감수성 　 ③ 개념 형성
㉣ 원인 　 ④ 기술 익히기

### 04
1) 수용성의 수준 파악하기
2) 문제의 소지자 파악하기

### 05
• 행동지도 방법 : 격려

### 06
㉠ 사회적 질서의 강조 　 ㉡ 도덕적 판단 배제
㉢ 현재나 미래 행동 　 ㉣ 내재적 동기에 의존
㉤ 대안이나 선택의 여지가 없음
㉥ 선택권 부여

### 07
① 관심끌기 　 ② 힘 행사하기
③ 앙갚음 　 ④ 부적절성 혹은 무능함 보이기

### 08
㉠ 수용
㉡ 치료자가 자신의 역할을 가장하지 않고 있는 그대로 모습을 드러내는 것을 의미함
㉢ 감정이입

### 09
㉠ 생활 양식 　 ㉡ 심리적 목표
㉢ 행동 통제 　 ㉣ 창조성

### 10
1) 자녀가 자신의 문제 때문에 화를 내거나 좌절감을 느끼는 것과 같이, 문제의 소지자가 자녀일 때 (혹은) 문제의 소지자가 자녀일 경우
2) 자녀의 말에 귀 기울이며 들은 후, 자녀가 말한 내용을 그대로 반영해 준다.
3) ① 자녀가 부정적인 감정을 두려워하지 않게 되며, 자신의 감정을 말함으로써 감정의 정화 효과를 경험할 수 있다.
② 자녀 스스로 문제를 분석하여 해결책을 찾도록 격려함으로써 독립심을 길러준다.
③ 부모와 자녀 사이의 온정적인 관계를 증진시킨다.

### 11
㉠ 수용할 수 있는 행동과 수용할 수 없는 행동
㉡ 감정

### 12
㉠ 부모
㉡ 행동, 느낌, 결과

### 13
스트로크

**14**

㉠ 보완적 상호교류
㉡ 잠재적 교류(이면적 교류)
㉢ 교차적 교류

**15**

㉠ 이면적 교류(잠재적 교류)
㉡ 게임

**16**

① 갈등 확인
② 해결책 평가
③ 해결책 탐색
④ 최상의 해결책 결정
⑤ 결정된 해결책 수행방법 결정
⑥ 평가

**17**

㉠ 아동 자아상태
㉡ 부모 자아상태
㉢ 성인 자아상태

**18**

㉠ 자기부정-타인긍정
㉡ 자기긍정-타인부정
㉢ 자기긍정-타인긍정

**19**

1) 목표행동의 선정과 관찰, 행동 분석
2) 기초선 기간과 실험 기간이 각각 두 번씩 나타나도록 설계된 방법으로, 첫 번째 실험 기간 후에 다시 기초선 기간으로 되돌아가서 행동 수정의 효과를 검증해보는 것

**20**

㉠ 감정 인식하기 단계
㉡ 공감하며 경청하기 단계
㉢ 자기감정을 표현하는 단계
㉣ 친밀감 조성과 교육 기회로 활용하기 단계
• 발달 순서대로 제시 : ㉠ → ㉣ → ㉡ → ㉢

**21**

㉠ 축소 전환형 부모     ㉡ 감정 코치형 부모
㉢ 억압형 부모     ㉣ 자유방임형 부모

**22**

㉠ 애정적-통제적 태도     ㉡ 거부적-자율적 태도
㉢ 애정적-자율적 태도     ㉣ 거부적-통제적 태도

**23**

㉠ 애정적·반응적이고 자녀와 항상 대화를 갖는다.
   자녀의 독립심을 격려하고 훈육 시 논리적 설명을 이용한다.
㉡ 권위주의적 부모
㉢ 통제
㉣ 허용적 부모
㉤ 무관심한 부모

**24**

㉠ 청중     ㉡ 자원 봉사자의 역할
㉢ 훈련된 봉사자의 역할     ㉣ 정책 결정자의 역할

**25**

㉠ 의사결정하기     ㉡ 지역사회와 협동하기
㉢ 의사소통하기     ㉣ 가정에서 학습하기
㉤ 부모 역할하기     ㉥ 자원봉사하기

**26**

1) **면담의 형태** : 집단면담

2) **운영 시 주의할 점**
  ① 같은 문제로 고민하는 부모들이 함께 집단면담에 참여할 수 있도록 집단을 구성한다.
  ② 편중된 방향으로 화제가 흘러가지 않도록 교사가 조정해 주는 것이 필요하다.
  ③ 모든 부모들이 이야기할 기회를 골고루 갖는 것이 중요하므로 특정 부모에 의해 이야기가 독점되지 않도록 주의해야 한다.

확인학습
문제답안

# 기출문제 모범 답안

## Chapter 1. 유아교육의 성격
본문 p.63~70

### 01

1) • ㉠ : 유아교육법　　　　• ㉡ : 영유아보육법
2) • **저소득 계층의 측면** : 부모의 소득수준과 상관없이 유아 학비·보육비를 지원함으로써 소득 간 격차를 줄이고 공정한 출발선을 보장함
　　• **인구학적 측면** : 자녀교육비 부담으로 인한 출산 중단 및 기피현상을 없애고 출산율 제고에 기여함
3) ㉣ : 연령별
4) ㉤ : 교육복지우선지원

### 02

1) **문서의 명칭** : 아동권리협약
2) 성별, 종교, 신체적 특성, 가족 및 민족 배경 등으로 인한 편견이 없도록 편성한다.
3) • ㉢ : 무차별
　　• ㉣ : 발달 보장
4) **문서의 명칭** : 어린이 헌장

### 03

1) ㉠ : 방과후

### 04

1) ㉠ : 교육기본법
2) ㉡ : 무상

### 05

1) A : 3

### 06

1) • ㉠ : 응급의료기관
　　• ㉡ : 정보시스템
　　• ㉢ : 원장, 원감, 수석교사, 교사

### 07

1) 1969년
2) • ① : 정권 교체로 인하여 유신 말기 정책의지가 강하게 반영되었던 기존 교육과정을 전면적으로 개정하기 위하여
　　• ② : 4-5시간

3) 만 3세부터 초등학교 취학 전까지의 어린이
4) • ① : ⓐ, 질서, 배려, 협력 등 기본생활습관과 바른 인성을 기르는 데 중점을 두어 구성한다.
　　• ② : ⓓ, 초등학교 교육과정과 0~2세 표준보육과정과의 연계성을 고려하여 구성한다.

### 08

1) • ㉠ : 차별　　　　• ㉢ : 교육
2) • ㉡ : 발달　　　　• ㉣ : 민주시민
3) • ⓐ : 국가

## Chapter 2. 유아교육사상
본문 p.161~170

### 01

1) • ㉠ : 방정환
　　• **사상** : 인내천 사상
2) 작업

### 02

1) • ㉠ : 몬테소리
　　• ㉡ : 흡수정신
2) • **학교 이름** : 섬머힐 학교
　　• ㉣ : 자유
3) • ㉤ : 루소

### 03

1) • ㉠ : 지능력, 기능력, 심정력
　　• ㉡ : 직관
2) • ㉢ : 신성
3) • ㉣ : 계속성
　　• ㉤ : 상호작용의 원리

### 04

1) • ① **용어** : 은물　　• ② **학자** : 프뢰벨
2) 자동교육
3) • ㉢ : 경험　　　　• ㉣ : 흥미

## 05

1) • ①: 코메니우스
   • ②: 합자연의 원리
2) ⓑ 교사는 유아가 교구와 상호작용하는 동안 작업을 방해하지 않도록 질문·조력 등을 삼가고, 관찰자의 태도를 유지한다.

## 06

1) • ㉠: 교육목적    • ㉡: 건강
   • ㉢: 사물
2) • ㉣: 진보주의    • ㉤: 계몽주의

## 07

1) 대교수학
2) 노작의 원리
3) • ⓐ: 프뢰벨    • ⓑ: 은물
4) • ⓒ: 오웬    • ⓓ: 성격형성학원

## 08

1) • ㉠: 소극적 교육    • ㉡: 감각
2) • ①: 계속성의 원리    • ②: 성장

## 09

1) • ①: 단풍잎을 만져보고 모양과 색깔을 살펴보면서 식물에 대해 알아보고 싶어 해요.
   • ②: 교육은 인간이 가진 3가지 능력인 지능력, 기능력, 심정력이 고르게 조화를 이루며 발달할 수 있도록 전개되어야 한다는 것이다.
2) • ①: 자동교육
   • ②: 유아는 스스로 지식을 형성하므로 준비된 환경을 마련해 줄 필요가 없다고 보았다는 점이 잘못되었다. 몬테소리는 유아들이 자신이 원하는 교구를 선택하여 활동할 수 있도록 몬테소리 교구를 중심으로 한 준비된 환경을 마련해 줄 것을 강조하기 때문이다. 이러한 준비된 환경 속에서 유아는 자기활동의 힘으로 스스로 작업에 집중하여 배워나간다고 보았다.

## Chapter 3. 유아교육과 발달    본문 p.259~273

## 01

1) 지각의 중심화

## 02

1) • ㉠: 게젤    • ㉡: 준비도

## 03

1) • **지연이의 미시 체계**: 하모니 선생님, 홍교사, 지연이 어머님, 학급 유아들
   • **지연이의 거시 체계**: 웃어른을 공경하는 우리나라 문화
2) • **지연이의 외체계**: 어머니의 직장
   • **영향**: 하원 시간이 1시간 정도 늦어진 저녁 7시가 된 것

## 04

1) • ①: 사회학습
   • **②의 예**: 지훈이가 집을 짓자 남아들이 "지훈이는 아빠같이 힘이 세고 집도 잘 짓네."라고 말한 것

## 05

• ㉠: 체계적 둔감법

## 06

1) • 대리강화로, 주희가 친구에게 양보해서 칭찬받는 것을 본 것
   • ㉠: 주의 집중
2) • ㉡: 다중지능
   • **지능**: 대인관계 지능

## 07

인지적 비평형

## 08

• ①: 자기 조절

## 09

1) **강화**: 프리맥의 원리

## 10

1) • ㉠ : 신체·운동적 지능
   • ㉡ : 언어적 지능

## 11

1) • ① 용어 : 전환적 추론 (또는) 변환적 추론, 전인과론적 추론
   • ② 상황 : 겨운이는 간식 시간에 자신이 소진이를 꼬집어서 소진이의 배가 아픈 것이라고 생각하여 겁도 나고 걱정이 되었다.
2) • ① 용어 : 상징적 사고
   • ② 용어 : 물활론적 사고
3) 과자를 떨어뜨려 놓기 전으로 되돌려 생각하지 못하기 때문에 외양과 상관없이 수량에는 변화가 없음을 이해하지 못하는 사고의 특징을 보인다.

## 12

미나가 자신의 손가락을 펴서 빼기를 해 보인 것

## 13

1) 타임아웃

## 14

1) • ① 발달 이론 : 생태학적 체계 이론
   • ② : 외체계
2) 주도성

## 15

1) • ① : 게젤, 준비도
   • ② : 사회문화적 적합성

## 16

1) 동일시
2) • ① : 사회학습이론
   • ② : 주의집중

## 17

1) • ① : 내가 주스 파는 사람 할게. 주스 사세요.
   • ② : 어? 물이 적어졌다.
          신기하다. 물이 다시 많아졌어.

## 18

1) • ① : 외체계
   • ② : 유아의 발달에 직접적으로 영향을 미치지 않으나 간접적으로 영향을 끼치는 환경을 말한다.
     (또는) 유아와 직접적인 상호작용은 없지만, 간접적 영향을 미치는 환경적 맥락이다.

## 19

대인관계지능, 다른 사람의 기분과 동기를 파악하고 변별하는 능력 및 사람들과 조화롭게 지내는 능력을 말한다.
(또는) 개인 간 지능, 다른 사람들의 생각과 감정을 이해하고 이에 적절하게 반응할 수 있으며, 대인 간 상호 관계를 잘 다루는 능력

## 20

자기강화, 자신의 행동결과를 스스로 평가하여 강화를 주는 것을 말한다.
(또는) 자기강화, 자신이 한 행동에 대해 스스로 보상을 주어 강화가 이루어지는 것을 의미한다.

## Chapter 4. 유아교육과 놀이
본문 p.365~384

## 01

1) • ① : 사물, 행동, 상황 등을 가상적으로 표현하는 것
   • ② : 다음 놀이는 15분 이상 진행되었다.
2) • ① : 상위 의사소통
   • 이유 : ㉠은 진영이가 민우에게 놀이의 여러 가지 상황, 행동 등을 이해시키고 설명해 주기 위해 사용한 의사소통이기 때문이다.

## 02

1) 병행놀이
2) • ①의 말(행동) : 교사는 유아들의 놀이 상황을 주의 깊게 관찰하며, 스스로 갈등을 해결할 수 있도록 기다린다.
   • ②의 말(행동) : 민수 때문에 영희가 만든 탑이 무너졌구나.
   • ③ : 질문

## 03

1) • ㉠: 구성놀이
   • ㉡: 정화
2) • A 내용: 자기활동에 대한 상징에서 타인 또는 대상물에 대한 상징으로 가상 행동의 주체가 바뀌는 것
   • B 구성요소: 탈맥락화

## 04

1) • ①: 사물의 가작화
   • ②: 가작화 의사소통

## 05

1) • ①: 각본
   • ②: 주차놀이라는 한 가지 목적을 달성하기 위해 주차 빌딩을 만드는 사건과 주차장 놀이 사건이 합쳐진, 즉 두 가지 사건 각본이 연결된 놀이를 하고 있으므로 에피소드 수준의 놀이라고 볼 수 있다.
2) 승연아, 주차 빌딩에 차가 가득 차서 10층만 남았다고 하자.
3) • ①: 놀이리더
   • ②: 아저씨, 어디에 세워야 하는지 자세하게 알려주세요!

## 06

1) • ①: 역할의 가작화
   • ②: 지속성
     지속성이란, 한 가지 놀이 주제가 10분 이상 지속되는 것을 의미하는데, 사례의 유아들은 과일가게 놀이를 진행하던 중 미용실놀이로 놀이를 변경하려는 시도, 과학 및 미술 영역으로 이동 등 한 가지 놀이 주제를 10분 이상 지속하고 있지 않기 때문이다.

## 07

1) 상징놀이
2) 규칙(사회적 규칙)
3) • ①: 극놀이
   • ②: 병행–구성놀이
4) • ①: 거시 영역의 놀이 단계
   • ②: 은정이가 놀잇감에서 벗어나 혜진, 진서와 함께 역할놀이를 하는 것은, 사회적 상호작용을 숙달하며, 주변 세계에 대한 통제력을 확장시키고 있는 것이므로 거시영역 놀이단계에 해당된다.

## 08

1) 내적 중재

## 09

1) • ①: 병행 – 극화놀이
   • ②: 친구와 아주 근접한 거리에서 같은 놀이자료를 가지고 비슷한 놀이 활동에 참여하나, 상호작용은 일어나지 않으며, 사물을 실제와는 다르게 변형시켜 놀이하는 가상전환이 나타난다.
   • ③: 집단 – 극화놀이
2) 블록(단위 블록, 큰 공간 블록)
3) 각성

## 10

1) 비실제성 (또는) 비사실성
2) • ①: 부모가 주도적으로 놀이를 이끌어 줄 수 있어야 합니다.
   • ②: 시간이 지난 후에
3) • ①: 반복
   • ②: 정화 효과

## 11

1) • ①: 복합적 사회가상 놀이
   • ②: 사회 가상 놀이를 하면서 상호 간에 보완적 역할을 맡아 수행한다. 일시적으로 자신이 맡은 역할을 떠나 놀이에 대해 이야기하는 상위 의사소통이 나타난다.
2) 연서야 내가 역할영역에서 물을 가져올 테니까 구조가방 준비해 줘
3) • ⓐ: 탐색
4) • ⓑ: 각본

## 12

1) 폐쇄 공간 만들기
2) • ①: 밀집도
   • ②: 쌓기영역과 역할영역이 통합될 수 있도록 간이이동칸막이를 이용하여 영역을 구분하되, 놀이상황에 따라 통합·확장될 수 있도록 재구성한다.
3) • ①: 유머감각
   • ②: 이야기를 재미있게 해서 친구들이 좋아하고 친구들과 익살스럽게 이야기해요.

**13**

• ① : 규칙있는 게임
• ② : [A]의 경우 사전에 정해진 규칙을 수용하면서 게임을 진행하는 반면, [B]는 유아들이 규칙을 변경하여 새로운 규칙을 만들어서 놀이한다는 점에서 차이가 있다.

**14**

1) 구성놀이로, 다양한 놀잇감을 이용하여 무엇인가를 창조, 만들어낸다는 특징이 있다.
2) • ① : 공동놀이자
• ② : [B]에 제시된 것과 같이, 유아가 교사를 놀이에 초대하거나 놀이 진행을 위해 교사가 놀이 파트너가 되어야 하는 상황 등 꼭 필요한 경우에 개입하고, 유아가 주도하는 놀이에 따라야 한다.

**15**

1) • 공간적
• 사회적(순서 무관)
2) • ① : • 혼자 퍼즐 맞추기
• 혼자하는 블록 놀이
• ② : 집단놀이로, 타인과 상호작용하며 함께 놀이한다는 특징이 있다.
3) 놀이관찰은 적절한 놀이 개입 시기 및 지원 방법을 결정하여 유아 주도의 배움을 지원하기 위해 실시하는 것인데, 팥빙수 재료가 떨어져서 놀이 진행에 어려움을 겪는 것을 관찰하였음에도 적시에 재료를 지원하지 않고 관찰만 하게 되면 오히려 놀이의 흐름이 중단되는 문제가 생기기 때문이다.

---

**Chapter 5. 유아교사론**   본문 p.483~493

**01**

1) **단계의 명칭** : 생존 단계

**02**

1) 수업사례분석

**03**

1) • ① : 교수 상황 관심사
• ①의 다음 단계 관심사 : 학생에 대한 관심사
2) • **장학 유형** : 자기장학

**04**

1) • ① **단계의 명칭** : 강화 단계
• ② **특징** : 강화단계의 교사들은 작년에 했던 방식을 그대로 해 보려고 하는 사례의 김 교사와 같이 지금까지 배운 것을 확고히 하려는 특징을 보이나, 새로운 교수법을 적용하지는 못한다.
2) • ㉠ : 실천적 지식
3) • ① **바람직하지 않은 내용** : 장학수업 주제를 정함에 있어 김 교사가 도움을 필요로 하는 영역을 무시하고, 원감 선생님이 일방적으로 장학의 영역을 정한 점
• ② **이유** : 장학은 교사가 도움을 필요로 하는 영역에서 시작되어야 장학의 목적인 교사의 발전을 도모할 수 있기 때문이다.

**05**

1) • ① : 전문가적 수준
• ② : 교사가 취한 행동이 미칠 장기적인 교육의 효과를 고려하고 여러 가지 교육적 목표들 가운데 어떤 것이 더 교육적으로 추구할 만한 가치가 있는지에 초점을 두어 반성적 사고를 하는 특징이 있다.

**06**

1) • 교수활동 조직자
2) • 자기장학
3) • ㉢ : 자발성의 원리
• ㉣ : 학습성의 원리
4) • ① : 최 교사는 전문서적 읽기, 대학원 진학 등의 장학을 통해 능력 구축의 단계를 거치고도 또 다시 학급 유아 지도에 대한 어려움에 봉착한 상태로, 이를 극복하고자 컨설팅 장학을 받고 있다. 이처럼 교사의 발달은 성장과 후퇴를 반복하는 역동적이고, 순환적인 과정을 거치는 특징이 있다.
• ② : 능력구축 단계

**07**

1) • ① : 생존에 대한 초기 관심사 단계
• ② : 학생에 대한 관심사 단계

**08**

1) • ⓐ : 의사결정자
• ⓑ : 상담자 및 조언자

2) 사이버 장학
3) • ⓒ : 생태학적 측면
   • ⓔ : 자기이해 측면

## 09

교사효능감 (또는) 과학교수효능감, 교사 자신이 유아들의 학습에 영향을 미칠 수 있는 능력이 있다고 믿는 정도, 교사로서의 능력에 대한 자신감을 말한다.

## 10

1) • ① : 기술적 수준, 도덕적·윤리적 수준
   • ② : 반성적 사고 수준이 더 높은 것은 도덕적·윤리적 수준으로, 이 수준에서는 어떠한 교육 경험이나 활동이 공평하며 평등한 것인지, 유아가 행복한 삶을 살도록 이끌어주는 것인지에 초점을 맞춰 반성적 사고가 진행된다.
   (또는) 도덕적·윤리적 수준으로, 이 수준에서 반성적 사고를 하는 교사는 교육과 사회, 정치, 경제적 맥락을 연관지어 판단할 수 있는 능력을 갖고 있으며, 어떤 교육 경험이 공정성, 평등성, 행복을 위한 지표로서의 역할을 하는지에 초점을 두고 반성적 사고를 한다.

## 11

1) • ① : 상호작용주의 교육 신념 (또는) 구성주의 교육 신념
   • ② : 최 교사

## 12

1) • ① : 동료 장학, 자기주도적 장학
   (또는) 원내 동료 장학, 자기 장학
   • ② : • 적극적이고 주도적인 참여 자세
        (또는) 주의 인식을 바탕으로 한 능동적인 참여 자세
      • 함께 문제를 해결해 나가고자 노력하는 협력적인 자세 (또는) 정보를 공유하며 공동의 노력으로 함께 성장하고자 하는 협력적인 자세

## 01

1) • ① : 민주적
2) • ⓛ : 관심 끌기
3) '나는 인정받고 싶다, 난 이 집에서 중요한 사람이다'와 같은 감정을 느낄 수 있기를 바라는 것
4) • ⓒ : 논리적 귀결
   • ⓔ : 현재와 미래

## 02

1) • 교류유형 : 보완적 상호교류
   • 민호의 자아상태 : 아동자아
   • 엄마의 자아상태 : 부모자아
2) • ① : 부모교육

## 03

1) • ① : 수용성
2) • ⓒ : 의사소통 기술 : 적극적 경청
   • ⓜ : 의사소통 기술 : 나-전달법
3) • ⓔ : 공감(감정이입)

## 04

1) • ① : 적극적 경청
   • ② : 문제의 소지자 여부(문제의 소지자가 민수라는 점)
   • ③ : 수용성 수준 파악하기 단계
2) 다른 학부모와의 상담 내용을 비밀로 유지해야 함에도 불구하고 누설한 점

## 05

나-전달법

## 06

1) • ① : 개념 형성 단계
   • ② : 기술 익히기 단계
   • ③ : 다른 부모들과 아이를 키울 때 겪었던 고충을 나눈 점이 도움이 됐어요.
2) 장난감은 던지는 게 아니라 갖고 노는 거니까 던져서는 안 된다고 했어요.
3) 서하가 "저번에 내가 던진 장난감이 부서져서 갖고 놀 수 없었어."라고 하더군요.

기출문제
모범답안

## 07

- ⓐ: 윤상이가 교실에 오지 않고 화장실에서 물장난을 쳐서 선생님은 무척 걱정을 했어. 왜냐하면 선생님이 윤상이가 어디서 무엇을 하는지 알 수 없어 찾아 다녔기 때문이야.

## 08

1) 집단 토의 (또는) 소집단 토의

## 09

1) • ①: 권위 있는 양육 유형
   • ②: '자녀에게 모든 의사결정을 맡겨 주세요'를 '의사결정 과정에 자녀를 참여시키며 부모와 자녀가 함께 의사결정을 해 주세요.'로 고쳐야 한다.

## 10

1) • ①: 적극적 경청으로, 자녀의 이야기를 들은 후 이를 수용하며, 자녀가 말한 내용을 그대로 반영해준다는 특징이 있다.
   • ②: • 유아의 이야기를 듣고 '아 그랬구나' 하며 고개를 끄덕인 것과 같이, 유아의 말을 비판하거나 판단하지 말고, 있는 그대로 인정하며 들어주어야 한다.
        • '서진이가 안 놀아줘서 속상했겠구나.'라고 말하며 안아 준 것과 같이, 해결책을 제시해주는 대신 자녀가 느꼈을 감정을 알아차리고, 수용하며 공감해주어야 한다.
2) • ①: 학부모 수업 참관 (또는) 교육활동 참관
   • ②: [A]에서 민호가 보인 반응과 같이, 유아는 발달 특성상 또래와의 관계를 비롯한 유치원에서의 일을 자신의 입장에서만 말할 수 있는데, 부모가 수업을 참관하게 되면 가정과 기관에서의 자녀 행동의 차이를 파악할 수 있고, 자녀를 보다 객관적으로 이해하는 데 도움이 된다는 장점이 있다.

## 11

1) • ①: 교류분석이론
   • ②: 부모와 자녀가 긍정적인 스트로크를 주고받으며 허기를 충족시키고, 원만한 교류를 통해 긍정적인 관계를 유지함으로써 자녀의 건강한 인생 태도 형성을 도울 수 있다.

# 참고문헌

곽노의 · 김제한, 유아교육개론, 학문사, 1995.

곽노의 외, 유아교육과정, 문음사, 2000.

곽노의 · 홍순정, 유아교육사상, 문음사, 2008.

곽노의, 자유발도르프 유아교육, 밝은누리, 1996.

곽덕영 · 김미화, 유아교육기관 운영관리의 이론과 실제, 학문사, 1996.

교육부, 유치원 교육 활동지도 자료, 국정교과서 주식회사, 1995.

교육부, 유아 관찰 척도, 교육부, 1997.

교육부, 유치원 교육과정 해설, 대한교과서, 1998.

교육인적자원부, 유치원 교육 활동지도 자료, 대한교과서, 2000.

교육과학기술부, 유치원지도서, 두산, 2009.

교육과학기술부, 3-5세 연령별 누리과정, 교육과학기술부, 2013.

교육과학기술부, 3-5세 연령별 누리과정 해설서, 교육과학기술부, 2013.

교육과학기술부, 3-5세 연령별 누리과정 지침서, 교육과학기술부, 2013.

교육과학기술부, 혼합연령(복식) 학급 교사용 지도서, 교육과학기술부, 2013.

교육부, 2015년 개정 유치원 교육과정, 교육부, 2015.

구은미 외, 현대 아동복지론, 학지사, 2012.

곽노의, 유아교육의 역사와 철학, 유아교육사조, 문음사, 2015.

권영례, 유아를 위한 교수학습 방법의 이해, 양서원, 2002.

권영례, 교과교육론, 한국방송통신대학교출판부, 2001.

김경중 외, 아동발달심리, 학지사, 1998.

김금주 외, 유아교육개론, 창지사, 2009.

김병희 외, 유아교육사상가, 공동체, 2014.

김석우 외, 포트폴리오 평가의 이론과 실제, 학지사, 2000.

김숙자 외, 현대부모교육론, 형성출판사, 1990.

김신옥 외, 유아교수매체, 창지사, 2009.

김지은 · 김진숙, 유아관찰 및 평가, 양서원, 2006.

김진경 · 서주현, 부모교육, 한국방송통신대학교출판문화원, 2014.

김진경 · 이순형, 유아발달, 한국방송통신대학교출판문화원, 2014.

김진영 외, 유아 · 부모 · 교사를 위한 부모교육, 창지사, 2001.

김희태 · 정석환, 유아교육철학 및 교육사, 한국방송통신대학교출판문화원, 2015.

문미옥, 교육과 보육을 위한 영유아교육과정, 창지사, 2009.

박선희 · 조흥식, 아동복지, 한국방송통신대학교출판문화원, 2015.

박은혜, 유아교사론, 창지사, 2016.

방인옥 외, 유아교육과정, 정민사, 2005.

송명자, 발달심리학, 학지사, 2009.

신은수 외, 유아교사론, 학지사, 2013.

신은수 외, 놀이와 유아, 이화여자대학교출판부, 2010.

신은수 외, 놀이와 유아교육, 학지사, 2019.

심성경 외, 유아교육개론, 창지사, 1999.

신화식, 몬테소리 이론의 탐구, 학지사, 2006.

안경식, 소파 방정환의 아동교육운동과 사상, 학지사, 2003.

양옥승 외, 유아 교육학 탐구, 학지사, 2005.

연미희 · 김진숙, 부모교육의 이론과 실제, 교육과학사, 2009.

유안진, 한국 전통사회의 유아교육, 서울대학교출판부, 1998.

유효순 · 김희태, 놀이지도, 한국방송통신대학교출판문화원, 2018.

염지숙 외, 유아교사론, 정민사, 2018.

이경화 외, 영유아놀이지도, 양서원, 2018.

이기숙, 개정 2판 유아교육과정, 교문사, 2000.

이기숙 · 이영자, 유아를 위한 교수학습방법, 창지사, 1995.

이대균 · 송정원, 유아 교재교구 연구 및 지도, 양서원, 2001.

이미진, 유치원 교사의 통합교육과정 실행 경험에 관한 연구, 한국교원대학교 대학원 박사학위논문, 2012.

이성진 · 박성수, 교육심리학, 한국방송대학교출판부, 2018.

이숙재, 영유아 놀이의 이론과 실제, 창지사, 2015.

이숙재, 이봉선, 영유아의 발달과 교육, 창지사, 2000.

이숙재, 유아를 위한 놀이의 이론과 실제, 창지사, 2009.

이연섭 외, 유아교육개론, 정민사, 2000.

이영석, 유아교육 사상사. 교육과학사, 1993.

이영석 외, 유아교육개론, 형설출판사, 1999.

이영자 · 권영례, 유아교육기관의 운영관리, 창지사, 1998.

이영자 외, 유아 교수학습방법, 창지사, 2003.

이영자 · 권영례, 유아교육기관의 운영관리, 창지사, 1998.

이원영, 부모교육론, 교문사, 1994.

이원영 외, 영유아교사를 위한 부모교육, 학지사, 2017.

이은화 외, 유아교육개론, 이화여자대학교출판부, 2013.

이은화 외, 유아교육개론, 이화여자대학교 출판부, 2003.

이정미 · 조부경, 유아교사교육의 새로운 접근, 양서원, 2001.

이정환, 개정 유아교육 교수학습방법, 교문사, 1999.

임규혁 · 임웅, 교육심리학, 학지사, 2011.

임주연 외, 유아교사론, 양서원, 2015.

임채식 외, 유아를 위한 교과교육론, 동문사, 2006.

정금자 외, 유아교육사상사, 정민사, 2014.

정동희 외, 영유아 놀이 지도, 동문사, 2018.

정순례 외, 행동수정의 이론과 실제, 문음사, 2012.

정옥분, 발달심리학, 학지사, 2016.

정옥분·정순화, 부모교육, 학지사, 2016.

정인숙 외, 아동발달의 이해, 태영출판사, 2008.

정희영, 피아제와 교육, 교육과학사, 2008.

조경원 외, 교육학의 이해(개정판), 이화여자대학교출판부, 2006.

조부경 외, 유아교사의 발달을 돕는 장학, 양서원, 2009.

조부경·이정미, 유아교사교육의 새로운 접근, 양서원, 2001.

조정숙·전인옥, 유아교육개론, 한국방송통신대학교출판부, 2008.

지옥정, 유아교육현장에서의 프로젝트 접근법, 창지사, 1996.

한국유아교육학회, 유아교육사전, 한국사전연구, 1997.

황해익 외, 유아교육개론, 공동체, 2014.

Carol. Gestwicki, 발달에 적합한 실제 : 유아교육과정과 발달 [Developmentally appropriate practice : Curriculum and Development in Early Education], 임부연 외 역, (2008).

Daniel J. Walsh, 정선아 외 옮김, 가르침의 기예, 유아교사론, 파워북, 2015.

David R.Shaffer, 송길연 외 역, 발달심리학 [development psychology] 시그마프레스, 2005.

David R. Shaffer & Katherine Kipp, 송길연 외 공역, 발달심리학, ㈜박영story, 2014

엘레나 보드로바·데보라 리옹, 박은혜·신은수 옮김, 비고츠키 유아교육 정신의 도구, 이화여자대학교출판부, 2010.

Rosalind Charlesworth, 이희정 외 옮김, 영유아 발달의 이해, 박학사, 2018.

Stewart, I., & Joines, V, 제석봉 외 역, 현대의 교류분석 [TA Today] 학지사, 2011.

저자 **박수민**

• 임용닷컴 유아교육 대표교수

• 한국교원대학교 유아교육과 일반대학원 석사 졸업
• 미래유아교육학회 외 KCI 등재 학회 학술지 유치원교육과정 관련 논문 게재

• 2016~2023 박문각임용 유아교육 대표교수
• 2010 시·도단위 국공립유치원교사 직무연수 수석
• 2009 시·도단위 유치원 1급 정교사 자격연수 차석
• 2008 시·도단위 국공립유치원교사 직무연수 수석
• 2007 우수교사 교육감 표창
• 2006~2015 공립유치원 교사 경력
• 2006년 공립유치원 임용고사 합격


[저서]
• 유아임용의 정석-유아교육개론
• 유아임용의 정석-유아교육과정 ①
• 유아임용의 정석-유아교육과정 ②

# 2027 박수민 유아임용의 정석 - 유아교육개론

| | |
|---|---|
| 출간일 | 2025년 11월 26일 |
| 편저자 | 박수민 |
| 발행처 | 도서출판 포러스 |
| 발행자 | ㈜포러스 대표 박상혁 |
| 주 소 | (07282) 서울시 영등포구 선유로13길 25, 420(에이스하이테크시티2) |
| 전 화 | 02-6084-7730 |
| e-mail | forusbook@nate.com |
| URL | forusbook.tistory.com |
| ISBN | 979-11-93823-66-8(13370) |
| 정가 | 35,000원 |

저자와의
협의하에
인지생략

도서출판 **포러스**